침묵의 증언 Silent Testimonies
북한의 전쟁범죄와 인권

발행일	초판 1쇄 2025년 2월 14일
지은이	차동길
감수	이병화
발행인	구충서
편집	정성원 신지수
디자인	맹정환
마케팅	김요나
발행처	도서출판 물망초
출판등록	2014년 10월 21일 제2013-000195호
주소	서울 영등포구 버드나루로 32, 동연빌딩 2층
대표전화	(02)585-9963
전자우편	mulmangcho522@hanmail.net
홈페이지	www.mulmangcho.org

ISBN 979-11-87726-28-9 03340 (책값은 뒤표지에 있습니다)

◆ 이 책은 저작권법에 따라 보호받는 저작물이므로 무단전재와 복제를 금합니다. 이 책 내용의 전부 또는 일부를 사용하려면 반드시 저작권자와 출판사에게 서면동의를 받아야 합니다. 이 도서의 국립중앙도서관 출판시도서목록(CIP)은 서지정보유통지원시스템 홈페이지(http://seoji.nl.go. kr)와 국가자료공동목록시스템(http://www.nl.go.kr/kolisnet)에서 이용하실 수 있습니다.

◆ 잘못된 책은 구입하신 서점에서 바꾸어 드립니다.

침묵의 증언

북한의 전쟁범죄와 인권

차 동 길

목 차

발간사 —————————————————————— 6

Ⅰ. 전쟁 범죄와 인권 ——————————————— 8

Ⅱ. 6·25 전쟁기 민간인 학살 ——————————— 14
1. 민간인 피해 종합 현황 ————————————— 14
2. 주요 언론인·종교인 학살 ———————————— 17
3. 주요 민간인 학살 사례 ————————————— 35
4. 새롭게 신고 접수된 학살 사례 —————————— 67
5. 사법적 평가와 과제 —————————————— 68

Ⅲ. 남한 주요 인사와 민간인 납북 ———————— 72
1. 개요 ————————————————————— 72
2. 6·25 전쟁기 납북자 종합 현황 —————————— 77
3. 주요 인사(정치인·법조인·언론인·종교인) 납북 ——— 81
4. 일반 민간인 납북과 피해 사례 —————————— 111
5. 납북자들의 북한 내 인권 실태 —————————— 117
6. 사법적 평가와 과제 —————————————— 122

Ⅳ. 정전 협정 이후 북한의 범죄 —— 124
1. 개요 —— 124
2. 주요 범죄 사례 —— 127
3. 북한의 한국인·외국인 납치 —— 133
4. 납북자들의 북한 내 인권 실태 —— 141
5. 사법적 평가와 과제 —— 143

Ⅴ. 북한의 국군 포로 억류 —— 146
1. 개요 —— 146
2. 6·25 전쟁기 국군 포로 현황 —— 148
3. 북한의 국군 포로에 대한 인권 침해 —— 151
4. 사법적 평가와 과제 —— 159

Ⅵ. 우리에게 남겨진 과제 —— 162

부록 —— 168
1. 육전에서 군대 부상자 및 병자의 상태 개선에 관한 1949년 8월 12일 자 제네바 협약 —— 168
2. 포로의 대우에 관한 1949년 8월 12일 자 제네바 협약 —— 179
3. 전시 민간인 보호에 관한 1949년 8월 12일 자 제네바 협약 —— 208
4. 세계 인권 선언 —— 235

발간사

 정전 협정을 맺은 지 70여년이 지났지만 한반도는 여전히 호전적 평화 상태가 지속되고 있다. 대한민국은 고도의 발전을 이룩하여 세계 10대 경제 강국이 되었고, 경제 발전은 국방력 증진의 밑거름이 되고 있다. 그러나 민주주의가 발전하면서 국가의 사회적 가치가 공공 중심에서 개인 중심으로 변화됨에 따라 사회 구성원의 역사적 사실에 대한 관점과 해석에도 많은 변화가 생겼다.

 반면 북한은 대한민국을 미 제국주의 지배하에 있는 혁명의 대상으로 삼아 왔다. 최근에도 '반동사상 문화 배격법'과 '평양어 보호법' 등을 제정하여 한류 문화 차단에 나섰지만, 실효를 거두지 못했다. 이에 체제의 위기감을 느낀 김정은은 대한민국을 동족이 아닌 제1 적대 국가로 명명하고 한반도에 2개 국가 체제를 고착화하고 있다.

 이런 상황 속에 지난 수십 년 동안 북한이 자유 민주주의와 자본주의의 특징을 이용해 추진한 대남 혁명 전략으로 인해 대한민국에는 북한을 추종하는 세력이 견고하게 구축되어 있고, 급기야 정치권에까지 진입하면서 진보와 보수라는 이름으로 이념의 양극화가 심화되어 사회적 갈등 요인이 되고 있다.

 이념의 양극화는 적대 세력의 반인륜적 전쟁 범죄 행위라는 역사적 사실까지도 왜곡하고 있다. 올바른 역사관과 국가관 교육은 사상의 자유를 침해한다는 이유로 배제당하고 있다. 6·25 전쟁기 적대 세력에 의한 민간인 학살과 납북, 국군 포로 억류라는 전쟁 범죄에는 눈을 감고 군경에 의한 민간인 피해에 혈안이 되어 있다. 심지어 빨치산에 의한 학살이 국군 만행으로 둔갑하는 상황까지 벌어지고 있다. 이러한 현상은 미래 세대에게 왜곡된 역사관을 심어 주게 된다.

이에 사단법인 물망초 전쟁 범죄 조사 위원회에서는 적대 세력에 의한 피해 신고 센터를 개설하고 피해 신고를 접수하여 '진실·화해를 위한 과거사 정리 위원회'에 조사를 의뢰하였다. 그리고 6·25 전쟁 시기 북한 인민군과 중공군 등 적대 세력의 전쟁 범죄 행위를 널리 전파하여 국민 역사의식을 일깨우기 위해 이 책을 발간하게 되었다.

이 책에 기록된 적대 세력에 의한 학살, 납치 사례 등은 '진실·화해를 위한 과거사 정리 위원회'에서 조사하여 밝힌 내용과 언론 보도 내용, 자체 조사 내용 등에 기초하였으며 사단법인 물망초 전쟁 범죄 조사 위원회 주관 세미나 등을 통해 발표된 내용을 포함하고 있다.

I. 전쟁 범죄와 인권

 정전 협정을 맺은 지 70년이 지났지만, 북한과 적대 세력[1]에 의해 자행된 전쟁 범죄로 인한 상처는 휴전선 길이만큼이나 길고 긴 심리적 장벽을 쌓고, 미완의 전후 처리 과제를 남김으로써 통일의 길에 장애가 될 전망이다. 북한의 전쟁 범죄에는 몇 가지 유형이 있는데 첫째는 민간인 학살[2]이고, 둘째는 민간인 강제 납북이며, 셋째는 국군 포로 억류 문제로 인권 문제와 맞닿아 있다.

 1954년 대한민국 공보처 통계국에서 작성한 〈6·25 사변 종합 피해 조사표〉에 따르면 1953년 7월 27일(정전 협정일) 기준으로 총 990,968명의 인명 피해 중 북한군과 적대 세력에 의해 피해를 본 민간

---

1) 적대 세력의 사전적 의미는 '적으로 간주되는 힘을 가진 집단'이다. 합동 참모 본부에서 발간한 〈합동 안정화 작전〉 교범에서는 '적대 행위를 자행하거나 적대 의도를 나타내는 세력 및 적성으로 선포된 세력'으로 정의하고 있다. 진실 화해 위원회 기본법에서는 '대한민국의 정통성을 부정하거나 대한민국을 적대시하는 세력'으로 규정하고 있다. 따라서 이 책에서 적대 세력이란 '대한민국의 정통성을 부정하는 북한 인민군과 그들의 정권 기구 요원(정치보위부와 내무서) 그리고 남한 내 남로당의 빨치산(야산대, 인민 유격대), 북한을 도와 우리와 싸웠던 소련군과 중공군'으로 정의하였다. 합동 참모 본부, 《합동안정화작전》(합동 교범 3-12, 2010), p.부-38.

2) '학살'의 사전적 의미는 "참혹하게 마구 찔러 죽임"이라는 뜻으로 개인적이거나 소규모 사례부터 대규모 집단 학살까지도 포함하는 개념이다. 1944년에 렘킨(R. Lemkin)은 '민족 또는 종족 집단의 박멸'이라는 의미에서 '제노사이드(genocide)'라는 단어를 창안했다. 이는 대량 학살(mass murder), 집단학살(massacre), 종족 말살 등의 현상을 통칭하는 용어로 사용되었다. 1948년 유엔에서 체결된 〈제노사이드 범죄의 방지와 처벌에 관한 협약〉 제2조는 제노사이드를 "민족적, 인종적, 종족적 또는 종교적 집단을 전부 또는 일부 파괴할 의도를 가지고 실행된 행위"로 규정하고 제노사이드 범죄에 해당하는 행위를 '집단 구성원을 살해하는 것'으로 적시하고 있다. 이 책에서는 학살을 대량 학살 또는 참혹한 살해의 개념으로 사용하였고, 학살, 희생, 피살 등으로 혼용하였다. 최호근, "제노사이드란 무엇인가?", 《독일 연구 제8호》, pp. 57~64.

인 희생자는 확인된 것만 피학살자 128,936명, 납치 피해자 84,532명이다. 그러나 이들에게 무슨 일이 있었는지 그 진실을 규명하는 일은 전쟁이 끝나고 70년이 지났음에도 요원한 상태다.

민간인 학살은 김일성의 지령에 따라 이루어졌다. 김일성은 1950년 6월 26일 방송을 통해 "도처에서 반역자들을 처단하며, 인민의 정권 기관인 인민 위원회를 복구하라"고 남한의 공산주의 세력과 빨치산을 대상으로 지령을 하달했다. 부수상 겸 외상 박헌영은 1950년 7월 1일 "반역자들을 체포, 처단하여 인민들의 원한을 풀어 줄 것"을 선동했다. 학살은 남한 점령 지역을 접수 통제하기 위해 북한에서 파견된 내무성 정치보위부와 점령 지역에 설치된 내무서 등이 주도했다.[3]

그리고 6·25 남침 직후 서울 시내에 뿌려진 김일성 호소문 전단을 통해 "반동분자, 비협력 분자, 도피 분자를 적발하여 무자비하게 숙청하라"고 지령을 내렸다. 아울러 1950년 6월 30일에는 포고문을 통해 "국군 장교와 판검사는 무조건 사형에 처하고, 면장, 동장, 반장 등은 인민재판에 부치라"는 처리 지침을 내렸다. 이에 따라 무려 12만여 명이 학살된 것으로 추정된다.

주요 인사와 민간인 납북은 북한이 본인 의사와 반하게 강제적으로 납치하여 북한으로 끌고 간 것으로, 전시 납북과 정전 협정 체결 이후 납북으로 구분된다. 전시 납북자 규모는 조사 시기와 주체에 따라 차이를 보이지만 대략 10만여 명에 이를 것으로 추정된다. 2010년 출범하

---

3) 김동광, '6·25 사변 피살자 명부 분석, 의도적인 국가 엘리트 말살', "6·25 피살자 59,994명, 6·25 사변 피살자 명부", 《월간조선》, 2003, pp. 44~54. 정진석, 《6·25 전쟁 拉北》, (서울: 기파랑, 2006. 8. 14.), p. 42. 재인용.《남북 관계 사료집》제22권

여 2016년까지 활동한 국무총리 소속 '6·25 전쟁 납북 진상 규명 위원회'는 2011년부터 2015년까지 약 5년간 신고 접수된 납북 피해 사건 5,505건을 심사하여 4,777명을 전시 납북자로 결정한 바 있다.[4]

전시 납북은 기획 납북과 동원 납북으로 구분하여 볼 수 있다. 기획 납북은 주로 6·25 전쟁 발발 직후인 1950년 6월 말부터 9월까지 불과 3개월 사이에 남한 내 국회 의원, 법조인, 언론인, 행정 공무원 등 지식인을 대상으로 이루어졌다. 동원 납북은 전쟁 중에 필요한 인민 의용군[5], 노무대, 기타 인력 등을 현지에서 강제 동원한 것이다.

김일성은 1946년 7월 31일 남한의 지식인 납북을 지시하였다. 김일성은 '남조선에 파견하는 일군들과의 담화'에서 "오늘 동무들을 부른 것은, 남조선에 있는 인테리들을 데려오기 위한 문제를 의논하기 위해서입니다. (중략) 당면하여 부족한 인테리 문제를 해결하자면 북조선에 있는 인테리들을 다 찾아내는 한편 남조선에 있는 인테리들을 데려와야 합니다."라고 강조한 바 있다.[6] 김일성의 지시에 따라 납치 계획이 수립되었고, 서울 점령과 동시에 지식인들에 대한 납북이 이루어졌다. 명백한 전쟁 범죄 행위다.

공보처 통계국이 작성한 〈서울특별시 피해자 명부(2,438명)〉와 대한민국 정부 발행 〈6·25 사변 피납치자 명부(82,959명)〉, 해공 신익희 선생 유품에서 나온 〈6·25 사변 피랍 인사 명부(2,316명)〉, 1956년 대한 적십자사의 〈실향 사민 등록자 명단(7,034명)〉, 1954년 내무부 치

---

4) 통일부, 《2023 통일 백서》, 2023. 4. p. 56.

5) 정규군을 지원하기 위해 조직된 군대 또는 군인으로서 1950년 7월 1일 북한 최고인민회의 상임 위원회가 선포한 '전시 동원령'에 근거해 모집되었다. 북한은 1950년 6월 25일 남침과 동시에 전시 동원 정책의 일환으로 의용군 모집을 공식화하였다.

6) 《김일성 선집 4》, 평양 조선 로동당 출판사, 1960. 1. pp. 66~69.《한국 전쟁 납북 사건 사료집 1권》. 2006. 9. pp. 905~906.

안국의 〈피납치자 명부(17,940명)〉 등 5개 문서에 등재된 납북자 명단 112,687명 가운데 중복된 명단을 제외하면 총 96,013명이다. 납치는 김일성의 지시에 따라 계획되고 집행된 명백한 전쟁 범죄이다.

정전 협정 이후 납북자는 통일부 집계에 따르면 총 3,835명으로 이 중 9명은 탈북하여 귀환하였고, 3,310명은 북한이 송환하였으며 516명은 북한에 억류된 것으로 추정된다.[7] 정전 협정 이후 납북자에 대해서는 별도의 장으로 다루고자 한다.

국군 포로는 대표적인 역사의 조난자들이다. 포로 송환 문제는 정전 협정 당시 유엔군 측의 자유의사 존중과 공산군 측의 강제 송환이라는 원칙의 대립으로 해결되지 못했다. 1953년 7월 22일 쌍방은 최종적으로 포로 숫자를 통보하였는데, 유엔군 사령부는 74,000명(북한군 69,000명, 중공군 5,000명), 공산군 측은 12,764명(한국군 8,186명, 유엔군 4,578명)이었다.

정전 협정일 전후 공산군 측은 최종적으로 국군 포로 8,343명을 인도하였다. 이는 북한이 국군 포로의 수를 대폭 축소하고 상당수를 강제 억류하였을 가능성이 높다. 중공군의 〈항미원조전사〉 기록과 휴전 회담에서 인민군[8] 이상조의 발언, 클라크 전 유엔군 사령관의 회고록, 국

---

7) 통일부, 앞의 책, 2023. 4. p. 56.

8) 인민군은 조선 인민군으로 조선 노동당의 당군이다. 사실상 북한의 국군(북한군)이다. 북한에서는 김일성이 세웠다고 주장하는 '조선 인민 혁명군'이 일본군을 물리쳐 8.15 광복이 이루어졌으며, 그 부대가 지금의 조선 인민군이 되었다고 허위 선전하고 있다. 조선 인민군은 1948년 2월 8일에 창설되었으나 1978년부터는 1932년 4월 25일이라고 하여 이날을 건군절로 지정해 공식화했다. 이는 김일성의 항일 빨치산 전통을 이어받았다는 선전 효과를 위해 김일성이 창설했다는 항일 유격대를 조선 인민군의 전신으로 꾸미기 위함이었다. 그러다 2018년 1월 22일 정치국 결정서를 통해 건군절을 둘로 분리하여 4월 25일은 조선 인민 혁명군 창건일로, 2월 8일은 조선 인민군 창건일로 나누었다.

방부 통계 자료 등을 볼 때 국군 포로의 수는 8~10만 명에 이를 것으로 추정된다.

전쟁에도 지켜야 할 국제 규범이 있다. 국제 규범의 기저에 흐르는 정신은 인권이다. 인권은 인간으로서 마땅히 누려야 할 기본적인 권리로, 생명의 존엄성을 갖춘 생존권과 사상 및 양심, 행동의 자유권, 사회 공동체의 일원으로 삶을 영위하는 사회권 등의 수많은 기본권을 토대로 보장된다. 인권은 유엔의 세계 인권 선언을 대표로 하는 국제 사회의 다양한 국제 법규를 통하여 전 인류적으로 그 가치를 공유하고 있다.

전쟁법 위반은 전쟁 범죄(war crime)로 국제 형사법적 개념이다. 따라서 국내법과 마찬가지로 죄형 법정주의와 재판을 통한 형의 확정이라는 개념이 명확히 준수되고 적용되어야 한다. 국제 형사 재판소 관할 범죄의 처벌에 관한 법률에서 정하는 전쟁 범죄의 기준은 다음과 같다.

1. 집단 살해죄(국제 형사 범죄법 제8조)
   - 제노사이드
   - 포로 학살
2. 인도에 반한 죄(제9조)
   - 강제 노동(제2항 제2호)
   - 고문(제2항 제2호)
   - 전시 강간(제2항 제6호)
3. 사람에 대한 전쟁 범죄(제10조)
   - 인체 실험(제3항 제3호)
   - 확인 사살(제3항 제4호)
   - 소년병(제3항 제5호)
   - 식민지(제5항 제2호)
4. 제네바 협약 위반(제12조)
   - 적십자 표장 및 그것을 달고 있는 사람과 사물, 장소 등을 겨냥한 공격
   - 허용된 곳 이외에 적십자 표장을 오남용하는 행위
5. 금지된 방법에 의한 전쟁 범죄(제13조)
   - 배신 행위(제1항 제7호)

2005년 노무현 정부에서는 〈진실·화해를 위한 과거사 정리 위원회〉를 설치[9]하였다. 위원회는 광복 이후부터 6·25 전쟁 전후 시기에 불법적으로 이루어진 민간인 집단 희생 사건과 광복 이후 권위주의 통치 시까지 대한민국의 정통성을 부정하거나 대한민국을 적대시하는 세력에 의한 테러·인권 유린과 폭력·학살·의문사 사건 등을 조사하고 2010년에 임무를 종료한 바 있다.

  그리고 2017년 문재인 정부에서 제2기 〈진실·화해를 위한 과거사 정리 위원회〉가 설치되어 활동에 들어갔다. 그러나 이들의 활동은 군경과 유엔군에 의한 민간인 피해에 초점이 맞추어져 있어 북한군을 비롯한 적대 세력에 의한 민간인 희생 사건에 대해서는 조사가 제대로 이루어지지 않았다. 더욱이 유엔군에 의한 희생자에 대한 국가 배상 특별법은 제정하였으나 북한군과 적대 세력에 의한 희생자에 대해서는 피해 보상 특별법이 제정되지 않음으로써 북한군과 적대 세력에 의한 피해를 아군과 경찰에 의한 피해로 둔갑시키는 역사 왜곡 현상까지 나타나게 되었다.

  이에 역사의 조난자들을 기억하며 북한 인권 운동에 앞장선 사단 법인 물망초에서는 향후 통일에 대비하기 위해서라도 6·25 전쟁 중 북한에 의해 저질러진 전쟁 범죄 행위를 낱낱이 밝혀 널리 알리고, 왜곡된 역사적 사실을 바로잡기 위해 〈전쟁 범죄 조사 위원회〉를 설치했다. 전쟁 범죄 조사 위원회에서는 매년 두 차례 세미나를 개최하여 북한을 비롯한 적대 세력에 의해 자행된 범죄 행위를 밝혀 왔다. 아울러 과거사 정리 목적으로 정부가 설치한 〈진실·화해를 위한 과거사 정리 위원회〉의 활동을 감시하고 견제하는 역할을 행하였으며, 한시적으로 피해 신고 센터를 운영하여 진실 규명을 위한 활동을 전개하였다.

---

9) 법제처, 〈진실·화해를 위한 과거사 정리 기본법〉 (법률 제7542호), 2005. 5. 31. 제정

II. 6·25 전쟁기 민간인 학살

1. 민간인 피해 종합 현황

　6·25 전쟁 시기 북한군과 중국 공산군(중국 인민 지원군) 그리고 남로당[10] 좌익 세력들은 우익 세력, 언론인, 군인, 경찰, 공무원, 지주, 교사, 자본가, 종교인, 지역 토호 혹은 그들의 일가족을 학살하였다. 민간인 학살은 국군과 유엔군의 반격 작전기에 집중적으로 자행되었는데 이는 9월 20일경에 북한 당국의 '수감자 처리 지침'과 김일성이 전선 사령관에게 하달한 '유엔군 상륙 때 지주(支柱, 무엇인가를 지탱해 줄 수 있는 기둥이나 의지할 수 있는 힘)가 되는 모든 요소를 제거할 것'이라는 명령을 근거로 하였다. 수많은 형무소 수감자 및 내무서, 정치보위부 유치장 등에 수감되어 있었던 인사들이 학살당하거나 북으로 납북되었다.[11]

　〈표-1〉에서 특별히 전쟁 범죄 행위로 주목하는 것은 '학살'과 '납치' 문제다. 〈표-1〉에서 보는 바와 같이 1952년까지 피학살자는 122,799명, 납치 피해자는 82,959명으로 종합하였으나, 1953년 휴전을 기준으로 공보처에서 작성한 〈6·25 사변 종합 피해 조사표〉에 따르면 피학살자 128,936명, 납치 피해자 84,532명이다. 이를 각 지역별로 정리하면 〈표-2〉와 같다.

---

10) 1946년 11월 남한에서 활동하던 공산주의자들이 결성한 통합 정당을 말한다. 광복 이후 남한의 3대 좌익 정당은 박헌영이 지도하는 조선 공산당, 여운형이 지도하는 조선 인민당, 백남운이 지도하는 남조선 신민당이다. 이들은 1946년 8월 조선 공산당의 제의로 3당 통합을 추진하여 1946년 11월 23~24일 '3당 합동 대회'를 개최하고, '남조선 로동당'을 결성했으나 1948년 6월 30일 '북조선 로동당'과 통합하여 '조선 로동당'을 결성함으로써 해체되었다. 극동 문제 연구소,《공산주의 사전》, p. 151.

11) 국방부 군사 편찬 연구소,《북한군 등 적대 세력에 의한 민간인 희생 사건 조사 연구 보고서》, 2013. 6. 28. p. 57.

<표-1> 6·25 전쟁기 민간인 인명 피해 통계 종합[12]

단위: 명

문헌명	총계	학살	납치	사망	부상	행방불명	발행연도
한국전란1년지 (국방부)	434,666			163,461	104,722	166,483	1951년 10월
한국전란2년지 (국방부)	965,990	122,799	82,959	236,475	225,582	298,175	1952년 1월
통계연감 1952년 (공보처)	965,990	122,799	82,959	236,475	225,582	298,175	1953년 10월
통계연감 1953년 (내무부)	990,968	128,936	84,532	244,663	229,625	303,212	1955년 6월
6·25 사변 피살명부 (공보처)	59,664	59,664					1952년 3월
서울시 피해자 명부 (공보처)	4,616	976	2,438			1,202	1950년 12월
6·25 사변 종합 피해 조사표 (공보처)	990,968	128,936	84,532	244,663	229,625	303,212	1954년 3월

---

12) 국방부 군사 편찬 연구소, 위의 책, p. 17.

〈표-2〉 6·25 전쟁기 지역별 민간인 인명 피해 현황[13]

단위: 명

시도별	총계	사망	학살	부상	납치	행방불명
총계	990,968	244,663	128,936	229,625	84,532	303,212
서울특별시	129,908	29,628	8,800	34,680	20,738	36,062
경기도	128,740	39,728	7,511	25,479	16,057	39,965
충청북도	70,003	24,320	3,409	12,658	6,312	23,304
충청남도	75,409	23,707	5,561	20,290	10,022	15,829
전라북도	91,861	40,462	14,216	15,364	7,210	14,609
전라남도	193,788	14,193	69,787	52,168	4,171	53,469
경상북도	97,851	35,485	6,609	21,061	7,584	27,112
경상남도	72,306	19,963	6,099	32,417	1,841	11,986
강원도	130,777	17,122	6,825	15,483	10,528	80,819
제주도	325	55	119	5	69	57

위 〈표-2〉에서 보는 바와 같이 6·25 전쟁 중 민간인 인명 피해는 사망, 학살, 부상, 납치, 행방불명 등 총 990,968명으로 이중 적대 세력에 의해 학살된 민간인은 128,936명, 납치된 민간인은 84,532명이다. 특이한 점은 전라도의 피학살자가 84,003명으로 전체 피해자의 65%를 차지한다는 점이다. 왜 전라도에서 피학살자가 많았는지에 대해서는 뒤에서 알아보기로 하겠다.

---

13) 공보처 통계국, 〈6·25 사변 종합 피해 조사표〉, 1954. p. 6. 재정리한 자료임.

2. 주요 언론인·종교인 학살[14]

(1) 언론인

1952년에 공보처가 조사한 《피살자 명부》에 신원이 확인된 언론인은 23명으로 다음과 같다.

- 이종린(李鍾麟, 68세) 구한말 대한민보 기자였던 원로 언론인이며 제헌 국회 의원과 2대 국회 의원(외무 국방 위원장)이었다. 1950년 9월 29일 성북경찰서로 끌려가 피살되었다.
- 신일용(辛日鎔, 56세) 일제 강점기 조선일보 주필로 대표적인 사회주의 논객이었다. 흥 농구 협회 이사장으로 한민당 집행 위원이었다. 1950년 7월 27일 자택에서 연행, 서울 수복 후 10월 14일 서대문 형무소 뒷산에서 학살당한 시체로 발견되었다.
- 고영환(高永煥, 55세) 일본 와세다 대학을 졸업하였고 보성전문에서 교편을 잡고 있었다. 동아일보 정치부 기자, 논설위원, 대한 독립신문 주간, 광주 동광 신문 주필 등을 역임하였다. 1950년 9월 21일 종로구 자택에서 부인 허영순과 함께 피살되었다.[15]
- 한오혁(韓五赫, 39세) 전쟁 당시 상공부보 편집국장으로 일제 강점기 동아일보 함흥 주재 기자였고 광복 후 월남하여 한국일보(현 한국일보가 아님) 사회부장을 역임했다. 1950년 9월 25일 서대문구 대현동 자택에서 피살되었다.
- 정수일(鄭秀日, 53세) 조선일보 기자, 1950년 1월 대중일보(大衆日報) 주간으로 8월 25일 본적지인 화성군 송산면 사강리에서 피살되었다.
- 손상보(孫相輔, 43세) 1949년 4월 양근환이 〈혁신보〉의 후신으로

---

14) 정진석, 《6·25 전쟁 拉北(납북)》, (서울: 기파랑), 2006. 8. 4. pp. 46~242.
15) 권오철, 《한국 언론 인물 사화》, 8·15전편, 하, 대한 언론인회, 1992, pp. 25~30.

창간한 〈혁신탐정사〉의 기관지 여론신문의 주필이었다. 1950년 9월 22일 서대문 형무소에서 피살되었다.

- 박재영(朴裁英, 51세) 1945년 11월 25일 이종형이 창간한 극우 신문 〈대동신문〉의 전무 이사로 대전 형무소에서 피살되었다.
- 박용하(朴瑢夏, 61세) 공보처 자료에는 '신문사 사장, 국민회 간부'로 기록되어 있고, 피살자 명부에는 '신문 기자'로 기록되어 있으나 기자는 아닌 것으로 판단된다. 1950년 9월 26일 종로구 삼청동에서 피살되었다.
- 이평권(李平權, 43세) 전북신문과 전주일보를 통합한 〈전북일보〉 부사장으로 1950년 9월 27일 완주 군수 관사 방공호에서 피살되었다.
- 이중근(李重根, 36세) KBS 직원으로 1950년 7월 5일 방송국 앞에서 피살되었다.
- 최영욱(崔泳旭, 60세) 호남신문 사장과 광주 제중병원장, 미군정 시기에는 한국인 초대 전라남도 지사를 역임했다. 공산당에 체포되어 광주 교도소에 투옥되었다가 총살당했다.
- 한규호(韓奎浩, 36세) 서울신문 사회부 기자로 6·25 이전 국군의 공산 게릴라 소탕 작전에 종군하였으며 6·25 직후 서울신문에 전황을 보도하였다. 1950년 9월 10일(내무부 조사에는 7월 25일) 종로구에서 정치보위부원에게 납치된 후 피살되었다.
- 고광엽(高光燁, 34세) 사법 신문 기자로 1950년 8월 25일 장성에서 피살되었다.
- 고병철(高炳喆, 37세) 전북일보 장수 지국 기자로 1950년 9월 14일 전북 장수군 장수면 장수리에서 피살되었다.
- 박영호(朴英鎬, 45세) 군산민보 정읍 주재 기자이자 정읍 기자단 기획국장으로 전주 형무소에 감금되었다가 피살되었다.

- 박인규(朴仁奎, 40세) 경향신문 부여 주재 기자이자 부여 기자단 단장으로 1950년 8월 17일 대전 형무소에서 피살되었다.
- 박일석(朴日錫, 38세) 전북일보 장수 지국장으로 1950년 9월 14일 전북 장수군 장수면 장수리에서 피살되었다.
- 송수빈(宋洙斌, 42세) 전북 신문사 사장으로 6·25 전쟁 발발 후 전주일보와 통합 전북일보를 창간하였다. 1950년 9월 26일 전주 형무소에서 피살되었다.
- 정병현(鄭炳鉉, 29세) 민주일보 광주 주재 기자이자 광주 기자 협회 사업부장으로 1950년 9월 14일 장흥 대덕에서 피살되었다.
- 한원규(韓元圭, 34세) 전라신보 기자이자 전라북도 기자회 회원으로 1950년 9월 27일 남원군 내산면 자위대에서 피살되었다.
- 현충득(玄忠得, 36세) 연합신문 부여 주재 기자이자 부여 주재 기자단 부단장으로 1950년 9월 26일 부여 경찰서에서 피살되었다.
- 현한구(玄漢九, 28세) KBS 라디오 지방 방송 아나운서로 1950년 9월 5일 충남 예산읍 무한천 변에서 피살되었다.
- 홍순업(洪順業, 34세) 사법 신문 기자로 피납치자 명부에는 1950년 9월 27일 전라북도 옥구군 미면에서 피랍으로 되어 있으나 《6·25 사변 피살자 명부》에 의하면 피살된 것으로 기록되어 있다.

1952년에 공보처가 조사한, 《피살자 명부》에 올랐으나 소속이 확인되지 않은 언론인 피살자 13명은 다음과 같다.
- 강홍일(康弘一, 35세) 기자, 1950년 9월 25일 평택군 서탄면 수월암리 자택에서 일가족 4명이 피살되었다.
- 안용우(安龍雨, 35세) 기자, 1950년 8월 22일 경기도 부천군 대부면 자택에서 피살되었다.

- 홍승신(洪承信, 33세) 신문 기자, 1950년 9월 22일 고양군 신촌에서 피살되었다.
- 김인관(金仁官, 36세) 기자, 1950년 9월 27일 전주 형무소에서 피살되었다.
- 김종렬(金宗烈, 25세) 신문사 기자, 1950년 8월 6일 전남 보성군 화원면에서 피살되었다.
- 박소암(朴小岩, 26세) 기자, 1950년 8월 13일 나주군 임자면 진리에서 피살되었다.
- 박영종(朴泳鍾, 42세) 기자, 1950년 9월 26일 경남 함양군 서하면 문의리에서 피살되었다.
- 신영도(辛泳道, 미상) 기자, 1950년 8월 26일 전주 형무소에서 피살되었다.
- 윤이남(尹二男, 43세) 기자, 1950년 8월 12일 대전 형무소에서 피살되었다.
- 이영정(李榮精, 30세) 기자, 1950년 9월 27일 목포 형무소에서 피살되었다.
- 조판옥(趙判玉, 50세) 기자, 1950년 9월 27일 김제 내무서에서 피살되었다.
- 허준섭(許駿燮, 37세) 기자, 1950년 9월 27일 전주시 천주교회에서 피살되었다.
- 이승로(李昇魯, 미상) 서울신문사 박종화 사장 비서, 1950년 6월 28일 현재 신세계 백화점 근처 해군 헌병대 앞에서 총에 맞아 사망하였다.

(2) 종교인(개신교·가톨릭)

6·25 당시 남하한 북한군은 유엔군의 인천 상륙 작전 직후인 1950년 9월 26일 당국의 "반동 세력 제거 후 퇴각하라"는 명령에 따라 퇴각하는 과정에서 개신교인 1,026명과 가톨릭교인 119명 등 총 1,145명을 집단 학살했다. 이러한 사실은 '진실·화해를 위한 과거사 정리 위원회'가 서울 신학대학교 박명수 교수 팀에 의뢰해 진행한 '6·25 전쟁 전후 기독교 탄압과 학살 연구'를 통해 확인되었다.[16]

북한군이 종교인 특히 기독교인을 학살한 것은 '종교 말살' 정책을 펴온 북한 당국의 공식적인 지시로 이뤄졌다. 특히 충남·전북·전남 지역에서 피해가 컸는데 몇 가지 사실에서 이유를 찾아볼 수 있겠다.

첫째, 전라도 지역은 곡창 지대이다. 즉 곡물 생산이 많은 지역으로 농사를 짓는 머슴들과 소작농들이 많았다. 머슴들은 공산주의 계급 투쟁 이론에 쉽게 동화된다. 따라서 유난히 이 지역에 빨치산이 많았다.

둘째, 기독교 정신은 곧 자유 민주주의 정신으로 공산주의 정신과 배치된다. 일찍이 전라도에선 장로교, 충청남도에서는 감리교가 선교 활동을 활발하게 했고 실제 개신교인들이 많았다. 개신교인 학살 사례는 다음과 같다.

① **전남 영광군 염산교회서 김방호 목사와 허상 장로 등 교인 77명이 집단 학살을 당했다.**[17]

6·25 전쟁 발발 후, 북한 인민군은 7월 23일(주일) 오후 염산교회를 인민 위원회 사무실로, 목사 사택을 숙소로 빼앗고 김방호 목사와 가족

---

16) 조선일보, "북한군, 6·25 퇴각 때 종교인 1,145명 학살", 2022. 2. 22.
17) 황기식, 《6·25 전쟁 때 종교인들은 왜 학살당했나?》, "해방 후와 6·25 한국 전쟁 시 북한 인민군들과 지방 빨치산들은 왜 한국교회 교인들을 대규모로 학살했는가?", 6·25 전쟁 72주년 기념 사단 법인 물망초 세미나, 2022. 6. 24. pp. 50~51.

을 내쫓았다. 김방호 목사는 교인들의 가정을 심방하며 예배를 드리는 방식으로 지하 교회를 운영했다.

1950년 9월 15일, 인천 상륙 작전으로 유엔군이 28일 서울을 수복하면서 29일 국군과 경찰이 영광읍에 입성했다. 당황한 인민군은 사무실로 사용하던 염산교회를 불 지르고 교인들을 불순 세력으로 몰아 잔인무도하게 살해하였으며, 김방호 목사와 김화순 사모 그리고 다섯 아들과 어린 손자까지 몽둥이로 때려 살해하였다. 아울러 교회 지도자들인 허상 장로와 노병재 집사 등 교인 77명을 설도 선착장 수문 앞으로 끌고 가 몽둥이로 때리고, 새끼줄로 묶어 돌멩이를 목에 달아 바닷물에 수장시켰다.

77교인 순교자 합장묘
(2024.10.14. 촬영)

수장 순교 기억돌
(2024.10.14. 촬영)

② 전남 영광군 염산면 야월교회서 전교인 65명이 집단 학살을 당했다.[18]

염산면 야월교회는 1908년 유진벨(배유진) 선교사가 세운, 교인 65명밖에 되지 않는 작은 교회다. 1950년 6·25 전쟁이 발발하기 3일 전인 6월 22일 밤 미상의 공산군 1개 부대가 출현했다. 이를 목격한 주민들이 염산 지서에 신고하여 군이 투입되어 대부분 진압하였지만, 일부는 염산서초등학교 뒷산으로 도망갔다.

---

18) 황기식, 위의 책, pp. 51~53.

6·25 전쟁이 발발하고, 전남 영광군 야월리를 점령한 북한 인민군은 지역 유지와 지주들을 교회 마당에서 공개 처형하기에 앞서 인민재판을 열었다. 재판에서 야월교회 김성종 영수[19]가 처형에 반대하면서 다른 사람들이 동조하자 인민군들은 기독교인을 먼저 죽이려는 음모를 꾸미게 되었다. 그리고 이들은 야월교회를 빼앗아 인민 위원회 사무실로 사용하였다.

1950년 9월 15일 인천 상륙 작전으로 28일에 서울을 수복하자, 국군과 유엔군은 29일 함평과 영광으로 진입하였다. 당황한 인민군과 빨치산들은 야월교회 김성종 영수, 조양현 영수, 최판원 집사 등 5명을 끌어다 잔혹하게 폭행하고, 설도 수문 앞에서 수장시켰다. 그리고 나머지 60명의 교인은 손과 몸을 묶어 야월리에서 1km 떨어진 큰북재에 직경 6m 넓이의 구덩이를 파서 생매장하였으며 교회 건물과 교인들의 집을 불 질러 소각했다.

65교인 순교 기념탑
(2024.10.4. 촬영)

어느 성도의 기도
(2024.10.4. 촬영)

---

19) 목사 안수를 받은 사역자들이 부족한 상황에 선교사들은 평신도 사역자를 교회 지도자로 세웠는데 그 직분을 영수라 하였다. 영수 제도는 전문 사역자들이 충분히 공급되면서 사라졌다.

③ 논산 병촌성결교회서 66명이 학살당했다.[20]

북한 인민군 6사단은 1950년 7월 23일 논산을 점령했다. 정치보위부 요원들과 지방 빨치산들이 우익 인사를 검거한다는 목적으로 교회에 들이닥쳐 122명의 교인을 체포, 마을 창고에 감금하고 온갖 고문과 폭행을 자행했다.

북한 인민군과 빨치산들은 유엔군의 인천 상륙 작전으로 인해 북쪽으로 후퇴하면서 지주와 경찰관 가족 등을 잔인하게 학살하기 시작했다. 특히 9월 27일과 28일 병촌2리 까치말과 개척2리 불암산 등지에서 병촌성결교회 신자 66명(남자 27명, 여자 39명, 19세대)을 총, 삽, 죽창, 몽둥이 등으로 잔혹하게 학살하였다.

그중 정수일 집사(당시 31세, 여)는 만삭의 몸임에도 젖먹이를 안고 "공산당은 패전하니 회개하고 예수를 믿으라"고 외쳤다. 그러나 결국 그녀는 "내 영혼을 받으소서"라며 하나님께 자신의 영혼을 의탁하고 장렬하게 순교했다. 이때 유일하게 살아남은 신자 네 사람 가운데 한 사람이었던 김주옥 집사[21]는 기독교 신자라는 이유로 반동으로 몰려 논산

병촌성결교회 전경
(2024. 1. 18. 촬영)

66교인 순교 기념탑
(2024. 1. 18. 촬영)

---

20) 황기식, 위의 책, pp. 53~55.

21) 당시 32세. 훗날 병촌성결교회 1대 장로가 되었고, 1996년 소천하였음.

내무서에 압송되어 감금 중, 유엔군 비행기 폭격의 혼란을 틈타 탈출에 성공하여 고향으로 돌아왔다. 이후 노미종 집사(당시 34세, 여)와 우제학 집사 등과 함께 교회 재건에 헌신적으로 앞장서 오늘의 병촌성결교회가 있게 되었다.

④ 전남 신안군 임자면 진리성결교회에서 48명이 학살당했다.[22]

6·25 전쟁 당시 전남 신안군 임자도에서는 주민 11,000여 명 가운데 2,800여 명이 희생되었다. 1950년 9월 북한 인민군이 임자도를 점령하면서 교인들은 좌익들의 눈을 피해 밀실에 모여 몰래 예배를 드렸다. 그러던 중 북한군에 체포되어 조사를 받았으나 북한에 공산 체제가 들어서기 전 교인이었던 정치보위부장의 도움으로 석방돼 담대하게 예배하였다.

그러나 10월 5일 새벽 2시 죽창을 든 두 청년이 이판일 장로를 찾아와 일가족 13명(노모, 아들 등 3대)을 내무서로 끌고 갔다. 내무서에는 교인 35명도 끌려왔다. 북한군과 빨치산들은 이판일 장로와 교인 48명을

임자 진리성결교회 전경
(사진은 교회가 제공함)

순교 기념탑
(사진은 교회가 제공함)

---

22) 황기식, 위의 책, pp. 55~58.

결박하여 해변 모래사장으로 끌고 가 몽둥이와 곡괭이, 총 개머리판으로 때리고, 죽창으로 찔러 구덩이에 파묻고, 일부는 바닷물에 던져 버렸다.

⑤ 전북 정읍시 소성면 두암교회서 23명이 학살당했다.[23]

6·25 전쟁 발발 후 7월 9일 북한군은 정읍을 점령했다. 북한군은 매일 이 집 저 집을 수색하며 기독교인들의 집에 찾아와서 협박하며 공산당에 협조할 것을 요구했다. 그러나 두암교회에서 시무하던 윤임례 집사의 큰아들 김용은 전도사는 아랑곳하지 않고 예배를 드렸다.

정읍 두암교회 전경(사진은 교회가 제공함).
순교자 기념탑과 순교자 합동 묘역 십자가가 보인다.

그러자 어느 날 내무서원 30여 명과 북한인민군이 윤임례 집사의 집을 찾아왔으나 김용은 전도사가 피신한 뒤였다. 북한군은 김용은 전도사를 찾지 못하자 셋째, 넷째 아들과 첫째 며느리를 폭행하여 피투성이가 되게 하였다. 1950년 9월 유엔군이 상륙한다는 소문이 나돌자 우익 인사를 잡아 가두기 시작했고, 10월 11일에는 김용은 전도사의 동생 김용채를 총살하였다.

그리고 10월 19일 북한군과 내무서원들이 윤임례 집사 집으로 찾아와 윤임례 집사를 총과 죽창으로 찌르고 때려 학살하고 집을 불태웠으며, 윤임례 집사 일가족 모두와 정읍 농업고등학교 학생회장 김용술 씨 그리고 김용은 전도사의 친구 박호준 등 23명의 교인을 잔혹하게 학살하였다.

---

23) 황기식, 위의 책, pp. 58~61.; 정읍 두암교회 약사, https://bibletour.tistory.com/206 인터넷 검색일 2024. 1. 20.

⑥ 전남 무안군 복길교회에서 86명이 학살당했다.[24]

복길교회는 130여 가구가 모여 사는 어촌 마을에 세워졌다. 이 마을은 초대 전남도지사 이남규 목사의 리더십으로 일찍이 개화되었고, 마을 사람들 대부분이 기독교인이다. 한국 전쟁이 발발하면서 북한 인민군이 마을에 들어와 기독교인을 탄압했다.

유엔군의 인천 상륙 작전으로 퇴각하게 된 인민군은 9월 29일 복길마을에 들어와 주민들을 선창으로 집합시켜 끈으로 묶어서 3척의 돛단배(풍선 배)에 싣고 '저도' 앞바다 가운데에 수장시키거나 갯벌에 생매장하여 학살하는 충격적인 만행을 저질렀다.

주모자는 당골(호남 지방에서 무당을 지칭함) 최난수와 머슴살이를 했던 사술이 형제 등 4~5명이다. 이들이 복길마을을 급습한 30여 명의 인민군과 손을 잡고 마을 주민들을 살상한 것이다. 2003년 목포 대학교 역사 문화학부 학술 심포지

순교자 기념비에는 이름이 확인된 순교자 68명과 이름이 확인되지 않은 순교자 18명이 새겨져 있다.
(사진은 교회가 제공함)

엄 자료에 따르면, 130세대에서 149명이 피살당했다고 한다. 이들 중 복길교회 교인이 86명이다. 모든 가구에 희생자 가족이 있을 정도로 피해 범위가 넓어 마을 전체에 뼈아픈 상처가 아닐 수 없다.

故 정대성 장로는 당시의 끔찍했던 상황을 다음과 같이 증언했다. "많은 사람을 잔인하게 때리고 수장시켜 바다는 온통 핏빛으로 변했다. 헤

---

24) 황기식, 위의 책, pp. 61~63.

엄을 치거나 물 위로 떠오르는 사람들을 총대로 머리를 때려 죽이거나, 죽창으로 배를 찔러 창자가 나오고, 어떤 사람은 죽창으로 항문에서 입까지 산적처럼 꿰어져 죽었다. 이는 실로 천인공노할 만한 풍경이었다."[25] 다음날인 9월 30일 아침, 바닷가로 파도에 떠밀려 온 시신들의 피가 갯바위에 묻어 붉은 바위가 되었다고 한다.[26]

⑦ 전남 영암 지역에서 기독교인 87명이 학살당했다.[27]

1950년 6·25 전쟁 시 영암 지역은 기독교인이 집단적으로 순교한 지역이다. 영암군 구림면에 위치한 '구림교회', 영암군 학산면에 위치한 '독천교회', 영암군 매월면에 위치한 '매월교회', 영암군 용암리에 위치한 '삼호교회', 영암군 상월리에 위치한 '상월그리스도교회', 영암군 서초면에 위치한 '서호교회', 영암군 서남리에 위치한 '영암읍교회', 영암군 학산면에 위치한 '천해교회', 영암읍 형평리에 위치한 '신흥교회' 등에서 87명이 북한군에 의해 학살당했다.

⑧ 기타 덕암교회 등 8개 교회에서 123명이 학살당했다.[28]

이외에도 전북 지역 고창 덕암교회에서 25명[29], 군산 옥구 원당교회에서 15명[30]이 학살당했고, 전남 지역은 영광대교회에서 25명[31], 백수교회

---

25) 풀가스펠뉴스(http://www.fgnews.kr), 2020. 12. 28.

26) 황기식, 위의 책. p. 63.

27) 황기식, 위의 책. pp. 63~66.

28) 황기식, 위의 책. p. 66.

29) 약사, http://www.deogamch.or.kr 인터넷 검색일 2024. 1. 20.

30) 홍순천, 《원당교회 80년사》, 군산: 영창 인쇄 기획, 2007. pp. 92~97.

31) 선교 100주년 순교 60주년, 영광군 기독교사, 서울: 쿰란 출판사, 2012. pp. 112~121.

에서 36명[32], 묘량교회에서 9명[33], 법성포교회에서 6명[34]이 학살당했다. 충남지역에서는 부여 홍산교회에서 5명[35], 봉동 제네교회에서 2명[36]이 학살당했다.

⑨ 북한에서 피살된 목회자[37]

북한에서도 공산군에 의해 학살된 목회자는 확인된 것만도 목사 5명과 전도사 3명이 있다. 성결교 목사 김인석(金仁錫, 46세)은 회령교회에서 사역하다 피살되었고, 3·1 운동 민족 대표 33인 가운데 한 사람인 감리교 신석구(申錫九, 76세) 목사도 피살되었다.

장로교 목사 정일선(丁一善, 68세)은 1950년 6월 24일 공산당에 체포되어 평양 교도소에 수감되었으나 9월 28일 후퇴하는 공산군이 교도소를 방화하여 화염 속에서 피살되었다. 장로교 목사 조춘일(趙春一, 48세)은 강원도 금화교회를 담임하고 있었는데, 전쟁 발발 하루 전인 6월 24일 정치보위부원이 연행하여 9월 30일경 후퇴하던 공산군에 의해 다른 우익 인사들과 함께 총살당했다.

장로교 목사 조희염(曺喜炎, 66세)은 원산남부교회를 담임하던 중 유엔군이 원산에 진주하던 10월 9일 공산군에게 끌려가 원산 형무소에서 총살당했다. 이외에도 교인 김양근(金良根, 31세)과 전도사 박덕수(朴德洙, 58세), 배영초(裵永楚, 43세)가 피살된 것으로 확인되었다.

---

32) 위의 책

33) 위의 책

34) 위의 책

35) 《월간조선 10월호》, "피랍, 납북된 목사, 신부 등 358명 명단 발굴" 2003. 인터넷 검색일 2024. 1. 20.

36) 황기식, 앞의 책, p. 66.

37) 정진석, 앞의 책, pp. 202~203.

가톨릭과 성공회 그리고 구세군은 한국인뿐만 아니라 외국인도 피살되었다. 가톨릭은 신부 23명(한국인 7, 외국인 16)과 수녀 5명(한국인 4, 외국인 1), 신학생 2명이 피살되었고, 성공회는 신부 5명(한국인 2, 외국인 3), 구세군은 사관 2명이 피살되었다.

1951년 12월 24일 자 조선일보에서 납치한 외국인이 포로 명단에 없음을 밝히고 있다.

1951년 12월 22일 AP통신은 북한이 전쟁 초기에 납치한 외국인 선교사 42명과 외국 시민 40명을 포로 명부에 포함하지 않았다고 판문점 발로 보도했다.[38] 선교사 가운데는 가톨릭 주교 3명, 신부 21명, 수녀 7명, 감리교 목사 6명, 영국 성공회 신부 4명으로 국적은 미국, 영국, 프랑스, 아일랜드, 벨기에, 호주 출신이 포함되어 있었다. 피살자 중 신원이 확인된 가톨릭·성공회·구세군 한국인 및 외국인 신부와 수녀, 신학생은 다음과 같다.[39]

① 가톨릭 신부·수녀·신학생 피살자

- 강만수(姜晚秀, 27세) 세례명 요셉. 대전 교구 홍성 주임 신부로 한국 가톨릭 대사전에는 1950년 8월 11일 공산군에 체포되어 1950년 9월 26일 대전 형무소에서 피살된 것으로 기록하고 있다.

---

[38] 조선일보, "선교사·외교관·기자·상인, 납치당한 외국인 포로 명부에 없다." 1951. 12. 24.

[39] 정진석, 앞의 책, pp. 203~209.

- 박창대(朴昌大, 62세) 1950년 8월 18일 강원도 마지기 광산에서 피살되었다.
- 서기창(徐起昌, 62세) 세례명 프란치스코. 황해도 송화 본당 주임 신부로 1950년 10월 6일 연행되어 10월 13일 피살되었다.
- 유재옥(劉載玉, 50세) 세례명 프란치스코. 서울 대교구 겸이포 주임 신부로 1950년 6월 24일 밤 종로구 혜화동에서 정치보위부원들에게 납치되어 해주 형무소에 수감된 후, 10월 5일 동해주 백사장에 생매장되었다.[40]
- 이광재(李光在, 42세) 세례명 디모테오. 춘천 교구 양양 주임 신부로 1950년 6월 24일 연행되어 원산 와우동 형무소에 수감되었다가 10월 9일 피살되었다.
- 이현종(李顯鍾, 29세) 세례명 야고보. 서울 대교구 신부로 1950년 7월 3일 도림동 천주교회 본당 사제관에서 피살되었다.
- 전덕표(全德杓, 31세) 세례명 안드레아. 서울 대교구 황해도 사리원 본당 보좌 신부로, 한국 가톨릭 대사전에는 1950년 10월 12일 미사를 집전하던 중 정치보위부원에게 납치되어 며칠 후 사리원 성당에서 1km 정도 떨어진 정치보위부 방공호에서 피살된 것으로 기록되어 있다.
- Brennan, Patrick(패트릭 브렌난, 50세) 세례명 파트리치오, 미국 몬시뇰 골롬반회 소속 선교사로 광주 지목구장 신부다. 한국 가톨릭 대사전에는 1950년 7월 24일 목포 본당 주임 신부 쿠삭(Cusak, A.)의 보좌 신부인 오브라이언(O'brian, J.)과 함께 공산군에게 체포되어 대전 목동의 프란치스코 수도원에서 피살된 것으로 기록되어 있다.
- Colin, J.(콜렝) 프랑스 신부. 대전 교구 서산 주임 신부로 1950년 7월 10일 연행되어 9월 23일 이후 피살되었다.

---

40) 차기진,《사목》, "6·25 사변과 천주교회의 순교자들", 1994. 10. p. 29.

- Collier, A.(콜리어) 아일랜드 신부. 춘천 교구 소양로 본당 주임 신부로 1950년 6월 27일 피살되었다.

- Cordess, Marius(마리우스 코르데스, 42세) 프랑스 신부. 대전 교구 당진 주임 신부로 1950년 8월 14일 연행되어 9월 23일 이후 피살되었다.

- Cusak, T.(쿠삭) 아일랜드 신부. 광주 교구 목포 주임 신부로 한국 가톨릭 대사전에는 1950년 7월 24일 공산군에 체포되어 대전 목동의 프란치스코 수도원에서 피살된 것으로 기록되어 있다.

- Leleu, P.(를뢰) 아일랜드 신부. 대전 교구 온양 주임 신부로 1950년 8월 3일 연행되어 9월 23일 이후 피살되었다.

- Maginn, James(제임스 매긴, 40세) 세례명 야고보, 골롬반 외방 선교회 소속 한국 선교사이자 춘천 교구 삼척 주임 신부로 1950년 7월 4일 공산군에 체포되어 7월 7일 삼척읍 자지리에서 피살되었다.

- Molimard, J.(몰리마르, 49 또는 51세) 프랑스 신부. 대전 교구 부여 주임 신부로[41] 1950년 8월 20일 연행되어 9월 23일 대전 형무소에서 피살되었다.

- O'brian, J.(오브라이언) 아일랜드 신부. 광주 교구 목포 주임 신부로 한국 가톨릭 대사전에는 1950년 7월 24일 공산군에 체포되어 대전 목동의 프란치스코 수도원에서 피살된 것으로 기록되어 있다.

- Perrin, P.(페랭) 프랑스 신부. 대전 교구 합덕 주임 신부로 1950년 8월 14일 연행되어 9월 23일 이후 피살되었다.

- Polly, Desideratus(폴리) 프랑스 신부. 대전 교구 천안 주임 신부로 1950년 8월 23일 연행되어 9월 23일 이후 피살되었다.

---

41) 차기진, 위의 책, p. 31.

- Reiller, P.(레일러) 아일랜드 신부. 춘천 교구 묵호 주임 신부로 1950년 7월 12일 연행되어 7월 말 피살되었다.
- Richard, Robert(리샤르, 50세) 프랑스 신부. 대전 교구 예산 주임 신부로 1950년 8월 3일(또는 13일) 충남 예산읍 오리동에서 연행되어 9월 23일 이후 피살되었다.
- 뒤퐁(François René Dupont, 48세) 프랑스 신부. 천안 천주교회에서 사역 중에 천안군 성황동에서 피살되었다.
- 안토니 코리아 주교, 프랑스 신부. 1950년 7월 30일 춘천 소양동에서 피살되었다.
- 오필도(吳必道, 56세) 프랑스 신부. 1950년 8월 16일 온양 천주교 회당에서 피살되었다.
- 김정숙 세례명 마리안나, 샬트르 성 바오로회 수녀. 1950년 10월 15일 연행되어 10월 17일 피살되었다.
- 김정자 세례명 안젤라, 샬트르 성 바오로회 수녀. 1950년 10월 15일 연행되어 10월 17일 피살되었다.
- 박(朴) 세례명 루시아, 성 베네딕도 수녀회 수녀. 1950년 9월 25일 연행되어 10월 11일 피살되었다고 하나, 차기진의 연구에 의하면 원산에서 9월 24일 공산군에게 체포되어 10월 8일경에 피살되었다고 한다.
- 장(張) 세례명 아가다, 성 베네딕도 수녀회 수녀. 1950년 6월 24일 연행되어 10월 14일 피살되었다.
- Beatrix, M.(베아트릭스) 프랑스 수녀. 샬트르 수녀회 원장으로 1950년 7월 15일 연행되어 11월 3일 피살되었다.
- 고광규(高光奎) 세례명 베드로. 광주 교구 소속 신학생으로 1950년 9월 전주에서 피살되었다.

- 전기수(全基洙) 세례명 그레고리오. 광주 교구 소속 신학생으로 1950년 9월 전주에서 피살되었다.

② 성공회 신부·수녀와 구세군 사관 피살자
- 윤달용(尹達鏞, 61세) 세례명 모세. 성공회 서울 대성전 관할 사제 겸 한국 성공회 총감 사제. 1950년 7월 18일 저녁 무렵 정동 대한 성공회 구내에서 세실 쿠퍼 주교와 함께 신원을 알 수 없는 사람에게 연행되어 소식이 끊어졌다. 한국가톨릭 대사전과 대한 성공회 100년사에는 순교로 기록되어 있다.
- 조용호(趙鏞昊, 53세) 세례명 디모데. 성공회 인천교회 신부로 1950년 7월 24일 저녁 11시경 인천시 송학동 자택에서 정치보위부원 5명에게 연행되어 인천 내무서에 감금되었다가 8월 1일 서울 정치보위부로 이송된 후 소식이 두절되었다. 정부의 피납치자 명부에는 7월 7일 인천에서 피살된 것으로 되어 있다.
- Albert, W.(앨버트 리, 이도암, 李道岩) 영국인 성공회 신부로 1950년 7월 18일 공산군에게 체포되어(1990년에 발간된 '대한 성공회 백년사'에는 7월 25일 체포된 것으로 기록됨) 북한 각지로 끌려다니는 '죽음의 행진' 중에 행방불명되었다.
- Clare, Mary(마리아 클라라, 71세) 아일랜드 수녀. 성가 수녀회 초대 원장으로 1950년 7월 18일 공산군에게 체포되어(1990년에 발간된 '대한 성공회 백년사'에는 7월 31일 체포된 것으로 기록됨) '죽음의 행진' 중에 11월 6일 중강진에서 사망했다.
- Hunt, Charles(찰스 헌트, 홍갈로) 한국 성공회 총감 사제로 1950년 7월 18일 공산군에게 체포되어(1990년에 발간된 '대한 성공회 백년사'에는 7월 3일 체포된 것으로 기록됨) '죽음의 행진' 중에 11월 20일 해창리에서 사망했다.

- 강기모(姜基模, 24세) 구세군 사관(참위) 순국자. 1950년 9월 28일 북한군에 잡혀 충남 예산군 손지리 뒷산에서 피살되었다.
- 노영수(盧永守, 46세) 구세군 사관(참령) 순교자. 1950년 9월 5일 지리산 기슭에서 총살당했다. 《기독교 대백과사전》과 《실록 한국 기독교 100년》에 따르면 노영수는 세계 구세군 100년 사상 첫 순교자로 기록되었다. 한편 《피납치자 명부》에는 1950년 9월 22일 경남 함양군 개평리에서 피랍된 것으로 기록되어 있다.

3. 주요 민간인 학살 사례
(1) 서울 대학교 부속 병원 집단 학살

북한군의 최초 학살 만행은 1950년 6월 28일 서울 대학교 의과 대학 부속 병원에서 저질러졌다. 당시 서울 대학교 부속 병원에는 거의 1,000여 명에 달하는 부상 장병들이 응급실, 입원실, 수술실은 물론 병원 복도까지 가득 차 있었고, 이들을 지키기 위해 육군 본부 병참 장교 조용일 소령 지휘하에 국군 1개 경비 소대가 경계 임무를 수행하고 있었다.

전세가 악화되면서 서울 시민들이 피난길에 올랐지만, 병원 의료진들은 오직 환자 치료에만 전념하고 있었다. 6월 28일 아침, 북한군 1개 대대 병력이 병원에 난입하여 국군 경비 소대가 결사 항전했으나 중과부적으로 조용일 소령을 포함한 전 소대원이 장렬히 전사하였다.

병원에 난입한 북한군은 입원 중인 부상 장병을 포함한 일반 환자와 보호자들까지 900여 명을 총으로 난사하여 무자비하게 살해하였으며, 숨어 있다 발견된 환자나 보호자들은 산 채로 보일러실 석탄 구덩이에 묻어 죽이는 천인공노할 만행을 저질렀다. 북한군은 시신을 20여 일간 그대로 방치하였고, 사체 썩은 냄새가 진동하자 창경궁 인근 도로에 모아 불에 태웠다. 당시 서울 대학교 의과 대학 부속 고등 간호 학교 2학

년생으로 자원 입대하여 서울대병원에서 부상자 치료를 했던 박명자 씨는 다음과 같이 증언하였다.[42]

 6월 28일 아침 9시경. 낙산(洛山, 현재 서울 동숭동 마로니에 공원 뒤편의 산)과 창경궁 쪽에서 총과 포 소리가 와르르 쏟아졌다. 나도 모르게 "귀 떨어지겠네." 라고 혼잣말이 나왔다. 이때 선배 간호사가 나를 불렀다.
 "인민군이 왔대. 빨리 숨자."
 수술실 바닥에는 철판이 있었다. 철판을 들면 지하실이 나왔다. 의사와 간호사들이 이 지하실로 숨었다. 그렇게 숨죽이며 있으려니 벽돌이 빠진 틈새로 오토바이 소리가 나더니 "빵 빵" 하는 총소리가 연거푸 들렸다. 나중에 알고 보니 사이드카를 타고 온 인민군이 국군 보초병을 총격한 소리였다. 인민군이 서울대병원을 점령하게 된 것이다.
 지하실에 숨어 있던 우리는 끌려 나왔다. 끌고 나온 사람은 다름 아닌 우리를 지하실로 들어가게 한 의사였다. 그는 인민군 군의관으로 온 사람과 악수를 나누었다. 수술 가운과 모자를 쓰고 따발총을 멘 인민군 군의관 또한 전쟁이 나기 전 월북했다는 서울대 의대 교수였다. 해방 직후 의과대생의 40%가량이 좌익(左翼)이었다는 말이 현실로 나타난 것이다. 인민군 군의관이 말했다.
 "나는 인민군이다. 인민군 전우들이 많이 다쳤다. 포로 취급 안 할 테니 열심히 도와 달라."
 인민군 부상병들이 소달구지와 거적에 실려 들어오기 시작했다. 서울대병원에는 민간인 환자, 국군 부상병, 인민군 부상병들이 함께 있게 되었다. 인민군들이 대학 병원 주위를 촘촘히 둘러섰다. 이때 동창생 한 명이 도망가려 담을 뛰어넘다 척추가 부러지고 말았다. 이 사고로 인민군의 경계는 더욱 강화되었다. 인민군들은 아직까지 국군 부상병들이 서울대병원에 있다는 것을 모르는 눈치였다.

---

42) 《월간조선》"【祕史!】 서울대병원 집단 학살 사건", 1999. 6.

그러다 일이 터지고야 말았다. 인민군 병사들은 한결같이 빡빡머리였다. 인민군 장교들만 머리가 조금 길었다. 국군은 장교, 병사 할 것 없이 머리가 긴 편이었다. 국군 부상병이나 인민군 부상병이나 모두 총기는 그대로 지니고 있었다.

"군관 동무, 어디서 왔시오."

어느 인민군 병사가 국군 부상병에게 물었다. 국군 부상병은 어리둥절해 대답을 못 했다. 인민군 병사도 뭔가 이상함을 느꼈다. 자세히 보니 군복 색이 달랐다.

"쌍 간나, 국방군 새끼 아냐."

인민군이 따발총을 갈겼다. 순식간에 병원 복도를 두고 국군 부상병과 인민군의 총격전이 벌어졌다. 그러나 국군은 중과부적(衆寡不敵)인 데다 몸도 성하지 않았다. 병실을 차례차례로 쳐들어간 인민군은 총상을 입고 침대에 누워 있는 국군 부상병들을 모조리 죽였다. 내가 돌보고 있던 강 대위의 병실에도 인민군이 쳐들어왔다. 강 대위는 몸을 가누기도 힘들었지만, 권총을 뽑아 들었다.

"빵 빵 빵"

연거푸 세 발을 쏘았건만 인민군은 맞지 않았다. 연이어 "드르럭" 하는 인민군의 따발총 소리가 나고 강 대위는 총을 맞았다. 그럼에도 강 대위는 침대 밑으로 기어 들어가 응사(應射)했다. 나는 너무나 무섭고 끔찍해서 두 손으로 얼굴을 감싸 쥐었다.

"인민군이 환자 죽여요!"

나도 모르게 비명이 터져 나왔다.

한참 동안 여기저기서 유리창 깨지는 소리, 비명 소리가 콩 볶는 듯한 총소리에 묻혀 나왔다. 인민군은 국군으로 보이는 사람이면 무조건 죽였다. 이 와중에 민간인 환자들도 무고한 목숨을 잃었다. 내 짐작으론 당시 국군 부상병들은 100명은 족히 넘었다. 그들은 아마 이 학살의 소용돌이에서 벗어나지 못하고 모두 목숨을 빼앗겼을 것이다. 인민군이 울타리를 친 가운데 불편한 몸을 이끌고 살아 도망간다는 것은 불가능한 일이었다.

몇몇 간호사와 의사들이 국군 부상병들을 보일러실이나 지하실에 숨기기도 했다. 그러나 인민군들은 이 잡듯 모두 끌어내었다. 이들을 간호 학교 담벼락이나 나무 밑에 줄줄이 세워 놓고는 모두 총살시켰다. 서울대병원은 피바다가 되었다.

당시 서울대학병원 비뇨기과 수(首) 간호사였던 배명애 씨도 다음과 같이 증언하였다.[43]

1950년 6월 25일 전쟁이 났다는 소식이 전해지자 간호 학교의 박소저 사감은 간호사들을 불러 모았다.

"우리는 백의의 천사다. 너희들은 이제 전쟁터에 나가는 것과 마찬가지다. 언제 죽을지 모르니 깨끗한 속옷을 입어라. 죽어 누가 우리 시체를 보더라도 깨끗한 모습이어야 한다. 전쟁이 났으니 불필요한 것들은 다 버리고 현찰이 있으면 잘 간직해라. 여러분들이 담대한 마음으로 백의의 천사답게 일하길 당부한다."

모두 박 사감의 장엄한 어조에 숙연해졌다.

전쟁이 일어난 다음 날부터 서울대병원에는 국군 부상병들이 실려 오기 시작했다. 50여 명을 수용할 수 있는 병실은 물론 바닥과 복도에까지 빼곡히 국군 부상병들로 채워졌다.

6월 28일 새벽, 창경원과 원남동 쪽에서 총과 포 소리가 요란하게 울렸다. 유리창이 깨질 정도로 큰 소리였다. 병원에선 국군과 일반 환자를 지하실로 옮기기도 했다. 움직이지 못하는 환자는 그대로 침대에 두었다. 의사와 간호사도 지하실로 대피하기 시작했다. 이 당시 비뇨기과에는 5대 독자가

---

43) 《월간조선》 위의 책, 1999. 6.

입원해 있었다. 수술 직후라 움직이지 못하는 상태였다. 나는 5대 독자의 어머니와 함께 병실을 지켰다.

내 고향은 황해도 안악(安岳)이다. 해방되고 가족 중에 오빠와 나만 공부하러 서울로 왔다. 북한 사람들이 전쟁을 일으켜 남으로 쳐들어왔다는 얘기에 마음이 이상해졌다. 북한 사람이나 남한 사람이나 모두 한민족인데 이런 싸움을 왜 하는가. 이렇게 동족 간에 피 흘리며 싸우는데 살아남은들 무슨 의미가 있겠는가 싶어 절망감에 사로잡혔다.

5대 독자의 어머니는 거동도 못 하는 자식이 전쟁통에 혹시라도 다칠까 봐 전전긍긍했다. 그녀를 조금이라도 안심시키려 나는 유리창을 등지고 간호했다.

아침이 되자 조용해졌다. 궁금해 서울대병원 정문 쪽을 살펴보니 군인이 한 명 피 흘리며 죽어 있었다. 건너편 원남동 로터리 근처의 파출소에는 숯처럼 새까맣게 타 죽은 순경도 보였다. 바로 옆에는 역시 총에 맞아 죽은 순경이 쓰러져 있었다.

얼마 후 인민군이 충혈된 눈으로 총을 겨눈 채 들이닥쳤다. 나는 수술실로 끌려갔다. 수술실에는 인민군이 이미 가득 차 있었다. 내가 약을 집어 들자 "독약이 들었는가 보라"며 고래고래 소리를 질러 댔다. 종일 인민군 수발을 드는데 한바탕 총소리가 우당탕 났다. 꼼짝없이 잡힌 나는 무슨 일이 벌어졌는지 궁금증만 더할 뿐이었다.

나중에 들어보니 그 소란은 인민군들이 닥치는 대로 국군 부상병들을 쏴 죽여 일어났던 것이었다. 침대에 누워 있던 이들을 그대로 쏴 죽이고, 지하실에 숨어 있던 이들은 끌어내 병원 앞뜰에 모아 놓고 집단 사살을 했다고 했다. 영안실 쪽 언덕에 죽은 사체들이 산더미처럼 쌓였다. 울창한 나무들이 우거진 함춘원(含春苑, 사도 세자의 묘를 쓴 곳으로 지금은 없어졌다) 동산에도 피비린내가 진동했다.

학살의 광풍이 쓸고 간 다음 날 6월 29일. 좌익 계열의 의사와 간호사들이 병원 정문 앞 광장에 모였다. 서로 어깨동무하며 《으샤 으샤》 소리를 질러 댔다. 개중에는 유명한 의사와 경력이 오래된 간호사들이 눈에 띄었다. 이들은 해방 후부터 전쟁이 나기 전까지 남로당원으로 활동하던 이들이었다.

북한군의 국군 부상병 집단 학살과 민간인 학살은 명백한 전쟁 범죄 행위다. 1949년 8월 12일 제네바 회의에서 채택된 '제네바 협약'은 〈전지(戰地)에 있는 군대의 부상자 및 병자의 상태 개선에 관한 조약〉, 〈해상에 있는 군대의 부상자·병자·난선자의 상태 개선에 관한 조약〉, 〈포로의 대우에 관한 조약〉, 〈전시(戰時)의 민간인 보호에 관한 조약〉 등 4개 조약으로 이루어져 있다. 이 중 〈전지(戰地)에 있는 군대의 부상자 및 병자의 상태 개선에 관한 조약〉 제12조는 전지(戰地)에서의 부상자와 병사자를 보호하도록 규정하고 있다. 조문의 내용은 다음과 같다.

"…군대의 구성원과 기타의 자로서 부상자 또는 병자인 자는 모든 경우에 존중되고 보호되어야 한다. …그들은 성별, 인종, 국적, 종교, 정견(政見) 또는 기타의 유사한 기준에 근거를 둔 차별 없이 인도적으로 대우 또는 간호되어야 한다. 그들의 생명에 대한 위협 또는 그들의 신체에 대한 폭행은 엄중히 금지한다. 특히 그들은 살해되고 몰살되거나 고문 또는 생물학적 실험을 받도록 되어서는 안 된다."

서울대학병원에는 1963년에 현충탑이 세워졌다. 그리고 매년 6월이면 참배 행사를 한다. 현충탑에는 '이름 모를 자유 전사의 비문'이 다음과 같이 기록되어 있다.

"1950년 6월 28일.
여기에 자유를 사랑하고, 자유를 위해 싸운 시민이 맨 처음 울부짖은 소리 있었노라.

여기 자유 서울로 들어오는 이 언덕에 붉은 군대들이 침공해 오던 날

이름도 모를 부상병, 입원 환자. 이들을 지키던 군인 시민 투사들이

참혹히 학살되어 마지막 조국을 부른 소리 남겼노라.

그들의 넋은 부를 길이 없으나 길게 빛나고 불멸의 숲속에 편히 쉬어야 하리.

겨레여 다시는 이 땅에 그 슬픈 역사를 되풀이하지 말게 하라."

서울대학병원에 세워진 현충탑
(2024. 1. 20. 촬영)

(2) 용산구 서빙고(한강 백사장) 우익 인사 학살[44]

1950년 7월 16일 광산업과 화장품 공장을 운영하며 대한 청년단(약칭 韓靑) 용산·마포 지부장으로 활동하던 박계문(남, 44세)과 철공소 직원으로 한청(韓靑) 단원이던 최용득(남, 28세)이 우익이라는 이유로 보광동 집에서 연행된 후 보광동 공회당에 감금되었다. 당시 공회당에는 공무원, 마을 유지, 한청(韓靑) 단원 등 40~50명 정도가 감금되어 있었다. 7월 17일 새벽, 이들은 전깃줄에 묶인 채 북한군과 좌익들에 의해 서빙고 한강 백사장으로 끌려갔고, 새벽 4시경 전원 총살되었다.

(3) 인민재판에 의한 반동분자 처형[45]

1950년 6월 28일 북한 인민군이 서울을 점령하자 노동당 서울시 중구 인민 위원회는 을지로 3가에 있는 '애지사' 사장 김팔봉 씨와 문선

---

44) 진실 화해 위원회, 《2010년 상반기 조사 보고서》, p. 409.

45) 국방부 군사 편찬 연구소, 앞의 책, p. 56. 재인용.

과장 전영환 씨를 악질 반동분자로 규정하고 감금하였다. 그리고 7월 2일 오전 9시 시내 국립 극장 앞 광장에서 일반 당원 300여 명을 동원한 가운데 인민재판을 열었다.

재판에서 노동자의 임금과 시간을 착취하여 대한민국에 활동비를 제공함과 동시에 북한 애국 청년들을 무수히 경찰에 밀고, 투옥하게 한 악질 반동분자로 사형을 언도하고, 군중들에게 장작으로 타살하게 하였다. 이들은 인민 공화국 만세를 외치며 사체를 노상으로 끌고 가서 인민군 내무서 본부에 인계하였다.

(4) 강화군 군수 등 주민 66명 집단 학살[46]

6·25 전쟁 초기 북한군은 강화군 길상면에 본부를 두고 짧은 기간 주둔하였다. 북한군 일부 병력과 내무서원들은 좌익 세력과 함께 군·면·리 단위에서 인민 위원회·자위대·전평(조선 노동 조합 전국 평의회)·민전(민주주의 민족 전선)·농민 조합 등을 구성하였다[47]

출처: 국가 기록원(북한군 학살 양민 사진.
강화군 학살 사건과는 관계없음)

이들은 6월 27일부터 활동을 시작하여 강화군수 홍재룡, 경찰서장 김추성 등을 연행하여 내무서 유치장에 감금하였고, 점령 기간 반동분자로 분류된 다수의 주민을 강화읍 산업 조합 창고에 감금하였다.

---

46) 진실 화해 위원회,《2008년 하반기 조사 보고서》, p. 714.

47) 강화사편찬위원회 증보《강화사》, pp. 315~316.

북한군과 좌익들은 1950년 9월 29일과 30일 사이에 강화군 선원면을 비롯한 11개 면 주민 66명을 하점면 이강리와 불은면 상동암리 대청교, 양사면 인화리 중외산 중턱, 개성 송악산 중턱에서 학살하였다. 특히 양사면 인화리 중외산 중턱에서는 38명을 집단 학살하였다. 그리고 10월 초에는 개성 송악산에서 집단 총살하였다.

(5) 양평군 주민 61명 집단 학살[48]

　북한군과 정치보위부원, 내무서원은 양평군 양평면, 용문면, 옥천면, 강하면, 단월면 주민 61명을 국군과 유엔군의 지원 세력이 될 수 있다는 이유로 1950년 9월 26일에서 30일경 양평군 양평면 양근4리 남한강변 백사장에서 집단으로 학살하였다. 희생자들은 대부분 공무원이거나 우익 단체 회원, 혹은 부농이었으며 20~40대 남성들이었다. 희생자 중 대한 청년단원[49]으로 활동하였던 사람이 31명으로 가장 많았고, 국민회[50]와 대한국민당[51]에서 활동하였던 사람도 7명이 있었다.

---

48) 진실 화해 위원회, 《2007년 상반기 조사 보고서》, pp. 167~168.

49) 대한 청년단은 1948년 12월 19일 해방 이후 존속되어 온 대동 청년단, 서북 청년단, 독청, 국청, 총청 등 그 밖에 군소 청년 단체를 규합하여 창설되었다. 《평화일보》, 1948. 12. 21. '청년 단체 통합으로 대한 청년단 발족', 당시 신성모 대한 청년단 단장이 "이 청년단의 사업 계획안에는 주로 도로 정비와 식목 등의 각종 민간사업을 포함하고 있으나 중요한 임무는 방공(防共)이다."라고 담화를 발표하였다. 《동아일보》, 1948. 12. 19.

50) 대한 독립 촉성 국민회의 약칭으로 기존의 반탁 운동 기관인 이승만 중심의 독립 촉성 중앙 협의회와 김구 중심의 신탁 통치 반대 국민 총동원 중앙 위원회가 1946년 2월 8일 통합하여 만들어진 우익 진영의 대표적 대중 조직이다. 오유석, 〈한국 보수 지배 세력 연구〉, 《사회와 역사》 제45권, 1995. 12. pp. 168~169.

51) 정부 수립 후인 1948년 10월 2일 이승만이 대중 단체인 국민회를 기반으로 여당 성격을 띤 대한국민당을 결성하였다. 김수자, 〈이승만의 여당 결성과 활용〉, 《한국 근현대사 연구》, 제31집, pp. 204~244.

(6) 가평군(노루목 고개) 주민 200여 명 집단 학살[52]

북한군과 정치보위부원 및 내무서원은 1950년 9월 25일부터 26일 사이 후퇴하던 중 가평군 가평면·상면·북면·하면·외서면(현 청평면)·설악면 주민 200여 명을 가평면 마장리 노루목 고개에서 집단 학살 하였다. 희생자는 대부분 농업에 종사하는 20~40대 남성이었다.

기록에 따르면 6·25 전쟁 당시 다수의 가평군 주민들이 인민군에 의해 연행·감금되었다가 9·28 수복 이전 노루목 고개에서 내무서원에 의해 사살되었고, 이들의 시신이 구덩이 안에서 발견되었다고 한다.[53]

미군 전쟁 범죄 조사단이 작성한 KWC(Korean War Crimes)[54] #1668에 기록되어 있는 희생자 유족들의 진술에 의하면 사건 현장인 노루목 고개에서 이미 파여 있던 구덩이 8개가 발견되었는데, 그 구덩이 중 큰 구덩이에서는 40~50구의 시신이, 비교적 작은 구덩이들에서는 각각 10~18구의 시신 등 총 200여 구의 시신이 발견되었다고 한다.

출처: 국가 기록원(북한군 학살 양민 사진. 가평군 학살 사건과는 관계없음)

구덩이 속 시신들은 두부와 흉부에 총상을 입은 상태였고, 손은 철사로 묶여 있었으며, 모든 시신이 무릎을 꿇은 자세로 발견되었다고 한다. 희생자

---

52) 진실 화해 위원회, 《2008년 상반기 조사 보고서》, pp. 179~190.

53) 가평 문화원, 《가평의 지명과 유래》 상, 2000. pp. 104~105.

54) 6·25 전쟁 중 미 육군 전쟁 범죄 조사단이 작성한 한국 전쟁 범죄 조사 문서로 조사단은 기간 중 총 1,848건에 대한 피해 대상자를 유엔군과 한국군, 남·북한 민간으로 구분하여 조사한 결과를 KWC 최종 보고서로 제출했는데, 북한군 등 적대 세력에 의한 남·북한의 민간인 피학살자를 32,999명으로 판단했다.

로 확인된 120명의 인적 사항을 보면 대부분 남성이고 20~40대가 전체 연령의 85%를 차지하였으며, 직업별로는 농민이 80명으로 67%를 차지하였고 공무원, 교사 등이 21명으로 지식인이 17%를 차지하였다.

(7) 강원도 화천군 상서면 신대리 주민 5명 학살[55]

6·25 전쟁 전 철원·화천·양구는 북한 통치 지역이었다. 전쟁 기간 내내 이 지역은 격전의 중심지였고 국군과 인민군 사이에 전쟁의 주도권이 계속 바뀌었으며 1951년 4월 중공군 춘계 공세 때부터 이 지역이 전쟁의 주 무대가 되었다.[56]

화천군 상서면 신대리 학살 사건은 박용구(남, 68세), 강신봉(남, 50세), 이창윤(남, 40세), 강용원(남, 18세), 이흥열(남, 18세) 등 5명이 1950년 11월 14일 북한군에 의해 학살당한 사건이다. 박용구는 농사를 지었고 훈장 선생님이었으며, 일제 강점기 때는 독립운동을 하였다. 강신봉은 농사를 짓는 부농이었고 강용원이 그의 아들이다.

이창윤은 농사를 짓고 면에서 근무하였으며 치안대로 활동하였다. 이들은 국군이 들어오자 국군을 맞이할 준비로 태극기를 그려 마을 가가호호별로 나누어 주었다. 그러나 국군이 후퇴한 후 지방 좌익이 북한군에게 밀고하여 끌려갔고 어느 폐가에 감금되어 구타로 사망하였다.

(8) 강원도 서남부 지역 주민 80여 명 횡성 내무서 집단 총살[57]

강원도 서남부 지역(원주시·횡성군·영월군·평창군·정선군·태백시 등)은 6·25 전쟁 당시 38선 이남이었으나 접경 지역인 관계로 전쟁 발발 전부

---

55) 진실 화해 위원회, 《2009년 하반기 조사 보고서》 p. 411.

56) 진실 화해 위원회, 위의 책, pp. 400~401.

57) 국방부 군사 편찬 연구소, 앞의 책, pp. 78~79.

터 북한 무장 유격대와 군경 사이에 종종 전투가 벌어졌던 지역이다. 이 지역은 전쟁 발발 후 7월 8일부터 북한군의 통치하에 놓이게 되었다.

북한군이 진주하자 지방 좌익과 동조자들이 지방의 유력 인사를 체포·구금하는 한편 선전 공작을 펼치기 시작했다. 이와 함께 임시 인민위원회를 조직하여 상무위원회를 개최하고 7월 25일부터 도내 군·면·리 인민 위원회 선거를 실시하였다. 국군과 유엔군의 인천 상륙 작전 성공으로 9월 30일 영월이 수복되었고, 10월 1일에는 평창·횡성이 수복되었다.[58]

이후 중공군의 개입으로 경찰과 국군이 철수함에 따라 북한 인민유격대[59]의 활동으로 민간인 피해가 자주 발생했다. 대표적인 사건이 횡성 내무서 사건이다. KWC 보고에 따르면 1950년 9월 30일 횡성 내무서에 구금되어 있던 횡성지역 민간인 37명이 북한군·내무서원·지방 좌익 등 35명에게 집단 총살당했다.[60] 당시 내무서에 구금된 김명남 등 민간인 43명은 전선줄로 2명씩 묶인 채 감옥 밖으로 끌려 나와서 횡성에서 북쪽으로 약 1.6km 떨어진 뒷내 강 근처 밭으로 끌려갔다. 김명남 등 3명은 도중에 전선을 풀어 도주하였고, 나머지 민간인은 북한군과 내무서원, 지방 좌익 등에 의해 총살되었다.

---

58) 강원도사 편찬 위원회, 《강원도사(현대편)》, 1995. pp. 102~103.

59) 광복 이후 북한 정권이 남한에서 월북한 자를 모집하여 일정 기간 공작 요원으로 훈련 시켜 남한으로 침투시킨 유격대를 말한다. 북한은 남파 유격대원을 양성하기 위해 평양 근교에 '강동정치학원'을 설치하고 월북한 남로당원 전원을 수용하여 남한에 대한 적화 공작과 유격전 군사 훈련을 실시하였다. 1948년 10월 19일 여순 군사 반란 사건으로 국군 토벌 작전 부대가 호남 및 경남 지역에 집중되고 사회질서가 혼란해지자 1948년 11월 14일 제1차 인민유격대를 남파시킨 것을 시작으로 1950년 3월까지 10차에 걸쳐 총 2,345명의 유격대를 남파시켰다. 국방부 전사 편찬 위원회, 《대비정규전사》, pp. 43~48.

60) 미 전쟁 범죄 조사단 보고서(KWC #879B)

또한 1950년 10월 4일에는 횡성 내무서에 구금되어 있던 민간인 46명이 북한군과 내무서원 25명에게 집단 총살당했다.[61] 당시 횡성 내무서에는 49명이 구금되어 있었으나 횡성 북방 2km 떨어진 고네이베루(횡성읍 북천리 지명)로 끌려가는 도중 정은용 등 3명은 도주하여 생존하였다. 희생자의 시신은 10월 9일 친척들에 의해 수습되었다.[62]

(9) 강원도 주문진읍 교항리 김복득(남, 46세)과 김택영(남, 46세) 학살[63]

강원 영동 지역은 1950년 7월 1일 모든 지역이 북한군 통제하에 들어갔다. 북한군이 점령하는 동안 우익계 요인의 체포와 숙청은 정치보위부가 중심이 되어 좌익 단체가 주도하였다. 체포된 사람은 일단 내무서에서 심사하여 유치장 또는 지하실 창고에 감금되었다. 이후 인민재판을 열어 그 자리에서 즉결 처형하는 경우가 많았다.[64]

그러나 국군과 유엔군의 반격 작전으로 후퇴하게 되자 북한군은 9월 20일경 수감자를 북으로 후송하거나 곤란할 경우 현지에서 적당히 처단하라는 지시에 따라 수감자들을 산중으로 끌고 가 집단 학살을 단행하였다.[65] 중공군 참전 이후에는 북한군과 국군이 밀고 밀리는 공방전 과정에서 북한군 및 유격대에 의해 주민들이 희생되었는데[66] 가해 주체

---

61) 미 전쟁 범죄 조사단 보고서(KWC #602)
62) 진실 화해 위원회, 《2009년 하반기 조사 보고서》 pp. 427~457.
63) 국방부 군사 편찬 연구소, 앞의 책, pp. 79~80.
64) 김남식, 《남로당 연구 Ⅰ》, (서울: 돌베개, 1984.) p. 454.
65) 김남식, 위의 책, p. 454.
66) 강원도사 편찬 위원회, 앞의 책, p. 105; 강릉시사 편찬 위원회 《강릉시사 下》, 강릉문화원, 1996. pp. 263~267.

는 북한군·내무서원·지방 좌익·빨치산[67] 등이다.

대표적인 사례가 주문진읍 교항리 김복득·김택영 희생 사건이다. 주문진읍 교항리에 거주하던 김복득(남, 46세)과 김택영(남, 46세)은 5촌 관계로, 김복득은 상업에 종사하였고 마을 반장과 대한 청년단원으로 활동하였으며, 김택영은 농업에 종사하며 대한 청년단원으로 활동하였다. 이들은 1950년 7월 중순경 북한군과 지방 좌익에 의해 주문진 내무서로 끌려갔고, 20여 일 후 강릉 방향으로 끌려가는 것이 목격된 후 생사가 확인되지 않은 것으로 미루어 집단 희생된 것으로 추정된다.[68]

(10) 강릉 정치범 수용자 19명 총살[69]

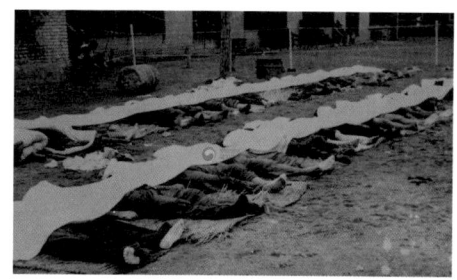

출처: 국가 기록원(북한군 학살 양민 사진. 강릉 학살 사건과는 관계없음)

강릉 내무서 감찰계장 유만호(포로) 진술에 의하면 1950년 9월 20일 내무서장 강치옥이 간부들을 집합시켜, 유엔군이 울진에 상륙하여 전세가 악화되었으니 문건 서류 일체를 소각하고 후퇴하여 9월 23일

---

67) 원래는 "어떤 당파에 속한다"는 프랑스어로 파르티(parti)에서 유래하여 '당원, 당파'의 의미이지만, 러시아 10월 혁명 전후에 게릴라전으로 싸운 비정규군을 이렇게 지칭했는데 현재는 일반적으로 주력부대와 호응하면서 적군 후방을 교란·파괴하는 부대 또는 유격대와 같은 뜻으로 사용된다. 6·25 전쟁을 전후하여 남한 지역에서 일어난 무장 유격대 활동은 남로당과 조선 노동당의 지시하에 조직적으로 전개되었고, 이들은 '야산대(野山隊)', '산 사람' 등으로 호칭 되었다. 미국 문서에서는 빨치산을 '폭도', '반도', '게릴라' 또는 '빨치산'으로 기록하고 있고, 북한 자료에는 '인민유격대', '빨치산'으로 호칭한다. 이 책에서는 '빨치산', '유격대'로 혼용하여 사용하였다.

68) 진실 화해 위원회, 《2009년 하반기 조사 보고서》 pp. 353~354.

69) 국방부 군사 편찬 연구소, 앞의 책, p. 80.

까지 강원도 양양 내무서로 집합하라고 명령하였다. 당시 구금자 40명 중 잡범 21명은 석방하고 남한 정치범 19명은 총살하라는 지시에 따라 9월 21일 강릉 인근 방공호로 데려가서 내무서원들이 총살하고 후퇴하였다.[70]

(11) 강원도 정선군 경찰 및 향토 방위 대원 20명 총살[71]

북한군 중위 이경희(제2군단 독립 제1지대 3여단 1대대 3중대) 포로 진술에 의하면 1951년 1월 27일 정선군 북면에서 향토방위대 책임자를 체포하여 대대장 지시로 총살하였다. 1월 28일 오후 2시경에는 정선에서 남한 경찰 20명, 향토방위대 20명, 민간인 약 150명 등 총 190명을 체포하여 그중 10명의 향토방위대원과 10명의 민간인을 중대에서 배정받아 여단이 철수하는 밤 12시경에 총살하고 후퇴하였다.[72]

(12) 대전 형무소 1,557명, 목동 성당·수도원 110여 명 학살[73]

북한 인민군은 1950년 7월 21일 대전을 점령하였다. 북한군 점령 시기에 대전 형무소는 인민 교화소로 불렸다. 대전 형무소는 150개의 방으로 이루어져 있었으며 방마다 약 40명에서 70명의 죄수를 수용했다. 희생자들은 주로 충남지역 분주소[74]와 내무서 또는 정치보위부에 끌려가 조사를 받고 대전 형무소에 수감되었다.

수감 과정에서 북한 정치보위부는 수감자에게 '양민을 투옥하고 학살

---

70) 미 전쟁 범죄 조사단 보고서(KWC #170)
71) 국방부 군사 편찬 연구소, 앞의 책, p. 81.
72) 미 전쟁 범죄 조사단 보고서(KWC #654)
73) 국방부 군사 편찬 연구소, 앞의 책, pp. 81~82.
74) 분주소는 사회 안전 기관의 하위 말단 기관으로 우리의 파출소보다 작은 지서와 같은 기관이다.

했다'는 내용을 쓰도록 강요했다. 자술서를 쓰지 않는 사람은 구타하여 강제로 쓰게 했다.[75] 북한군은 국군 장교와 판사, 검사는 모조리 사형시키고 경찰, 군인, 면장, 동장, 반장 등은 면밀히 조사하여 사상 검증을 하였다. 북한군은 무고한 양민을 학살했다는 이유로 한국군 포로, 우익 인사, 군인, 경찰, 공무원, 서북청년단을 모조리 찾아 프란치스코회 수도원, 대전 경찰서, 대전 형무소에 분산 수감했다.[76]

1950년 9월 25일 유엔군의 인천 상륙 작전이 성공하자 후퇴하게 된 북한 인민군은 유엔군과 한국군에 이로운 행동을 할 우려가 있는 사람을 모조리 처형하라는 지시에 따라, 9월 25일 밤부터 9월 26일까지 수감자를 100명에서 200명 단위로 인근 야산이나 우물로 끌고 가서 학살했다. 학살 방법도 총살뿐만 아니라 곡괭이 등으로 찍어 죽이거나 산채로 우물에 처넣어 죽이는 등 잔혹함이 극에 달했다.[77]

9월 27일 이른 아침에 북한군은 미군과 국군 포로들의 손을 뒤로 묶은 채 감옥 벽을 따라 판 도랑에 들어가게 하여 총살하였으며, 산 채로 도랑에 묻힌 사람도 있었다. 대부분의 시신은 대전 형무소 뒤편 언덕과 강기슭에서 발견되었다. 국군과 유엔군의 반격 작전으로 후퇴할 시간이 촉박해지자 북한군은 시신을 땅에 묻지 않고 도주했다. 시신을 조사한 결과 대부분이 처형당하기 전에 구타당하고 고문당한 흔적이 있었다.[78]

또한 형무소 내에는 4개의 우물이 있었는데 시신이 발견된 우물은 취사장에 있던 2개의 우물이었다. 우물 속 시신들의 형태는 두 사람이 한

---

75) 진실 화해 위원회, 《2008년 하반기 조사 보고서》 p. 598.

76) 진실 화해 위원회, 위의 책, p. 513.

77) 진실 화해 위원회, 위의 책, p. 513.

78) 문혜경, 〈한국 전쟁기 민간인 학살 연구(대전 형무소 학살 사건을 중심으로)〉, 한국학 중앙 연구원 석사 학위 논문, 2007. pp. 50~52.

손씩 철사로 묶여 차곡차곡 포개져 있었는데, 머리는 터지고 코는 문드러졌으며 온몸이 찌그러져서 누가 누구인지 확인할 수 없었다고 한다.

정치보위부 건물인 프란치스코 수도원에 수감된 사람들은 목동 성당과 수도원 지하실 등에서 희생되었다. 수도원 마당 우물에서 시신 90구가 발견되었고 성당 지하실에서 10여 구, 성당 앞마당에서 6구 등 약 110구 정도가 확인되었다. 프란치스코회 수도원에서는 아일랜드인 수도자와 우익 인사들도 학살되었다.[79]

목격자 증언에 의하면 "9월 28일 수도원에 가 보니 참혹한 광경이 전개되었다. 피투성이인 옷가지, 여기저기 날아다니는 머리카락, 수도원 2층에서 내려오는 계단은 전부 피범벅이고 성당 뒤편 언덕은 밭고랑처럼 땅을 길게 파 놓았는데 그곳에 머리를 맞댄 채 죽은 시신들이 길게 이어져 있었다. 시신은 몽둥이로 머리를 부순 잔인한 모습이었으며, 시신은 수도원 뒤 언덕에서 현 을지병원까지 널려 있었다. 그때 18m나 되는 수도원 우물에서 사람 살리라는 소리를 듣고 가서 청년을 구하기도 했다."고 한다.[80]

The World Peace Freedom에서는 광화문 거리에 위 사진을 전시하여 공산군의 만행을 알리고 있다. (2024. 1. 8. 촬영)

대전 경찰서에는 주로 포로와 부상자들이 수감되었다. 유엔군의 서울

---

79) 진실 화해 위원회, 《2008년 하반기 조사 보고서》 p. 517.

80) https://www.djcatholic.or.kr/ 천주교대전교구 홈페이지, 인터넷 검색일 2023. 9. 13.

수복으로 다급해진 북한군은 9월 27일 수감자들을 경찰서 앞마당으로 모조리 끌고 나와 벽에 묶어 놓고 총살하였다.[81] 조사 결과 대전 형무소에서 학살된 인원은 총 1,557명이었다.[82] 대전 형무소에서는 1952년에 가매장되어 있던 시신들을 수습하여 10일간에 걸쳐 화장하고, 인근 용두산에 사방 5m 콘크리트 탱크를 만들어 합동 안치하였고, 이곳을 지사총(志士塚)이라 명명했다.[83]

(13) 청주 형무소 수감자 728명 학살[84]

경찰 수신 번호 3948, 〈경찰 무선 전보: 진상 조사 의뢰의 건(1950. 9. 24)〉에 의하면 청주 형무소와 청주 내무서, 정치보위부에 수감되어 있던 우익 인사 970명 중 710명이 학살당하고 200여 명은 탈출했으며, 미군은 18명이 소살(燒殺)됐다고 기록하고 있다.

당시 생존자 증언에 의하면 9월 24일 밤 10시경부터 감방에 수감되어 있던 사람들이 끌려 나가서 형무소 뒷산인 당산에서 학살되었다. 시신들은 머리만 밖으로 나온 채 몸은 땅에 묻혀 있었고, 얼굴이 피범벅된 것으로 보아 사람을 산 채로 땅에 묻은 채 머리를 때려 죽였던 것으로 보인다. 일부 총살당한 시신들은 구덩이에 묻힌 채 흙으로 살짝 덮여 있었다고 한다.

국군의 진격으로 다급해지자 북한군은 9월 25일 0시경 형무소를 방화하고 퇴각하였다. 형무소는 목조 건물이었기에 감금되어 있던 사람들

---

81) 진실 화해 위원회, 《2008년 하반기 조사 보고서》 p. 520.

82) 진실 화해 위원회, 위의 책, p. 523.

83) 진실 화해 위원회, 위의 책, pp. 458~602.

84) 국방부 군사 편찬 연구소, 앞의 책, p. 82.

이 창문과 문 등을 부수고 약 200명 정도가 탈출하여 더 큰 희생은 막을 수 있었다고 한다.[85]

(14) 충북 청원군 남이면 소방대장 학살[86]

충북 청원군 임병운과 김천안은 전쟁 이전에 민족 통일 애국 청년회(민애청)와 보도 연맹에 가입하여 좌익 활동을 하였던 인물이다. 이들은 북한 인민군이 마을을 점령하자 마을 자위대 대장으로 취임하여 1950년 9월 4일 남이면 소방대장 강대동을 총살하고, 강대동의 딸 강태임을 마을 뒷산 계곡으로 끌고 가 도끼로 후두부를 찍고 곤봉으로 난타하여 살해하였다.

(15) 서천등기소 창고 우익 인사 250여 명 소살(燒殺)

인천 상륙 작전 이후 후퇴하던 북한 인민군은 좌익 세력과 함께 1950년 9월 27일 새벽 1시경, 충남 서천군 서천등기소(현재의 서천 중학교 위치) 창고에 박규화 등 서천 지역 우익 인사 250여 명을 가둔 상태에서 불을 질러 잔혹하게 학살하였다.

The World Peace Freedom에서는 광화문 거리에 위 사진을 전시하여 공산군의 만행을 알리고 있다. (2024. 1. 8. 촬영)

---

85) 진실 화해 위원회, 《2008년 하반기 조사 보고서》 pp. 291~340; KWC #41. 학살당한 710명 중 240명은 서문교에서, 90명은 산성리 토굴에서 학살당했음.

86) 대검찰청 수사국, 《좌익 사건 실록 제10권》, 1973. 12. 20. pp. 250~253.

이 사건을 직접 실행한 인물은 모두 11명으로 이 중 7명이 정치보위부 소속이고, 나머지는 서천군 남로당 위원장과 내무서장, 세포위원 등이다. 가해자 중 한 명으로 서천경찰서에 체포되어 재판에 넘겨진 이명식의 판결문과 미 전쟁 범죄 조사단 보고서(KWC #32)에 의하면, 이 학살 사건을 모의한 사람은 남로당 위원장 구재극과 정치보위부장 이병제, 내무서장 장한성, 검찰소장(성명불상), 인민 위원장 이구몽 등 5인이고, 학살의 집행은 정치보위부에서 맡았다.[87]

(16) 논산 내무서 민간인 수백 명 학살[88]

북한군은 1950년 7월 중순부터 9월 말까지 논산에 주둔하고 있었다. 이들은 내무서원 및 지방 좌익들과 함께 공무원·경찰·대한 청년단원 등 우익 인사와 그 가족들을 색출하여 각 면사무소 창고나 분주소 등에 감금하고 조사한 뒤 논산 정치보위부로 이송하였다. 이들은 수감된 채 과거의 죄를 자백하라는 고문을 받았고, 매일 몇 명씩 끌려 나가 다시는 돌아오지 않았다.

9월 7일 논산 정치보위부는 수감자들에게 유엔군의 비행기 폭격 때문에 장소를 옮긴다며, 전깃줄로 손을 뒤로 묶어 10명씩 논산 내무서로 이송하였다. 그곳에는 이미 144명의 수감자가 있었다. 9월 8일 오후 6시경에는 5명씩 끌고 가서 따발총으로 총살했고, 일부는 그 자리에 엎드리게 하여 큰 돌로 내리쳐 죽이기도 하였다.

---

87) 진실 화해 위원회, 〈좌익에 의한 서천등기소 창고 집단 희생 사건〉, 《2008년 상반기 조사 보고서》, 2008. 01. pp. 246~248; 이나미, 위의 책, pp. 110~112.

88) 충남 향토 사단, 《향토의 빛난 얼》, pp. 153~155.; 국방부 군사 편찬 연구소, 앞의 책, p. 83.

(17) 창원군 진전면 A급 반동분자 9명 학살[89]

창원군 진전면의 옥철주, 권오석 등은 전쟁 이전에 남로당에 가입하여 야산대(野山隊)[90]원으로 활동하던 자들이다. 이들은 북한 인민군이 마을을 점령하자 인민군 후방 보급을 위해 치안대를 조직하고, 반동분자로 지명된 자를 숙청하기 위해 반동 조사 위원회를 설치하였다.

이들은 1950년 8월 20일경 진전면 양촌리 거주 전(前) 면장 변백섭 등 우익 인사 100여 명을 반동분자로 체포, 감금하였다. 반동분자 위원회에는 A급(처형자), B급(강제 노무), C급(석방자) 등으로 처벌 기준을 정하고, 그중 A급으로 지명된 변백섭 외 9명을 9월 5일경에 학살하였다.

(18) 경남 남해군 경찰관 4명 학살[91]

경남 남해군 창선면 치안대장 이세문 등은 1950년 8월 20일 반동 경찰관과 우익 요인 등을 체포, 살해할 것을 모의하고, 8월 23일부터 27일까지 경찰관 4명을 체포하여 치안대 감찰부에 감금하였다. 창선면 거주 보도 연맹원 가족 70여 명은 8월 29일 목 봉, 죽창, 돌 등으로 이들을 무수히 난타하였다.

---

89) 대검찰청 수사국, 앞의 책, pp. 188~212.

90) 야산대(野山隊)는 합법적인 투쟁을 할 수 없었던 남조선로동당이 무장 투쟁을 벌이면서 만든 조직이었다. 1946년 10월 항쟁 이후 간헐적으로 이어져 오던 투쟁은 1948년 2·7 구국 투쟁을 계기로 본격적인 무장 투쟁의 형태로 나타났다. 이 투쟁은 전국에서 벌어졌는데 서울에는 '행동대', 지방에는 무장 투쟁 세력인 '야산대'가 조직되었다. 대구 지역 야산대의 사례를 보면 1개 군에 50~100명 정도가 편성되었는데, 이 규모는 지역마다 차이가 있었다. 이들이 갖춘 장비는 주로 지서를 습격해서 탈취한 무기가 대부분으로, 소총과 장도(긴 칼) 정도였다. 야산대의 구성원은 일제 강점기 징병·징용으로 끌려가 군 복무를 한 경험이 있거나 10월 항쟁에 참가했다는 이유로 미군정과 경찰의 감시와 추적을 받는 사람들이 대부분이었다. 《한국민족문화 대백과 사전》

91) 대검찰청 수사국, 앞의 책, pp. 131~134.

그 후 이들이 실신 상태에 이르자 소지한 장총으로 총살하였다. 더욱 끔찍한 것은 사망한 경찰관의 복부를 칼로 들어내 간을 꺼내어 씹고, 시체에 소나무 말목을 박는 등 천인공노할 행위를 자행했다는 것이다.

(19) 진주 형무소 수감 중인 우익 인사 300여 명 함양군 대황재 집단 학살

북한 인민군은 함양, 진주, 남해, 거제, 고성, 삼천포 등을 점령하면서 경찰이나 군인, 공무원 등 우익 인사와 그 가족 등 소위 반동분자를 색출하여 진주 형무소에 수감하였다. 그러다 유엔군의 인천 상륙 작전으로 후퇴하게 되자 9월 26일부터 28일 사이에 수감되어 있던 우익 인사 300여 명을 트럭에 싣고 대황재로 이동하여 그곳에서 집단으로 학살하였다.

이 사건은 경상남도 정치보위부의 명령에 따라 경상남도 내무부원, 101보안연대, 지방 좌익 등에 의해 자행되었다. 목격자들은 "수감자 대부분은 한복이나 평상복을 입고 있었고, 줄에 묶여 있었다. 그 인원수가 많은 관계로 묶은 채 한곳에 몰아넣고 난사하여 죽였다."고 증언하였다.[92]

함양군지(誌)에는 다음과 같이 기록되어 있다. "전황이 바뀌게 되자 군내 곳곳에 있던 북한군과 추종자들은 퇴각하면서 구금되어 있던 우익 인사들을 철선으로 묶고 두 사람씩 엮어서 연행하여 서하면과 경계인 대황령 고갯길로 향했다. 기아와 고문에 보행도 부자유한 이들이 죽음의 길로 끌려가는 자신을 알 리가 없고 혹 안다고 해도 어찌할 수 없는지라, 묵묵히 비틀거리며 총부리와 채찍질에 못 이겨 끌려갈 뿐이었다. 눈치를 챘거나 불안한 예감이 있어서 생사를 하늘에 맡기고 언덕 아래로 굴러 야음을 이용하여 피신하여 산 자도 있고, 총탄에 맞아 쓰러진 자도 있었으나 대부분은 대황령 골짜기에서 처형되었다."[93]

---

92) 진실 화해 위원회, 《2009년 하반기 조사 보고서》, p. 139.

93) 함양군, 《함양군지(증보판)》, 1992. p. 153.

(20) 경남 사천 구치소 수감 중인 우익 인사 280여 명 소살(燒殺)

다른 지역과 마찬가지로 경남 사천 지역에서도 북한군이 지역 지주, 경찰, 공무원 등 우익 인사 280여 명을 구치소에 수감하였다. 그러다 인천 상륙 작전으로 퇴각하게 되자 법원 호적계 건물과 구치소에 불을 질러 우익 인사들이 건물에 갇힌 채 불탔다. 미 제2사단 법무관실의 엘리스 대령은 이 사건과 관련하여 다음과 같이 보고했다.

"나는 사천 지역의 법원 호적계 건물 지역을 방문했다. 최근에 불에 타서 무너진 건물이 보였다. 불에 타고 남은 잔해로 미루어 보아 대략 가로 18ft(5.5m), 세로 24ft(7.4m) 넓이로 보였다. 건물의 지붕은 내려앉았고, 내부는 완전히 전소되었다. 감옥의 내부에서 불에 탄 3구의 시신을 볼 수 있었다. 건물 밖과 앞마당에 추가적으로 29구의 시신이 있었고, 총 32구의 시신이 불에 타 있었다. 시신은 대부분 남한 남자들로 죽은 지 4일에서 5일 정도 되어 보였다."[94]

(21) 문경군 각서리 주민 48명 총살[95]

북한군은 문경군 각서리 마을 주민 48명을 점촌 지서 유치장에 감금하고 고문을 가했다. 1950년 9월 24일 국군의 반격으로 전세가 불리해지자 충주 방면으로 도망가기 위해 수감자 48명을 끌어내 철사로 손목을 묶고 이동시켰다.

9월 25일 오후 7시경 문경읍 각서리 이화령 고개를 넘어 문경읍에 도착한 이들은 발걸음조차 제대로 옮기지 못하는 주민들을 더 이상 끌고 갈 수 없다고 판단하여 300m 낭떠러지가 내려다보이는 도로변에 일렬로 앉힌 다음 총격을 가해 전원 사살했다.

---

94) Phillip D. Chinnery, 《한국 전쟁 시 공산군의 전쟁 범죄》, pp. 80~82.

95) 대한민국 재향 군인회 안보 연구소, 《공산당 잔악 행위 현장 발굴 및 안보 교육 강화 연구》, pp. 245~246.

(22) 거창 지역 민간인 1,700여 명 전원 총살[96]

　북한군 제2사단 제3연대 제2대대 2중대 전사 김영주의 진술에 의하면 북한군은 국군 낙오병과 전직 경찰관 그리고 그들의 가족과 민간인 반동분자 약 1,700여 명을 체포하여 구금하고 있던 중, 창녕에서 후퇴하면서 9월 12일부터 16일 사이에 전원 총살하였다.

　첫 번째 사건은 9월 12일 밤 12시경 일으켰다. 거창 서쪽 약 30리 지점에서 제3연대장의 명령으로 반동분자 약 500여 명을 총살하였다. 두 번째는 9월 13일 밤 12시경. 거창 북쪽 산에서 제3연대 2대대장 명령으로 반동분자 550명을 총살하였다. 세 번째 사건은 9월 14일 밤 12시경이었다. 거창군 남상면 일대에서 제3연대장 지시로 반동분자 550명을 총살하였고, 9월 15일경 밤 12시경 전북 무주 덕유산 부근에서 제3연대장 지시로 약 100여 명을 총살한 것이 네 번째 사건이었다.

(23) 전주 형무소 수감자 344명 집단 학살

The World Peace Freedom에서는 광화문 거리에 위 사진을 전시하여 공산군의 만행을 알리고 있다. (2024. 1. 8. 촬영)

　전주를 점령한 북한군은 미처 피난하지 못했던 도내 우익 인사를 체포해 전주 형무소에 수감했다. 전주 형무소에는 기결수 500여 명과 미결수 400여 명을 포함해 우익 인사까지 1,040여 명이 수감됐다. 그 후 한국군과 유엔군의 반격으로 전황이 불리해지자, 9월 26일부터 27일까지 북한군

---

96) 미 전쟁 범죄 조사단 보고서(KWC #893)

102 경비연대 군인들과 전주 형무소 간수 및 내무서원, 지방 좌익 등이 300여 명의 수감자를 곡괭이와 몽둥이 등으로 처참하게 학살하였다.

이때 희생자는 총 344명으로 대한 청년단원, 지방 유지, 공무원, 한독당원, 제헌 국회 의원 등이며 희생자 중에는 정진희, 류준상(제헌 국회 의원), 홍희종(제헌 국회 의원), 정우상(변호사), 조은(경찰), 유해진(제주도지사) 등이 있었다.[97]

(24) 전남 영광군 학살 사건

6·25 당시 영광군의 피살자는 2만 1,225명이다. 이 중 열 살 이하 어린이가 2,500여 명으로 12%에 달한다. 또 여성 피살자가 7,914명으로 전국 여성 피살자의 절반에 가깝다. 여성과 어린이 피살이 많다는 사실은 가족 단위의 학살이 있었음을 의미한다. 특히 영광군에서는 인민군과 빨치산들이 기독교인들에 대한 집단 학살을 자행했다. 유독 영광 지역에서 민간인 피살자가 많은 이유에 대해 호남 지역 향토 사학자인 김정호(86) 前 향토 문화 진흥원장은 다음과 같이 말한다.[98]

"6·25 사변 당시 인민군이 후퇴할 때 미처 지리산으로 못 들어간 빨치산들이 영광 지역에 많이 모여서 빨치산 활동을 했습니다. 그 사람들에 의한 민간인 희생이 컸습니다. 특히 구수산(해발 351m) 주변 백수면과 염산면에서 민간인 피살자가 많았습니다. 영광 지역의 또 다른 특성은 해방 후 사회주의 색채를 가진 인사들이 많았던 곳이라는 점입니다. 좌우 갈등이 심했던 만큼 좌익이나 우익 진영 모두 그로 인한 희생이 컸을 겁니다."

---

97) 진실 화해 위원회, 《2009년 상반기 조사 보고서》, pp. 137~161: 미 전쟁 범죄 조사단 보고서(KWC #733)

98) 《월간조선》 "영광 대학살 2만 1,225명", 2002년 4월호

① 영광 법성포 국군 포로 50명, 우익 인사 38명 집단 학살

 1950년 7월 24일, 인민 의용군으로 자진 입대한 이판영(북한 치안여단 제105연대 제15대대 2중대) 진술에 의하면 7월 26일 영광군 내무서 유치장에 수감 중이던 국군 포로 50명을 소대장 김남이 지시로 북초등학교 동쪽 산에서 10명을 총검으로 살해하고 나머지는 총살했다. 7월 27일에는 법성포 내무서 유치장에 있는 38명의 우익 인사를 인근 야산으로 끌고 가서 총검으로 살해했다.[99]

② 전남 영광군 백수면 백일표 가족 등 일가족 21명 집단 학살[100]

 1950년 9월 28일경 북한 인민군과 좌익 세력들이 후퇴함에 따라 전 백수면 부면장이었던 백덕기는 유엔군 진주 소식을 듣고 유엔군 환영 행사를 준비했다. 그러나 유엔군은 오지 않았고 9월 30일 오후에 빨치산과 유격대들이 들어와서 백덕기, 백일표 등 일가족 21명을 천마리 소재 면사무소 창고로 연행, 구금하였다. 이들은 10월 3일 소위 '인민재판'을 한 후 백수 중앙 초등학교 뒤 천마리 개울가로 끌고 가서 몽둥이와 죽창으로 모두 살해하였다.

③ 울무산에 태극기 게양하던 야든이의 죽음[101]

 야든(여든의 방언)이는 아버지가 여든 나이에 얻은 아들이라 하여 붙여진 별명이다. 성이 양(楊)씨라는 것만 알려졌을 뿐 정확한 이름은 알려지지 않고 있다. 그러나 영광군에서 군수는 몰라도 야든이를 모르는 사람은 없었다고 한다. 야든이는 성품이 온화하고 힘이 좋아서 장터에

---

99) 미 전쟁 범죄 조사단 보고서(KWC #417)

100) 진실 화해 위원회, 《2009년 상반기 조사 보고서》, pp. 427~428.

101) 《월간조선》 "영광 대학살 2만 1,225명", 2002년 4월호

서 짐을 나르거나 초상집과 잔칫집에서 심부름을 하며 받은 돈으로 하루하루를 살았다고 한다. 돈만 준다면 무슨 일이든 마다하지 않았다.

인천 상륙 작전으로 인민군이 물러간 후에도 영광군에는 빨치산들이 산악 지역을 중심으로 활동함에 따라 낮에는 대한민국, 밤에는 인민 공화국의 천하가 되었다. 영광군 영광읍에 있는 해발 257m 높이의 울무산이 빨치산들이 숨어 활동하는 곳이었다. 이 울무산 정상에는 국기 게양대가 있었는데 낮에 태극기를 걸어 놓으면 밤에 빨치산들이 인공기로 바꾸어 걸었다. 아침마다 태극기를 걸기 위해 울무산을 오르는 일은 목숨을 거는 일이었다.

영광군 사람들은 울무산에 태극기를 거는 일을 야든이에게 맡겼다. 야든이는 민주주의도 공산주의도 모르고 오로지 일용할 양식을 구하기 위한 돈이 필요한 아이였다. 그런 야든이가 어느 날 아침 태극기를 게양하러 울무산에 올라갔다 빨치산의 총에 맞아 숨졌다.

(25) 목포 형무소 수감자 140여 명 집단 학살[102]

1950년 9월 28일 오전 전남 목포 형무소에 후퇴 명령이 내려졌다. 시당에서 열린 회의에는 목포시 인민 위원장, 시 당위원장, 시 정치보위부장, 시 내무서장, 형무소장, 검찰소장 등이 참석했다. 이 자리에서 시 당위원장은 시 정치보위부장이 핵심이 되고 형무소장과 내무서장 등이 협력하여 수감자들을 처치해야 한다고 주장하였다. 수감된 죄수들은 공무원, 경찰관, 반공 단체 회원 등 140여 명이었다.

포로로 잡힌 김광호(27세, 중위, 전라남도 정치보위부 예심과장)의 진술에 의하면 28일 목포시 당 회의에서 시 정치보위부장이 "죄수를 어떻게 할 것인가?" 하고 묻자 형무소장이 "책임을 못 지겠다"고 하여 시

---

102) 미 전쟁 범죄 조사단 보고서(KWC #117)

정치보위부장이 "책임지겠다. 빨리 처치하라."고 하여 전원이 처치에 동의하였다고 한다. 처치 방법에 대해서는 바다에 수장, 형무소에서 총살 또는 폭파, 우물에 수장 등 여러 의견이 있었으나 광주로 가는 지점에서 처형하는 것으로 결정하여 금강산부대 차량 2대를 지원받아 죄수들을 9월 28일경에 처형한 것으로 추정된다.

(26) 여수 내무서 수감자 150여 명 집단 학살[103]

인천 상륙 작전 후 북한군 후퇴기에 여수 내무서장과 인민 위원장, 정치보위부장 등은 내무서에서 수감자 처리 문제를 논의했다. 논의 결과 전원 총살하기로 결의하고 수감자 197명 중 일부는 석방하고 150여 명은 순천으로 호송하여 '재심 석방'한다는 구실하에 포박 후 미평 지서 인근으로 끌고 가서 미평 과수원, 둔덕재, 벽돌 공장 등지에서 전원 총살하였다.

(27) 전라북도 옥구군 미면 우익 인사 531명 집단 학살[104]

전라북도 옥구군 미면 인민 위원장 김행규 등은 1950년 9월 27일 오후 미면 당위원회 사무실에서 옥구군 당 조직부장(성명불상, 북한 정치공작대원)으로부터 다음과 같은 학살 및 납북 지령을 받았다.

- 유엔군이 진주 후 적 진영에 가담하여 적극적으로 활동할 자를 학살
- 인민군 후퇴는 일시적 문제이니 재차 반격해 올 것은 확실함.
- 학살 방법은 구체적이고, 조직적으로 행할 것.
- 학살은 주민들을 동원한 상태에서 노력 동원이나 수매 사업에 불응한 자 또는 방해자라고 지적하여 조건을 붙여 색출한 후 별도로 살해할 것.

---

103) 진실 화해 위원회, 《2010년 상반기 조사 보고서》, pp. 195~196; KWC #27
104) 대검찰청 수사국, 《좌익 사건 실록 제11권》, 1965. pp. 61~63.

- 학살 일자는 회합이 종료되는 대로 야간을 이용 즉시 실행할 것.
- 실행하기 전에 마을 주위를 경계할 것.
- 당원이 핵심체가 되어 열성분자를 모아 학살 조직체를 구성할 것.
- 살해 방법에 대해서는 분주소장과 연락하여 실행할 것.
- 17~40세까지의 남녀는 대대 편성을 하여 북반부로 파견할 것 등이다.

이에 따라 인민 위원장은 논의 끝에 다음과 같은 구체적인 방안을 내놓았다.
- 학살 대상자는 각 리별로 책임 당원을 지정하고 책임 당원 재량으로 학살 대상자 지정 및 학살을 실행한다.
- 학살 장소는 일제하에서 일본군이 구축한 방공호를 사용한다.
- 학살 장소별로 북한 인민군을 2명씩 배치한다.
- 살해 방법은 총살 및 구타로 하거나 죽창, 농기구를 사용한다.
- 각 리 책임자는 리에 도착 즉시 통행금지를 단행한다.
- 학살 종료 후 명부를 작성하여 면 당에 보고한다.

이들은 살해 담당 책임자 박성무 등으로 학살 위원회를 조직하여 배치한 후 9월 27일 오후 9시경부터 29일 오전 6시경까지 다음과 같이 학살을 자행했다.
- 미면 미제마을 뒷산 토굴 2개소에서 이 마을 우익 인사 김덕환 외 67명과 용둔마을 우익 인사 김태섭 외 31명, 원당마을 우익 인사 홍군성 외 16명 등 총 117명을 죽창과 농기구 등으로 나살한 후 같은 장소에 매장하였다.
- 미면 신촌마을 뒷산 토굴 1개소에서 이 마을 우익 인사 박용기 외 97명, 관여산 마을 우익 인사 김맹자 외 33명, 개사리 우익 인사 문

만섭 외 15명 등 총 248명을 소련제 장총과 죽창, 농기구 등으로 총살 및 타살한 후 매장했다.
- 미면 원당리 마을 뒷산 토굴에서 원산 북리 우익 인사 오창현 외 4명, 해성 남부 우익 인사 조태산 외 6명, 해성 북부 우익 인사 윤응칠 외 12명, 미제마을 우익 인사 진기호 외 4명 등 총 30명을 소련제 장총과 죽창, 농기구 등으로 살해한 후 매장했다.
- 미면 신풍리 유운마을 우익 인사 김재홍의 집에서 신풍리 우익 인사 고중봉 외 33명을 학살하여 우물에 넣고 수장하는 등 총 136명의 애국자와 그 가족들을 무참히 학살하였다.

(28) 기타 전라도 지역 민간인 희생 사건

1950년 7월 28일 광양군 광양읍 용강리에서는 경찰로 오인받은 박주원(남, 34세)이 북한군에 의해 총살되었고, 그의 동생 박주윤도 도주하다가 북한군의 총에 맞아 살해되었다.[105]

1950년 9월 26일부터 27일경 북한군 후퇴기에 전북 완주군 김태환 등 13명이 면장, 의용 소방대장, 기독교인 등 우익이라는 이유로 면사무소 창고나 분주소로 연행되어 조사받던 중 9월 28일경 괴비소라는 인근 골짜기와 구(舊) 동상 지서 부근 밭, 동상 초등학교 뒷산 등지에서 돌로 타살되거나 총살된 시체로 발견되었다. 가해자들은 지방 좌익으로 알려졌다.[106]

(29) 북한 지역 민간인 학살

국군과 유엔군이 북한 지역으로 진격함에 따라 북한군과 조선 노동당

---

105) 진실 화해 위원회, 《2010년 상반기 조사 보고서》, pp. 259~260.
106) 진실 화해 위원회, 《2007년 하반기 조사 보고서》, pp. 59~76.

은 북한 지역 내의 우익 인사나 납북 중이던 남한 인사들을 학살하였다. 이 같은 조치는 1950년 9월경 "유엔군 상륙 때 국군과 유엔군 편으로 돌아서서 그들을 돕고 북한 인민군에게 장애가 되는 모든 요소를 제거하라"는 지시와 9월 20일경 "수감자들을 북으로 후송하거나 후송이 곤란한 경우에는 현지에서 적당히 처리하라"는 지시에 따라 대규모 민간인 학살이 이루어진 것으로 추정된다. 이런 사실은 다음 〈표 3〉 KWC 보고서를 통해 알 수 있다.

〈표 3〉에서 보는 바와 같이 전쟁 중 북한 지역에서는 반공주의자(종교인, 학생 포함) 활동이 활발했음을 알 수 있다. 북한 정권은 이들을 체포·구금하였다가 국군과 유엔군이 북진함에 따라 무차별 학살하였다. 가해 주체도 해군을 포함한 북한 인민군 및 내무서원, 정치보위부, 형무소원 등 북한의 전 무력 기관 요원들과 특별 자위대[107]였다. 또한 중공군은 민간인을 학살하지 않았다는 일부의 주장이 있었으나 위 KWC #345 보고서에서는 중공군이 식량을 주지 않는다고 민간인 4명을 총살한 사례를 확인할 수 있다.[108]

이외에도 미국 국립 문서 기록 보관청과 대한민국 통계 연감에 따르면, 강원도 고성군에서는 1950년 9월 15일 인천 상륙 작전 이후 인민

---

107) 1950년 9월 북한 내무성 지시에 따라 조선 인민 공화국, 지방 및 인민 주권, 직장, 마을과 주민의 생명과 재산을 보호한다는 명분으로 도·시·군 및 읍·면·동 각 마을 단위로 조직된 무장 조직으로 18세에서 40세까지의 남자로 구성되었다. 이들은 평소 죽창 등으로 무장하고 북한 정권 기관, 정당과 사회단체, 직장, 도로, 철도, 통신 시설, 자기 마을 등을 보위하고, 전선과 후방사업을 지원하는 등의 임무에 동원되었다. 전남 내무부 제156호 지령, "특별 자위대 조직과 행동 방침에 대하여", 1950. 9. 7. (RG242-160).

108) KWC 보고서에서 중공군 관련 사건 138건 중 136건은 국군과 유엔군 학살 사건이고 2건은 민간인 학살 사건으로 조사되었음. 국방부 군사 편찬 연구소, 《북한군 등 적대 세력에 의한 민간인 희생 사건 조사 연구 보고서》, p. 63.

〈표 3〉 북한 지역의 주요 민간인 학살 사건(KWC 보고서)

KWC 번호	일시	장소	학살 사건 내용	가해자
#43	1950.10.6~8.	원산 형무소	북한 정치범 1,078명 총살	내무서원 형무소원
#53	1950.10.12~14.	함남 영흥군 고원군	남한 정치범 700명 총살 후 소각	북한군 (미확인)
#64	1950.10.15~16.	함흥 형무소	북한 반공주의자, 학생 365명 총살	북한군 (미확인)
#97	1950.10.19.	평남 진남포 형무소	북한 반공주의자 62명 금봉산 동굴에서 총살	진남포 형무소
#98	1950.10.17.	대동강 변	천도교인 300여 명(북한 반공주의자) 학살	북한군 (미확인)
#190	1950.9.29. ~10.17.	해주 형무소	소장 지시로 수감자 3,500여 명 총살	정치보위부, 내무서원
#222	1950.10.13~15.	재령군 내무서	반공주의자 880명 총살	내무서원 특별자위대
#223	1950.10.14~16.	풍산군 서정면 분주소	반공주의자(가족 포함) 350명 총살	분주소원 특별자위대
#345	1951.4.2.	평남 순천군 동방	중공군이 식량을 주지 않는다는 이유로 민간인 4명 총살	중공군
#1318	1950.10.27.	옹진군 옹진항	옹진항에서 후퇴 작전 중 반동(지주와 유지, 국군 유격대, 민간인 등)으로 체포됐던 3,000여 명 총살	북한군 (해군 제956부대)

군이 후퇴하면서 악명 높은 '정치보위부'에서 북한 지역의 불순분자 색출을 위해 '예비 검속(豫備檢束)'을 했다. 그 결과 약 800여 명의 반동분자를 색출하여 교외 저수지로 끌고 가 저수지에 몰아넣어 학살했다. 또한 강원도 고산군에서는 천주교 신자 190명을 인근 과수원 사과밭으로 끌고 가 장작 몽둥이로 집단 가격하여 살해하고, 살아남은 자는 총살하는 잔인함을 보였다.[109]

---

109) 미국 국립 문서 기록 보관청(NARA), 대한민국 통계 연감(1952년 발간).

4. 새롭게 신고 접수된 학살 사례

어느 날 진실·화해를 위한 과거사 정리 위원회 홈페이지 Q&A 코너에 이런 글이 게시되었다. "가해자가 명확하지 않을 때는 군경에 의한 피해로 기록하라"는 내용이었다. 실제 군경에 의한 피해자 유가족들이 국가로부터 상당액의 배상금을 받는 것을 보고, 적대 세력에 의한 피해자 유가족들이 군경에 의한 피해로 다시 신고하는 일이 벌어지고 있었다.

언론도 군경에 의한 피해에 관심이 있었지, 적대 세력에 의한 피해에 대해서는 큰 관심이 없어 보였다. 심각한 역사 왜곡이 벌어지고 있었다. 이대로 가다가는 6·25 전쟁 시 민간인 피해는 전부 군경이 저질렀다는 잘못된 역사의 흔적만 남을 것이 뻔해 보였다. 돈으로 조상의 명예를 짓밟는 모습이 안타까웠다.

이에 사단 법인 물망초(전쟁 범죄 조사 위원회)에서는 한시적으로 '적대 세력에 의한 피해 신고 센터'를 설치·운영하기로 하고 중앙 일간지를 통해 알리기 시작했다. 다른 한편으로는 정치권에 특별법 제정을 요구하며 관련 상임위 국회 의원들을 찾아 설득하고 이해를 구했다.

적대 세력에 의한 피해 신고도 잇달았다. 첫날부터 150여 건의 전화 신고가 이루어졌고, 신고 센터를 찾는 이들이 줄을 서야 했다. 접수된 사건은 대부분 조부모나 증조부모 또는 형제자매들이 경찰·군수·지주였다는 이유로 동네 뒷산으로 끌려가 학살당하거나 납북되었던 사건들로서 지금까지 단 한 번도 법적으로 진실이 규명되거나 국가로부터 보상받은 적이 없는 사례들이었다. 언론에 보도된 몇 가지 사례는 다음과 같다.[110]

최○○(1925. 경주시) 씨는 경찰이라는 이유로 인민군에 납치돼 생사를 모르고, 이○○(1913. 경기도 양주군) 씨는 대한 청년단 간부라는 이

---
110) 뉴데일리, "6·25 때 인민군·좌익이 국민 학살… 물망초 진실 규명 손해 배상 신청", 2021. 8. 18.

유로 인민군에 끌려가 동네 뒷산에서 총살당하였다. 이○○(1930. 충북 보은군) 씨는 대한 청년단 간부라는 이유로 좌익 단체 조직원에게 끌려가 마을 입구에서 죽창으로 살해당하였으며, 김○○(1923. 충남 서천군) 씨는 지주라는 이유로 지역 지주 10여 명과 함께 인민군에 끌려가 군청 옆에서 집단으로 화형당하였다.

윤○○(1914. 전북 익산시) 씨는 지주라는 이유로 인민군 조직원에 끌려가 총살당하였으며, 윤○○(1926. 전북 익산시) 씨는 피난길에 하인의 밀고로 인민군에 끌려가 총살당하였다. 박○○(1895. 전남 장흥군) 씨는 지역 인민 위원장 등에 의해 경찰서로 끌려간 후 공동묘지에서 학살당하였고, 신○○(1913. 충남 제천군) 씨는 이장 직무 수행 중 인민군 내무서원에게 체포돼 20여 일간 고문을 당한 후 귀가하였으나 고문 후유증으로 병원 치료받다 사망하였다.

2021년 6월 20일부터 접수된 피해 상담은 수백 건에 이른다. 그러나 실제 서류로 접수된 피해 신고는 2022년 12월 말까지 총 46건이었다. 진실을 밝혀 명예 회복을 바라는 사람들은 대부분 피해자의 자녀들이고 현장 목격자들이다. 그러나 그 후손들의 반대로 신고를 멈추고 발길을 돌리는 이들이 많았다. 후손들은 왜 반대하는 것일까? 무엇이 두려운 것일까?

사단 법인 물망초에서는 접수된 피해 신고서를 '진실·화해를 위한 과거사정리 위원회'에 접수하고 진실 규명과 명예 회복을 요청했다. 그리고 총 7차례 기자 회견을 통해 새롭게 제기된 피해 사실을 알리고, 정부에 조속한 특별법 제정을 요구했다. '진실·화해를 위한 과거사 정리 위원회'에서는 제기된 46건에 대해 조사를 진행 중이다.

5. 사법적 평가와 과제

앞에서도 언급한 바와 같이 1954년 대한민국 공보처 통계국에서 작성한 〈6·25 사변 종합 피해 조사표〉에 따르면 1953년 7월 27일

(정전 협정일) 기준으로 북한군과 적대 세력에 의해 학살된 민간인은 128,936명이다. 그러나 이 수치는 신고된 자를 집계한 것이다. 납치하여 북으로 이송 중 학살 등 사실 관계를 확인할 수 없어 신고하지 않은 피학살자까지 고려한다면 그 수는 가늠하기조차 어려운 상황이다.

전쟁 중 민간인 학살은 명백한 전쟁 범죄이며 그 책임은 김일성에게 있음을 그의 발언을 통해 알 수 있다. 김일성은 1950년 6월 26일 방송을 통해 "후방을 철옹성같이 다지고, 도피 분자와 요언(妖言) 전파 분자는 무자비하게 투쟁하며 밀정과 파괴 분자를 적발하여 가차 없이 숙청하고 반역자는 무자비하게 처단하라"고 지시한 바 있다. 그리고 6·25 남침 직후에는 반동분자와 비협력 분자, 도피 분자를 적발하여 무자비하게 숙청하라고 전단을 통해 지령을 내렸다. 아울러 1950년 6월 30일에는 국군 장교와 판검사를 무조건 사형에 처하고, 면장, 동장, 반장 등은 인민재판에 부치라는 처리 지침을 내렸다.

이러한 지령에 따라 북한 인민군과 중공군, 빨치산, 내무서원 등 공산 세력들은 남침하여 점령하는 곳에서 공무원, 군인, 경찰과 그들의 가족, 국군과 유엔군을 도왔던 자, 지주 등 지방 좌익에 의해 낙인찍힌 자들을 극악무도(極惡無道)한 방법으로 학살하였다. 아울러 기독교가 자유 민주주의에 뿌리를 둔 종교이기에 공산주의 이념에 배치된다는 이유로 기독교인들을 남녀노소 불문하고 집단 학살하는 만행을 저질렀다. 학살은 유엔군의 인천 상륙 작전 성공으로 북한군이 퇴각하는 상황에서 더욱 극렬하게 이루어졌다.

6·25 전쟁 중 북한군 등 적대 세력에 의한 민간인 학살은 국제 형사 재판소 관할 범죄의 처벌 등에 관한 법률 제8조(집단 살해죄)와 제13조(금지된 방법에 의한 전쟁 범죄)에 해당하는 전쟁 범죄이다. 위 법에 따르면 적대 행위에 직접 참여하지 않은 민간인을 공격의 대상으로 삼을 수 없다. 당시의 상황이 지금보다 인권 의식이나 법의식이 부족했다고

는 하나 그렇다고 해서 없었던 일로 묵인할 수 있는 사안은 아니다.

적대 세력에 의한 민간인 학살 문제는 종전과 통일을 위한 여러 과제 중 가장 많은 수수께끼를 담고 있는 한국 현대사 최대의 블랙박스가 될 것으로 보인다. 현재의 남북 관계가 정전 협정이 유지되고 있고, 끝나지 않은 6·25 전쟁의 연장선상에 있다는 점에서 이 문제는 분명한 종전 조건이자 통일의 과제이다. 따라서 정부는 적대 세력에 의한 민간인 피해 사실을 세밀하게 조사하고 자료를 유지해야 할 것이다.

피해자에 대한 북한의 손해 배상이 현실적으로 불가한 점과 배상을 원하는 피해자 유가족이 고령인 점, 젊은 세대에게 올바른 역사 인식을 교육해야 한다는 점 등을 고려하여 우선 국가가 손해 배상에 나서야 한다.

III. 남한 주요 인사와 민간인 납북

1. 개요

6·25 전쟁 납북자의 개념은 〈6·25 전쟁 납북 피해 진상 규명 및 납북 피해자 명예 회복에 관한 법률〉 제2조 제1항에 규정하고 있다. 즉 "남한에 거주하고 있던 대한민국 국민(군인을 제외한다.)으로서 6·25 전쟁 중 (1950년 6월 25일부터 1953년 7월 27일 군사 정전에 관한 협정 체결 전까지를 말함) 본인의 의사에 반하여 북한에 의하여 강제로 납북되어 북한에 억류 또는 거주하게 된 자"를 말한다.

이는 남한에 거주하던 대한민국 국민으로서 6·25 전쟁 중 본인의 의사에 반하여 북한에 의하여 납치되어 북한이 지배하는 영역에 억류 또는 거주하게 된 자로 이해할 수 있다. 따라서 이 장에서는 6·25 전쟁기 납치 문제를 다루고 정전 협정 이후 납치 문제는 다음 장에서 다루고자 한다.

북한이 남한의 주요 인사와 민간인을 납북한 데는 공산주의 체제에 그 원인이 있다. 해방 이후 38선 이북에 들어선 김일성은 신속하게 공산주의 체제를 확립하면서 사유 재산 몰수 및 지주 계급·종교인·친일파 등을 숙청하였다. 그 결과 숙청 대상인 지식인과 지도층 인사들을 비롯한 300여만 명의 북한 주민들이 월남하여 북한 내 인재 공백 상태를 초래했다.[111] 1950년 북한의 인구가 1,055만[112] 명인 점을 고려하면 30%에 달하는, 적지 않은 주민이 남하한 것이다.

따라서 북한은 1950년 6월 28일 노동당 중앙 군사 위원회를 개최하여 다음과 같은 세 가지 중요한 정책을 결정하였다. 첫째는 '공화국 남반

---

111) 조성훈, 김미영, 《6·25 전쟁 납북자 대상자별 실태 파악 및 명예 회복 방안 연구》, (서울: 한국 전쟁 납북 사건 자료원), 통일부 정책 과제 연구 보고서, 2009. 10. p. 13.

112) UN World Population Prospects: The 2012 Revision 2013.

부 지역의 토지 개혁을 실시할데 대하여'이고, 둘째는 '인민 정권 기관을 창설할데 대하여'이며, 셋째는 '남반부의 정치·경제·사회계 주요 인사들을 포섭하고 재교양하여 통일 전선을 강화할데 대하여'라는 것이다. 그리고 남한의 저명인사들을 다섯 가지 기준에 따라 다음과 같이 분류했다.[113]

첫째 부류는 북한 정권의 수립에 참여한 남한의 정당과 단체이다. 즉 1949년 6월 25일 남북한 좌익 성향의 단체로 결성된 '조국 통일 민주주의 전선'(이하 '조국 전선'으로 줄임)에 가담한 정당과 단체에 속했던 인사들이다. 북한은 이들을 자신들의 동맹자로 보고 인격을 최대한 존중하며 북한 노선에 적극적으로 참여할 수 있도록 유도할 대상으로 규정했다.

둘째 부류는 남한의 행정부와 국회, 정당, 사회단체에 잠복해서 활동하던 북한의 프락치와 이에 동조한 사람들로서, 국민의 이목을 고려해 기술적으로 다루고 정세 변화를 감안하여 적절한 부문과 위치에 참여시키기로 하였다.

셋째 부류는 1948년 4월 남북 정치 협상에 참여한 정당 및 단체 지도자와 개별 인사들로서, 남북한의 정치 세력 중에서 큰 비중을 차지하는 부류임을 고려해 인격적으로 예우하여 특별히 취급하고 설복과 해설로 포섭함으로써 자진해서 동참할 수 있게 하라고 강조했다.

넷째 부류는 자수 또는 자발적으로 협력해 오는 사람들로서 이들의 과거 행적과 재산, 종교, 정치적 견해 등을 문제 삼거나 묻지 말고, 오직 자수하고 자진 협력한 점을 높이 평가하여 공로가 있으면 인정해 주고 신변을 보장해 주어야 한다고 규정했다.

---

113) 이태호 著, 신경완(필명) 증언, 《압록강 변의 겨울》, 1991. 10. 15. pp. 22~24. 신경완은 前 북한 조국 통일 민주 전선 부국장 겸 정무원 부부장이다.

다섯째 부류는 연행 또는 체포해야 할 인사들로서, 정치·사회적 위치가 다르고 활동과 생활 수준도 다르며 연행·체포의 동기와 경위도 다를 수 있음을 감안하여 대상에 따라 처리 방법을 달리해야 함을 강조했다. 설복과 해설로 포섭함을 기본으로 하여 진심으로 지지하는 자는 마땅한 예우를 하고 교양하여 적절히 참여시키되 끝까지 저항하는 자는 과거의 행적까지 문제 삼아 법에 따라 처리하도록 했다.

　서울을 점령한 북한군은 1950년 7월 1일 군사 위원회 제4차 회의를 열어 "인민 의용군을 조직할데 대하여"를 결정하고, 같은 해 7월 6일 "의용군 초모(初募) 사업에 대하여"라는 당 방침을 내려보냄으로써 서울에서 의용군을 모집하였으며 8월부터는 전국 단위로 모집하기 시작했다.

　초기에는 좌익 정치범과 학생, 노동자 등이 자발적으로 지원하였으나 미군이 신속하게 개입하면서부터 전쟁 장기화에 대비하여 강제적으로 모집하기 시작했다. 인천 상륙 작전으로 퇴각하게 된 북한군은 무기와 전쟁 물자 등을 북송하는데 필요한 노무자를 확보하기 위해 청장년들을 강제 동원하였다.

　6·25 전쟁기 북한에 의한 대규모 납북 행위는 두 차례에 걸쳐 이루어졌다. 첫 번째는 북한군이 1950년 6월 28일 서울을 점령한 이후부터 유엔군이 서울을 수복한 9월 28일까지의 시기로, 이 시기에 거의 90퍼센트의 납북자가 발생했다. 두 번째는 중공군 참전으로 국군과 유엔군이 37도 선인 수원 선까지 후퇴하였다가 1951년 3월 16일 재차 서울을 수복한 시기에 이루어졌다.[114]

　북한의 주요 인사와 민간인 납북은 기획 납북과 동원 납북으로 구별할 수 있다. 기획 납북은 북한이 전쟁 전부터 기획하여 준비하였다가 전쟁 초기 3개월 사이에 이루어졌으며, 주로 국회 의원, 교수, 판사, 전문 기술자 등 사회 지도층 인사와 지식인들이 대상이었다.

---

114)　조성훈, 《정전 협정》, (서울: 살림), 2014. 8. 29. p. 75.

동원 납북은 전쟁 발발 이후 계속 이루어졌으며 전황이 전개됨에 따라 전쟁 승리를 위해 동원된 인력이다. 인민 의용군과 노무대가 이에 해당하며 납북자 대부분이 이에 해당한다. 노무대 강제 동원은 주로 유엔군의 인천 상륙 작전과 반격 작전으로 북한군이 후퇴할 때 이루어졌다.

사단 법인 '6·25 전쟁 납북 인사 가족 협의회'가 발굴한 6·25 전쟁 납북자 명부를 토대로 볼 때, 납북자는 모두 9만에서 10만여 명에 이를 것으로 추정된다. 납북자 조사는 1950년 서울 수복 이후 착수되어 1950년 12월 1일 자로 이미 명부가 발간되었다. 《서울특별시 피해자 명부》에는 납치·피살·행방불명자 명단 4,616명이 기록되어 있고, 이중 납치는 2,438명으로 기록되어 있다.[115]

현재까지 발견된 전국 단위의 첫 명부인 《6·25 사변 피납치자 명부》에는 총 82,959명이 기록되어 있다. 1954년 내무부 치안국이 작성한 명부에는 17,940명, 신익희 선생의 유품에서 발견된 1951년 초대 가족회가 작성한 명부에는 2,316명, 대한 적십자사가 납북자에 대한 소식을 알아보기 위해 신고를 받아 집계한 《실향 사민 등록자 명단》에는 7,034명이 기록되어 있다. 이 5종의 명부에서 중복되는 것을 제외하고 종합 정리한 총계에 따르면 납북자 규모는 96,013명이다.[116]

여기서 특기할 것은 국회 의원 및 정치인(169명), 법조인(190명), 경찰(1,613명), 행정 공무원(2,919명), 반공 사회단체(879명), 교수 및 교원(863명), 기술자(2,836명), 의료인(582명), 기업체 임원(388명), 예술가(107명) 등이 포함된 것이다. 이 통계로 볼 때 납북이 전쟁 중 무분별하게 이루어진 것이 아니라, 전쟁의 주요 목표 중 하나로 치밀하게 기획되었음을 짐작할 수 있다.

---

115) 조성훈, 김미영, 앞의 책, p. 13

116) 조성훈, 김미영, 앞의 책, pp. 13~14.

1954년 발간된 한국 연감(영남일보사) 자료에서는 납북자 총수를 82,959명으로 기록하고 있다. 이중 자진 월북자 총수가 10,271명이다. 납북자 명부는 다수가 발굴되어 있으나 자진 월북자 명부는 잘 드러나지 않고 있다. 자진 월북자는 스스로 원하여 넘어간 사람들이기 때문에 명부로 발굴되기에는 쉽지 않아 보인다.

　납북자 가운데는 '인민 의용군'이 가장 비중을 많이 차지하고 있다. 이를테면 1951년 말 내무부(치안국)가 정리한 납북자 규모 126,325명 가운데 의용군의 규모는 자발적 의용군 16,240명 포함 총 89,853명이었다.[117] 앞에서도 언급한 바와 같이 의용군은 북한이 남한 주민을 조직적으로 동원할 방침으로 1950년 7월 1일 북한 군사 위원회 제4차 회의에서 "인민 의용군을 조직할데 대하여"를 결정하고, 7월 6일 "의용군 초모 사업에 대하여"라는 당 방침이 내려지면서 본격적으로 시행되었던 것이다.

　납북자 문제는 휴전 회담에서 해결되었어야 했다. 그러나 북한은 강제 납북이 전쟁 범죄라는 사실을 알기에 시종일관 납북은 없었다며 부인해 왔다. 이 문제와 관련해서는 유엔군 측에도 문제가 있었다. 납북자 문제를 자의든 타의든 고향을 떠난 실향민 즉 '실향 사민(displaced civilian)'이라는 용어로 접근함에 따라 오히려 북한 측의 역공을 받는 상황에 이른 것이다.

　북한 측은 회담에서 유엔군이 제시한 실향 사민(displaced civilian)의 개념에 근거할 때 유엔군 측이야말로 50만 명 이상 납치해 갔다고 주장했다. 유엔군 측이 휴전 협정 제3조 59항에서 이 문제 해결을 위한 수칙을 제시하였지만, 북한 측의 이행 거부로 결국 사문화(死文化)되고 말았다.

　휴전 이후 정부와 국회, 민간단체 그리고 적십자사가 나섰지만, 실향 사민(displaced civilian)이라는 용어적 개념에 매몰되어 전쟁 범죄인

---

117) 조성훈, 앞의 책, p. 77.

납북 문제는 사라졌다. 이 문제에 북한이 호응한 것은, 대한 적십자사가 1956년에 신고받아 작성한 실향 사민 안부 탐지 조회서 7,034명에 대해 북한이 1957년에 337명에 대한 생사 및 소재 등을 확인한 회답서를 보내온 것이 전부였다.

2. 6·25 전쟁기 납북자 종합 현황

'6·25 전쟁 납북 인사 가족 협의회'가 밝힌 6·25 전쟁기 납북자의 규모는 96,013명이다. 이 수치는 〈표 4〉에서 보는 바와 같이 5종의 전쟁 납북자 명부를 정리해서 발표한 것으로, 1953년 정부가 발표한 84,532명과 큰 차이를 보인다. '6·25 전쟁 납북 인사 가족 협의회' 분석에 따르면 전체 납북자의 88.2%(84,659명)가 전쟁 발발 후 3개월 사이에 납북되었고, 98.1%(93,939명)가 남성이었으며, 84.6%(81,240명)가 16세부터 35세로 젊은 사람들이었다.[118]

〈표 4〉 6·25 전쟁기 납북자 현황

피납치자 명부	작성 기관	작성 일시	납북자 수	기타
서울특별시 피해자 명부	공보처 통계국	1950. 12. 1.	2,438	
6·25 사변 피납치자 명부	대한민국 정부	1952	82,959	대한민국 통계 연감
6·25 사변 피납치자 명부	대한민국 정부	1953	84,532	대한민국 통계 연감
6·25 피납치 인사 명부	6·25 사변 피납치 인사 가족회	1951	2,316	신익희 명단
6·25 동란으로 인한	내무부 치안국	1954	17,940	
실향 사민 등록자 명단	대한 적십자사	1956. 6. 15. ~8. 15.	7,034	

---

118) 김명호, "6·25 전쟁 납북자 실태의 실증적 분석에 관한 연구",《한국 전쟁 납북 사건 사료집 1권》, (서울: 한국 전쟁 납북 사건 자료원, 2006), pp. 1114-1149.

1953년 《대한민국 통계 연감》에 따르면 납북자 수는 84,532명이다. 그러나 '6·25 전쟁 납북 인사 가족 협의회'가 정부의 납북자 관련 통계 자료를 취합해서 발표한 수는 96,013명으로 《대한민국 통계 연감》의 수보다 훨씬 많다. 이는 정부 통계에서 누락된 납북자들이 존재할 가능성이 있음을 짐작하게 한다.

2007년 5월, 외교 통상부 외교 정책 자료실에 소장된 《남북한 관계 사료집》 제12권에서 6·25 전쟁 납북자가 모두 126,325명이라는 통계를 담은 외교 문서가 발견되기도 했다.[119] 이 문서는 1949년 초대 주한 미국 대사였던 존 무초가 1952년 1월 4일 유엔군 사령관에게 보낸 긴급 비밀문서이다. 이 문서에는 한국 내무부가 작성한 광범위한 피랍자 명단이 기록되어 있으며, 그 수는 126,325명이라는 내용이 담겨 있다.[120] 이 비밀 전문이 사실이라면 납북자 규모가 현재까지 알려진 것보다 훨씬 많다는 것을 알 수 있다.

(1) 지역별

국무총리 소속의 '6·25 전쟁 납북 진상 규명 위원회'가 작성한 '6·25

---

[119] 이미일, "6·25 전쟁 납북 행위의 범죄성과 특별법 제정의 당위성", 친북 반국가 행위 진상 규명 위원회, 《6·25 전쟁과 강제 납북 및 대량 학살의 진상》, (2007. 6. 22.), p. 14.

[120] 유엔군 사령부는 정전 협정에서 피납치된 남한 사람들의 송환을 요구하기 위해 명단 확보에 나섰고, 1951년 12월 23일과 12월 29일 무초 대사에게 명단을 확보해 긴급하게 보내 달라고 요청했다. 무초 대사는 6·25 전쟁 피납치자 명부의 내용을 유엔군 사령부에 긴급 비밀문서로 발송했다. 이 비밀문서에는 북한군이나 청년대에 강제로 징용된 사람들은 73,613명, 북한군에 자진 입대한 것으로 보이는 사람은 16,240명, 기타 피납치된 것으로 알려진 사람이 36,742명 등이라는 통계가 언급되어 있다. 또 이 문서에는 "이 명단에 피납치자의 이름, 출생지, 나이, 피랍 장소와 날짜뿐 아니라 지방에서 납북된 사람들도 포함돼 있다."고 기록되어 있다. 그러나 당시 작성됐다고 무초 대사가 언급한 피납치자 명부는 아직까지 발견되지 않고 있다. 《문화일보》, 2007년 6월 22일.

전쟁 납북 피해 진상 조사 보고서'에 따르면 통합 명부에 나타난 납북자 94,121명 중 서울시가 23,505명(25.0%)으로 가장 많았으며, 그다음으로 경기도 17,822명(18.9%), 충청북도 13,775명(14.6%), 강원도 10,811명(11.5%), 충청남도 9,196명(9.8%), 경상북도 7,689명(8.2%), 전라북도 5,971명(6.3%), 전라남도 3,761명(4.0%), 경상남도 1,221명(1.30%) 순으로 조사되었다.[121] 경상도의 납북 피해가 적은 이유는 유엔군의 최후 보루로서 낙동강 방어선 이남 대부분은 북한군이 점령하지 못한 지역이었기 때문이다.

〈표 5〉 지역별 납북자 분포

지역별	인원(명)	비율(%)
서울 지역	23,505	25.0
경기 지역	17,822	18.9
강원 지역	10,811	11.5
충북 지역	13,775	14.6
충남 지역	9,196	9.8
전북 지역	5,971	6.3
전남 지역*	3,761	4.0
경북 지역	7,689	8.2
경남 지역	1,221	1.3
기타	31	0.0
불명	339	0.4
합계	**94,121**	**100.0**

*제주 지역은 전남 지역에 포함

---

121) 6·25 전쟁 납북 진상 규명 위원회, 《6·25 전쟁 납북 피해 직능별 실태 조사 연구 용역 최종 보고서》, (서울: 6·25 전쟁 납북 진상 규명 위원회, 2016), p. 50.

(2) 성별

납북자의 96.7%가 남성이었는데 이는 전쟁 중이었던 만큼 남성 인력을 더욱 필요로 했기 때문으로 보인다. 그러나 북한군이 의료 지원이나 식량 배급 등을 위해 여성 인력을 다수 동원했다는 점에서 여성 납북자가 조사된 1,838명(2.0%)보다 더 많았을 것으로 추정된다.[122]

(3) 연령별

연령별로는 20대가 53,992명(57.4%)으로 가장 많았고, 그다음으로 30대가 18,564명(19.7%), 10대가 9,868명(10.5%) 순으로 나타났다. 그리고 일정 부분 40대와 50대도 있었으며 영·유아를 포함한 10대 미만과 고령자도 있었는데 이는 가족 단위의 납치로 추정된다.

(4) 시기별

납치 시기별로 보면 1950년 7월부터 9월까지 3개월 동안 전체 납북자의 84.4%인 79,401명이 납북되었다. 이것은 북한이 남침을 강행한 직후부터 김일성의 지시에 따라 '모시기 공작'을 즉각 수행했다는 주장을 뒷받침하는 것으로 납북이 사전에 계획되었다는 점을 시사한다. 1950년 말 중공군의 개입 이후 1951년 1·4 후퇴를 거치면서 공산군과 유엔군 간의 치열한 공방을 벌이는 사이에도 북한은 3,523명의 민간인을 납치하였는데 이 가운데는 북한이 필요로 하는 인재 확보 차원에서 납치된 정치인, 지식인 등이 다수 포함되어 있다.

---

[122] 미 극동군 사령부 《일일 정보 요약》 제3201호(1951. 6. 15.)에 따르면 "10만여 명의 여성들이 소집되었는데, 약 15%는 자발적으로 지원하였으며 나머지는 강제적으로 징집되었고, 여성들의 연령은 16~30세 사이이다. 그리고 전체의 30%는 북조선 민주 여성 동맹 회원이며, 15%는 남조선 민주 여성 동맹 회원, 25%는 남한에서 강제적으로 징집된 여성들이며, 나머지는 기타 여러 기관 출신"이었다고 한다. DS 918 A26 158 NOS 3198-3205, GHQFEC, Intelligence Summary, 1951. 7. 16.

3. 주요 인사(정치인·법조인·언론인·종교인) 납북

(1) 주요 인사 '모시기 공작' 작전 회의[123]

1950년 7월 1일 노동당 중앙 위원회 정치국과 군사 위원회 합동 연석 회의에 참석했던 집행 실무 책임자들인 김응기(金應基), 이주상, 방학세(方學世), 김창주(金昌柱), 김춘삼(金春三) 등은 김일성의 특별 지시를 받고 7월 4일 새벽 자동차 편으로 서울에 들어왔다. 서울에 도착한 이들은 서울시 인민 위원회(구 서울시청) 2층에 자리 잡은 노동당 중앙 위원회 서울 지도부 사무실로 갔다. 이날 회의에서 결정된 사항은 다음과 같다.

- 공작 그룹 지휘부는 정보국이 있는 건물의 3층에 둔다.
- 합동대 지휘부는 성남 호텔(현 광교 부근)로 정한다.
- 당 조직에서 협조 인원을 보장받는 문제는 이주상이 책임지고, '모시기 공작'의 전반적 지휘는 방학세가 맡는다.
- 작전 순서는 사전에 정보를 수집, 확인해 소재를 파악한 뒤 정보를 종합·평가하고, 이에 따라 모시기·연행·자수 또는 체포 등을 대상에 따라 구체적으로 결정하며, 대상자들을 일단 성남 호텔로 집결시켜 개별 심사를 한 후 자기 집에 연금하든지 아니면 정해진 장소에 개인 또는 단체로 연금하거나 구속·감금한다.

이들은 김응기 주재로 군사 위원회 결정 사항 집행을 위한 실무 회의를 열고 요인들의 연행·체포를 위한 작전 계획 즉 작전 명령 '모시기 공작' 계획을 수립하기 위해 토의를 진행했다. 이날 회의에는 김관섭, 최종희, 김병찬, 임홍규, 염효석, 등 정보국 요원들과 서울시 내무서장과 각 구역 내무서장들이 참석했다.

---

123) 이태호 著, 신경완(필명) 증언, 앞의 책, pp. 12~26.

(2) 정치인

1950년 7월 5일 노동당 중앙당 서울 지도부 이주상이 40여 명의 인사들을 방학세가 머물던 종로의 어느 5층 빌딩 2층으로 보냈다. 이들은 한국 독립당·민주 독립당·민족 자주 연맹·국민당·한국 민주당 등 우익 정당과 국회를 비롯한 통치 기관에서 남로당 또는 북로당의 프락치로 공작했던 자들로 주요 요인들에 대한 정보와 소재를 알 수 있는 위치에 있는 인사들이었다.

이들은 방학세에게 주요 요인들에 대한 정보를 제공했고, 방학세는 극비리에 연행을 위한 전반적인 작전을 짰다. 그리고 정보 요원과 협조 요원들을 말단 내무서와 분주소까지 배치함으로써 모든 준비를 완료했다.

다음 날 아침 30개 전문 공작조 및 수백 명의 정보 요원과 협조자들이 일제히 활동을 개시했다. 우선 자진해서 나타날 수 있는 인사들에게는 연락해서 나오도록 했고, 그들로부터 다른 인사들의 소재를 파악했다. 대부분의 참여파 잔류 인사들은 서울이 점령되자 자진해서 또는 권유에 따라 자기 계통의 조직을 찾아 나서 노동당 통일 전선부와 조국 통일 민주주의 전선에 등록했다.

이를테면 국회 프락치 사건 관련자들인 김약수, 노일환, 이문원, 박윤원, 김옥주, 강욱중, 김병희, 황윤호, 최태규, 신성균, 배중혁, 이구수 등은 형무소에서 탈출해 집에 있다가 연락받고 자진해서 또는 권유에 따라 출두했다.

전·현직 국회 의원인 김의환, 양재하, 김장렬, 송호성, 김효석, 구덕환, 김칠성, 백상규, 류기수, 박철규 등은 동료들의 권유나 압력을 받고 출두했다. 그러나 많은 국회 의원과 정당·사회단체의 저명인사들은 정보 요원과 협조 요원들에 의해 강제 연행되었다.

5월 30일에 실시된 총선거에 당선되어 전쟁이 터지기 1주일 전인 6월 19일에 개원한 제2대 국회 의원 210명 가운데 27명이 납북되었고, 2명이 피살되었다.[124] 국회는 1950년 12월 21일 행방불명된 27명이 다시 등록할 때까지는 재적 의원 수에 산입하지 않는다는 특별 조치법을 가결했다.[125] 이 법에 기재된 피랍 및 피살 국회 의원은 다음과 같다.

피랍: 원세훈(元世勳, 중구갑), 이종성(李宗聖, 이천), 김경배(金庚培, 연백갑), 최병주(崔丙柱, 부안), 오하영(吳夏英, 종로을), 류기수(柳驥秀, 용인), 조종승(趙鐘勝, 단양), 장연송(張連松, 동대문), 안재홍(安在鴻, 평택), 김헌식(金憲植, 논산갑), 정인식(鄭仁植, 光州을), 윤기섭(尹琦燮, 서대문을), 김웅진(金雄鎭, 화성을), 구덕환(丘德煥, 서천), 조소앙(趙素昂, 성북), 백상규(白象圭, 장단), 박철규(朴哲圭, 예산), 김용무(金用茂, 무안갑), 조헌영(趙憲泳, 영양), 양재하(梁在廈, 문경), 박영래(朴榮來, 완주을), 조규설(曺圭卨, 영천을), 김칠성(金七星, 부산을), 이상경(李相慶, 하동), 신석빈(辛錫斌, 정읍갑), 박성우(朴性宇, 상주갑), 신용훈(辛容勳, 창영) 이상 27명이다.

피살: 서장주(徐璋珠, 양산), 이종린(李鐘麟, 서산갑) 이상 2명이다.

1948년에 선출되어 임기가 끝난 제헌 국회 의원 200명 가운데도 50명이 납북되었으며 확인된 명단은 아래와 같다.[126]

강기문(姜己文), 강욱중(姜旭中), 김경도(金景道), 김교중(金教中), 김교현(金教賢), 김덕열(金德烈), 김동원(金東元), 김상덕(金尙德), 김영동(金永東), 김우식(金禹植), 김장열(金長烈), 김중기(金仲基), 김효석(金孝錫),

---

124) 정진석, 앞의 책, p. 21~22.

125) 법률 제173호. 국회 의원 재적수에 관한 특별 조치법(1950. 12. 21.). 6·25 사변으로 인하여 행방불명된 별표에 결기한 의원은 국회에 다시 등록할 때까지 재적 의원 수에 산입하지 아니한다. 부칙 본 법은 공포일로부터 시행한다. 정진석, 《6·25 전쟁 拉北》, (서울: 기파랑, 2006. 8. 14.), p. 21. 재인용.

126) 정진석, 앞의 책, pp. 22~23.

박종환(朴鐘煥), 백관수(白寬洙), 서정희(徐廷禧), 송창식(宋昌植), 신성균(申性均), 오기열(吳基烈), 오용국(吳龍國), 오택관(吳澤寬), 오택열(吳宅烈), 윤석구(尹錫龜), 이강우(李康雨), 이만근(李萬根), 이문원(李文源), 이석(李錫), 이주형(李周衡), 장병만(張炳晩), 정광호(鄭光好), 조병한(趙炳漢), 조중현(趙重顯), 조헌영(趙憲泳), 최석홍(崔錫洪), 최태규(崔泰奎), 한석범(韓錫範), 허영호(許永鎬), 홍순옥(洪淳玉), 홍희종(洪熺種), 황윤호(黃潤鎬).

제헌 국회 의원 명단 가운데 김경배, 김웅진, 조종승은 2대 국회 의원으로 재선되었다가 납북되었고, 국회 프락치 사건에 관련되었던 제헌 국회 의원 김병희, 김약수, 김옥주, 김용현, 노일환, 박윤원, 배중혁, 이구수는 자진 월북한 것으로 알려졌다.

(3) 법조인[127]

납북된 법조인은 조사 기관에 따라 약간의 차이를 나타내고 있다. 먼저 6·25 납북자법에 따라 구성된 '6·25 전쟁 납북 진상 규명 위원회'가 6·25 납북자법 제10조에 따라 2017년 4월 작성·공표한 '6·25 전쟁 납북 피해 진상 조사 보고서'(이하 진상 조사 보고서라 한다)는 6·25 전쟁 당시 납북된 법조인들을 판·검사 90명, 변호사 100명 등 모두 190명으로 보고 있다. 여기에 납북된 수습 변호사 47명을 추가하면 전체 납북 법조인은 237명이 된다고 한다. 이는 당시 전국의 판사가 207명, 검사 163명, 변호사 247명이었던 점을 고려할 시[128] 약 30.7%로 상당히 많은 법조인이 납북되었음을 알 수 있다.

---

127) 김태훈, "전시 납북 법조인의 재조명과 대책", 〈전시 납북 법조인을 아십니까?〉, 한반도 인권과 통일을 위한 변호사 모임 주최 세미나, 2023. 7. 17. pp. 13~24.

128) 《6·25 전쟁 납북 피해 진상 조사 보고서》, p. 343.

둘째, 6·25 납북자법 제4조와 제11조에 따라 2017년 11월 29일 개관한 '국립 6·25 전쟁 납북자 기념관'에 등록된 납북자 명단(이하 기념관 명단이라 한다)에는 판사 60명(한상범 대법관 포함), 검사 26명, 변호사 101명, 총 187명으로 되어 있다. 이는 납북 법조인을 190명으로 보고 있는 진상 조사 보고서와 상이점을 나타낸다. 기념관 명단에는 납북 중에 탈출한 김봉환(金鳳煥)[129] 변호사가 포함되어 있다.

아울러 납북된 검사로 기재된 김승조, 변호사 최창홍, 김용무는 각각 동명이인인데 동일인의 의심이 있다. 납북된 판사로 기재된 이우경과 이우향도 잘못 발음하여 생긴 착오일 가능성이 있다. 이처럼 등록된 명단의 중복 혹은 착오 가능성에 따라 조사 기관별 차이가 발생할 수 있음을 알 수 있다.

셋째, '6·25 전쟁 납북 인사 가족 협의회'가 강릉대 김명호 교수와 함께 2006년에 정리한 납북자 명단에서는 판사 61명, 검사 25명, 변호사 101명으로 총 187명이 납북된 것으로 보고 있다. 수습 변호사를 제외한다면 '6·25 전쟁 납북 진상 규명 위원회'의 진상 조사 보고서 내용과 약간의 차이가 있으나, 기념관 명단과는 수적으로 같게 나타난다. 그러나 여기서도 민부동(閔浮動) 변호사와 민부훈(閔孚勳) 변호사, 소완규(蘇完奎) 변호사와 소택규(蘇宅圭) 변호사, 오강근(吳康根) 판사와 오용근(吳庸根) 판사가 동명이인임이 의심된다.

넷째, 법원 행정처 발행 법원사 자료집에 따르면 정부 수립 이후 퇴직 법관 명단에 한상범 대법관을 비롯한 41명의 퇴직 판사들의 퇴직 사유가 '납치'로 기재되어 있다. 그러나 여기서도 오류가 발견된다. 이를테면 전 대법원장 이영섭은 납북되지 않았음에도 납북자 명단에 기록되어 있

---

129) 김봉환, 《사쿠란줄 알았는데 무궁화로다.》, 도서 출판 보고사, 2002. 11. 15. pp. 83~91.

다. 기념관 명단과 비교해 봐도 법원사 명단에 들어 있는 8명의 판사가 기념관 명단에는 누락되어 있고, 납북자 수에서도 큰 차이를 나타낸다.

다섯째, 대한 변호사 협회가 2002년 8월 10일 발행한 '대한 변협 50년사'와 서울 지방 변호사회가 2009년 1월 20일에 발행한 '서울 지방 변호사회 100년사'에 따르면 6·25 전쟁 중 납북된 변호사가 51명이라고 한다. 그런데 이 명단에 당시 대법원장이었던 한상범 판사가 변호사로 등록된 오류가 있고, 실제 행방불명된 8명의 변호사가 명단에서 누락되었다. 무엇보다 기념관 납북 변호사 수와 큰 차이가 있다.

여섯째, 가족회가 2012년 11월, 미국 국립 문서 기록 관리청(NARA)에서 입수한 美 중앙 정보국(CIA) 정보 보고서에 납북자 654명 중 판사 1명과 변호사 2명이 기념관 명단에 누락된 것을 확인할 수 있다. 아울러 사단 법인 북한 연구소가 1983년에 발행한 '북한총람' 중 납북 인사 명단의 저명 납북 인사 목록[130]과 비교하면 판사 1명과 변호사 2명이 기념관 명단에서 누락되었다.

일곱째, 1988년 6월 27일 자 법률신문은 납북된 법조인 75명의 명단(판사 21명, 검사 12명, 변호사 42명)을 발표했다. 기념관 명단과 비교하면 판사에서 1명을 검사로, 3명을 변호사로 고쳐야 하고, 검사 3명을 판사로, 변호사 2명을 판사로 고쳐야 한다. 그리고 기념관 명단에 변호사 10명을 추가해야 한다.

종합해 보면 전시 납북 법조인은 판사 68명, 검사 28명, 변호사 139명으로 총 235명이다. 여기에 수습 변호사 47명을 합하면 최대 282명이 된다. 이들 가운데는 자진하여 월북한 법조인도 있을 것으로 추정되

---

130) 6·25 전쟁 납북 인사 가족 협의회, 2001. 9. 27. 가족회 활동 문서 북한 총람 중 납북 인사 명단(4)-아자차하, http://www.kwafu.org/korean/bbs/board_view.php?bbs_code=bbsIdx6&num=136&page=21&keycode=&keyword=&c1=&c2=&sub_code=

나 정확하게 식별할 수는 없다. 납북 법조인들도 다른 전시 납북자들과 마찬가지로 1950년 6월경부터 9월경 사이에 자수, 소집 등의 명목으로 유인되거나, 숨어 지내다가 내무서원 등에 잡혀 서대문 형무소를 거쳐 평양 등으로 납북되었다. 젊은 법조인들은 의용군으로 납북되었고, 납북 도중 낙오되어 사살되는 경우도 많았다.

유태흥 전 대법원장은 반동 변호사라 하여 의용군으로 편성되어 평남 강동군의 탄광에서 일하다가 폭격으로 혼란한 틈을 타서 남하하였다고 한다.[131]

이주신 당시 서울 지검 부장 검사는 1950년 7월 초, 은신 중 잠시 외출하였다가 종로 4가 노상에서 연행되어 서대문 형무소에 수감된 후 전차에 태워져 청량리까지 가서 한탄강을 거쳐 납북되었다. 이선재 당시 서울 고등 법원 판사도 은신 중 1950년 7월 13일 잠시 외출하였다가 자택 근처에서 연행되어 서대문 형무소를 거쳐 평양 교화소에 수감된 후 강계까지 끌려갔다.

김점석 변호사는 1950년 7월 8일 오후 2시 용산구 남영동 자택에서 용산 정치보위부원에 의해 연행된 후 행방불명되었다. 이후 1·4 후퇴 직전 평안북도 만포진에서 김점석 변호사를 보았다는 사람이 있었다. 김 변호사는 부장 검사를 역임하여 공산당의 표적이 된 것으로 추정되며, 그의 형님도 지방 유지라는 이유로 학살당했다.

김봉환 변호사는 신변의 위협을 느끼게 되자 다른 법조인들과 함께 '법학자 동맹'에 가입했다. 1950년 7월 하순, 안이준, 안금선, 김달호, 양준모 변호사와 한만수 판사, 차영조 검사 등 20여 명이 강제로 의용군이 되었다. 그 후 의정부, 평양, 청천강, 개천, 황해도 은율 등을 전전하

---

131) 김이조, 《법조의 길, 법조인의 삶(Ⅱ)》, 화신문화, 2004. 5. 25. p. 754.; 김태훈, "전시 납북 법조인의 재조명과 대책", 〈전시 납북 법조인을 아십니까?〉, 한반도 인권과 통일을 위한 변호사 모임 주최 세미나, 2023. 7. 17. p. 24. 재인용.

며 분산 수용되었다가 탈출하였으나 도중에 의용군 포로로 잡혀 평양 형무소를 거쳐 부산 및 거제 포로수용소에 수용되었다가 반공 포로로 석방되었다. 그러나 안금선, 김용구씨 등은 행방불명되었다고 한다.[132]

납북된 법조인 중 극히 일부는 북한 정권에 이용되어 요직에 기용되었을 수도 있다. 그러나 지금까지 그렇게 드러난 법조인은 없었다. 대부분 다른 납북자들과 마찬가지로 '적대 계층'으로 분류되어 탄광이나 농촌 지역에서 북한 사회의 최하계층으로 살거나 정치범 수용소에 수용되었을 것으로 추정된다.

(4) 언론인[133]

북한군은 서울을 점령하자마자 언론 기관을 장악했다. 6월 28일 KBS를 장악하여 선전·선동을 하기 시작했고, 7월 2일부터는 1946년에 폐간되었던 좌익 신문사인 〈조선인민보〉와 〈해방일보〉를 발행하여 선전·선동의 도구로 활용하기 시작했다.[134] 김일성 대학 교수 리용필은 1950년 7월 초에 〈조선인민보〉와 〈해방일보〉가 서울에서 복간되었다고 《조선신문 100년사》에 기고했다.[135]

〈조선인민보〉는 서울시 태평로 1가 지금의 언론회관(프레스 센터) 자리에 인쇄 시설을 갖추고 있던 서울신문을 점령하여 발행했고, 〈해방일보〉는 인쇄 활자 모양으로 보아 경성일보 시설의 '서울 공인사'에서 발행한 것으로 추정된다.

---

132) 김이조, 위의 책, pp. 750~755.

133) 정진석, 앞의 책, pp. 46.~147.

134) 합동통신사, 《합동통신 30년》, 1975, p. 61에는 7월 4일부터 발행되었다고 했으나 7월 2일자 신문이 존재하기에 합동통신 30년사가 잘못 기록된 것임. 정진석, 위의 책, p. 50. 재인용

135) 리용필, 《조선신문 100년사》, (서울: 나남, 1993), p. 264.

일제 강점기 조선일보와 동아일보의 기자였고, 중외일보(中外日報) 사회부장을 역임한 박팔양(朴八陽)은 광복 후 월북했다가 6·25 전쟁 중에 종군 기자로 서울에 왔다. 그는 1950년 8월 2일 자(32호) 〈해방일보〉에 '진격의 밤'을 발표했고, 〈조선인민보〉에는 8월 5일(36호)부터 10일(40호)까지 4회에 걸쳐 '종군기'를 게재했다.[136]

북한군이 서울 점령 이후 동아일보에서 인쇄 시설로 활용했던 서울공인사의 인쇄 설비가 모두 불에 타서 소실되었고, 경향신문 역시 사옥과 공장이 소실되었으며, 조선일보는 북한군이 뜯어 가 창경원에 버린 윤전기를 다시 찾아내어 본사 공장에 설치했으나 신문 발행은 할 수 없었다.[137]

북한 공산당은 합동통신, 조선통신, 공립통신을 통합하여 조선중앙통신 서울 지사를 조직하는 형식으로 하루 2편씩 발행했다. 3개 통신사의 제작진들은 처음에는 공산당의 지시에 따라 통신을 발행할 수밖에 없었으나 숙청당하는 사람도 있고, 출근하지 않고 숨어 버리는 사람이 늘어났다.[138]

전쟁 중에 언론인 249명이 북으로 끌려갔고, 36명이 피살되어 합하면 285명에 달하는 많은 언론인이 죽거나 피랍되었다. 《6·25 사변 피납치자 명부》에 의하면 언론인 피납치자는 아래 〈표-6〉에서 보는 바와 같이 249명이다.

---

136) 정진석, 앞의 책, p. 51.

137) 조선일보사, 《조선일보 60년사》, 1980. p. 306; 《서울신문 40년사》, 서울신문사, 1985. pp. 230~235.

138) 합동통신사, 앞의 책, p. 61.

<표 6> 언론사별 납북 희생자 표[139]

언론사	인원	사장	국장	납북된 주요 인물
저명 언론인	13			이광수, 최린, 김형원, 민원식, 김동진, 김동환, 정인보, 김기전, 박영희, 방태영, 양근환, 유자후, 이성근
조선일보	9	방응모		김기림, 박만준, 이 운, 방운원, 백인제, 서광설, 한재겸, 홍태희
동아일보	16	백관수	장인갑	이길용, 백운선, 정균철, 김동섭, 신창호, 조진흠, 이상필, 김준섭, 이성득, 최원명, 최이원, 박승호, 현상윤, 김용무, 이동욱
서울신문	11			박종수, 김진섭, 여상현, 이종석, 박용득, 윤준섭, 조현동, 손인수, 김덕순, 김경진, 오직수
경향신문	9		신태익	정지용, 최영수, 안봉렬, 김영득, 김봉렬, 한국신, 홍순직, 최덕희
자유신문	7	정인익	마태영	이정순, 한상직, 최영준, 홍완식, 조경석
대동신문	3			최태규, 유재균, 이광철
한성일보	7	안재홍	김찬승	양재하, 김기천, 김형규, 이경도, 신일남
현대일보	7	서상천	임서정	박상학, 임남식, 조병권, 이영현, 심성구
민주일보	4	안병인		유근창, 호해섭, 홍구범
부인신문	4	황기성		전희복, 김성만, 황태홍
연합신문	5			안찬수, 김보민, 김창식, 최인규, 양성규
태양신문	5		남국희	유남진, 이영근, 김형철, 최덕균
서북신문	7			이영녕, 김승만, 최인봉, 고덕성, 김병기, 임성식, 한명규
지방신문	5			김동환, 김재현, 남궁태, 박문희, 천성욱
기타신문	24			채정근, 황대벽, 강석천, 박장해, 박광필, 허현, 김용찬, 유남준, 김재봉, 허도원, 구영면, 김기철, 김봉오, 김하겸, 박명선, 신균, 윤용희, 이완중, 의의성, 이종만, 임천수, 장기환, 정병문, 천하룡

---

139) 정진석, 앞의 책, p. 47.

언론사	인원	사장	국장	납북된 주요 인물
통신사	11	김승식		김용채, 이중희, 백남진, 정광현, 유금성, 마명덕, 강달영, 조정석, 김학련, 이일구
KBS	28	홍양명		이정섭, 김억, 한덕봉, 이석훈, 이승직, 김도현, 엄상선, 민병설, 이백수, 유종렬, 최충현, 한장우, 전인국, 윤용로, 조준옥, 이성수, 김기창, 황준경, 박인술, 방창환, 양재형, 유장희, 이기환, 이정하, 태윤호, 임명길, 윤준섭
잡지출판	19			강영산, 강제환, 고재선, 김병대, 김상칠, 김영제, 김영철, 박영랑, 박은태, 송기주, 신성균, 심언정, 윤태환, 이건호, 이종구, 이준우, 장성식, 정태헌, 조남직
소속 불명	55			강대성, 강복산, 강용한, 곽대형, 권재명, 김대식, 김동갑, 김문기, 김임성, 김종성, 김창순, 김현성, 노광건, 민준식, 박수로, 박영종, 박우로, 박재막, 박중규, 박한수, 손영유, 손종화, 신영호, 신학범, 안봉훈, 안태흥, 양재근, 오병욱, 유도희, 유명식, 유성열, 유와식, 윤원택, 이석, 이규남, 이문익, 이병성, 이병숙, 이상갑, 이순상, 이춘섭, 이충무, 임영빈, 전병두, 정영조, 조경록, 조연흠, 조우원, 주훈, 최종하, 한복실, 한찬우, 함억규, 허병찬, 홍순극
계	249			

〈표 6〉에서 저명 언론인(13명)은 피랍 당시 특정 언론사에 소속되지는 않았지만 일제 강점기부터 언론계에 종사했거나 언론과 깊은 관련이 있는 원로 언론인 가운데 납북된 인물들로 다음과 같다.

- 이광수(李光洙, 60세)는 동아일보 편집국장과 조선일보 편집국장, 부사장을 역임한 소설가로 너무나 잘 알려진 인물이다. 그는 1950년 6월 28일 서울이 함락된 직후부터 종로구 효자동 자택에 연금 중 7월 14일 아침 7시경 인민군 장교복을 입은 두 사람의 청년과 사복 차림의 한 사람에 의해 납북되었다.

- 최린(崔麟, 73세)은 3·1 운동 때 참여한 33인 중 한 사람이다. 1938년 총독부 기관지 매일신보 사장에 취임하여 1941년 5월까지 재임했다. 그는 종로구 명륜동 자택에서 인민군 장교복을 입은 두 사람의 청년과 사복 차림의 두 사람에 의해 납북되었다.

- 김형원(金炯元, 51세)은 조선일보 편집국장, 공보처 차장, 매일신보 기자로 활동하던 중 1920년 4월 동아일보 창간에 참여하여 23세의 나이에 사회부장이 되었다. 이후 동경 특파원을 역임하고 1924년 5월에 조선일보로 옮겨 사회부장, 지방 부장을 지냈으며, 중외일보 사회부장, 편집부장, 조선일보 편집국장, 매일신보 편집국장, 대동신문 부사장, 대공일보 사장을 역임했다. 1950년 7월 7일 종로구 청운동 자택에서 정치보위부원에게 연행, 구금되었다가 7월 25일 석방되었으나 이튿날 새벽 1시경 북한 인민군에 의해 납북되었다.

- 민원식(閔瑗植, 53세)은 프랑스에서 교육받은 지식인이다. 1945년 9월 6일 영어 신문 서울타임스를 창간하였고, 연합통신과 국제통신을 합병하여 합동통신을 창설, 초대 회장을 역임했다. 6·25 전쟁이 발발했을 때는 서울타임스 사장이었다. 그는 1950년 8월 1일 오후 5시경 성동구 신당동 자택에서 내무서원 5명에게 연행되었다.

- 김동진(金東進, 48세)은 평양 출신으로 어린 시절을 블라디보스토크에서 자라 러시아어를 잘했다. 일제 강점기에 동아일보 정치부 기자, 조선일보 동경지국장, 매일신보 총무국장, 상무, 전무를 역임하고, ㈜ 한풍 사장에 취임했다. 1950년 8월 10일 경기도 양주군 화도면에서 내무서원에게 연행되었다.

- 김동환(金東煥, 49세)은 시인이자 언론인이다. 1924년부터 동아일보와 조선일보 기자로 활동하다 1929년 6월에 월간 잡지 〈삼천리〉를 창간하여 1941년 11월까지 발행한 뒤 1942년 5월부터 〈대동아〉로 제호를 바꾸어 발행하다, 광복 후 〈삼천리〉로 복간하여 발행하였다.

6·25 전쟁이 발발하여 숨어 지내다, 자수하면 자유롭게 활동할 수 있도록 보장해 준다는 말에 속아 자수하러 갔다가 납북되었다.

- 정인보(鄭寅普, 58세)는 사학가, 문학가로 대학 교수와 동아일보 논설위원을 지낸 교육자이자 언론인이다. 광복 후에는 감찰위원장과 국학 대학장을 역임했다. 북한군이 서울을 점령한 후 그가 살고 있던 집이 '적산(敵産) 가옥'이라는 이유로 몰수당하자 낙원동 한양병원으로 피신했으나 7월 31일 내무서원에 의해 납북되었다. 그는 중태로 길을 걸을 수 없어 후퇴하던 인민군이 업고 떠났는데 도중에 살해되어 시체가 산속에 유기되었다는 설도 있다.[140]

- 김기전(金起田, 55세)은 매일신보 편집장, 월간지 〈개벽〉 편집장을 역임한 언론인이나 천도교 청년 당수로 더 유명했다. 6·25 전쟁이 발발하기 전 북한으로 가서 국토의 양단을 막기 위해 천도교 청년이 가장 많은 평안도와 황해도의 청년들을 결속하여 공산당에 대항하려다가 공산당에게 끌려가서 생사 불명이 되었다. 김기전의 피랍은 정부 자료에 나타나지 않으나 1994년 7월 1일 자 〈대한언론인회보〉에 실린 '피납치자 명단'에는 포함되어 있어[141] 피랍으로 본 것이다.

- 박영희(朴英熙, 50세)는 1923년 《장미촌》, 《백조》 동인으로 참여했던 문인으로 일제 강점기에 중앙일보 학예부장과 보도 연맹 문화 실장을 역임했다. 전쟁 발발 후 1950년 7월 5일 용산 경찰서 앞 노상에서 피랍되었다.

- 방태영(方台榮, 66세)은 매일신보 외교부장(지금의 외신부장)과 편집인을 역임했고 경성방송국(JODK) 이사도 역임했다. 일제 치하에

---

140) 《이산가족 백서》, p. 187. 정인보의 언론 활동은 다음 책 참고. 정진석, 《역사와 언론인》, 커뮤니케이션북스, 2001, pp. 316~350.

141) '납북 언론인 생사… 더욱 궁금', 〈대한언론인회보〉, 1994. 7. 1.

서 중추원 참의를 지냈고 조선인쇄주식회사 상무 취체역을 거쳐 사장이 되었다. 1950년 8월 5일(또는 7월 6일) 새벽 0시 10분경 종로구 낙원동 방산부인과에서 내무서원 2~3명이 연행하여 종로 경찰서를 거쳐 보위부로 이송되었다.

- 양근환(梁槿煥, 57세)은 1921년 1월 16일 친일지 〈시사 신문〉 사장 민원식을 암살하여 무기 징역을 선고받아 복역하다가 1933년 2월 11일 13년 만에 가 석방되었다. 광복 후 주간지 〈혁신보〉를 창간했다가 이듬해 3월 폐간하고, 〈여론신문〉을 발행했다. 1950년 7월 5일(또는 7월 3일) 종로구 중학동 자택에서 정치보위부원에게 납북당했다.

- 유자후(柳子厚, 55세)는 고고학자이며 한학자였다. 1946년 2월에 창간된 세계일보(지금의 세계일보와는 관계없음) 사장을 역임했다. 1950년 7월 23일 청운동에서 내무서원 2명에게 연행되어 서대문형무소에 수용되었다. 이후 납북되어 1953년 8월까지 평양 수용소에 감금되어 있다가 1953년 9월 국립출판사 노동자 겸 교정원으로 근무했고, 1957년 함경남도 북청 방면의 과수 농장 노동자로 이주하였다.[142]

- 이성근(李聖根, 63세)은 일제 강점기에 경찰 고위직과 충남도지사를 지냈으며 말기에 총독부 기관지인 매일신보 사장을 역임했다. 1950년 8월 5일 정체를 알 수 없는 어떤 사람이 찾아와 매일신보에 관해 조사할 일이 있다며 성동구 신당동 자택에서 연행한 후 납북되었다.

이 외에 각 언론사에서도 주요 언론인들이 납북되었다. 먼저 **조선일보**는 사장 방응모(方應謨, 67세)가 납북되어 신문사의 운영에 심각한 타격을 입었다. 일제 강점기 사회주의 논객으로 주필이었던 신일용은 살해되었다. 조선일보 이사인 서광설(徐光卨), 이운(李雲), 한재겸(韓在謙)과 감

---

142) 《이산가족 백서》, p. 205.

사 백인제(白麟濟), 안병인(安炳仁), 기자 5~6명이 행방불명되었다.[143]

동아일보는 일제 강점기부터 관계했던 언론인을 포함하면 가장 많은 피해를 입었다. 16명이 피랍되었고 1명이 살해당했다. 편집국장 장인갑(張仁甲), 일제 강점기 사장을 지낸 백관수(白寬洙), 일장기 말소 사건에 관련되었던 운동부(체육부) 기자 이길용(李吉用), 사진부장 백운선(白雲善) 등 여러 명의 기자 또는 직원들이 피랍되었다. 동아일보와 관련된 인물로 미군정청 대법원장을 지낸 김용무(金用茂)와 고려 대학교 총장 현상윤(玄相允)도 피랍되었다.

서울신문은 《서울신문 40년사》에서 확인된 피랍자를 7명으로 기록하고 있으나 알려진 바로는 11명이다. 피살로 알려진 한규호 기자를 비롯하여 출판국장 김진섭, 편집부 국장 박종수, 사회부장 이종석, 문화부장 여상현, 상임 감사 강병순 등이 있다. 박종화 사장의 비서였던 이승로는 총에 맞아 숨졌다.

경향신문에서는 편집국장 신태익(申泰翊)을 비롯하여 시인이며 초대 주필이었던 정지용(鄭芝鎔)과 만화가 최영수(崔永秀) 등 9명이 피랍되었다. **자유 신문**에서는 신문사 부사장이며 주필이었던 정인익(鄭寅翼)과 편집국장 마태영(馬泰榮) 등 7명이 피랍되었다.

대동신문은 1945년 11월 25일 이종형(李鍾榮)이 창간한 우익 신문으로 전무 박재영이 피살되고, 최태규(崔泰奎), 유재균(劉載均), 이광철(李光喆) 기자가 납북되었다. **한성일보**는 사장 안재홍(安在鴻)을 비롯하여 주필 김기천(金基天), 편집국장 김찬승(金燦承), 초대 편집국장 양재하(梁在廈) 등 7명이 납북되었으며 신문사 피해가 너무 컸기 때문에 전쟁 이후에도 복간하지 못했다.

---

143) 조선일보사, 《조선일보 60년사》, 1980, p. 512; 《조선일보 70년사》 제1권, 1990, pp. 2~139.

현대일보는 서상천(徐相天) 사장과 박상학(朴商鶴) 정치부장 등 계열사 경제신문사 기자를 포함하여 총 7명이 납북되었다. 민주일보는 안병인(安柄仁) 사장과 유근창(柳根昌) 주필을 비롯하여 4명이 납북되었다.

부인신문은 1946년 7월 3일에 결성된 한국 여론 협회 부인 위원장과 대한 부인회 부회장을 맡았던 황기성(黃基成) 사장, 전희복(田熙福) 문화부장 등 4명이 납북되었다. 연합신문은 안찬수(安燦洙) 부국장과 김보민(金輔民) 논설위원 등 5명이 납북되었다.

태양신문은 남국희(南國熙) 편집국장과 유남진(兪南鎭) 전무, 이영근(李榮根) 고문 등 5명이 납북되었다. 서북신문은 1948년 1월 23일 창간된 주간 신문으로 서북 청년회의 기관지 역할을 했다. 이 신문사에서는 이영녕(李永寧) 부사장을 비롯하여 총 7명의 기자와 사원이 납북되었다.

지방 신문으로 청주에서 발행되는 국민일보 김동환(金東煥) 사장과 개성에서 창간된 송도신문 김재현(金載鉉) 사장, 강원일보 편집국장 남궁태(南宮抬), 부산 대중신문 박문희(朴文熺) 사장, 영남일보 천성욱(千成旭) 기자가 납북되었다. 기타 중앙신문 편집국 차장 채정근(蔡廷根), 전무 황대벽(黃大闢)과 산업신문 부사장 강석천(姜錫天), 박장해(朴長海) 국도신문 기자 박광필(朴光弼), 허현(許玄), 평화신문 전무 김용찬(金容贊), 유남준(兪南濬), 통국시보 기자 김재봉(金在鳳), 허도원(許道元) 등 총 24명이 납북되었다.

통신사에 종사했던 인물 가운데는 조선통신→고려통신→한국통신으로 이어지는 통신사의 최고 경영진 세 사람 즉 조선통신 사장 김승식(金丞植)과 한국통신 부사장 김용채(金容菜), 조선 통신 사무총국장에 취임했다가 한국통신 부사장이 된 이중희(李重熙) 등 11명이 납북되었다.

납북된 방송인은 광복 후 KBS 운영 주체였던 방송 협의회의 초대 이사장을 지낸 이정섭(李晶燮)과 광복 후 제2대 방송국장이었던 홍양명(洪

陽明), 일제 강점기부터 방송 기술인의 원로였던 한덕봉(韓德奉), 당시에는 육사 교관으로 근무 중이었지만 일제 강점기에는 방송국에 근무한 적이 있는 시인 김억(金億) 등 28명이다. 이 외에도 잡지 출판인 19명과 소속을 알 수 없는 55명의 언론인이 납북되었다.

전쟁 발발에 따라 KBS로 파견되어 KBS를 관리하던 국방부 정훈국 보도과장 김현수 대령은 6월 27일 밤 12시 방송국 주요 장비를 영등포 전신국으로 이관한 후, 28일 새벽 2시 반 북한군의 탱크 부대가 이미 방송국을 점령했던 시간에 방송국으로 지프차를 몰고 갔다가 현관에서 총격을 받고 순직했다. 북한군은 그의 시체를 발로 차서 방송국 아래 있는 덕수 초등학교에 떨어뜨렸다.[144]

1950년 11월 10일 자 조선일보에 김현수 대령의 순직 소식이 실렸다. (굳센 책임감! 김 보도 과장의 최후)

(5) 종교인[145]

북한이 납북한 민간인 중에는 종교인들도 다수 포함되어 있다. 납북된 종교인 가운데 신원이 확인된 숫자는 개신교 목사 88명과 전도사, 장로, 가톨릭 신부 30명(한국인 21, 외국인9)과 수녀 등이 있다. 이들 중에는 종교계의 중요 지도자들이 다수 포함되어 있다.

종교인 학살에서 이미 다루었듯이 북한은 '종교 말살 정책'에 따라 많

---

144) 조선일보, "굳센 책임감! 김 보도 과장의 최후" 1950. 11. 10.

145) 정진석, 앞의 책, pp. 210~240.

은 종교 지도자와 교인을 학살했다. 특히 기독교 정신이 공산 국가 건설에 배치된다는 이유로 많은 기독교인을 학살했다. 그러면 공산 국가 건설에 도움이 되지 않을 기독교인을 왜 납북하였던 것일까? 납북 인사들의 면면과 납북 이후 행적을 볼 때 특별한 활용 목적이 있다고 보기에는 어렵다. 대부분 행방불명으로 나타나고 있기 때문이다. 주요 종교 지도자 납북을 소개하면 다음과 같다.

① 개신교
- 구자옥(具滋玉)은 YMCA 총무를 역임하고, 광복 후 조선 기독교 청년회 연합회 총무로 당선되었다가 정부 수립 후 경기도지사를 역임하였다. 종로구 누하동 자택에서 피랍되어 백암산 줄기를 타고 끌려가다가 용연(龍淵)에서 약 8km 떨어진 산속에서 숨을 거두었다.[146]
- 권태희(權泰羲, 45세)는 경북 출신으로 제헌 국회 의원에 당선, 문교 사회 위원장을 역임하였고, 납북된 후 1956년 7월 재북 평화 통일 촉진 협의회 발기인 겸 중앙 위원으로 동원되었다. 같은 해 8월 인민 경제 대학에 재학, 그해 10월까지 평양에 거주하였으나 그 후 소식은 알 수 없다.[147]
- 김동철(金東哲, 52세)은 서울 서소문 교회(감리교) 목사로 1950년 7월 23일 서소문동 자택에서 공산당원에게 연행되어 12월에 만포진까지 끌려갔고, 1951년 초부터 1954년 5월경까지 평양 교화소 임시 수용소에 감금되어 있었으나 1955년 이후 행방불명되었다.[148]

---

146) 조철,《죽음의 세월, 납북 인사들의 생활 실태》, 성봉각, 1963, p. 46.;《실록 한국 기독교 100년》제6권, pp. 53~61.
147) 《이산가족 백서》, p. 195.
148) 《이산가족 백서》, p. 197.

- 김영주(金英珠, 57세)는 서울 새문안 교회(장로교) 목사이자 자유주의 신학자로 광복 후 새문안 교회를 개방하여 교파 통일을 위한 장로·감리교 협의회와 초교파 기독 청년 운동을 위한 광장으로 제공하였다. 1950년 8월 23일 오전 9시경 종로구 신문로 자택에서 연행되어 서대문 형무소를 거쳐 납북되었다.

- 김유연(金有淵, 50세)은 서울 신학 대학 교수이자 신공덕동(아현동) 성결교회 목사이며 한국 기독교 연합회 기관지 〈기독공보〉 주필로 활동하였다. 1945년 9월부터는 신공덕동 교회(현 신덕교회) 담임 목사로 시무하였다. 1950년 8월 10일경 마포구 공덕동 자택에서 내무서원에 의해 연행, 납북되었다. 《기독교 대백과사전》에는 이건, 최석모, 박현명, 박유연 목사 등과 함께 기독교 대한성결교회 총회 본부에서 납북된 것으로 기록되어 있다. 김성호 목사의 아버지다.

- 남궁혁(南宮爀, 69세)은 한국인 최초의 신학 박사로 교수와 대한 기독교 연합회 총무를 역임했다. 1950년 8월 24일 밤 11시경 경기도 독도 중곡리에서 정치보위부 고급 간부 박윤모, 최탁에 의해 연행되었으며 납북된 후 순교한 것으로 알려져 있다. 자택은 서울 용산구 청파동이다.

- 박상건(朴相建, 54세)은 서대문 형무소 목사(장로교)로 정부가 6·25 전쟁 직후 조사한 피살자 명부에는 서대문 형무소에서 피살되었다고 기록하고 있으나 북한으로 끌려간 것이 확실시된다.[149] 그는 1950년 7월 13일 오전 11시경 서울 한강로 자택에서 정치보위부원 2명이 연행하여 납북되었다. 《기독교 대백과사전》에는 6월 28일 새벽 공산군에 의해 납북된 것으로 기록되어있다.

- 박현명(朴炫明, 48세)은 성결교회 목사이자 서울 신학교 교수로서 광

---

149) 조철, 앞의 책, p. 46.;《실록 한국 기독교 100년》제6권, pp. 95, 118.

복 후 교회와 신학교 재건에 앞장섰고, 1946년 재건 총회 초대 총회장에 선출되어 3년간 시무했다. 1950년 8월 23일 오후 3시경 서대문구 충정로 기독교 대한성결교회 총회 본부에서 지도급 목사들과 함께 정치보위부원 2명에게 연행, 납북되어 12월에 만포진까지 끌려갔고, 1951년 초부터 1954년 5월경까지 평양 교화소 임시 수용소에 감금되어 있었으나 1955년 이후 행방불명되었다. 《기독교 대백과사전》에는 1950년 8월 10일 납북된 것으로 기록되어 있다.

- 서태원(徐太源, 46세)은 서울 정동교회(감리교) 목사이자 협성 감리교 신학교 교수이다. 1950년 8월 23일 오후 3시경 기독교 민주당원에 의해 연행되어 납북되었다.

- 송창근(宋昌根, 53세)은 한국 신학 대학장으로 1950년 8월 23일 오전 7시경 서울 중구 도동 자택에 보안대원이 와서 지프차로 연행, 서대문 형무소에 감금되었다가 북한으로 이송되었다. 이 같은 사실은 함께 납북되었다가 탈출한 사람이 가족에게 알려 주었다고 한다. 1951년 초부터 1954년 5월경까지 평양 교화소 임시 수용소에 감금되어 있었다.[150] 한편 조철의 《죽음의 세월, 납북인사들의 생활 실태》에는 1951년 7월 하순경 다른 종교인들과 함께 평양 근처의 대동군 문성리에 있는 산 아래 농가에 수용되었다가 사망한 것으로 되어 있다.[151]

- 양주삼(梁柱三, 73세)은 감리교 목사로 적십자사 총재를 역임했다. 8월 23일 기독교 연맹 이사장 김욱(金旭) 명의의 소집 통지서를 가지고 온 사람들이 트럭에 싣고 간 후로 소식이 두절되었고, 서소문 교회 목사 김동철과 함께 납북되었다. 주소는 서울시 종로구 필운동이다.

---

150) 《이산가족 백서》, p. 202.

151) 조철, 앞의 책, p. 46.; 《실록 한국 기독교 100년》 제6권, pp. 127~128.

- 오택관(吳澤寬, 63세)은 장로교 목사이자 제헌 국회 의원으로 한국 독립당 옹진군당 위원장을 맡고 있었다. 평양 신학교를 졸업한 목사로 독립운동가이자 정치인이다. 1950년 9월 2일 저녁, 서울 종로구 혜화동 자택에서 민청원이 연행하여 정치보위부에 감금 후 납북되었다.[152] 문공부 장관과 동아일보 사장, 기독교 방송 이사장을 지낸 오재경이 그의 장남이다.
- 오하영(吳夏英, 73세)은 감리교 신학전문학교를 졸업한 감리교 목사로 원산감리교회 목사를 지냈다. 기미 33인 중 한 사람으로 2년 6개월간 복역했다. 제2대 국회 의원으로 1950년 9월 23일 신당동 친척 집에서 신분을 알 수 없는 사람들에 의해 연행, 납북되었다.
- 이건(李鍵, 53세)은 서울 신학교 교장과 성서 학원장을 역임했다. 1950년 8월 23일 오전 9시경 서울 서대문구 충정로 소재 기독교 대한성결교회 총회 본부에서 기독교 민주 동맹원 3명에 의해 연행, 납북되었다. 《기독교 대백과사전》에는 이건이 김유연, 박현명 목사와 함께 1950년 8월 10일 납북된 것으로 기록되어 있다. 이건 아들의 증언에 의하면 같은 날 오전 7시경 서울신학교 구내에 있는 사택에 정치보위부원 3명이 와서 세단을 집 앞에 주차하고 이웃집에 사는 목사 박현명과 신학교 구내에 거주하지 않는 목사 최석모를 찾았다고 한다. 당시 최 목사는 신학교 교수 겸 아현교회 담임으로 북아현동에 살고 있었다. 정치보위부원 2명은 최 목사의 집으로 가서 최 목사를 태우고 신학교 구내로 가서 이건과 최석모, 박현명 3명을 연행했다고 한다. 이들을 연행할 때 '미제 타도 백만인 서명 운동'이란 회의에 소집하는 것으로 유인하여 납북했다고 한다.
- 한치명(韓致明)은 납북된 후 반동 종교인으로 낙인찍혀 다른 종교인

---

152) 조철, 앞의 책, p. 46.; 《실록 한국 기독교 100년》 제6권, pp. 95, 118.

들과 함께 1950년 12월에 만포진까지 끌려갔고,[153] 1951년 초부터 1954년 5월경까지 평양 교화소 임시 수용소에 감금되어 있었으나 1955년 이후 행방불명되었다고 한다.[154]

이 외에도 다음과 같은 목사, 전도사, 장로, 집사 등 교인들이 납북되었다.

기세복(奇世福), 김상(金峠, 61세), 김경종(金庚鍾, 56세), 김계성(金啓星, 33세), 김두석(金斗錫, 61세), 김봉규(金鳳圭), 김상준(金相俊, 25세), 김상칠(金尙七, 53세), 김성식(金晟植, 43세), 김성식(金晟植, 58세), 김성식(金晟植, 67세), 김성원(金聖元, 68세), 김양석(金揚錫, 40세), 김원규(金元圭, 49세), 김유순(金裕淳, 69세), 김유해(金裕海), 김장휘(金長輝, 60세), 김종만(金鍾萬, 59세), 김진규(金珍珪, 54세), 김철성(金哲星), 김태주(金泰周, 63세), 김택빈(金宅彬, 39세), 김희운(金熙雲, 38세), 김희태(金熙泰, 38세), 도병일(都柄日, 37세), 박만춘(朴萬春, 42세), 박선제(朴璇齊, 67세), 박성만(朴成萬, 31세), 박형규(朴亨圭, 51세), 방훈(方薰, 58세), 백학신(白學信, 52세), 서두성(徐斗成, 30세), 송태용(宋台用, 43세), 신기준(申基俊, 47세), 심명섭(沈明燮, 47세), 안길선(安吉善, 60세), 유세근(兪世根, 41세), 유재보(劉載報, 53세), 유재헌(劉在獻, 46세), 유정철(柳禎喆, 46세), 윤성호(尹聖浩, 32세), 이선용(李善用, 45세), 이성만(李成萬, 31세), 장기형(張基衡, 50세), 장덕단(張德檀, 68세), 전용섭(全用燮, 33세), 전유연(全有淵, 48세), 전진규(全珍珪, 56세), 전진선(全珍瑄, 55세), 전효배(田斅培, 65세), 정관백(鄭官伯, 46세), 정달웅(鄭達雄, 35세), 정치호(鄭致鎬, 33세), 조상문(曹相文, 53세), 조상학(趙相學,

---

153) 조철, 앞의 책, p. 46.;《실록 한국 기독교 100년》제6권, p. 58.
154) 《이산가족 백서》, p. 212.

74세), 조희철(曺喜哲, 50세), 주재명(朱在明, 32세), 주채원(朱埰元, 46세), 진령종(陳令鐘, 49세), 진학철(陳學哲, 54세), 차경창(車敬昌, 51세), 최명은(崔明殷, 45세), 최상은(崔相殷, 45세), 최상현(崔相鉉, 61세), 최석기(崔錫棋, 57세), 최석모(崔錫模, 61세), 최영용(崔榮鎔, 50세), 최원초(崔元初, 45세), 최종묵(崔宗黙, 54세), 최태용(崔泰龍, 53세), 허은(許殷, 37세), 허설(許說, 37세), 현석진(玄碩鎭, 44세), 홍길용(洪吉龍, 31세) 이상 목사 74명.

김양순(金陽淳, 40세), 김인희(金麟熙, 43세), 박보렴(朴寶□, 여 54세), 박문희(朴文熹, 50세), 임수열(林壽烈, 31세) 이상 전도사 5명.

강준표(康俊杓, 51세), 고명우(高明宇, 68세), 권상화(權相和, 68세), 김규식(金奎植, 74세), 김덕남(金德男, 41세), 김동원(金東元, 44세), 김동원(金東元, 66세), 김두매(金斗枚, 43세), 김윤동(金允童, 48세), 김익준(金益俊, 46세), 김재은(金在恩, 27세), 신상후(申相厚, 39세), 이정진(李正鎭, 56세), 이종성(李鍾聲, 62세), 이필빈(李弼斌), 장덕로(張德櫓, 68세), 정호석(鄭浩錫, 63세), 허준용(許濬龍, 51세), 황국록(黃國祿, 40세) 이상 장로 18명.

김병덕(金炳德, 30세), 김봉재(金奉在, 29세), 김성녀(金姓女, 42세), 김성덕(金成德, 41세), 김수림(金輸林, 61세), 김영순(金榮淳, 40세), 김주완(金株完, 30세), 김진수(金振秀, 45세), 김태환(金泰煥, 39세), 김한수(金翰洙, 36세), 김현자(金顯子, 41세), 남변식(南邊植, 38세), 독고당(獨孤堂, 26세), 박관희(朴寬姬, 25세), 박종봉(朴琮奉, 42세), 박탁근(朴卓根, 31세), 배춘근(裵春根, 35세), 백계순(白桂淳, 32세), 송경섭(宋京燮, 38세), 안인우(安仁祐, 40세), 양두영(梁斗泳, 36세), 오길홍(吳吉弘, 28세), 윤득순(尹得淳, 31세), 이경천(李京天, 63세), 이기태(李基泰, 34세), 이성택(李成擇, 34세), 이주광(李周光, 45세), 임연용(任連用, 33세), 장기형(張基衡, 50세), 장상선(張相善, 31세), 장순례(張順禮, 48세), 장

장수(張長壽, 38세), 장장순(張長順, 33세), 장종석(張宗錫, 28세), 정남규(鄭南奎, 35세), 정성채(鄭聖菜, 63세), 조기간(趙基栞, 59세), 조종수(趙鍾洙, 40세), 최순임(崔順任, 40세), 기규복(奇圭福). 이상 집사·기타 40명이다.

② 가톨릭

- 신윤철(申允鐵, 45세)은 세례명 베드로이며, 서울 교구 장연(황해도 은율군 장연면) 본당 주임 신부로 1950년 6월 24일 행방불명되었다.[155] 정부의 《피납치자 명부》에는 1950년 7월 1일 종로구에서 납치된 것으로 기록되어 있고, 《한국 가톨릭 대사전》에는 1950년 6월 24일 밤, 장연 내무서로 강제 연행된 후 어디론가 끌려가 공산군에 의해 피살되었다고 기록되어 있다.

- 양덕환(梁德煥, 56세)은 세례명 안드레아이며 서울 교구 황해도 재령 본당 주임 신부로 1950년 10월 5일 피살된 것으로 알려졌다.[156] 그러나 정부의 《피납치자 명부》에는 자택이 있는 종로구에서 피랍된 것으로 기록되어 있고, 《한국 가톨릭 대사전》에는 1950년 10월 5일 본당 사제관 근처에서 납치되어 행방불명된 것으로 기록되어 있다.

- 유영근(兪榮根, 45세)은 세례명 요한이며, 일명 한주(漢主), 천주교 서울 교구 본부 경리부장이었다. 주한 교황 사절 번(Byrne, James Patrick, 63세) 주교가 납치당하자 그의 식사와 침구 등을 주선하다가 1950년 7월 11일 서울 중구 명동성당에서 납북되었다. 영변과 온정을 거쳐 끌려가는 동안 중태에 빠져, 들것에 실려 가다가 11월

---

155) 차기진, "6·25 사변과 천주교회의 순교자들", p. 29.
156) 차기진, 위의 책, p. 33.

10일경 사망했다.[157] 1956년 적십자사에 피랍자를 등록할 때 노기남 주교가 신고했다.

- 윤의병(尹義炳, 62세)은 세례명 바오로이며 서울 교구 황해도 은율 본당 주임 신부로 1950년 6월 24일 행방불명되었다.[158] 《한국 가톨릭 대사전》에는 1950년 6월 24일 새벽 2시 정치보위부원들에게 연행되어 1개월간 수감되었다가 비밀리에 해주 방면으로 이송된 후 행방불명된 것으로 기록되어 있다.
- 이순성(李順成, 46세)은 세례명 안드레아이며 서울 교구 황해도 신계 본당 주임 신부로 1950년 7월 5일 행방불명되었다.[159] 《한국 가톨릭 대사전》에는 7월 5일 오전 10시경 신계읍 정치보위원 2명이 트럭에 태워 사라진 후 행방불명된 것으로 기록되어 있다.
- Byrne, James Patrick(제임스 패트릭 번, 63세)은 미국인 주교로 주한 교황 사절이다. 6·25 전쟁 발발 후 외국인 성직자들을 일본으로 피난시킨 뒤 교황 사절관을 지키다가 1950년 7월 11일 보좌 신부 부드(W. Booth) 신부와 함께 공산군에게 체포되어 삼화 빌딩에 감금되었는데, 인민재판에서 사형 선고를 받고 감옥에 수감되었다가 북으로 끌려갔다. '죽음의 행진(death march)'[160] 중에 11월 25일 하창리 수용소에서 62세의 나이로 옥사했다.
- Canavan, F.(캐나반)은 춘천 교구 소속의 아일랜드 신부로 1950년 7월 2일 연행, 납북되어 12월 6일 옥사하였다.

---

157) 조철, 앞의 책, p. 46.; 《실록 한국 기독교 100년》 제6권, pp. 78~79.

158) 차기진, 앞의 책, p. 29.

159) 차기진, 앞의 책, p. 31.

160) 전쟁터에서 죄수나 포로의 건강이나 생명을 고려하지 않는 강행군으로 이 말이 처음 사용된 것은 1944~1945년 겨울, 나치 독일이 유태인들을 강제 이동시킨 데서 비롯되었다. 6·25 전쟁 중에는 북한이 국군 포로와 남한의 주요 인사와 민간인을 납치하여 북한으로 끌고 가면서 사용되었다.

- Gombert, Antoine(앙투안 공베르, 76세)은 프랑스인이다. 서울 혜화동 가르멜 수녀원 지도 신부로 1950년 7월 15일 피랍되어 11월 12일 옥사했다.[161] 《한국 가톨릭 대사전》에는 7월 11일경 인천 샬트르 성 바오로 수녀원에서 체포, 피랍되어 '죽음의 행진' 중에 11월 11일 옥사한 것으로 기록되어 있다.

- Gombert, Julien(쥴리앙 공베르, 74세)은 프랑스인이다. 인천 샬트르 성 바오르 수녀회 지도 신부이며 안토니오 공베르 신부의 동생으로 7월 15일 피랍되어 11월 13일 옥사했다.[162] 《한국 가톨릭 대사전》에는 '죽음의 행진' 중에 11월 12일 옥사하였다고 기록되어 있고, 정부의 《피납치자 명부》에는 7월 7일 피랍된 것으로 기록되어 있다.

- Villemot, Marie Pierre Paul(마리 피에르 폴 비에모, 82세)은 1869년 6월 28일 프랑스에서 태어나 파리 외방전교회 신학교를 졸업하였다. 1892년 3월 사제 서품을 받고 곧바로 한국 선교사로 임명되어 6월 18일 한국에 도착했다. 인천과 전라도 지방에서 선교 사업을 벌였고, 1898년에 서울로 와서 중림동의 약현성당과 명동 본당 주임 신부로 시무하다가 1942년 고령으로 현직에서 은퇴했다. 6·25 전쟁이 발발했을 때는 샬트르 성 바오로 수녀회의 지도 신부로 재임 중이었다. 1950년 7월 11일 공산군에게 체포되어 다른 외국인 성직자, 수도자들과 함께 서울 소공동의 삼화빌딩에 감금되어 인민재판에서 사형선고를 받고 수감되었다가 북으로 끌려갔다. 9월 5일 만포를 출발하여 11월 7일 중강진 부근의 하창리 수용소에 수용되는 '죽음의 행진'을 겪었다. 그러나 고령에다가 행진 도중의 고초와 수난으로 그해 11월 11일 하창리 수용소에서 82세의 나이로 옥사했다.

---

161) 차기진, 앞의 책, pp. 30, 32.

162) 차기진, 앞의 책, pp. 30, 32.

이 외에도 다음과 같은 신부, 수녀, 신학생 등이 납북되었다.

고일랑(高一郎, 40세), 공덕문(孔德文, 57세), 김경문(金景文, 45세), 김경민(金慶旻, 49세), 김군문(金軍文, 43세), 김의한(金義漢, 56세), 백남창(白南昌, 31세), 백문필(白文弼, 66세), 유영주(兪榮柱, 44세). 이여구(李汝球, 54세), 이재현(李在現, 42세), 이필구(李泌球, 49세), 정진구(鄭鎭求, 28세), 조병석(趙炳錫, 34세), 한원승(韓元勝, 33세), 한윤승(韓允勝, 35세), Bulteau, J.(뷜토, 프랑스), Cadars, J.(카다스, 프랑스), 리바트리시오(39세), 리씨(58세, 미국인) 이상 한국인과 외국인 신부 20명이다.

그리고 서(徐, 요세피나), 장정온(張貞溫, 45세), 마리 데레사(벨기에), 맥틸드(벨기에), 김용서(金龍瑞, 22세), 김상진(金相振, 25세) 이상 한국인과 외국인 수녀, 신학생 6명이다.

③ 성공회
- 이흥식 성공회 회장과 성공회 재단 이사이자 제헌 국회 의원이며 의사인 홍순옥(洪淳玉, 56세)은 1950년 7월 4일 서울에서 피랍되었다.

④ 구세군
- 김삼석(金三錫, 50세)은 구세군 사관(정위)으로 1950년 8월 23일 오전 11시경 종로구 신문로 구세군 대한 본영에 2명이 찾아와 기독교 민주 동맹 회의가 있다면서 연행, 피랍하였다.
- 김진하(金鎭河, 52세)는 구세군 사관(참위)으로, 황해도 연백군 해룡면 부토리 군영 담임으로 임명되었는데 6·25 전쟁 발발 후 서울로 피신했다가 9·28 수복 후에 다시 임지로 가서 1·4 후퇴 때 북한군에 피랍되었다.
- Lord, Herbet A.(허버트 로드)는 피랍 당시 구세군 사령관이었다.

(6) 주요 인사 납북 경로 및 사상 개조 교육[163]

공작 지도부는 강제로 체포한 인사들 즉 다섯째 부류에 속한 인사들을 제외한 인사들을 군사 위원회 8호 결정에 따라 부류별로 평양으로 끌고 가 사상 개조 교육을 받게 했다. 맨 먼저 서울을 떠난 인사들은 첫째 부류였다.

즉, 북한 정권 수립에 참여한 남한의 정당(근로 인민당, 민주 한독당, 인민 공화당, 신진당, 사회 민주당, 근로 대중당, 조선 농민당, 조선 근민당 등)과 단체(민중 동맹 등)에 속했던 인사들로서 자진 출두하여 등록한 인사 40여 명이다. 이들은 1950년 7월 20일경 서울시 인민 위원회에 집결, 군 트럭을 타고 평양으로 향했다.

2차로 떠난 인사들은 둘째(국회 프락치 사건 관련자), 셋째(협상파 인사와 자진 또는 권유에 따라 출두자), 넷째(자수 또는 자발적으로 협력하는 자) 부류에 속한 일부 인사 40여 명으로 이들은 7월 말에 평양으로 출발했다. 3차로 떠난 인사들은 넷째, 다섯째 부류에 속한 일부 인사들로서 권유나 협박에 따른 출두자와 연행·체포자 가운데 일부 등 40여 명이다. 이들은 8월 초에 평양으로 떠났다.

4차로 떠난 인사들은 다섯째 부류에 속한 나머지 인사들로서 유치장과 지하실에 감금되어 있던 정인보, 이광수, 백관수, 명제세, 최린, 현상윤, 김용하 등을 비롯한 정계와 사회 저명인사들이다. 이들은 8월 중순 평양으로 떠났다.

그러나 연행된 인사 가운데 김규식, 조소앙, 안재홍 등 연로한 인사와 국회 프락치 사건 관련자로서 자진 출두한 사람 가운데 건강이 나쁘거나 연로한 인사들은 1차 교육 대상에서 제외돼 일단 평양으로 가지 않고 자택 또는 성북동과 성남 호텔 등에 연금했다가 나중에 이송되었다.

---

163) 이태호 著, 신경완(필명) 증언, 《압록강 변의 겨울》, 1991. 10. 15. pp. 27~38.

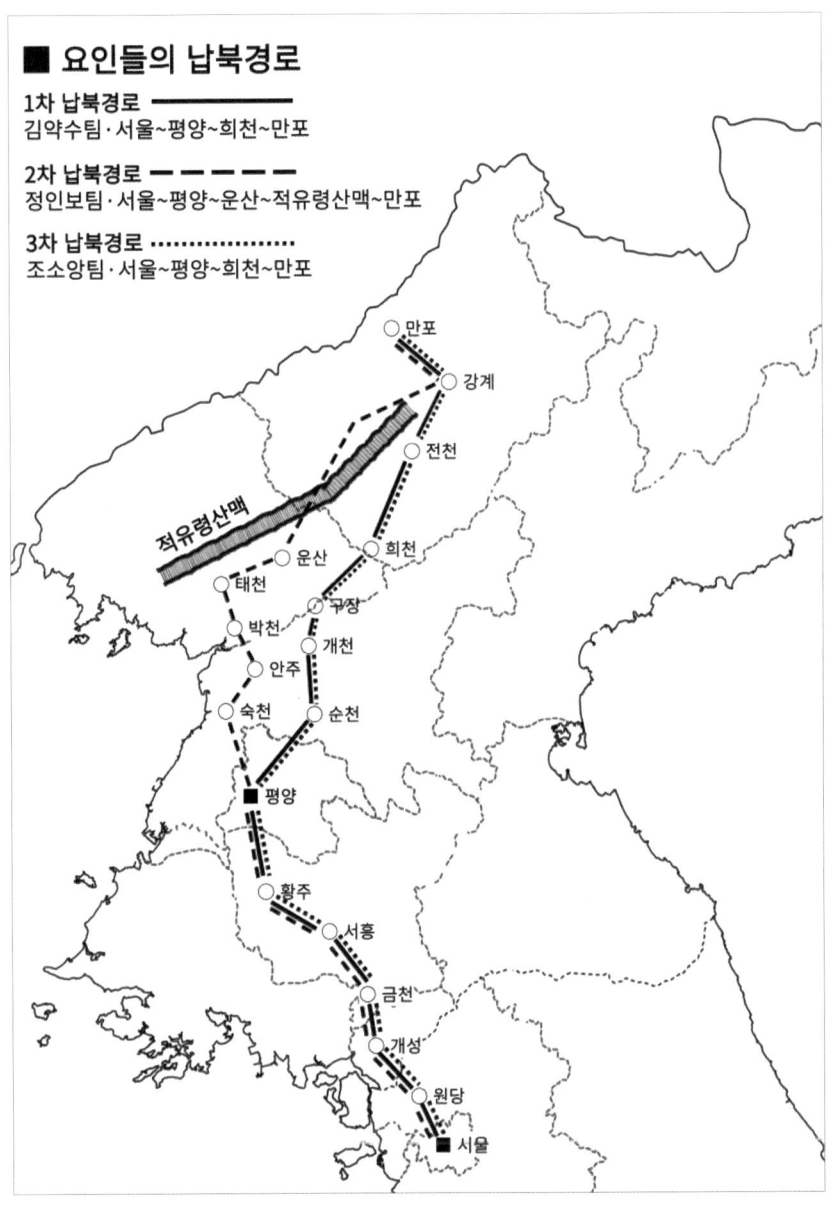

서울을 떠난 인사들은 원당-개성-금천-서흥-황주를 거쳐 평양으로 향했다. 유엔군의 폭격을 피해 주로 밤에 이동하였으며 서평양의 고노골과 감흥동, 감북동의 학교 등 공공건물과 여관 등에 나누어 투숙했다. 이들은 김일성 대학과 인민 경제 대학 교수들로부터 정치 경제학, 철학, 소련 공산당사와 공산당 선언, 레닌주의의 제 문제, 해방 투쟁사 등을 하루 8시간씩 교육받아야 했다. 1주일에 닷새는 강의를 듣고, 하루는 평양시와 황해 제철소, 남포 유리 공장, 평양 방직 공장 등을 견학하고 영화와 연극을 관람하였다.

서울에서 체포되어 끌려온 이광수, 정인보, 최린, 현상윤, 최규동, 명제세, 백관수 등 저명인사들은 처음부터 '반동'으로 낙인찍힌 사람들이기 때문에 서평양의 외진 곳에 수용되어 교육받았다. 북한은 이들에게 "과거를 반성하고 조국 통일에 협력하라고" 강요했으며 때로는 홍명희, 김원봉, 이만규, 홍중식 등이 나와 반복적으로 이들을 설득하고 회유했다.

북한은 유엔군이 인천 상륙 작전에 성공하자 평양이 함락될 것에 대비하여 납북 인사들을 세 가지 경로를 통해 후방으로 이동시켰다. 첫째 부류는 김약수 등 참여파와 협상파 그리고 자진 출두자들로, 이들은 10월 8일 군 트럭으로 평양을 떠나 순천-개천-구장-희천-전천-강계를 거쳐 만포로 이동하여 별오리 근처에 자리를 잡았다.

둘째 부류는 '반동'으로 지목된 최린, 정인보, 백관수, 명제세, 김용무, 백상규 등 저명인사들로 10월 9일부터 걸어서 순안까지 이동했으며 그곳에서 군 트럭으로 숙천을 거쳐 안주에 이르렀다. 안주에서 며칠간 머물다 걸어서 박천을 거쳐 태천에 이른 인사들은 숭적산, 쑥밭령, 삿갓봉, 오군령 등 해발 1,500m 안팎의 험한 적유령 산맥을 강행군했다. 배고픔과 추운 날씨로 낙오자가 늘어났고 그들은 그곳에서 죽어 갔다. 저명한 국문학자 정인보도 살을 에는듯한 추위 속에 1주일 이상 굶주린 끝에 11월 하순 눈을 감았다. 이들은 강계를 거쳐 만포로 이동하였다.

몸이 허약하여 서평양 수용소에 남겨진 이광수와 최규동 등은 적절한 진료를 받지 못했다. 후에 뒤늦게 병원으로 이동 중 용성 부근 마람 마을에서 미군기의 공습에 최규동이 사망했다고 한다. 이광수는 폐결핵이 악화돼 10월 25일 만포면 고개동 마루턱에서 운명하였다. 이광수의 3남인 재미 동포 이영근은 1991년 7월 하순 평양을 방문, 원신리 공동묘지에 이장된 선친의 묘소를 참배하고, 북한 당국자로부터 선친의 사망 경위를 40여 년 만에 들을 수 있었다.

김규식, 조소앙, 안재홍 등 연로한 인사와 국회 프락치 사건 관련자로서 자진 출두한 사람 가운데 건강이 나쁘거나 연로하여 1차 교육 대상에서 제외된 이들은 일단 평양으로 가지 않고 자택 또는 성북동과 성남의 호텔 등에 연금됐다. 해당 인사 30여 명은 9월 27일, 유엔군의 서울 수복 하루 전 지프와 일반 승용차 그리고 군 트럭에 나누어 타고 성북동-삼선교 고개-종로-수색-일산-문산을 거쳐 평양으로 이동했다.

30여 명의 인사 중 방응모, 김봉준은 서흥에서 유엔군의 폭격으로 목숨을 잃고, 몇 사람은 중경상으로 병원에 입원하였다. 그리고 나머지 김규식, 조소앙, 조완구, 오하영, 윤기섭, 류동열, 최동오, 안재홍, 정광호, 이강우, 장덕로, 장연송, 오정방, 원세훈, 김헌식, 권태양, 김홍곤, 안우생, 권태희 등 25명은 평양, 희천을 거쳐 만포로 이동하였다.

4. 일반 민간인 납북과 피해 사례

주요 인사의 납북이 사전 기획된 납북이라면, 납북자의 대부분을 차지하는 일반 민간인 납북은 동원 납북으로 이루어졌다. 동원 납북은 전쟁 발발 이후 계속 이루어졌으며 인민 의용군과 노무대가 이에 해당한다. 앞에서도 언급한 바와 같이 1951년 말 내무부(치안국)가 발표한 납북자 126,325명 중 71%에 해당하는 89,853명이 인민 의용군으로 납북되어 전장에 투입되었다.

이는 1950년 7월 1일 군사 위원회 제4차 회의 의결 사항(인민 의용군을 조직할데 대하여)과 7월 6일 하달된 당 방침(의용군 초모 사업에 대하여)에 따라 서울에 이어 전국 단위로 강제 모집한 결과다. 일부 좌익 정치범과 학생, 노동자 등이 자발적으로 의용군에 지원하기도 하였지만, 대부분은 전쟁 장기화에 대비하여 강제적으로 모집한 것이다.

인민 의용군으로 모집된 자들은 간단한 기초 군사 훈련을 마치고 곧바로 전장에 투입되어 주로 총알받이로 활용되거나, 비행장 복구 및 건설 등에 투입되었다. 노무대는 주로 유엔군의 인천 상륙 작전과 반격 작전으로 북한군이 후퇴할 때 무기와 전쟁 물자 북송을 위해 주로 청장년을 강제 동원하였다. 주요 피해 사례를 보면 다음과 같다.

(1) 의사 채대식[164] 납북 후 탈출[165]

납북자 채대식은 북한군의 서울 점령 후 처가에 피신해 있다가 잠시 집에 다니러 온 7월 8일 새벽 자치 대원에게 체포되었다. 이후 파출소, 서북서, 정치보위부를 거쳐 서대문 형무소에 수감되었다. 형무소에는 많은 사람이 수감되어 있었고, 더위와 불안으로 인하여 많은 병자가 발생하였다. 북한군은 수감자 가운데 의사를 찾았고, 채대식은 그때부터 다른 수감자들을 치료하기 시작했다. 북한군은 의사로서의 사명을 다하는 채대식을 총부리로 때리며 딴마음이 있어서 열심히 하는 것 아니냐고 생트집을 잡았다.

---

164) 경상북도 문경군에서 제2대 국회 의원으로 출마했다가 낙선하였고, 이후 자유당 중앙당부 재정부 차장을 역임하였다. 채대식, "들쥐를 잡아 요기," 《나는 이렇게 살았다》(서울: 을유문화사 1988), pp. 7~15.

165) 6·25 전쟁 납북 진상 규명 위원회, 《6·25 전쟁 납북 피해 진상 조사 보고서》, 2017년 5월. pp. 265~266.

9월 20일 밤 수감자들은 열 명씩 결박을 당한 후 북한군의 삼엄한 감시하에 긴 죽음의 행렬을 지었다. 서울 종로, 창경원 앞, 혜화동을 지나 채대식의 병원과 집이 있는 돈암동과 미아리를 거쳐 10월 초순까지 십여 일 동안 도보로 끌려갔다. 많은 이들이 오래 갇혀 있었던 몸이라 보행이 어려웠고 체포될 때 입었던 남루한 여름옷 바람에 맨발이었다. 이 과정에서 혹시 쓰러지는 사람이 있으면 채찍과 총대로 사정없이 맞아야 했다. 맞은 사람은 고꾸라졌다가 매에 못 이겨 벌떡 일어나는 죽음의 납북 길이었다. 그나마 공습을 당해 일행이 갑자기 대피하게 될 때 개천으로 피하면 엎드려 흙탕물을 마셨고 채소밭으로 피하면 무를 뽑아 흙이 묻은 채 씹어 먹었다.

  추위와 배고픔의 행진 끝에 10월 7일 평양에 도착했다. 납북자 일행은 학교 같은 건물의 좁은 방에 감금되었다. 견딜 수 없는 고통으로 정신적 이상을 보이면 북한군은 총대로 폭행을 가하였고, 밖으로 끌려 나간 후에는 돌아오지 않았다. 사흘쯤 지난 후 어느 날 밤에 납북자 일행은 또다시 열 명씩 결박을 지어 긴 행군 대열을 이루었는데 그 수는 약 2천 명가량 되었다.

  채대식이 일행과 같이 북쪽으로 얼마 동안 걸어서 이동할 때 어디선가 차 소리가 들렸고, 삽과 곡괭이가 가득 실린 트럭을 보았다. 순간 '학살'이 떠올라 마지막 있는 힘을 다해 묶인 밧줄을 끊었다. 그 바람에 채대식이 속한 대열의 열 명이 일시에 쓰러지게 되었고 "어느 놈이냐?" 하는 고함과 함께 총소리가 들리자 쓰러졌던 사람들이 기겁하고 일어났다. 그 사이 채대식은 대열을 벗어나 풀숲에 납작 엎드렸다. 1시간쯤 지난 후 주위를 둘러보니 아무도 없었다. 납북자 채대식은 우여곡절 끝에 남천까지 와 그곳에서 반갑게도 태극기를 꽂은 국군과 유엔군을 만나 탈출에 성공했다.

(2) 학생 이○기 사례[166]

이○기의 부친 납북자 이○재는 전쟁 전부터 우익 인사와 밀접하게 지내며 좌익 세력과 대립한 적이 있었고, 경남 연와(煉瓦)를 운영하여 미군정에 납품하면서 재산을 축적했기 때문에 북한 당국의 추적을 받게 되었다. 이○기는 이○재의 아들이라는 이유로 이모부(경남 연와 공장장, 대한 청년단 시흥군 부단장 겸 동면 단장)와 함께 좌익 계열 공장 직원들(치안대원)에게 연행되어 부친의 공장(영등포 인민위원회 본부)으로 끌려갔다. 치안대원들은 그를 끌고 갈 당시 손을 포박하고, 상·하의 단추를 제거한 후 속옷의 고무줄을 빼서 바지춤을 붙잡고 걷게 했다고 한다.

이후 치안대원과 영등포 내무서원은 이○기를 끌고 서울시 초동에 사는 이○기의 부친을 잡으러 갔지만 실패하였고, 다시 영등포 내무서를 거쳐 중구 내무서에 구금시켰다가 8월 10일경 정치보위부로 이송하였다. 당시 이○기는 외환은행 자리에 있던 정치보위부에서 심한 고문을 당했는데, 수십 년이 지난 지금도 여름이 되면 정신이 멍해지고, 고문 후유증으로 손가락이 휘고 떨리는 증상이 있다고 한다.

이○기의 부친 이○재는 9월 15일에 친구 조○영 집에서 체포되었으며, 정치보위부에서 심한 고문을 당하고 서대문 형무소로 이송된 후 친구 조○영만 석방되어 이러한 정황을 전해 주었다고 한다. 이후 이○기는 부친의 시신을 찾아 서대문 형무소에 갔으나 시신이 너무 많아 찾을 수 없었다고 한다.

(3) 간호 학교 학생 박○자 사례[167]

서울 대학교 의과 대학 부속 간호 학교 학생이었던 박○자는 북한 점령

---

166) 6·25 전쟁 납북 진상 규명 위원회, 위의 책. p. 267.
167) 6·25 전쟁 납북 진상 규명 위원회, 위의 책. p. 268.

당시 서울 대학교 병원에서 강압에 의해 의료 지원 활동을 했고, 북한군 퇴각 시 강제로 납북되었다. 청량리에서 철원까지 기차로, 이후는 도보로 강원도 이천군과 평양을 거쳐 압록강 근처까지 끌려갔다가 탈출하였다. 그는 도보 이동 중 북한군이 걷기 힘든 사람은 다 총살시켰다고 증언했다.

"남은 사람들을 데리고 강원도 이천으로 가는데 그때 김○창 박사니 뭐니 거기서 다 만난거야. 김○창 박사님은 그냥 아무것도 안 잡숫고 물 컵 하나와 지팡이만 들고, 옆에서 부축해 주면 그러고서 걸어가는 거야. 걸어서 가는데 북한 인민군이 뭐라 그러냐면 다리 아픈 사람, 걷기 힘든 사람 손 들래. 다 손 들었더니 한쪽으로 나오래. 그래서 나왔다구. 그런데 총을 드르륵 쏘니까 다 도망을 쳤어. 총 맞은 사람은 쓰러지고 안 맞은 사람은 다시 우리 쪽으로 왔잖아. 쓰러진 사람은 다쳤는데, 그 위쪽을 또 한 번 쏘는 거야. 드르륵 하니까 죽었지. 그런 일이 몇 번 있었어. 그 다음에 사람들이 아프다는 소리를 안 해. 아프다 그러면 죽일 거니까."

(4) 경영인 김○기 사례[168]

서울전기주식회사 사장이었던 김○기는 산업 박람회에서 이승만 대통령으로부터 감사장을 받았고 대한 청년단에도 관여했다. 그의 회사 사무실과 전기용품 판매 시설이 서울 중구 충무로2가에 있었다. 1950년 8월 4일 오전 11시경 정체불명의 남자 2명이 가게로 들어와 물건을 찾다가, 찾는 것이 없으니까 사장님 좀 뵙자고 하고는 나갔다. 곧바로 북한 인민군 3명이 들어와 김○기의 양팔을 잡고 끌고 갔다.

그날 밤 12시경 북한 인민군 3명이 지프차에 김○기를 태우고 자택으로 찾아갔다. '반동'이라는 증거를 찾으려고 온 집안을 다 수색하였고 모든 가구에 딱지를 붙였다. 이때 장성한 아들들을 잡아가려고 했지만 피

---

168) 한국 전쟁 납북 사건 자료원, 《한국 전쟁 납북 사건 사료집 1권》, pp. 69~77.

신해서 실패하고 돌아갔다. 다음 날인 8월 5일 북한 인민군들이 찾아와 회사에서 트럭 5대, 자택에서 트럭 1대 분량의 재산을 모두 탈취하여 갔다. 이후에도 수시로 장성한 아들을 연행하러 들이닥쳤지만, 위기를 모면했다. 북한군이 토지 문서가 있는 금고까지 가지고 가서 증언자와 형제들은 생계를 위하여 껌과 담배를 팔며 매우 어렵게 살았다.

(5) 변호사 김○석 사례[169]

변호사 김○석의 경우 붉은 완장을 찬 내무서원들이 와서 "물어볼 말이 있으니 잠시면 된다."라는 얘기를 하고 데려갔다. 정치보위부에서 취조받을 때 그가 거센 항의를 한 적이 있다고 전해지며 나중에 서대문 형무소에서 납치 당시 입었던 윗옷이 발견되었다고 한다.

그 후 어떤 사람이 1·4 후퇴 직전에 명태 장사를 하러 갔는데 만포, 자강도 어느 식당에서 김○석을 본 일이 있어 "왜 여기 계시느냐?"라고 물었더니 아무 말 하지 말라고 하였다. 그러고는 나갈 때 슬며시 "내가 끌려온 사람이다. 말하지 말라. 큰일 난다." 하기에 목격자가 말을 못 했다고 한다. 이후는 소식이 없다.

김○석을 데려간 후 용산 내무서에서 완장을 찬 사람이 다시 나와 가택 수사를 하였다. 또한 현금과 귀중품을 모두 압수하고 가재도구는 한쪽으로 운반해서 손 못 대게 못질을 했다. 자택은 민주 여성 동맹의 근거지로 사용되었고 김○석의 가족은 친척 집으로 피신하였다.

가족들이 나중에 고추장, 된장을 가지러 가니 반동분자라 못 준다고 해서 파출소에 가서 빨간 완장 찬 북한 인민군에게 따져 결국은 고추장 된장을 퍼서 가지고 온 기억이 있으며, 나중에 집에 돌아가서 보니 가재

---

169) 한국 전쟁 납북 사건 자료원, 위의 책, pp. 37~44.

도구가 다 없어졌는데 근처 파출소에 다 가 있고 가정용품은 여성 위원들이 다 가져갔는지 아무것도 없었다고 한다.

5. 납북자들의 북한 내 인권 실태[170]

납북자들은 북한에서 어떤 삶을 살았을까? 극히 일부를 제외하고는 거의 알려진 바가 없다. 몇몇 증언록과 북한 보도 자료가 전부다. 1950년 9월 납북된 후 10년간 납북 인사들과 같이 지내다 탈출하여 귀환한 조철이 납북 인사들의 북한 억류 실태를 기록한 《죽음의 세월》과 납북 요인들의 삶과 통일의 한을 신경완이 증언하고 이태호가 저술한 《압록강변의 겨울》, 1951년 3월 납북되어 남파 공작원 활동을 하다가 1976년 귀순한 김용규가 증언한 《시효 인간》 등이 납북자들의 북한 억류 실태를 일부나마 확인할 수 있는 귀중한 자료다. 이 밖에 《노동신문》, 《조국전선》 등 북한 매체를 통해서도 일부 납북자들의 생활 실태를 파악할 수 있다. 이에 대해 간단히 정리하면 다음과 같다.

1953년 7월 정전 협정 체결 후 북한은 납북 인사 가운데 학생·교수 등을 행사에 동원하여 대남 통일 전선 운동에 적극적으로 이용하기 시작했다.[171] 또한 북한은 1956년 5월 월북·납북 정치인들과 사회단체 대표 등을 조국 전선 중앙 위원회 확대 회의에 참여시켰다. 이들은 1956년 6

---

170) 송건영, "한국 전쟁기 북한의 남한 주요 인사 납북 원인 분석" (서울: (사) 물망초 제62차 전쟁 범죄 조사 위원회 인권 세미나), 2019. 6. 14.

171) 예컨대, 북한은 '남반부 출신 중학, 전문 대학 학생 대회(1955. 4. 22. ·4. 23.)', '남반부 출신 교수, 교원 과학자 회의(1955. 5. 21.)' 등을 개최하여 납북·월북자들을 위한 활동을 전개하였고, 1955년 11월 12일에는 남한의 각계각층의 지도자를 대상으로 통일 운동 참여를 촉구하는 성명을 조소앙, 안재홍, 오하영, 윤기섭, 송호성, 엄항섭 등 6인 공동 명의로 발표하였다. 6·25 전쟁 납북 진상 규명 위원회, 《6·25 전쟁 납북 피해 진상 조사 보고서》, 2017년 5월. p. 270. 재인용.

월 재북 평화 통일 촉진 협의회(이하 '재북 평통'이라 함)를 발기하고, 1956년 7월 2일 재북 평통 결성 대회를 개최하여 미군 철수 운동 등을 전개하기도 하였다.[172]

그러나 재북 평통은 1958년 이후 갑자기 활동이 중단되었다. 연안파와 소련파를 제거하는 북한 내부의 권력 투쟁이 격화되었고, 이 와중에 재북 평통의 주요 인사들은 국가 전복 음모, 반당·반혁명 등의 혐의로 구속되거나 엄격한 조사를 받게 되었다.

특히 조소앙은 관련 혐의를 받고 있는 상황에서 1958년 9월경 사망하였고, 송호성, 명제세, 구덕환, 오정방, 김장렬 등은 결국 불순분자로 분류되어 중앙당 검열 위원회 특별 강습소에서 교양을 받아야 했다. 이 강습소에서 강제적 사상 교육, 육체 노동과 군사 훈련 등을 받아야 했으며, 강압적이고 강도 높은 교육 과정에 많은 사람이 큰 고통을 당했다고 한다.

납북자들은 강습이 완료된 후에 평안남도 숙천, 황해남도 송화, 함경남도 북청과 정평의 농촌으로 쫓겨나 국영 과수 농장과 국영 농장의 평사무원으로 배치되거나 공장 노동자로 밀려났다고 한다.[173]

저명인사 중 춘원 이광수는 1950년 8월 10일 평양에 도착하자 서울대 총장이었던 최규동과 함께 서평양 고노골 민가에 수용되었다.[174] 10월 초순 납북자들은 서평양 인민학교로 옮겨졌는데 이광수는 중병에 걸

---

172) 재북 평통에 참여한 남한 출신 주요 정치인과 각 사회단체 대표들은 오하영, 조소앙, 안재홍, 엄항섭, 윤기섭, 송호성, 김약수, 김효석, 원세훈, 최동오, 황윤호 등으로 알려져 있다. 6·25 전쟁 납북 진상 규명 위원회, 《6·25 전쟁 납북 피해 진상 조사 보고서》, 2017년 5월. p. 270. 재인용.

173) 이태호 著, 신경완(필명) 증언, 앞의 책. pp. 400~433.

174) 이들과 함께 공산 체제를 반대하던 사회 저명인사 고원훈, 최린, 현상윤, 김동원, 손진태, 명제세 등은 8월 20일까지 평야에 도착했다. "속았던 적도 관광길…: 죽음의 세월(납북 인사 북한 생활 1," 《동아일보》, 1962년 3월 29일.

린 상태였고, 최규동도 신장 쇠약으로 거동이 힘든 상태였다. 인민학교에는 윤기섭, 정인보 등도 함께 있었다. 같은 해 10월 10일 이들은 돌연 강계 방향으로 이동하게 되었는데, 중환자였던 이광수와 최규동은 더 이상의 거동이 어렵게 되자 북한군에 의해 살해당하였다.[175)]

종교계, 의료계, 문화계 등에서 '반동분자'로 분류된 인사들의 억류 실태도 역시 비참했다. 북한은 정전 협정 체결 후 남궁혁, 박상건, 오택관, 송태용 등 10여 명의 종교계 저명인사들을 포섭하려고 하였다. 그러나 이들은 순교를 생각하며 거절 의사를 분명하게 밝혔다. 이에 북한 '조국통일 민주주의 전선'은 이들을 처치하기로 하였다. 하지만 북한은 엄항섭 등의 권유를 받아들여 종교인들을 분산시키고 이들에게 식모를 두어 회유하려 하였으나 이들은 단호하게 거절하였다.[176)] 이후 납북 종교인들은 1958년 3월 말쯤 양강도 자성 벌목 사업소 강제 노동 수용소에 수용되어 중노동을 해야만 했다.[177)]

의사들은 비교적 특별 대우를 받았지만, 쓸모가 다하거나 종교나 출신 성분 때문에 낙인이 찍히게 되면 행방이 묘연해지거나 임시 수용소로 쫓겨나기도 하였다. 의사였던 백인제는 종교인이라는 이유로 다른 의사들과 달리 직장에 배치받지 못했다. 다른 의사들의 요청에 의해 평양 소련 적십자 병원 외과에서 근무하였으나 중요한 업무에서는 배제되었다. 이에 대한 불만을 표출한 것이 화가 되어 결국 반동으로 낙인찍혔고, 이후 감흥리 임시 수용소로 쫓겨났다. 의사 김시창은 평양 의약대 외과 과장

---

175) "춘원·최규동, 수용소서 피살: 죽음의 세월(납북 인사 북한 생활기 9)", 《동아일보》, 1962년 4일 7일.

176) "허탕친 종교인 포섭… 식모 보내 억지 살림도: 죽음의 세월(납북 인사 북한 생활기 36)", 《동아일보》, 1962년 5월 11일.

177) "수용소란 바로 감옥…뼈가 부서지도록 노동: 죽음의 세월(납북 인사 북한 생활기 48)", 《동아일보》, 1962년 5월 28일.

겸 교수를 하다가 종파주의로 몰려 교수 자리에서 밀려났고, 이후 작은 의학 연구원의 연구원으로 활동하였다.[178]

문화인 김억은 남한 출신 남로당 간부들의 엄격한 심사를 받은 후 반동 작가로 분류되었으나, 그의 재능이 인정되어 국영 출판사에서 일하게 되었다. 하지만 합숙소에 기거하며 잡곡밥과 날된장만 섭취하면서 몇 달 안에 병이 들어 심한 폐렴에 걸렸다. 그런 와중에도 정치보위부의 감시를 받으며 비참한 생활을 보냈다.[179]

이처럼 〈죽음의 세월〉을 통해 정치인과 사회 저명인사, 종교인, 의료인, 문화인 등 분야를 막론한 납북자들이 강제로 끌려간 후 북한에서 이용만 당한 채 강제 노동 수용소에 수감되는 등 비참한 생활을 했음을 확인할 수 있다.

한편 1968년에 국내에서 간행된 《북한총감(北韓總鑑)》의 납북 인사명록에는 160여 명의 납북 인사 명단과 납북 사실, 사망 또는 북한 억류 정황 등이 기록되어 있다. 전 경기도지사 구자옥은 '1950년 11월 북한 인민군이 퇴각하며 강제 납북하던 중 강계 근처 산중에서 사망(동행한 종교인 송창근 씨의 증언에 의함)'이라고 기록되어 있다.

시인 김동환은 '1953년 3월경 〈평남일보〉 교정원 겸 잡부, 1956년 7월 재북 평화 통일 촉진 협의회 중앙 위원, 1958년 12월경 평북 집단 수용소로 추방되었음'으로 기록되어 있다. 목사 송창근은 '1950년 12월 만포진 도착(감금), 1951년 초부터 1954년 5월까지 평양 교화소 임시 수용소에 감금되었다가 1955년 이후 행방불명'으로 기록되어 있다.

의사 이성봉은 '1952년 초 평양소련적십자병원 외과 의사, 1957년 5

---

178) "편리한 낙인 '반동'… 부릴 대로 부리곤 숙청: 죽음의 세월(납북 인사 북한 생활기 51)", 《동아일보》, 1962년 6월 5일.

179) "연애에도 말썽 부려… 김억·김동환, 냉혹한 눈초리 속에: 죽음의 세월(납북 인사 북한 생활기 26)", 《동아일보》, 1962년 4월 25일.

월경 평양임상병원 의사였으나 1959년 초 숙청되어 리 단위 진료소 의사로 전락'된 것으로 기록되어 있다. 중앙청 수산 국장이었던 박종만은 '1956년 7월 말까지 평양 교화소 분소에 구금되었다가 1956년 8월경 평북 수풍 발전소 근처로 강제 이주되어 노동자로 이용됨'으로 기록되어 있다. 조소앙은 '1956년 7월 재북 평화 통일 촉진 협의회 최고 위원이었으나 1959년 말 엄항섭과 같이 반혁명 분자로 구속됨'이라고 기록되어 있다.

이처럼 전시 납북자들은 북한 체제에서 심각한 인권 침해를 당하고 있다. 그들은 북한 정권에 의해 지금까지 강제로 억류되어 있다. 명백한 전쟁 범죄이자 인권 침해다. 아울러 전시 납북자들에 대한 사상 교육을 통해 체제 유지를 위해 활용하고, 불응하는 인사들은 정치범 수용소나 노동 교화소에 수용하여 사회와 격리하거나 체제에 순응하지 않고 이용 가치가 없는 인사들은 숙청했다.[180]

이들은 북한 체제에서 적대 계급으로 분류되어 탄광이나 광산 지역으로 추방되었고, 철저한 감시와 통제 속에서 생활했다. 전후 북한 당국은 전시 납북자들에 대한 엄격한 신분 조사와 사상 검토 작업을 진행하여 반동분자로 낙인찍힌 사람들은 탄광이나 정치범 수용소에 수용했다.

정치적으로 이용 가치가 있는 납치 인사나 국회 프락치 사건의 주모자 등 43명은 중앙 공급 4급으로 대우하며 '재북 평화 통일 촉진 협의회'를 결성하여 정치적으로 활용했다. 약 2년 정도 경과한 후 정치적으로 이용 가치가 없다고 판단된 김준평, 김시명, 조병래 등은 숙청하여 정치범 수용소에 수용했다. 납치 인사들 가운데 신분을 속인 자는 '인민재판'을 열어 교수형에 치했다.

---

180) 《한국 전쟁 납북 사건 사료집 1권》 (서울: 한국 전쟁 납북 사건 자료원, 2006), pp. 1020~1041. 이미일, "한국 납북 피해자 인권의 현황과 과제", 《국제 사회의 북한 인권 인식과 과제》, 북한 인권 국제 심포지엄, 2008. p. 3. 재인용.

북한 정권은 당, 국가 안전 보위부, 인민 보안성 등을 통해 납북자들의 동향을 감시하고, 직장이나 인민반 등으로 일상 생활도 감시하고 있다. 납북자뿐만 아니라 그 가족, 자녀까지도 적대 계층으로 분류하여 감시의 대상이 되고 차별적인 대우를 받고 살아야 한다.

6. 사법적 평가와 과제[181]

전시 납북자에 대한 인권 침해 평가는 국제 인도법, 국제 형사법, 국제 인권법 3가지 측면으로 나누어 볼 수 있다.[182] 북한이 저지른 전시 민간인 납북 행위는 전시 민간인 보호에 관한 제네바 협약(Geneva Convention Relating to the Protection of Civilian Person in Time of War of August 12, 1949. 이하 '제네바 제4 협약')[183] 과 국제 인도 관습법을 중대하게 위반한 것이다.

제네바 제4 협약 제49조는 "피보호자들을 점령 지역으로부터 점령국의 영역 또는 피점령 여부를 불문하고 타국의 영역으로 개인적 또는 집

---

181) 송수현, 《2020 북한 인권 백서》, (서울: 대한 변호사 협회, 2020. 6. 29.), pp. 363~364.

182) 제성호, 《6·25 전쟁 납북 진상 규명: 성과와 과제》, (사) 물망초 인권 연구소 제42차 월례 세미나(2017. 6. 9.) 자료집 pp. 16~18.

183) 제네바 제4 협약의 기본 정신은 민간인에 대한 인도주의의 구현, 곧 모든 교전 국가는 직접 전투에 가담하지 않는 민간인(피보호자)을 적극적으로 보호할 의무가 있다는 것이다. 이를 위해 다음과 같은 내용을 규정하고 있다. 첫째, 인질의 즉결 처형, 고문 등 품위를 저하시키는 모욕적인 행동은 때와 장소에 관계없이 금지한다. 둘째, 환자에게는 군대의 병상자와 동일한 대우를 하며 적지에 있는 민간인은 자유로이 송환되어야 한다. 셋째, 점령 지역에 있는 주민의 정상적 상태가 보장되어야 하며 추방 또는 강제 이송을 금지한다. 넷째, 18세 이하의 미성년자에게 강제 노역이 금지되고 개개인에게는 〈이익 보호국〉에 탄원할 수 있는 권한이 부여된다. 다섯째, 어린이, 부녀자, 노인을 위한 안전지대를 설치한다 등. 송건영, "한국 전쟁기 북한의 남한 주요 인사 납북 원인 분석" (서울: (사) 물망초 전쟁 범죄 조사 위원회 인권 세미나), 2019. 6. 14. 부록 "3" 참조.

단적으로 강제 이송 또는 추방하는 것은 그 이유의 여하를 불문하고 금지된다"라고 규정하고 있는데 북한의 전시 민간인 납북 행위는 위 규정을 정면으로 위반한 것이다.

1950년 당시 남북한이 제네바 제4 협약 당사자가 아니라는 이유로 협약 적용 여부가 논란이 될 수는 있으나 강제 이송 금지는 제네바 제4 협약 이전부터 확립된 전시 관습 법규이며 문명국가에 요구되는 인도적 원칙이라는 점에서 국제 인도법을 위반한 중대 범죄 행위이다. 그리고 납북 인사들에 대한 억류 행위는 제네바 제4 협약 제79조를 위반한 것이고, 강제 납북 과정에서의 살해 행위는 제네바 제4 협약 제32조 제1문 및 제2문에 위반한 것이며, 고문 협박 및 폭행 구타 행위는 제네바 제4 협약 제3조, 제27조, 제32조에 위반한 것이다. 아울러 납북자의 재산권 침해 행위는 제네바 제4 협약 제46조를 위반한 것이고, 북한군에 강제 편입시켜 전선에 투입하고 군사 목적의 강제 노역에 동원한 행위는 제네바 제4 협약 제51조를 위반한 중대한 위법 행위들이다.

국제 형사법 관점에서 볼 때 북한의 전시 민간인 납북 행위는 중대한 전쟁 범죄(War Crimes)를 구성하며 반인도 범죄(Crime against Humanity)로서의 강제 실종과 '구금 또는 신체적 자유의 박탈'을 행한 것으로도 간주될 수 있다. 따라서 북한의 국제 인도법 위반 행위들은 국제 형사 재판소에 관한 로마 규정(Rome Statute) 제8조 제2항 가호에 위반된다.

국제 인권법적으로는 시민적 및 정치적 권리와 경제적·사회적 권리, 강제 실종을 당하지 않을 권리를 심각하게 침해하였다고 평가할 수 있다. 아울러 전시 납북자들이 원래 거주하였던 본거지로 귀향하는 것에 협조하지 않는 것은, 정전 협정 제3조 제59항의 '실향 사민 귀향 협조 의무' 규정에 위반되는 행위이고, 대한민국 헌법과 국내 실정법에도 정면으로 위반되는 중대한 범죄 행위이다.

Ⅳ. 정전협정 이후 북한의 범죄행위

1. 개요

정전(停戰)이란 일시적으로 군사 행동을 멈춘다는 의미다. 따라서 한반도는 아직도 전쟁 상태로 보아야 한다. 정전 협정이 체결된 후 지난 70년 동안 북한의 정전 협정 위반 건수는 43만여 건에 이른다.[184] 핵미사일 개발은 물론 청와대 기습 시도(1968. 1. 21.)[185], 해군 방송선 I-2호정 납북(1970. 6. 5.)[186], 판문점 도끼 만행(1976. 8. 18.)[187], 미얀마 아웅

---

[184] KBS 뉴스, "[이슈&한반도] 정전 협정 체결 70년… 득과 실은?", 2023. 7. 8.; 중앙선데이(스페셜 리포트), "평화 협정 없이 70년간 한반도 평화 지켜 온 '임시 협정' [6·25 정전 협정 체결 70주년], 2023. 7. 24. https://www.joongang.co.kr/article/25179250 인터넷 검색일 2024. 3. 26.

[185] 청와대 기습 사건은 1968년 1월 21일, 북한 민족 보위성(지금의 국방성) 정찰국 소속 124부대 공작원 31명이 청와대를 습격하여 박정희 대통령을 암살하기 위해 청와대로부터 300m 떨어진 종로구 세검정 고개까지 침투하였던 사건이다. 침투한 31명 중 29명은 사살되었고, 1명(김신조)은 투항하였으며, 1명(박재경)은 육군 제1사단 15연대장 이익수 대령을 사살하고 북한으로 도망쳐 훗날 인민 무력부 부부장을 역임하였다.

[186] 해군 방송선 납북 사건은 1970년 6월 5일 13시 40분경 연평도 서방 해상에서 작전 중이던 120t급 소형 해군 함정 한 척이 북한 경비정의 함포 공격을 받고 북한 측에 나포된 사건이다. I-2호 정은 방송 장비를 설치하고 남북한의 어선들과 통신하며 어선 간 있을 수 있는 분쟁을 미연에 방지하는 임무를 수행했다. 정장 정수일 준위 등 20명의 승조원은 교전 중 사살되거나 배와 함께 납북되었고, 그들의 생사 여부는 아직까지 밝혀지지 않았다. 정원웅, 《군사 106호》, "해군 방송선 납북 사건" (서울: 군사 편찬 연구소), 2018. 3.

[187] 판문점 도끼 만행 사건은 1976년 8월 18일 10시경, 판문점 인근 공동 경비 구역 내에서 북한 군인 30여 명이 도끼를 휘둘러 미루나무 가지치기 작업을 감독하던 주한 미군 경비 중대장 아서 조지 보니파스(Arthur George Bonifas, 1943년 4월 22일생) 대위와 소대장 마크 토머스 배럿(Mark Thomas Barrett, 1951년 6월 9일생) 중위를 살해하고, 주한 미군 부사관과 병 4명, 국군 장교와 부사관 그리고 병 4명에게 중경상을 입히고, 유엔군 트럭 3대를 파손시킨 사건이다.

산 폭파 사건(1983. 10. 9.)[188], 강릉 잠수함 침투 사건(1996. 9. 18.)[189], 제1 연평 해전(1999. 6. 15.)[190], 제2 연평 해전(2002. 6. 29.)[191] 과 대청

---

[188] 미얀마 아웅산 묘소 폭탄 테러 사건은 1983년 10월 9일, 북한 3인조 공작원(강민철, 신기철, 김진수)이 대한민국 전두환 대통령을 암살할 목적으로 벌인 폭탄 테러이다. 당시 전두환 대통령은 10시 30분에 미얀마 독립 영웅 아웅산 장군의 묘소를 참배할 계획이었으나 차량 정체로 약 30여 분 지연되었다. 북한 공작원 신기철은 10시 30분에 시행하는 예행연습을 본 행사로 알고 폭탄 스위치를 작동시켰다. 이 사건으로 대한민국 서석준 부총리와 이범석 외무부 장관, 김동휘 상공부 장관 등 각료와 수행원 17명이 사망하고 이기백 합참 의장 등 기타 수행원과 기자들이 부상당했다.

[189] 강릉 잠수함 침투 사건은 1996년 9월 18일, 북한의 상어급 잠수함(길이 23.5m, 무게 325t, 수상 7노트, 수중 12노트)이 강원도 강릉시 강동면 안인진 해안가에서 좌초된 후 북한 인민무력부 정찰국 소속 특수부대원과 승조원 26명이 강릉 일대 육지로 침투한 사건이다. 이들 중 13명은 국군에 의해 사살되었고, 11명은 자체 사살하였으며, 1명은 생포되었고, 1명은 북으로 도주한 것으로 판단한다. 아군의 피해는 군인 11명과 경찰 1명, 예비군 1명, 민간인 6명이 교전 또는 사고로 사망하였다.

[190] 제1 연평 해전은 1999년 6월 15일, 북한 해군 경비정 4척이 어선 20척과 함께 북방 한계선(NLL) 남쪽 2km까지 침범하여 아(我) 해군 고속정과 초계함 10척이 출동하여 밀어내기 및 교전이 발생한 사건이다. 아(我) 해군은 2차에 걸쳐 밀어내기를 실행했으나 북한군 경비정 684호가 25mm 기관포 공격을 가해 옴에 따라 아(我) 해군 초계함이 반격하였다. 이 교전으로 북한 해군은 경비정 1척 침몰, 5척 파손, 사상자 50(전사 20, 부상 30)여 명이 발생하였다. 아(我) 해군은 7명의 장병이 1계급 특진하였고, 안지영 대위는 을지 무공 훈장을 수상했다.

[191] 제2 연평 해전은 2002년 6월 29일, 연평도 근해 북방 한계선(NLL) 이남 지역에서 차단 기동으로 대응하는 아(我) 해군 참수리급 고속정 357호를 향해 북한 해군 등산곶 684호가 근접하여 기습 사격을 가함에 따라 벌어진 교전이다. 북한 해군의 공격으로 아(我) 해군은 6명이 전사하였고, 19명이 부상하였으며, 전투 후 복귀 중 고속정 357호가 침몰하였다. 한편 북한 해군은 30여 명의 사상자가 발생하였고, 등산곶 684호가 반파된 채로 예인되어 퇴각하였다. 제2 연평 해전은 제1 연평 해전에서의 패배를 만회하기 위해 계획한 복수의 공격이었던 것으로 분석된다.

해전(2009. 11. 10.)[192], 천안함 피격 사건(2010. 3. 26.)[193], 연평도 포격전(2010. 11. 23.)[194], 등 2022년 12월 31일 기준 3,121건의 침투 및 국지 도발을 자행했다.[195]

이러한 군사적 도발 외에 우리가 주목할 것은 민간인을 대상으로 한 범죄 행위다. 북한은 대한국민항공(KNA: Korea National Air) 창랑호 납북(1958. 2. 16.)과 대한항공(KAL: Korean Air Lines) YS-11 납북(1969. 12. 11.), 대한항공(KAL) 858기 폭파(1987. 11. 29.) 등 민간인을 상대로 한 테러와 납치를 자행하였다. 특히 민간인 납치는 지난 수십 년간 일본인 17명을 포함하여 전 세계 10여 개 나라에서 이루어졌다. 납치 피해자들은 평양 동북부 동북리 초대소 일대의 외국인 납북자 거주지와 대동강 변의 일본 요도호 납치범 마을인 일본혁명 마을에서 거주하며 김정일 정치 군사 대학에서 일본어나 유럽 언어 등을 가르치도록 강요받고 있는 것으로 알려지고 있다.[196]

---

192) 대청 해전은 2009년 11월 10일 11시경 북한 해군 경비정 한 척이 대청도 동쪽 11.3km 서해 북방 한계선(NLL)을 침범하여 남하하자 아(我) 해군이 5차례 경고 방송을 하였음에도 응하지 않아 경고 사격을 가하였다. 이에 북한 해군이 조준 사격을 해 옴에 따라 아(我) 해군 경비정이 대응 사격을 하여 북한 경비정은 반파되어 다른 함선에 예인되어 북상하였다.

193) 천안함 피격 사건은 2010년 3월 26일, 백령도 근처 해상에서 아(我) 해군 초계함인 PCC 772 천안함이 북한 해군 잠수함의 어뢰 공격으로 격침된 사건이다. 이 사건으로 해군 장병 40명이 사망했고, 6명이 실종되었다. 한편 자유아시아방송에 따르면 북한은 군인 10명이 사망하고 30명이 부상했다고 한다.

194) 연평도 포격전은 2010년 11월 23일 오후 2시 30분경, 북한 포병 부대가 기습적으로 연평부대 및 인근 민가를 향해 170여 발 무차별 포격을 가해 옴에 따라 연평부대가 K-9 자주포 80여 발로 대응 사격을 한 화력 전투였다. 이 포격전으로 아군은 해병대 병사 2명이 전사하였고, 민간인 2명이 사망하였다.

195) 국방부, 《2022 국방 백서》, p. 352.

196) 조선일보, "北 외국인 납치, 현대사 최대 범죄" 2011. 5. 14.

2011년 5월 미국 워싱턴에 본부를 둔 북한 인권 위원회는 '북한의 외국인 납치 범죄'라는 보고서를 발표했다. 이 보고서에 따르면 북한은 6·25 전쟁기를 포함하여 전후에도 한국, 일본, 미국, 중국, 네덜란드, 프랑스, 기니, 이탈리아, 요르단, 레바논, 말레이시아, 싱가포르, 태국, 루마니아 등 전 세계 14개국에서 18만 108명을 납치했다.

2. 주요 범죄 사례
(1) 대한국민항공(KNA) 창랑호 납북[197]

1958년 2월 16일, 대한민국 항공 역사상 최초의 항공기 공중 납치 사건이 발생했다. 승객 31명과 승무원 3명 총 34명을 태운 창랑호(기장 윌리스 P. 홉스(미국인), 부기장 맥클레렌 미 공군 중령)는 오전 11시 30분 부산 수영 비행장을 이륙하여 서울 여의도 비행장으로 이동 중이었다. 12시 40분경 평택 상공에서 김택선 등 남파 공작원 5명이 항공기를 납치하여 북한의 평양 국제 비행장에 강제로 착륙시켰다. 탑승자 중에는 미국인 기장과 부기장 외에도 미 군사 고문 단원(중령) 1명과 독일인 부부 등 3명의 외국인이 있었고, 유봉순 자유당 국회 의원과 공군 정훈감 김기완 대령 등 고위 인사도 포함되어 있었다.

사건 발생 다음 날인 2월 17일 북한은 대한국민항공기(KNA)가 의거 월북했다고 발표했다. 체제의 우월성을 선전하기 위함으로 분석되었다. 유엔군 사령부는 2월 24일 군사 정전 위원회 수석대표가 승객과 승무원, 기체의 조속한 송환을 요구하고 국제 적십자사를 통해 압력을 가했다. 자국민이 납치된 미국과 독일도 적극적으로 압박을 가했다. 북한은 사건 발생 18일 만인 3월 6일 오후 7시 납치범을 제외한 승객과 승무원 26명을 판문점을 통해 송환하였으나 창랑호 기체는 끝내 반환하지 않았다.

---

197) 대한뉴스 제153보, "강제 납북된 승객을 반환시키기 위한 국민 총궐기 대회", 대한뉴스 제155보, "납북 인사 돌아오다." https://namu.wiki/w/ "창랑호 납북 사건" 인터넷 검색일 2023. 12. 14.

대한민국 경찰은 2월 20일 북한 간첩 기덕영과 그의 조종을 받은 공작원 김택선, 김길선 형제, 김순기, 최관호, 김형 등 5명과 월북 동행자 김애희와 김미숙(본명 김신자) 총 7명이 납치범이라고 발표하고 2월 25일 기덕영 등 3명을 체포, 재판에 회부하였다. 재판 결과 기덕영은 무기 징역이 확정되었고, 다른 2명은 무죄로 석방되었다.

(2) 대한항공 YS-11 납북[198]

1969년 12월 11일 12시 25분 강릉을 출발하여 서울로 향하던 대한항공 YS-11기 국내선 여객기가 강원도 대관령 일대 상공에서 승객으로 위장한 북한 공작원 조창희에 의해 함경남도 선덕 비행장에 강제로 착륙했다. 공작원 1명을 제외한 승객 47명과 승무원 4명 중 39명은 납북 66일 만에 귀환하였으나 승무원 4명(유병하(기장), 최석만(부기장), 성경희, 정경숙)과 승객 7명 등 11명은 돌아오지 못하고 북한에 억류되었다.

납북된 11명 중에는 MBC PD 황원과 MBC 기자 김봉주가 있다. 승무원 성경희는 2001년 금강산 이산가족 만남에서 극적인 모녀 상봉을 하였다. 성경희는 당의 지시에 따라 강제로 결혼하여 자녀도 낳았고, 원치 않게 북한에 살고 있는 것이다.

1970년 2월 15일 중앙정보부와 치안국 수사 결과에 따르면 고정 간첩이었던 조창희가 한창기라는 가명을 사용해 간첩 활동 후 북한의 지령을 받고 납치 월북을 계획, 승객으로 비행기 앞쪽 좌석에 앉아 있다가 이륙한 지 14분 후 조종사를 위협해 납북했다고 발표했다.

공작원 조창희는 11월 8일부터 불특정 비행기를 납북시키기 위해 수시로 비행기 티켓을 예매 후 환불하는 방법을 택하였다. 이 사건 이후

---

198) https://ko.wikipedia.org/ "대한항공 YS-11기 납북 사건" 인터넷 검색일 2023. 12. 14.

항공기에 보안관이 탑승하고 조종사도 청원 경찰 신분으로 권총을 소지하게 되었다. 1971년 1월 23일에도 대한항공 소속 포커 27이 강원도 상공에서 납북될 뻔했으나 기내에 상주하던 항공 보안관의 기지와 전명세 조종사의 희생으로 납북되지 않고 속초 해변에 불시착했다.

(3) 대한항공(KAL) 858기 폭파[199]

대한항공(KAL) 858기는 1987년 11월 29일 북한 공작원 김현희[200] 등에 의해 미얀마 안다만해역 상공에서 폭파되어 탑승자 115명 전원이 사망하였다. 이 사건은 대한민국의 안전 문제를 여론화하여 궁극적으로는 1988년 서울에서 개최되는 올림픽을 개최하지 못하도록 방해하려 한 반인륜적 사건이었다.

북한은 오래전부터 공작원을 선발하여 용의주도하게 준비시켰다. 1984년 7월 김현희와 김승일을 부녀 공작조로 편성하여 여러 차례 해외 항공기 상황을 살피고 공항 검색 및 탑승 절차 등을 실습하게 하였다. 8월 15일부터 1개월 동안 현지 적응 훈련차 비엔나, 코펜하겐, 프랑크푸르트, 제네바, 파리 등지를 여행하기도 했다.

---

[199] 《월간조선(2019년 5월호)》 "32년 만에 공개된 외교 문서로 재구성해 본 KAL 폭파 사건 막후의 긴박한 순간들" https://www.chosun.com 인터넷 검색일 2023. 12. 5.

[200] 김현희는 1962년 1월 27일 평양시 동대원구역 동신동에서 아버지 김원석, 어머니 임명식의 2남 2녀 중 장녀로 태어났다. 1963~1967년에는 쿠바 주재 북한 대사관 3등 서기관이었던 아버지와 함께 하바나에서 살았고, 1968년 9월에 평양시 서성구역 하신동 하신 인민학교에 입학, 재학 중에는 영화에 아역 배우로 출연했다. 1972~1977년 평양 중신 중학교에 재학, 중1 때도 이역으로 영화에 출연했다. 1977년 8월 김일성 종합 대학에 입학, 예과 1년을 마치고, 1978년 9월 평양 외국어 대학 일본어과에 입학했다. 1980년 3월 외국어 대학 2학년 때 3차의 면접시험을 거쳐 당에 소환되어 중앙당 대외 정보 조사부 공작원이 되었다. 《월간조선(2004년 1월호)》 "미국 정부가 확인한 김현희의 진실" https://www.chosun.com 인터넷 검색일 2023. 12. 5.

공작원으로 선발된 김현희는 1985년 1월부터 6월까지 일본어와 중국어를 집중적으로 교육받았으며, 1985년 7월부터 1987년 1월까지 중국 광주와 마카오 등지에 파견되어 중국의 언어와 생활 풍습을 체득하는 등 장기간에 걸쳐 해외 공작원 교육을 이수하였다.

대한항공(KAL) 858기 폭파 사건은 1987년 10월 7일 조선 노동당 중앙 위원회 조사부장을 통하여 범인들에게 내린 친필 공작 지령에 따라 자행된 것으로 확인되었다. 김현희, 김승일 공작조는 북한을 떠나기 2일 전인 1987년 11월 10일, 조선 노동당 중앙 위원회 조사부장으로부터 1987년 11월 28일 23시 30분 바그다드발 서울행 대한항공 858기를 폭파하라는 김정일 친필 지령을 하달받았다.

이들은 11월 12일 평양을 떠나 소련 모스크바를 거쳐 헝가리 부다페스트로 이동했다. 그곳에서 6일간 머물다 11월 18일 자동차를 이용하여 오스트리아 빈으로 이동했다. 빈에 소재한 호텔에서 약 9일간 머무르면서 오스트리아 항공을 이용하여 유고슬라비아 베오그라드에서 이라크 바그다드, 아랍 에미리트 아부다비를 거쳐 바레인으로 가는 항공권과 아부다비에서 로마로 가는 또 다른 항공권을 도피용으로 구매했다.

11월 27일 19시경 별도 열차 편으로 베오그라드에 도착한 최 과장이란 사람으로부터 일제 파나소닉 라디오로 위장한 시한폭탄과 술병으로 위장한 액체 폭발물을 넘겨받았다. 그리고 다음 날 바그다드 공항으로 떠났다. 11월 28일 밤 이라크 바그다드발 아부다비, 방콕 경유 서울행 대한항공 858기에 탑승, 김현희가 쇼핑백에 넣어 소지하고 있던 시한장치 폭발물을 좌석 번호 7B와 7C 선반 위에 올려놓은 채 휴대품만 들고 중간 기착지인 아랍 에미리트(UAE) 아부다비 공항에 내려 도피 계획을 세웠다.

방콕을 향해 계속 운행하던 대한항공 858기는 11월 29일 14시 1분

(한국 시간) 안다만해역 상공에서 랑군 관제소에 '정시 방콕 도착 시간과 위치 정상'이란 최후 교신을 한 후 14시 5분경 공중 폭파되어 결국 탑승자 115명 전원이 사망하는 대참사를 겪었다.

수사 시작 이틀이 지나도록 진전이 없어 자칫 미궁에 빠질 것 같았던 이 사건은 범인들이 바레인 공항에서 요르단으로 출국을 시도하다 위조 여권이 발각되면서 밝혀지기 시작했다. 일본인 이름 하치야 신이치(70세)와 하치야 마유미(25세)로 위장한 북한 대남 공작원 김승일과 김현희는 위조 여권 사용으로 공항에서 체포 당시 담뱃갑에 숨겨 둔 청산가리 앰플을 깨물어 자살을 시도했다.

김승일은 사망하였으나 김현희는 독약 앰플을 빼앗겨 살아남았다. 처음에는 일본 위조 여권을 사용한 이유로 일본으로 압송할 예정이었으나 한국 정부가 자살 수법이 북한의 수법임을 입증[201]함에 따라 한국으로 압송하게 되었다.

김현희는 1987년 12월 16일 서울로 압송하여 본격적인 조사를 진행하였다. 그리고 1988년 1월 15일, 하치야 마유미로 위장한 김현희는 본인의 이름으로 TV 기자 회견을 통해 본인이 대한항공 858기 폭파범이며 북한 김정일의 지령에 따라 88 서울 올림픽 방해와 선거 분위기 혼란야기, 남한 내 계급 투쟁 촉발 등을 목적으로 폭파했다고 발표했다.[202]

---

201) 하치야 신이치, 즉 김승일의 허파에 박혀 있던 2ml짜리 유리 파편은 1974년 다대포에 침투했다가 자결한 북한 공작원들의 부검에서 나온 청산가리 앰플의 파편과 동일한 것으로 밝혀졌고 그의 치아에서는 북한에서만 쓰는 방식인 납으로 이를 땜한 흔적이 확인되었다.

202) 1987. 12. 23. 마유미는 바레인 수사 당국에서 진술과 국내 압송 직후의 진술 내용이 허위였음을 자백하고, 자신의 본명이 김현희이며 북한 공작원으로서 KAL 858기 폭탄 테러를 감행했다고 진술했다. 《월간조선》, 2019년 5월호, "32년 만에 공개된 외교 문서로 재구성해 본 KAL 폭파 막후의 긴박한 순간들, 김현희 인수를 대선에 맞추려 작업한 흔적 없어"

미국 정부는 1988년 1월 21일 북한을 테러 국가로 규정하고 미국 비자 발급 규제를 엄격하게 강화하였으며, 1987년 3월 북한 외교관 접촉을 허용하였던 지침도 철회하였다. 김현희는 1990년 재판을 받고 사형이 선고되었으나 한국에 전향, 대통령 특사로 자유의 몸이 되었다. 김현희를 사형 집행하지 않은 것은 그가 폭탄 테러의 유일한 인적 증거였기 때문이다.

(4) 해양 수산부 공무원 피격

2020년 9월 21일 새벽에 서해 소연평도 인근 해역에서 어업 지도 활동을 하던 해양수산부 서해어업지도관리단 소속 공무원인 이대준 씨가 연평도 인근 해역에서 실종되었다. 그리고 9월 22일 밤 10시경 실종 지점에서 북서쪽으로 38km 떨어진 북방 한계선 이북의 북한 황해남도 강령군 등산곶 해안에서 북한군이 총살하고, 기름을 부어 시신을 불태운 정황이 포착되었다.[203]

국방부는 공식 브리핑을 통해 북한이 연평도 실종자에게 총격을 가하고 시신을 불태웠을 가능성이 있다며 북한의 만행을 강하게 규탄하였다.[204] 그러나 사망자의 실종 이유에 대해서는 밝히지 못했다. 해경은 어업 지도선의 CCTV가 망가져 확인할 수 없었다며, 유서와 같은 특이점은 발견되지 않았다고 했다.

북한은 9월 25일 전통문을 보내 사건 경위에 대하여 설명하고 이례적으로 김정은이 "남측 국민과 문재인 대통령에게 실망감을 준 것에 대해 미안하다"는 의사를 표했다. 이 전통문에서는 북한군의 신원 확인 요구에 대해 이대준 씨가 '대한민국의 아무개'라고만 대답했다고 밝혔다.

---

203) 파이낸셜 뉴스, "北이 밝힌 '연평도 공무원 피살' 사건 전말은…" 2020. 9. 25.
204) 연합뉴스, "서욱, '北 시신 40분간 불태워… 서해에 버렸을 가능성' 2020. 9. 24.

3. 북한의 한국인·외국인 납치

(1) 개요

북한은 정전 협정 후 한국의 적화(공산화) 통일을 목표로 대남 공작 활동을 전개하였다. 그러나 한국 박정희 정부의 반공 정책으로 수많은 간첩 사건과 지하 조직이 적발되었다. 이러한 시대적 상황으로 인하여 북한의 김일성은 일본을 '대남 공작의 우회 루트로' 삼기 시작했다. 김일성은 1969년 11월 3일, 3호 청사 확대 간부 회의에서 다음과 같이 지시했다.

"남조선이 고향인 재일 동포가 우리 공화국으로 귀국하는 것 자체가 정치적으로 대단한 성과다. 그렇지만 그것만으로 이 사업을 끝나게 해서는 안 된다. 귀국선(1971년부터 만경봉호)이 니가타항과 공화국을 왕복하고 있다. 귀국선은 귀국 동포를 운반할 뿐 아니라 남조선 혁명과 조국 통일 추진에 이용해야만 한다. (배가) 니가타에 정박하고 있는 동안에 동지들은 혁명에 유리한 사업을 해야 한다. 예를 들면 남조선 혁명에 필요한 정보 재료를 입수하고, 필요하다면 일본인을 대상으로 포섭 공작이나 납치 공작도 할 수 있지 않은가?"[205] 한마디로 김일성의 교시는 일본인 납치 지령이었다.

평양 북쪽, 용성 지구에는 대지 약 300만 평의 공작원 양성 기관인 '김정일 정치 군사 대학'이 있다. 전(前) 공작원 A씨는 간부 공작원으로서 이곳에서 '지도 핵심반'의 일원으로 공작원의 리더 역할을 맡아 철저한 이론 무장과 합법·비합법 활동의 방법과 사격, 수영 등 특수 훈련을 받았다.

A씨가 증언한 김일성의 대남 공작 교시에 따르면 "귀국 동포들에게는 일본뿐만 아니라 남조선에 연고가 있는 사람이 많다. 그들의 가족, 친척을 이용한다면 재일 동포의 신분을 획득해서 남조선에 고향 방문이라는 형태로 언제라도 합법적으로 남조선에 침투할 수 있다."[206]

---

205) 산케이 신문(産經新聞) "일본인 납치 지령" 2004. 6. 22.

206) 산케이 신문(産經新聞) "공작 확대하라. 일본은 황금 어장" 2004. 6. 23.

일본을 경유한 북한의 대남 공작을 '우회 공작'이라 하는데 가장 유명한 사건이 1974년 8월 15일 발생한 '문세광 사건'이다. 재일 한국인 청년 문세광이 일본 여권으로 한국에 입국하여 '광복절' 기념사를 하는 박정희 대통령을 저격하였으나 탄환이 대통령을 빗겨 가 육영수 여사에게 명중되어 피살되었다. 문세광은 그 자리에서 체포되어 재판을 통해 사형이 집행되었다.

문세광의 판결문에는 다음과 같은 내용이 있다. "피고(문세광)는 1974년 5월 4일, 오사카항에 정박 중인 북한 공작선 '만경봉호'에 승선하여 성명 미상의 47세 정도의 북한 공작 지도원과 만나, '박 대통령 암살은 김일성 주석의 지시'라는 지령을 받았다."[207]

이처럼 북한은 70년대 들어서 일본을 통한 대남 우회 공작을 활발하게 전개했다. 북한이 일본을 우회 공작 루트로 삼는 것은, 지리적으로 가깝고, 재일본 조선인 총연합회(이하 조총련이라 함)라는 강력한 조직과 60만 명의 동포가 있다는 점, 당시 일본 국내법에 스파이 방지법과 반국가 행위에 대한 법적 금지 제도가 없었기 때문이다. 따라서 일본에서 공작 활동이 발각되어도 외국인 등록법이나 출입국 관리법 위반 정도의 가벼운 죄밖에 묻지 않았다.

김일성의 이러한 지령에 따라 북한은 지난 수십 년간 전 세계적으로 약 10여 개국에서 10~20대를 중심으로 수십 명 이상을 납치하였다. 이들은 공작원 교육 자원 등으로 활용하였으며 실제로는 공식적인 수치보다 더 많은 사람이 납북되었을 것으로 추정된다. 주로 일본인과 한국인이 많이 납치되었으며, 중국인, 태국인, 프랑스인, 이탈리아인, 네덜란드인, 루마니아인, 요르단인 레바논인, 말레이시아인, 싱가포르인 등 전 세계 10여 개 국가의 사람들이 북으로 납치된 것으로 알려진다.

---

207) 산케이 신문(產經新聞) "공작 확대하라. 일본은 황금 어장" 2004. 6. 23.

1977년부터 1978년 사이 납치가 가장 많았으며 주로 여성들을 중심으로 납치가 이루어졌다. 이는 1976년 북한의 김정일 위원장이 북한 스파이 활동 교육을 개선하기 위해 외국인들을 더 조직적으로 활용하라는 '스파이 교육의 현지화'를 비밀리에 지시한 것에 기인한 것으로 분석되고 있다.

  프랑스 일간지 '르 피가로'지는 북한이 1970년대에 프랑스 여성 3명을 포함한 28명의 외국인 여성을 납치했다고 보도(2009. 4. 21.)하였으며, 일본 납북자 구조 연합은 2006년, 북한이 6·25 전쟁 이후 현재까지 한국과 일본 등 전 세계 12개국에서 최소한 523명을 납치했다고 주장한 바 있다.

  전문가들은 북한이 외국인을 납치하는 이유를 다음과 같이 분석하였다. 첫째, 북한 공작 요원의 불법 활동을 목격한 증인을 없애기 위함이다. 둘째, 북한 해외 공작 요원들에게 외국어(납북자들의 모국어)와 현지 관습을 가르치는 강사로 활용하기 위해서다. 셋째는 피랍자들이 보유한 전문 기술을 배우기 위해서 혹은 세뇌(강제적인 사상 전환)를 통해 비밀 요원으로 훈련시키기 위해서다. 넷째는 여권 위조를 위해서이고, 다섯째는 체제 선전에 활용하기 위해서다.

  그러나 궁극적인 목적은 대남 공작에 있는 것으로 보인다. 이뿐 아니라 외국인 망명자 혹은 또 다른 납북 외국인과 결혼시키기 위해서도 납북을 시도한 것으로 보인다.

(2) 한국

  통일부 집계에 따르면 전후에 총 3,835명이 납북되어 9명은 스스로 탈북하여 귀환하였고, 3,310명은 남북 협상이나 기타 방법으로 귀환하였으며 516명은 아직도 귀환하지 못하고 있는 것으로 추정된다. 납북자 중 대다수(89%)가 바다 위의 어선에서 붙잡힌 뒤 강제 납북되었다. 총 124척의 어선과 1,147명의 어부가 북한에 잡혀갔다. 457명의 어부는 여전히 북한에 의해 억류된 상태로 남아 있다. 북한에 억류된 채 남아 있는 총 516명의 한국 국민 중 70명은 한국과 다른 나라에 배치된 북한 공작 요원에 의해 납치당했다.[208]

〈표 7〉 전후 납북자 현황(추정)[209]

단위: 명

구분		어선원	대한항공 (KAL) 납치	군경	기타		계
					국내	해외	
피랍자		3,729	50	30	6	20	3,835
귀환	송환	3,263	39			8	3,310
	탈북	9					9
미귀환자		457	11	30	6	12	516

대표적인 예가 유명 여배우였던 최은희 씨와 그의 남편이자 영화감독인 신상옥 씨다. 이들은 1978년 1월 홍콩에서 납북되었다가 1986년 비엔나 방문 시 탈출하여 한국으로 귀환했다. 이들은 북한의 영화 산업 진흥을 위해 김정일의 지시로 납북된 것으로 알려졌으며, 신상옥 감독은 납북 후 '불가사리'라는 북한 최초의 SF 괴수 영화를 제작하기도 하였다.

또한 1977년과 1978년 여름, 한국의 해안가에서 5명의 고등학생이 납북되었다. 1977년에는 이민교 군과 최승민 군이 같은 해변에서 납북되었고, 1978년 여름에는 김영남 군이 군산의 해변에서, 이명우 군과 홍근표 군이 홍도 해변에서 납북되었다. 이 중 김영남 군은 일본에서 납북된 요코타 메구미 씨와 결혼했다 이혼했는데 2006년 이산가족 상봉 행사에서 가족들과 잠깐 재회할 수 있었다.

---

208) 통일부 북한 인권 포털, "1955~1992년 한국 국민들의 전후 납북과 강제 실종" unikorea.go.kr

209) 통일부, 《2023 통일 백서》, p. 56.

탈북한 전(前) 북한 정보 요원은 조사 과정에서 고등학생들의 납치는 김정일의 명령에 따라 35호에서 자행하였다고 증언하였다. 이 요원에 따르면 학생들은 미국과 남한에 유학생으로 보낼 목적으로 납치하여 교육하였다고 한다.[210]

2000년대에 들어와서도 몇 건의 납치 사례가 발생하였다. 대표적으로 2000년에 목사 김동식 씨가, 2004년에는 두만강 접경지대에서 탈북자 출신 진경숙 씨가 납북되었다.

(3) 일본

1970년대부터 1980년대에 걸쳐 많은 일본인이 부자연스러운 형태로 행방불명되었다. 일본은 당국의 수사와 망명한 북한 공작원의 증언을 통해 사건 대부분이 북한에 의한 납치일 개연성이 높은 것으로 보고 있다. 이는 앞에서 언급한 바와 같은 1969년 11월 3일, 3호 청사 확대 간부 회의에서 김일성의 비밀 교시가 있었기 때문이다.

일본 정부는 공식적으로 17명[211]의 일본인들이 북한에 의해 납치된 것으로 확인하고 있다. 하지만 2021년 11월 현재 행방불명된 873명에 대해서도 북한에 의한 납치 개연성을 배제하지 않고 정보 수집과 수사

---

210) 통일부 북한 인권 포털, "1955~1992년 한국 국민들의 전후 납북과 강제 실종"unikorea.go.kr

211) 구메 유타카(1977. 9. 19. 남 52세), 마쓰모토 쿄코(1977. 10. 21. 여 29세), 요코타 메구미(1977. 11. 15. 여 13세), 다나카 미노루(1978. 6. 남 28세), 다구치 야에코(1978. 6. 여 22세), 지무라 야스시(1978. 7. 7. 남 23세), 지무라 후키에(1978. 7. 7. 여 23세), 하스이케 가오루(1978. 7. 31. 남 20세), 하스이케 유키코(1978. 7. 31. 여 22세), 이치카와 슈이치(1978. 8. 12. 남 23세), 마쓰모토 루미코(1978. 8. 12. 여 24세), 소가 히토미(1978. 8. 12. 여 19세), 소가 미요시(1978. 8. 12. 여 46세), 이시오카 도오루(1980. 5. 남 22세), 마쓰키 가오루(1980. 5. 남 26세), 하라다 다아키(1980. 6. 남 43세), 아리모토 게이코(1983. 7. 여 23세)

및 조사를 계속 진행하고 있다.[212]

일본 정부는 1991년 이후 기회가 있을 때마다 북한에 납치 문제를 제기했다. 그러나 북한은 완강히 부인하다가 2002년 9월에 열린 제1차 일조 정상 회담에서 처음으로 납치를 시인하고 사죄했으며 재발 방지를 약속했다. 그리고 같은 해 10월 15일 납치 피해자 5명(지므라 야스시, 지므라 후키에, 하스이케 가오루, 하스이케 유키코, 소가 히토미)이 24년 만에 일본으로 귀국하여 가족과 상봉했다.

2004년 5월 22일 제2차 일조 정상 회담에서는 지므라 씨 가족과 하스이케 씨 가족 총 5명의 귀국을 합의하여 고이즈미 총리와 함께 귀국했고, 소가 히토미 씨 가족 3명은 그해 7월 18일에 귀국하였다. 이들 외에 생존 여부가 확인되고 있지 않은 일본인들에 대해서는 북한이 철저한 진상 규명을 약속하였으나 지금까지도 납득할 만한 설명이 없다.

북한은 1977년 11월 15일 니가타시의 학교에서 귀가하던 13세 요코타 메구미를 납치했다. 북한은 요코타 메구미가 1986년 8월 한국에서 납북된 김영남과 결혼해 1987년 김은경을 낳았으나 1993년 3월 우울증으로 입퇴원을 반복하다 병원에서 목을 매달아 자살했다고 주장했다. 그러나 2004년 11월 제3차 북일 실무자 협의에서 남편으로 알려진 김영남이 평양으로 가져온 요코타 메구미의 유골을 일본 측에 넘겨줬으나, DNA 검사 결과 요코타 메구미 본인의 것이 아니라는 결론이 나면서 그녀의 생존설이 힘을 얻고 있다.

(4) 기타[213]

북한은 한국인과 일본인 외에도 중국인, 태국인, 프랑스인, 이탈리아

---

212) 일본 정부 납치 문제 대책 본부, 〈북한에 의한 일본인 납치 문제〉, 2021. 11., p. 3.
213) 통일부 북한 인권 포털, "1970년대 말, 타국에서의 여성 납치 및 강제 실종" unikorea.go.kr

인, 네덜란드인, 루마니아인, 요르단인, 레바논인, 말레이시아인, 싱가포르인 등 전 세계 10여 개 국가의 사람들을 비슷한 방식으로 납치했다. 납치는 강제적이거나 북한으로 유인하는 방식으로 이루어졌고, 납치의 목적은 간첩과 군사 훈련 학교에서 외국어 교육과 기술적 전문 지식을 제공하게 하는 것 그리고 혼혈 조선인 출생을 방지하기 위한 북한 체류 외국인과의 결혼이었다.

1978년에는 4명의 레바논 여성이 북한으로 유인되었는데, 2005년 12월 월북했다가 후에 일본에 정착한 주한 미군 찰스 젠킨스(Charles R. Jenkins) 씨에 따르면 이들은 미군 탈영병의 결혼 대상자였다. 이들은 한 달에 1,000달러씩 지불받고 도쿄에서 비서 업무를 하게 될 것이라는 말에 속았다. 이 중 2명의 여성은 납치 후 약 1년이 지나 베오그라드를 방문하였을 때 탈출하였다. 나머지 2명은 미군 탈영병인 제임스 드레즈노크 씨와 제리 파리쉬 씨와 각각 결혼하였다.

북한에 남아 있던 한 납북 피해자의 어머니는 이들 여성이 있는 곳을 알게 되었고 그들을 풀어 주는 조건으로 협상하였다고 한다. 젠킨스 씨에 의하면 이들 중 한 여성은 북한을 떠날 당시 미군 탈영병인 파라쉬 씨의 아이를 임신한 상태였다고 한다. 이 사실이 그녀와 그 가족에게 많은 어려움을 안기자 그녀는 아이의 아버지와 함께하기 위해 북한으로 돌아가는 선택을 하였다고 한다.

1978년 7월 2일에는 태국인 여성 아노차 판조이(Anocha Panjoy) 씨가 마카오에서 납치되었다. 판조이 씨의 인근 아파트에 거주하던 젠킨스 씨에 의하면 그녀는 마카오에서 일본인으로 위장한 북한 공작원에 의해 배로 납치되었다고 한다. 판조이 씨는 북한에서 미군 탈영병 압쉬어 씨와 결혼했고, 압쉬어 씨는 1983년 심장 마비로 사망했다. 태국 정부는 납치가 아닌 실종이라는 입장이지만, 태국 국가 인권 위원회는 젠킨스 씨의 증언과 판조이 씨의 가족사진을 증거로 태국 정부(외교부)에 판조이 씨에 대한 조사를 계속할 것을 권고하고 있다.

1978년 7월 2일 마카오에서 20대 초반의 마카오 출신 중국 여성 2명이 일본 관광객으로 위장한 북한 공작원에 의해 납치되었다. 두 여성은 20세의 홍링잉(Hong Leng-ieng) 씨와 22세의 소모이춘(So Miaozhen)이다. 이들은 태국 여성 아노차 판조이 씨와 같은 시기에 납치되어 북한으로 이송되었다.

가족들의 증언에 따르면 이들은 마카오 귀금속점에서 함께 일하면서 일본인으로 보이는 한 남자를 알고 지냈다고 한다. 태국 여성 판조이 씨의 증언에 따르면 아시아계 여성 2명과 함께 배를 탔으나 서로 말을 할 수 없게 하였다고 한다. 북한에 도착 후 얼마 지나지 않아 아시아계 여성들은 각각 차를 타고 떠나 그 후로 만나지 못했다고 한다. KAL 폭파범 김현희는 홍링잉에게서 중국어와 중국인화 교육을 받았다고 증언하였고, 납북되었던 최은희 씨도 북한에서 홍링잉 씨와 연락하였던 사실을 증언하였다.

1978년 8월 20일, 4명의 말레이시아 여성[214]과 1명의 싱가포르 여성[215]이 일본인이라고 주장하는 2명의 남성에 의해 납치되었다. 일본인이라고 주장하는 두 남자는 파티에 보낼 5명의 여성을 보트에 태우기 위해 알선소에 의뢰하였다. 19세에서 24세 사이였던 여성들은 보트와 함께 사라졌다. 최은희 씨의 말에 의하면 북한에서 근처에 사는 말레이시아인들에 대해 들었다고 했다. 그러나 싱가포르와 말레이시아 정부는 이 사건에 대해 어떤 정보도 확인할 수 없다며 조사 위원회의 정보 요청에도 응하지 않고 있다.

---

214) 옝 요케(Yeng Yoke, 23세), 시토 타이 팀(Seetoh Tai Thim, 19세), 얍 메 렝(Yap Me Leng, 22세), 마가렛 옹 구앗 추(Margaret Ong Guat Choo, 19세)

215) 다이아나 응 금(Diana Ng Kum, 24세)

루마니아 여성 도나 붐베아(Dona Bumbea) 씨는 1978년 이탈리아에서 실종되었으며 북한으로 유인되었을 것으로 추정된다. 도나 붐베아 씨는 이탈리아에서 미술 공부를 하는 중에 이탈리아 남자를 만났다. 이탈리아 남자는 그녀에게 홍콩에서 전시회를 열도록 설득하였다. 둘은 홍콩으로 가는 길에 북한을 경유하였고, 도중 이탈리아 남자는 사라졌다.

도나 붐베아 씨는 북한에 억류되었고 미군 탈영병인 드레즈노크 씨와 결혼하여 2명의 아들을 낳았다. 그리고 부부는 "푸른 눈의 평양 시민"(2006)과 "프로파간다가 영화를 덮쳤을 때"(2013)를 포함한 여러 편의 다큐멘터리에 출연했다. 붐베아 씨는 1997년 폐암으로 사망하였다. 루마니아 정부는 북한에 붐베아 씨에 대한 정보를 요구하였으나 북한은 "현 상황에서 루마니아 국민이 납치되었다는 사실을 입증할 어떠한 암시나 증거도 없다."는 답변을 해 왔다고 한다.

신원 불명의 프랑스 여성에 관한 정보도 있다. 최은희 씨에 따르면 이 프랑스 여성이 자칭 아시아계 부호 상속인이라고 주장한 한 북한 요원과 낭만적 관계로 엮여 북한으로 유인되었다고 한다. 그 여성은 남자와 함께 평양으로 갔으나 남자는 사라졌고 그녀 혼자 북한의 초대소에 남겨졌다고 한다. KAL 폭파범 김현희 씨도 같은 프랑스 여성을 목격한 것으로 증언하였고, 젠킨스 씨도 영화 제작 과정에서 같은 프랑스 여성을 보았다고 한다.

4. 납북자들의 북한 내 인권 실태

전시 납북자와 마찬가지로 정전 협정 이후 납북자들도 북한 당국의 특별 감시하에 있으며, 북한 내에서도 이동이 제한되어 있다. 조선 노동당과 조선 인민군에는 각각 다른 납북자 집단을 감시하도록 임무가 주어졌다. 예를 들어 조선 노동당 35호는 직접 납치한 이들을 감시하고, 조선 인민군 519국은 한국인이 아닌 외국인 납북자 대다수를 감시한다.

외국인 납북자들을 감시하는 방법은 보초들로 둘러싸인 지역에 구금하고, 가택을 도청하며, 감시 요원의 동행하에 일주일에 한 번 집을 나서는 것을 허용하는 것이다. 납북된 한국인들은 북한 사회에 흡수되어 정기적인 감시와 검열하에 놓여 있고, 직장이나 인민반에서 더욱 추가적인 감시를 받아 오고 있다.

이러한 감시는 납북자들이 탈북하였거나, 탈북할 가능성이 있다는 혐의를 받을 때 더욱 심해진다. 오길남 씨의 경우 그가 독일에서 다른 한국인을 북한으로 유인하는 임무를 수행하는 동안 그의 충성심을 증명할 때까지 가족들이 구금되었다. 그가 임무 수행 중 탈출한 사실이 알려지자 북한은 그의 아내와 두 딸을 요덕 정치범 수용소로 보냈다.

북한에서는 성분 체제에 기반한 차별이 만연한다. 6·25 전쟁 납북자들과 억류 중인 국군 포로들은 그들의 자녀들까지 대대손손 적대 계층으로 분류되어 사회에 흡수되었음에도 국가와 북한 주민들로부터 남한 출신이라는 차별로 고통받고 있다. 이들에 대한 특별 감시와 이동의 제약, 교육·고용·식량과 의료에 대한 제한·군 입대·노동당 가입 등에서 기회가 제공되지 않는다.

외국인 납북자들은 주로 평양과 근접한 곳에 억류되었으므로 비록 1990년대의 기근 피해를 면하였고, 의료 서비스가 제공되었으나 북한 사회로 편입지 못함에 따라 일할 권리가 박탈되었고, 자택을 떠날 수 없었으며 자유롭게 이동할 수도, 자녀를 위한 교육 기회를 선택할 수도 없었다. 그리고 감시자들로부터 원하지 않은 성적 접근 혹은 강제 결혼 등의 인권 침해를 받아야 했다. 이뿐 아니다. 납북자들에게서 태어난 아이들을 부모의 국적으로 신고하지 못하게 했을 뿐 아니라, 타국에 있는 다른 가족들에게도 연락을 취할 수 없도록 하였다.

5. 사법적 평가와 과제

 2022년 5월 31일, 한국 주재(서울) 프랑스 대사관에서는 프랑스와 아르헨티나, 네덜란드, 영국 등 4개국 주한 대사들이 모여 "북한 강제 실종 범죄 책임 규명 공동 선언문"을 발표했다.[216] 이 행사는 서울 유엔 인권 사무소와 주한 네덜란드·영국 대사관, 비자발적 실종 반대 아시아 연합(AFAD)[217] 이 공동 주최하고, 주한 프랑스·아르헨티나 대사관의 후원으로 이루어졌다. 북한이 강제 실종 범죄 행위자임을 공개적으로 밝혔다는 데 의미가 크다.

 강제 실종이란 국가 기관이나 국가의 역할을 자임하는 단체에 의해 체포·구금·납치돼 실종된 것으로, 지극히 심각한 인권 침해 범죄 행위다. 대한민국은 2023년 1월, 유엔의 "강제 실종 방지 협약"에 가입했으나 북한은 가입하지 않고 있다. 강제 실종 협약은 유엔의 9대 핵심 인권 규약[218] 가운데 하나로, 국가 권력에 의한 감금과 납치 등의 범죄를 막을 목적으로 2010년 12월에 발효되었다.

 앞에서 살펴본 바와 같이 북한은 6·25 전쟁기뿐만 아니라, 정전 협정 이후에도 강제 실종 반인도 범죄 행위를 지속적으로 자행해 왔다. 설령 북한이 "강제 실종 방지 협약"에 가입하지 않았어도 국제 사회는 북한에게 책임을 물을 수 있다. 다만 "강제 실종 방지 협약"을 이행하기 위

---

216) 연합뉴스, "英·佛 등 4개국 주한 대사 공동 회견… 北 연루 강제 실종 규탄", 2022. 5. 31.

217) 비자발적 실종 반대 아시아 연합(AFAD: Asian Federation Against Involuntary Disappearances)은 아시아 강제 실종 문제 해결을 위해 활동하는 14개 비정부 기구(NGO) 연합체로 대한민국에서는 '북한 인권 시민 연합'이 연합 멤버로 활동 중이다.

218) 인종 차별 철폐 협약(1969), 시민적·정치적 권리 규약(1976), 경제적·사회적·문화적 권리 규약(1997), 여성 차별 철폐 협약(1981), 고문 방지 협약(1987), 아동 권리 협약(1990), 이주 노동자 권리 협약(2003), 장애인 권리 협약(2008), 강제 실종 방지 협약(2010)

해서는 국내 입법이 마련되어야 한다. 협약 이행을 위한 국내 입법이 마련되지 않으면 법원에서 북한의 납치와 강제 실종 책임자 처벌을 방해할 수 있다는 분석이 나온다.

따라서 사단 법인 물망초와 전환기 워킹 그룹[219] 등 대북 인권 단체들은 조속한 입법 마련과 함께 법무부 북한 인권 기록 보존소가 강제 실종을 비롯한 인권 침해 사건의 수사와 기소에 대한 지원을 제대로 할 수 있도록 인력 보강 등 기능을 강화해야 한다고 주장한다.

---

219) 전환기 정의 워킹 그룹(Transitional Justice Working Group)은 유엔 북한 인권 조사 위원회(COI) 보고서를 계기로 2014년 9월 서울에 설립된 비영리 인권 단체이다.

K145

V. 북한의 국군포로 억류

1. 개요

국군 포로 문제는 전시 납북자 문제와 함께 우리 민족에게 6·25 전쟁의 깊은 상처로 남아 있다. 특히 국군 포로 문제는 단순히 6·25 전쟁 중에 발생한 역사적 문제만이 아니다. 현재도 진행되고 있는 인도주의와 인권의 문제이고, 대한민국의 안보와 직결된 현실적 문제이다. 국가가 북한이 억류하고 있는 국군 포로를 나 몰라라 방치한다면 자유 민주주의 국가로서 정체성의 문제도 생긴다. 향후 국가가 위기에 처할 때 누가 나서 국가와 국민을 위해 싸우고자 하겠는가.

현행 국군 포로의 송환 및 대우 등에 관한 법률(이하 '국군 포로 송환법')에 따르면 국군 포로란 대한민국 군인으로서 참전 또는 임무 수행 중 적국(반국가 단체를 포함)이나 무장 폭도 또는 반란 집단에 의하여 억류 중인 사람 또는 억류지를 벗어난 사람으로서 대한민국으로 귀환하지 못한 사람을 말한다. 이러한 법 개념에 따르면 베트남 전쟁 한국군 포로도 국군 포로라 할 수 있다. 하지만 여기서는 북한의 전쟁 범죄와 인권을 다루고 있으므로 6·25 전쟁 과정에서 발생한 국군 포로 문제로 한정한다.

대한민국이 국군 포로 문제에 관심을 가진 것은 1994년 10월 국군 포로 조창호 소위가 탈북하여 한국에 입국하면서다. 그전까지 국군 포로는 대한민국이 잊고 있었던 역사의 조난자였다. 조창호 소위가 귀환한 이후 지금까지 80명의 국군 포로가 탈북하여 한국에 입국하였고 현재는 8명이 생존해 있다.

2013년 9월 9일, 당시 남재준(前 육군 참모 총장) 국가 정보원장은 귀환한 국군 포로들을 국정원으로 초청하여 오찬을 함께했다. 이 자리에서 국군 포로들은 책상을 쳐 가며 그동안 가슴에 담아 둔 말을 쏟아

냈다. "북한 비전향 장기수[220] 64명은 전부 돌려보냈으면서 왜 우리(북한 내 국군 포로)는 존재조차 인정하지 않았느냐. 국정원조차 국군 포로들이 생존해 있다는 것을 몰랐을 수 있느냐"라면서 서운함을 토로했다. 이에 대해 남재준 원장은 "몰랐던 게 아니다. 알았지만 행동하지 못했다. 대한민국이 그동안 비겁했다"라며 고개를 숙였다.[221]

사단 법인 물망초가 국군 포로 송환과 귀환한 국군 포로에 대한 정부 차원의 예우를 요구해 왔지만, 정부의 이념적 성향과 정치적 이해득실에 따라 무관심했었다. 다행히 윤석열 정부가 들어선 이후 대통령이 직접 관심을 표명함에 따라 국군의 날 행사를 비롯한 각종 정부 차원의 행사에 주빈으로 예우하기 시작했다. 아울러 장례식에 대통령이 조화를 보내고, 국방부 장관과 보훈부 장관이 직접 조문함으로써 영웅에 대한 최소한의 예를 표하고 있다. 이와 함께 사단 법인 물망초에서는 북한 김정은을 상대로 손해 배상

건군 75주년 기념식에 국군 포로분들이 VIP 단상에 초대되었다. (2023. 9. 26.)

---

220) 비전향 장기수는 사상 전향을 거부한 채 7년 이상 장기 복역한 인민군 포로나 남파 간첩을 의미한다. 1993년 북송된 이인모 씨를 비롯, 2000년 63명 등 총 64명이 북한으로 송환됐다. 이들은 빨치산 출신 13명, 간첩 출신 46명, 인민군 출신 4명으로 70% 이상이 남파 간첩이다. Dailynk, '6·15 선언에 따라 북송된 63명 그들은 누구인가?' www.dailynk.com. 인터넷 검색일 2023. 11. 22.

221) 〔단독〕남재준 '국군 포로 생존 알고도 행동 못 해… 대한민국이 비겁했습니다.' 《동아일보》 2013년 9월 10일.

청구 소송을 제기하여 1심에서 승소 판결을 받고, 현재 친북 단체인 사단 법인 남북 경제 문화 협력 재단이 보유 중인 북한 자금(약 20억)을 압류하기 위해 재판 절차를 진행 중이다.

2. 6·25 전쟁 중 국군 포로 현황

북한군과 중국 공산군은 전쟁 과정에서 수많은 국군과 유엔군 포로를 획득했다고 발표했다. 소련군 총참모부 '전투 일보'에 따르면, 1950년 6월 25일에서 7월 14일까지 국군의 병력 손실은 전사 13,300명, 부상 2,743명, 포로 6,544명 등이었다.[222] 1950년 8월 15일 북한군 최고 사령관 명령 제82호에서는 국군과 미군 등의 전사자가 이미 29,215명이고, 40,000명 이상의 부상자와 포로가 있었다고 기술하고 있다.[223]

그 후 북한 외상 박헌영은 '조국 전선 중앙 위원회' 보고에서 1950년 6월 25일부터 같은 해 12월 25일까지 6개월간 인민군이 유엔군을 169,700명 살상하였고, 38,500명을 포로로 획득했다고 밝혔다.[224] 그리고 북한군 총사령부에서는 북한군과 중국 공산군의 긴밀한 협동 작전

---

222) 이재훈 역, 《6·25 전쟁 소련군 총참모부 전투 일보》, 군사 편찬 연구소. 조성훈, 《6·25 전쟁과 국군 포로》, 군사 편찬 연구소, 2014. 6. 30. p. 25.

223) 〈최고 사령관 명령〉 82호, 1950. 8. 15., 《로동신문》 1950. 8. 15. 김일성은 1951년 1월 신년사에서 전쟁 후부터 8월 15일까지 64,000여 명을 살상포로로 했다고 말했다. 《조선 인민군》 1951. 1. 1.

224) 박헌영, 〈현 정세와 민주주의 제정당 사회단체들의 임무〉, 《로동신문》 1951. 3. 25.; 김임, 〈위대한 조국 해방 전쟁에서 발휘한 영웅적 조선 인민군의 혁혁한 위훈〉, 《근로자》 2, 1951.5.25. p. 50.

224) 《로동신문》 1951.4.9.; 《조선 인민군》 1951. 5. 1.; 〈백전백승의 투지 드높이 전과를 확대하며 앞으로!〉, 《조선 인민군》 1951. 5. 2.; 〈인민군의 전투력 강화는 우리 인민들의 의무이며 영예이다.〉, 《로동신문》 1951년 5월 6일 자 사설; 〈평

아래 개전 이후 1951년 3월 25일까지 9개월간 전과에 대해 유엔군 26만여 명을 살상하고 65,368명을 포로로 억류하고 있다고 선전했다.[225]

1951년 1월 19일 펑더화이(彭德懷)가 마오쩌둥에게 보낸 전문에서 포로로 잡힌 남한 군대 사병 20,000명을 북한군 5개 군단에 나누어 배치하는 안을 제의한 점[226]으로 보아 이 시기 부상한 포로 외에 전투에 투입할 만한 포로의 규모가 사병만 2만 명 수준임을 짐작할 수 있다.

그리고 1951년 6월 25일 전쟁 1주년을 맞이하여 북한군 총사령부는 "한국군 등 유엔군 59만 8,567명이 살상되거나 포로가 되었고, 그중에서 포로는 10만 8,257명이다"라고 구체적으로 밝혔다.[227] 당시 남부군 유격대에서도 북한군 총사령부 보도를 입수해 그들의 기관지 《승리의 길》에 게재했다.[228] 10만 8,257명이 전쟁 개시 후 1년간의 통계이므로 휴전까지는 포로가 더욱 많았을 것으로 추정된다.

양방송〉 1951. 2. 9, 3. 25, 4. 8., Office of the Chief of Staff, "Staff Study Relating to Voluntary Repatriation", Feb. 19, 1952, Tab c, Box 126/Record Group 319, National Archives(이하 Box/Record Group, NA 생략)

226) 〈마오쩌둥이 펑더화이의 한반도 작전 문제에 관한 전보를 스탈린에게 보낸 전문〉, 1951. 1. 26., 심지화 편, 《6·25 전쟁: 러시아 문서 보관소의 비밀 해제 문서》 (중권), p. 670.; 조성훈, 《6·25 전쟁과 국군 포로》, 군사 편찬 연구소, 2014. 6. 30. p. 26. 재인용.

227) 《해방 후 10년 일지》, p. 91.(전후 자료에서는 포로의 수가 누락되어 있다.); 조성훈, 《국군 포로와 인권》, (사) 물망초 인권 연구소 제25차 월례 조찬 세미나 (2015. 9. 19.), 자료집 5면 재인용.

228) 조선 인민군 유격대 남부군 기관지 《승리의 길》 12호, 1951. 7., 한림대 아시아 문화 연구소, 《빨치산 자료집》 7, 1996, p. 17. 1950년 12월 말 북한군 총사령부가 6개월간 다른 전과와 함께 적군 포로 38,500명을 모스크바에 보고했던 점에 비추어 1년간의 전투 총결도 보고되었을 것으로 추정된다.

1953년 8월 15일, 북한군 총사령부와 '중국 지원군 사령부'는 공동으로 전쟁 이후 정전까지 37개월간 미군 397,543명, 남한군 667,293명, 기타 29,003명 등 모두 1,093,839명을 살상·포로로 했다고 발표했다.[229] 이는 1968년에 발간한 《조선 인민군》에서도 확인하였고, 중국 군사 과학원에서 발간한 《중공군의 한국 전쟁사》에서도 확인하고 있다.[230] 이처럼 공산군은 사상자와 포로 수를 합쳐서 발표한 경우가 많았는데 이는 정확한 포로 수를 감추기 위함으로 보인다. 실제 공산군은 1951년 12월 포로 명단을 교환할 때 국군 포로를 비롯해 미군 등 유엔군 포로의 총수를 1만 1,559명만 제시했는데 그중 국군 포로는 단지 7,142명에 불과하였다.[231] 1953년 7월 27일, 정전 협정이 체결되고, 7월 28일 군사 정전 위원회를 열어 포로를 교환하기로 합의했다. 1953년 8월 5일부터 9월 6일까지 공산군은 한국군 7,862명과 유엔군 4,911명 등 12,773명의 포로를, 유엔군 사령부는 북한군 70,183명과 중공군 5,640명 등 총 75,823명의 포로를 송환했다.[232]

　부상자 포로는 유엔군과 공산군의 합의에 따라 정전 협정 체결 전에 교환하였는데 유엔군이 공산군 포로 6,670명(북한군 5,640명, 중공군 1,030명)을, 공산군이 유엔군 포로 684명(한국군 471명, 유엔군 213명)을 송환했다. 포로 관리를 맡았던 인도군은 120일 동안 포로들을 보호하고 관리하다 1954년 1월 20일 송환 거부 포로를 쌍방에 인계했다.

---

229) 〈주 평양 신화통신문〉 1953. 6. 25.;《로동신문》 1953. 8. 15.;《동북조선인민보》 1953. 8. 16.;《해방 후 10년 일지》, p. 99.;《조선중앙년감》, 1954-55, p. 473.

230) 지원군 영웅전 제1집, 지원군 영웅전 편집 위원회 편집, 1956, 해방군 출판사, p. 5.

231) 조성훈,《국군 포로와 인권》, (사) 물망초 인권 연구소 제25차 월례 조찬 세미나 (2015. 9. 19.), 자료집 7면 재인용.

232) 국방부,《조국은 당신을 잊지 않습니다.》, 2007. 11. 30. p. 12.

이로써 공산군 측은 포로 347명을, 유엔군 측은 북한군 7,604명과 중공군 14,235명 등 21,839명의 포로를 추가로 받았다. 그리고 1954년 2월 9일 제3국을 희망하는 공산군 출신 포로 124명, 국군 출신 포로 2명은 인도행을 택했다.[233]

결과적으로 1953년 4월부터 1954년 1월까지 3차례에 걸친 전쟁 포로 상호교환으로 남한 사회로 최종 송환된 국군 포로는 8,343명에 불과하였다.[234] 이는 공산군 측이 고의로 국군 포로의 수를 대폭 누락시켜 실제로 존재하는 국군 포로의 다수를 불법으로 억류하고 송환을 거부하고 있다고 단정하여도 무리가 아닐 것이다. 정전 협정이 체결된 후 1953년 8월 7일, 유엔군 사령부는 유엔에 제출한 '휴전에 관한 특별 보고서'에서 한국군 포로와 실종자를 8만 2,318명으로 집계했다.[235]

3. 북한의 국군 포로에 대한 인권 침해

국군 포로들은 북한에서 갖은 수모와 인권 침해를 겪고 있음이 탈북하여 한국으로 귀환한 국군 포로들에 의해 밝혀지고 있다. 1994년 조창호 소위를 시작으로 2010년 12월 말까지 총 80명의 국군 포로가 북한을 탈출하여 귀환하였다. 다른 이들은 나이가 연로하고, 작업 환경이 열

---

233) 국방부, 위의 책. p. 12.

234) 대한민국 국방부, 《2012 국방 백서》 (서울: 국방부, 2012), p. 110.; 통일 연구원, 《북한 인권 백서 2019》, p. 456. 재인용.; 이혜민, 《한국 전쟁 귀환 국군 포로 구술사 연구: 1994년 이후 귀환자를 중심으로》, 고려 대학교 대학원 석사 학위 논문. 2021. 2. p. 24.

235) 1953년 9월 30일 당시 기준으로 군 당국에서는 총실종자 16만 2,855명(복귀자 8만 5,822명), 순 실종자 7만 7,033명으로 파악했다. [한국군 통계에 따름.(US Military Advisory Group to ROK, KMAG Statistical Summary, 30 Sep. 1953, SN 1845, p. 31)]; 조성훈, 《국군 포로와 인권》, (사) 물망초 인권 연구소 제25차 월례 조찬 세미나(2015. 9. 19.), 자료집 6면 재인용.

악한 탄광에서의 노역으로 인한 건강상의 문제 등으로 탈북할 수 없었을 것으로 추정된다. 탈북하여 귀환한 국군 포로들도 고령과 북한 탄광에서 얻은 진폐증 등 건강 상태가 좋지 못해 현재 생존한 포로는 8명뿐이다.

북한군은 전쟁 초기 획득한 국군 포로에 대하여 신문과 이동 과정에서 구타와 가혹 행위, 심지어 살해 행위까지 자행했다. 전쟁 당시 소대장이었던 한 미군 장성은 중공군이 미군 포로를 학대한 것은 보지 못했으나, 북한군은 중공군과 커다란 차이가 있었다고 회고했다. 그는 전장에서도 북한군이 중공군에 비해 훨씬 잔인했다고 비교했다.[236]

1950년 8월 12일 포로가 된 허 모 씨는 "북한군 제5사단 12연대 부대원이 영덕 전투에서 붙잡은 국군 포로를 모두 살해했다"고 진술하였는데 이러한 북한군의 행태는 전투에서 패배하거나 동료가 희생되면 더욱 극심했다고 한다.[237] 그리고 국군 포로 중 많은 수가 인민군으로 군복을 바꾸어 입고, 전투 현장에 투입되기도 했는데 일부는 최전선에 전투병으로 투입되어 방패막이로 활용되기도 하였고, 일부는 철도 등 시설 복구, 비행장 건설, 불발탄 제거를 위한 노무 부대(건설 부대)에 배치되기도 했다. 물론 모두 국군 포로의 의사에 반하는 강압에 의한 것이었다.[238]

포로의 후송 과정은 두 가지 경우가 있었다. 전선에서 포로가 된 후 후방으로 이동하는 과정과 포로수용소에서 작업 현장으로, 혹은 포로의 규모를 위장하기 위해 수용소에서 수용소로 잦은 이동이 있었다. 특히 후방 이송 과정에서 '죽음의 행군(Death March)'이라고 일컬어질 만큼 많은 포로가 희생되었다.[239]

---

236) "Gen. Volney F. Warner's interview", US Army Military History Institute, 1983. p. 28, pp. 41~42.

237) 조성훈, 《국군 포로와 인권》, (사) 물망초 인권 연구소 제25차 월례 조찬 세미나 (2015. 9. 19.), 자료집 8~9면 재인용.

238) 송수현, 《2020 북한 인권 백서》, 대한 변호사 협회, p. 348.

239) 조성훈, 《6·25 전쟁과 국군 포로》, (서울: 국방부 군사 편찬 연구소, 2014.6.25.) p. 74.

포로수용소는 최악의 환경 조건이었다. 난방 시설 등이 갖추어져 있지 않았고, 침구나 피복 등도 거의 지급되지 않아 포로 대부분이 겨울에 동상에 걸렸다. 위생 상태도 최악이어서 전염병이 창궐하였고, 형편없는 음식 제공으로 많은 포로가 영양실조로 사망하기도 하였다.[240]

국군 포로가 되어 교화소에 있는 13년 동안 이 한 번 닦지 못했다는 고(故) 김성태 귀환 용사의 이야기를 들어보자. 고(故) 김성태 귀환 용사는 2023년 10월 31일 소천(召天)하셨다. 그는 1948년 17살이 되던 해에 국방 경비대에 입대하여 1950년 6월 25일 북한군의 남침을 의정부에서 약 6km 떨어진 하사관(지금은 부사관이라 함) 학교에서 맞았다.

"1950년 6월 29일 덕정 일대 무명고지에서 전투 중 중대장이 부상을 당했어요. 나는 중대장을 업고 오다 내 발등에 파편을 맞아 포로가 되었어요. 포로가 되고 보니 작전 참모와 통신 참모, 부관도 이미 포로가 되어 있더라구요. 우리는 연천에서 이틀 정도 묵었다가 함경북도 회령 포로수용소로 이동했어요.

증언하는 국군 포로 고(故) 김성태 귀환 용사 (2022. 9. 26.)
출처: 사단 법인 물망초 홍보 위원
　　　사진작가 윤상구

그때 본 포로가 한 1,500명 정도 되는데 외국인은 없었어요. 포로수용소에서는 훈련도 하고 공부도 시켰어요. 김일성 종합 대학교, 김책 공업 종합 대학교 그런 학교를 나온 졸업생들이 다 별을 하나씩 달고 와서 우리를 공부시켰어요. 원시 사회, 봉건 사회, 사회주의 사회, 공산주의 사회 이런걸 가르치더라구요. 공산주의 사회의 우월성을 가르치는 것인데, 배고픈데 그게 머리에 들어오겠어요? 그저 머리만 끄덕끄덕하는 거예요.

---

240) 송수현, 앞의 책, p. 349.

거기에 6월부터 9월까지 넉 달 있었는데 수없이 많이 죽었어요. 앓아서 죽고, 전염병 걸려 죽었어요. 옷 한번 갈아입지 못하고 목욕 한 번 못 해 봤으니까. 그저 굶주림에 시달렸어요. 배가 고프니까 비듬 나물 훑어다가 소금 얻어 와서 국 끓여 먹고 그랬지요. 이(蝨)가 생겨 전영병이 발생했어요. 이(蝨)를 20호라고 했는데, 그 20호가 깨워서 아침에 일어나 쓸면 바가지로 하나씩 돼요. 30~40명씩 자니까 청소를 하나 마나지."[241]

2007년 4월 12일 발표된 미 국방성 비밀 해제 문서: 한국 전쟁 포로들의 소련 이동 보고서[242]에 따르면 수천 명의 국군 포로가 1951년 11월부터 1952년 4월 사이에 오호츠크 등 소련 극동 항구로 이송된 뒤 야쿠츠크 주변의 콜리마 수용소 등으로 보내졌다.[243] 추크치해 지역으로 이송된 포로들은 최소 1만 2,000명에 달하고, 도로 공사와 비행장 건설 등에 동원돼 사망률이 높았다고 한다.[244]

북한은 6·25 전쟁이 끝나자 국군 포로들을 청진 25호 관리소에 수용하였던 것으로 보인다. 청진 25호 관리소는 나중에 정치범 수용소로 용도가 변경되었다.[245] 북한은 1953년 9월, 국군 포로들을 내무성 건설대에 배치하여 포로 존재 사실을 감추고, 3년 동안 탄광에서 무임금 강제 노역을 시켰다. 그 후 1956년 6월 25일 북한의 내각 결정 143호에 따라 제

---

241) 이혜민, 〈아무도 데리러 오지 않았다.〉 (서울: 깊은 바다 돌고래) pp. 152~153.

242) 미국과 러시아가 냉전 종식 후 한국 전쟁 당시 미군 포로의 러시아 생존 여부 확인 및 유해 발굴, 반환을 위해 공동으로 만든 '미·러 합동 전쟁 포로 및 실종자 위원회'가 조사 활동 결과의 하나로 1993년 8월 26일 작성한 것이다. 통일 연구원, 《북한 인권 백서 2019》, p. 460. 재인용.

243) 연합뉴스, 2007. 4. 13.(통일 연구원, 《북한 인권 백서 2019》, p. 460. 재인용.)

244) 통일 연구원, 《북한 인권 백서 2019》, p. 460. 재인용.

245) 북한 이탈 주민 ○○○, 2012년 9월 27일, 서울에서 면접(통일 연구원, 《북한 인권 백서 2019》, p. 461. 재인용)

대 조치한 후 공민증을 주고 사회로 배치하였으나 대부분 내무성 건설대 소속일 때와 마찬가지로 함경북도와 함경남도의 탄광 노동자로 일했다.

그곳에서는 일상을 철저히 감시받으며 강제 노동에 시달렸고, 조금이라도 의심스러우면 고문을 동반한 신문을 받아야 했다. 이의를 제기하거나 불만을 표출하면 정도에 따라 감옥 또는 정치범 수용소로 보내졌다. 이를 견디지 못하고 탈출을 시도하다가 사살되기도 하고, 탈출하다 체포되어 심한 고문을 받고, 사형 선고를 받기도 하였으며 가족들까지 연좌 책임을 져야 했다.[246]

2023년 9월 8일 일본 어느 호텔에서 재일 교포 이상봉(가명, 80)[247] 씨를 만나 북한에서 국군 포로들의 삶에 대해 직접 들을 수 있었다. "내가 유선 탄광에 배치되기 전인 1950년대에는 탄광 근로자 3,800여 명 중 국군 포로가 약 600여 명이 있었다고 해요. 그러나 내가 유선 탄광에서 일하기 시작한 1966년에는 낙반 사고, 가스 폭발 사고, 폐병 등으로 많은 국군 포로가 사망해 90명 정도만 남아있었어요. 그리고 1980, 90년대는 국군 포로 자녀들도 대를 이어 탄광 중노동 부문에서 일하고 있었어요."

이처럼 국군 포로라는 출신 성분은 정치적·사회적 억압과 차별의 대상이었고 이는 가족들에게까지 적용되었다. 국군 포로의 자녀는 상급 학교 진학, 군대 입대, 조선 노동당 입당 및 직업과 직장 선택, 그곳에서의 승급 등에 제한과 차별을 받았다. 이와 관련한 북한 이탈 주민들의 증언을 들어 보자. 아래 증언은 대한 변호사 협회에서 2017년 1월 1일 이후 북한 이탈 주민 50명을 대상으로 조사한 북한 인권 실태 조사에서 "국군 포로에 관하여 들었거나 보았다고 진술한 내용"을 정리한 것이

---

246) 송수현, 앞의 책, p. 350.
247) 이상봉(가명) 씨는 1960년 7월 26일, 당시 16살(고1) 나이로 제26차 북송선(만경봉호)을 타고 청진항에 도착했다. 북한에서는 유선 광업 고등학교를 졸업하고 유선 탄광에 배치되어 광부로 일했다.

다.[248] 북한 이탈 주민의 이름 대신 ID No.를 부여하여 조사하였다.

(ID No. 4) 82살로 엄청 늙었는데, 우리 연풍동에 꽃동지라는 동네가 있음. 산 위에 집이 있음. 혼자 살았던 거 같고, 먹을 것도 없었으며, 힘들고 고생스럽게 살았음. 탈북 후 북송된 적이 있었으나 다시 탈북을 시도하여 성공한 것으로 알고 있음.

(ID No. 6) 백암에 거주한다는 소리만 들었음.

(ID No. 9) 구석진 곳에서 살아야 되고, 어려운 일, 농림업이나 탄광업을 해야 함. 매일 감시받음.

(ID No. 11) 공장 자재 과장이 국군 포로였는데 입당도 못 함. 딸이 곱게 생겼는데 아버지가 귀환병이니까, 평양 군관과 선봤을 때 군관은 마음 있어 하는데 결혼이 안 됨.

(ID No. 16) 단천에 사는 국군 포로를 한국에 사는 친척이 찾는다는 소리를 들음. 국군 포로에 대한 성분 차별이 심함. 특히 자녀의 혼사 문제에서 차별이 심함.

(ID No. 21) 황해북도 사리원에 살았고, 탈북에 성공함.

(ID No. 29) 2005년경 회령시 세천구 신천동 18반에 사시던 할아버지가 국군 포로였음. 회령시 세천구 세천동 47반에 거주하던 국군 포로 가족은 탈북에 성공했음. 국군 포로들은 중봉 탄광, 아오지 탄광, 세천 탄광 등에 많이 배치되어 탄광에는 국군 포로 가정들이 많았음. 출신 성분 때문에, 아들들이 출세하지 못함. (아내인 할머니가 당원이었는데도 남편이 국군 포로여서 그 아들이 출세하지 못함.)

(ID No. 31) 회령시 방원리에서 20리 정도 떨어진 곳에 회령시 세천구

---

248) 송수현, 앞의 책, pp. 351~352.

세천 탄광이라는 곳이 있는데 그곳에 국군 포로들이 많이 살고 있다고 들었음. 회령시에서 제일 많이 굶어 죽은 곳임. 소령이었던 국군 포로도 있었는데 그 자녀들도 굶어 죽음. 국군 포로 자녀라는 이유로 자식들은 군대도 못 가고 탄광에서 계속 일했고 출세도 못 했음. 막내아들을 낳고 술을 마시다가 말을 잘못했다는 이유로 국군 포로인 아버지가 끌려갔는데, 소식 없다가 3일 후 총살 문서에 빨간 줄이 있었다고 들었음.

(ID No. 38) 1990년도에 단천에 갔었는데 그곳에는 부업지가 있는 검덕 광산이 있음. 부업지는 위 광산 노동자들에게 영양 보충해 주는 곳. 위 광산에 배치받아 광산에서 일하던 국군 포로 중에는 조금 돈을 벌어 진단서를 발급받아 경노동 대상자가 되어 배우자도 얻고 사는 사람들도 있었음. (조사 대상자 부친이 그 부업지의 자재 지도원이었는데 그 부친으로부터 들은 이야기임.)

(ID No. 39) 의용군에 들어와서 (북한 외부에서) 송금받고 있다는 소리를 들은 적은 있음.

(ID No. 41) 1970년경 조사 대상자의 부친이 위연 제재 공장 당비서로 근무할 때 그곳에 포로 교환으로 들어온 사람이 있었음. 차별이 심했고, 발언권이 제한되고 승급도 못 하고 손가락질당하고, 그 자녀도 포로 교환병이라고 천대, 무시를 받았으며 미래가 없었음.

(ID No. 46) 2002년경 조사 대상자가 군대에 입대할 때쯤 함경북도 온성군 동네에서 국군 포로를 목격함. 국군 포로의 자식이 호위 사령부에 들어갈 수 있는 기회를 얻었으나 신분상 제한을 받고 들어가지 못했음. 부당함에도 이의 제기도 하지 못했음.

2023년 11월 22일, 서울 프레스 센터에서는 사단 법인 물망초 주관 인권 세미나가 개최되었다. 발제자로 나선 이상봉 씨는 다음과 같이 증언하였다.[249]

국군 포로들의 북한에서 삶을 증언하는 재일 교포 이상봉 씨(2023. 11. 22.)
출처: 사단 법인 물망초 홍보 위원 사진작가 윤상

"1964, 1965년 유선 고등 광업 학교 학생인 나는 일본 메이지 대학 출신의 도서관 관장과 일본에 대한 이야기를 자주 나누었다. 그는 언젠가부터 나를 믿고 지하에 있는 문학 전집을 비롯한 다양한 책을 보여 주었다. 볼만한 책은 지하의 마대 안에 있었는데, 그곳에는 습기를 방지하는 숯덩이 보자기도 있었다. 그때 나는 '우리나라의 출신 성분과 계급 사회 구분에 대하여'라는 비밀 문건을 읽었다. 그 책에 따르면 24%는 나라 발전에 이바지한 핵심 계층이고, 76%는 동요 계층과 적대 계층이다. 적대 계층 중에 국군 포로가 있는데, 이들은 '관대히 용서해 줄 수 있는' 국군 포로와 '관대히 용서해 줄 수 없는' 국군 포로로 나누어진다. '용서해 줄 수 있는' 국군 포로란 전쟁 시기 인민군과 중공군을 대량으로 살상하지 않고 포로가 된 사람들이다. 이 사람들은 인민군대 군복을 입고 전투에 참가하였고 전후 복구 사업에 동원된 뒤 탄광과 광산에 배치되었다. '용서해 줄 수 없는' 악질 국군 포로는 복구 건설대에 동원된 뒤 독일제 가시철조망이 설치된 정치범 수용소에 갇혀 혹사당하다 사고와 질병, 영양실조로 죽었다. 유선 탄광에 배치된 국군 포로는 모두 '관대히 용서해 줄 수 있는' 포로들이었다. 국군 포로가 가장 많이 배치된 곳은 최북단 아오지 탄광으로 약 800여 명이 배치되었다."

---

249) 이상봉(가명), "함경북도 회령시 유선 탄광에서 만난 국군 포로들", (사) 물망초 인권 연구소 제83차 인권 세미나(2023. 11. 21.), 자료집 12면

4. 사법적 평가와 과제

앞에서 알아본바 북한이 자행한 국군 포로에 대한 인권 침해 행위와 불법 행위들은 '전쟁 포로의 대우에 관한 1949년 8월 12일 자 제네바 협약(Geneva Convention relative to the Treatment of Prisoners of War of August 12, 1949, 이하 제네바 제3 협약)' 및 국제 관습 법규에 정면으로 위반된다.

제네바 제3 협약 제13조에 따르면 포로는 인도적으로 취급되어야 하고, 제16조에 따르면 인종·국적·종교·정치적 의견 등에 의하여 불리한 차별 대우를 받지 않아야 하며, 사법상의 신분은 완전히 유지되어야 한다. 또 제51조에 의거 적절한 노동 조건이 제공되어야 하고, 제52조에 의거 건강에 해롭거나 위험한 노동을 금지해야 한다.

무엇보다 제118조에 의거 포로는 적극적인 적대 행위가 종료된 후 지체없이 석방되고 송환되어야 한다. 그러나 북한은 관련 법규 어느 하나도 지키지 않았다. 특히 '전쟁 포로의 즉각적인 석방 및 송환'은 당시 통용되고 적용되던 국제 관습법상으로도 모든 국가의 의무로 간주되었다는 점에서 북한은 국제 관습법상의 규범도 정면으로 위반한 것이다.[250]

이와 함께 북한이 한국으로 귀환하고자 하는 국군 포로들의 귀환을 방해, 금지하고 처벌하는 행위는 "모든 사람은 자신의 국가를 포함한 여느 국가를 떠날 권리가 있으며, 자신의 나라로 돌아갈 자유를 가진다"는 세계 인권 선언 제13조 제2항에 정면으로 반하는 것이고, 강제 노동 또한 국제 인도법과 국제 인권법에 위배된다.[251]

북한의 국군 포로들에 대한 인권 침해 행위와 불법 행위는 대한민국 헌법과 실정법에도 정면으로 위반된다. 6·25 전쟁에 참전했다가 북한

---

250) 송수현, 앞의 책, p. 354.
251) 통일 연구원, 《북한 인권 백서 2019》, p. 461.

군의 포로가 된 A씨(85세)와 B씨(90세)는 각각 2000년, 2001년에 북한을 탈출하여 대한민국으로 귀환하였다. A씨와 B씨는 자강도 칠평 인민관 수용소에서 지내다가 1953년 정전과 동시에 평안남도 강동군으로 거처를 옮겨, 내무성 건설대 1709부대 탄광에서 1953년 9월 11일부터 1956년 6월 13일까지 강제로 채굴 생활을 했다.

  이들은 북한에서 강제 노역으로 인권을 유린당하였다는 이유로 서울 중앙 지방 법원에 북한 김정은을 상대로 손해 배상 청구 소송을 제기하여 1심에서 승소하였다. 대한민국의 법으로 북한의 전쟁 범죄에 대해 단죄한 첫 사례이다.

K161

VI. 우리에게 남겨진 과제

　국가는 국민의 생명과 재산을 지키고 보호할 책임이 있다. 6·25 전쟁 시 적대 세력에 의해 희생된 자와 강제로 납북된 자, 포로로 잡혀 송환되지 못하고 강제로 억류된 국군 포로 문제는 북한에 의해 저질러진 전쟁 범죄로 반드시 해결해야 할 종전의 조건이자 통일을 위한 선결 과제다.

　6·25 전쟁 시 적대 세력에 의해 학살 등 희생당한 국민 대다수는 군인과 경찰 가족, 공무원 등 적대 세력에 맞서 싸웠던 민간인들이다. 국가는 적대 세력으로부터 그들을 지켜 보호해야 할 책임이 있다. 그러나 현실은 적대 세력을 돕다가 군경이나 유엔군에 의해 피해를 본 국민에게는 국가가 나서 배상하면서 적대 세력에 맞서 싸우다 희생당한 국민에게는 어떤 배·보상도 없다.

　오히려 피해자의 후손들이 부끄럽게 여기며 사실을 감추거나 왜곡하고 있다. 국가는 적대 세력에 맞서 싸우다 희생당한 국민의 현황을 정확하게 파악하여 그들의 명예를 회복시켜 주고, 그들에게 어떤 형태로든 배·보상할 수 있도록 조속히 특별법을 제정해야 한다.

　6·25 전쟁 시 강제로 납북된 국민에 대한 북한의 갖은 불법 행위와 인권 침해 행위들은 국제법과 대한민국 헌법 및 실정법에 모두 위반되는 중대한 범죄 행위다. 당장은 어렵겠지만 언젠가는 그 책임을 묻기 위해서라도 정부 차원에서 체계적인 자료 수집과 정보의 정리, 축적 활동을 지속해야 한다. 그리고 납북자를 인정하지 않고 있는 북한이 스스로 태도를 바꾸도록 국제 사회와 연대하여 북한을 압박해야 할 것이다.

　국군 포로는 대한민국 역사의 조난자들이다. 어린 나이에 국가를 위해 총을 들고 나선 국민의 한 사람이다. 국가는 이들에 대한 무한 책임을 져야 한다. 국군 포로의 존재를 잊었고, 그들의 존재를 알고 난 후에도 무관심하고, 무책임했다. 국군 포로가 북한에 억류된 채 받은 인권 침해와 차별적 삶은 북한의 전쟁 범죄이기 이전에 대한민국 국가의 무능이다.

  대한민국은 더 늦기 전에 북한에 생존해 있을 국군 포로의 송환을 위해 노력해야 한다. 북한에 돈을 주어서라도 모셔 와야 한다. 아울러 스스로 목숨을 걸고 귀환한 국군 포로에 대한 예우로 그들의 명예를 회복시키고, 국가가 북한을 대신하여 먼저 국군 포로와 그 가족들에게 손해배상과 보상의 책임을 져야 한다.

  북한은 정상적이지 않은 괴물 집단이다. 미국 비정부 기구(NGO) 중에는 프리덤 하우스(Freedom House)라는 인권 단체가 있다. 프리덤 하우스(Freedom House)에서는 1972년부터 매년 세계 각국의 '자유' 지수를 발표한다. 북한은 2023년 현재 정치적 권리와 사회적 자유에서 최하점인 7등급을 받고 있다. 2022년 기준으로도 100점 만점에 3점으로, 자유롭지 않은 나라로 분류된다. 민주주의 지수는 10점 만점에 1.08, 언론 자유 지수는 100점 만점에 13.92점으로 세계 최하위국이다.[252] 그런 곳에서 우리 국민이 억압된 삶을 살고 있다. 특히 역사의 조난자들과 그 후손들이 고통 가운데 죽어 가고 있다.

  우리는 역사적 사실을 분명하게 알아야 하고, 현실의 문제로 인식해야 한다. 경험하지 못한 젊은 세대에 정확하게 알려야 한다. 우리의 젊은이들이 아픔에 공감하고, 나의 문제로 받아들일 수 있도록 교육해야 한다. 교육의 핵심은 인권이다. 민족의 통일보다 인권이 우선이다. 인권을 무시한 통일은 자칫 북한 독재 정권에 의한 적화 통일의 가능성을 열어 놓는 것이기 때문이다.

---

252) 연합뉴스, "2023 세계 자유 지수 현황", 2023. 3. 10. https://ko.wikipedia. org/wiki/, 인터넷 검색일 2023. 10. 29.

그러면 어떻게 북한 인권을 개선할 수 있을까? 우선은 북한 주민들이 인권에 눈을 떠야 하고, 북한 김정은 정권이 민심의 무서움을 알도록 해야 한다. 그러기 위해서는 북한 주민들의 인권 의식을 고취할 수 있도록 도와야 하는데 북한이 폐쇄적이고 통제적인 사회라는 점이 난제다. 그럼에도 불구하고 외부 정보를 들여보내 북한 주민들이 보고 들어 깨닫게 해야 한다.

최근 북한 관련 뉴스를 보면 김정은 정권도 북한 주민들의 민심에 긴장하고 있는 듯하다. 북한 내부에서 어떤 일이 벌어지고 있는지 알 수는 없지만, 경제난이 심각한 수준이라는 점은 많은 북한 전문가들이 추정하고 있는 것이 주지의 사실이다. 같은 맥락에서 김정은의 민심 달래기를 눈여겨볼 수 있는 움직임도 나타나고 있다.

북한은 2023년 8월 열린 최고인민회의 상임 위원회 제14기 27차 전원회의에서 대의원 선거법을 개정했다. 지방 인민회의 대의원 선거 후보자를 복수로 추천하여 표결을 통해 1명의 후보자를 등록하도록 하는 내용이 골자다. 등록을 마친 후보자는 해당 선거구에서 직접 유권자들을 만나 선거 유세를 할 수 있다. 이와 함께 기존에는 한 개 투표함만 설치했던 데 반해 앞으로는 '찬성'과 '반대' 글자를 붙인 서로 다른 색의 투표함 2개를 투표소에 설치하겠다고 한다.[253]

그러나 이 역시 후보자 추천을 위한 예비 선거의 특징일 뿐 최종 투표에서는 1명에 대해서만 찬성과 반대를 묻는다는 점에서 크게 달라졌다고 볼 수는 없다. 하지만 북한 주민들에게는 큰 변화로 느껴질 수 있을 것이다. 통일부 당국자도 투표를 위해 사전에 시민증과 공민증을 대조하는 사업이 있고, 주민등록도 재조사하는 등 선거 과정이 정권 내부의

---

253) KBS 뉴스, "통일부, '경쟁 도입' 북한 선거법 개정에… '자유로운 선거'로 볼 수 없어" 2023. 11. 9. https://news.kbs.co.kr/ 인터넷 검색일 2023. 11. 15.

통제를 강화하는 측면이 있다고 평가했다.[254]

　북한은 이번 개정 선거법에 따라 2023년 11월 26일 각급 지방인민회의 대의원을 선출하고, 2024년 3월 11일에는 최고인민회의 대의원을 선출하였다.

　우리는 북한 주민들이 정권을 향해 자기 목소리를 내고 기본권을 요구할 수 있도록 도와야 한다. 그리고 김정은 정권이 민심에 순응할 수 있을 만큼 스스로 변화를 추구하게 만들어야 한다. 이를 위해서는 국제사회와 함께 김정은 정권을 압박하고 동시에 다양한 방법으로 북한 주민들에게 외부 정보를 제공해야 한다. 특별히 북한 주민들과의 인적 네트워크를 구축하고 유지하는 것이 매우 중요한 과제이다.

---

254) KBS 뉴스, 위의 내용.

침묵의 증언

북한의 전쟁범죄와 인권

Silent Testimonies

North Korea's
War Crimes and
Human Rights

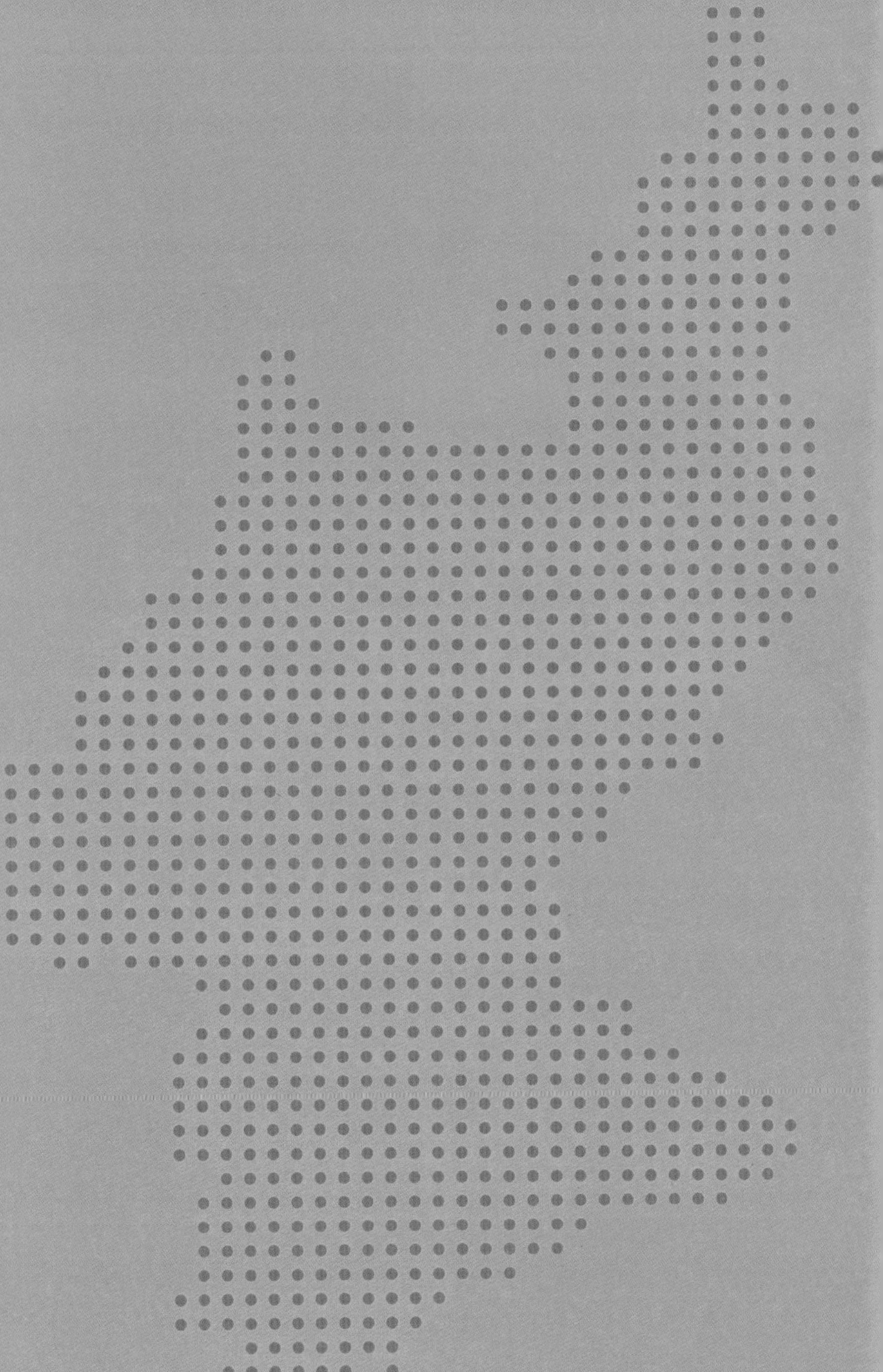

부록1 육전에서 군대 부상자 및 병자의 상태개선에 관한 1949년 8월 12일 자 제네바 협약

육전에 있어서 군대의 부상자 및 병자의 구제를 위한 1929년 7월 27일 자 제네바 협약을 개정하기 위하여, 1949년 4월 21일부터 8월12일까지 제네바에서 개최한 외교회의에 대표를 파견한 정부의 아래에 서명한 전권위원은 다음과 같이 협정하였다.

제1장 총칙

제1조 체약국은, 모든 경우에 있어서 본 협약을 존중할 것과 본 협약의 존중을 보장할 것을 약속한다.

제2조 본 협약은, 평시에 실시될 규정 외에도, 둘 또는 그 이상의 체약국 간에 발생할 수 있는 모든 선언된 전쟁 또는 기타 무력 충돌의 모든 경우에 대하여, 당해 체약국의 하나가 전쟁상태를 승인하거나 아니하거나를 불문하고 적용된다. 본 협약은, 또한, 일 체약국 영토의 일부 또는 전부가 점령된 모든 경우에 대하여, 비록 그러한 점령이 무력 저항을 받지 아니한다 하더라도 적용된다. 충돌 당사국의 하나가 본 협약의 당사국이 아닌 경우에도, 본 협약의 당사국은, 그들 상호 간의 관계에 있어서 본 협약의 구속을 받는다. 또한 체약국은, 본 협약의 체약국이 아닌 충돌 당사국이, 본 협약의 규정을 수락하고 또한 적용할 때는, 그 국가와의 관계에 있어서 본 협약의 구속을 받는다.

제3조 일 체약국의 영토 내에서 발생하는 국제적 성격을 띠지 아니한 무력 충돌의 경우에 있어서, 당해 충돌의 각 당사국은, 적어도 다음 규정의 적용을 받아야 한다.

　1. 무기를 버린 전투원 및 질병, 부상, 억류, 기타의 사유로 전투력을 상실한 자를 포함하여 적대 행위에 능동적으로 참가하지 아니하는 자는, 모든 경우에 있어서 인종, 색, 종교 또는 신앙, 성별, 문벌이나 빈부 또는 기타의 유사한 기준에 근거한 불리한 차별 없이 인도적으로 대우하여야 한다. 이 목적을 위하여 상기의 자에 대한 다음의 행위는 때와 장소를 불문하고 이를 금지한다.

　　가. 생명 및 신체에 대한 폭행, 특히 모든 종류의 살인, 상해, 학대 및 고문

　　나. 인질로 잡는 일

　　다. 인간의 존엄성에 대한 침해, 특히 모욕적이고 치욕적인 대우

　　라. 문명국인이 불가결하다고 인정하는 모든 법적 보장을 부여하고 정상적으로 구성된 법원의 사전 재판에 의하지 아니하는 판결의 언도 및 형의 집행

　2. 부상자 및 병자는 수용하여 간호하여야 한다. 국제 적십자 위원회와 같은 공정한 인도적 단체는 그 용역을 충돌 당사국에 제공할 수 있다. 충돌 당사국은, 특별한 협정에 의하여 본 협약의 다른 규정의 전부 또는 일부를 실시하도록 더욱 노력하여야 한다. 전기의 규정 적용은 충돌 당사국의 법적 지위에 영향을 미치지 아니한다.

제4조 중립국은 그 영토 내에 접수 또는 억류된 충돌 당사국 군대의 부상자, 병자 및 의무 요원과 종교 요원 및 발견된 사망자에 대하여는 본 협약의 규정을 유추하여 적용하여야 한다.

제5조 본 협약에 의하여 보호되는 자로서 적의 수중에 들어가 있는 자에 대하여서 본 협약은 그들의 송환이 완전히 종료될 때까지 적용된다.

제6조 체약국은 제10조, 제15조, 제23조, 제28조, 제31조, 제36조, 제37조 및 제52조에서 명문으로 규정한 협정 외에도 그에 관하여 별도의 규정을 두는 것이 적당하다고 인정하는 모든 사항에 관하여 다른 특별 협정을 체결할 수 있다. 어떠한 특별 협정도 본 협약에서 정하는 부상자, 병자, 의무 요원 및 종교 요원의 지위에 불리한 영향을 미치거나, 또는 본 협약이 그들에게 부여하는 권리를 제한하여서는 아니된다. 부상자, 병자, 의무 요원 및 종교 요원은, 본 협정이 그들에게 적용되는 한, 전기의

협정 혜택을 계속 향유 한다. 단, 전기의 협정 또는 추후의 협정에 반대되는 명문의 규정이 있는 경우 또는 충돌 당사국의 일방 또는 타방이 그들에 대하여 더 유리한 조치를 취한 경우는 제외한다.

제7조 부상자, 병자, 의무 요원 및 종교 요원은 어떤 경우에도 본 협약 및 전조에서 말한 특별 협정(그러한 협정이 존재할 경우)에 의하여 그들에게 보장된 권리의 일부 또는 전부를 포기할 수 없다.

제8조 본 협약은 충돌 당사국의 이익 보호를 그 임무로 하는 이익 보호국의 협력에 의하여, 또한 그 보호 하에 적용된다. 이 목적을 위하여 이익 보호국은, 자국의 외교관 또는 영사를 제외한 자국민이나 다른 중립국 국민 중에서 대표단을 임명할 수 있다. 전기의 대표는 그들의 임무를 수행할 국가의 승인을 받아야 한다. 충돌 당사국은 이익 보호국의 대표 또는 사절단의 활동에 있어서 가능한 최대한의 편의를 도모하여야 한다. 이익 보호국의 대표 또는 사절단은 어떤 경우에도 본 협약에 의한 그들의 임무를 초월하여서는 아니된다. 그들은 특히 그들이 임무를 수행하는 국가의 안전상 절대적으로 필요한 사항을 참작하여야 한다. 그들의 활동은 군사상의 절대적인 요구로 인하여 소요될 때 한하여서만 예외적이고 임시적인 조치로서 제한하여야 한다.

제9조 본 협약의 제 규정은, 국제 적십자 위원회 또는 기타의 공정한 인도적인 단체가, 관계 충돌 당사국의 동의를 얻어 부상자, 병자, 의무 요원 및 종교 요원의 보호 및 그들의 구제를 위하여 행하는 인도적인 활동을 방해하지 아니한다.

제10조 체약국은 공정과 효율을 전적으로 보장하는 단체에, 본 협약에 따라 이익 보호국이 부담하는 의무를, 언제든지 위임할 것에 동의할 수 있다. 이유의 여하를 불문하고 부상자, 병자, 의무 요원 및 종교 요원이, 이익 보호국 또는 전항에 규정한 단체의 활동에 의한 혜택을 받지 아니하거나, 또는 혜택을 받지 아니하게 되는 때에는 억류국은 충돌 당사국이 지정한 이익 보호국이 본 협약에 따라 행하는 임무를, 중립국 또는 전기의 단체가 인수하도록 요청하여야 한다. 보호가 제대로 마련되지 못할 때는, 억류국은 이익 보호국이 본 협약에 의하여 행하는 인도적 업무를 인수하도록 국제적십자 위원회와 같은 인도적 단체의 용역 제공을, 본 조의 규정에 따를 것을 조건으로, 요청하거나 수락하여야 한다. 여하한 목적을 위하여 관계국이 요청하거나, 또는 자청하는 어떠한 중립국이나 단체도, 본 협정에 의하여 보호되는 자가 의존하는 충돌 당국에 대하여 책임감을 가지고 활동함을 요하며, 또한 그가 적절한 업무를 인수하여 공정하게 이를 수행할 입장에 있다는 충분한 보장을 제공하여야 한다. 군사상의 사건으로 특히 그 영역의 전부 또는 상당한 부분이 점령됨으로써 일방국이 일시적이나마 타방국 또는 그 동맹국과 교섭할 자유를 제한당하는 경우, 국가 간의 특별 협정으로서 전기의 규정을 침해할 수 없다. 본 협약에서 이익 보호국이라 언급될 때, 그러한 언급은 언제든지 본 조에서 의미하는 대용 단체에도 적용된다.

제11조 이익 보호국이 보호를 받는자를 위하여 적당하다고 인정할 경우, 특히 본 협약의 규정 적용 또는 해석에 관하여 충돌 당사국 간에 분쟁이 있을 경우에는, 이익 보호국은 분쟁을 해결하기 위하여 주선을 행하여야 한다. 이를 위하여 각 이익 보호국은, 일 당사국의 요청에 따라 또는 자진하여, 충돌 당사국에 대하여 그들의 대표들의, 특히 부상자, 병자, 의무 요원 및 종교 요원에 대하여 책임을 지는 당국의, 회합을 가능하면 적절히 선정된 중립지역에서 열도록 제의할 수 있다. 충돌 당사국은 이 목적을 위하여 그들에게 행하여지는 제의를 실행할 의무를 진다. 이익 보호국은 필요할 경우는 충돌 당사국의 승인을 얻기 위하여, 중립국에 속하는 또는 국제 적십자 위원회의 위임을 받은 자를 추천할 수 있으며, 이러한 자는 전기의 회합에 참석하도록 초청되어야 한다.

제2장 부상자 및 병자

제12조 다음의 조항에서 말하는 군대의 구성원과 기타의 자로서 부상자 또는 병자인 자는 모든 경우에 존중되고 보호되어야 한다. 그들은, 그들을 그 권력 속에 두고 있을 충돌 당사국에 의하여 성별, 인종, 국적, 종교, 정견 또는 기타의 유사한 기준에 근거한 차별 없이 인도적으로 대우 또한 간호되어야 한다. 그들의 생명에 대한 위협 또는 그들의 신체에 대한 폭행은 엄중히 금지한다. 특히 그들은 살해되고 몰살되거나 고문 또는 생물학적 실험을 받도록 되어서는 아니된다. 그들은 고의로 치료나

K169

간호를 제공받음이 없이 방치되어서는 아니되며 또한 전염이나 감염에 그들을 노출하는 상태도 조성되어서는 아니된다. 치료의 순서에 있어서 우선권은 긴급한 의료상의 이유로서만 허용된다. 부녀자는 여성이 당연히 받아야 할 모든 고려로서 대우 되어야 한다. 충돌 당사국은, 부상자 또는 병자를 부득이하게 적측에 유기할 경우는, 군사상의 고려가 허용하는 한 그들의 간호를 돕기 위한 의무요원과 자재 일부를 그들과 함께 잔류시켜야 한다.

제13조 본 협약은 다음의 부류에 속하는 부상자 및 병자에게 적용된다.

1. 충돌 당사국의 군대의 구성원 및 그러한 군대 일부를 구성하는 민병대 또는 의용대의 구성원

2. 충돌 당사국에 속하며 또한 그들 자신의 영토(동 영토가 점령되고 있는지 여부를 불문)의 내외에서 활동하는 기타의 민병대의 구성원 및 기타의 의용대의 구성원(조직적인 저항운동의 구성원을 포함) 단, 그러한 조직적 저항운동을 포함하는 그러한 민병대 또는 의용대는, 다음의 조건을 충족시켜야 한다.

   가. 그 부하에 대하여 책임을 지는 자에 의하여 지휘 될 것

   나. 멀리서 인식할 수 있는 고정된 식별 표지를 가질 것

   다. 공공연하게 무기를 휴대할 것

   라. 전쟁에 관한 법규 및 관행에 따라 그들의 작전을 진행할 것

3. 억류국이 승인하지 아니하는 정부 또는 당국에 충성을 서약한 정규 군대의 구성원

4. 실제로 군대의 구성원은 아니나 군대에 수행하는 자, 즉, 군용기의 민간인 승무원, 종군 기자, 납품업자, 노무대원 또는 군대의 복지를 담당하는 부대의 구성원. 단, 이들은 이들이 수행하는 군대로부터 인가를 받고있는 경우에 한한다.

5. 선장, 수로안내인 및 견습선원을 포함하는 충돌 당사국의 상선의 승무원 및 민간 항공기의 승무원으로서, 국제법의 다른 어떠한 규정에 의하여서도 더 유리한 대우의 혜택을 향유하지 아니하는 자.

6. 점령되어 있지 아니하는 영토의 주민으로서 적이 접근하여올 때 정규군부대에 편입할 시간이 없이 침입하는 군대에 대항하기 위하여 자발적으로 무기를 든 자. 단, 이들이 공공연하게 무기를 휴대하고 또한 전쟁법규 및 관행을 존중하는 경우에 한한다.

제14조 제12조의 규정을 따를 것을 조건으로, 적의 수중에 들어가는 교전국의 부상자 및 병자는 포로가 되며 그들에게는 포로에 관한 국제법의 규정이 적용된다.

제15조 충돌 당사국은 항상, 특히 매 교전 후에 부상자 및 병자를 찾아 수용하고 그들을 약탈 및 학대로부터 보호하며, 그들에 대한 충분한 간호를 보장하고 또한 사망자를 찾아 그들이 약탈당하는 것을 방지하기 위하여 모든 가능한 조치를 지체없이 취하여야 한다. 충돌 당사국은 사정이 허용하는 한, 전장에 남아 있는 부상자의 수용, 교환 및 이송을 가능하게 하기 위하여 휴전이나 발포정지를 약정하든가 현지 협정을 마련하여야 한다. 같은 방식으로 점령 또는 포위된 지역으로부터의 부상자 및 병자의 수용과 교환 또는 동 지역으로 갈 의무 요원, 군목 및 장비를 통과시키기 위하여, 충돌 당사국 상호 간에 현지 약정을 체결하여야 한다.

제16조 충돌 당사국은 그들의 수중에 들어오는 적측의 부상자, 병자 및 사망자에 관하여 가능한 한 조속히 그러한 자의 신원 판별에 도움이 될 어떠한 세부사항이라도 기록하여야 한다. 이들 기록은 되도록 다음의 사항을 포함하여야 한다.

가. 그가 의존하는 국가명

나. 소속부대명 및 군번

다. 성

라. 이름

마. 생년월일

바. 신분증명서 또는 표지에 표시된 기타의 상세

사. 포로가 된 일자 및 장소 또는 사망 일자 및 장소,

아. 부상, 질병 또는 사망의 원인에 관한 상세 전술한 자료는 포로의 대우에 관한 1949년 8월 12일 자 제네바 협약 제122조에 기술한 정보국에, 가능한 한 조속히 송부되어야 하며, 동 정보국은 이익 보호국 및 중앙 포로 기구를 중개로 하여 이들이 의존하는 국가에 이 자료를 전달하여야 한다. 충돌 당사국은, 사망 증명서 또는 정당하게 인증된 사망자 명부를 작성하여 동 정보국을 통하여 상호 송부 하여야 한다. 충돌 당사국은, 사망자에게서 발견된 이중 신분 표지의 반, 근친자에 대한 유서나 기타의 중요한 서류, 금전 및 일반적으로 고유의 가치 또는 정서적 가치를 가지는 모든 물품을 동일하게 수집하여, 동 정보국을 통하여 상호 송부하여야 한다. 이들 물품은 확인되지 않은 물품과 함께 밀봉된 뭉치로 송부되어야 하며, 이에는 사망한 소유자의 신원확인에 필요한 모든 상세를 기재한 서류와 동 뭉치의 내용을 완전히 표시하는 표를 첨부하여야 한다.

제17조 충돌 당사국은, 사망을 확인하고 신원을 확실히 하며 또한 보고서의 작성을 가능하게 하기 위하여, 사정이 허용하는 한 개별적으로 실시될 사망자의 매장이나 화장이 시체의 면밀한 검사, 가능하면 의학적 검사가 있은 다음에 행하여 지도록 보장하여야 한다. 이중 신분 표지가 사용되는 경우는, 동 표지의 반은 시체에 남겨두어야 한다. 시체는 위생상 절대로 필요한 경우 및 사망자의 종교상 이유를 제외하고는 화장을 하여서는 아니 된다. 화장을 하였을 때는 사망 증명서 또는 인증된 사망자 명부에 화장의 사정과 이유를 상세하게 기재하여야 한다. 충돌 당사국은, 또한, 사망자를 가능한 한 이들이 신봉하는 종교의 의식에 따라서 정중히 매장하고 동 사망자의 묘소를 존중할 것이며, 가능하면 사망자의 묘지를 국적별로 구분하며 언제든지 찾을 수 있도록 적절히 유지하고 표시하도록 하여야 한다. 이 목적으로, 충돌 당사국은 전쟁 개시에 제하여 공식 분묘등록소를 설치함으로써 매장 후에 발굴을 가능하게 하고, 또한 분묘의 위치 여하를 불문하고 시체의 식별 및 경우에 따라 본국으로 이송이 가능하도록 보장하여야 한다. 이 규정은 본국의 희망에 따라 적절히 처리될 때까지 분묘등록소가 보관하여야 할 유골에 대하여도 적용하여야 한다. 사정이 허락하는 즉시 그리고 늦어도 전쟁 종료 시까지, 각 분묘등록소는, 제16조 제2항에서 말한 포로 정보국을 통하여, 분묘의 정확한 위치와 표지 및 그곳에 매장되어 있는 사망자에 관한 상세를 교환하여야 한다.

제18조 군 당국은 주민에 대하여 그의 지시하에 자발적으로 부상자 및 병자를 수용하고 또한 간호해주는 자선을 호소할 수 있다. 군 당국은 이 요청에 응하는 자에 대하여 필요한 보호 및 편의를 부여한다. 적국이 그 지역을 점령하거나, 또는 탈환하게 될 때에도 그 적국은 이러한 주민에게 동일한 보호와 편의를 부여하여야 한다. 군 당국은 침공 또는 점령한 지역에 있어서도, 주민과 구호 단체에 대하여, 국적의 여하를 불문하고 자발적으로 부상자 또는 병자를 수용, 간호하는 것을 허가하여야 한다. 민간인은 이들 부상자 및 병자를 존중하여야 하며, 특히 그들에게 폭행을 가하지 않도록 하여야 한다. 여하한 자도 부상자 또는 병자를 간호하였다는 이유로 박해 또는 유죄 선고를 받을 수 없다. 본 조의 규정은 점령국에 대하여 부상자 및 병자에 대한 위생상 또는 정신상의 간호를 부여하는 의무를 면제하지 않는다.

제3장 의무부대 및 의무시설

제19조 충돌 당사국은 어떠한 경우를 막론하고 의무기관의 고정시설이나 이동 의무부대를 공격하여서는 아니 되며, 항상 이를 존중하고 보호하여야 한다. 이들이 적국의 수중에 들어갈 경우, 점령국은 이러한 시설 및 부대 내에 있는 부상자 및 병자에 대하여 필요한 간호를 스스로 보장하지 못하는 한, 이들 시설 및 부대의 요원은 자유로이 그 임무를 수행할 수 있어야 한다. 책임 있는 당국은 가능한 한 전기의 의무시설 및 의무부대가 군사 목표에 대한 공격에 의하여 그 안전이 위태로워지지 않게 위치하도록 보장하여야 한다.

제20조 해상에 있어서 군대의 부상자, 병자 및 조난자의 상태개선에 관한 1949년 8월 12일 자 제네바 협약의 보호를 받을 권리를 부여받은 병원선은, 육상으로 부터 공격되어서는 아니된다.

제21조 의무기관의 고정시설 및 이동 의무부대가 향유 할 수 있는 보호는, 그들 시설 및 부대가 인도적 임무로부터 이탈하여 적에게 유해한 행위를 행하기 위하여 사용된 조치를 제외하고는 소멸되지 아니한다. 단, 이 보호는 모든 적당한 경우에, 합리적인 기한을 정한 경고가 있고 또한 그 경고가 무시된 후에 한하여 소멸될 수 있다.

제22조 다음의 상황은 의무부대 또는 의무시설로부터 제19조에 의하여 보장되는 권리를 박탈하는 것으로 간주하여서는 아니 된다.

　1. 부대 또는 시설의 요원이 무장하고 또한 자위 또는 그들의 책임하에 있는 부상자 및 병자의 방위를 위하여 무기를 사용하는 것.

　2. 무장한 위생병이 없기 때문에, 감시병, 보초 또는 호위병이 부대나 시설을 보호하는 것.

　3. 부상자 및 병자로부터 받아둔 소무기 및 탄약으로서, 아직 적당한 기관에 인도되지 않은 채로, 부대 또는 시설 내에서 발견되는 것.

　4. 의무부대 또는 의무시설 내에서 수의 기관의 요원 및 자재가 발견되드라도, 이것이 동 부대 또는 시설의 불가분 일부분을 구성하지 아니하는 것.

　5. 의무부대 및 시설 또는 이들 요원의 인도적 활동이, 부상자 및 병자의 간호에까지 미치는 것.

제23조 평시에 있어서 체약국과 적대행위의 개시 이후의 충돌 당사국은 자국 영역 내에, 그리고 필요한 경우에는 점령지역 내에, 부상자 및 병자를 전쟁의 영향으로부터 보호하기 위하여 조직되는 병원 지대와 지구를 설정하고, 또한 동 지대와 지구의 조직, 관리 및 그곳에 수용되는 자의 간호를 책임 맡은 요원을 정할 수 있다. 적대행위가 발발하였을 때와 적대행위가 계속 중일 때, 관계 당사국은 그들이 설정할 병원 지대와 지구의 상호승인을 위한 협정을 체결할 수 있다. 이를 위하여 관계 당사국은 필요하다고 생각되는 경우에는 수정을 가하여서, 본 협약에 부속하는 협정안의 규정을 시행할 수 있다. 이익 보호국 및 국제적십자위원회에 대하여 지대와 지구의 설치 및 식별을 용이하게 하기 위하여 주선을 행하도록 요청할 수 있다.

제4장 인원

제24조 부상자 또는 병자의 수색, 수용, 수송이나 치료 또는 질병의 예방에만 전적으로 종사하는 요원, 의무부대 및 시설의 관리에만 전적으로 종사하는 직원, 및 군대에 수반하는 종교 요원은 모든 경우에 있어서 존중되고 보호되어야 한다.

제25조 부상자 및 병자의 수용, 수송 또는 치료를 필요한 경우에 담당할 병원 당직, 간호원 또는 보조 들것 운반보조원으로 충당하기 위하여 특별히 훈련받은 군대 구성원도, 그들의 임무를 수행하려고 할 경우, 적과 접촉하고 있을 때나 또는 적의 수중에 들어가 있을 때에 역시 존중되고 보호되어야 한다.

제26조 국립 적십자사의 직원 및 본국 정부가 정당하게 인정한 독지 구호 단체의 직원으로서, 제24조에 열거한 요원과 동일한 임무에 종사하는 자는, 동조에 열거한 요원과 동일한 지위에 놓인다. 단, 이들 단체의 직원은 군 관계 법령에 따를 것을 조건으로 한다. 각 체약국은 평시에 있어서나, 적대행위의 개시 또는 적대행위가 계속되는 동안에, 그들 단체를 실질적으로 이용하기에 앞서 자국군의 정규 의무기관에 원조할 것을 자국의 책임하에 인정한 단체의 명칭을, 타방 체약국에 통고하여야 한다.

제27조 중립국의 승인된 단체는, 미리 자국 정부의 동의 및 관계 당국의 승인을 얻은 경우에 한하여, 그 위생요원 및 위생부대의 원조를 충돌 당사국에 제공할 수 있다. 그들 요원 및 부대는 당해 충돌 당사국의 관리하에 둔다. 중립국 정부는 그와 같은 원조를 받는 국가의 적국에 대하여 전기의 동의를 통고하여야 한다. 이러한 원조를 수락하는 충돌 당사국은 원조를 수락하기에 앞서 자국의 적국에 대

하여 통고할 의무를 진다. 어떤 경우에도 이 원조는 충돌에의 개입이라고 인정하여서는 아니 된다. 제1항에 기술한 요원은 그들이 속하는 중립국을 떠나기 전에, 제40조에 정하는 신원 증명서를 정식으로 교부받아야 한다.

제28조 제24조 및 제26조에 지정된 요원으로서 적국의 수중에 들어간 자는 포로의 건강상태, 종교상의 요구 및 포로의 수에 의하여 필요하다고 인정되는 한도를 넘어서 억류하여서는 아니 된다. 이와 같이 억류된 요원은 포로라고 인정하여서는 아니 된다. 단, 그들 요원은 적어도 포로의 대우에 관한 1949년 8월 12일 자 제네바 협약의 모든 규정에 의한 이익을 향유한다. 그들 요원은 억류국의 군법의 범위 내에서, 억류국의 권한 있는 기관의 관리하에, 그 직업적 양심에 따라서 포로, 특히 자기가 소속하는 군대의 포로에 대한 의료상 및 종교상의 임무를 계속 수행하여야 한다. 그들 요원은, 그 의료상 또는 종교상의 임무 수행을 위하여 또한 다음의 편의를 향유한다.

    가. 그들 요원은 수용소 밖에 있는 노동 분견대 또는 병원에 있는 포로를 정기적으로 방문할 수 있어야 한다. 억류국은 그들 요원에 대하여 필요한 수송 수단을 자유로이 사용케 하여야 한다.

    나. 각 수용소에 있어서 선임 군의관인 위생 요원은 억류되고 있는 위생 요원의 직접적 활동에 관하여, 수용소의 군 당국에 대하여 책임을 진다. 그러므로 충돌 당사국은 적대행위 개시시부터 자국의 위생 요원(제26조에 지정하는 단체의 위생 요원을 포함)상호 간에 상당하는 계급에 관하여 합의하여야 한다. 이 선임 군의관 및 종교 요원은 그 임무로부터 생기는 모든 문제에 대하여 수용소의 군 당국 및 의료 당국과 직접 교섭할 수 있어야 한다. 이러한 당국은 그러한 문제에 관한 통신을 위하여 그들이 필요로 하는 편의를 부여하여야 한다.

    다. 수용소 내에 억류된 요원은 수용소 내의 규율을 따르지 않으면 안 되나, 그들에게 의료상 또는 종교상의 임무 이외의 노동을 요구해서 아니 된다. 충돌 당사국은 적대행위의 계속 중에 억류된 요원을 가능한 경우에 교체하기 위한 조정을 행하고 그 교체의 절차를 정하여야 한다. 전기의 규정은 억류국에 대하여 포로의 의료상 및 종교상의 복지에 관하여 억류국에 과하는 의무를 면제하는 것이어서는 아니 된다.

제29조 제25조에서 말하는 요원으로서 적의 수중에 들어가 있는 자는 포로가 된다. 단, 필요한 한 의료상의 임무에 종사하여야 한다.

제30조 제28조의 규정에 의하여 억류를 필요로 하지 않는 요원은 그 귀로가 열리고 또한 군사상의 요건이 허용하는 때에는, 즉시 그들 요원이 속하는 충돌 당사국에 귀환시켜야 한다. 그들 요원은 귀환할 때까지 포로로 인정되지 아니한다. 단, 그들 요원은 적어도 포로의 대우에 관한 1949년 8월 12일 자 제네바 협약의 모든 규정에 의한 혜택을 향유 한다. 그들 요원은 적국의 명령하에 자기의 임무를 계속 수행하고 또한 가능한 한 자기가 속하는 충돌 당사국의 부상자 및 병자의 간호에 종사하여야 한다. 그들 요원은 출발에 대하여 그 소유에 속하는 개인용품, 유가물 및 기구를 휴대할 수 있어야 한다.

제31조 제30조에 의하여 귀환되는 요원의 선택은 그 인종, 종교 또는 정견의 여하를 불문하고 가능한 한 그들 요원의 포로가 된 순서 및 그들 요원의 건강 상태에 따라서 행하여야 한다. 충돌 당사국은, 적대행위의 개시 시로부터 특별 협정에 의하여 포로의 인원수에 비례하여, 억류하여야 할 정도 및 수용소에 있어서의 그들 요원의 배치를 정할 수 있다.

제32조 제27조에서 말하는 자로서, 적국의 수중에 들어가 있는 자는 억류하여서는 아니된다. 반대의 합의가 없는 한, 그들은 그 귀로가 열리고 또한 군사상의 고려가 허용하는 경우는 즉시 자국에 귀환할 것이 허용되어야 하며, 자국에의 귀환이 불가능 할 경우는 그들이 근무한 기관이 속하는 충돌 당사국의 영역에 귀환함이 허용되어야 한다. 그들은 석방될 때까지 적국의 지휘하에서 계속 자기의 임무를 수행하여야 한다. 그들은 가능한 한 그들이 근무한 충돌 당사국의 부상자 및 병자의 간호에 종사하여야 한다. 그들은 출발 할 때 자기의 소유에 속하는 개인용품, 유가물, 기구, 무기 그리고 가능하면 차량도 휴대할 수 있어야 한다. 충돌 당사국은 그들 요원이 그 권력 하에 있는 동안 그들 요원에게 상당하는 자국 군대의 요원에게 부여하고 있는 것과 마찬가지의 식량, 숙사, 수당 및 급여를, 그들 요원을 위하여 확보하여야 한다. 식량은 여하한 경우에도 그 양 및 종류에 있어서 그들 요원이 통상의 건강 상태를 유지함에 충분한 것이어야 한다.

제5장 건물 및 자재

제33조 적의 권력 하에 들어간 군대의 이동 위생부대의 재료는, 부상자 및 병자의 간호를 위하여 보지된다. 군대의 고정 위생시설의 건물, 재료 및 저장품은 계속 전쟁법규의 적용을 받는다. 단, 그들 건물, 재료 및 저장품은 부상자 및 병자의 간호를 위하여 필요한 그 사용 목적을 변경하여서는 아니 된다. 특히 육전에 있어서 군대의 지휘관은 긴급한 군사상의 필요가 있을 경우는 전기의 시설 내에서 간호를 받는 부상자 및 병자의 복지를 위하여 미리 조치를 취할 것을 조건으로, 그들 건물, 재료 및 저장품을 사용할 수 있다. 본조에서 말하는 재료 및 저장품은 고의로 파괴하여서는 아니 된다.

제34조 이 협약에 의한 특권이 인정되는 구제단체의 부동산 및 동산은 사유 재산으로 간주한다. 전쟁법규 및 관례에 의하여 교전국에 인정되는 징발권은, 긴급한 필요가 있는 경우를 제외하고는 행사할 수 없으며, 부상자 및 병자의 복지가 확보된 연후에만 행사하여야 한다.

제6장 의료수송

제35조 부상자 및 병자 또는 위생재료의 수송 수단은 이동 위생부대의 경우와 같이 존중 보호되어야 한다. 그들 수송 수단 또는 차량이 적국 수중에 들어가는 경우는, 그들을 포획한 충돌 당사국이 그 속에 있는 부상자 및 병자의 간호를 모든 경우에 있어서 확보할 것을 조건으로 전쟁법규의 적용을 받는다. 징발에 의하여 얻은 민간 요원 및 모든 수송 수단은 국제법의 일반 원칙의 적용을 받는다.

제36조 교전국은, 위생 항공기 즉 부상자 및 병자의 수용과 위생요원 및 재료의 수송에 전적으로 사용되는 항공기가 관계 교전국 간에 특별히 합의된 고도, 시각 및 항로에 따라서 비행하고 있는 중에는 공격하여서는 아니 되며, 존중하여야 한다. 위생 항공기는 그 하면, 상면 및 측면에, 제38조에 정하는 특수포장을 자국의 국기와 함께 명백히 표시하여야 한다. 위생 항공기는, 적대행위의 개시 또는 진행 중 교전국 간에 합의될 다른 표지 또는 식별 수단을 갖추어야 한다. 별도의 합의가 없는 한 적의 영역 또는 점령지역 상공의 비행은 금지된다. 위생 항공기는 모든 착륙요청에 따라야 한다. 이와 같은 강제착륙의 경우, 항공기는 그 탑승자와 함께 검문이 있다면 그것을 받은 후, 비행을 계속할 수 있다. 위생 항공기의 승무원은 물론, 부상자 및 병자도 적의 영역 또는 점령지 역내에 불시착할 경우는 포로가 된다. 위생요원은 제24조 이하의 규정에 따라 대우하여야 한다.

제37조 충돌 당사국의 위생 항공기는, 제2항의 규정에 따를 것을 조건으로, 중립국 영역의 상공을 비행하고 필요한 경우에는 그 영역에 착륙하여 또는 그 영역을 기항지로 사용할 수 있다. 그들 위생 항공기는 당해 영역 상공의 통과를 중립국에 사전통고하고 또한 착륙 또는 착수의 모든 요청에 따라야 한다. 그들 위생 항공기는 충돌 당사국과 관계 중립국 간에 특별히 합의된 항로, 고도 및 시각에 따라서 비행하고 있는 경우에 한하여 공격을 받지 아니한다. 특히 중립국은 위생 항공기의 자국 영역의 통과 또는 착륙에 관하여 조건 또는 제한을 과할 수 있다. 그 조건 또는 제한은 모든 충돌 당사국에 대하여 평등히 적용하여야 한다. 중립국과 충돌 당사국 간에 반대의 합의가 없는 한, 현지 당국의 동의를 얻어 위생 항공기가 중립지역에 내려놓는 부상자 및 병자는, 국제법상 필요가 있는 경우에는 군사행동에 다시 참가할 수 없도록 중립국이 억류하여야 한다. 그들의 입원 및 수용을 위한 비용은 그들이 속하는 국가가 부담하여야 한다.

제7장 식별 표장

제38조 스위스에 경의를 표하기 위하여, 스위스 연방의 국기를 반대로 작성한 흰 바탕에 적십자의 문장을 군대 위생기관의 포장 및 식별 기장으로서 계속 사용하도록 한다. 특히 적십자 대신에, 흰 바탕에 붉은 초생달 또는 붉은 사자와 태양을 표장으로 이미 사용하고 있는 국가의 경우 이러한 표장은 이 협약상 동일하게 인정된다.

제39조 관할 군 당국의 지시에 따라 의무기관이 사용하는 기, 완장 및 모든 장비에는 흰 바탕의 적십자 문장을 표시하여야 한다.

제40조 제24조, 제26조 및 제27조에서 규정하는 요원은 군 당국이 압인 발급한 특수표장이 된 방수성의 완장을 왼팔에 둘러야 한다. 이러한 요원은 제16조에 규정하는 신분 표지에 부가하여 식별 표장이 표시된 특별한 신분증명서를 휴대하여야 한다. 이 증명서는 방수성이며, 또한 호주머니에 들어갈 만한 크기의 것이어야 한다. 이 증명서는 자국어로 기입되어야 하며, 적어도 소지자의 성명, 생년월일, 계급 및 군번이 표시되고 또한 소지자가 어떤 자격으로 본 협약의 보호를 받을 권리가 있는가가 기재되어 있어야 한다. 이 증명서에는 또한 소지자의 사진, 서명이나 지문 또는 그 양자가 첨부되어야 하며, 군 당국의 인장을 압인하여야 한다. 본 신분증명서는 동일국의 전군을 통하여 동일 규격이어야 하며 가능한 한 모든 체약국의 군대에 대하여 유사한 규격이어야 한다. 충돌 당사국은 본 협약의 부록에 예시된 양식에 따를 수 있다. 충돌 당사국은 적대행위의 개시 전에 각국이 사용하는 신분증명서의 양식을 상호 통보하여야 한다. 신분증명서는, 가능하면 적어도 2매를 작성하여 그 1매는 본국이 보관하여야 한다. 어떤 경우에도 전기의 요원은 그들의 계급장 또는 신분증명서, 완장을 두를 권리를 박탈당하지 아니한다. 이들은 신분증명서 또는 계급장을 분실하는 경우 신분증명서의 부본을 재교부 받거나 계급장을 재수령할 권리를 가진다.

제41조 제25조에 지정하는 요원은 의무상의 임무 수행 중에 한하여, 가운데 작으마한 식별 기장을 표시한 백색의 완장을 둘러야 한다. 그 완장은 군 당국이 압인 발급하여야 한다. 그들 요원이 휴대할 군의 신분증명서류에는 그들 요원이 받은 특수 훈련의 내용, 그들 요원이 종사하는 임무의 일시적인 성격 및 완장 패용권 등을 명기하여야 한다.

제42조 본 협약에서 정하는 식별기는 본 협약에 의하여 존중되는 권리를 가지며 군 당국의 동의를 얻은 의무부대 및 의무시설에 한하여 게양하여야 한다. 이동 부대는 고정시설에 있어서와 마찬가지로 그들 부대 또는 시설이 속하는 충돌 당사국의 국기를 전기의 국기와 더불어 게양할 수 있다. 특히 적의 수중에 들어간 의무부대는 이 협약에서 정하는 기, 이외의 기를 게양하여서는 아니 된다. 충돌 당사국은 군사상의 고려가 허용하는 한, 의무부대 또는 의무시설에 대한 공격의 가능성을 제거하기 위하여, 적의 지상군, 공군 또는 해군이 식별 표지를 명백히 식별할 수 있도록 필요한 조치를 취하여야 한다.

제43조 제27조에 정하는 조건에 따라서 일 교전국에 용역을 제공하도록 된 중립국의 의무부대는, 그 교전국이 제42조에 의하여 부여된 권리를 행사할 시에는 언제나 그 교전국의 국기를 이 협약에서 정하는 기와 더불어 게양하여야 한다. 이들 의무부대는 책임 있는 군 당국의 반대 명령이 없는 한, 모든 경우에 있어서, 비록 적국의 수중에 들어간 경우라 하더라도 자국의 국기를 게양할 수 있다.

제44조 본 조의 다음 각 항에서 말하는 경우를 제외하고, 흰 바탕의 적십자 표장 및 적십자 또는 〈제네바 십자〉라는 말은, 평시 전시를 불문하고 이 협약 및 이 협약과 유사한 사항을 정하는 다른 협약에 의하여 보호되는 위생부대, 위생시설, 요원 및 재료를 표시하고 또는 보호하기 위하여서가 아니면 사용할 수 없다. 제38조 제2항에서 말하는 표장에 관하여도 그들을 사용하는 국가에 대하여는 동일하게 적용된다. 국제적십자사 및 제26조에서 지정하는 기타의 단체는 이 협약의 보호를 부여하는 특수표장을 본항의 범위 내에서만 사용하는 권리를 가진다. 또한 국립 적십자사(적 신월사, 적사자와 태양사)는, 평시에 있어서 자국의 국내 법령에 따라 적십자 국제회의가 정하는 원칙에 합치하는 자기의 기타의 활동을 위하여 적십자의 명칭 및 표장을 사용할 수 있다. 그 활동이 전시에 행하여질 때는, 표장은 그 사용에 의하여 이 협약의 보호가 부여된다고 인정될 우려가 없도록 하여야 한다. 즉, 이 표장은 비교적 작은 것이어야 하며, 또한 완장 또는 건물의 지붕에 표시하지 말아야 한다. 적십자 국제기관 및 정당한 권한이 부여된 그 직원에 대하여는 언제든지 흰 바탕에 적십자의 표장을 사용할 것이 허용된다. 예외적 조치로서, 이 협약에서 정하는 표장은 국내 법령에 따라 또한 국립 적십자사(적 신월사, 적사자와 태양사)의 어느 하나로부터 명시의 허가를 받고 구급차로써 사용되는 차량을 식별하기 위하여, 또한 부상자 및 병자를 무상으로 치료하기 위하여 전적으로 충당되는 구호소의 위치를 표시하기 위하여 평시에 있어서 사용할 수 있다.

제8장 협약의 실시

제45조 각 충돌 당사국은 그 총사령관을 통하여 본 협약의 일반 원칙에 따르는 전 각 조의 세부 시행령을 마련하고 예견할 수 없는 경우에 대비하여야 한다.

제46조 본 협약에 의하여 보호되는 부상자, 병자, 요원, 건물 또는 장비에 대한 보복을 금지한다.

제47조 체약국은 전시·평시를 막론하고 본 협약 전문을 가급적 광범위하게 자국 내에 보급시킬 것이며 특히 군 교육계획, 가능하면 민간 교육계획에도 본 협약에 관한 학습을 포함시킴으로써 본 협약의 원칙을 전 국민, 특히 군인, 의무 요원 및 종교 요원에게 습득시킬 것을 약속한다.

제48조 체약국은 스위스 연방 정부를 통하여, 또한 전시 중에는 이익 보호국을 통하여 본 협약의 공식 번역문과 협약의 시행을 위하여 제정한 제 법령을 상호 통보하여야 한다.

제9장 남용과 위반의 방지

제49조 체약국은, 본 협약에 대하여 다음 조에 정의하는 중대한 위반 행위를 범하였거나 또는 범할 것을 명령한 자에 대한 유효한 형벌을 규정하기 위하여 필요한 입법 조치를 취할 것을 약속한다. 각 체약국은 중대한 위반 행위를 범하였거나 범할 것을 명령한 혐의가 있는 자를 수사할 의무를 지며 이러한 자는 국적 여하를 불문하고 자국의 법원에 기소되어야 한다. 또한 각 체약국은 희망이나 또는 국내법의 규정에 따라 이러한 자를 다른 관계 체약국에서 재판받도록 인도할 수 있다. 단, 관계 체약국이 해 사건에 관하여 일단 유리한 증거를 제시하는 경우에 한한다. 피고인은 모든 경우에 있어서 포로의 대우에 관한 1949년 8월 12일 자 제네바 협약 제105조 이하에 정하는 것보다 불리하지 않은 정당한 재판과 변호가 보장되어야 한다.

제50조 전 조에서 말하는 중대한 위반 행위란, 본 협약이 보호하는 사람 또는 재산에 대하여 행하여지는 다음의 행위를 의미한다. 고의적인 살인, 신체 또는 건강을 고의로 크게 해치거나 고통을 주는 고문이나, 비인도적 대우(생물학적 실험을 포함) 또는 군사상의 필요로서 정당화되지 아니하며 불법적이고 고의적인 재산의 광범위한 파괴 또는 몰수.

제51조 체약국은 전조에서 말한 위반 행위에 관하여 자국이 져야 할 책임을 벗어나거나 또는 타방 체약국으로 하여금 동국이 져야 할 책임으로부터 벗어나게 하여서는 아니 된다.

제52조 충돌 당사국의 요청이 있을 때는 본 협약에 대한 위반 혐의에 관하여 관계국가 간에 결정하는 방법으로 심문하여야 한다. 심문 절차에 관한 합의가 이루어지지 아니할 때는 관계국은 그 절차를 결정할 심판관의 선임에 관하여 합의하여야 한다. 위반 행위가 확인되었을 때 충돌 당사국은 지체없이 위반 행위를 종식시키거나 억제하여야 한다.

제53조 공사를 불문하고 개인, 단체, 상사 또는 회사에서 본 협약에 의하여 사용할 권리가 부여되지 않은 자가 "적십자" 또는 "제네바 십자"의 표장, 명칭 또는 그것을 모방한 기장이나 명칭을 사용하는 것은 그 사용의 목적 및 채택 일자 여하를 불문하고 항상 금지한다. 스위스 연방 국기의 배색을 반대로 작성한 문장의 채용에 의하여 동국에 대하여 주어지는 경의와 더불어 스위스의 문장 및 본 협약의 특수표장 간에 발생할 수 있는 혼동을 고려하여 상표이건 또는 그 일부이건을 불문하고 상업상의 도덕에 반대되는 목적 또는 스위스인의 국민감정을 해할 우려가 있는 상태로서 사인, 단체 또는 상사가 스위스 연방의 문장 또는 이것을 모방한 기장을 사용하는 것은 금지한다. 특히 본 협약의 체약국으로 1929년 7월 27일 자 제네바 협약의 체약국이 아니었던 국가는 제1항에 말하는 표장, 명칭 또는 기장을 이미 사용하지 않고 있는 자에 대하여 그 사용을 금지 시키기 위하여 본 협약의 효력 발생 시부터 3년을 넘지 않는 유예기간을 줄수 있다. 단, 그 사용이 전시에 있어서 본 협약의 보호가 부여될 것으로 인정될 우려가 있을 경우는 그러하지 아니하다. 본조 제1항에 정하는 금지는, 제38조 제2항에 말하는 표장 및 기장에 대하여도 적용한다. 단, 종전부터의 사용에 의하여 취득되어 있는 권리에는 영향을 미치지 아니한다.

제54조 체약국은 자국의 법령이 충분하지 않은 경우는 제53조에서 말하는 남용을 미리 방지하며 또한 억제하기 위하여 필요한 조치를 취하여야 한다.

최종 규정

제55조 본 협약은 영어와 프랑스어로 작성되며 양자 공히 정본이다. 스위스 연방정부는 본 협약이 쏘련어와 스페인어로 공식 번역되도록 조치하여야 한다.

제56조 오늘 날짜의 본 협약은 1949년 4월 21일 제네바에서 개최된 회의에 대표를 파견한 국가와, 동 회의에 대표는 파견하지 않았으나, 육전에 있어서의 군대의 부상자 및 병자의 상태개선에 관한 1864년, 1906년, 1929년의 제네바 협약의 체약국에 대하여 1950년 2월 12일까지 그 서명을 위하여 개방한다.

제57조 본 협약은 가급적 조속히 비준되어야 하며 비준서는 베른에 기탁 한다. 스위스 연방정부는 각 비준서의 기탁에 관한 기록을 작성하며 그 기록의 인증등본을 본 협약 서명국과 가입국에 송부하여야 한다.

제58조 본 협약은 2개 이상의 비준서가 기탁된 6개월 후부터 효력을 발생한다. 그 이후 본 협약은 각 체약국이 비준서를 기탁한 6개월 후에 각 체약국에 대하여 효력을 발생한다.

제59조 본 협약은 체약국 간의 관계에 있어서 1864년 8월 22일, 1906년 7월 6일 및 1929년 7월 27일자 제네바 협약에 대치한다.

제60조 본 협약은 그 효력 발생일로부터 본 협약에 서명하지 않는 모든 국가의 가입을 위하여 개방된다.

제61조 본 협약에의 가입은 스위스 연방 정부에 서면 통고해야 하며 그 가입서가 접수된 날로부터 6개월후에 발효한다. 스위스 연방 정부는 가입 사실을 본 협약 서명국과 가입국에 통고하여야 한다.

제62조 제2조와 제3조에 규정된 경우는, 전쟁 또는 점령의 개시 전후에 충돌 당사국이 행한 비준 또는 가입을 즉시 발효시킨다. 스위스 연방정부는 충돌 당사국으로부터 접수된 비준서 또는 가입서를 가장 신속한 방법으로 통고하여야 한다.

제63조 각 체약국은 본 협약에서 자유로이 탈퇴할 수 있다. 탈퇴는 서면으로 스위스 연방정부에 통고하여야 하며 스위스 연방 정부는 그 통고를 모든 체약국 정부에 전달하여야 한다. 탈퇴는 스위스 연방정부에 통고한 1년 후에 발효한다. 단, 탈퇴국이 탈퇴를 통고할 당시에 전쟁에 개입하고 있을 경우에는 강화조약 체결 시까지, 또한 본 협약에 의하여 보호되는 자의 석방과 송환업무가 종료될 때까지 발효되지 아니한다. 탈퇴는 탈퇴하는 국가에 대해서만 효력을 발생한다. 탈퇴는 문명인 간에 확립된 관행, 인도의 법칙, 대중적 양심에 기인한 국제법의 원칙에 따라 충돌 당사국이 계속 이행하여야 할 의무를 행하여서는 아니 된다.

제64조 스위스 연방정부는 본 협약을 국제연합 사무국에 등록하여야 한다. 스위스 연방정부는 또한 본 협약에 관하여 동 정부가 접수하는 모든 비준, 가입, 탈퇴를 국제연합 사무국에 통고하여야 한다. 이상에 증거로서 하기인은 각자의 전권위임장을 기탁하고 본 협약에 서명하였다. (서명자 생략)

제1 부속서: 병원 지대 및 병원 지구에 관한 협정안

제1조 육전에 있어서 군대의 부상자 및 병자의 상태개선에 관한 1949년 8월 12일 제네바 협약 제23조에 게기하는 자와 병원 지대 및 병원 지구의 조직 및 관리와 더불어 그중에 수용되는 자의 간호의 책임을 부담하는 요원을 위하여 병원 지대는 반드시 확보하여 놓아야 한다. 특히 병원 지대 내에 가지고 있는 자는 그 지대에 머무를 권리가 있다.

제2조 자격의 여하를 불문하고 병원 지대에 거주하는 자는 그 지대 간에 있어서나 그 지대 외에 있어서도 군사행동 또는 군수품의 생산에 직접으로 관련하는 작업을 행해서는 안 된다.

제3조 병원 지대를 설정하는 국가는 그 지대에 거주 또는 출입할 권리를 가지지 않는 자의 출입을 금하기 위하여 필요한 모든 조치를 취하여야 한다.

제4조 병원 지대는 다음 조건을 만족시킬 수 있어야 한다.

    가. 그 지대가 그 지대를 설정한 국가에 의하여 지배되는 지역의 일소 부분일 것.

나. 그 지대의 주민이 그 지대의 수용 능력에 의하여 소수일 것.

다. 그 지대가 모든 군사 목표 또는 중요한 산업상 모든 행정상의 시설로부터 원거리에 있으며 또한 그것들을 가지지 않을 것.

라. 그 지대의 위치가 전쟁 수행상 중요하게 될 가능성이 많은 지역이 아닐 것.

제5조 병원 지대는 다음의 의무를 조건으로 한다.

가. 병원 지대에 속하는 통신선 및 수송 수단은 통과의 경우에도 군사상의 인원 및 자재의 수송을 위하여 사용하여서는 안 된다.

나. 병원 지대는 어떤 경우에 있어서도 군사적 수단에 의하여 방위하여서는 안 된다.

제6조 병원 지대는 그 주위 및 건물상에 백지에 적십자·적신월 또는 적사자 및 태양"의 표장을 부쳐서 표시하여야 한다. 그 지대는 야간에 적당한 조명에 의하여 동일하게 표시할 수가 있다.

제7조 각국은 평시에 있어서, 또는 적대행위의 개시시 자국이 지배하는 지역에 있는 병원 지대에 관하여 모든 체약국에 통고하여야 한다. 병원 지대는 적국이 전기의 통고를 수령 시에 정식으로 성립할 것으로 한다. 특히, 적국은 본 협정의 조건이 만족하지 못하다고 인정할 때는 당해 병원 지대에 대하여 책임있는 당사국에 즉시로 거부의 통고를 함으로써 그 병원 지대의 승인을 거부하며 또는 그 병원 지대를 승인할 것인가 아닌가의 결정을 제8조에서 정하는 감독 기관에 맡길 수가 있다.

제8조 적국이 설정한 1 또는 2 이상의 병원 지대를 승인한 국가는 그 병원 지대가 본 협약에서 정하는 조건 및 의무를 완수하고 있는지 없는지를 확인하기 위하여 1 또는 2 이상의 특별위원회에 병원 지대의 감독을 요구할 권리가 있다. 이를 위하여 특별위원회의 위원은 언제든지 모든 병원 지대에 자유로이 출입할 수 있으며 또한 그곳에 항구적으로 거주할 수가 있다. 그들 위원은 감독의 임무를 행하기 위하여 모든 편의를 줄 것이다.

제9조 특별위원회는 본 협정의 규정에 위반된다고 인정하는 사실을 발견하였을 때는 즉시로 그 사실에 대하여 당해 병원 지대를 지배하는 국가에 주의를 환기하고 또한 그 위반을 적당히 교정하기 위하여 그 국가에 5일의 유예기간을 주어야 한다. 특별위원회는 당해 병원 지대를 승인한 국가에 대하여 그 요지를 정식으로 통고하여야 한다. 전기의 유예기간이 만료될 때까지 당해 병원 지대를 지배하는 국가가 주의의 환기에 응하지 않는 경우는 적국은 그 병원 지대에 관하여서는 본 협정에 구속되지 않음을 선언할 수가 있다.

제10조 하나 또는 둘 이상의 병원 지대 및 병원 지구를 설정한 국가와 함께 그들의 존재에 관하여 통고받은 적국은 제8조 및 제9조에 게기하는 특별위원회의 위원이 되는 자를 스스로 지명하고 또는 중립국으로 하여금 지명시켜야 한다.

제11조 병원 지대는 어떤 경우에도 공격의 대상으로 하여서는 안 된다. 충돌 당사국은 항상 병원 지대를 보호하고 또한 존중하여야 한다.

제12조 한 지역이 점령된 경우는 그 지역 내에 있는 병원 지대는 병원 지대로서 계속하여 존중되며 또한 사용되는 것이다.

제13조 본 협정은 각국이 병원 지대와 동일한 목적으로 사용하는 병원 지구에도 적용한다.

부록2 포로의 대우에 관한 1949년 8월 12일 자 제네바 협약

포로의 대우에 관한 1929년 7월 12일 자의 제네바 협약을 개정하기 위하여 1949년 4월 21일부터 8월 12일까지 제네바에서 개최한 외교 회의에 대표를 파견한 정부의 아래에 서명한 전권위원은 다음과 같이 협정하였다.

제1편 총칙

제1조 체약국은 모든 경우에 있어서 본 협약을 존중할 것과 본 협약의 존중을 보장할 것을 약속한다.

제2조 본 협약은 평시에 실시될 규정 외에도, 둘 또는 그 이상의 체약국 간에 발생할 수 있는 모든 선언된 전쟁 또는 기타 무력 충돌의 모든 경우에 대하여 당해 체약국의 하나가 전쟁상태를 승인하거나 아니하거나를 불문하고 적용된다. 본 협약은, 또한 일 체약국 영토의 일부 또는 전부가 점령된 모든 경우에 대하여 비록 그러한 점령이 무력 저항을 받지 아니한다 하더라도 적용된다. 충돌 당사국의 하나가 본 협약의 당사국이 아닌 경우에도, 본 협약의 당사국은 그들 상호 간의 관계에 있어서 본 협약의 구속을 받는다. 또한 체약국은 본 협약 체약국이 아닌 충돌 당사국이 본 협약의 규정을 수락하고 또한 적용할 때에는 그 국가와의 관계에 있어서 본 협약의 구속을 받는다.

제3조 체약국의 영토 내에서 발생하는 국제적 성격을 띠지 아니한 무력 충돌의 경우에 있어서 당해 충돌의 각 당사국은 적어도 다음 규정의 적용을 받아야 한다.

    1. 무기를 버린 전투원 및 질병, 부상, 억류, 기타의 사유로 전투력을 상실한 자를 포함하여 적대 행위에 능동적으로 참가하지 아니하는 자는 모든 경우에 있어서 인종, 색, 종교 또는 신앙, 성별, 문벌이나 빈부 또는 기타의 유사한 기준에 근거한 불리한 차별 없이 인도적으로 대우하여야 한다. 이 목적을 위하여, 상기의 자에 대한 다음의 행위는 때와 장소를 불문하고 이를 금지한다.

       가. 생명 및 신체에 대한 폭행, 특히 모든 종류의 살인, 상해, 학대 및 고문

       나. 인질로 잡는 일

       다. 인간의 존엄성에 대한 침해, 특히 모욕적이고 치욕적인 대우

       라. 문명국인이 불가결하다고 인정하는 모든 법적 보장을 부여하는 정상적으로 구성된 법원의 사전 재판에 의하지 아니하는 판결의 언도 및 형의 집행.

    2. 부상자 및 병자는 수용하여 간호하여야 한다. 국제 적십자 위원회와 같은 공정한 인도적 단체는 그 용역을 충돌 당사국에 제공할 수 있다. 충돌 당사국은 특별한 협정에 의하여, 본 협약의 다른 규정의 전부 또는 일부를 실시하도록 더욱 노력하여야 한다. 전기 규정의 적용은 충돌 당사국의 법적 지위에 영향을 미치지 아니한다.

제4조 1. 본 협약에서 포로라 함은 다음 부류의 하나에 속하는 자로서 적의 수중에 들어간 자를 말한다.

       가. 충돌 당사국의 군대의 구성원 및 그러한 군대의 일부를 구성하는 민병대 또는 의용대의 구성원.

       나. 충돌 당사국에 속하며 그들 자신의 영토(동 영토가 점령되고 있는지 여부를 불문한다) 내외에서 활동하는 기타의 민병대의 구성원 및 기타의 의용대의 구성원(이에는 조직적인 저항운동의 구성원을 포함한다) 단, 그러한 조직적 저항운동을 포함하는 그러한 민병대 또는 의용대는 다음의 조건을 충족시켜야 한다.

          (1) 그 부하에 대하여 책임을 지는 자에 의하여 지휘 될 것.

          (2) 멀리서 인식할 수 있는 고정된 식별 표지를 가질 것.

          (3) 공공연하게 무기를 휴대할 것.

          (4) 전쟁에 관한 법규 및 관행에 따라 그들의 작전을 수행할 것.

다. 억류국이 승인하지 아니하는 정부 또는 당국에 충성을 서약한 정규 군대의 구성원.

라. 실제로 군대의 구성원은 아니나 군대에 수행하는 자. 즉, 군용기의 민간인, 승무원, 종군기자, 납품업자, 노무대원, 또는 군대의 복지를 담당하는 부대의 구성원. 단, 이들은 이들이 수행하는 군대로부터 인가를 받고 있는 경우에 한하며, 이를 위하여 당해 군대는 이들에게 부속서의 양식과 유사한 신분증명서를 발급하여야 한다.

마. 선장, 수로 안내인 및 견습선원을 포함하는 충돌 당사국의 상선의 승무원 및 민간 항공기의 승무원으로서, 국제법의 다른 어떠한 규정에 의하여서도 더 유리한 대우의 혜택을 향유하지 아니하는 자

바. 점령되어 있지 아니하는 영토의 주민으로서, 적이 접근하여 올 때, 정규군 부대에 편입될 시간이 없이, 침입하는 군대에 대항하기 위하여 자발적으로 무기를 든 자.
단, 이들이 공공연하게 무기를 휴대하고 또한 전쟁법규 및 관행을 존중하는 경우에 한한다.

2. 다음의 자들도 또한 본 협약에 의하여 포로로 대우되어야 한다.

가. 피점령국의 군대에 소속하는 또는 소속하고 있던 자로서, 특히 그러한 자가 그들이 소속하는 교전 중에 있는 군대에 복귀하려다가 실패한 경우, 또는 억류의 목적으로 행하여진 소환에 불응한 경우에, 전기의 소속을 이유로 하여 점령국이 그들을 억류함을 필요하다고 인정하는 자. 단, 동 점령국이 본래 그가 점령하는 영토 외에서 적대행위가 행하여지고 있는 동안에 그들을 해방하였다 하더라도 이를 불문한다.

나. 본 조에 열거한 부류의 하나에 속하는 자로서, 중립국 또는 비교전국이 자국의 영토 내에 접수하고 있고, 또한 그러한 국가가 국제법에 의하여 억류함을 요하는 자. 단, 이들 국가가 부여하기를 원하는 더욱 유리한 대우를 행하지 못하며, 또한 제8조, 제10조, 제15조, 제30조 제5항, 제58조 내지 제67조, 제92조 및 제126조와 충돌 당사국과 관계 중립국 또는 비교전국과의 사이에 외교관계가 존재하는 때에는, 이익 보호국에 관한 조항은 예외로 한다. 전기의 외교관계가 존재하는 경우에는 이들이 속하는 충돌 당사국은 이들에 대하여 본 협약에서 규정하는 이익 보호국의 임무를 행함이 허용된다. 단, 이들 충돌 당사국이 외교상 및 영사 업무상의 관행 및 조약에 따라 통상 행하는 임무를 행하지 않는다.

3. 본 조는 본 협약의 제33조에 규정하는 의무직 및 군목의 지위에 하등의 영향도 미치지 아니한다.

제5조 본 협약은 제4조에 말한 자에 대하여 이들이 적의 권력 내에 들어간 때부터 그들의 최종적인 석방과 송환 때까지 적용된다. 교전 행위를 행하여 적의 수중에 빠진 자가 제4조에 열거한 부류의 1에 속하는 가의 여부에 대하여 의문이 생길 경우에는 그러한 자들은 그들의 신분이 관할 재판소에 의하여 결정될 때까지 본 협약의 보호를 향유 한다.

제6조 체약국은 제10조, 제23조, 제28조, 제33조, 제60조, 제65조, 제66조, 제67조, 제72조, 제73조, 제75조, 제109조, 제110조, 제118조, 제119조, 제122조 및 제132조에 특별히 규정된 협정 외에 그에 관하여 별도의 규정을 두는 것이 적당하다고 인정하는 모든 사항에 관하여 다른 특별협정을 체결할 수 있다. 어떠한 특별 협정도 본 협약에서 정하는 포로의 지위에 불리한 영향을 미치거나 본 협약이 포로에게 부여하는 권리를 제한하여서는 아니 된다. 포로는 본 협약이 그들에게 적용되는 동안 전기의 협정 이익을 계속 향유 한다. 단, 전기의 협정 또는 추후의 협정에 반대되는 명문의 규정이 있는 경우, 또는 충돌 당사국의 일방 또는 타방이 포로에 대하여 더 유리한 조치를 취한 경우는 예외로 한다.

제7조 포로는 어떤 경우에도 본 협약 및 전조에서 말한 특별 협정(협정이 존재할 경우)에 의하여 그들에게 보장된 권리의 일부 또는 전부를 포기할 수 없다.

제8조 본 협약은 충돌 당사국의 이익 보호를 그 임무로 하는 이익 보호국의 협력에 의하여 또한 그 보호하에 적용된다. 이 목적을 위하여 이익 보호국은 자국 외교관 또는 영사를 제외한, 자국민이나 다른 중

립국 국민 중에서 대표단을 임명할 수 있다. 전기의 대표는 그들의 임무를 수행할 국가의 승인을 받아야 한다. 충돌 당사국은 이익 보호국의 대표 또는 사절단의 활동에 있어서 가능한 최대한의 편의를 도모하여야 한다. 이익 보호국의 대표 또는 사절단은, 어떤 경우에도 본 협약에 의한 그들의 임무를 초월하여서는 아니 된다. 그들은, 특히 그들이 임무를 수행하는 국가의 안전상 절대적으로 필요한 사항을 참작하여야 한다.

제9조 본 협약의 제 규정은, 국제적십자위원회 또는 기타의 공평한 인도적인 단체가 관계 충돌 당사국의 동의를 얻어 포로의 보호 및 그들의 구제를 위하여 행하는 인도적인 활동을 방해하지 아니한다.

제10조 체약국은 공정 및 효율을 전적으로 보장하는 단체에, 본 협약에 따라 이익 보호국이 부담하는 임무를 언제든지 위임할 것에 동의할 수 있다. 포로가 이유의 여하를 불문하고 이익 보호국 또는 전항에 규정한 단체의 활동에 의한 혜택을 받지 아니하거나 혜택을 받지 아니하게 되는 때에는, 억류국은 충돌 당사국이 지정하는 이익 보호국이 본 협약에 따라 행하는 임무를 중립국 또는 전기의 단체에 인수하도록 요청하여야 한다. 보호가 제대로 마련되지 못할 때는, 억류국은 이익 보호국이 본 협약에 의하여 행하는 인도적 업무를 인수하도록 국제 적십자 위원회와 같은 인도적 단체의 용역 제공을, 본조의 규정에 따를 것을 조건으로 요청하고 또는 수락하여야 한다. 어떠한 중립국이거나 또는 여하한 목적을 위하여 관계국의 요청을 받았든 또는 자원하는 어떠한 단체라도, 본 협약에 의하여 보호되는 자가 의존하는 충돌 당사국에 대하여 책임감을 가지고 행동함을 요하며, 또한 그가 적절한 업무를 인수하여 공평하게 이를 수행할 입장에 있다는 충분한 보장을 제공하여야 한다. 군사상의 사건으로, 특히 그 영토의 전부 또는 상당한 부분이 점령되므로 인하여 그 일국이 일시적이나마 타방국 또는 그 동맹국과 교섭할 자유를 제한당하는 경우 여러 국가 간의 특별 협정으로써 전기의 규정을 침해할 수 없다. 본 협약에서 이익 보호국이 언급될 때는 그러한 언급은 언제든지 본 조에서 의미하는 대용 단체에도 적용된다.

제11조 이익 보호국이 보호받는 자를 위하여 적당하다고 인정할 경우, 특히 본 협약의 규정 적용 또는 해석에 관하여 충돌 당사국 간에 분쟁이 있을 경우는, 이익 보호국은 그 분쟁을 해결하기 위하여 주선을 행하여야 한다. 이를 위하여 각 이익 보호국은, 일 당사국의 요청에 따라 또는 자진하여 충돌 당사국에 대하여 그들의 대표나 특히 포로에 대하여 책임을 지는 관계 당국의 회합을 가능하면 적절히 선정된 중립지역에서 열도록 제의할 수 있다. 충돌 당사국은 이 목적을 위하여 그들에게 행하여지는 제의를 실행할 의무를 진다. 이익 보호국은, 필요할 경우는 충돌 당사국의 승인을 얻기 위하여 중립국에 속하는 자 또는 국제 적십자 위원회의 위임을 받는 자를 추천할 수 있으며, 이러한 자는 전기의 회합에 참가하도록 초청되어야 한다.

제2편 포로의 일반적 보호

제12조 포로는 적국의 권력내에 있는 것이지, 그들을 체포한 개인이나 군부대의 권력 내에 있는 것이 아니다. 억류국은 있을 수 있는 개인적 책임에 관계없이 포로에게 부여하는 대우에 관하여 책임을 진다. 억류국은 이송받는 국가가 본 협약을 적용할 의사와 능력이 있음을 확인한 후 본 협약 당사국에 한하여 포로를 이송할 수 있다. 억류국에 의하여 포로가 전기와 같은 사정 하에 이송될 때는 본 협약의 적용에 대한 책임은, 포로가 자국 내에 억류되고 있는 동안 포로를 접수한 국가에 있다. 동 국가가 어떤 중요한 점에 관하여 본 협약의 규정을 실시하지 않을 경우, 포로를 이송한 국가는, 이익 보호국의 통고가 있을 시 동 사태를 시정하기 위한 유효한 조치를 취하거나 포로의 반환을 요청하여야 한다. 이러한 요청은 반드시 응낙되어야 한다.

제13조 포로는 항상 인도적으로 대우되어야 한다. 그 억류하에 있는 포로를 사망케 하거나 그 건강에 중대한 위해를 가하는 여하한 억류국의 불법적 작위 또는 부작위도 금지되어야 하며, 이는 또한 본 협약의 중대한 위반으로 간주 된다. 특히, 포로에 대하여, 신체의 절단 또는 의료, 치과 또는 임상 치료상 정당하다고 인정될 수 없고 또한 그 이익에 배치되는 모든 종류의 의료 또는 과학적 실험을 행하지 못한다. 또한 포로는 특히 폭행, 협박, 모욕 및 대중의 호기심으로부터 항상 보호되어야 한다. 포로에 대한 보복 조치는 이를 금지한다.

제14조 포로는 모든 경우에 있어서 그들의 신체와 명예를 존중받을 권리를 가진다. 여자는 여성이 당연히 받아야 할 모든 고려로서 대우되며, 또한 여하한 경우에도 남자와 동등하게 대우되어야 한다. 포로는 그들이 포로가 될 때 향유 하던 완전한 사법상의 행위 능력을 보유한다. 억류국은 포로라는 신분 때문에 불가피한 경우를 제외하고는 자국의 영토 내외에서 그들의 행위 능력이 부여하는 권리의 행사를 제한하여서는 아니 된다.

제15조 포로를 억류하는 국가는 무상으로 포로에 대한 급양을 제공하고 또한 그들의 건강상태상 필요한 의료를 제공하여야 한다.

제16조 억류국은 계급 및 성별에 관한 본 협약의 규정을 고려하고, 또한 그들의 건강 상태, 연령 또는 전문 능력을 이유로 그들에게 부여할 수 있는 특전적인 대우를 허용하면서 인종, 국적, 종교적 신앙이나 정치적 의견에 근거를 둔 불리한 차별 또는 유사한 기준에 근거를 둔 기타의 모든 차별 없이, 모든 포로를 균등하게 대우하여야 한다.

제3편 포로의 신분
제1부 포로 신분의 개시

제17조 모든 포로는 당해 문제에 관하여 심문받을 때는, 그 성명, 계급, 출생 년월일 및 소속군 번호, 연대번호, 군번을 진술하여야 하며, 또는 이것이 없는 경우에는 이에 상당한 사항을 진술하여야 한다. 포로가 고의로 이 규칙을 위반할 경우는 그의 계급 또는 지위에 해당하는 특전을 제한받을 수 있다. 각 충돌 당사국은 동국 관할 하에 있는 자로서 포로가 되어야 할 모든 자에게 소지자의 성명, 계급, 소속군 번호, 연대번호, 군번 또는 이에 상당한 사항 및 출생 년월일을 표시한 신분증명서를 발급하여야 한다. 더욱이 신분증명서에는 소지자의 성명이나 지문, 또는 양자를 기재할 수 있으며, 또한 충돌 당사국이 그 군대에 소속하는 자에 관하여 부가하기를 원하는 기타의 사항도 기재할 수 있다. 증명서는 가능한 한 6.5×10㎝의 크기로 하며, 정,부 2통을 발급한다. 신분증명서는 요구가 있을 때 포로에 의하여 제시되어야 하며, 그러나 여하한 경우에도 포로로부터 탈취되어서는 아니 된다. 종류의 여하를 불문하고 정보를 그들로부터 입수하기 위해, 포로에 대하여 육체적 또는 정신적 고문이나 기타 모든 형태의 강제를 가하지 못한다. 답변을 거부하는 포로에 대하여 협박이나 모욕을 가하거나 모든 형태의 불쾌하거나 불리한 대우를 주지 못한다. 그들의 신체적 또는 정신적 상태로 인하여 그들의 신분을 진술할 수 없는 포로는 의무대에 인도되어야 한다. 그러한 포로의 신분은 전항의 규정에 따라 모든 가능한 방법으로 확정되어야 한다. 포로에 대한 심문은 그들이 이해하는 언어로 실시하여야 한다.

제18조 무기, 마필, 군 장비 및 군 문서를 제외한 모든 개인용품은 포로가 계속하여 소지하며, 철모와 방독면 및 인체의 보호를 위하여 교부된 유사한 물품도 또한 동일하다. 포로의 의식을 위하여 사용되는 물품도, 비록 그들 정규의 군 장비에 속하는 것이라고 하더라도, 그들이 계속하여 소지한다. 포로는 항상 신분증명서를 휴대하여야 한다. 억류국은 그러한 증명서를 소지하고 있지 않는 포로에게 그러한 증명서를 발급하여야 한다. 계급장 및 국적 표시, 훈장 및 특히 개인적인 또는 정서적 가치를 가지는 물품을 포로로부터 탈취하지 못한다. 포로가 소지하는 금전은, 장교의 명령에 의하지 않고는, 또는 금액과 소지자에 관한 상세가 특별 장부에 기록되고 영수증 발행자의 성명, 계급 및 부대를 읽을 수 있도록 기재한 항목별 영수증이 발급된 후가 아니고는, 그들로부터 탈취하지 못한다. 억류국의 통화로 되어 있거나 포로의 요청으로 그러한 통화로 교환된 금전은 제64조에 규정한 바에 따라 동 포로들의 구좌에 입금하여야 한다. 억류국은 안전을 이유로 하는 경우에 한하여 포로로부터 귀중품을 회수할 수 있다. 그러한 물품을 회수할 때는 금전을 압수할 경우와 동일한 절차를 적용하여야 한다. 그러한 물품은, 억류국 이외의 통화로 압수되고 또한 그 교환이 소유자에 의하여 요청되지 않은 금전과 함께 억류국이 이를 보관하여야 하며 그들의 포로 신분이 종료될 때 원상대로 포로에게 반환하여야 한다.

제19조 포로는 포로가 된 후 가능한 한 신속히, 그들에게 위험이 없을 정도로 전투 지역으로부터 충분히

떨어진 지역에 소재하는 수용소에 후송되어야 한다. 부상 또는 질병으로 인하여, 후송됨으로써 현재 그들의 소재지에 머물러 있느니보다 더 큰 위험에 부딪치게 될 포로에 한하여 일시적으로 위험지대에 체류시킬 수 있다. 포로는 전투 지대로부터 후송을 기다리는 동안 불필요하게 위험에 노출되어서는 아니 된다.

제20조 포로의 후송은 항상 인도적으로, 또한 억류국 군대가 이동할 경우와 동일한 조건으로, 실행하여져야 한다. 억류국은 후송되고 있는 포로에게 충분한 식량과 음료수 및 필요한 의복과 의료를 공급하여야 한다. 억류국은 후송 중의 그들의 안전을 보장하기 위하여 적당한 모든 예비 조치를 취하여 또한 후송되는 포로의 명부를 가능한 한 조속히 작성하여야 한다. 포로가 후송 중에 임시 수용소를 통과하여야 할 경우는, 그러한 수용소에서의 체재는 가급적 단축되어야 한다.

제2부 포로의 억류
제1장 총 칙

제21조 억류국은 포로를 억류할 수 있다. 억류국은 그들이 억류되어 있는 수용소를 일정한 한계를 넘어 떠나지 않도록 하는 의무를, 또는 위에 말한 수용소가 울타리로 둘러싸인 경우는 그 주위 밖으로 나가지 않도록 하는 의무를 포로들에게 과할 수 있다. 형벌 및 징계벌에 관한 본 협약의 규정에 따라 포로는 엄중하게 감금되어서는 아니 된다. 단, 그들의 건강을 보호하기 위하여 필요한 경우와 또한 그러한 감금을 필요로 하는 사정이 계속되는 동안은 예외로 한다. 포로는 그들이 의존하는 국가의 법률에 의하여 허용되는 한, 선서 또는 약속에 의하여 불완전 또는 완전 석방을 받을 수 있다. 그러한 조치는 특히 그들의 건강 상태의 증진에 이바지하게 될 경우에 취하여져야 한다. 포로는 선서 또는 약속에 의하여 자유를 수락하도록 강제되어서는 아니 된다. 전쟁이 개시되면, 각 충돌 당사국은 그 국민이 선서나 약속에 의한 자유의 수락을 허용하거나 금지하는 자국 법령을 상대국에 통고하여야 한다. 그렇게 통고된 법령에 따라 선서 또는 약속 석방된 포로는 그들의 개인적인 명예를 걸어 그들이 의존하는 국가와 그들을 포로로 한 국가에 대하여 그들의 선서 또는 약속 사항을 양심적으로 수행할 의무를 진다. 그러한 경우에 그들의 의존하는 국가는 행하여진 선서 또는 약속에 배치되는 용역을 그들에게 요구하거나 수락하지 아니할 의무를 진다.

제22조 포로는 육지에 소재하며 또한 위생상 및 보건상의 모든 보장을 주는 건물에 한하여 억류될 수 있다. 포로들 자신의 이익이 된다고 인정되는 특별한 경우를 제외하고는 포로들을 형무소에 억류하지 못한다. 비위생적인 지역에, 또는 기후가 그들에게 해로운 지역에 억류되어 있는 포로는 가능한 한 조속히 더 호적한 기후로 이전하여야 한다. 억류국은 포로를 그들의 국적과 언어 및 관습에 따라 수용소 건물에 집결시켜야 한다. 단, 그러한 포로는, 그들의 동의가 없는 한, 그들이 포로로 되었을 때 그들이 복무하던 군대에 소속한 포로로부터 격리시키지 못한다.

제23조 포로는 어떠한 때에도 전투 지대의 포화에 노출될 우려가 있는 지역에 보내거나 억류하지 못하며, 또한 그의 존재를 일정한 지점이나 지역을 군사작전으로 부터 면제되도록 이용하지 못한다. 포로는 지방의 민간인 주민과 동일한 정도로 공중 폭격과 기타 전쟁의 위험에 대한 대피소를 가져야 한다. 그들의 숙사를 위에 말한 위험으로부터 보호하는 임무에 종사하는 자들을 제외하고 포로들은 경보 발령과 동시에 조속히 그러한 대피소에 대피할 수 있다. 주민을 위하여 취한 기타의 보호조치도 그들에게 적용된다. 억류국들은, 이익 보호국의 중계를 통하여, 포로수용소의 지리적 위치에 관한 모든 유용한 정보를 관계국에게 제공하여야 한다. 포로수용소는 군사상 고려로서 허용되는 경우는 언제든지, 주간에 공중으로부터 명료하게 식별할 수 있는 위치에 PW 또는 PG라는 문자로써 표시되어야 한다. 단, 관계 국가는 다른 표지 방법에 대하여 합의할 수도 있다. 포로수용소 이외에는 위와 같이 표시하지 못한다.

제24조 반영구적인 임시 수용소나 심사 수용소는 본부에 기술한 바와 유사한 조건하에 설비되어야 하며, 또한 동 수용소 내의 포로는 다른 수용소 내에서와 동일한 대우를 받는다.

제2장 포로의 숙사, 식량 및 피복

제25조 포로는 동일한 지역에 숙영하는 억류국의 군대와 동일하게 유리한 조건으로 영사에 수용되어야 한다. 위에 말한 조건은 포로의 습관 및 풍속을 참작한 것이어야 하며 또한 어떤 경우에서도 그들의 건강에 해롭지 아니하여야 한다. 앞의 규정은 총면적 및 최저한의 공간 및 일반적 설비, 침구 및 모포에 관하여 특히 포로의 침실에 대하여 적용된다. 포로의 개인적 또는 집단적 사용을 위하여 제공되는 건물은 습기가 완전히 방지되고 또한 충분히 난방이 되며, 특히 일몰부터 소등 시까지 점등되어야 한다. 화재의 위험에 대하여 만전의 예방조치가 취하여져야 한다. 남자 포로뿐만 아니라 여자 포로도 수용되어있는 수용소에 있어서는, 그들에 대하여 분리된 침실을 제공하여야 한다.

제26조 매일의 기본 급식은 양, 질 및 종류에 있어서, 포로로 하여금 양호한 건강 상태를 유지할 수 있도록 하고 또한 체중의 감소 또는 영양실조의 발생을 방지하는데 충분하여야 한다. 포로의 습관적 식품도 참작하여야 한다. 억류국은 노동하는 포로에게, 그들이 취업하고 있는 노동에 필요한 추가의 급식을 제공하여야 한다. 포로에 대하여는 충분한 음료수를 공급하여야 하며 흡연을 허가하여야 한다. 포로는 가능한 한 그들 식사의 조리에 관여시켜야 하며, 이를 위하여 포로를 취사장에서 사용할 수 있다. 또한 포로에 대하여는 그들이 소지하는 다른 식량을 스스로 조리하는 수단을 제공하여야 한다. 적절한 건물을 식당으로 제공하여야 한다. 식량에 영향을 미치는 집단적인 징벌은 금지한다.

제27조 억류국은, 포로가 억류되어있는 지역의 기후를 고려하여 피복, 내의 및 신발을 충분히 공급하여야 한다. 기후에 적합한 경우에는 억류국이 포획한 적군의 제복을 포로의 피복으로 제공하여야 한다. 억류국은 전기 물품의 정기적인 교환 및 수선을 보장하여야 한다. 또한 노동하는 포로는 노동의 성질상 필요한 때에는 언제든지 적절한 피복을 공급받아야 한다.

제28조 모든 수용소에는, 포로가 식량, 비누, 담배 및 일상 사용하는 보통의 물품을 구매할 수 있는 주보가 설치되어야 한다. 가격은 지방의 시장 가격을 초과하지 못한다. 수용소의 주보에서 얻은 이익금은 포로를 위하여 사용하여야 한다. 이를 위하여 특별 기금을 설정하여야 한다. 포로의 대표는 주보 및 이 기금의 운영에 협력할 권리를 가진다. 수용소가 폐쇄될 때는 특별 기금의 잔액은, 그 기금에 기여한 자들과 동일한 국적의 포로들을 위하여 사용되도록, 국제 복지 기구에 인도하여야 한다. 전반적 송환의 경우에는 그러한 이익금은 관계 국가 간에 반대되는 협정이 없는 한 억류국에 의하여 보관된다.

제3장 위생 및 의료

제29조 억류국은 수용소의 청결 및 위생의 확보와 전염병의 방지를 위하여 필요한 모든 위생상의 조치를 취하여야 한다. 포로에게는 그들이 주야로 사용하기 위한 것으로서 위생상 규칙에 합치되고 항상 청결한 상태로 유지되는 변소가 있어야 한다. 여자 포로가 수용되어있는 수용소에 있어서는 그들을 위하여 분리된 변소를 설비하여야 한다. 또한 수용소에 설비되어야 할 목욕탕 및 샤워 외에 포로에게는 세면과 개인적 세탁을 위한 충분한 물과 비누를 공급하여야 한다. 이를 위하여 포로에게는 필요한 설비, 시설 및 시간이 허용되어야 한다.

제30조 각 수용소에는 포로들이 필요한 치료와 적당한 식사 요양을 제공받을 수 있는 적절한 변동이 있어야 한다. 필요한 경우에는 전염병 또는 정신병 환자를 위하여 격리 병동이 마련되어야 한다. 중병에 걸린, 또는 그 상태가 특별한 치료, 외과수술 또는 입원 치료를 필요로 하는 포로들은, 그들의 송환이 가까운 장래에 예정되어있는 경우라 하더라도 그러한 치료를 행할 수 있는 어떠한 군 또는 민간 의료 기관에라도 수용되어야 한다. 신체 장애자, 특히 맹인에게 부여될 치료를 위하여 및 그들의 갱생을 위하여 송환 시까지 특별한 편의를 제공하여야 한다. 포로는 가급적 그들이 의존하는 국가의 또한 가능하면 그들의 국적을 가진 의료 요원의 치료를 받아야 한다. 포로는 진찰받기 위하여 의료 당국에 출두함을 방지되어서는 아니 된다. 억류 당국은 요청이 있을 때는, 치료를 받는 모든 포로에 대하여, 그들의 병 또는 부상의 성격과 치료받는 기간 및 종류를 표시하는 정식 증명서를 발급하여야 한다. 이 증명서의 사본 1통은 중앙 포로기구에 송부한다. 포로를 양호한 건강 상태로 유지하기

위하여 필요한 기구, 특히 의치 및 기타의 보신용 장구 및 안경의 비용을 포함하는 의료비용은 억류국이 부담하여야 한다.

제31조 포로의 신체검사는 적어도 월1회 행하여야 한다. 그 검사에서는 각 포로의 체중을 측정하고 기록하여야 한다. 그 검사는 특히 포로의 건강, 영양 및 청결 상태의 일반적 상태를 관리하고 또한 전염병, 특히 결핵, 말라리아 및 성병을 검출함을 목적으로 하여야 한다. 이를 위하여 결핵의 조기 검출을 위하여 집단적인 소형 방사선 사진의 정기적 촬영 등 이용 가능하고 가장 유효한 방법을 사용하여야 한다.

제32조 억류국은 그들 군대의 의무대에 배속되지 아니한 자로서 의사, 치과 의사, 간호부 또는 간호원인 포로에 대하여 동일한 국가에 소속하는 포로를 위하여 그들의 의료상의 업무를 행하도록 명령할 수 있다. 이 경우에 그들의 포로 신분은 계속되지만, 억류국에 의하여 억류된 대등한 의무 요원과 동일한 대우를 받는다. 그들은 제49조에 의거한 다른 어떠한 노동으로부터도 면제된다.

제4장 포로를 원조하기 위하여 억류된 의무 요원 및 종교 요원

제33조 의무 요원 및 종교 요원은 억류국이 포로를 원조하기 위하여 억류하는 동안, 포로로 간주되지 아니한다. 단, 그들은 적어도 본 협약의 혜택 및 보호를 받으며 또한 포로에 대하여 의료상의 간호 및 종교상의 봉사를 제공하기 위하여 필요한 모든 편의를 제공받아야 한다. 그들은, 억류국의 군법의 범위 내에서 억류국의 권한 있는 기관의 관리하에 그들의 직업적 양심에 따라, 포로들 특히 자기가 소속하는 군대에 예속하는 포로들의 이익을 위하여 그들의 의료 및 종교에 관한 임무를 계속하여 수행하여야 한다. 그들은 또한 그들의 의료 또는 종교상의 임무를 수행하는 데 있어 다음의 편의를 향유한다.

    가. 그들은 수용소 밖에 있는 작업반 또는 병원에 있는 포로들을 정기적으로 방문함이 허가된다. 이를 위해서 억류국은 필요한 수송 수단을 그들이 자유롭게 사용하도록 제공한다.

    나. 각 수용소의 선임 군의관은 억류되어 있는 의무 요원의 활동에 관련하는 모든 사항에 관하여 수용소의 군 당국에 책임을 진다. 이를 위하여 충돌 당사국은 전쟁의 개시와 함께 육전에 있어서의 군대의 부상자 및 병자의 상태개선에 관한 1949년 8월 12일 제네바 협약 제26조에 말한 단체의 의무 요원을 포함하는 전 의무 요원의 상당한 계급에 관하여 합의하여야 한다. 이 선임 군의관 및 군종은 그들의 임무에 관한 모든 문제에 대하여 수용소의 권한 있는 당국과 교섭할 권리를 가진다. 그러한 당국은 이들 문제에 관한 통신을 위하여 모든 필요한 편의를 그들에게 제공하여야 한다.

    다. 그러한 요원은 그들이 억류되어있는 수용소의 내부 규율에 따라야 하나, 그들의 의무상 또는 종교상의 임무에 관계 있는 것 이외의 작업을 수행하도록 강제당하지 아니한다. 충돌 당사국들은, 전쟁 중 억류된 요원의 가능한 교체에 관하여 합의하고 또한 따라야 할 절차를 정하여야 한다. 전기의 규정은 포로에 관한 의무 또는 종교상의 분야에서 억류국에 부과되는 의무를 면제하지 아니한다.

제5장 종교적, 지적 및 육체적 활동

제34조 포로는, 군 당국이 정하는 일상의 규율에 따를 것을 조건으로 하여, 그들 신앙의 종교의식에 참석하는 것을 포함하는 그들의 종교상 의무의 이행에 있어서 완전한 자유를 가진다. 종교적 의식을 거행할 수 있는 적당한 건물이 제공되어야 한다.

제35조 적국의 수중에 들어가거나 포로를 원조하기 위하여 머물러 있거나 억류되고 있는 목사는 그의 종교적 양심에 따라 포로에 대하여 종교상의 임무를 행하고 또한 같은 종교에 속하는 포로에 대하여 자유로이 자기의 성직을 행함을 허용하여야 한다. 이들 요원은 같은 군대에 속하고 같은 언어를 사용하며 또는 같은 종교에 속하는 포로가 있는 각종의 수용소 및 작업반에 배속되어야 한다. 이들 요

원은 그들의 수용소 밖에 있는 포로를 방문하기 위하여 제33조에 규정하는 수송 수단을 포함하는 필요한 편의를 향유 한다. 이들 요원은 검열받을 것을 조건으로 그들의 종교상의 임무에 관한 사항에 대하여 억류국의 종교기관 및 국제적 종교단체와 통신할 자유를 가진다. 그들이 이 목적으로 발송하는 서한 및 엽서는 제71조에 규정하는 할당량과는 별도로 한다.

제36조 성직자인 포로로서 그의 소속 부대의 군종이 아닌 자는 종파의 여하를 불문하고, 동일한 종파에 속하는 자에 대하여 자유로이 군종의 직무를 행할 자유를 가진다. 이를 위하여 그들은 억류국이 억류하는 종교 요원들과 동일한 대우를 받아야 한다. 그들은 다른 어떠한 노동도 강요당하지 아니한다.

제37조 포로들이 억류된 목사나 그들 종파에 속하는 포로인 성직자의 원조를 받지 못할 경우는 그 포로들의 종파이거나 또는 그러한 성직자가 없을 때는 종교적 견지에서 가능하다면, 자격 있는 평신도는, 관계 포로들의 요청에 따라, 이 자리를 메우기 위하여 임명되어야 한다. 이 임명은 억류국의 승인을 조건으로 하고 관계 포로들 및 필요한 때에는 동일한 종교의 현지 종교기관의 동의를 얻어서 행하여야 한다. 이와같이 하여 임명된 자는 억류국이 기율 및 군사상의 안전을 위하여 확립한 모든 규칙에 복종하여야 한다.

제38조 억류국은 모든 포로의 개인적 취미를 존중하여 포로들의 지적, 교육적 및 오락적 활동과 운동경기를 장려하며 또한 포로들에게 적당한 장소 및 필요한 설비를 제공하여 포로들이 이것을 활용하도록 필요한 조치를 취하여야 한다. 포로들은 운동경기를 포함하는 신체 운동을 행할 기회와 또한 문밖에 나갈 기회를 가져야 한다. 이를 위하여, 모든 수용소에 충분한 공지를 제공하여야 한다.

제6장 규율

제39조 모든 포로수용소는, 억류국의 정규 군대에 속하는 책임 있는 장교의 직접 지휘하에 두어야 한다. 그러한 장교는, 본 협약의 사본을 소지하고 수용소 직원 및 경비원이 본 협약의 규정을 확실히 알고 있도록 하며 또한 그의 정부의 지시하에 본 협약의 적용에 대하여 책임을 져야 한다. 장교를 제외한 포로들은 억류국의 모든 장교에 대하여 경례하고 또한 자국군에 적용되는 규칙이 정하는 경의의 외부적 표시를 나타내어야 한다. 장교 포로는 억류국의 상급 장교에 대하여만 경례를 하여야 한다. 단, 그들은 수용소장에 대하여는 그의 계급에 관계없이 경례를 하여야 한다.

제40조 계급장 및 국적 표지 및 훈장의 착용은 허가하여야 한다.

제41조 모든 수용소에는 본 협약 및 그 부속서의 본문과 제6조에 규정하는 모든 특별 협정의 내용을 포로가 사용하는 언어로써 모든 포로가 읽을 수 있는 장소에 게시하여야 한다. 게시를 볼 기회가 없는 포로에 대하여는 그의 청구에 응하여 게시문의 사본을 교부하여야 한다. 포로의 행동에 관한 각종 규칙, 명령, 통고 및 공시는 포로가 이해하는 언어로써 전하여야 한다. 이들 규칙, 명령, 통고 및 고시는 전항에 정하는 방법으로 게시하여야 하고 그 사본은 포로 대표에게 배부하여야 한다. 포로에 대하여 개인적으로 발하는 명령 및 지령도 당해 포로가 이해하는 언어로 하여야 한다.

제42조 포로, 특히 도주하고 있는 또는 도주하려 하는 포로에 대한 무기의 사용은 극단적인 조치가 되는 것으로서 이에 앞서 당해 사정에 적합한 경고를 반드시 행하여야 한다.

제7장 포로의 계급

제43조 충돌 당사국은, 적대행위가 개시될 때 같은 계급에 속하는 포로들 대우의 평등을 보장하기 위하여, 본 협약 제4조에 말한 모든 자의 직위와 계급을 상호 통지하여야 한다. 그 후에 설정된 직위 및 계급도 동일하게 통지하여야 한다. 억류국은 포로가 속하는 국가에 의하여 정식으로 통고된 포로의 계급의 승진을 승인하여야 한다.

제44조 장교인 포로 및 장교에 상당하는 지위의 포로는 그의 계급 및 연령에 적당한 고려를 하고 대우하여야 한다. 장교 수용소에 있어서 잡역을 확보하기 위하여 동일 군대의 사병으로서 가급적 동일한 언어를 말하는 자를 장교인 포로 및 장교에 상당하는 지위의 포로 계급을 고려하여 충분한 인원만큼

동 수용소에 파견하여야 한다. 이들 사병에 대하여는 다른 어떤 노동도 요구하여서는 아니 된다. 장교 자신에 의한 식사의 관리에 대하여는 모든 방법으로 편의를 제공하여야 한다.

제45조 장교인 포로 및 장교에 상당하는 지위의 포로 이외의 포로는 그의 계급 및 연령에 적당한 고려를 하고 대우하여야 한다. 이들 포로 자신에 의한 식사의 관리에 대하여는 모든 방법으로 편의를 제공하여야 한다.

제8장 수용소에 도착한 후의 포로의 이동

제46조 억류국은 포로의 이동을 결정함에 있어서는 포로 자신의 이익을 고려하여야 하고 특히 포로의 송환을 일층 곤란하게 하지 않도록 하여야 한다. 포로의 이동은 항상 인도적으로 또한 억류국의 군대의 이동의 조건 보다도 불리하지 않은 조건으로 하여야 한다. 포로의 이동에 관하여는 항상 포로가 몸에 익은 기후 상태를 고려하여야 하며, 이동의 조건은 여하한 경우에도 포로의 건강을 해하는 것이어서는 아니 된다. 억류국은 이동 중의 포로에 대하여 그 건강을 유지하기 위한 충분한 식량 및 음료수와 필요한 피복, 숙사 및 의료상의 조력을 제공하여야 한다. 억류국은 특히 해상 또는 공중 수송의 경우에 있어서는 이동중의 포로의 안전을 확보하도록 적당한 예방조치를 취하여야 한다. 억류국은 이동되는 포로의 완전한 명부를 출발 전에 작성하여야 한다.

제47조 부상자 또는 병자인 포로는 이동에 의하여 그들의 완쾌가 방해될 염려가 있는 동안은 이동하여서는 아니 된다. 단, 이들의 안전을 위하여 절대로 이동을 필요로 하는 경우는 그러하지 아니하다. 전선이 수용소에 접근한 경우는 그 수용소의 포로는 충분히 안전한 조건으로 이동할 수 있을 때 또는 포로를 현지에 남겨두면 이동할 경우보다 더 큰 위험에 노정하게 될 때를 제외하고는 이동하여서는 아니 된다.

제48조 이동할 경우는 포로에 대하여 그의 출발 사실 및 새로운 우편용 주소를 정식으로 통지하여야 한다. 이 통지는 포로가 충분히 그의 소지품을 준비하고 또한 그의 가족에 통보할 수 있도록 시간적 여유를 주어야 한다. 포로에 대하여는 그의 개인용품 및 그들에게 온 통신물과 소포를 휴대함을 허가하여야 한다. 이들 물품의 중량은 이동의 조건에 의하여 필요한 때에는 각 포로가 운반할 수 있는 적당한 중량으로 제한할 수 있다. 그 중량은 여하한 경우에도 포로 1인당 25킬로그램을 초과하지 못한다. 구 수용소로 보내온 통신물 및 소포는 지체없이 포로에게 전달하여야 한다. 수용소장은 포로대표와 협의하여 포로의 공유물 및 본조 제2항에 따라 부담하게 되는 제한에 따라 포로가 휴대하지 못하는 소지품의 수송을 확보하기 위하여 필요한 조치를 취하여야 한다. 이동의 비용은 억류국이 부담하여야 한다.

제3부 포로의 노동

제49조 억류국은, 특히 포로들을 신체적 및 정신적 건강의 양호한 상태로 유지하기 위하여, 그들의 연령, 성별, 계급 및 신체적 적성을 고려하여 신체적으로 적합한 포로의 노동을 이용할 수 있다. 포로인 하사관들은 감독의 일만을 행함이 요구된다. 그렇게 요구되지 않은 자들은 가능한 한 그들을 위하여 발견되는 다른 적당한 노동을 요청할 수 있다. 장교 또는 이에 상당한 지위의 자들이 적당한 노동을 요청할 경우에, 그들을 위하여 가능한 한 그러한 일을 찾아내어야 한다. 단, 그들은 어떤 경우에서도 노동을 강요당하지 아니한다.

제50조 포로들은, 수용소의 행정, 시설 또는 유지에 관련된 노동 이외에 다음의 공류에 포함되는 노동에 한하여 이를 행하도록 강제할 수 있다.

    가. 농업,

    나. 원료의 생산 또는 채취에 관련되는 산업, 제조공업(야금업, 기계공업 및 화학공업은 제외한다) 및 군사적 성질 또는 목적을 가지지 않는 토목업과 건축업,

    다. 군사적 성질 또는 목적을 가지지 않는 운송업과 창고업,

    라. 상업 및 예술과 공예,

마. 가내 용역,

바. 군사적 성질 또는 목적을 가지지 않는 공익사업, 위의 규정에 대한 위반이 있을 경우는 포로들은 제78조에 따라 청원의 권리를 행사하도록 허용되어야 한다.

제51조 포로들은 특히 숙사, 음식, 피복 및 장비에 관하여 적절한 노동조건을 허용하여야 한다. 그러한 조건은 유사한 노동에 종사하는 억류국의 국민이 향유 하는 조건보다 불리하여서는 아니 된다. 기후 조건도 고려되어야 한다. 억류국은 포로들의 노동을 이용하는 데 있어서 그러한 포로들이 노동하는 지역에 있어서 노동의 보호에 관한 국내 법령 특히 노동자의 안전에 관한 규칙이 정당하게 적용되도록 보장하여야 한다. 포로들은 훈련을 받아야 하며, 또한 그들이 행하여야 하는 노동에 적합하고, 억류국 국민에게 부여되는 바에 유사한 보호 수단을 제공받아야 한다.

제52조 규정에 따를 것을 조건으로 하여, 포로들은 민간인 노동자가 겪는 보통의 위험에 노출시킬 수 있다. 노동조건은 어떤 경우에도 징계 조치에 따라 더욱 곤란하게 하지 못한다.

제52조 포로는 스스로의 희망하지 않는 한 건강에 해로운 또는 위험한 성질의 노동에 사용하지 못한다. 포로는 억류국 자신의 군대의 구성원에 대하여 굴욕적이라고 인정되는 노동에 배치되지 아니한다. 지뢰 또는 유사한 장치의 제거는 위험한 노동으로 간주한다.

제53조 왕복 시간을 포함하는 포로들의 일일 노동시간은 과도하여서는 아니 되며, 또한 어떤 경우에도 억류국의 국민으로서 동일한 노동에 고용되고 있는 당해 지방의 민간인 노동자에게 허용되는 바를 초과하지 못한다. 포로들은 매일의 노동의 중간에 1시간 이상의 휴식을 허락받아야 한다. 이 휴식은, 억류국의 노동자들이 취할 권리가 있는 휴식이 더 길 경우는 그러한 휴식과 동일한 것으로 한다. 그들은 이 휴식 외에 되도록이면 일요일 또는 그들의 출신국에 있어서의 휴일에 매주 24시간 연속의 휴식을 허락받아야 한다. 또한 1년간 노동한 모든 포로들은 8일간 연속의 유급 휴식을 허락받아야 한다. 청부 노동과 같은 노동 방법이 사용될 경우에 그에 의하여 작업기간이 과도하게 되어서는 아니 된다.

제54조 포로들이 받아야 하는 노동 임금은 본 협약 제62조의 규정에 따라 결정되어야 한다. 노동에 관련하여 재해를 입는 또는 그들의 노동중 또는 노동의 결과로서 질병에 걸리는 포로들은 그들의 사태가 필요로 하는 모든 간호를 받아야 한다. 또한 억류국은, 그러한 포로들에게 그들이 의존하는 국가에게 그들의 청구를 제기할 수 있도록 하는 진단서를 발급하여야 하며, 또한 그 진단서의 사본을 제123조에 규정된 중앙 포로기구에 송부 해야 한다.

제55조 노동에 대한 포로의 적성은 적어도 매월 1회 의사의 진찰에 의하여 정기적으로 확인되어야 한다. 그 진찰은 포로가 명령받은 노동의 성질을 특히 고려하여야 한다. 포로는, 그가 노동할 수 없다고 스스로 인정할 경우에, 그의 수용소의 의무 당국에 출두하도록 허용되어야 한다. 의사들은 그들의 견해상 노동에 적합하지 않다고 생각되는 포로들을 노동으로부터 면제할 것을 건의할 수 있다.

제56조 노동 분견대의 조직 및 관리는 포로수용소의 조직 및 관리와 동일하게 하여야 한다. 모든 노동 분견대는 포로수용소의 감독하에 두며 또한 관리 면에 있어서는 그 일부로 한다. 위에 말한 수용소의 군당국 및 대장은 그들의 정부의 지시하에 노동분견대에 있어서의 본 협약의 규정 준수에 대하여 책임을 진다. 수용소 소장은 그의 수용소에 속하는 노동분견대의 최신 기록을 보관하며, 또한 그 수용소를 방문할 수 있는 이익 보호국, 국제 적십자 위원회 및 포로들에게 원조를 주는 기타의 단체의 대표들에게 그 기록을 통고하여야 한다.

제57조 개인을 위하여 노동하는 포로들의 대우는, 동 개인이 그들을 감시 및 보호하는 책임을 지는 경우에도, 본 협약이 정하는 대우보다도 불리한 것이어서는 아니 된다. 억류국 및 그러한 포로이 소속하는 수용소의 군 당국 및 수용소장은 그러한 포로들의 급양, 간호 및 노동 임금의 지불에 대하여 전적인 책임을 진다. 그러한 포로들은 그들이 속하는 수용소 내의 포로 대표와 연락을 보지할 권리를 가진다.

제4부 포로들의 금전 관계

제58조 적대행위가 시작된 때, 또한 이익 보호국과 이 문제에 관하여 합의가 성립할 때까지 억류국은 현금 또는 이에 유사한 형식으로 포로들이 소지할 수 있는 최고한도의 금액을 정할 수 있다. 그들이 정당하게 소지하고 있었으며 또한 그들로 부터 입수 되었거나 또는 그들에게 인도 되지 않은 초과금액은 그들이 예치한 금전과 같이 그들의 계정에 올려야 하며, 또한 그들의 동의를 얻지 않고는 다른 통화로 교환하지 못한다. 포로들이 수용소 밖에서 용역 또는 물품을 구입하고 현금으로 지불하도록 허용될 경우에, 그러한 지불은 포로 자신 또는 수용소 행정부가 행하며, 동 수용소 행정부는 동 지불금액을 관계포로들의 계정에서 공제 한다. 억류국은 이에 관하여 필요한 규칙을 정한다.

제59조 포로가 된 때에 포로들로 부터 제18조에 따라 입수한 억류국의 통화로 된 현금은 본부 제64조의 규정에 따라 그들의 독립 계정에 올려야 한다. 포로가 된 때에 포로들로부터 압수한 기타의 통화를 억류국의 통화로 교환한 금액도 그들의 독립계정에 예치하여야 한다.

제60조 억류국은 모든 포로에 대하여 월급을 선지불 하여야 하며, 그 금액은 다음의 액을 억류국의 통화로 환산하여 정한다.

    제1류 : 병장이하의 계급의 포로-8 스위스 프랑.

    제2류 : 병장 및 기타의 하사관, 또는 이에 상당하는 계급의 포로-12 스위스 프랑.

    제3류 : 준위 및 대위계급이하의 임관된 장교 또는 이에 상당하는 계급의 포로-50 스위스 프랑.

    제4류 : 소령, 중령, 대령 또는 이에 상당하는 계급의 포로-60 스위스 프랑.

    제5류 : 장관급 장교 또는 이에 상당하는 계급의 포로-75 스위스 프랑.

    그러나 관계 충돌 당사국은, 특별 협정에 의하여 위의 부류의 포로가 받아야 할 전불 금액을 변경할 수 있다. 또한 위의 제1항에 정하는 금액이 억류국의 군대의 봉급에 비하여 부당하게 높은 경우, 또는 어떤 이유에 의하여 억류국을 심히 난처한 입장에 서게할 경우에는, 전기 금액의 변경을 위하여 포로들이 소속하는 국가와 특별 협정을 체결할 때까지 억류국은,

    가. 전기 제1항에 정하는 금액을 계속 포로의 계정에 예치하여야 하며,

    나. 포로에 대하여 선 지불된 급여중 그들 자신의 사용을 위하여 이용할 수 있도록 된 금액을 합리적인 금액으로 임시적으로 제한할 수 있다. 단, 그 금액은 제1류에 관하여는 억류국이 자국 군대의 구성원에 지급하는 금액 보다 소액이어서는 아니 된다. 제한에 대한 이유는 지체없이 이익 보호국에게 제시하여야 한다.

제61조 억류국은 포로들이 소속하는 국가가 그들에게 송부하는 금액을 추가 급여로서 포로들에게 분배하기 위하여 접수하여야 한다. 단, 분배되는 금액이 동일부류의 각 포로에 대하여 동일금액이며 당해국에 속하는 동일부류의 모든 포로에게 분배되고, 또한 가능한한 조속히 제64조의 규정에 따라 그들의 독립계정에 올릴 것을 조건으로 한다. 그 추가 급여는 억류국에 대하여 본 협약에 의한 여하한 의무도 면제하는 것은 아니다.

제62조 포로들은 억류당국에 의하여 공정한 노동 임금을 직접 지급 받는다. 그 임금은 억류당국이 정하는, 여하한 경우에도 노동일에 대하여 4분의 1 스위스 프랑 미만이어서는 아니된다. 억류국은 자국이 정하는 일급의 액수를 포로 자신과 이익보호국의 중계에 의하여 포로가 소속하는 국가에 통지하여야 한다 노동 임금은 수용소의 행정, 시설 또는 유지에 관련되는 임무 또는 숙련노동, 반 숙련 노동을 항구적으로 할당받은 포로 및 포로를 위하여 종교상 또는 의료상의 임무의 수행을 요구받은 포로에게 억류당국이 동일하게 지불하여야 한다. 포로 대표와 그 고문 및 보조자의 노동임금은 주보의 이익으로 유지되는 기금에서 지불하여야 한다. 그 임금의 액은 포로대표가 정하고, 또한 수용소장의 승인을 얻어야 한다. 전기의 기금이 없는 경우에는 이들 포로에게 공정한 노동 임금을 억류 당국이 지불하여야 한다.

제63조 포로들은 개인적 또는 집단적으로 그들에게 송금된 금전을 수령하도록 허가되어야 한다. 모든 포

로들은, 억류국이 정하는 범위내에서 다음 조에 규정하는 그들의 계정의 대변 잔고를 처분할 수 있으며, 억류국이 필요하다고 인정하는 재정상 또는 통화상의 제한에 따를 것을 조건으로 하여, 외국으로 향하는 지불을 할 수 있다. 이 경우에는 억류국은 포로가 부양가족에게 보내는 지불에 대하여 우선권을 주어야 한다. 포로들은, 여하한 경우에도 또한 그들이 소속하는 국가의 동의를 받을 것을 조건으로 하여, 다음의 방법으로 자국에게 지불을 행하도록 할 수 있다. 즉 억류국은 이익 보호국을 통하여 전술한 국가에게 포로, 지불금의 수령자 및 억류국의 통화로 표시한 요지불 금액에 관한 모든 필요한 세목을 기재한 통지서를 송부하여야 한다. 그 통지서에는 당해 포로가 서명하고 또한 수용 소장이 부서한다. 억류국은 전기의 금액을 포로의 계정에서 공제하고 이 금액을 포로가 소속하는 국가의 계정에 대기 한다. 억류국은 전기의 규정을 적용하기 위하여 본 협약 제5 부속서의 표본 규칙을 참고 할 수 있다.

제64조 억류국은 각 포로에 대하여 적어도 다음 사항을 표시하는 계정을 설정하여야 한다.

    1. 포로에게 지불할 금액 또는 급료의 선 지불로서나 노동임금으로서 포로가 수령한 금액, 또는 기타의 원천에서 취득한 금액, 포로로부터 압수한 억류국의 통화로 된 금액 및 포로로부터 압수하여 그의 요청에 따라 억류국의 통화로 교환한 금액.

    2. 현금 또는 기타의 유사한 형식으로 포로에게 지불된 금액, 포로를 위하여 또한 그 요청에 따라 지불된 금액 및 제63조제3항에 의하여 송금된 금액.

제65조 포로의 계정에 기입된 모든 항목은 당해 포로 또는 그를 대리하는 포로 대표가 부서 또는 "이니시알" 하여야 한다. 포로들은 언제든지 그들의 계정을 열람하고 또한 그 사본을 입수할 적당한 편의를 허여 받아야 한다. 그들의 계정은 이익 보호국의 대표자가 수용소를 방문한 때에 감사할 수 있다. 포로들이 수용소로부터 다른 수용소로 이동될 때에는, 포로의 개인 계정을 그와 함께 이전한다. 억류국으로부터 다른 억류국으로 이동할 경우에는, 포로들의 재산으로서 억류국의 통화로 되어 있지 않는 금전은 그들과 함께 이전한다. 이 포로들은 그들의 계정에 대기되어 있는 다른 모든 금전에 대하여 증명서를 발급 받아야 한다. 관계충돌 당사국은 이익보호국을 통하여 정기적으로 포로의 계정의 금액을 상호 통고할 것을 합의할 수 있다.

제66조 포로의 신분이 석방 또는 송환에 의하여 종료된 때에는, 억류국은 포로의 신분이 종료한 때에 있어서의 포로의 대변잔고를 표시하는 증명서를 포로에게 교부하여야 하며, 동 증명서에는 억류국의 권한있는 장교가 서명하여야 한다. 억류국은 또한 포로가 소속하는 국가에게 이익 보호국을 통하여 송환, 석방, 도주, 사망 또는 기타의 사유로 포로의 신분이 종료한 모든 포로에 관하여 적절한 모든 상세와 그들 포로의 대변잔고를 표시하는 일람표를 송부하여야 한다. 그 일람표는 1매 마다 억류국의 권한 있는 대표자가 인증 하여야 한다. 본조의 위의 어느 규정도 그 충돌 당사국 간의 상호합의에 의하여 변경할 수 있다. 포로가 소속하는 국가는 포로의 신분이 종료한 때에 억류국으로 부터 포로에게 지불할 대변잔고를 당해 포로에 대하여 지불할 책임을 진다.

제67조 제60조에 따라 포로에게 지급되는 급료의 선 지불은 포로가 소속하는 국가에 대하여 행한 것으로 간주한다. 그 급료의 선 지불과 제63조3항 및 제68조에 의하여 억류국이 행한 모든 지불은 적대 행위가 끝나는 때에 관계국간의 협정의 대상으로 하여야 한다.

제68조 노동에 의한 부상 또는 기타의 신체장해에 대한 포로의 보상 청구는 이익 보호국을 통하여 포로가 소속하는 국가에 대하여 행해져야 한다. 억류국은 제54조에 따라 여하한 경우에도 부상 또는 신체장해에 대하여 그의 성질, 그것이 발생한 사정 및 이에 대하여 행한 의료상 또는 병원에서의 치료에 관한 명세를 표시하는 증명서를 당해 포로에게 교부하여야 한다. 이 증명서는 억류국의 책임있는 장교가 서명하고 또한 의료명세는 군의관이 증명한다. 제18조에 의하여 억류국이 압수한 개인 용품, 금전 및 유가물로서 송환시에 반환되지 않았던 것과 포로가 입은 손해로서 억류국 또는 그 기관의 책임으로 돌아갈 사유에 의한다고 인정되는 것에 관한 포로의 보상 청구도 포로가 소속하는 국가에 대하여 행하여야 한다. 단, 전기의 개인용품으로서 포로가 포로의 신분에 있는 동안 그 사용을

필요로 하는 것에 대하여서는 억류국 부담으로 현물보상을 하여야 한다. 억류국은 여하한 경우에도 전기의 개인용품, 금전 또는 유가물이 포로에게 반환되지 않았던 이유에 관한 가능한 모든 정보를 제공하며 또 책임있는 장교가 서명한 증명서를 포로에게 교부하여야 한다. 이 증명서의 사본 1통은 제123조에 정하는 중앙 포로 기구를 통하여 포로가 소속하는 국가에 송부하여야 한다.

제5부 포로의 외부와의 관계

제69조 억류국은 포로가 그의 권력내에 들어온 때에는 곧 포로 및 이익 보호국을 통하여 포로가 소속하는 국가에게 본부의 규정을 실시하기 위하여 취하는 조치를 통지하여야 한다. 억류국은 그 조치가 후에 변경된 때에는 그 변경에 대하여 동일하게 전기의 관계국에 통지하여야 한다.

제70조 모든 포로는 포로가 된 때에 즉시, 또는 수용소(임시수용소 포함)에 도착한 후 1주일내에, 또는 질병에 걸린 때나 또는 병원이나 다른 수용소로 이동된 경우에도 그후 1주일내에 그 가족 및 제123조에 정하는 중앙정보기구에 포로로 된 사실, 주소 및 건강상태를 통지하는 통지표를 직접 송부할 수 있도록 하여야 한다. 그 통지표는 가능한 한 본 협약의 부속양식과 같은 형식의 것이어야 한다. 그 통지표는 가능한 한 조속히 송부하여야 하며, 여하한 경우에도 지연되어서는 아니된다.

제71조 포로들은 편지나 엽서를 송부하고 또한 받을 것이 허가되어야 한다. 억류국이 각 포로가 발송하는 편지 및 엽서의 수를 제한함이 필요하다고 인정할 경우에는, 그 수는 제70조에 정하는 통지표를 제외하고 매월 편지 2통 및 엽서 4통이상이어야 한다. 이들 편지 및 엽서는 가능한 한 본 협약의 부속양식과 같은 형식의 것이어야 한다. 억류국이 필요한 검열의 실시상 유능한 번역자를 충분히 얻을 수가 없기 때문에 번역에 곤란을 초래하고 따라서 당해 제한을 행함이 포로의 이익이라고 이익 보호국이 인정하는 경우에 한하여 기타의 제한을 과할 수가 있다. 포로에게 보낸 통신이 제한되지 않으면 아니되는 경우에는 그 제한은 통상 억류국의 요청에 따라 포로가 소속하는 국가만이 명할 수 있다. 전기의 편지 및 엽서를 억류국이 사용할 수 있는 가장 신속한 방법으로 송부하여야 하며 징계의 이유로 지연시키거나 보류하여서는 아니된다. 장기간에 걸쳐 가족으로부터 소식을 받지 못하는 포로 또는 가족과의 사이에 통상의 우편 노선에 의하여 서로 소식을 전할 수가 없는 포로 및 가족으로 부터 심히 먼 장소에 있는 포로에 대하여는 전보를 발신함을 허가하여야 한다. 그 요금은 억류국에 있어서의 포로의 계정에서 공제하거나 또는 포로가 처분할 수 있는 통화로 지불하여야 한다. 포로는 긴급한 경우에도 이 조치에 의한 혜택을 받아야 한다. 포로의 통신은 원칙적으로 모국어로 써야 한다. 충돌 당사국은 기타의 언어로 통신함을 허가할 수 있다. 포로의 우편물을 넣는 우편물 행낭은 확실히 봉인하고 또한 그 내용을 명시한 표찰을 붙이고 난 후에 목적지향 우체국으로 송부하여야 한다.

제72조 포로에게는 특히 식량, 피복, 의료품 및 포로의 필요를 충족시킬 수 있는 도서, 종교용품, 과학용품, 시험용지, 악기, 운동구 및 포로에게 연구 또는 문화 활동을 할 수 있게 하는 여러 용품을 포함하여 종교상, 교육상 또는 오락상의 용품이 들어 있는 개인 또는 집단적인 화물을 우편 또는 기타의 경로에 의하여 수령함을 허가하여야 한다. 이들 화물은 억류국에 대하여 본 협약에서 억류국에 과하는 의무를 면제하는 것은 아니다. 전기의 화물에 대하여 과할 수 있는 유일한 제한은 이익 보호국이 포로 자신의 이익을 위하여 제안하는 제한 또는 국제적십자 위원회 기타 포로에게 원조를 주는 단체가 운송상의 과도한 혼잡으로 인하여 당해 단체 자신의 화물에 관하여서만 제안하는 제한으로 한다. 개인적 화물 또는 집단적 구제품의 발송에 관한 조건은 필요하다면 관계국간의 특별 협정의 대상으로 하여야 한다. 관계국은 여하한 경우에도 포로에 의한 구제품의 수령을 지연시켜서는 아니된다. 도서는 피복 또는 식량의 화물중에 넣어서는 아니된다. 의료품은 원칙적으로 집단적 화물속에 송부하여야 한다.

제73조 집단적 구제품의 수령 및 분배의 조건에 관하여 관계국간에 특별협정이 없는 경우에는, 본 협약에 부속하는 집단적 구제에 관한 규칙을 적용하여야 한다. 전기의 특별 협정은 여하한 경우에도 포로 대표가 포로에게 보내온 집단적 구제품을 보유하고 분배하고 또한 포로의 이익이 될 수 있도록 처

분하는 권리를 제한 하여서는 아니된다. 전기의 특별 협정은 또한 이익 보호국, 국제 적십자 위원회 또는 포로에게 원조를 주는 기타의 단체로서 집단적 화물의 전달에 관하여 책임을 지는 자들의 대표자가 수령인에 대한 당해 화물의 분배를 감독할 권리를 제한하여서는 아니된다.

제74조 포로를 위한 모든 구제품은 수입세, 세관수수료 또는 기타의 과징금으로 부터 면제된다. 포로에게 보내오고 또는 포로가 발송하는 통신, 구제품 및 허가된 송금으로서 우편에 의하는 것은 직접 송부되거나 제122조에 정하는 정보국 및 제123조에 정하는 중앙 포로 정보기구를 통하여 송부되거나를 불문하고 발송국, 접수국 및 중계국에서 우편요금이 면제된다. 포로에게 발송된 구제품이 중량 또는 기타의 이유로서 우편으로 송부할 수 없는 경우에는 그 수송비는 억류국의 관리하에 있는 모든 지역에 있어서는 억류국이 부담하여야 한다. 본 협약의 기타의 체약국은 각자의 영역에서의 수송비를 부담하여야 한다. 관계국간에 특별협정이 없는 경우에는 전기의 구제품의 수송에 요하는 비용으로서 전기에 의하여 면제되는 비용을 제외한 것은 발송인이 부담하여야 한다. 체약국은 포로가 발신하고 또는 포로에게 보내온 전보의 요금을 가능한 한 염가로 하도록 노력하여야 한다.

제75조 군사 행동으로 인하여 관계국이 제70조, 제71조, 제72조 및 제77조에 정하는 송부품의 수송을 보장하는 의무를 이행할 수 없는 경우에는, 관계 이익 보호국, 국제 적십자 위원회, 또는 충돌 당사국이 정당히 승인한 기타의 단체는 화차, 자동차, 선박, 항공기 등 적당한 수송 수단에 의하여 그 송부품의 전달을 보장하도록 기도할 수 있다. 이를 위하여 체약국은 이들에게 전기의 수송 수단을 제공하도록 노력하고 또한 특히 필요한 안도권을 주어서 수송 수단의 사용을 허가하여야 한다. 전기의 수송 수단은 다음의 것의 수송을 위하여도 사용할 수 있다.

    가. 제123조에 정하는 중앙 포로 정보기구와 제122조에 정하는 각국의 정보국과의 사이에 교환되는 통신, 명부 및 보고서

    나. 이익보호국, 국제적십자위원회 또는 포로에게 원조를 주는 기타의 단체가 그의 대표 또는 충돌 당사국과의 사이에 교환되는 포로에 관한 통신 및 보고서전기의 규정은 충돌 당사국이 희망하는 경우에 다른 수송 수단에 관하여 협정할 권리를 제한하는 것은 아니며 또한 서로 합의된 조건으로 그의 수송 수단에 대하여 안도권이 주어짐을 배제하지 아니한다. 특별 협정이 없는 경우에는 수송 수단의 사용에 요하는 비용은 그로 인하여 자국민이 이익을 받는 충돌당사국이 안분하여 부담한다.

제76조 포로에게 보내오고 또는 포로가 발송하는 통신의 검열은 가능한 한 조속히 행하여야 한다. 그 통신은 발송국 및 접수국만이 각각 1회에 한하여 검열할 수 있다. 포로에게 보내온 화물의 검사는 그중의 물품을 손상할 염려가 있는 상태하에서 행하여서는 아니된다. 그 검사는 문서 또는 인쇄물의 경우를 제외하고 수령인 또는 수령인이 정당히 위임한 포로의 입회하에 행하여야 한다. 포로에 대한 개인 또는 집단적인 화물의 인도는 검사의 곤란을 구실로 지연시켜서는 아니된다. 충돌 당사국이 명하는 통신의 금지는 군사적 이유에 의한 것이거나 정치적 이유에 의한 것이거나를 불문하고 일시적이어야 하고 그 금지 기간은 가능한 한 짧아야 한다.

제77조 억류국은 포로를 위하여 작성되거나 또는 포로들이 발송하는 종류의 서류, 특히 위임장과 유서를 이익 보호국이나 제123조에 규정한 중앙 포로 정보국을 통하여 발송하는데 있어서 모든 편의를 도모하여야 한다. 모든 경우에 있어서 억류국은 포로들을 위한 서류의 작성과 집행에 있어서 편의를 제공하여야 한다. 특히 억류국은 포로들이 변호사와 상의할 것을 허용해야 하며 포로들의 서명을 확인하는데 필요한 어떠한 절차라도 강구하여 주어야 한다.

제6부 포로와 당국과의 관계
제1장 억류 조건에 관한 포로의 이의 제청
제78조 포로들은 그 권력하에 그들이 있는 군 당국에 대하여 억류조건에 관한 요청을 제기할 권리를 가진다. 포로들은 또한 그 억류 조건중 이의를 제기하려고 하는 사항에 대하여 이익 보호국의 대표자의

주의를 환기하기 위하여 포로 대표를 통하거나 또는 필요하다고 인정할 때에는 직접 이익 보호국의 대표자에 대하여 신청할 무제한의 권리를 가진다. 전기의 요청 및 이의는 제한하지 못하며 또한 제71조에 정하는 통신의 할당수의 일부를 구성하는 것으로 인정하여서는 아니된다. 이 요청 및 불평이 이유가 없다고 인정된 경우에도 처벌의 이유로 하여서는 아니된다. 포로 대표는 이익 보호국의 대표자에 대하여 수용소의 상태 및 포로의 요청에 관한 정기적 보고를 할 수가 있다.

제2장 포로대표

제79조 포로들은, 장교들이 있는 장소를 제외하고 포로가 있는 모든 장소에 있어서, 군당국, 이익보호국, 국제적십자위원회 및 포로를 원조하는 기타의 단체에 대하여 그들의 대표 행위를 위임할 포로대표를 6개월마다 또는 결원이 생긴 때마다 자유로히 비밀 투표로 선거 하여야 한다. 이 포로 대표는 재선될 수 있다. 장교 및 이에 상당하는 자의 수용소 또는 혼합수용소에서는 포로중의 선임장교가 그 수용소의 포로대표로 인정된다. 장교의 수용소에서는 포로 대표는 장교에 의하여 선출된 1인 또는 2인 이상의 고문에 의하여 보좌된다. 혼합수용소에서는 포로 대표의 보조자는 장교가 아닌 포로중에서 선출되어야 하며 또한 장교가 아닌 포로에 의하여 선출되어야 한다. 포로가 책임을 지고 있는 수용소의 행정임무를 수행하기 위하여 포로의 노동 수용소에는 동일국적의 장교 포로를 배치하여야 한다. 이들 장교는 본조 제1항에 따라 포로대표로서 선출될 수 있다. 이 경우에는 포로 대표의 보조자는 장교가 아닌 포로중에서 선출되어야 한다. 선출된 포로대표는 모두 그 임무에 취임하기 전에 억류국의 승인을 얻어야 한다. 억류국은 포로에 의하여 선출된 포로대표의 승인을 거부한 때에는 그 거부의 이유를 이익 보호국에 통지하여야 한다. 포로 대표는 여하한 경우에도 자기가 대표하는 포로와 동일한 국적, 언어 및 관습을 가진 자라야 한다. 이리하여 국적, 언어, 및 관습에 따라 상이한 수용소에 구분 수용된 포로는 전 각항에 따라 그 구분마다 각자의 포로 대표를 가진다.

제80조 포로 대표는 포로의 육체적, 정신적 및 지적 복지를 위하여 공헌하여야 한다. 특히 포로가 그들 상호간에 상호 부조의 제도를 조직하도록 결정한 경우에는 이 조직은 본 협약의 다른 규정에 의하여 포로에게 위임되는 특별한 임무와는 별도로 포로 대표의 권한에 속한다. 포로 대표는 그의 임무만의 이유로서는 포로가 범한 죄에 대하여 책임을 지지 아니한다.

제81조 포로 대표들은, 그들의 임무의 수행이 다른 노동에 의하여 일층 곤난하게 될 때에는 다른 노동에 강제되지 아니한다. 포로 대표들은 그들이 필요로 하는 보조자를 포로중에서 지명할 수가 있다. 포로 대표들에 대하여는, 모든 물질적 편의, 특히 그 임무(노동 분견대의 방문보급품의 수령 등)의 달성을 위하여 필요한 어느 정도의 행동의 자유를 허가하여야 한다. 포로 대표들에게 포로들이 억류되어 있는 시설을 방문함이 허가 되어야 한다. 모든 포로들은 그들의 포로 대표들과 자유로히 협의할 권리를 가진다. 포로 대표들에 대하여는 또한 억류국의 당국, 이익 보호국, 국제적십자 위원회와 이들의 대표, 혼성의료 위원회 및 포로를 원조하는 단체와 우편 또는 전신으로 통신하기 위한 모든 편의를 주어야 한다. 노동 분견대의 포로 대표들은 주요 수용소의 포로 대표들과 통신하기 위하여 동일한 편의를 향유한다. 이 통신은 제한되어서는 아니되며 또한 제71조에 정하는 할당수의 일부를 구성하는 것으로 간주 하여서는 아니된다. 이동 되는 포로 대표들은 그들의 후임자에게 현재의 사정을 설명하도록 충분한 시간을 받아야 한다. 해임의 경우에 있어서는 그에 대한 이유를 이익 보호국에 통지하여야 한다.

제3장 형법 및 징계법

1. 총 칙

제82조 포로는 억류국의 군대에 적용되는 법률, 규칙 및 명령에 복종하여야 한다. 억류국은 그의 법률, 규칙 및 명령에 대한 포로의 위반행위에 대하여 사법상 또는 징계상의 조치를 취할 수 있다. 단, 그 절차와 처벌은 본장의 규정에 배치되어서는 아니된다. 억류국의 법률, 규칙 또는 명령이 포로가 행한 행위를 처벌한다고 선언한 경우 동일 행위가 억류국의 군대의 구성원에 의하여 행하여진 때에는 이를 처벌할 것이 못되는 때에는 그러한 행위에 대하여는 징계벌만을 과할 수 있다.

제83조 억류국은 포로가 행하였다고 인정되는 위반 행위에 대한 처벌이 사법상 또는 징계상의 절차중의 어떤 것에 의할 것인가를 결정함에 있어서 권한있는 당국이 최대의 관용을 보이고 또한 가급적 사법상의 조치보다도 징계상의 조치를 취하도록 보장하여야 한다.

제84조 포로는 군재만이 재판할 수 있다. 단, 포로가 범하였다고 주장되어 있는 당해 위반행위와 동일한 행위에 관하여 억류국의 군대의 구성원을 민재에서 재판함이 억류국의 현행법령상 명백히 허용되어 있는 경우에는 그러하지 아니하다. 포로는 여하한 경우에도 일반적으로 인정된 독립과 공평에 관한 불가결의 보장을 주지 않는, 특히 그 절차가 제105조에 정하는 변호의 권리 및 수단을 피고인에게 주지 않는 어떠한 종류의 법원에 의하여도 재판을 받지 아니한다.

제85조 포로가 되기 전에 행한 행위에 대하여 억류국의 법령에 의하여 소추된 포로는 유죄 판결을 받은 경우라 하더라도 본 협약의 혜택을 보유한다.

제86조 포로는 동일한 행위 또는 동일의 범죄 사실에 대하여 두번 처벌되지 아니한다.

제87조 억류국의 군당국 및 법원은 포로에 대하여 동일한 행위를 한 억류국의 군대의 구성원에 관하여 규정한 형벌 이외의 형벌을 과하지 못한다. 억류국의 법원 또는 당국은 형벌을 결정함에 있어서 피고인이 억류국의 국민이 아니고 동국에 대하여 충성의 의무를 지지않는 사실 및 피고인이 그의 의사에 관계없는 사정에 의하여 억류국의 권력내에 있는 사실등을 가능한한 고려하여야 한다. 전기의 법원 또는 당국은 포로가 소추된 위법 행위에 관하여 정하여진 형벌을 자유로히 경감할 수 있으며 따라서 법이 정하는 가장 경한 형벌을 적용할 의무를 지지 아니한다. 개인의 행위에 대한 집단적 형벌, 육체에 가하는 형벌, 일광이 들어오지 않는 장소에의 구금 및 일반적으로 모든 종류의 고문과 잔학 행위는 금지한다. 억류국은 포로의 계급을 박탈하여서는 아니되며 또한 포로의 계급장의 착용을 방해하여서는 아니된다.

제88조 징계벌 또는 형벌에 복하는 장교포로, 하사관 및 병졸에 대하여는 동일한 벌에 관하여 억류국의 군대중 동등 계급의 구성원에게 주는 대우 보다도 더 가혹한 대우를 하여서는 아니된다. 여자포로에 대하여는 억류국의 군대의 구성원인 여자가 동일한 위반 행위에 대하여 받는 것보다 더 가혹한 벌을 과하여서는 아니 되며 벌에 복하는 동안 가혹한 대우를 하여서는 아니된다. 여자포로에 대하여는, 여하한 경우에도 억류국의 군대의 구성원인 남자가 동일한 위반 행위에 대하여 받는 것보다 더 가혹한 벌을 과하여서는 아니되며 또한 벌에 복하는 동안 가혹한 대우를 하여서는 아니된다. 포로는 징계벌 또는 형벌에 복한 후에는 다른 포로와 차별 대우를 받지 아니한다.

II. 징계벌

제89조 포로에 대하여 과할 수 있는 징계벌은 다음과 같다.

1. 30일 이내의 기간에 긍하여 제60조 및 제62조의 규정에 따라 포로가 수령할 선지불의 봉급과 노임의 백분의 50이하의 벌금.
2. 본 협약에 정하는 대우 이외에 부여 되고 있는 특권의 정지.
3. 1일 2시간 내의 노역. 약소국명
4. 위 3항에 정하는 벌은 장교에게는 과하지 아니한다. 징계벌은 여하한 경우에도 비인도적인 것, 잔학한 것, 또는 포로의 건강에 해로운 것이어서는 안 된다.

제90조 하나의 징계벌의 기간은 여하한 경우에도 30일을 초과하지 못한다. 기율 위반행위에 대한 심문을 기다리는 동안 또는 징계벌 결정이 있을 때까지의 구금 기간은 포로에게 언도하는 본 벌에 통산되어야 한다. 포로가 징계의 결정을 받는 경우에 있어서 동시에 둘 이상의 행위에 관하여 책임이 추궁되는 때에도 이들 행위 간의 관련성 유무를 불문하고 전기의 30일의 최대한도는 초과할 수 없다. 징계의 언도와 집행 간의 기간의 기간은 1개월을 초과할 수 없다. 포로에 대하여 거듭 징계의 결정이 있는 경우에 그중 하나의 징계벌의 기간이 10일 이상인 때에는 양 징계벌의 집행 사이에는 적어도 3일간의 기간을 두어야 한다.

제91조 포로의 도주는 다음 경우에는 성공한 것으로 간주한다.
    1. 포로가 그가 속하는 국가 또는 동맹국의 군대에 복귀한 경우,
    2. 포로가 억류국 또는 그 동맹국의 지배하에 있는 지역을 떠났을 때,
    3. 포로가 억류국의 영해에서 그가 속하는 국가 또는 동맹국의 국기를 게양하는 함선에 승선했을 때. 단, 상기 함선이 억류국의 지배하에 있는 경우를 제외한다. 본조의 의미에 있어서의 도주에 성공한 후 다시 포로로 된 자에 대하여는 이전의 도주에 대하여 처벌할 수 없다.

제92조 도주를 기도하는 포로와 제91조 의미에 있어서 도주에 성공하기 전 다시 붙잡힌 포로에 대하여는 그 위반행위가 반복된 경우라도 그것에 대하여는 징계벌만 과하여야 한다. 다시 붙잡힌 포로는 지체없이 권한 있는 군 당국에 인도되어야 한다. 제88조 제4항의 규정에도 불구하고 성공하지 못한 도주의 결과로서 처벌되는 포로는 특별한 감시하에 둘 수가 있다. 그 감시는 포로의 건강 상태를 해하는 것이어서는 안 되고, 포로수용소 내에서 행하여져야 하며, 또한 본 협약에 의하여 포로에게 부여되는 보호의 어떠한 것도 배제되어서는 안 된다.

제93조 도주 또는 도주의 기도는, 그것이 반복된다 하더라도, 포로가 도주 또는 도주의 기도 중에 행한 범죄행위에 대하여 사법 절차에 의한 재판에 회부 될 경우에 형을 가중하는 정상으로 간주되어서는 아니 된다. 포로가 도주를 용이하게 할 의사만으로 행한 위반행위로서 생명 및 신체에 대한 폭행을 동반하지 않는것, 예컨대 공용 재산에 대하여 행한 위법 행위, 이득의 의사가 없는 도취, 위조문서의 작성 또는 행사, 군복 이외의 피복의 착용 등에 대하여는 제83조에 정한 원칙에 따라 징계벌만을 과할 수 있다. 도주 또는 도주의 기도를 방조하고 또는 교사한 포로에 대하여는 그 행위에 대하여 징계벌만을 과할 수 있다.

제94조 도주한 포로가 다시 붙잡힌 경우는 그 사실을 제122조에 정하는 바에 따라 포로가 속하는 국가에 통고하여야 한다. 단, 그 도주가 이미 통고되어있는 때에 한한다.

제95조 규율 위반행위에 대하여 입건된 포로는 억류국의 군대의 구성원이 유사한 위반행위에 대하여 입건된 때와 마찬가지로 구금되는 경우와 수용소의 질서 및 기율의 유지 때문에 필요로 하는 경우를 제외하고는 징계의 결정이 있기까지 구금되어서는 아니 된다. 기율 위반행위에 대한 처분이 있기까지의 포로의 구금 기간은 최소한도로 하여야 하고 또한 14일을 경과하여서는 아니 된다. 본장 제97조 및 제98조의 규정은 기율 위반행위에 대한 처분이 있기까지 구금되어있는 포로에게 적용한다.

제96조 기율 위반행위를 구성하는 행위는 즉시 조사하여야 한다. 법원 및 상급의 군 당국의 기득권은 침해함이 없이 징계벌은 수용소장의 자격으로 징계권을 갖는 장교, 또는 그를 대리하거나 그의 징계권이 위임된 책임있는 장교에 의하여서만 언도될 수 있다. 징계권은 여하한 경우에도 포로에게 위임되거나 포로에 의하여 행사되어서는 안 된다. 징계 결정의 언도에 앞서 입건된 포로에 대하여는 입건된 죄과의 정확한 내용을 알려주고 또한 당해 포로가 자기의 행위를 해명하고 자기를 변호할 기회가 부여되어야 한다. 그 포로에게는 특히 증인을 소환하고 필요하면 자격 있는 통역관에게 통역시킬 것을 허여하여야 한다. 판결은 당해 포로 및 포로 대표에게 통고하여야 한다. 징계의 기록은 수용소장이 보관하고 또한 이익 보호국의 대표자의 열람에 공하여야 한다.

제97조 포로는 여하한 경우에도 감옥, 구치소, 도형장 등의 구치시설에 이동하여 징계벌을 받게 하여서는 안 된다. 포로를 징계벌에 복종하게 하는 모든 장소는 제25조에 따르는 위생상의 요건을 충족시켜야 한다. 징계벌에 복종하는 포로는 제29조이 규정에 따라 그들 가신을 청결한 상태로 있지 할 수 있도록 하여야 한다. 장교 및 이에 상당하는 자는 하사관 또는 병졸과 동일 장소에 구금하여서는 안 된다. 징계벌에 복종하는 여자 포로는 남자 포로와 분리된 장소에 구금하고 또한 여자의 직접 감시하에 두어야 한다.

제98조 징계벌로서 구금되는 포로는 구금된 사실만으로서 본 협약의 규정 적용이 필연적으로 불가능하게 된 경우를 제외하고는 계속하여 본 협약 규정의 혜택을 받는다. 제78조 및 제126조에 규정된 혜택은 여하한 경우에도 그 포로로부터 박탈하여서는 아니 된다. 징계벌에 복종하는 포로로부터 그의

계급에 따르는 특권을 박탈하여서는 아니 된다. 징계벌에 복종하는 포로에 대하여는 하루에 적어도 두 시간 운동하고 또한 옥외에 있음을 허가하여야 한다. 이들 포로에 대하여는 그의 요청이 있는 때에는 매일 검진을 받을 수 있도록 하여야 한다. 이들 포로는 그의 건강 상태에 따라 필요로 하는 치료를 받고 또한 필요한 경우에는 수용소의 병동 또는 병원에 이송되어야 한다. 그들에게는 읽고, 쓰고 편지를 수발하도록 허가하여야 한다. 단, 보내온 소포 및 금전은 처벌이 종료될 때까지 유치한다. 그동안 보내온 소포 또는 금전은 포로 대표에게 위탁하여야 하며 포로대표는 그 소포 중에 포함되어있는 변질하기 쉬운 물품을 병실에 인도하여야 한다.

III. 사법 절차

제99조 그 행위 당시에 유효하였던 억류국의 법령 또는 국제법에 의하여 금지되어 있지 않은 포로의 행위에 대하여는 이를 재판에 회부하거나 형벌을 과할 수 없다. 입건된 행위를 유죄로 인정시키기 위하여 포로에게 정신적 또는 육체적 강제를 가하여서는 아니 된다. 포로는 자신을 변호할 기회와 자격 있는 변호인의 원조를 받은 후가 아니면, 이에 대하여 유죄의 판결을 받을 수 없다.

제100조 억류국은 포로 및 이익 보호국에 대하여 억류국의 법령에 따라 사형에 처 할 수 있는 범죄행위를 가급적 조속히 통지하여야 한다. 연후 기타 범죄행위는 포로가 속하는 국가의 동의를 얻지 않고 사형에 처할 수 없다. 법원은 제87조 제2항에 따라 포로는 억류국의 국민이 아니므로 충성의 의무를 지지 않는 다른 사실과 그의 의사에 관계없는 사정에 의하여 억류국의 권력 내에 있다는 사실을 유의하지 않고서는 포로에게 사형을 언도하지 못한다.

제101조 포로에 대하여 사형을 언도한 경우는 제107조에 정하는 상세한 통고를 이익 보호국의 지정된 수신처가 수령 한 날로부터 적어도 6개월의 기간이 경과 하기 전에는 그 판결을 집행하여서는 안 된다.

제102조 포로에 대하여 언도 된 판결은 억류국의 군대 구성원의 경우와 동일한 절차에 따라 동일한 법원에서 행하여지고 또한 본 장의 규정이 준수된 경우가 아니면 효력을 가지지 못한다.

제103조 포로에 대한 사법상의 심문은 사정이 허락하는 한 조속히 행하여 그럼으로써 재판이 가급적 조속히 개정되도록 하여야 한다. 포로는 억류국의 군대 구성원이 동일한 범죄행위로서 입건 구속되는 경우 또는 국가의 안전상 구속을 필요로 하는 경우를 제외하고는 재판을 기다리는 동안 구류되지 아니한다. 여하한 경우에도 이 구류는 3개월을 초과할 수 없다. 재판이 있기까지의 포로가 구류되는 기간은 당해 포로에게 과하는 구속 일자에 통산하여야 하며 또한 형의 결정에 있어서 고려해 넣어야 한다. 본 장 제97조 및 제98조의 규정은 재판이 있기까지 구류된 포로에게 적용된다.

제104조 억류국이 포로에 대하여 재판절차를 개시하기로 결정한 경우는 이익 보호국에 대하여 가급적 조속히 그리고 적어도 재판 개시 3주일 전에 그 사실을 통보하여야 한다. 이 3주일의 기간은 이익 보호국이 미리 억류국에 지정한 이익 보호국 내의 주소에 상기 통고가 도착한 날로부터 계산한다. 전기의 통고에는 다음 사항을 포함하여야 한다.

1. 포로의 성명, 계급, 군번, 군의 명칭, 연대의 명칭, 개인의 번호, 또는 군번, 생년월일 및 직업.
2. 억류 또는 구류의 장소.
3. 포로에 대한 공소 사실의 상세와 적용 법규.
4. 사건을 취급할 법원의 지정 및 재판 개시 일자와 장소. 억류국은 포로 대표에게도 동일한 통지를 하여야 한다. 재판 개시 일시, 이익 보호국, 포로 본인 및 관계 포로대표가 적어도 재판 개시 3주일 전에 전기의 통지를 수령하였다는 증거를 제출하지 않는 경우는 재판을 개시하지 못하며, 이를 연기하여야 한다.

제105조 피고 포로는 동료 1인의 보좌를 받으며 자신이 선임한 자격 있는 변호사에 의하여 변호 되고 증인의 소환을 요구하여 그가 필요하다고 생각할 때는 유능한 통역관에게 통역시킬 권리를 가진다.

억류국은 재판 개시 전 적당한 시기에 포로에게 이들 권리에 관하여 통고하여야 한다. 이익 보호국은 포로가 변호인을 선임하지 못하는 경우는 변호인을 붙여주어야 하며 이를 위하여 이익 보호국은 적어도 1주간의 유예기간을 가져야 한다. 억류국은 이익 보호국의 요구가 있으면 변호사 자격이 있는 인명부를 전달하여야 한다. 억류국은 포로 자신이나 이익 보호국이 변호인을 선임하지 못하는 경우는 변호를 위하여 자격 있는 변호인을 지명하여야 한다. 포로의 변호에 임하는 변호인에 대하여는 피고인의 변호 준비를 위하여 재판 개시 전 적어도 2주간의 유예기간을 주고 또한 필요한 편의를 도모하여야 한다. 이 변호인은 특히 자유로이 피고인을 방문하고 또한 입회인이 없이 피고인과 면접할 수 있다. 이 변호인은 또한 변호를 위하여 포로를 포함하는 증인과 협의할 수 있다. 이 변호인은 불복 신립 또는 청원의 기간이 만료할 때까지 전기의 편익을 향유 한다. 포로에 대한 기소 영장과 억류국의 군대에 적용되는 법령에 따라 통상 피고인에게 송달되는 서류는 포로가 이해하는 언어로 기재하고 재판 개시 전 충분한 여유를 두고 조속히 피고인인 포로에게 송달하여야 한다. 포로의 변호에 임하는 변호인에 대하여서도 동일한 조건으로 동일하게 송달하여야 한다. 이익 보호국의 대표자는 특히 국가의 안전을 위하여 재판이 비공개로 행하여지는 경우를 제외하고는 사건의 재판에 입회할 권리를 가진다. 이 경우 억류국은 이익 보호국에 대하여 그 취지를 통고하여야 한다.

제106조 각 포로는 자기에 대하여 언도되는 판결에 관하여 억류국의 군대의 구성원이 하는 방식에 따라 판결의 기각, 정정 또는 재심을 청구하기 위하여 불복을 신립하고 또는 청원할 권리를 가진다. 그 포로에 대하여는 불복 신립 또는 청원의 권리 및 이것을 행사할 수 있는 시한에 관하여 충분한 통고를 하여야 한다.

제107조 포로에 대하여 언도되는 판결은 요약된 문서로서 즉시 이익 보호국에 통고 하여야 한다. 그 문서에는 포로가 판결의 기각 정정 또는 재심을 청구하기 위하여 불복을 신립하고 또는 청원할 권리를 가지는 가의 여부도 기재하여야 한다. 이 문서는 관계 포로 대표에게도 송부하여야 한다. 포로가 출두하지 않고 판결이 언도된 때에는 피고인인 포로에 대하여서도 이 문서를 당해 포로가 이해하는 언어로 작성하여 교부하여야 한다. 억류국은 또한 불복 신립 또는 청원의 권리를 행사하는 여부에 관한 포로의 결정을 이익 보호국에 즉시 통고하여야 한다. 또한 포로에 대하여 유죄의 판결이 확정된 경우 및 제1심 판결에서 사형의 언도가 있는 경우에는 억류국은 이익 보호국에 대하여 다음 사항을 기재한 상세한 문서를 가급적 조속히 송부하여야 한다.

1. 사실인정 및 판결의 정확한 본문,
2. 예심 조사 및 재판에 관한 개요와 보고로서 특히 소추 및 변호의 요점을 명시한 것,
3. 필요한 경우에는 형이 집행될 시설의 통고.

전 각호에 정하는 통고는 이익 보호국이 미리 억류국에 통고한 주소로 송부 하여야 한다.

제108조 유죄 판결이 적법하게 실시된 후 포로에 대하여 행하여진 선고는 억류국 군대 구성원의 경우와 동일한 시설에서 동일한 조건하에 집행되어야 한다. 이 조건은 모든 경우에 있어서 위생 및 인도상의 제 요건을 갖추어야 한다. 전기의 형이 언도된 여자 포로는 분리된 장소에 구금하고 또한 여자의 감시하에 두어야 한다. 자유형이 언도된 포로는 여하한 경우에도 본 협약 제78조 및 제126조의 규정에 의한 혜택을 계속 향유 한다. 또한 포로는 통신을 송수하며 매월 적어도 1개의 구호품 소포를 수령하고 옥외에서 규칙적으로 운동하며 그 건강 상태에 따라 필요로 하는 의료와 그들이 희망하는 정신상의 원조를 받을 수 있도록 허가하여야 한다. 이들 포로에게 과하는 형벌은 제87조 제3항의 규정에 따라야 한다.

제4편 포로 신분의 종류
제1부 직접 송환 및 중립국에서의 수용
제109조 본 조 제3항의 규정에 따를 것을 조건으로 충돌 당사국은 중상 및 중병의 포로를 그의 수와 계급의 여하를 불문하고 그들이 여행에 적합할 때까지 치료한 후에 다음 조 제1항에 따라 본국으로 송

환하여야 한다. 충돌 당사국은 적대 행위 중 관계 중립국의 협력에 의하여 다음조 제2항에서 언급하는 부상자 또는 병자인 포로의 중립국 내에서의 수용에 관하여 조치를 취하도록 노력하여야 한다. 뿐만 아니라, 충돌 당사국은 장기간 포로의 신분으로 있었던 건강한 포로의 직접 송환 또는 중립국 내에서의 억류에 관하여 협정을 체결할 수 있다. 본 조 제1항에 의하여 송환의 대상이 되는 부상자, 또는 병자인 포로는 적대 행위의 기간 중 그의 의사에 반하여 송환되어서는 아니 된다.

제110조 다음의 자는 직접 송환하여야 한다.

1. 불치의 부상자 또는 병자로서 정신적 또는 육체적 기능이 현저히 감퇴 되었다고 인정되는 자.

2. 1년 이내에 회복할 가망이 없다고 의학적으로 진단된 부상자 또는 병자로서 그의 상태가 요양을 필요로 하고 또한 정신적 및 육체적 기능이 현저히 감퇴 되었다고 인정되는 자.

3. 회복한 부상자 또는 병자로서 정신적이나 육체적 기능이 현저히 그리고 영구적으로 감퇴 되었다고 인정되는 자.

다음의 자는 중립국 내에서 수용할 수 있다.

1. 부상 또는 발병일로부터 1년 이내에 회복된다고 예상되는 부상자나 병자로서 중립국에서 요양하면 일층 확실하고 신속히 회복한다고 인정되는 자.

2. 계속하여 포로의 신분으로 있으면 정신 또는 육체의 건강에 현저한 위험이 있다고 의학적으로 진단되는 포로로서 중립국에 수용하면 이 위험이 제거될 것이라고 인정되는 자. 중립국에 수용된 포로가 송환되기 위하여 충족시킬 조건 및 이들 포로의 지위는 관계국 간의 협정으로 정하여야 한다.

일반적으로 중립국에 수용되어있는 포로로서 다음 부류에 속하는 자는 송환하여야 한다.

1. 건강 상태가 직접 송환에 관하여 정한 조건에 이를 정도로 악화한 자.

2. 정신적 또는 육체적 기능이 요양 후에도 현저히 악화되어 있는 자. 직접 송환 또는 중립국에서의 수용의 이유로 되는 장해 또는 질병의 종류를 결정하기 위한 특별 협정이 관계 충돌 당사국 간에 체결되어 있지 않은 경우는 이들의 종류는 본 협약에 부속된 부상자 또는 병자인 포로의 직접 송환 및 중립국에서의 수용에 관한 표본 협정과 혼성 의료위원회에 관한 규칙이 정하는 원칙에 따라 결정하여야 한다.

제111조 억류국, 포로가 속하는 국가 및 그 2국 간에 합의된 중립국은 적대 행위가 종료할 때까지 그 중립국 영토 내에 포로를 억류할 수 있도록 하는 협정의 체결에 노력하여야 한다.

제112조 적대 행위가 시작된 때 부상자 또는 병자인 포로를 진찰하고 그 포로에 관하여 적절한 모든 결정을 취하도록 혼성 의료위원회를 설치하여야 한다. 혼성 의료위원회의 임명, 임무 및 활동에 관하여는 본 협약 부속 규칙에 정하는 바에 따라야 한다. 그러나, 억류국의 의료당국이 명백히 중병이라고 인정하는 포로는 혼성 의료위원회의 진찰을 거치지 않고 송환할 수 있다.

제113조 억류국의 의료당국이 지정한 포로외에 다음 부류에 속하는 부상자나 병자인 포로는 전조에 정하는 혼성 의료위원의 진찰을 받을 권리를 가진다.

1. 동일 국적을 갖는 의사 또는 당해 포로 소속국의 동맹국인 충돌 당사국 국민인 의사로서 수용소 내에서 그 임무를 행하는 자가 지정한 부상자 및 병자.

2. 포로대표가 지정한 부상자 및 병자.

3. 그가 속하는 국가, 또는 포로에게 원조를 주는 단체로서 그 국가가 정당히 승인한 기관에 의하여 지정된 부상자 및 병자. 전기의 3부류의 하나에 속하지 않는 포로도 이들 부류에 속하는 자의 진찰 후에는 혼성 의료위원회의 진찰을 받을 수 있다. 혼성 의료위원회의 진찰을 받는 포로와 동일한 국적을 갖는 의사 및 포로대표에 대하여서는 그 진찰에 입회함을 허가하여야 한다.

제114조 재해를 입은 포로는 고의로 상해를 받은 경우를 제외하고는 송환 또는 중립국에서의 수용에 관하여 본 협약에 규정된 혜택을 향유한다.

제115조 징계벌이 과하여 짐으로써 송환 또는 중립국 내에서의 수용에 적합한 자는 처벌의 미료를 이유로 억류하여 두어서는 아니 된다. 소추나 유죄판결을 받고 억류된 포로로서 송환 또는 중립국 내에서의 수용이 지정된 자는 억류국이 동의한 때에는 사법 절차 또는 형의 만료 전에 송환 또는 중립국 내에서의 수용의 혜택을 향유 한다. 충돌 당사국은 사법 절차 또는 형 만료까지 억류되는 포로의 성명을 상호 통고하여야 한다.

제116조 포로의 송환 또는 중립국 이송의 비용은 억류국의 국경으로부터는 포로가 속하는 국가가 부담하여야 한다.

제117조 송환된 자는 현역 군무에 복무시켜서는 아니 된다.

제2부 적대 행위 종료 시의 포로의 석방과 송환

제118조 포로는 적극적인 적대 행위가 종료한 후 지체없이 석방하고 송환하여야 한다. 적대 행위의 종료를 위하여 충돌 당사국 간에 체결된 협정에 상기 취지의 규정이 없거나 그러한 약정이 없는 경우에는 각 억류국은 전항에 정하는 원칙에 따라 지체없이 송환 계획을 작성하고 실천하여야 한다. 전항의 어느 경우라도 채택된 조치는 포로에게 통지하여야 한다. 포로 송환의 비용은 여하한 경우에도 억류국과 포로 소속국에 공평히 할당하여야 한다. 이 할당은 다음 기초에 따라 행하여져야 한다.

    가. 양국이 인접하여 있을 경우는 포로 소속국은 억류국 국경으로부터의 송환 비용을 부담하여야 한다.

    나. 양국이 인접하지 아니하는 경우는 억류국은 자국의 국경에 이르기까지 또는 포로 소속국 영토에 가장 가까운 자국의 승선 항에 이르기까지의 포로 수송 비용을 부담하여야 한다. 관계국은 기타의 송환 비용을 공평히 할당하기 위하여 서로 협정하여야 한다. 이 협정 체결은 여하한 경우에도 포로의 송환을 지연시키는 이유로 하지 못한다.

제119조 송환은 제118조 및 다음항 이하의 규정을 고려하여 포로의 이동에 대하여 본 협약 제46조로부터 제48조까지 정한 조건과 동일한 조건으로 실시하여야 한다. 송환에 제하여 제18조의 규정에 따라 포로로부터 압수한 유가물 및 억류국의 통화로 교환하지 않은 외국 통화는 포로에게 반환하여야 한다. 이유의 여하를 불문하고 송환에 있어서 포로에게 반환하지 않는 유가물 및 외국 통화는 제122조에 따라 설치되는 포로정보국에 인도하여야 한다. 포로는 그 개인용품과 수령한 통신 및 소포를 휴대함이 허락되어야 한다. 이들 물품의 중량은 송환조건에 의하여 필요할 때는 각 포로가 휴대할 수 있는 적당한 중량으로 제한할 수 있다. 각 포로는 여하한 경우에도 적어도 25킬로그램의 물품을 휴대할 수 있어야 한다. 송환된 포로의 기타 개인용품은 억류국이 보관하여야 한다. 이들 개인용품은 억류국이 포로의 소속 국가와 수송조건 및 수송 비용의 지불을 정하는 협정을 체결하면 곧 포로에게 송부하여야 한다. 위반행위에 대한 형사소추가 진행 중인 포로는 그러한 소추가 종료될 때까지 그리고 필요하면 형의 종료 시까지 억류할 수 있다. 이것은 위반행위로 이미 유죄 판결을 받은 포로에 대하여서도 동일하게 적용된다. 충돌 당사국은 소추 종료 시까지 또는 형의 종료 시까지 억류되는 포로의 성명을 상호 통고하여야 한다. 충돌 당사국 간의 협정으로 위원회를 구성함으로써 분산된 포로를 수색하고 또한 가급적 속히 포로를 송환할 것을 보장하여야 한다.

제3부 포로의 사망

제120조 포로의 유언은 본국법에서 필요로 하는 유효요건을 충족시키도록 작성하여야 하고 본국은 이 점에 관한 요건을 억류국에 통지하기 위하여 필요한 조치를 취한다. 유언서는 포로의 요청이 있는 경우와 포로의 사망 후 모든 경우에 이익 보호국에 지체없이 송부하고 그 인증등본은 중앙 포로 정보국에 송부하여야 한다. 포로로서 사망한 모든 자에 대하여는 본 협약에 부속된 표본에 합치되는 사망 증명서 또는 책임 있는 장교가 인증한 표를 제122조에 따라 설치되는 포로 정보국

에 가급적 조속히 송부하여야 한다. 동 증명서 또는 인증한 표에는 제17조 제3항에 규정하는 신분증명서의 상세, 사망 연월일, 장소, 사인, 매장 년월일과 그 장소, 묘를 식별하기 위하여 필요한 모든 특기 사항을 기재하여야 한다. 포로의 매장 또는 화장은 반드시 사망을 확증하고, 보고서의 작성을 가능케 하고 또한 필요한 때에는 사망자의 신원을 확정할 목적으로 시체의 의학적 검시를 한 후에 행하여야 한다. 억류당국은 포로의 신분으로 있는 동안에 사망한 포로가 가급적 그가 속하는 종교의 의식에 따라 정중하게 매장된 것과 또한 그 분묘가 존중되고 적당히 유지되며 언제든지 찾아 낼 수 있도록 표지될 것을 보장하여야 한다. 사망한 포로로서 동일국에 속하는 자는 가급적 같은 장소에 매장하여야 한다. 사망한 포로는 공동 분묘를 사용하여야 할 불가피한 사정이 없는 한 각각 별개의 분묘에 매장하여야 한다. 시체는 위생학상의 절대적인 이유나, 사망자의 종교 또는 화장에 대한 본인의 명백한 희망에 따라서만 화장할 수 있다. 화장한 경우는 포로의 사망 증명서에 화장의 사실 및 이유를 기재하여야 한다. 매장 및 분묘에 관한 모든 명세는 분묘를 언제든지 찾아낼 수 있도록 억류국이 설치하는 분묘 등록 기관에 의하여 기록 비치되어야 한다. 분묘의 목록 및 묘지와 기타의 장소에 매장된 포로들에 관한 명세서는 그 포로들의 소속국에 송부하여야 한다. 이들의 분묘를 관리하고 또한 추후에 있어서 시체의 이동을 기록하는 책임은 그 지역을 관할하는 국가가 본 협약의 체결국인 경우는 그 국가가 지어야 한다. 본 항의 규정은 본국의 희망에 따라 적절히 처리될 때까지 분묘 등록 기관이 보관하는 유골에 대하여서도 적용한다.

제121조 위병, 다른 포로 또는 기타 인에게 기인하거나 기인한 혐의가 있는 포로의 사망이나 중상 및 원인 불명의 사망에 대하여는 억류국이 곧 정식 조사를 행하여야 한다. 전기의 사항은 곧 이익 보호국에 통고하여야 한다. 증인, 특히 포로인 증인으로부터 진술을 청취하고 그 진술을 포함하는 보고서를 이익 보호국에 송부하여야 한다. 조사에 의하여 1인 또는 2인 이상의 자가 죄를 범하였다고 인정될 때는 억류국은 책임을 져야할 자를 소추하기 위하여 모든 조치를 취하여야 한다.

제5편 포로에 관한 정보국과 구제단체

제122조 각 충돌 당사국은 충돌이 개시될 때와 모든 점령의 경우에 그 권력 내에 있는 포로에 관한 공설 정보국을 설치하여야 한다. 제4조에서 말한 부류 중의 하나에 속하는 자를 자국 영토 내에 수용한 중립국 또는 비교전국은 그들에 관하여 동일한 조치를 취하여야 한다. 관계국은 포로 정보국에 대하여 그의 능률적인 운영에 필요한 건물 설비 및 직원을 제공할 것을 보장하여야 한다. 관계국은 본 협약 중의 포로의 노동에 관한 부에 정하는 조건에 따라서 포로정보국에서 포로를 사용할 수 있다. 각 충돌 당사국은 그의 권력 내에 있는 제4조에서 말한 부류 중의 하나에 속하는 적국 인에 관하여 본 조 제4항, 제5항 및 제6항에서 말하는 정보를 가급적 신속히 자국의 포로정보국에 제공하여야 한다. 중립국 또는 비교전국은 그의 영토내에 수용한 전기의 부류에 속하는 자에 관하여 동일한 조치를 취하여야 한다. 포로 정보국은 이익 보호국 및 제123조에 정하는 중앙 포로 정보국의 중개에 의하여 그러한 정보를 가장 신속한 방법으로 즉시 관계국에 통고하여야 한다. 그 정보는 관계있는 근친자에게 신속히 양지시킬 수 있는 것이어야 한다. 제17조의 규정에 따를 것을 조건으로 그 정보는 포로 정보국으로서 입수 가능한 한 각 포로에 관하여 그의 성명, 계급, 군의 명칭, 연대의 명칭, 개인번호와 군번, 출생지 생년월일, 소속국, 부친의 명 및 모친의 구성명, 통지를 받을 자의 성명 및 주소, 포로에 대한 서신을 송부할 수 있는 주소를 포함하여야 한다. 포로 정보국은 포로의 이동, 석방, 송환, 도주, 입원 및 사망에 관한 정보를 각 부처로부터 입수하여 그 정보를 전기의 제3항에 정하는 방법으로 통지하여야 한다. 마찬가지로 중병이나 중상자인 포로의 건강 상태에 관한 정보도 정기적으로 가능하면 매주 제공하여야 한다. 포로 정보국은 또한 포로의 신분으로 있는 동안에 사망한 자를 포함하는 포로에 관한 모든 조회에 답변할 책임을 진다. 포로정보국은 정보 요청을 받은 경우에 그 정보를 가지고 있지 않은 때에는 그것을 입수하기 위하여 필요한 조사를 행한다. 정보국의 모든 서면 통신은 서명 또는 날인하여 인증하여야 한다. 포로 정보국은 또한 송환, 석방, 도주, 혹은 사망한 포로가 남긴 억류국 통화 이외의 통화 및 근친자에게 중요한 서류를 포함하는 모든 개인적인 유가물을 수집하여 관계국에 송부 하여

야 한다. 포로 정보국은 이들 유가물을 봉인한 포장에 넣어 송부하여야 한다. 그 봉인 포장에는 그 물품을 소지하고 있던 자를 식별하기 위한 명확하고 완전한 명세서 및 내용물의 완전한 목록을 첨부하여야 한다. 전기 포로의 기타 개인용품은 관계 충돌 당사국 간에 체결되는 협정에 따라 송부 하여야 한다.

제123조 (중앙 포로 정보국은 중립국에 설치 한다.) 국제 적십자위원회는 필요하다고 인정하는 경우 관계 국가에 대하여 중앙 포로 정보국의 조직을 제안하여야 한다. 중앙 포로 정보국의 직능은 공적 또는 사적 경로로 입수할 수 있는 포로에 관한 모든 정보를 수집하고 포로의 본국 또는 포로가 속하는 국가에 그 정보를 가급적 조속히 전달하여야 한다. 충돌 당사국은 중앙 포로 정보국이 그러한 정보를 전달하는 데 대하여 모든 편의를 제공하여야 한다. 체약국과 특히 그 국민이 중앙 포로 정보국 업무의 혜택을 향유하는 국가는 중앙 포로 정보국에 대하여 그가 필요로 하는 재정적 원조를 제공할 것을 요한다. 전기의 규정은 국제 적십자 위원회 또는 제125조에 정하는 구제단체의 인도적 활동을 제한하는 것으로 해석되어서는 아니 된다.

제124조 각국의 포로 정보국 및 중앙 포로 정보국은 우편 요금의 면제 및 제74조에 정하는 모든 면제를 받으며 또 가능한한 전보 요금의 면제 또는 적어도 상당한 감액을 받아야 한다.

제125조 억류국이 자국의 안전을 보장하거나, 또는 기타 합리적인 필요에 대처하기 위하여 긴요하다고 인정하는 조치에 따를 것을 조건으로, 종교단체, 구제단체, 기타 포로에게 원조를 주는 단체의 대표자 및 정당하게 위임받은 대리인들은 포로의 방문, 그리고 그 출처의 여하를 불문하고 종교, 교육 또는 오락 목적을 가지는 구제품과 물자를 분배하고 수용소 내에서 여가를 활용하도록 원조하는 데 필요한 편의를 억류국으로부터 제공받아야 한다. 전기의 단체나 기관은 억류국의 영토 내에서나 기타 여하한 국가 내에서도 설립할 수 있으며 또한 국제적 성격을 가질 수도 있다. 억류국은 대표들이 자국 영토 내에서 억류국의 감독하에 임무를 수행할 것이 허용되고 있는 단체 또는 조직의 수를 제한할 수 있다. 단, 그 제한은 모든 포로에 대한 충분한 구제를 효과적으로 시행하는 것을 방해하지 않아야 한다. 이 분야에 있어서 국제 적십자 위원회의 특별한 지위는 항상 승인되고 존중되어야 한다. 전기의 목적에 충당되는 구제품 및 물자가 포로에게 교부된 때에는 즉시 또는 교부 후 단기간 내에 포로대표가 서명한 각 송부품의 수령증을 그 송부품을 발송한 구제단체 또는 기관에 송부하여야 한다. 이와 동시에 포로의 보호책임을 지는 행정당국은 그 송부품의 수령증을 송부하여야 한다.

제6편 협약의 시행
제1부 총칙

제126조 이익 보호국의 대표자나 사절단은 포로가 있는 모든 장소, 특히 억류, 구금 및 노동의 장소를 방문할 수 있으며 포로가 사용하는 모든 시설에 출입할 수 있다. 그들은 또한 이동되는 포로의 출발, 통과 및 도착 장소를 방문할 수 있다. 그들은 입회인이 없이 직접 또는 통역을 통하여 포로 특히 포로대표와 회견할 수 있다. 이익 보호국의 대표나 사절단은 자유로이 그들이 방문하고자 하는 장소를 선정할 수 있다. 그 방문 기간과 회수는 제한할 수 없다. 방문은 긴급한 군사상 필요를 이유로 하는 예외적이고 일시적인 조치로써 행하여지는 경우를 제외하고는 금지되지 아니한다. 억류국 및 전기의 방문을 받는 포로들의 소속국은 필요할 경우는 이들 포로의 동국인이 방문에 참가하는 것을 합의할 수 있다. 국제 적십자 위원회의 대표도 동일한 특권을 향유 한다. 그 대표의 임명은 방문을 받는 포로를 억류한 국가의 승인을 받아야 한다.

제127조 체약국은 전시, 평시를 막론하고 본 협약 전문을 가급적 광범위하게 자국 내에 보급 시킬 것이며, 특히 군 교육계획, 가능하면 민간교육계획에도 본 협약에 관한 학습을 포함시킴으로써 본 협약의 원칙을 전 군대와 국민에게 습득시킬 것을 약속한다. 전시에 있어서 포로에 대하여 책임을 지는 군 당국과 기타의 당국은 본 협약의 본문을 소지하고 또한 본 협약의 규정에 대하여 특별한 교육을 받아야 한다.

제128조 체약국은 스위스 연방 정부를 통하여 또한 전시 중에는 이익 보호국을 통하여 본 협약의 공식 번역문과 협약의 시행을 위하여 제정한 제 법령을 상호 통보하여야 한다.

제129조 체약국은 본 협약에 대하여 130조에서 정의하는 중대한 위반행위를 범하였거나, 또는 범하도록 명령한 자에 대한 유효한 형벌을 규정하기 위하여 필요한 입법조치를 취할 것을 약정한다. 각 체약국은 중대한 위반행위를 범하였거나 범할 것을 명령한 혐의가 있는 자를 수사할 의무를 지며, 이러한 자는 국적 여하를 불문하고 자국의 법원에 기소 되어야 한다. 또한 각 체약국은 희망이나 자국 국내법의 규정에 따라 이러한 자를 다른 관계 체약국에서 재판받도록 인도할 수 있다. 단, 관계 체약국이 해 사건에 관하여 일단 유리한 증거를 제시하는 경우에 한한다. 각 체약국은 다음 조항에서 정의하는 중대한 위반행위 이외에 본 협약, 제 규정에 위반되는 모든 행동을 방지하기 위하여, 필요한 조치를 취하여야 한다. 피고인은 모든 경우에 있어서 본 협약 제105조 및 그 이하에 규정하는 것보다 불리하지 않는 정당한 재판과 변호가 보장되어야 한다.

제130조 전조에 달하는 중대한 위반행위란 본 협약이 보호하는 사람 또는 재산에 대하여 행하여지는 다음의 행위를 의미한다. 고의적인 살인, 신체 또는 건강을 크게 해치거나 고통을 주는 고문이나 비인도적 대우(생물학적 실험을 포함), 또는 적국의 군대에 복무하도록 포로를 강요하는 것, 또는 본 협약에 정하는 공정한 정식 재판을, 받을 권리를 박탈하는 것.

제131조 체약국은 전조에서 말한 위반행위에 관하여 자국이 져야할 책임을 벗어나거나, 또는 타방 체약국으로 하여금 동국이 져야 할 책임으로부터 벗어나게 하여서는 아니 된다.

제132조 본 협약에 대한 위반 혐의에 관하여 충돌 당사국의 요청이 있을 때는 관계국 간에 결정되는 방법으로 심문하여야 한다. 심문 절차에 관한 합의가 이루어지지 아니하였을 때는 관계국은 그 절차를 결정할 심판관의 선임에 관하여 합의하여야 한다. 위반행위가 확인되었을 때 충돌 당사국은 지체없이 위반행위를 종식시키거나 억제하여야 한다.

제2부 최종규정

제133조 본 협약은 영어와 프랑스어로 작성되며 양자 공히 정본이다. 스위스 연방정부는 본 협약이 쏘련어와 스페인어로 공식 번역되도록 조치하여야 한다.

제134조 본 협약은 체약국 간의 관계에 있어서는 1929년 7월 27일의 협약에 대신한다.

제135조 본 협약의 체약국으로서 1899년 7월 29일 또는 1907년 10월 18일의 육전 법규 및 관행에 관한 헤이그 조약에 의하여 구속받고 있는 국가 간의 관계에 있어서는 본 협약은 동 헤이그 조약 부속 규칙 제2장을 보완한다.

제136조 오늘 날짜의 본 협약은 1949년 4월 21일 제네바에서 개최된 회의에 대표를 파견한 국가와 동 회의에 대표는 파견하지 않았으나 1929년 7월 27일 자 조약의 체약국에 대하여 1950년 2월 12일까지 그 서명을 위하여 개방된다.

제137조 본 협약은 가급적 조속히 비준되어야 하며 비준서는 베른에 기탁 한다. 스위스 연방정부는 각 비준서의 기탁에 관한 기록을 작성하며 그 기록의 인증등본을 본 협약 서명국과 가입국에 전달하여야 한다.

제138조 본 협약은 2개 이상의 비준서가 기탁된 6개월 후부터 효력을 발생한다. 그 이후 본 협약은 각 체약국이 비준서를 기탁한 6개월 후에 각 체약국에 대하여 효력을 발생한다.

제139조 본 협약은 그 효력 발생일로부터 본 협약에 서명하지 않은 모든 국가의 가입을 위하여 개방된다.

제140조 본 협약에의 가입은 스위스 연방정부에 서면으로 통고해야 하며 그 가입서가 접수된 날로부터 6개월 후에 발효한다. 스위스 연방정부는 가입 사실을 본 협약 서명국과 가입국에 통고하여야 한다.

제141조 제2조와 제3조에 규정된 경우는 전쟁 또는 점령의 개시 전후에 충돌 당사국이 행한 비준 또는 가입을 즉시 발효시킨다. 스위스 연방정부는 충돌 당사국으로부터 접수된 비준서 또는 가입서를 가

장 신속한 방법으로 통고하여야 한다.

제142조 각 체약국은 본 협약에서 자유로이 탈퇴할 수 있다. 탈퇴는 서면으로 스위스 연방정부에 통고하여야 하며 스위스 연방 정부는 그 통고를 모든 체약국 정부에 전달하여야 한다. 탈퇴는 스위스 연방정부에 통고한 1년 후에 발효한다. 단, 탈퇴국이 탈퇴를 통고할 당시에 전쟁에 개입하고 있는 경우에는 강화조약 체결 시까지, 또한 본 협약에 의하여 보호되는 자의 석방과 송환 업무가 종료될 때까지 발효하지 아니한다. 탈퇴는 탈퇴하는 국가에 대하여서만 효력을 발생한다. 탈퇴는 문명인 간의 확립된 관행, 인도의 법칙, 대중적 양심에 기인한 국제법의 원칙에 따라 충돌 당사국이 계속 이행하여야 할 의무를 해하여서는 아니 된다.

제143조 스위스 연방 정부는 본 협약을 국제연합 사무국에 등록하여야 한다. 스위스 연방 정부는 또한 본 협약에 관하여 동 정부가 접수하는 모든 비준, 가입 및 탈퇴를 국제연합 사무국에 통고하여야 한다. 이상의 증거로서 하기인은 각자의 전권위임장을 기탁하고 본 협약에 서명하였다. 1949년 8월 12일 제네바에서 영어와 프랑스어로 작성하였다. 원본은 스위스 연방 정부의 문서 보관소에 기탁 한다. 스위스 연방정부는 그 인증등본을 각 서명국과 가입국에 송부하여야 한다.

제1 부속서
부상자 및 병자인 포로의 직접 송환 및 중립국 내의 수용에 관한 협정 표본(제110조 참조)
Ⅰ. 직접 송환 및 중립국 내의 수용에 관한 원칙

가. 직접 송환
다음의 자는 직접 송환하여야 한다.

(1) 외상의 결과 다음의 장해를 받은 모든 포로, 사지 중 하나의 상실, 마비, 관절 장해, 기타의 장해, 단, 장해는 적어도 한쪽 손이나 한쪽 발의 상실 또는 이에 상당하는 것이어야 한다. 다음의 자는 한쪽 손 또는 한쪽 발의 상실에 상당하는 것으로 간주 된다. (단, 보다 관대한 해석을 방해하지 아니한다.)

   (가) 한쪽 손이나 한쪽 손의 다섯 손가락 전부 또는 엄지 손가락 및 둘째 손가락의 상실, 한쪽 발이나 한쪽 발의 다섯 발가락 전부 및 중족골의 상실.

   (나) 관절 강직, 골조직의 상실, 또는 대관절의 하나 또는 한쪽 손의 모든 지관절의 기능을 장애하는 판혼에 의한 수축

   (다) 장관골의 위관절

   (라) 골절 기타의 상해로 인한 기형으로서 기능 및 중량물을 드는 힘을 현저히 감퇴시키고 있는 것.

(2) 의학적 예견에 의하면 치료를 행하여도 부상일로부터 1년 이내의 회복이 불가능하다고 인정되는 정도로 만성 상태에 있는 모든 부상자인 포로, 그러한 만성 상태란 예컨대 다음과 같은 것을 말한다.

   (가) 심장내에 탄편이 들어가 있는 것 (이에 대하여는 혼성 의료위원회가 진찰 시에 위독한 장해로 인정하거나 아니하거나를 불문한다.)

   (나) 뇌 또는 폐장 내에 금속 편이 들어가 있는 것 (이에 대하여는 혼성 의료위원회가 진찰 시에 국부적 또는 전신적 중상으로 인정할 수 있거나 없거나를 불문한다.)

   (다) 골수염으로서 부상 후 1년 이내에 회복할 가능성이 없고, 한쪽 손 또는 한쪽 발의 상실에 상당하는 관절 강직 또는 기타의 장해로 인정되는 것.

   (라) 대관절의 관통상과 화농성 상해.

   (마) 두개골의 상해로서 그 골조직의 상실 또는 전위를 수반하는 것.

   (바) 안면 상해 또는 화상으로서 그 조직의 상실 및 기능의 장해를 수반하는 것.

   (사) 척수의 상해.

   (아) 말초 신경의 손상으로서 그 속발증이 한쪽 손 또는 한쪽 발의 상실에 상당하고 또한 그 회복이 부상일로부터 1년 이상을 요하는 것. 예컨대 상박 또는 요추 신경총의 상해, 정중신경 또는 비골신경과

경골신경과의 합병 상해 등(단, 요골 신경, 척골신경, 경골신경, 비골신경의 단독 상해는 구축 또는 위독한 영양 신경성 장해의 경우를 제외하고는 송환의 정당한 이유로 되지 않는다.)

(자) 비뇨기의 상해로서 그 기능을 심히 장해하는 것.

(3) 의학적 예견에 의하면 치료를 하여도 발병일로부터 1년 이내에 회복 불가능하다고 인정될 정도로 만성 상태에 있는 모든 병자인 포로, 그러한 만성 상태란 예컨대 다음과 같은 것이다.

(가) 어떤 기관의 진행성 결핵증으로 의학적 예견에 의하면 중립국 내에서의 치료로서 회복 또는 적어도 상당한 쾌유를 가져올 수 없는 것.

(나) 습성 늑막염.

(다) 불치로 인정되는 위독한 비결핵성의 호흡기 질환. 예를 들면 위독한 폐기종(기관지염의 수반 여부를 불문). 만성 천식 (주) 포로의 신분으로 있는 동안 1년 이상 계속되고 있는 만성 기관지염 (주) 기관지 확장증 (주)등.

(라) 위독한 만성 순환기 장해 예를 들면 심장변막 장해 및 심근염(주)으로서 포로의 신분으로 있는 동안 순환 불완전의 징후를 보인 것(그에 대하여 혼성의료 위원회가 진찰 시에 이들 징후를 확인 할수 있거나 없거나를 불문한다.) 심낭 및 혈관의 장해(부루겔씨병, 대혈관 동맥류 등)

(마) 위독한 만성 소화기 장해 예를 들면, 위궤양 또는 십이지장 궤양 포로의 신분으로 있는 동안 행하여진 위 수술의 속발증, 1년 이상 계속되고 또한 일반적 건강 상태에 중대한 영향을 미치는 만성 위염 장염 또는 결장염 간경변증, 만성 담낭질환(주) 등

(바) 위독한 만성, 생식, 비뇨기질환, 예를 들면 속발성 장해를 수반하는 신장의 만성질환, 신장결핵의 경우에 있어서의 간장 적출, 만성 신배염 또는 만성 방광염, 수신증 또는 농신증, 위독한 만성 부인과 질환, 중립국 내에서 입원이 불가능한 경우에 있어서의 정상적 임신 및 산과 질환 등.

(사) 위독한 중추 및 말초 신경계의 만성질환 예를 들면 위독한 히스테리, 구금성정신병 등과 같은 모든 명백한 정신병 및 정신신경증으로서 전문의가 확인하는 것. (주) 수용소의 의사가 확인하는 전간

(주) 뇌동맥 경화증, 1년 이상 계속되고 있는 만성 신경염 등.

(아) 위독한 식물성 신경계의 만성질환으로 정신적 또는 신체적 기능의 상당한 감퇴, 체중의 현저한 감소 및 전신 무력증을 수반하는 것.

(자) 양쪽 눈의 실명 또는 한쪽 눈의 실명으로 다른쪽 눈의 시력이 고정안경을 사용하여도 1미만인 것. 적어도 한쪽 눈의 시력을 2분의 1로 고정할 수 없는 시력의 감퇴 (주) 기타의 위독한 안질, 예를 들면 녹내장, 홍채염, 맥낙막염, 트라홈 등.

(차) 청각장해, 예를 들면 한쪽 귀가 청력을 완전히 상실하고 다른 한쪽 귀가 1메타의 거리에서 보통의 말소리를 들을 수 없는 것(주)등.

(카) 위독한 신진대사의 장해, 예를 들면 인수된 요법을 필요로 하는 당뇨병 등.

(타) 위독한 내분비선의 질환, 예를 들면 갑상선중독증, 갑상선 기능감퇴증, 애디슨씨병, 시몬즈씨 악엑질, 테타니등.

(파) 위독한 조혈장기의 만성질환.

(하) 위독한 만성 중독증, 예를 들면 연중독, 수은중독, 몰핀중독, 코카인중독, 깨스 또는 방사능에 의한 중독 등.

(갸) 운동기관의 만성질환으로 명백한 기능장해를 수반하는 것, 예를 들면 기형성관절염, 원발적 및 속발적 진행성 다발성 관절염, 위독한 임상적 증상을 보이는 류마티스등.

(냐) 위독한 만성피부 질환으로 치료의 효과가 없는 것.

(댜) 모든 악성 신생물.

(랴) 발병 후 1년간 계속되고 있는 위독한 만성 전염성 질환, 예를 들면 장기의 명백한 장해를 수반하는 마라리아, 위독한 증상을 수반하는 아메바 적리, 치료의 효과가 없는 제3기 내장매독, 나병등.
(먀) 위독한 비타민결핍증, 또는 위독한 기아상태(주) 혼성 의료위원회의 결정은 주로 포로와 동일한 국적을 가지는 수용소의 의사에 의하여 작성되는 기록 또는 억류국의 전문의의 검사에 기초하여야 한다.

나. 중립국 내의 입원

다음의 자는 중립국 내의 입원이 가능하다.
(1) 포로의 신분으로 있는 한 회복할 가망이 없지만, 중립국에서 수용하면 회복 또는 병상의 현저한 쾌유의 가망이 있는 부상자인 포로.
(2) 병의 형태 또는 어느 기관이 결핵에 걸려 있는 모든 포로로서 중립국 내에서의 치료에 의하여 회복 또는 적어도 현저한 쾌유를 가져온다고 인정되는 자(단, 포로로 되기 전에 초기 결핵에 걸렸다가 회복한 자를 제외한다.).
(3) 치료를 필요로 하는 호흡기관, 순환기관, 소화기관, 신경, 감각기관, 성뇨기관, 피부, 운동기관 등의 질병에 걸려있는 포로로서 그 치료를 중립국에서 받으면 포로인 신분으로 받는 것보다도 그 결과가 더 나을 것이 명백한 자.
(4) 포로의 신분으로 있는 동안에 비결핵성 신장병 때문에 신장적출을 행한 포로, 회복기에 있거나 혹은 잠재성의 골수염, 또는 인슈린요법을 필요로 하지 않는 당뇨병에 걸려 있는 포로.
(5) 전쟁신경증 또는 구금성정신병에 걸려 있는 포로 중립국 내에서 3개월간 입원한 후에도 회복하지 않거나, 또는 완치의 가망이 보이지 않는 구금성정신병환자는 송환하여야 한다.
(6) 깨스, 금속, 알카로이드 등에 의한 만성중독에 걸려있는 모든 포로로서 중립국 내에서 입원하면 회복의 가망이 특히 많은 자
(7) 모든 여자 포로로서 임신한 자 또는 유아 및 소아의 어머니인 자. 다음의 질병에 걸려 있는 자는 중립국에서 입원하는 조건에 적합하지 않는다.
(1) 정당히 확인된 모든 만성정신병.
(2) 불치로 인정되는 모든 기관적 또는 기능적 신경질환.
(3) 전염될 가능성이 있는 기간 중의 모든 전염성질환(단, 결핵을 제외).

II. 총칙

1. 전기의 제 조건은 일반적으로 가급적 관대히 해석되고, 또한 적용되어야 한다. 전쟁 또는 포로 신분으로 인한 신경증 또는 정신병의 상태 및 모든 결핵성 질환의 경우는 특히 전기한 관대 해석의 혜택을 받아야 한다. 수 개의 부상을 입은 포로는 그 부상이 어떤 것도 단독으로는 송환의 이유로 되지 않은 경우에도 부상의 수에 기인하는 정신적 고통을 고려하여 관대한 정신으로 진찰되어야 한다.
2. 사지 등의 절단, 양안의 실명 또는 두 귀의 청력 상실, 개방성 폐결핵, 정신병, 악성 신생물 등 명백하게 직접 송환의 권리를 부여하는 진찰의 해당하는 모든 포로는 수용소의 의사 또는 억류국이 지명한 군사의료위원회에 의하여 가급적 조속히 진찰을 받고 또한 송환되어야 한다.
3. 전쟁 전의 상해 및 질환으로서 악화되지 않는 것과 그 후 군복무의 지장이 없는 전상은 직접 송환의 사유로 되지 못한다.
4. 본 부속서의 규정은 모든 충돌 당사국에서 동일하게 해석되고 또한 적용되어야 한다. 관계 국가 및 당국은 혼성 의료위원회에 대하여 그 임무 수행에 필요한 모든 편의를 제공하여야 한다.
5. 전기의 (1)에 열거하는 사례들은 전형적인 질환만을 표시한 것이다. 이러한 제 규정에 정확히 부합되지 않는 질환의 경우 본 협약 제110조의 규정 및 본 협약에서 구체화 된 제 원칙의 정신에 따라 판단되어야 한다.

제2 부속서
혼성 의료위원회에 관한 규칙(제112조 참조)

제1조 본 협약 제112조에 정하는 혼성의료 위원회는 중립국에 속하는 2인의 위원 및 억류국이 지명하는 1인의 위원, 도합 3인으로 조직한다. 중립국 위원 중의 1인이 위원장이 된다.

제2조 2인의 중립국 위원은 억류국의 요청에 의하여 국제적십자 위원회가 이익 보호국의 동의하에 지명하여야 한다. 이들 위원의 주소는 그의 본국, 기타의 중립국 또는 억류국의 영토의 어느 곳에나 둘 수 있다.

제3조 중립국 위원은 관계 충돌 당사국의 승인을 얻어야 하며 이들 충돌 당사국은 자국의 승인을 국제적십자 위원회 및 이익 보호국에 통고하여야 한다. 이 통고로서 중립국 위원의 지명은 효력을 발생한 것으로 간주한다.

제4조 필요한 경우에는 정규의 위원을 대체하기 위하여 충분한 수의 대리위원도 또한 임명하여야 한다. 대리위원의 지명은 정규위원의 지명과 동시에 또는 적어도 가급적 조속히 행하여야 한다.

제5조 국제 적십자 위원회가 어떤 이유로서 중립국 위원의 임명절차를 취할 수가 없는 경우에는 진찰을 받을 포로의 이익 보호국이 중립국 위원의 지명 절차를 취하여야 한다.

제6조 2인의 중립국 위원에 대하여서는 가급적 그 중의 한 사람은 외과 의사, 다른 한 사람은 내과 의사라야 한다.

제7조 중립국 위원은 충돌 당사국으로부터 전혀 독립하여 있고 충돌 당사국은 당해 중립국 위원이 임무를 수행함에 있어서 모든 편의를 제공하여야 한다.

제8조 국제 적십자 위원회는 본 규칙 제2조 및 제4조에 정하는 지명을 행하는 때에는 억류국의 동의하에 피지명자의 근무조건을 정하여야 한다.

제9조 혼성 의료위원회는 중립국 위원이 승인된 후 가급적 속히 그리고 여하한 경우에도 그 승인의 날로부터 3개월 이내에 그 업무를 개시하여야 한다.

제10조 혼성 의료위원회는 본 협약 제11조에서 지정하는 모든 포로를 진찰하여야 한다. 혼성 의료위원회는 송환, 비송환, 또는 진찰의 연기를 제의하여야 한다. 혼성 의료위원회의 결정은 다수결로서 행한다.

제11조 혼성 의료위원회가 매개의 특정한 경우에 내린 결정은 그들의 방문 후 한달 내에 억류국, 이익 보호국 및 국제적십자사 위원회에 통지하여야 한다. 혼성 의료위원회는 또한 진찰을 받은 포로에게 전기의 결정을 통지하고 또한 혼성 의료위원회로 부터 송환의 제안을 받은 자에 대하여 본 협약 부속 표본에 따라 증명서를 발급하여야 한다.

제12조 억류국은 혼성 의료위원회의 결정을 정식 통고받으면 3개월 이내에 그 결정을 시행하여야 한다.

제13조 혼성 의료위원회의 활동이 필요하다고 인정되는 국가에 중립국의 의사가 없고 또한 타국에 거주하는 중립국의 의사를 임명하는 것이 어떤 이유로 불가능한 경우에는, 억류국은 이익 보호국의 동의하에 본 규칙의 제1조, 제2조, 제3조, 제4조, 제5조 및 제8조의 규정에 따라 혼성 의료위원회와 동일한 임무를 행할 의료위원회를 설치하여야 한다.

제14조 혼성 의료위원회는 영구적으로 활동하며 또한 6개월을 넘지 않는 간격으로 각 수용소를 방문하여야 한다.

제3 부속서
집단적 구제에 관한 규칙(제73조 참조)

제1조 포로대표는 그 수용소에서 관리되는 모든 포로(병원, 교도소 또는 기타의 구치시설에 있는 자를 포함)들에게 포로대표에게 위탁된 집단적 구제품을 분배하는 것을 허용받아야 한다.

제2조 집단적 구제품의 분배는 증여자의 지시 및 포로대표가 작성하는 계획에 따라 행하여야 한다. 단, 의료품의 분배는 가급적 선임 군의관의 동의하에 행하여야 하며 선임 군의관은 병원 및 의무실에서는 그 환자를 위하여 필요하다고 인정하는 때에는 전기의 지시에 따를 것을 필요로 하지 않는다. 분배

는 그러한 제한 범위 내에서 항상 공평하게 행하여야 한다.

제3조 포로대표 또는 그의 보조자는 수령하는 물품의 품질 및 수량을 확인하고 또한 이에 대하여 증여자에게 상세한 보고서를 작성할 수 있도록 그의 수용소에 가까운 구제품 도착지점에 갈 수 있어야 한다.

제4조 포로대표는 그의 수용소의 모든 구획 및 부속 분소에서의 집단적 구제품의 분배가 그의 지시에 따라 행하여 졌는가를 확인하기 위하여 필요한 편의를 제공받아야 한다.

제5조 포로대표는 집단적 구제품에 관한 제 사항(분배, 필요품, 수량등)에 관하여 증여자에게 보내는 조사표 또는 질문서에 스스로 기입하고 또한 노동 분견대의 포로대표나 의무실 및 병원의 선임 군의관으로 하여금 기입시키는 것을 허용받아야 한다. 그 조사표 및 질문서는 정당하게 기입한 후 지체없이 증여자에게 송부하여야 한다.

제6조 포로대표는 그의 수용소에 있는 포로에 대하여 집단적 구제품을 정기적으로 분배함을 보장하고 또한 신포로의 집단도착에 의한 필요에 응하기 위하여 집단적 구제품을 충분히 저장하고 또한 유지할 것을 허용받아야 한다. 이 목적을 위하여 포로대표는 적당한 창고를 자유로히 사용할 수 있다. 각 창고의 출입구에는 2개의 자물쇠를 잠그고 그중 한 자물쇠의 열쇠는 포로가 가지고 다른 자물쇠의 열쇠는 수용소장이 가져야 한다.

제7조 집단적 구제품으로서 피복이 송부된 때에는 각 포로가 적어도 완전한 한 벌의 피복을 소지할 수 있도록 하여야 한다. 한 벌 이상의 피복을 소지하고 있는 포로가 있는 경우에 있어서 다른 포로보다 적게 가지고 있는 포로에게 줄 필요가 있을 때는 포로대표는 가장 많은 여분의 피복을 가지고 있는 포로로부터 여분의 피복 또는 특정의 품목 중 한 벌 이상을 반환시킬 수 있다. 단, 포로대표는 하의, 양말 또는 신발을 반환시키는 때에는 그것이 이것들을 한 벌도 가지고 있지 않은 포로에게 주는 유일한 방법인 경우를 제외하고는 적어도 두벌을 그 포로에게 남겨 놓아야 한다.

제8조 체약국 특히 억류국은 가급적 그리고 주민에 대한 물자의 공급에 관한 규칙에 따라 포로들에 대한 집단적 구제품으로서 분배하기 위하여 자국 영토 내에서 행하여지는 모든 물품 구입을 허용하여야 한다. 이들 국가는 그러한 물품 구입을 위하여 행하여지는 자금의 이전 기타 기술적 또는 행정적 성질의 재정적 조치에 대하여도 또한 편의를 제공하여야 한다.

제9조 전기의 제 규정은 포로가 수용소에 도착하기 전 또는 이동 도중에 집단적 구제품을 수령할 권리를 제한하거나, 또한 이익 보호국 국제 적십자위원회 또는 기타 포로에게 원조를 주는 단체의 대표로서 그러한 구제품의 송달을 책임지는 자들이 적당하다고 인정하는 다른 방도에 의하여 수취인에게 이들 구제품의 분배를 확보하는 것을 방해하지 아니한다.

제4 부속서
첨부파일 참고

제5 부속서
포로로부터 본국에 보내는 송금에 관한 모형 규칙(제63조 참조)
1. 제63조 제3항에 기하는 통고서에는 다음 세목을 기재하여야 한다.

    가. 지불인인 포로의 제17조에 정하는 번호, 계급 및 성명

    나. 본국에 있는 수령인의 성명 및 주소

    다. 억류국의 통화로 표시한 지불액

2. 이 통고서에는 당해 포로가 서명하고 서명할 수 없는 경우에는 증인을 부한다, 이 통고서에는 포로대표가 부서하여야 한다.
3. 수용소장은 당해 포로가 지불액으로서 기재된 액보다도 적은 대변 잔고를 가지고 있는지의 증명서를 이 통고서에 첨부한다.
4. 이 통지서는 일람표의 형식으로 작성할 수 있다. 이 표는 매매마다 포로대표가 증명하고 또한 수용소장이 인정한다.

부록3   전시 민간인 보호에 관한 1949년 8월 12일 자 제네바 협약

전시 민간인 보호에 관한 협약을 제정할 목적으로, 1949년 4월 21일부터 동년 12일까지 제네바에서 개최된, 외교관 회의에 대표를 파견한 정부의 아래에 서명한 전권위원은 다음과 같이 협정하였다.

제1편 총칙
제1조 체약국은 모든 경우에 있어서 본 협약을 존중할 것과 본 협약의 존중을 보장할 것을 약속한다.

제2조 본 협약은, 평시에 실시될 규정 외에도 둘 또는 그 이상의 체약국 간에 발생할 수 있는 모든 선언된 전쟁 또는 기타 무력 충돌의 모든 경우에 대하여, 당해 체약국의 하나가 전쟁상태를 승인하거나 아니하거나를 불문하고 적용된다. 본 협약은, 또한 일 체약국 영토의 일부 또는 전부가 점령된 모든 경우에 대하여 비록 그러한 점령이 무력 저항을 받지 아니한다 하더라도 적용된다. 충돌 당사국의 일방이 본 협약의 당사국이 아닐 경우에도 본 협약의 당사국은 그들 상호 관계에 있어서, 본 협약에 구속된다. 또한 체약국은 본 협약 체약국이 아닌 충돌 당사국이 본 협약의 규정을 수락하고 또한 적용할 때는 그 국가와의 관계에 있어서 본 협약의 구속을 받는다.

제3조 일 체약국의 영토 내에서 발생하는 국제적 성격을 갖지 아니한 무력 충돌의 경우에 있어서 당해 충돌의 각 당사국은 적어도 다음 규정의 적용을 받아야 한다.

1. 무기를 버린 전투원, 및 질병, 부상, 억류 기타 사유로 전투력을 상실한 자를 포함하여, 적대 행위에 능동적으로 참가하지 아니하는 자는 모든 경우에 있어서 인종, 색, 종교 또는 신앙, 성별, 문벌이나 빈부, 또는 기타의 유사한 기준에 근거한 불리한 차별 없이 인도적으로 대우하여야 한다. 이 목적을 위하여 상기의 자에 대한 다음의 행위는 때와 장소를 불문하고 이를 금지한다.

   가. 생명과 신체에 대한 폭행, 특히 모든 종류의 살인, 상해, 학대, 고문.

   나. 인질로 잡는 일.

   다. 인간의 존엄성에 대한 침해, 특히 모욕적이고, 치욕적인 대우

   라. 문명국 인이 불가결하다고 인정하는 모든 법적 보장을 부여하는 정상적으로 구성된 법원의 사전 재판에 의하지 아니하는 판결의 언도 및 형의 집행

2. 부상자 및 병자는 수용, 간호되어야 한다. 국제적십자위원회와 같은 공정한 인도적 단체는 그 용역을 충돌 당사국에 제공할 수 있다. 충돌 당사국은 특별협정에 의하여, 본 협약의 다른 규정의 전부 또는 일부를 실시하도록 더욱 노력하여야 한다. 전기 규정의 적용은 충돌 당사국의 법적 지위에 영향을 미치지 아니한다.

제4조 본 협약에 의하여 보호되는 자는, 무력 충돌 또는 점령의 경우에 있어서 특정 시점에 그 형식의 여하에 관계없이 충돌 당사국 또는 점령국의 권력 내에 있는 자로서 동 충돌 당사국 또는 점령국의 국민이 아닌 자이다. 본 협약의 구속을 받지 않는 국가의 국민은 본 협약의 보호를 받지 못한다. 교전국 영역 내에 있는 중립국 국민 또는 공동 교전국 국민은 그들의 본국이 그들을 권력 하에 두고 있는 국가 내에 통상적인 외교대표를 주재시키고 있는 기간 동안은 피보호자로 간주 되지 아니한다. 단, 제2편의 제 규정은, 제13조에서 규정한 바와 같이 그 적용 범위에 있어 보다 광범하다. 육전에 있어서의 군대의 부상자 및 병자의 상태개선에 관한 1949년 8월 12일 자 제네바 협약, 해상에 있는 군대의 부상자, 병자 및 조난자의 상태 개선에 관한 1949년 8월 12일 자 제네바 협약, 또는 포로의 대우에 관한 1949년 8월 12일 자 제네바 협약에 의하여 보호를 받는 자는, 본 협약이 의미하는 피보호자로 고려되지 않는다.

제5조 충돌 당사국의 영역 내에서 피보호인이 동 충돌 당사국의 안전을 해하는 활동을 하였다는 혐의 또는 그러한 활동에 종사하고 있다는 사실을 확인하였을 경우에는 그러한 개인은 동인을 위하여 행사된다면 그러한 충돌 당사국의 안전에 유해할 본 협약상의 제 권리와 특권을 요청할 수 없다. 점령지

역 내에서, 피보호인이 점령국에 의하여 간첩 또는 점령국의 안전을 해하는 활동을 하였다는 혐의로서 억류되고 있는 동안, 그러한 자는 절대적인 군사상의 안전이 요구하는 경우에 있어서는 본 협약에 기한 통신의 자유를 상실한 것으로 간주 된다. 그러나 어느 경우에 있어서도 그러한 자는 인도적인 대우를 받아야 하며, 소추의 경우에 있어서는 본 협약에서 규정한 공평한 정규 재판을 받을 권리를 박탈당하지 아니한다. 또한 그러한 자는, 충돌 당사국 또는 점령국의 안전이 허하는 조속한 시일 내에 본 협약에 기한 완전한 권리와 특권을 허여 받아야 한다.

제6조 본 협약은 제2조에서 언급된 충돌 또는 점령의 개시시부터 적용된다. 충돌 당사국의 영역 내에 있어서는 본 협약의 적용은 군사 행동의 일반적 종료와 동시에 정지된다. 점령지역의 경우에 있어서는, 본 협약의 적용은 군사 행동의 일반적 종료 일년 후에 정지된다. 단, 점령국은 점령기간 중 동 지역 내에서 시정기능을 행사하는 한도에 있어 본 협약 제1조로부터 제12조, 제27조, 제29조로부터 제34조, 제47조, 제49조, 제51조, 제52조, 제53조, 제59조, 제61조에서 제77조 및 제143조의 제 규정의 구속을 받는다. 그러한 기간 후에 석방, 송환, 또는 정착을 받을 피보호인은 그동안 본 협약에 의한 이익을 계속 향유 한다.

제7조 제11조, 제14조, 제15조, 제17조, 제36조, 제108조, 제109조, 제132조, 제133조 및 제149조에서 명문으로 규정한 협정에 부가하여 체약국은 별도 규정을 설정함이 적당하다고 인정하는 모든 관계 사항에 관하여 타의 특별협정을 체결할 수 있다. 어떠한 특별협정이라도 본 협약에서 정하는 피보호인의 지위에 불리한 영향을 미치거나, 또는 본 협약이 그들 피보호인에게 부여하는 권리를 제한해서는 아니 된다. 피보호인은 본 협약의 적용을 받는 동안 전기 제 협정의 이익을 계속 향유 한다. 단, 반대의 명문 규정이 상술한 또는 추후의 제 협정에 포함되었거나, 또는 피보호인에 관한 보다 유리한 조치가 충돌 당사국의 일방 또는 타방에 의하여 취하여 졌을 경우에는 예외이다.

제8조 피보호인은 어떠한 경우에 있어서도 본 협정, 및 전조에 언급된 특별협정(그러한 협정이 있는 경우)에 의하여 보장된 권리를 부분적으로나 또는 전체적으로도 포기할 수 없다.

제9조 본 협약은, 충돌 당사국의 이익 보호를 임무로 하는 이익 보호국의 협력에 의하여 또한 그 보호하에 적용된다. 이 목적을 위하여 이익 보호국은, 자국 외교관 또는 영사를 제외한 자국 국민이나 다른 중립국 국민 중에서 대표단을 임명할 수 있다. 전기의 대표는 그들의 임무를 수행할 국가의 승인을 받아야 한다. 충돌 당사국은 이익 보호국 대표 또는 사절단의 활동에 있어서 가능한 한 최대한의 편의를 도모하여야 한다. 이익 보호국의 대표 또는 사절단은 어떠한 경우에도 본 협약에 의한 그들의 임무를 초월하여서는 아니 된다. 그들은 특히 그들이 임무를 수행하는 국가의 안전상 절대적으로 필요한 사항을 참작하여야 한다.

제10조 본 협약의 제 규정은 국제적십자위원회 또는 기타의 공평한 인도적 단체가 관계 충돌 당사국의 동의를 얻어, 민간인의 보호 및 그 구제를 위하여 행하는 인도적 활동을 방해하지 아니한다.

제11조 체약국은 하시라도 공정과 효율을 전적으로 보장하는 단체에 본 협약에 따라 이익 보호국이 부담하는 의무를 언제든지 위임할 것에 동의 할 수 있다. 본 협약에 의하여 보호되는 자가 이유 여하를 불문하고 이익 보호국 또는 전항에 규정된 기관의 활동에 의한 이익을 받지 못하는 경우 또는 수익이 중단된 경우는 억류국은 중립국 또는 그러한 기관에 대하여, 충돌 당사국에 의하여 지정된 이익이 본 협약에 기하여 수행하는 기능을 인수하도록 요구하여야 한다. 이에 따라 보호가 마련되지 않았을 경우는, 억류국은 본 조의 규정에 따라 본 협약에 의하여 이익 보호국이 수행하는 인도적인 기능을 떠맡하도록 국제적십자위원회와 같은 인도적인 기관의 용역 제공을 요구하거나, 또는 받아드려야 한다. 전기 목적을 위하여, 관계국에 의하여 초청된, 또는 스스로 신입한 중립국 또는 기관은, 본 협약에 의하여 보호되는 자가 의지하는 충돌 당사국에 대하여 책임감을 가지고 행동하도록 요구되며 또한 당해 기능을 인수하여 공평하게 수행할 지위에 있다는 충분한 보장을 제공하도록 요구된다. 전기 제 규정은 군사적인 이유, 특히 그 영역의 전부 또는 많은 부분이 점령되어 타국 또는 그 동맹국과의 교섭의 자유를 일시적으로라도 제한당한 국가를 당사자로 하는 국가 간의 특별협정에 의하여 손상되어서는 안 된다. 본 협약에 있어서 이익 보호국이란 말은 본조의 의미에 있어서 기관

이란 말의 대신으로 적용된다. 본 조의 규정은 점령지역 내에 있는 중립국 국민 또는 그 본국이 정상적인 외교대표를 주재시키지 않고 있는 교전국의 영역 내에 있는 중립국 국민의 경우에 대하여도 적용된다.

제12조 이익 보호국이 보호받는 자를 위하여 적당하다고 인정할 경우, 특히 본 협약의 규정 적용 또는 해석에 관하여 충돌 당사국 간에 분쟁이 있을 경우는, 이익 보호국은 그 분쟁을 해결하기 위하여 주선을 행하여야 한다. 이를 위하여 각 이익 보호국은, 일 당사국의 요청에 따라 또는 자진하여, 충돌 당사국에 대하여 그들의 대표에 특히 피보호자에 대하여 책임을 지는 관계 당국의 회합을, 가능하면 적절히 선정된 중립지역에서, 열도록 제의 할 수 있다. 충돌 당사국은 이 목적을 위하여 그들에게 행하여지는 제의를 실행할 의무를 진다. 이익 보호국은 필요한 경우에는 충돌 당사국의 승인을 얻기 위하여 중립국에 속하는 자 또는 국제적십자 위원회에 의하여 위임을 받는 자를 추천할 수 있으며, 이러한 자는 전기 회합에 참가하도록 초청되어야 한다.

제2편 전쟁의 특정 결과에 대한 주민의 일반적 보호

제13조 제2편의 규정은 특히 인종, 국적, 종교 또는 정치적 의견에 따른 불리한 차별을 받음이 없이 충돌 당사국의 주민 전체에 적용되며 또 전쟁에 의하여 발생되는 고통을 경감함을 목적으로 한다.

제14조 평시에 있어서 체약국, 그리고 적대 행위의 발발 후에 있어서 적대 행위의 당사국은 각자의 영역 내에 그리고 필요한 경우에는 점령 지역 내에, 부상자, 병자, 노인, 15세 미만 아동, 임산부 및 7세 미만의 유아의 모를 전쟁의 영향으로부터 보호하기 위하여 편제되는 병원, 안전지대 및 지점을 설정할 수 있다. 관계국은 적대 행위의 발발 시 및 적대 행위의 계속 기간 중 그들이 설정한 지대 및 지점을 상호 승인하는데 관한 협정을 체결할 수 있다. 관계국은 이 목적을 위하여 필요하다고 인정되는 수정을 가하여 본 협정에 부속된 협정안의 규정을 적용할 수 있다. 이익 보호국 및 국제적십자위원회는 이러한 병원, 안전지대 및 지점의 설정 및 승인을 용이하게 하기 위하여 주선을 제공하도록 초청된다.

제15조 어느 충돌 당사국 일방은 직접으로 또는 중립국 또는 인도적인 기구를 통하여 전쟁이 계속되고 있는 지역 내에 하기자를 차별 없이 전쟁의 영향으로부터 보호하기 위한 중립지대를 설치할 것을 상대방 당사국에게 제의할 수 있다.

　가. 부상자 또는 병자(전투원, 비전투원 불문),

　나. 적대 행위에 참가하지 아니하고 그 지역에 거주하는 동안 여하한 군사적 성질을 가진 사업도 수행하지 아니하는 민간인. 관계국이 제안된 중립지대의 지리적 위치, 관리, 식량 공급 및 감시에 관하여 합의하였을 경우에는 충돌 당사국의 대표자는 문서에 의한 협정을 체결 서명하여야 한다. 동 협정은 지대 중립화의 시기와 존속 기간을 확정해 두어야 한다.

제16조 부상자, 병자, 허약자 및 임산부는 특별한 보호 및 존중의 대상이 되어야 한다. 군사적인 사정이 허락하는 한, 각 충돌 당사국은 사자 및 부상자를 수색하고, 조난자 및 기타 중대한 위험에 처한 자를 구조하고 약탈 및 학대로부터 이들을 보호하기 위하여 취하여지는 조치에 편익을 제공하여야 한다.

제17조 충돌 당사국은, 공격 또는 포위된 지역으로부터의 부상자, 병자, 허약자, 노인, 아동 및 임산부의 철수 및 동 지역으로 향하는 종교 요원, 의무 요원 및 의료 기재의 통로를 위한 지역적 협정을 체결토록 노력하여야 한다.

제18조 부상자, 병자, 허약자 및 임산부를 간호하기 위하여 설립된 민간병원은 어떠한 경우에도 공격의 대상이 되어서는 안 되며 항시 충돌 당사국에 의하여 존중되고 보호되어야 한다. 충돌 당사국은 모든 민간병원에 대하여 그 병원이 민간병원이라는 것과 그 병원이 사용하는 건물이 제19조의 규정에 따라 병원으로서의 보호를 박탈당할 만한 목적으로 사용되고 있지 않다는 것을 제시하는 증명서를 발급하여야 한다. 민간병원은 국가의 허가가 있는 경우에 한하여 육전에 있어서의 군대 부상자 및 병자의 상태개선에 관한 1949년 8월 12일 자의 제네바 협약 제38조에 규정된 표지에 의하여 표시

되어야 한다. 충돌 당사국은 군사상의 사정이 허하는 한, 적대 행위의 가능성을 제거하기 위하여 적의 육·공·해군에게 민간병원을 명백히 보일 수 있도록 명확한 표지를 부착하는 필요한 조치를 취하여야 한다. 병원이 군사 목표물에 근접해 있음으로써 노출될 위험에 비추어, 그러한 병원은 가능한 한 그러한 목표물로부터 떨어져 위치할 것이 요망된다.

제19조 민간병원이 향유 할 수 있는 보호는 그러한 병원이 그 인도적인 임무를 벗어나 적에게 유해한 행위를 하도록 사용된 경우를 제외하고는 소멸되어서는 안된다. 단, 그 보호는 모든 적당한 경우에 합리적인 기한을 정한 경고를 발하고 그 경고가 무시된 후가 아니면 소멸될 수 없다. 부상자, 또는 병자인 군대의 구성원이 이들 병원에서 간호되고 있는 사실 또는 이들 전투원으로부터 받아둔 소무기 및 탄약이 존재하나, 아직 정당한 기관에 인도되지 않고 있는 사실은 적에게 유해 한 행위로 인정되지 않는다.

제20조 민간인 부상자 및 병자, 허약자 및 임산부의 수색, 철수, 수송 및 간호에 종사하는 자를 포함하여 민간병원의 운영 및 관리에 정규로 또 전적으로 종사하는 자는 존중되고 보호되어야 한다. 점령지역 및 군사작전 지역 내에서 상술한 자는, 소지자의 사진을 첨부하고 책임있는 당국의 스템프를 식별할 수 있도록 날인하여 그들의 신분을 증명하는 증명서 및 임무 수행 중 좌완에 달아야 할 날인된 방수용 완장에 의하여 식별될 수 있도록 하여야 한다. 이 완장은 국가에 의하여 교부되어야 하고 아울러 육전에 있어서의 군대의 부상자 및 병자의 상태개선에 관한 1949년 8월 12일 자 제네바 협약 제38조에 정한 표지를 달아야 한다. 민간병원의 운영 및 관리에 종사하는 기타의 직원도 그들이 고용되는 동안 본조에 규정된 바에 따라, 그리고 본조에서 규정된 조건하에서 존중 보호되며 완장을 사용할 권리가 있다. 신분증명서에는 그들 직원이 종사하는 임무를 기재하여야 한다. 각 병원의 사무소는 항시 그들 직원의 최근 명부를 자국 또는 점령군의 권한 있는 당국의 사용에 공유할 수 있도록 비치하여야 한다.

제21조 민간인 부상자 및 병자, 허약자 및 임산부를 수송하는 육상의 호송 차량대, 또는 병원 열차, 또는 해상의 특수 선박은 제18조에서 규정된 병원과 동일하게 존중 및 보호되어야 하며, 아울러 국가의 동의를 얻어 육전에 있어서 군대의 부상자 및 병자의 상태개선에 관한 1949년 8월 12일 자 제네바 협약의 제38조에서 규정한 특수 표지를 게시하여 표시하여야 한다.

제22조 민간인 부상자 및 병자, 허약자 및 임산부의 철수, 의무 요원 및 의료 기구의 수송을 위하여 전적으로 사용되는 항공기는 모든 관계 충돌 당사국 간에 특별히 합의된 고도, 시각 및 항로에 따라 비행하고 있는 동안은 공격되어서는 아니 되고 존중되어야 한다. 이들 항공기는 육전에 있어서 군대의 부상자 및 병자의 상태개선에 관한 1949년 8월 12일 자 제네바 협약 제38조에서 정하는 특수 표지로 표시되어야 한다. 별도의 합의가 없는 한, 적 또는 적 점령 영역 상의 비행은 금지된다. 그러한 항공기는 모든 착륙 요구에 복종하여야 한다. 이러한 요구에 의하여 착륙하는 경우에는 동 항공기는 그 승객과 함께 조사가 있을 때는 조사를 받은 후에 비행을 계속할 수 있다.

제23조 각 체약국은 타방 체약국, 비록 적국일지라도 민간인에게만 향하는 의료품 및 병원 용품, 그리고 종교상의 의식을 위하여 필요하는 물품 등 모든 탁송품의 자유 통과를 허용하여야 한다. 각 체약국은 15세 미만의 아동 임산부에게 송부되는 불가결한 식료품, 피복 및 영양제 등 모든 탁송품의 자유 통과를 허가하여야 한다. 체약국은 다음과 같은 경우들을 우려할 중대한 이유가 있다고 인정하는 경우를 제외하고는 전항에서 말한 탁송품의 자유 통과를 허가할 의무를 진다.

  기. 탁~~송품~~이 그 행신지에 도착하지 못할 우려가 있는 경우.

  나. 관리가 유효하게 실시되지 못할 우려가 있는 경우.

  다. 적이 당해 탁송품이 없으면 자신이 공급 또는 생산하지 않으면 안 될 물품의 대용으로 그 탁송품을 충당하거나, 또는 당해 탁송품이 없었더라면 그러한 물품의 생산에 필요한 원료용역 또는 설비를 사용치 않게 됨으로써 적의 군사력 또는 경제에 대하여 명백히 이익을 주게 될 우려가 있는 경우. 본조 제1항에서 언급한 탁송품의 통과를 허가하는 국가는 그 탁송품의 이익을 받는 자에 대한 분배가 현지에 있어서 이익 보호국의 감독하에 행하여질 것을 그 허가의 조건으로 할 수 있다. 전기의 탁송품은 가능한 한 신속히 수송되어야 하며 또 탁송품의 자유 통과를 허가하는 국가는 그 통과를 허가하는 데 관한 기술적 조건을 정할 권리를 갖는다.

제24조 충돌 당사국은 전쟁 결과로 고아가 되었거나, 또는 자기 가족들로부터 이산된, 15세 미만의 아동이 유기되지 않도록, 그리고 모든 경우에 있어 그들의 부양, 종교 생활 및 교육이 용이하게 보장됨을 확보하기 위한 필요한 조치를 취하여야 한다. 그들의 교육은 가능한 한 유사한 문화적 전통을 가진 자들에게 위탁되어야 한다. 충돌 당사국은 제1항에 언급한 제 원칙이 준수되리라는 적당한 보장이 있는 경우에는 이익 보호국의 동의를 얻어(만일 그러한 이익 보호국이 있는 경우), 충돌이 계속되고 있는 동안 전기 아동들의 중립국 내 수용에 대하여 편의를 제공하여야 한다. 충돌 당사국은 또한 12세 미만의 모든 아동에게 명찰의 패용 또는 기타의 방법으로 그들의 신원을 식별케 할 수 있도록 하여야 한다.

제25조 충돌 당사국의 영역 또는 그 점령지역 내에 있는 모든 자에 대하여는 그들의 가족이 있는 장소의 여하를 불문하고 엄밀한 사적 성격을 가진 소식을 그들 가족과 상호 전달할 수 있도록 하여야 한다. 이러한 서신은 신속히 그리고 부당하게 지체됨이 없이 전달되어야 한다. 만일 어떤 사정에 의하여 통상 우편으로는 자기 가족과의 서신교환이 곤란 또는 불가능하게 되었을 경우에는 관계 충돌 당사국은 제140조에 규정된 중앙피보호자정보국과 같은 중립적인 중개 기관에 의뢰하여야 하며, 그리고 그러한 중개 기관과 협의하여 특히 각국 적십자사(적 신월사, 적 사자와 태양사)의 협력을 얻어 가장 좋은 조건 하에서 그들의 임무수행을 확보하기 위한 방법을 결정하여야 한다. 만약 충돌 당사국이 가족 통신을 제한할 필요가 있다고 인정하는 경우에도, 그러한 제한은 자유로이 선택된 25개의 단어가 들어갈 수 있는 표준서식의 강제 사용 및 동 서식에 의한 서신의 회수를 월 1회로 제한하는 것에 국한되어야 한다.

제26조 각 충돌 당사국은 전쟁 때문에 이산된 가족들이 상호연락을 회복하고 될수 있으면 재회하려는 목적으로서 행하는 조회에 대하여 편의를 제공하여야 한다. 각 충돌 당사국은 특히 이러한 사업에 종사하는 단체가 자국에서 용인될 수 있고 또한 그러한 단체가 자국의 안전보장 규칙에 순종하는 한 동 단체의 사업을 장려하여야 한다.

제3편 피보호자의 지위 및 대우
제1부 충돌 당사국의 영역 및 점령지역 내에 공통되는 규정

제27조 피보호자들은 모든 경우에 있어서 그들의 신체, 명예, 가족으로서 가지는 제 권리, 신앙 및 종교상의 행사, 풍속 및 관습을 존중받을 권리를 가진다. 그들은 항시 인도적으로 대우되어야 하며, 특히 모든 폭행 또는 협박, 모욕 및 공중의 호기심으로부터 보호되어야 한다. 부녀자들은 그들의 명예에 대한 침해 특히 강간, 강제 매음 또는 기타 모든 형태의 외설 행위로부터 특별히 보호되어야 한다. 피보호자를 그 권력 하에 두고 있는 충돌 당사국은 건강 상태, 연령, 종교 또는 성별에 관한 규정을 침해함이 없이 특히 인종, 종교 또는 정치적 의견에 따르는 불리한 차별을 둠이 없이 모든 피보호자를 동일한 고려하에 대우하여야 한다. 그러나, 충돌 당사국은 피보호자에 관하여 전쟁 결과로 필요케 될 통제 및 안전조치를 취할 수 있다.

제28조 피보호자의 소재지는 군사 행동으로부터 면제되는 지점 또는 지역으로 이용되어서는 안 된다.

제29조 피보호자를 권력 하에 두고 있는 충돌 당사국은 초래될지도 모르는 개인적 책임과 관계없이 자국의 기관이 그러한 피보호자에게 부여하는 대우에 대하여 책임을 진다.

제30조 피보호자는 이익 보호국, 국제적십자 위원회, 그들이 재류하는 국가의 적십자사(적 신월사, 적 사자와 태양사) 및 피보호자들을 원조하는 기타 단체에 대하여 신청할 수 있는 모든 편의를 가진다. 전기의 제 단체는 군사상 또는 안전상의 고려에 의하여 정해지는 제한의 범위 내에서 이 목적을 위한 제반 편의를 당국으로부터 제공받아야 한다. 억류국 또는 점령국은 이익 보호국 및 국제적십자 위

원회의 대표에 의한 제143조 소정의 방문 외에 피보호자들에게 대한 정신적 원조, 또는 물질적 구호의 제공을 목적으로 하는 기타 단체의 대표들에 의한 피보호자 방문에 대하여도 가능한 한 많은 편의를 제공하여야 한다.

제31조 피보호자 또는 제삼자로부터 특히 정보를 얻기 위하여 피보호자들에게 육체적 또는 정신적 강제를 가하여서는 안 된다.

제32조 체약국은 그 권력하에 두고 있는 피보호자들에게 육체적 고통을 주거나, 또는 그들을 학살하는 것과 같은 성격을 가진 조치를 취함을 금지할 것에 특히 동의한다. 이러한 금지는 피보호자들의 살해 고문 육체적 형벌, 신체의 절단, 그들의 치료상 필요치 않은 의학적 또는 과학적 실험에 적용될 뿐 아니라 그것이 민간 기관에 의하여 행하여지거나, 또는 군사기관에 의하여 행하여지거나를 막론하고 기타의 모든 잔학한 조치에도 적용된다.

제33조 피보호자는 그 자신이 행하지 않은 위반행위로 인하여 처벌되어서는 안 된다. 단체별 및 모든 협박 또는 공갈에 의한 조치는 금지된다. 약탈은 금지된다. 피보호자 및 그들의 재산에 대한 보복은 금지된다.

제34조 인질은 금지된다.

제2부 충돌 당사국의 영역에 있는 외국인

제35조 충돌이 개시될 때 또는 그것의 진행 기간 중에 충돌 당사국의 영역으로부터 퇴거하기를 희망하는 모든 피보호자는 그 퇴거가 그 나라의 국가적 이익에 반하지 않는 한, 그 영역으로부터 퇴거할 권리를 가진다. 그들의 퇴거 신청에 대하여는 정규로 제정된 절차에 따라 결정하여야 하며 동 결정은 가능한 신속히 행하여져야 한다. 퇴거를 허가받은 피보호자들은 여행에 필요한 금전을 소지하고 또 적당한 수량의 개인용품을 휴대할 수 있다. 당해 영역으로부터의 퇴거를 거부 당한 자들은 재심사를 위하여, 억류국이 지정하는 법원 또는 행정청에서 동 거부에 대하여 가능한 한 신속히 재심사를 받을 권리를 가진다. 이익 보호국은 대표의 요청이 있을 때는 당해 영역으로부터의 퇴거 허가신청에 대한 거부 이유 및 퇴거를 거부 당한자들의 성명을 가능한 한 신속히 그들에게 통고하여야 한다.

제36조 전조에 의하여 허가되는 퇴거는 안전 위생 보건 및 식량에 관하여 만족할 만한 조건하에서 수행되어야 한다. 그것에 관한 모든 비용은 억류국 영역의 출국 지점으로부터는 그들의 행선지가 되는 국가가 부담하고 중립국으로 퇴거할 경우는 혜택을 받는 자의 소속국이 부담하여야 한다. 그 이동에 관한 실시 세목은 필요할 때는 관계국 간의 특별협정으로서 정할 수 있다. 전항의 규정은 충돌 당사국이 적의 권력 내에 있는 자국 국민의 교환 및 송환에 관하여 특별 협정을 체결하는 것을 방해하지 않는다.

제37조 소송 계속 중에 구금되어 있거나, 또는 자유형에 복종하고 있는 피보호자들은 구금되고 있는 동안 인도적으로 대우 되어야 한다. 이들이 석방되는 즉시로 전기 제조의 규정에 따라 그 영역의 퇴거를 요구할 수 있다.

제38조 피보호자의 지위는 본 협약 특히 제27조 및 제41조에 의하여 인정되는 특별 조치를 예외로 하고 원칙적으로 평시에 있어서 외국인에 관한 규정에 의하여 계속 규율되어야 한다. 여하한 경우에 있어서도 피보호자들에게 대하여는 다음과 같은 제 권리를 부여하여야 한다.

    가. 피보호자들은 그들 개인 또는 집단에게 송부되는 구호품을 받을 수 있을 것.

    나. 피보호자는 그 건강 상태로 보아 필요할 경우는 관계국의 국민과 동등한 정도로 의료상의 간호 및 입원 치료를 받을 것

    다. 피보호자는 자기가 신봉하는 종교를 믿을 수 있고 또 동일한 종파에 속하는 성직자들로부터 종교상의 원조를 받을 것을 허용 받을 것

    라. 피보호자가 전쟁의 위험에 직면하고 있는 지구에 거주하고 있을 경우에는 관계국의 국민과 동

일한 정도로 그 지구로부터의 이전을 허용 받을 것

마. 15세 미만의 아동, 임산부 및 7세 미만의 유아를 가진 부인은 그들에게 상당하는 관계국 국민과 동등한 대우에 의한 혜택을 받을 것

제39조 전쟁으로 인하여 유급 직업을 상실한 피보호자들에 대하여는 유급 직업을 구할 기회를 부여하여야 한다. 그러한 기회는 안전상의 고려 및 제40조의 규정에 따를 것을 조건으로 하고 피보호자가 체류하는 국가의 국민이 향유하는 것과 동등한 것이어야 한다. 충돌 당사국이 어떤 피보호자에 대하여 통제 조치를 적용한 결과로 그 자신의 생계유지를 불가능케 하였을 경우, 특히, 안전상의 이유에 의하여 피보호자가 적당한 조건으로 유급 직업에 취업함을 방해 받았을 경우는 그 충돌 당사국은 그 피보호자와 그의 부양을 받는 자들의 생활을 보장하여야 한다. 피보호자들은 어떠한 경우에 있어서도 본국, 이익 보호국 또는 제30조에서 언급한 구호단체로부터 수당을 지급 받을 수 없다.

제40조 피보호자는 그가 재류하는 충돌 당사국의 국민과 동등한 정도 이상으로는 노동을 강제 받지 아니한다. 피보호자가 적국의 국민일 경우에는 인간으로서의 식량, 주거, 의류, 수송 및 건강을 확보하기 위하여 정상적으로 필요한 노동으로서 군사 행동의 수행에 직접 관계가 없는 것 이외에는 그들에게 강요할 수 없다. 전 2항에서 언급한 경우에 있어서 노동을 강제 당한 피보호자로 특히 임금, 노동시간, 의류 및 기구, 예비적 작업훈련, 그리고 업무상의 재해 및 질병에 대한 보상에 관하여 그들이 체류하는 국가의 노동자들과 동일한 노동조건 및 보호의 혜택을 받는다. 전기의 규정이 위반될 경우에는 피보호자는 제30조에 의하여 이의 신청의 권리행사를 허용받는다.

제41조 피보호자를 그 권력 하에 두고 있는 국가는 본 협약에서 말하는 통제 조치가 부적당하다고 인정하는 경우에 있어서도, 제42조 및 제43조의 규정에 의한 주거 지정 또는 억류 조치보다 더 가혹한 통제조치를 취하여서는 아니 된다. 주거를 지정하는 결정에 의하여 종래의 주거로부터 타 장소로 이동할 것을 요구받은 자에 대하여 제39조 제2항의 규정을 적용함에 있어 억류국은 가능한 한 본 협약 제3편 제4부에서 정하는 복지의 기준에 따라야 한다.

제42조 피보호자의 억류 또는 주거 지정은 억류국의 안정 보장상 이를 절대 필요로 하는 경우에 한하여 명할 수 있다. 만일 어떤 자가 이익 보호국 대표를 통하여 자발적으로 억류를 구하고, 또 그의 사정이 억류를 필요로 할 때는 그 자를 권력 하에 두고 있는 국가는 그를 억류하여야 한다.

제43조 피보호자로 억류되었거나 또는 주거 지정을 받은 자는 재심사를 위하여 억류국이 지정하는 적당한 법원 또는 행정기관에서 가능한 한 신속히 그러한 처분에 대하여 재심사를 받을 권리를 가진다. 억류 또는 주거지정이 계속될 경우는 최초의 결정을 유리하게 변경시키기 위하여 정기적으로 그리고 최소한 년 2회씩 각 사건의 심사를 행하여야 한다. 억류국은 관계 피보호자의 반대가 없는 한 억류되었거나 주거 지정을 받은 자 또는 억류 또는 주거 지정으로부터 방면된 자들의 성명을 가능한 한 신속히 이익 보호국에 통고하여야 한다. 본 조 제1항에서 언급한 법원 또는 행정기관의 결정은 동일한 조건 하에서 가능한 한 신속히 이익 보호국에 통고되어야 한다.

제44조 억류국이 본 협약에서 말하는 통제조치를 적용함에 있어 사실상 여하한 정부의 보호도 받지 않고 있는 망명자들을 다만 그들이 법률상 적국의 국적을 가지고 있다는 이유만으로써 적성 외국인으로 취급하여서는 안 된다.

제45조 피보호자들은 본 협약의 체약국 이외의 국가에 이송되어서는 안 된다. 이 규정은 적대 행위의 종료 후에 있어서의 피보호자들의 송환 또는 거주국에의 귀환을 방해하는 것은 아니다. 억류국은 당해 체약국이 본 협약을 적용할 의사 및 능력을 가지고 있음을 확인한 연후에라야 피보호자들을 본 협약의 체약국에 이송할 수 있다. 피보호자들이 그러한 사정하에서 이송되었을 경우, 피보호자들을 받아들인 국가는 피보호자들이 그 보호 하에 있는 동안 본 협약을 적용할 책임을 진다. 그러나 피보호자들을 받아들인 국가가 어떤 중요한 점들에 대하여 본 협약의 규정을 시행치 않았을 경우에는 피보호자들을 이송한 국가는 이익 보호국의 통고에 따라 그들의 상태를 개선하기 위하여 유효한 조치를 취하거나 또는 피보호자들의 송환을 요청하여야 한다. 그러한 요청은 받아들여져야 한다. 피보호자들을 여하한 경우에라도 그들의 정치적 의견 또는 종교적 신앙 때문에 박해받을 우려가 있는

국가에 이송되어서는 안 된다. 본조의 규정은 적대 행위의 개시 전에 체결된 범죄인 인도조약에 따라 보통 형법상의 범죄행위로서 소추되고 있는 피보호자들의 인도를 방해하지 않는다.

제46조 피보호자가 이전에 퇴거당하지 아니한 한, 피보호자에 관하여 취해진 제한적 조치는 적대 행위의 종료 후에 가능한 한 조속히 폐지되어야 한다. 피보호자들의 재산에 관하여 취하여진 제한적 조치는 억류국의 법령에 따라 적대 행위의 종료 후에 가능한 한 조속히 폐지되어야 한다.

제3부 점령지역

제47조 점령지역에 있는 피보호자들은 여하한 경우 및 여하한 방법으로도 점령의 결과로 동 지역의 제도 또는 정치상에 초래되는 모든 변화, 점령지역 당국과 점령국 간에 체결되는 모든 협정 또는 점령국에 의한 점령지역의 전부 또는 일부의 병합에 의하여 본 협약의 제 혜택을 박탈당하여서는 아니 된다.

제48조 영역을 점령한 국가의 국민이 아닌 피보호자들은 제35조의 규정에 따를 것을 조건으로 하고, 그 영역을 퇴거할 권리를 행사할 수 있다. 이에 관한 결정은 동조에 의하여 점령국이 제정하는 절차에 따라 행하여야 한다.

제49조 피보호자들을 점령지역으로부터 점령국의 영역 또는 피 점령 여부를 불문하고 타국의 영역으로 개인적 또는 집단적으로 강제 이송 또는 추방하는 것은 그 이유의 여하를 불문하고 금지된다. 그러나, 점령국은 주민의 안전 또는 군사상의 이유로 필요할 경우에는 일정한 구역의 전부 또는 일부의 철거를 실시할 수 있다. 그러한 철거는 물적 이유 때문에 불가피한 경우를 제외하고는 피보호자들을 점령지역의 경계 밖으로 이동시키는 것이어서는 안 된다. 이렇게 하여 철거당한 자들은 당해 지구에서의 적대 행위가 종료되는 즉시로 각자의 가정으로 송환되어야 한다. 전기의 이동 또는 철거를 실시하는 점령국은 가능한 한 피보호자들을 받아들일 적당한 시설을 설비할 것과 동 이동의 위생, 보건, 안전 및 급식에 대하여 만족할만한 조건하에서 행하여 질 것, 그리고 동일 가족의 구성원들이 이산하지 않을 것을 확보하여야 한다. 이동 및 철거를 실시할 때는 즉시 이익 보호국에 이를 통고하여야 한다. 점령국은 주민의 안전, 또는 긴급한 군사상의 이유로 필요한 경우를 제외하고는 피보호자들을 전쟁의 위험을 많이 받고 있는 지구에 억류하여서는 안 된다. 점령국은 자국의 민간인 주민의 일부를 자기의 점령지역으로 추방하거나, 또는 이동시켜서는 안 된다.

제50조 점령국은 국가 또는 현지 당국의 협력하에 아동들의 양호 및 교육에 전용될 모든 시설의 적당한 운영에 대하여 편의를 제공하여야 한다. 점령국은 아동들의 신원확인 및 친자관계의 등록을 용이케 하기 위하여 필요한 조치를 취하여야 한다. 점령국은 여하한 경우에라도 아동들의 신분상의 지위를 변경시키거나, 또는 그들을 자국에 종속된 단체 또는 기구에 편입시켜서는 안 된다. 현지의 시설이 적당치 않을 경우에는 점령국은 전쟁의 결과로 고아가 되었거나, 또는 자기의 부모와 이별하고, 또 근친자 또는 우인에 의하여 적당한 양호를 받을 수 없는 아동들의 부양 및 교육이 가능한 한 그 아동들과 동일한 국적 언어 및 종교를 가진 자에 의하여 행하여지도록 조치를 취하여야 한다. 제136조에 따라 설치되는 정보국의 한 특별과는 신원이 불명한 아동들의 신원을 판명하기 위하여 필요한 모든 조치를 취할 책임을 진다. 그들의 부모 또는 근친자들에 관한 상세한 점들을 입수하는 대로 항시 기록되어야 한다. 점령국은 15세 미만의 아동, 임산부 및 7세 미만의 유아를 가진 부인들을 위하여 점령전에 채택된 식량, 의료상의 간호 및 전쟁의 영향으로부터의 보호에 관한 유리한 조치의 적용을 방해하여서는 안 된다.

제51조 점령국은 피보호자들에게 대하여 자국의 군대 또는 보조부대에 복무할 것을 강요하여서는 안 된다. 자발적 지원을 시키는 것을 목적으로 하는 압력 또는 선전은 금지된다. 점령국은 피보호자들이 18세 이상이고 또 다만 점령군의 수요, 공익사업 또는 피점령국 주민의 의, 식, 주, 수송 또는 건강 때문에 필요한 노동을 위하여서가 아니면 피보호자들에게 노동을 강요할 수 없다. 피보호자들은 군사 행동에의 참가 의무를 부하게 되는 노동에 종사하는 것을 강요받지 않는다. 점령국은 피보호자들에 대하여 그들이 강제노동을 하고 있는 시설의 안전을 강제 수단을 사용하여 확보하도록 강요하여서는 안 된다. 노동은 노무를 징발 당한 자들이 체류하는 점령지역 내에서만 행하여져야 한다. 그

러한 자들은 가능한 한 종전의 근무 장소에서 일을 계속하도록 하여야 한다. 노동자들에게 대하여는 공정한 임금을 지불하여야 하며, 노동은 노동자들의 육체적, 지적, 능력에 부합하는 것이어야 한다. 피점령국 내에서 시행되고 있는 것으로 노동조건 및 보호에 관한 법령, 특히 임금, 노동시간, 설비, 예비적 작업훈련 그리고 업무상의 재해 및 질병에 대한 보상에 관한 법령은 본조에서 말하는 노동에 종사하는 피보호자들에게 적용된다. 노무의 징발을 여하한 경우라도 군사적 또는 준 군사적 성격을 가진 조직 내에 노동자들을 동원하는 것이 되어서는 안 된다.

제52조 여하한 계약, 협정 또는 규칙이라도 노동자의 자진 여부 및 그의 체류 장소 여하를 불문하고 이익보호국의 개입을 요청하기 위하여 동국 대표들에게 신청하는 노동자의 권리를 침해하여서는 안 된다. 노동자들로 하여금 점령국을 위해 일하게 하기 위하여 점령 지역 내에서 실업을 발생시키거나, 또는 노동자에게 부여되는 제 기회를 제한 함을 목적으로 하는 모든 조치는 금지된다.

제53조 개인적인 것이거나, 또는 공동적인 것임을 불문하고 사인, 국가 기타의 공공당국, 사회단체 또는 협동단체에 속하는 부동산 또는 동산의 점령군에 의한 파괴는 그것이 군사행동에 의하여 절대 필요하게 될 경우를 제외하고는 일체 금지된다.

제54조 점령국은 점령지역 내에 있는 공무원 또는 법관들이 양심의 쫓아 자기의 직무 수행을 기피 할 경우에라도, 그 공무원 또는 법관의 신분을 변경시키거나, 또는 어떠한 방법으로 그들에게 제재를 가하거나, 또는 강제적 또는 차별적 조치를 취하여서는 아니 된다. 이와 같은 금지는 제51조 제2항의 적용을 방해하지 않는다. 동 금지는 공무원들을 그들의 직책으로부터 해임시키는 점령국의 권리에 대하여 영향을 미치지 않는다.

제55조 점령국은 이용 가능한 모든 수단으로써 주민의 식량 및 의료품의 공급을 확보할 의무를 진다. 특히 점령국은 점령지역의 자원이 불충분할 경우는 필요한 식량, 의료품 및 기타 물품들을 입수하여야 한다. 점령국은 점령군 및 행정 요원들의 사용에 충당할 경우와 그리고 민간인 주민들의 수요를 고려한 경우를 제외하고는 점령지역 내에 있는 식량, 물품 또는 의료품을 징발하여서는 안 된다. 점령국은 다른 제 국제조약에 대한 공정한 대가의 지불을 확보하기 위하여 필요한 조치를 취하여야 한다. 보호국은 긴급한 군사상의 요구에 의하여 일시적 제한이 필요하게 될 경우를 제외하고 하시라도 점령지역에 있어서의 식량 및 의료품의 공급상태를 자유로이 조사할 수 있다.

제56조 점령국은 이용 가능한 모든 수단을 다하여 국가 및 현지 당국의 협력하에 있어서의 의료상 및 병원의 시설과 용역, 그리고 공중 보건 및 위생을 확보하고 또 유지할 의무를 진다. 점령국은 특히 전염병 및 유행병의 만연을 방지하기 위하여 필요한 예방적 조치를 채택하여 이를 실시하여야 한다. 점령지역 내에 새로운 병원들이 설립되고 또 피점령국의 권한 있는 기관이 그 지역 내에서 활동하고 있지 않을 경우는 점령 당국은 제20조 및 제21조의 규정에 따라 병원 직원 및 수송 차량들에 대하여도 승인을 부여 하여야 한다. 점령국은 보건 및 위생 조치를 채택하고 또 이를 실시함에 있어서는 점령지역 주민들의 도덕적 윤리적 감정을 고려하여야 한다.

제57조 점령국은 군대의 부상자 및 병자들을 간호하기 위하여 긴급한 필요가 있을 경우에 한하여 그리고 환자들의 간호 및 치료와 민간인 주민들의 입원 요구를 위하여 적당한 조치가 적당한 때에 취하여 질 것을 조건으로 하고 민간인 병원들을 일시적으로 징발할 수 있다. 민간인 병원의 기재 및 저장품들은 그것들이 민간인 주민들의 수요에 필요하게 되는 한 징발될 수 없다.

제58조 점령국은 성직자들에게 대하여 그들과 동일한 종파에 속하는 자들에게 종교상의 원조를 부여하는 것을 허용하여야 한다.

제59조 점령지역 주민의 전부 또는 일부에 대한 물자의 공급이 불충분할 경우는, 점령국은 동 주민들을 위한 구호계획에 동의하여야 하며, 또 사용 가능한 모든 수단을 다하여 동 계획이 실시될 수 있도록 편의를 제공하여야 한다. 국가 또는 국제적십자위원회와 같은 공정한 인도적 기구에 의하여 실시되는 전기의 계획은 특히 식량, 의료품 및 의류의 송부를 내용으로 하는 것이어야 한다. 모든 체약국은 이러한 송부품들의 자유 통과를 허가하고 또 그것들의 보호를 보장하여야 한다. 그러나 적국에 의

하여 점령되고 있는 지역으로 가는 송부품의 자유 통과를 허가하는 국가는 송부품들을 검사하고 지정된 시각 및 경로에 의한 통과를 규율하며 그리고 그 송부품들이 궁핍한 주민들의 구호를 위하여 사용될 것이고 점령국의 이익을 위하여 사용될 것이 아니라는 것을 보호국을 통하여 충분히 확인할 권리를 가진다.

제60조 구호품은 제55조, 제56조 및 제59조에 의거한 점령국의 책임을 면제하지 않는다. 긴급한 필요가 있고, 그것이 점령지역 주민의 이익을 위한 것이며 또 이익 보호국의 동의를 얻은 경우를 제외하고는 여하한 방법으로도 구제품의 지정된 용도를 변경시켜서는 안 된다.

제61조 전기의 제조에서 말한 구호품의 분배는 이익 보호국의 협력 및 감독하에서 행하여져야 한다. 이 임무는 또는 점령국과 보호국 간의 협정에 의하여 중립국, 국제적십자위원회 또는 기타의 공정한 인도적 단체에 위임될 수 있다. 그러한 구호품은 점령지역의 경제를 위하여 필요하지 않는 한 그 지역 내에서 모든 부과금, 세금 또는 관세를 면제받는다. 점령국은 이러한 구호품들이 신속히 분배될 수 있도록 편의를 제공하여야 한다. 모든 체약국은 점령지역으로 가는 그러한 구호품들의 무상 통과 또는 수송을 허가하도록 노력하여야 한다.

제62조 점령지역에 있는 피보호자들은 긴급한 안전상의 이유에 따를 것을 조건으로 하고 개인 앞으로 보내온 구호품의 수령을 허용받아야 한다.

제63조 점령국이 긴급한 안전상의 이유 때문에 취하는 일시적 및 예외적인 제 조치에 따를 것을 조건으로 하고,

　가. 승인된 각국 적십자사(적 신월사, 적 사자와 태양사)는 국제적십자회의에 의하여 제정된 제 적십자 원칙에 따라 그들의 활동을 수행할 수 있다. 기타의 구호단체들은 동일한 조건 하에서 인도적 활동을 계속 허용받는다.

　나. 점령국은 이러한 단체들의 직원 및 조직에 대하여 전기의 활동을 방해하게 될 변경을 요구하여서는 안 된다. 이와 같은 제 원칙은 중요한 공익사업의 유지, 구호품의 분배 및 구호사업의 조직화에 의하여 민간인 주민들의 생활조건을 확보함을 목적으로 이미 존재하거나, 또는 장차 설립될 비군사적 성격을 가진 특별 단체의 활동 및 직원에 대하여도 적용된다.

제64조 피점령국의 형벌법령은 그것이 점령국의 안전을 위협하거나 또는 본 협약의 적용을 방해한 때에 점령국이 이를 폐지 또는 정지시키는 경우를 제외하고는 계속하여 효력을 가진다. 점령지역의 법원은 전술한 바를 인정하면서 전기의 법령에서 규정하는 모든 범죄행위에 대하여 임무를 계속 수행하여야 한다. 그러나 점령국은 점령지역의 주민으로 하여금 자국에 본 협약에 의거한 제 의무를 이행하고 당해 지역의 질서있는 통치를 유지하며 점령국의 안전·점령군 또는 점령행정기관 구성원 및 그의 재산의 안전 그리고 그들이 사용하는 시설 및 통신선의 안전을 확보할 수 있도록 하기 위하여 절대 필요한 제 규정에 복종시킬 수 있다.

제65조 점령국이 제정한 형벌 규정은 주민들이 사용하는 언어로 공포하고 또 주민들에게 주지시킨 후에 발효하며 효력은 소급되지 않는다.

제66조 제64조 제2항에 의거하여 점령국이 공포한 형벌 규정에 위반하는 행위가 있을 경우에는 점령국은 정당히 구성되고 비정치적인 점령국의 군사재판에 피의자들을 인도할 수 있다. 단 군사법원은 피점령 내에서 개정되어야 한다. 상소법원은 될 수 있는 대로 피점령국 내에서 개정되어야 한다.

제67조 법원은 범죄행위 전에 시행되어 있고 또 법의 일반원칙 특히 형법은 범죄행위에 상응하는 것이어야 한다는 원칙에 합치되는 법률의 규정만을 적용하여야 한다. 법원은 피고인이 점령국 국민이 아니라는 사실을 고려하여야 한다.

제68조 점령국을 해할 의사만을 가지고 행한 범죄행위로서 점령군 또는 점령행정기관 구성원들의 생명 또는 신체에 위해를 가하지 않고 중대한 집단적 위험을 발생시키지 않으며, 또 점령군 또는 점령행정기관의 재산이나 그들이 사용하는 시설에 대하여 중대한 손해를 주지 않은 범죄를 행한 피보호자들

은 억류 또는 단순한 구금형에 처한다. 단, 그 억류 또는 구금 기간은 범죄행위에 상응하는 것이어야 한다. 뿐만 아니라, 억류 또는 구금은 그러한 범죄행위에 관하여 피보호자들로부터 자유를 박탈하기 위하여 취하여지는 유일한 조치로 되어야 한다. 본 조약 제66조에 규정된 법원은 자유재량에 의하여 구금형을 동일한 기간의 억류형으로 변경할 수 있다. 제64조 및 제65조에 따라 점령국이 공포하는 형벌 규정을 피보호자들이 간첩으로서 범한 행위와 점령군의 군사시설에 대하여 행한 중대한 태업 또는 일인 또는 그 이상의 자들을 사망에 이르게 한 고의적인 범죄행위 때문에 유죄가 된 경우에만 그 피보호자들에 대하여 사형을 과할 수 있다. 단, 점령개시 전에 시행되던 점령지역 사회의 법령에 의하여 그러한 범죄행위에 사형을 과할 수 있는 경우에 한한다. 사형은 법원이 피고인이 점령국의 국민이 아니고 동국에 대하여 충성 의무를 부하지 않고 있다는 사실을 특별히 유의한 후가 아니면 피보호자들에게 언도 되어서는 안 된다. 사형은 여하한 경우에라도 범죄행위 시에 18세 미만인 피보호자들에게 언도 되어서는 아니 된다.

제69조 모든 경우에 있어서 범죄행위로 기소된 피보호자가 재판이 있을 때까지 구속된 기간은 그에게 언도 되는 구금형의 기간에 통산되어야 한다.

제70조 피보호자들은 전쟁법규 및 동 관습에 위반한 경우를 제외하고는 점령 전이나 또는 점령이 일시적으로 중단된 동안에 범한 행위 또는 표명한 의견 때문에 점령국에 의하여 체포 또는 기소되거나 유죄로 되어서는 안 된다. 적대 행위의 개시 전에 피점령국의 영역 내에 망명한 점령국의 국민은 적대 행위의 개시 후에 행한 범죄행위로 인하거나, 또는 적대 행위의 개시 전에 행한 보통법상의 범죄행위로서 피점령국의 법령에 의하면 평화 시에도 범죄자 인도가 행하여지게 될 범죄행위로 인한 경우를 제하고는 체포되거나 기소되거나 유죄로 되거나 또는 점령지역으로부터 추방되어서는 안 된다.

제71조 점령국의 관할 법원은 정식 재판을 행한 후가 아니면 판결을 언도하여서는 안 된다. 점령국에 의하여 기소된 피고인은 자기에게 대한 공소 사실의 상세한 내용을 즉시로 통고받고, 또 가능한 한 신속히 재판에 회부되어야 한다. 보호국은 사형 또는 2년 이상의 구금형에 해당하는 공소 사실에 관하여 점령국이 피보호자들을 상대로 개시한 모든 사법 절차를 통고받아야 한다. 이익 보호국은 또한 하시라도 그러한 사법 절차의 상황에 관한 정보를 입수할 수 있어야 한다. 뿐만 아니라 이익 보호국은 그 요청에 따라 전기의 사법 절차 및 피보호자들을 상대로 점령국이 개시한 기타 모든 사법 절차의 상세한 내용을 통고 받을 권리를 가진다. 전기 제2항에 규정된 바, 이익 보호국에 대한 통고서는 즉시로 송부되어야 하며, 또 여하한 경우에라도 제1회 공판 기일의 3주일 전에 도착되어야 한다. 재판 개정 시에 본조의 규정이 완전히 준수되고 있다는 증거가 제출되지 않는 한 재판이 개시되어서는 안 된다. 통고서에는 다음 사항들을 기재하여야 한다.

    가. 피고인의 신원,

    나. 거주 또는 억류의 장소,

    다. 공소 사실의 명세(소추의 근거가 되는 형벌 규정의 기재를 포함),

    라. 사건을 심리하는 법원,

    마. 제1회 공판의 장소 및 기일.

제72조 피고인은 자기방어를 위하여 필요한 증거를 제출할 권리를 가지고 특히 증인 소환을 요구할 수 있다. 피고인은 자기가 선임한 자격 있는 변호인의 원조를 받을 권리를 가지며 그 변호인은 자유로이 피고인을 방문할 수 있고 또 변호 준비를 위하여 필요한 제 편의를 향유 하여야 한다. 피고인은 변호인을 선임치 못하였을 경우에는, 보호국은 피고인에게 변호인을 제공할 수 있다. 피고인이 중대한 범죄로 소추되고 있고, 또 이익 보호국이 활동하고 있지 않을 때에는 점령국은 피고인의 동의를 얻어 변호인을 제공하여야 한다. 피고인은 통역관의 원조를 받을 권리를 자기 의사로 포기하지 않는 한 예비적 심문 중 및 재판 중에 있어서 통역관의 원조를 받아야 한다. 피고인은 하시라도 통역관을 거부하고 또 그의 교체를 요구할 권리를 가진다.

제73조 유죄 판결을 받은 자는 법원이 적용하는 법령에서 규정하는 상소의 권리를 가진다. 그에게 대하여

는 상소 또는 청원의 권리 및 이것을 행사할 수 있는 기간에 관하여 완전히 통고하여야 한다. 본조에서 규정되는 형사절차는 그것이 적용 가능한 한 상소가 있을 경우 이에 준용하여야 한다. 법원이 적용하는 법령이 상소에 관하여 규정하고 있지 않을 경우는 유죄 판결을 받은 자는 사실인정 및 판결에 대하여 점령국의 권한 있는 당국에 청원할 권리를 가진다.

제74조 이익 보호국 대표는 그 재판이 예외적으로 점령국의 안전을 위하여 비공개적으로 진행되지 않는 한 모든 피보호자의 재판에 입회할 권리를 가진다. 재판이 비공개적으로 개정될 경우는 점령국은 그것을 이익 보호국에 통고하여야 한다. 이익 보호국에는 재판의 기일 및 장소에 대한 통고서를 송부하여야 한다. 사형 또는 2년 이상의 구금형이 언도 된 모든 판결은 이유를 첨부하여 가능한 한 신속히 이익 보호국에 통고되어야 한다. 그 통고서에는 제71조에 의거하여 행하여진 통고와의 관계 그리고 구금형인 경우에는 형의 집행장소를 기재하여야 한다. 전술한 판결 이외의 판결기록은 법원이 보관하고 또 이익 보호국 대표들의 열람에 제공하여야 한다. 사형 또는 2년 이상의 구금형이 언도 된 판결의 경우에 있어서 허용되는 상소기간은 이익 보호국이 판결 통고서를 접수한 때로부터 가산된다.

제75조 사형판결을 받은 자들은 여하한 경우에라도 특사 또는 사형의 집행정지를 청원할 권리를 박탈당하여서는 아니 된다. 여하한 사형판결이라도 사형을 확정하는 최후 판결이나 특사 또는 사형집행정지의 거부 결정에 관한 통고서를 이익 보호국이 접수한 일자로부터 최소한 6개월의 기간이 경과하기 전에 집행되어서는 안 된다. 점령국 또는 점령군의 안전에 대하여 조직적 위협이 될 중대하고 긴급한 사정이 있을 경우에는 전항에 규정된 6개월의 기간은 개개의 사건에 대하여 단축될 수 있다. 단, 이것은 항시 이익 보호국이 동기간 단축에 관한 통고를 받을 것과 또 사형판결에 관하여 권한 있는 점령 당국에 의견을 제시할 충분한 시간 및 기회를 부여받을 것을 조건으로 한다.

제76조 범죄행위로 기소된 피보호자들은 피점령국 내에서 구금되어야 하며, 유죄 판결을 받았을 경우에는 피점령국 내에서 복역하여야 한다. 그들은 가능한 한 다른 피구금자들로부터 분리되어야 하며, 또 양호한 건강을 유지하기에 충분하고 또 최소한 피점령국의 교도소에서 부여되는 것과 동일한 식량 및 위생조건을 향유하여야 한다. 그들은 그들의 건강 상태가 필요로 하는 의료를 받아야 한다. 그들은 또한 그들이 요구하는 종교상의 협조를 받을 권리를 가진다. 부녀자들은 분리된 장소에 구금되어야 하며 또 여성의 직접 감시하에 두어야 한다. 미성년자들에게 대한 특별 대우에 관하여는 적당히 고려하여야 한다. 구금당하고 있는 피억류자들은 제143조의 규정에 따라 이익 보호국 및 국제적십자 위원회 대표들의 방문을 받을 권리를 가진다. 그러한 자들은 매월 최소한 1개의 구호품 소포를 받을 권리를 가진다.

제77조 점령지역 내의 법원에 의하여 범죄행위의 소추를 받았거나, 또는 유죄 판결을 받은 피보호자들은 점령이 종료될 때에 관계 기록과 더불어 석방된 지역의 당국에 인도되어야 한다.

제78조 점령국은 안전보장상의 절대적 이유로 피보호자들에 관한 안전조치를 취할 필요가 있다고 인정할 경우에라도, 주거 지정 또는 억류 이상의 조치를 취할 수 없다. 그러한 주거 지정 또는 억류에 관한 결정은 점령국이 본 조약 규정에 따라 정하는 일정한 절차에 쫓아서 행하여야 한다. 이 절차는 관계 당사자의 소청권을 포함하여야 한다. 소청에 대하여는 가능한 한 신속한 결정이 있어야 한다. 주거 지정 또는 억류의 결정이 확인되었을 경우에는 동 결정은 점령국이 설치한 권한 있는 기관에 의하여 필요하다면 매 6개월마다 정기적 심사를 받아야 한다. 주거 지정의 처분을 받고 자기 고향을 떠날 것을 요구받은 피 보호자들은 본 주약 제39조의 완접한 혜택을 향유 한다.

제4부 억류자의 대우에 관한 규정
제1장 총칙

제79조 충돌 당사국은 제41조, 제42조, 제43조, 제68조 및 제78조의 규정에 의한 경우를 제외하고는 피보호자들을 억류하여서는 안 된다.

제80조 피억류자들은 사법상의 행위 능력을 보유하고 또 그것에 따르는 권리로서 그들의 지위와 모순되지

않는 권리를 행사하여야 한다.

제81조 피보호자들을 억류하는 충돌 당사국은 그들을 무상으로 부양하고 또 그들의 건강 상태에 필요한 의료를 그들에게 제공하여야 한다. 전기 비용의 지불에 충당하기 위하여 피억류자들의 수당, 봉급 또는 채권액에서 공제하여서는 안 된다. 피억류자들의 부양을 받는 자들이 생활을 유지하기 위한 적당한 수단을 가지고 있지 않거나, 또는 생계를 영위할 수 없을 경우에는 억류국은 그들의 생활을 지원하여 주어야 한다.

제82조 억류국은 피억류자들을 가능한 한 그들의 국적, 언어 및 관습에 따라 수용하여야 한다. 동일한 국적을 가진 피억류자들은 언어의 차이만으로써 분리되어서는 안 된다. 동일한 가족의 구성원 특히 부모와 자녀들은 작업상 또는 건강상의 이유나 본부 제9장의 규정을 시행키 위하여 일시적 별거가 필요하게 될 경우를 제외하고는 억류기간 중 수용소 내의 동일한 장소에서 함께 유숙시켜야 한다. 피억류자들은 그들의 양호를 받지 않고 방치되고 있는 자기의 자녀들이 자기와 함께 수용되도록 요청할 수 있다. 동일한 가족의 구성원인 피억류자들은 가능한 한, 동일 건물 내에 수용되어야 하며, 또 다른 억류자들로부터 분리된 수용시설과 정상적인 가정생활을 영위하기 위한 제 편의를 그들에게 제공하여야 한다.

제2장 억류장소

제83조 억류국은 전쟁의 위험을 많이 받고 있는 지구에 억류장소를 설치하여서는 안 된다. 억류국은 억류장소의 지리적 위치에 관한 모든 유익한 정보를 이익 보호국의 중계를 통하여 적국에 제공하여야 한다. 억류수용소는 군사상 사정이 허락할 때는 하시라도 주간에 공중으로부터 명확히 식별될 수 있도록 IC라는 문자로 표시되어야 한다. 그러나 관계 제국은 기타의 표지 방법에 대하여도 합의할 수 있다. 억류수용소가 아닌 장소에는 그러한 표지를 사용하여서는 안 된다.

제84조 피억류자들은 포로 및 다른 어떤 이유로 자유를 박탈당한 자들로부터 분리 수용되고 또 따로 관리되어야 한다.

제85조 억류국은 피보호자들의 억류 시초로부터 그들을 위생상 및 보건상의 모든 보장을 주고 또 기후의 가혹성 및 전쟁의 영향으로부터 가능한 한 보호를 받을 수 있는 건물 또는 구획 내에 수용하는 것을 확보키 위하여 필요하고 가능한 모든 조치를 취하여야 한다. 여하한 경우에라도 영구적인 억류장소는 비위생적인 지역이나 또는 기후가 피억류자들에게 유해한 지역에 설치되어서는 안 된다. 피보호자들이 일시적으로 억류되고 있는 지역이 비위생적인 곳이거나 또는 그 지역의 기후가 그들의 건강에 유해할 경우는 당해 피보호자들은 사정이 허하는 한 신속히 보다 적당한 곳으로 이동되어야 한다. 건물들은 습기를 완전히 방지하고 충분한 난방장치를 가져야 하며, 특히 일몰 시로부터 소등 시까지 사이에는 등을 켜야 한다. 침실은 충분한 넓이를 가지고 또 환기가 잘되어야 한다. 피억류자들에게는 기후와 그들의 연령, 성별 및 건강 상태를 고려하여 적당한 침구와 충분한 모포를 주어야 한다. 피억류자들에게 대하여는 위생 규칙에 합치되는 위생 설비를 그들의 사용을 위하여 제공하여야 하며 항상 청결하게 유지되어야 한다. 그들에게 대하여는 각자의 일상적인 신체 청결 및 세탁을 위하여 충분한 물과 비누를 공급하여야 하며 이를 위하여 필요한 설비 및 편의를 제공하여야 한다. 그들에게 대하여서는 또한 〈샤워〉 또는 욕탕을 이용할 수 있도록 한다. 그들에게는 세탁 및 청소를 위하여 필요한 시간을 제공하여야 한다. 예외적이고 또 일시적 조치로서 어떤 가족의 구성원이 아닌 여자 피억류자들을 남자들과 동일한 억류장소 내에 수용할 필요가 있을 경우에는 그러한 여자 피억류자들이 사용할 분리된 침실과 위생 설비를 제공하여야 한다.

제86조 억류국은 종파의 여하를 불문하고 피억류자들이 종교적 의식을 거행하기 위하여 적당한 장소를 자유로이 사용할 수 있도록 하여야 한다.

제87조 이용할 수 있는 다른 적당한 시설이 있는 경우를 제외하고 각 억류장소에는 매점을 설치하여야 한다. 매점의 목적은 피억류자들이 개인적 복지 및 위안을 증진할 식료품 및 일용품을 현지의 시장 가격보다 높지 않은 가격으로 구매할 수 있도록 하는 것이어야 한다. 매점이 획득한 이익금은 각 억류

장소에 설정되는 복지기금 구좌의 대변에 기입하고, 또 그 억류장소에 속하는 피억류자들의 이익을 위하여 관리하여야 한다. 제102조에 규정된 피억류자 위원회는 매점 및 전기 기금의 운영을 감시할 권리를 가진다. 억류장소가 폐쇄될 경우에는 복지기금의 잔액은 동일한 국적을 가진 피억류자들을 위한 억류장소의 복지기금에 이양되어야 한다. 만일 그러한 억류장소가 존재치 않을 경우에는 동 잔액은 억류국의 권력 내에 계속 잔류하는 모든 피억류자들의 이익을 위하여 관리되는 중앙복지기금에 이양되어야 한다. 전반적 석방의 경우에 관계국 간에 반대의 협정이 없는 한 전기 이익금을 억류국에 남겨두어야 한다.

제88조 공습 및 기타의 전쟁위험을 받고있는 모든 억류장소에는 필요한 보호를 확보하기 위하여 적당한 수의 또는 적당한 구조의 대피소를 설치하여야 한다. 경보가 있을 경우에는 피억류자들을 제외하고는 가능한 한 신속히 대피소에 들어갈 수 있다. 주민들을 위하여 취하는 방호조치는 피억류자들에게도 적용되어야 한다. 억류장소에서는 화재의 위험에 대비하여 적절한 모든 예방조치를 취하여야 한다.

제3장 식량 및 의류

제89조 피억류자들을 위한 일상적인 배급은 그것의 분량 및 종류에 있어서 그들의 양호한 건강 상태를 유지하고 또 영양부족을 방지하기에 충분한 것이어야 한다. 또한 피억류자들의 식성도 고려하여야 한다. 피억류자들에 대하여는 또한 그들이 별도로 소유하는 모든 음식물을 스스로 조리할 수 있는 수단을 부여하여야 한다. 피억류자들에 대하여는 충분한 음료수를 공급하여야 하며, 또 흡연을 허용하여야 한다. 노동을 하는 피억류자들에게 대하여는 그들이 종사하는 노동의 종류에 따라 식량을 증배하여야 한다. 임산부와 15세 미만의 아동들에 대하여는 그들의 생리적 필요에 따라 식량을 증배하여야 한다.

제90조 피억류자들이 억류되었을 경우에는 필요한 의류, 신발, 몇 벌의 내의를 준비하고 또 그 후에라도 필요하다면 새로운 보급을 조달받을 수 있도록 그들에게 모든 편의를 제공하여야 한다. 만일 피억류자들이 기후조건에 상응한 충분한 의류를 소지하지 못하고 또 아무런 의류 조달도 받을 수 없을 경우에는 억류국은 그들에게 의류를 무상으로 공급하여야 한다. 억류국이 피억류자들에게 공급하는 의류와 그 의류에 첨부되는 외부적 표지는 모욕적인 것이거나 또는 피억류자들을 조소의 대상이 되게 하는 것이어서는 안 된다. 노동자들에게 대하여는 노동의 성격상 필요한 경우에는 작업복을 포함하는 적당한 노동 용구를 제공하여야 한다.

제4장 위생 및 의료

제91조 각 수용소에는 자격 있는 의사의 지휘하에 두고 또 피억류자들이 필요한 치료와 적당한 식사를 받을 수 있는 적당한 진료소를 설치하여야 한다. 전염병 및 정신병에 걸린 환자들을 위하여 격리병실을 설치하여야 한다. 임산부 및 중환의 피억류자 또는 특별치료나 외과수술이나 입원을 요하는 상태에 있는 피억류자들은 적당한 치료를 받을 수 있는 시설에 수용되어야 하며, 또 일반주민들이 받는 것보다 못지않는 치료를 받도록 하여야 한다. 피억류자들이 진료를 받기 위하여 의료당국에 출두하는 것을 방해할 수 없다. 억류국의 의료당국은 요청이 있을 경우에는 치료를 받은 각 피억류자에게 그의 질병 또는 부상의 성질 그리고 치료의 기간 및 종류를 기재한 공식적인 증명서를 발급하여야 한다. 동 증명서의 사본 1통은 제140조에 규정되는 중앙피보호자정보국에 송부하여야 한다. 피억류자들의 양호한 건강 상태를 유지하기 위하여 필요한 모든 기구, 특히 의치, 기타의 인공기구 및 안경의 공급을 포함하는 치료는 피억류자들에게 무상으로 하여야 한다.

제92조 피억류자들의 신체검사는 최소한 월 1회씩 행하여져야 한다. 동 검사는 특히 피억류자들의 건강, 영양 및 청결의 일반적 상태를 관리하고, 또 전염병 특히 결핵, 말라리아 및 성병을 검출함을 목적으로 하여야 한다. 동 검사는 특히 각 피억류자의 체중 측정 및 최소한 연 1회씩의 엑스광선에 의한 검진을 포함하여야 한다.

제5장 종교적, 지적 및 육체적 활동
제93조 피억류자들은 억류 당국이 제정하는 일상적 규율에 복종할 것을 조건으로 하고 자기의 종교 의무 (종교의식에의 참석 포함)를 이행함에 있어서 완전한 자유를 향유 한다. 억류되고 있는 성직자들은 동일한 종파에 속하는 피억류자들에게 대하여 자기의 성직을 자유로이 행하도록 허용받아야 한다. 이를 위하여, 억류국은 동일한 언어를 사용하거나 또는 동일한 종파에 속하는 피보호자들이 있는 각종 수용소에 이러한 성직자들이 공평히 배치되는 것을 확보하여야 한다. 성직자들의 수가 너무 적을 경우는 억류국은 그들에게 한 장소로부터 다른 장소에로 순회하는데 필요한 제 편의(수송수단 포함)를 제공하여야 하며, 또 입원 중에 있는 피억류자들을 방문하는 것을 허용하여야 한다. 성직자들은 자기의 성직에 관한 사항에 관하여 억류국의 종교 당국 및 가능한 한 자기의 종파에 속하는 국제적 종교단체들과 통신연락을 할 자유를 가진다. 그러한 통신연락은 제107조에서 말한 할당 통수의 일부로 인정 되어서는 아니된다. 그러나 이 통신 연락은 제102조의 규정에 따라 행하여야 한다. 피억류자들이 자기 종파에 속하는 성직자들의 원조를 받지 못하거나, 또는 성직자들의 수가 너무 적을 경우에는, 동일한 종파에 속하는 성직자나 자격있는 신도를 임명할 수 있다. 후자는 자기가 이 수한 성직에 대하여 부여된 제 편의를 향유 한다. 이와 같이 하여 임명된 자들은, 억류국이 기율과 안전을 위하여 설정한 모든 규칙에 복종하여야 한다.

제94조 억류국은 피억류자들에게 지적, 교육적 및 오락적 활동과 운동경기를 장려하여야 한다. 단, 그러한 재활동 및 운동경기에의 참가 여부는 피억류자들의 자유에 맡겨야 한다. 억류국은 특히 적당한 장소를 제공하여 피억류자들의 제 활동 및 운동경기의 실행을 확보하기 위해 가능한 모든 조치를 취하여야 한다. 피억류자들에게 대하여는 그들의 연구 계속, 또는 새로운 연구과제의 착수를 위해 가능한 모든 편의를 제공하여야 한다. 아동 및 청소년들의 교육은 필히 확보되어야 하며, 그들에게는 학교가 수용소 내에 있거나, 또는 수용소 밖에 있거나를 불문하고 통학을 허용하여야 한다. 피억류자들에게 대하여는 체조, 운동, 옥외경기를 위한 제 기회를 부여하여야 한다. 이를 위하여 모든 수용소 내에 충분한 공지를 확보하여야 한다. 아동 및 청소년들을 위하여 특별한 운동장을 확보하여야 한다.

제95조 억류국은 피억류자가 희망하지 아니하는 한, 그들을 노동자로서 사용하여서는 아니 된다. 억류되지 않은 피보호자에게 강제적으로 과하여진, 본 협약 제40조 또는 제50조의 위반이 될, 노동 및 품위를 손상케 하거나, 또는 굴욕적 성질을 가진 노동은 어떠한 경우에도 금지된다. 피억류자는, 6주간의 노동 기간 후에는 8일 전의 예고에 의하여, 언제든지 노동을 중지할 수 있다. 전기의 규정은, 억류국이 억류되어 있는 의사, 치과 의사 기타의 의무 요원을 동일한 수용소에 억류되어 있는 자를 위하여 그 직업적 능력에 따라 사용하거나, 또는 억류자를 수용소의 관리와 유지를 위한 노동이나 기타의 잡무를 하도록 하거나, 또는 공습이나 기타의 전쟁위험에 대한 피억류자의 보호와 관련있는 임무에 종사하도록 요구하는 권리를 해하지 아니한다. 다만, 억류자에 대하여는 의무관이 그의 신체에 부적당하다고 인정하는 일을 하도록 요구하여서는 아니 된다. 억류국은 모든 노동조건, 의료 및 임금의 지급에 대하여 노동에 사용되는 모든 피억류자가 작업상의 재해 및 질병에 대한 보상을 받을 것을 확보하는 데 대하여 전 책임을 진다. 전기의 노동조건 및 보상을 정하는 기준은, 어떠한 경우에도 동일한 지방의 동일한 성질의 노동에 있어서 인정되는 기준보다 불리하여서는 아니 된다.

제96조 모든 노동 분견대는 수용소의 일부가 되며 그에 종속한다. 억류국의 권한 있는 당국 및 수용소장은 당해 노동 분견대에서의 본 협약 규정의 준수에 관하여 책임을 진다. 수용소장은 그 수용소에 소속하는 노동 분견대의 최신 명단을 보관하고 또 그 수용소를 방문할 수 있는 이익 보호국, 국제적십자위원회 또는 기타의 인도적 단체의 대표에게 그 명단을 송부하여야 한다.

제6장 개인재산 및 금전 관계
제97조 피억류자에게는 개인용품의 소지를 허용하여야 한다. 피억류자가 소지하는 금전, 수표, 증권등 유가물은 소정의 절차에 의한 경우를 제외하고는 압수할 수 없다. 압수한 물건에 대하여는 명세된 영수증을 발급하여야 한다. 전기 금전은 제98조에 정하는 바에 따라 각 피억류자의 계정에 이를 기입

하여야 한다. 그 금전은 그 소유자가 억류되어 있는 지역에 시행되고 있는 법령이 요구하는 경우 또는 피억류자가 동의한 경우를 제외하고는 다른 통화로 교환할 수 없다. 특히 개인적 또는 정서적 가치만을 가지는 물품은, 이를 압수하여서는 아니 된다. 여자 피억류자는 여자 이외의 자가 수색하여서는 아니 된다. 피억류자가 석방되거나 또는 송환될 시에는, 억류 중에 압수당한 모든 물품, 금전 기타의 유가물을 반환하고 또한 제98조에 따라 가졌던 계정의 대변 잔고를 현금으로 지불하여야 한다. 다만, 억류국이 시행 중의 법령에 의하여 유치하는 물품 또는 금액은 제외한다. 피억류자의 재산이 이와 같이 유치되는 경우에는 상세한 수령증을 그 소유자에게 발급하여야 한다. 피억류자가 소지하는 가족에 관한 문서 또는 신분증명서를 압수함에 있어서는 수령증에 발급하여야 한다. 피억류자에 대하여는 항상 신분증명서를 휴대시켜야 한다. 억류 당국은 신분증명서를 소지하고 있지 아니하는 피억류자에 대하여는 특별증명서를 발급하여야 하며, 그 특별증명서는 억류의 종료 시까지 신분증명서를 대신한다. 피억류자는 물품을 구입하기 위하여 현금이나 구입권으로서 일정한 금액을 휴대할 수 있다.

제98조 모든 피억류자는 연초, 화장품등의 물품을 구입하는데 충분한 수당을 정기적으로 지급받아야 한다. 그 수당의 지급은 외상 또는 구입권의 형식으로 행할 수 있다. 피억류자는 또한 자기의 본국, 이익보호국, 피억류자를 원조하는 단체 또는 자기의 가족으로부터 수당을 지급받고 또한 억류국의 법령에 따라 그들의 재산으로부터 생기는 소득을 받을 수 있다. 피억류자의 본국이 지급하는 수당액은 피억류자의 각 종류(허약자, 병자, 임산부등)에 대하여 동일한 것이라야 하며, 또한 본 조약 제27조에서 금지한 바와 같이 피억류자에게 차별을 두어 피억류자의 본국이 할당하거나 억류국이 분배하여서는 아니 된다. 억류국은 각 피억류자에 대하여, 정규의 계정을 개설하여야 하며, 또한 본조의 규정한 수당, 피억류자가 수령한 송금 및 피억류자로부터 압수한 전액으로서 그가 억류되어 있는 국가에서 시행되고 있는 법령에 따라 사용할 수 있는 것은 그 계정의 대변에 이를 기입하여야 한다. 피억류자는 그 가족 및 기타 피부양자에게 송금하기 위하여 그 국가에서 시행되고 있는 법령과 모순되지 아니하는 모든 편의를 허여받아야 한다. 피억류자는 억류국이 정하는 한도 내에서 자기의 계정으로부터 그 개인적 경비를 위하여 필요한 액을 인출할 수 있다. 피억류자는 언제나 자기의 계정을 조사하고 또한 그 사본을 받는데 적당한 편의를 허여받아야 한다. 계정의 명세서는 청구가 있을 때는 이익 보호국에 제공하여야 하며, 또한 피억류자가 이동될 때에도 피억류자에게 수반시켜야 한다.

제7장 관리 및 기율

제99조 각 수용소는 억류국의 정규 군대 또는 정규행정청에서 선정된 책임있는 장교나 공무원의 지휘하에 두어야 한다. 수용소를 지휘하는 장교나 공무원은, 자국의 공용어(공용어가 둘 이상일 때에는 그중의 하나)로서 쓰여진 본 협약의 등본을 소지하고, 또한 본 조약의 적용에 대하여 책임을 져야 한다. 피억류자를 감독하는 직원은 본 협약의 제 규정과 그 적용을 확보하기 위하여 취하여진 행정조치에 관한 교육을 받아야 한다. 본 협약 및 본 협약에 의하여 체결되는 특별협정의 본문은 피억류자가 이해하는 언어로서 수용소 내부에 게시되거나, 또는 피억류위원회에 소지시켜야 한다. 각종의 규칙, 명령, 통고 및 공시는 피억류자에게 이를 통지하고 또한 피억류자가 이해하는 언어로서 수용소 내부에 이를 게시하여야 한다. 피억류자에 대하여 개인적으로 발하는 명령 및 지령도 당해 피억류자가 이해하는 언어로서 행하여야 한다.

제100조 수용소에서의 기율 제도는 인도의 원칙에 합치되는 것이라야 하며 또한 어떠한 경우에도 피억류자에 대하여 그 건강에 위험한 육체적 피로를 주고 또는 육체적이거나 정신적인 고통을 수반하는 규정을 포함하여서는 아니 된다. 문신에 의한 식별 표지 또는 신체에 대한 기호 또는 표지의 압인에 의한 식별은 금지된다. 특히, 장시간에 걸친 부동자세와 점호, 징계를 위한 훈련, 군사 훈련과 연습 또는 식량의 감배는 금지된다.

제101조 피억류자는 그를 그 권한 내에 둔 당국에 대하여 억류조건에 관한 청원을 제기할 권리를 가진다. 피억류자는 또한 억류조건에 관하여 이의를 제기하려는 사항에 대하여 이익 보호국 대표의 주의를 환기시키기 위하여, 피억류자위원회를 통하거나 또는 필요하다고 인정하는 때에는 직접 이익

보호국 대표에게 신청할 권리를 무제한으로 가진다. 이러한 청원과 이의는 즉시 변경을 가함이 없이 전달되어야 하며 그 이유가 없다고 인정되는 경우에도 처벌의 이유가 되어서는 아니 된다. 피억류자위원회는 이익 보호국의 대표에게 수용소의 상태 및 피억류자의 요구에 관한 정기적 보고를 할 수 있다.

제102조 피억류자는 모든 수용소에서 억류국, 이익 보호국, 국제적십자위원회 및 피억류자를 원조하는 기타의 단체에 대하여 피억류자를 대표하는 권한을 부여받는 피억류자위원회의 위원을 6개월마다 자유로이 비밀 투표로서 선거하여야 한다. 동 피억류자위원회의 위원은 재선될 수 있다. 이와 같이 선출된 피억류자는 그의 당선에 대하여 억류 당국의 승인을 얻은 후 그 임무에 착수한다. 승인의 거부 또는 면직의 이유는 관계 이익 보호국에 통고하여야 한다.

제103조 피억류자위원회는 피억류자의 육체적, 정신적 및 지적 복지를 위하여 공헌하여야 한다. 특히, 피억류자가 그 상호 간에 부조하는 제도를 조직할 것을 결정한 경우에는 이 조직은 본 협약의 타 규정에 의하여 피억류자위원회에 위임되는 특별한 임무와는 별도로 피억류자위원회의 권한에 속하는 것으로 한다.

제104조 피억류자위원회 위원에 대하여는 그 임무 수행이 다른 노동에 의하여 한층 더 곤란해질 때는 다른 노동을 강제하여서는 아니 된다. 피억류자위원회의 위원은 그가 필요로 하는 보조자를 피억류자 중에서 지명할 수 있다. 피억류자위원회에 대하여는 모든 물질적 편의 특히 그 임무 달성에 필요한 어느 정도의 행동의 자유(노동분견대의 방문, 보급품의 수령등)를 허용하여야 한다. 피억류자위원회의 위원에 대하여는 억류국 당국, 이익 보호국 및 국제적십자위원회 및 그들의 대표 또는 피억류자를 원조하는 단체와 우편 및 전신으로 통신하기 위한 편의를 허여하여야 한다. 노동 분견대의 피억류자위원회 위원은 본 수용소의 피억류자위원회와 통신하기 위하여 동일한 편의를 향유 한다. 이 통신은 제한하여서는 아니 되며 또한 제107조에 정하는 할당 수의 일부를 구성하는 것으로 인정되지 아니한다. 이동되는 피억류자위원회의 위원에 대하여는 그 사무를 후임자에게 인계하기 위한 충분한 시간을 부여하여야 한다.

제8장 외부와의 관계

제105조 억류국은 피보호자를 억류하였을 때는 즉시로 피보호자의 본국 및 이익 보호국에 대하여 본 장의 규정을 실시하기 위하여 취하는 조치에 관하여 통지하여야 한다. 억류국은 그 조치가 후에 변경되었을 때는 그 변경에 관하여도 동일하게 관계 당사국에 통지하여야 한다.

제106조 각 피억류자에게 대하여는 그가 억류된 즉시 또는 수용소에 도착한 후 늦어도 1주간 이내에, 그리고 질병에 걸렸거나 타 수용소 또는 병원에 이동되었을 경우에도 1주간 이내에 그 가족과 제40조의 정하는 중앙 피억류자 정보국에 억류된 사실, 주소 및 건강 상태를 통지하는 엽서를 직접 송부할 수 있도록 하여야 하며 또한 그 엽서는 가능한 한 본 협약에 부속된 양식과 동일한 것이어야 한다. 그 엽서는 가능한 한 조속히 송부되어야 하며, 어떠한 경우에도 지연되어서는 아니 된다.

제107조 피억류자에 대하여는 편지 및 엽서의 수발을 허용하여야 한다. 억류국이 각 피억류자가 발송하는 편지 및 엽서의 수를 제한할 필요가 있다고 인정할 경우에는 그 수는 매월 편지 2통 및 엽서 4통보다 적어서는 아니 된다. 그러한 편지와 엽서는 가능한 한 본 협약에 부속된 양식과 동일한 양식으로 작성하여야 한다. 피억류자에게 송부된 통신이 제한되어야 할 경우에는 그 제한은 보통 억류국의 요청에 따라 피억류자의 본국만이 명할 수 있다. 이러한 편지 및 엽서는 적당한 기간 내에 발송되어야 하며 징계사유로서 지연 또는 유치되어서는 아니 된다. 장기간에 걸쳐 가족으로부터 소식을 듣지 못한 피억류자 또는 가족과의 사이에 보통 우편 경로를 통하여 소식을 주고, 받을 수 없는 피억류자 및 가족으로부터 극히 원거리에 있는 피억류자에 대하여는 전보를 발신할 것이 허가되어야 한다. 그 요금은 피억류자가 처분할 수 있는 통화로서 지불되어야 한다. 피억류자는 긴급하다고 인정되는 경우에도 이 규정에 의한 혜택을 받아야 한다. 피억류자의 통신은 원칙적으로 모국어로 적어야 한다. 충돌 당사국은 기타의 언어로서 통신함을 허가할 수 있다.

제108조 피억류자에 대하여는 특히 식량, 피복, 의료품, 서적 및 피억류자의 필요를 충족시키는 종교, 교육 또는 오락용 물품을 내용으로 하는 개인 또는 집단적 하물을 우편 또는 기타의 방법에 의하여 수령할 것을 허가하여야 한다. 그 하물은 억류국에 대하여 본 협약에서 억류국에 과하여진 의무를 면하는 것은 아니다. 군사상의 필요로서 이러한 하물의 수량을 제한하여야 할 경우에는 이익 보호국, 국제적십자위원회 또는 피억류자에게 원조를 제공하는 기타 단체로서 하물의 전달책임을 지는 기관에게 그 제한에 관한 적당한 통고를 하여야 한다. 개인 또는 집단에게 보내는 하물의 송부에 관한 조건은 필요하다면, 관계국 간의 특별협정의 대상으로 하여야 한다. 관계국은 어떠한 경우에도 피억류자의 구제품 수령을 지연시켜서는 아니 된다. 도서는 피복 또는 식량이든 하물 속에 넣어서는 아니 된다. 의료구제품은 원칙적으로 집단적 하물로서 송부되어야 한다.

제109조 집단적 구제품 하물의 수령 및 분배 조건에 관하여 충돌 당사국 간에 특별협정이 없는 경우에는 본 협약에 부속하는 집단적 구제에 관한 규칙을 적용하여야 한다. 전기의 특별협정은 어떠한 경우에도 피억류자 위원회가 피억류자에게 보내진 집단적 구제품을 보유 내지 분배하고 또 수취인의 이익이 되도록 처분하는 권리를 제한하여서는 아니 된다. 또한 이러한 특별협정은 이익 보호국, 국제적십자위원회 또는 피억류자에게 원조를 제공하는 기타의 단체로서 집단적 하물의 전달책임을 맡은 기관의 대표가 수취인에 대한 당해 하물의 분배를 감독할 권리를 제한하여서는 아니 된다.

제110조 피억류자를 위한 모든 구제품은 수입세, 관세 수수료 기타의 과징을 면제받는다. 타국으로부터 피억류자에게 보내어지거나 또는 피억류자가 발송하는 모든 물품(소포우편으로 발송하는 구제소포를 포함한다) 및 우편에 의한 송금은 직접으로 송부되거나, 또는 제136조에서 정하는 피보호자 정보국 또는 제140조에서 정하는 중앙피보호자정보국을 통하여 송부되거나를 불문하고, 발송국 수취국 및 중계국에 있어서 우편요금을 면제받는다. 이를 위하여 특히 억류소 또는 보통 교도소 안에 유치되는 적국의 민간인을 위한 1947년의 만국우편협약 및 만국우편연합의 제 협정으로 정하는 면제는 본 협약에 의하여 보호되는 기타의 피억류자에게도 허여된다. 그러나 제 협정의 비체약국은 동일한 조건으로서 요금의 면제를 허여하여야 한다. 피억류자에게 보내어진 구제품이 중량 기타의 이유에 의하여 우편으로서 송부할 수 없을 경우에는 그 수송비는 억류국의 관리하에 있는 모든 영역에 있어서는 억류국이 부담하여야 한다. 본 협약의 기타의 체약국은 각기의 영역에 있어서의 수송비를 부담하여야 한다. 이러한 구제품의 수송에 관련되는 비용으로서 전 각항에서 규정되지 아니하는 것은 발송인이 이를 부담하여야 한다. 체약국은 피억류자가 발 수신하는 전보 요금을 가능한 한 저액으로 하도록 노력하여야 한다.

제111조 군사 행동 때문에 관계국이 제106조, 제107조, 제108조 및 제113조에서 정하는 우편 및 구제품의 수송을 확보하는 의무를 수행하지 못하는 경우는 관계 이익 보호국, 국제적십자위원회 또는 충돌 당사국이 정식으로 승인한 기타의 단체가 적당한 수송 수단 (철도 차량, 자동차, 선박 항공기 등)에 의하여 그 우편 및 구제품의 전달을 확보할 수 있다. 이를 위하여 체약국은 그들에게 이러한 수송 수단을 제공하며 특히 필요한 안전 통행권을 부여함으로써 동 수송 수단의 운행을 허용하도록 노력하여야 한다. 이러한 수송 수단은 다음의 것을 수송하기 위하여서도 사용할 수 있다.

 (가) 제140조에 규정된 중앙피보호자정보국과 제136조에 규정된 각국의 피보호자 정보국과의 사이에서 교환되는 통신, 명부 및 보고서,

 (나) 이익 보호국, 국제적십자위원회 또는 피억류자를 원조하는 단체가 그 대표 또는 충돌 당사국과의 사이에 교환되는 피억류자에 관한 통신 및 보고서 전기의 규정은 충돌 당사국이 희망하는 경우에 다른 수송 수단을 강구 할 수 있는 권리를 제한하지 않으며, 또한 안전 통행권을 상호 합의한 조건에 따라 그 수송 수단에 부여하는 것을 방해하는 것은 아니다. 수송 수단의 사용에 요하는 비용은 그것에 의하여 혜택을 받는 자들이 속하는 충돌 당사국이 하물의 중요성에 비례하여 부담하여야 한다.

제112조 피억류자가 송수하는 서신의 검열은 가능한 한 신속하게 이를 행하여야 한다. 피억류자에게 송부되는 하물의 검사는 그 속에든 물품을 훼손할 염려가 있는 경우에 행하여져서는 아니 된다. 동 검

사는 수취인이 정당히 위임한 피억류자의 입회하에서 행하여져야 한다. 피억류자에게 개인적 또는 집단적으로 가는 화물의 인도는 검사의 곤란을 이유로 지연되어서는 아니 된다. 충돌 당사국이 명하는 통신의 금지는 그것이 군사적 이유에 의하거나 정치적 이유에 의하거나를 불문하고 일시적이어야 하며, 또한 그 금지 기간은 가능한 한 짧아야 한다.

제113조 억류국은 피억류자에게 보내지거나 또는 피억류자가 발송하는 유언장, 위임장 기타의 문서가 이익 보호국 또는 제140조에 규정된 중앙피억류자정보국을 통하여 또는 기타 필요한 방법으로 전달되도록 모든 적당한 편의를 제공하여야 한다. 억류국은 어떠한 경우에도 전기한 문서의 타당하고 적법한 양식에 의한 작성 및 인증에 대하여 피억류자에게 편의를 제공하여야 한다. 특히, 억류국은 피억류자가 법률가와 상담하는 것을 허용하여야 한다.

제114조 억류국은 피억류자에 대하여 억류조건 및 적용법령에 위반하지 아니하는 한 그 재산을 관리할 수 있도록 모든 편의를 제공하여야 한다. 이를 위하여 억류국은, 긴급한 경우에 있어서 사정이 허용한다면, 피억류자가 수용소 밖에 나갈 수 있도록 허용하여야 한다. 억류국은 피억류자가 법원에서 소송당사자가 되는 모든 경우에 있어서, 그의 요청이 있을 때는 당해 법원에 그 억류 사실을 통지하여야 하며, 또한 그 피억류자가 억류되어있다는 이유로서 그 소송사건의 준비 및 진행이나, 또는 법원 판결의 집행에 있어서 어떠한 불이익도 받지 아니하도록 하기 위하여 법령의 범위 내에서 필요한 모든 조치를 취하여야 한다.

제115조 피억류자가 재판소송의 당사자가 되는 모든 경우에 있어서 억류국은 본인이 희망한다면 그의 억류 사실을 해 법원에 통고하여야 하며, 또한 법적 제한 범위 내에서, 피억류자의 사건에 관한 예심과 실시 또는 법원 판결의 집행에 관하여 그의 억류 사유가 불리한 조건을 구성하지 않도록 모든 필요한 조치를 취하여야 한다.

제116조 각 피억류자는 정기적이며 가능한 한 빈번한 방문 특히 그의 근친자의 방문을 받는 것을 허용받아야 한다. 각 피억류자는 긴급한 경우 특히 근친자의 사망이나 중병 시에는 가능한 한 귀가가 허가 되어야 한다.

제9장 형벌 및 징계벌

제117조 피억류자가 억류되어 있는 영역 안에서 시행되고 있는 법령은 본장의 규정에 따를 것을 조건으로 억류 중 위반행위를 범한 피억류자에게 계속 적용된다. 일반적인 법률, 규칙 또는 명령이 피억류자가 행한 일정한 행위에 대하여 처벌할 것을 규정하고 있는 경우에 있어서 피억류자가 아닌 자가 행한 동일한 행위에 대하여는 처벌하지 않도록 되어 있을 때에는 그 행위에 대하여는 징계벌만을 과하여야 한다. 피억류자를 동일한 행위 또는 동일한 범죄 사실에 관하여 이중 처벌할 수 없다.

제118조 법원 또는 당국은 형의 선고를 행함에 있어서 피고인이 억류국의 국민이 아니라는 사실을 가능한 한 고려하여야 한다. 법원 또는 당국은 피 억류자가 소추받은 위반행위에 관하여 규정된 형벌을 자유로이 경감할 수 있으며 또한 이를 위하여 소정의 최경량 형벌을 반드시 적용할 의무는 지지 아니한다. 일광이 비치지 아니하는 장소에서의 금고 및 일반적으로 모든 종류의 잔악한 행위를 금지한다. 피억류자는 징계벌 또는 형벌에 복역한 후에, 타의 피억류자와 차별대우 하여서는 아니 된다. 피억류자의 징계나 재판 이전에 유치 기간을 피억류자에게 선고하는 구속의 징계벌 또는 형벌에 통산하여야 한다. 피억류자 위원회는 동 위원회가 대표하는 피억류자에 대하여 취하여지는 모든 소송절차 및 그 결과에 관하여 통지를 받아야 한다.

제119조 피억류자에 대하여 과할 수 있는 징계벌은 다음과 같다.

1. 30일 이내의 기간에 한하여 제90조의 규정에 따라 피억류자가 받을 임금의 100분의 50 이하의 감급.

2. 본 조약에 규정된 대우 이외에 허여되고 있는 특권의 정지.

3. 수용소의 유지에 관한 1일 2시간 이내의 노동.

4. 구금.

징계벌은 어떠한 경우라도 비인도적인 것, 잔악한 것 또는 피억류자의 건강을 해하는 것이어서는 아니 된다. 피억류자의 연령, 성별 및 건강 상태를 고려하여야 한다. 하나의 처벌 기간은 피억류자가 처벌 받을 경우에 있어서 동시에 두 개 이상의 기율 위반행위에 대하여 문책 당한다 할지라도 이러한 위반행위 간의 관련 유무를 불문하고 최대한 연속 30일을 초과하여서는 아니 된다.

제120조 도주의 기수 또는 미수 후에 체포된 피억류자에 대하여는 그 행위가 반복해서 행하여졌느냐의 여부를 불문하고 징계벌만을 과할 수 있다. 제118조 제3항의 규정에 불구하고 도주의 기수 또는 미수의 결과로서 처벌된 피억류자는 특별한 감시하에 둘 수 있다. 그 감시는 피억류자의 건강을 해하여서는 아니되고 수용소 안에서 행하여져야 하며 또한 본 협약에 의하여 피억류자에게 부여되는 여하한 보호도 배제하는 것이어서는 아니 된다. 도주의 기수 또는 미수를 방조하거나 교사한 피억류자에 대하여는 그 행위에 대하여 징계벌만을 과하여야 한다.

제121조 도주의 기수 또는 미수는 그 행위가 반복 행하여진 경우라도 피억류자가 도주 중에 행한 범죄행위에 관하여 소추되었을 때에 형을 가중하는 정상으로 인정되어서는 아니 된다. 충돌 당사국은 피억류자의 위반행위에 관하여 도주의 기수 여부를 불문하고 도주에 관련하여 행하여진 행위에 대하여 징계벌을 과하느냐 또는 형벌을 과하느냐를 결정함에 있어서 주무 당국이 관대히 처리하도록 하여야 한다.

제122조 기율에 대한 범죄를 구성하는 행위는 즉시로 조사하여야 한다. 이 규정은 특히 도주의 기수 또는 미수에 대하여 적용한다. 재차 체포된 피억류자는 주무 당국에 가능한 한 신속히 인도되어야 한다. 기율에 대한 범죄가 있는 경우 미결 구금 기간은 모든 피억류자에 대하여 최소한도로 하여야 하며 14일을 초과하여서는 아니 된다. 그 기간은 어떠한 경우에도 구금형에 이를 통산하여야 한다. 제124조 및 제125조의 규정은 기율에 대한 범죄로 말미암은 미결수인 피억류자에게 적용된다.

제123조 징계벌은 수용소장 또는 그를 대리하거나 그 징계권을 위임받은 책임있는 장교나 공무원만이 과할 수 있다. 단, 이것은 법원 및 상급 당국의 권한을 침해하는 것이어서는 아니 된다. 입건된 피억류자에 대하여는 징계의 판정 전에 그가 입건된 범죄에 관한 정확한 내용을 통고하고 또한 당해 피억류자가 자기의 행위를 해명하고 변호할 기회를 부여하여야 한다. 그 피억류자에 대하여는 특히 증인을 소환하고 필요할 때는 자격 있는 통역인에게 통역시키는 것을 허락하여야 한다. 판정은 당해 피억류자 및 피억류자위원회의 위원의 입회하에서 선고되어야 한다. 징계의 판정으로부터 집행하기까지의 기간은 1개월을 초과하여서는 아니 된다. 어떤 피억류자에게 중복하여 징계의 결정이 있었을 경우는 그중 어느 한 징계벌의 기간이 10일 이상일 때에는 그 집행까지에는 적어도 3일의 여유를 부여하여야 한다. 징계의 기록은 수용소장이 보존하고 이익 보호국의 대표자의 열람에 공여해야 한다.

제124조 피억류자를 어떠한 경우에도 징치시설(감옥, 구치소, 도형장등)에 이동시켜서 징계벌에 처해서는 아니 된다. 피억류자를 징계벌에 처하는 장소는 위생상의 요건과 합치하여야 하며, 특히 적절한 침구가 마련되어야 한다. 징계벌에 복하는 피억류자는 그들 자신을 청결한 상태로 보지 할 수 있도록 해주어야 한다. 징계벌에 복하는 여자 피억류자는 남자 피억류자와 격리된 장소에 구금하고 또한 여자의 직접 감시하에 두어야 한다.

제125조 징계벌에 복하는 피억류자에 대하여는 1일에 적어도 2시간 운동하고 또한 호외에 있을 수 있도록 허용하여야 한다. 그 피억류자에 대하여는 요청이 있으면 매일 검진을 받을 수 있도록 허용하여야 한다. 그 피억류자는 그의 건강 상태에 따라 필요로 하는 치료를 받을 수 있으며, 필요한 경우에는 수용소의 의무실 또는 병원에 이동되어야 한다. 그러한 피억류자에 대하여는 읽고, 쓰고, 서신을 수발하는 것을 허용하여야 한다. 다만, 소포의 수령이나 금전의 지불은 그들의 처벌이 종료될 때까지 보류할 수 있으며 그동안 피억류자위원회에 위탁되어야 한다. 피억류자위원회는 그 하물 중에 부패하기 쉬운 물품은 의무실에 인도한다. 징계벌에 복하는 피억류자로부터는 본 협약

제107조 및 제143조의 규정의 혜택을 박탈할 수 없다.

제126조 제71조로부터 제76조까지의 규정은 억류국의 영역 내에 있는 피억류자에 대한 소송절차에 유추하여 적용하여야 한다.

제10장 피억류자의 이동

제127조 피억류자의 이동은 항상 인도적으로 행하여져야 한다. 그 이동은 원칙적으로 철도 기타의 수송 수단에 의하여 적어도 억류국 군대의 이주 조건과 동등한 조건으로 행하여져야 한다. 예외적인 조치로서 도보로 이동하지 않으면 아니되는 경우에는 피억류자의 건강 상태가 그 이동에 적합하지 못할 때는 그 이동을 행하여서는 아니 되며 또한 어떠한 경우에도 피억류자를 과도하게 피로 시켜서는 아니 된다. 억류국은 이동 중인 피억류자에 대하여 그 건강을 유지하는데 양, 질 및 종류면에서 충분한 음료수와 식량을 보급해야 하며, 필요한 피복, 적당한 숙사 및 필요한 의류를 공여하여야 한다. 억류국은 이동 중인 피억류자의 안전을 확보하기 위하여 모든 적당한 예비조치를 취하여야 한다. 억류국은 이동되는 피억류자의 완전한 명부를 그 출발 전에 작성하여야 한다. 병자, 부상자 또는 허약자인 피억류자와 임산부는 이동이 그의 건강에 극히 유해로울 때는 이동하여서는 아니 된다. 다만, 그의 안전을 위하여 절대로 이동이 필요한 경우는 예외로 한다. 전선이 수용소에 접근하였을 경우는 그 수용소의 피억류자를 충분히 안전한 조건하에서 이동시킬 수 있을 때와 피억류자를 현지에 두면 이동하는 경우보다 일층 더 큰 위험에 직면케 될 때를 제외하고는 이동시켜서는 아니 된다. 억류국은 피억류자의 이동을 결정함에 있어서 피억류자 자신의 이익을 고려하여야 하며 특히, 그 자의 송환 또는 가정에의 복귀를 일층 곤란케 하는 것이어서는 아니 된다.

제128조 이동하는 경우는 피억류자에 대하여 그 출발 사실 및 새로운 우편 주소를 정식으로 통지하여야 한다. 이러한 통지는 피억류자가 짐을 꾸리고 또 그 가족에게 통지할 수 있는 시간적 여유를 두고 행하여야 한다. 피억류자에 대하여는 그 개인용품 및 수령한 통신과 소포의 휴대를 허용하여야 한다. 이러한 소화물의 중량은 이동조건에 의하여 필요할 때는 제한할 수 있다. 그러나, 어떠한 경우에도 피억류자 1인에 대하여 25"킬로그람"미만으로 제한하여서는 아니 된다. 구 수용소에 보내어진 통신 및 소포는 지체없이 피억류자에게 송달하여야 한다. 수용소장은 피억류자위원회와 협의하여 피억류자의 공유물 및 제2항에 따라 과하여지는 제한에 의하여 피억류자가 휴대할 수 없는 화물의 수송을 확보하기 위하여 필요한 조치를 취하여야 한다.

제11장 사망

제129조 피억류자의 유언서는 완전하게 보관하기 위하여 책임있는 당국이 수리할 것이며 피억류자가 사망한 경우에는 당해 피억류자가 생전에 지정한 자에게 지체없이 송부하여야 한다. 피억류자의 사망은 모든 경우에 있어서 의사가 확인하여야 한다. 그 사망에 관하여는 사인 및 사망 시의 상태를 기재한 사망 증명서를 지정하여야 한다. 정식 사망 기록은 정당히 등록하여 수용소가 있는 영역 안에서 실시되는 절차에 따라서 작성하여야 하며, 그 인증등본은 이익 보호국 및 제140호에 규정된 중앙피보호자정보국에 지체없이 송부하여야 한다.

제130조 억류 당국은 억류되어 있는 동안 사망한 피억류자를 가능한 한 그가 속하는 종교의 의식에 따라 정중히 매장하고 그 분묘를 존중할 것이며 적절히 유지하고 언제라도 분간할 수 있는 표지를 하도록 하여야 한다. 사망한 피억류자는 불가피한 사정으로 공동의 분묘를 사용할 필요가 있는 경우를 제외하고는 개개의 분묘에 매장하여야 한다. 그 시체는 위생상 절대로 필요한 경우, 고인의 종교에 의한 경우 또는 본인의 명시적 희망에 의한 경우에 한하여 화장할 수 있다. 화장한 경우에는 피억류자의 사망 증명서에 화장의 사실 및 이유를 기재하여야 한다. 그 유골은 안전한 보관을 위하여 억류 당국이 보관하며, 그의 근친자의 요청이 있으면 가능한 한 신속히 그자에게 인도하여야 한다. 억류국은 사정이 허락하는 한 신속히 그리고 늦어도 적대 행위의 종료 시까지 제136조에 규정한 피보호자 정보국을 통하여 사망한 피억류자의 분묘의 표를 그들이 속하는 국가에 송

부하여야 한다. 그 표에는 사망한 피억류자를 식별하는데 필요한 모든 명세 및 그 묘의 정확한 장소를 기재하여야 한다.

제131조 어떤 피억류자의 사망 또는 중대한 상해가 위병 기타 인에 의하여 야기되었거나, 또는 야기된 혐의가 있을경우 또는 피억류자의 원인 불명의 사망에 관하여는 억류국은 즉시로 정식 조사를 행하여야 한다. 전기의 사항에 관하여는 즉시로 이익 보호국에 통지하여야 한다. 증인으로부터 얻은 공술을 포함하는 보고서를 작성하여 전기 이익 보호국에 송부하여야 한다. 조사에 의하여 1인 또는 2인 이상의 자가 죄를 범하였다고 인정될 때는 억류국은 책임을 추궁당할 자를 소추하는데 필요한 모든 조치를 취하여야 한다.

제12장 석방, 송환 및 중립국 내에서의 입원

제132조 억류국은 각 피억류자의 억류 사유가 해제된 때에는 각 피억류자를 즉시 석방하여야 한다. 각 충돌 당사국은 또한 적대 행위의 기간 중 특정 종류의 피억류자 특히 아동, 임산부, 유아 및 아동의 모친, 부상자 및 병자 또는 장기간 구류되어 있던 피억류자의 석방, 송환, 거주지에의 복귀 또는 중립국에서의 입원을 위한 협정을 체결하도록 노력하여야 한다.

제133조 억류는 적대 행위의 종료 후 가능한 한 조속히 이를 종식시켜야 한다. 충돌 당사국의 영역 안에 있는 억류자로서 징계벌만을 과할 수 없는 위반행위에 관한 형사소송절차가 수행 중인 자는 그 절차가 종료될 때까지, 또는 사정에 따라 형의 집행이 종료될 때까지 계속 유치할 수 있다. 이미 자유형의 판결을 받은 피억류자에 관하여도 동일하다. 억류국 및 관계국은 분산된 피억류자를 수색하기 위하여 적대 행위 또는 지역의 점령 종료 후에 협정으로써 위원회를 설치할 수 있다.

제134조 체약국은 적대 행위 또는 점령의 종료에 있어서 모든 피억류자가 그의 최후 거주지에 복귀함을 확보하고 또한 그의 송환을 용이하게 하기 위하여 노력하여야 한다.

제135조 석방된 피억류자가 억류될 때에 거주하고 있던 장소에 복귀하기 위한 비용과 억류국이 그들을 여행 중 또는 공해상에서 억류하였을 경우에는 그들이 여행을 완료하거나, 또는 그 출발지점에 복귀하기 위한 비용은 억류국이 부담하여야 한다. 억류국은 억류 전에 자국 내에 항구적인 처처를 가지고 있던자에 대하여 그 영역 안에 거주함을 허가하지 아니하는 경우에는 그 피억류자의 송환 비용을 지급하여야 한다. 그러나 피억류자가 자기 자신의 책임으로나 또는 본국 정부에 대한 충성심의 발로로서 귀국을 희망하는 경우에는 억류국은 자국 영역의 출국 지점 이후의 여행 비용을 지급할 필요가 없다. 억류국은 자기 자신의 요청으로 억류된 피억류자의 송환 비용을 지급할 필요가 없다. 피억류자가 제45조에 따라 이송된 경우에는 피억류자의 이송을 행하는 국가 및 그들을 받아들이는 국가는 자국이 부담하는 비용의 할당에 관하여 합의하여야 한다. 전기의 규정은 충돌 당사국이 적국의 수중에 있는 자국민의 교환 및 송환에 관하여 특별협정을 체결함을 막지 아니한다.

제5부 피보호자정보국 및 중앙피보호자정보국

제136조 각 충돌 당사국은 충돌의 개시 및 점령의 모든 경우에 있어서, 그 권한 내에 있는 피보호자에 관한 정보의 수령 및 전달에 대한 책임을 지는 공적인 정보국을 설치하여야 한다. 각 충돌 당사국은 2주일 이상 구금하였거나, 주거를 지정하였거나 또는 억류한 모든 피보호자에 대하여 취한 조치에 관하여 자국의 피보호사정보국에 가능석 속히 통보하여야 한다. 또한 억류국은 관계 각 부처로 하여금 피보호자에 관한 모든 이동(예를들면 이동, 석방, 송환, 도주, 입원, 출생, 사망 등)에 관한 정보를 신속히 전기 피보호자정보국에 제공하도록 요구하여야 한다.

제137조 각국의 피보호자정보국은 이익 보호국 및 제40조에 규정한 중앙피보호자정보국을 통하여 피보호자의 본국 또는 그들이 거주하였던 국가에 대하여 피보호자에 관한 정보를 가장 신속한 방법으로서 즉시 통지하여야 한다. 피보호자 정보국은 피보호자에 관하여 수령하는 모든 조회에 회답하여야 한다. 피보호자 정보국은 피보호자에 관한 정보를 전달하여야 한다. 다만, 그 전달이 본인 또

는 그 근친자에게 유해로운 경우에는 그러하지 아니한다. 이러한 경우라 하더라도 그 정보는 중앙피보호자 정보국에 전달하여야 하며, 동 정보국은 그 사정에 관하여 통지를 받았을 때는 제40조에 규정된 필요한 조치를 취한다. 피보호자 정보국의 모든 통지서는 서명 또는 압인에 의하여 인증되어야 한다.

제138조 피보호자 정보국이 수령하고 전달하는 정보는 피보호자의 신원을 정확히 식별하고 또한 근친자에게 신속히 요지시킬 수 있게 하는 성질의 것이어야 한다. 각 피보호자에게 관한 정보는 적어도 성명, 출생지 및 생년월일, 국적, 최후 거주지, 특징, 부친의 이름 및 모친의 결혼 전의 성, 본인에 관하여 취하여진 조치의 일자, 장소 및 성질 피보호자에 대한 통신을 송부 할 주소 및 통지를 받을 자의 성명과 주소를 포함하는 것이라야 한다. 이와 동일하게 중병 또는 중상자인 피억류자의 건강 상태에 관한 정보도 정기적으로 가능하면 매주 제공하여야 한다.

제139조 각국의 피보호자 정보국은 또한 제136조에 규정된 피보호자 특히 송환되거나 석방된 피보호자 또는 도주하거나 사망한 피보호자가 남긴 모든 개인적인 유가물의 수집에 관하여 책임을 지며 또한 그 유가물을 직접이거나 또는 필요한 경우에는 중앙피보호자정보국을 통하여 관계자에게 송부하여야 한다. 피보호자 정보국은 그 유가물을 봉인한 행낭에 넣어서 송부하여야 하며, 그 행낭에는 그 유가물을 소지하고 있던자를 식별하기 위하여 명확하고도 완전한 명세서 및 내용의 완전한 목록을 첨부하여야 한다. 이러한 모든 유가물의 수령 및 발송에 관하여는 상세한 기록을 남겨두어야 한다.

제140조 피보호자(특히 피억류자)에 관한 중앙피보호자 정보국은 중립국에 이를 설치하여야 한다. 국제적십자위원회는 필요하다고 인정할 경우에는 관계국에 대하여 중앙피보호자정보국을 조직할 것을 제기하여야 하며, 중앙피보호자정보국은 포로의 대우에 관한 1949년 8월 12일 자 제네바 협약 제123조에 규정된 중앙포로정보국과 동일한 것으로 할 수 있다. 중앙피보호자 정보국의 임무는 제136조에 규정된 모든 종류의 정보로서 공적 또는 사적의 경로로 입수할 수 있는 것을 수집하고 또한 관계자의 출생국 및 그들이 주소를 가진 국가에 정보를 가능한 한 신속히 전달하는 것이어야 한다. 다만, 그 정보의 전달이 그 정보와 관계있는 자나 그의 근친자에게 유해로운 경우에는 그러하지 아니한다. 중앙피보호자정보국은 이 전달에 관하여는 충돌 당사국으로부터 적절한 편의를 제공받아야 한다. 체약국 특히 그 국민이 중앙피보호자정보국의 용역의 혜택을 입은 국가는 중앙피보호자정보국에 필요한 재정적 원조를 제공하여야 한다. 전기의 규정은 국제적십자위원회 또는 제42조에 규정한 구제단체의 인도적 활동을 제한하는 것으로 해석하여서는 아니 된다.

제141조 각국이 피보호자정보국 및 중앙피보호자정보국은 모든 우편요금의 면제 및 제110조에 규정한 면제를 받으며, 또한 가능한 한 전보 요금의 면제 또는 적어도 상당한 감액을 받아야 한다.

제4편 협약의 실시
제1부 총칙

제142조 억류국이 자국의 안전을 보장하거나, 또는 기타 합리적인 필요에 대처하기 위하여 긴요하다고 인정하는 조치에 따를 것을 조건으로 종교단체 구제단체 기타 피보호자를 원조하는 단체의 대표자 및 정당하게 위임받은 대리인들을 피보호자의 방문, 그리고 그 출처의 여하를 불문하고 종교, 교육 또는 오락 목적을 가지는 구제품과 물자를 분배하고 수용소 내에서 여가를 활용하도록 원조하는데, 필요한 편의를 억류국으로부터 제공받아야 한다. 전기의 단체나 기관은 억류국의 영역 내에나 기타의 여하한 국가 내에도 설치할 수 있으며, 또한 국제적 성격을 가질 수 있다. 억류국은 대표들이 자국 영역 안에서 억류국의 감독하에 임무를 수행할 것이 허용되고 있는 단체 또는 조직의 수를 제한할 수 있다. 단, 그 제한은 모든 피보호자에 대한 충분한 구제를 효과적으로 시행하는 것을 방해하여서는 아니 된다. 이 분야에 있어서 국제적십자위원회의 특별한 지위는 항상 승인되고 존중되어야 한다.

제143조 이익 보호국의 대표자나 사절단은 피보호자가 있는 모든 장소, 특히 수용, 구금 및 노동의 장소를

방문할 수 있도록 허가되어야 한다. 이익 보호국의 대표나 사절단은 피보호자가 사용하는 모든 시설에 출입할 수 있으며 또한 입회인 없이 직접적으로 또는 통역인을 통하여 피보호자와 회견할 수 있다. 이러한 방문은 절대적인 군사상의 필요를 이유로 하는 예외적이고 일시적인 조치로서 행하여지는 경우를 제외하고는 금지되지 아니한다. 그 방문의 기간 및 회수는 이를 제한하여서는 아니 된다. 이익 보호국의 대표와 사절단은 방문하고자 하는 장소를 자유로이 선정할 수 있다. 억류국이나 점령국, 이익 보호국 및 필요한 경우 방문을 받는 자의 본국은 피억류자의 동국인이 방문에 참가하는 것을 합의할 수 있다. 국제적십자위원회의 대표도 동일한 특권을 향유 한다. 그 대표의 임명은 당해 대표가 그의 임무를 수행하는 영역을 관할하는 국가의 승인을 받아야 한다.

제144조 체약국은 전, 평시를 막론하고 본 협약의 전문을 가급적 광범위하게 자국 내에 보급시킬 것이며, 특히 군 교육계획, 가능하면 민간교육계획에도 본 협약에 관한 학습을 포함시킴으로써 본 협약의 원칙을 전 군대와 국민에게 습득시킬 것을 약정한다. 전시에 있어서 피보호자에 대하여 책임을 지는 민간당국, 군 당국, 경찰 당국 및 기타 당국은 본 협약의 본문을 소지하고 또한 본 협약의 규정에 대하여 특별한 교육을 받아야 한다.

제145조 체약국은 스위스 연방정부를 통하여 또한 전시 중에는 이익 보호국을 통하여, 본 조약의 공식 번역문과 본 협약의 시행을 위하여 제정한 제 법령을 상호 통보하여야 한다.

제146조 체약국은 본 협약에 대하여 다음 조에 규정하는 중대한 위반행위를 범하였거나, 또는 범하도록 명령한 자에 대한 유효한 형벌을 규정하기 위하여 필요한 입법조치를 취할 것을 약정한다. 각 체약국은 중대한 위반행위를 범하였거나, 또는 범할 것을 명령한 혐의가 있는 자를 수사할 의무를 지며, 이러한 자는 국적 여하를 불문하고 자국에 법원에 기소되어야 한다. 또한, 각 체약국은 희망이나 자국 국내법의 규정에 따라 이러한 자를 다른 관계 체약국에서 재판을 받도록 인도할 수 있다. 단, 관계 체약국이 해 사건에 관하여 일단 유리한 증거를 제시하는 경우에 한한다. 각 체약국은 다음 조항에서 정의하는 중대한 위반행위 이외에 본 협약, 제 규정에 위반되는 모든 행위를 방지하기 위하여 필요한 조치를 취하여야 한다. 피고인은 모든 경우에 있어서 포로의 대우에 관한 1949년 8월 12일 자 제네바 협약 제105조 이하에서 규정하는 것보다 불리하지 않은 정당한 재판과 변호가 보장되어야 한다.

제147조 전조에서 말하는 중대한 위반행위란 본 협약이 보호하는 사람 또는 재산에 대하여 행하여지는 다음의 행위를 의미한다. 고의적인 살인, 신체 또는 건강을 크게 해치거나 고통을 주는 고문이나 비인도적 대우(생물학적 실험을 포함), 피보호자를 불법으로 추방 이송 또는 구금하는 것, 피보호자를 적국의 군대에 복무하도록 강요하는 것, 본 협약에 규정된 공정한 정규 재판을 받을 권리를 박탈하는 것, 인질로 잡는 것 또는 군사상의 필요에 따라 정당화되지 아니하는 불법 및 자의적인 재산의 광범한 파괴 또는 징발.

제148조 체약국은 전조에서 말한 위반행위에 관하여 자국이 져야할 책임을 벗어나거나, 또는 타방 체약국으로 하여금 동국이 져야할 책임으로부터 벗어나게 하여서는 아니 된다.

제149조 충돌 당사국의 요청이 있을 때는 본 협약에 대한 위반 혐의에 관하여 당사국 간에 결정되는 방법으로 심문하여야 한다. 심문의 절차에 관한 합의가 이루어지지 아니하였을 때는 당사국은 그 절차를 결정할 심판관의 선임에 관하여 합의하여야 한다. 위반행위가 확인되었을 때 충돌 당사국은 지체없이 위반행위를 종식시키거나 억제하여야 한다.

제2부 최종규정

제150조 본 협약은 영어와 프랑스어로 작성되며 양자 공히 정본이다. 스위스 연방정부는 본 협약이 소련어와 스페인어로 공식 번역되도록 조처하여야 한다.

제151조 오늘 날짜의 본 협약은 1949년 4월 21일 제네바에서 개최된 회의에 대표를 파견한 국가에 대하여 1950년 2월 12일까지 그 서명을 위하여 개방된다.

제152조 본 협약은 가급적 조속히 비준되어야 하며 비준서는 "베른"에 기탁 한다. 스위스 연방정부는 각 비준서의 기탁에 관한 기록을 작성하며 그 기록의 인증등본을 본 협약 서명국과 가입국에 전달하여야 한다.

제153조 본 협약은 2개 이상의 비준서가 기탁된 6개월 후부터 효력을 발생한다. 그 이후 본 협약은 각 체약국이 비준서를 기탁 한 6개월 후에 각 체약국에 대하여 효력을 발생한다.

제154조 본 협약의 체약국으로서 1899년 7월 29일 또는 1907년 10월 18일 자 육전 법규 및 관례에 관한 헤이그 조약에 의하여 구속받고 있는 국가 간의 관계에 있어서는 본 협약은 헤이그 조약 부속 규칙 제2장 및 제3장을 보완한다.

제155조 본 협약은 그 효력 발생일로부터 본 협약에 서명하지 않는 모든 국가의 가입을 위하여 개방된다.

제156조 본 협약에의 가입은 스위스 연방정부에 서면 통고해야 하며 그 공문이 접수된 날로부터 6개월 후에 발효한다. 스위스 연방정부는 가입 사실을 본 협약 서명국과 가입국에 통고하여야 한다.

제157조 제2조와 제3조에 규정한 경우는 전쟁 또는 점령의 개시 전후에 충돌 당사국이 행한 비준 또는 가입을 즉시 발효시킨다. 스위스 연방정부는 충돌 당사국으로부터 접수된 비준서 또는 가입서를 가장 신속한 방법으로 통고하여야 한다.

제158조 각 체약국은 본 협약에서 자유로이 탈퇴할 수 있다. 탈퇴는 서면으로 스위스 연방정부에 통고하여야 하며, 스위스 연방정부는 그 통고를 모든 체약국 정부에 전달하여야 한다. 탈퇴는 스위스 연방정부에 통고한 1년 후에 발효한다. 단, 탈퇴국이 탈퇴를 통고할 당시에 전쟁에 개입하고 있는 경우에는 강화조약 체결 시까지 또한 본 조약에 의하여 보호되는 자의 석방, 송환 및 거주지의 설정에 관련하는 업무가 종료될 때까지는 발효하지 아니한다. 탈퇴는 탈퇴하는 국가에 대하여서만 효력을 발생한다. 탈퇴는 문명인 간에 확립된 관행, 인도의 법칙, 대중적 양심에 기인한 국제법의 원칙에 따라 충돌 당사국이 계속 이행하여야 할 의무를 해하여서는 아니 된다.

제159조 스위스 연방정부는 본 협약을 국제연합 사무국에 등록하여야 한다. 스위스 연방정부는 본 협약에 관하여 동 정부가 접수하는 모든 비준, 가입, 탈퇴를 국제연합 사무국에 통고하여야 한다. 이상의 증거로서 하기인은 각자의 전권 위임장을 기탁하고 본 협약에 서명하였다. 1949년 8월 12일 제네바에서 영어와 프랑스어로 작성하였다. 원본은 스위스 연방정부의 문서 보관소에 기탁 한다. 스위스 연방정부는 그 인증등본을 각 서명국과 가입국에 송부해야 한다.

제1 부속서
병원 안전지대 및 안전지구에 관한 협정안

제1조 육전에서 군대의 부상자 및 병자의 상태개선에 관한 1949년 8월 12일 자 제네바 협약 제23조에 규정한 자, 전시 민간인 보호에 관한 1949년 8월 12일 자 제네바 협약 제14조에 규정한 자, 병원과 안전지대 및 안전지구의 조직과 관리와 더불어 그곳에 수용되는 자의 간호를 위임받은 요원을 위하여 병원 및 안전지대를 반드시 확보하여야 한다. 그러나 병원 및 안전지대 안에 주소를 가지는 자는 그 지대에 체류할 권리를 가진다.

제2조 자격 여하를 불문하고 병원 및 안전지대에 거주하는 자는 그 지대의 내외에서 군사 행동 또는 군수품의 생산에 직접 관련되는 작업을 하여서는 아니 된다.

제3조 병원 및 안전지대를 설정하는 국가는 그 지대에서의 거주 또는 그 지대에의 출입의 권리를 가지지 아니하는 자의 출입을 금하기 위하여 필요한 모든 조치를 취하여야 한다.

제4조 병원 및 안전지대는 다음의 조건을 충족시키는 것이라야 한다.

  (가) 그 지대가 그 지대를 설정한 국가에 의하여 지배되는 지역의 일 소부분일 것.

  (나) 그 지대의 주민이 그 지대의 수용 능력에 비하여 소수일 것.

(다) 그 지대가 모든 군사 목표 또는 중요한 산업상 또는 행정상의 시설로부터 멀리 떨어져 있고 또한 그러한 것이 소재하지 않을 것.

(라) 그 지대의 위치가 전쟁 수행상 중요하게 될 가능성이 많은 지역에 있지 않을 것.

제5조 병원 및 안전지대는 다음의 의무에 따라야 한다.

(가) 병원 및 안전지대에 속하는 병참선 및 수송 수단은 군사상의 인원 및 자재의 수송에 사용되어서는 아니 된다. 통과 시에도 그러하다.

(나) 병원 및 안전지대는 어떠한 경우에도 군사적 수단으로 방위하여서는 아니 된다.

제6조 병원 및 안전지대는 그 주위 및 건물 위에 흰 바탕에 붉은 사선을 그어 표시하여야 한다. 전적으로 부상자 및 병자를 위하여 확보된 지대는 백색지에 적십자(적신월 또는 적 라이온 및 태양)의 표장으로 표시할 수 있다. 그 지대는 야간에는 적당한 조명으로서 동일하게 표시할 수 있다.

제7조 각국은 평시에 있어서 또는 적대 행위의 개시시에 자국이 지배하는 지역에 있는 병원 및 안전지대에 관하여 모든 체약국에 통고하여야 한다. 각국은 또한 적대 행위를 하고 있을동안 새로이 설정한 병원 및 안전지대에 관하여 통고하여야 한다. 병원 및 안전지대는 적국이 전기의 통고를 접수하였을 때 정식으로 설치된 것으로 한다. 그러나, 적국은 본 협정의 조건이 준수되지 않았다고 인정된 때에는 당해 병원 및 안전지대에 대한 책임을 지는 당사국에 즉시 거부의 통고를 함으로써 그 병원 및 안전지대의 승인을 거부할 수 있으며, 혹은 그의 승인여부에 관한 결정을 제8조에 규정된 감독기관에 일임할 수 있다.

제8조 적국이 설립한 하나 또는 둘 이상의 병원 및 안전지대를 승인한 국가에 대하여는 그 병원 및 안전지대가 이 협정에서 정하는 조건과 의무를 충족시키는가의 여부를 확인하기 위하여, 하나 또는 둘 이상의 특별위원회에 병원 및 안전지대의 감독을 요구할 권리를 부여하여야 한다. 이를 위하여 특별위원회의 위원은 어느 때라도 모든 병원 및 안전지대에 자유로이 출입할 수 있어야 하며 또 그곳에 항구적으로 거주할 수도 있는 것으로 한다. 그 위원은 감독의 임무를 수행하기 위한 제반 편의를 제공받아야 한다.

제9조 특별위원회가 본 협정에 위반된다고 인정하는 사실을 발견한 때에는 즉시 이러한 사실에 관하여 당해 병원 및 안전지대를 관할하는 국가의 주의를 환기하고 또한 그 위반을 시정하기 위하여 그 국가에 5일의 유예기간을 주어야 한다. 특별위원회는 당해 병원 및 안전지대를 승인한 국가에 그를 정식으로 통고하여야 한다. 전기의 유예기간이 만기 될 때까지 당해 병원 및 안전지대를 관할하는 국가가 주의의 환기에 응하지 않을 때는 적국은 그 병원 및 안전지대에 관하여는 본 협정에 구속되지 않음을 통고할 수 있다.

제10조 하나 또는 둘 이상의 병원 및 안전지대를 설정한 국가와 그 병원 및 안전지대의 존재에 관하여 통고받은 적국은 제8조 및 제9조에 규정한 특별위원회의 위원이 될 자를 지명하거나, 또는 이익 보호국이나 기타 중립국으로 하여금 지명 시켜야 한다.

제11조 병원 및 안전지대는 어떠한 경우에도 공격의 대상으로 하여서는 아니 된다. 충돌 당사국은 항상 병원 및 안전지대를 보호하고 존중하여야 한다.

제12조 한 지역이 점령되었을 경우에는 그 지역 안에 있는 병원 및 안전지대는 병원 및 안전지대로서 계속 존중되고 또한 사용되어야 한다. 그러나 점령국은 수용된 자의 안전을 확보하기 위한 모든 조치를 취한 것을 조선으로 하여 그 시대의 사용 복석을 변경할 수 있다.

제13조 본 협약은 각국이 병원 및 안전지대와 동일한 목적으로 사용하는 지구에 대하여도 적용시켜야 한다.

제2 부속서
집단적 구제에 관한 규칙안
제1조 피억류자위원회는 그 수용소에 의하여 관리되는 모든 피억류자(병원 또는 감옥 및 기타의 장치시설

에 있는 자를 포함한다.)에 대하여 피억류자위원회에 위탁된 집단에 보내어진 구제품을 분배할 것을 허용받아야 한다.

제2조 집단에 보내어진 구제품의 분배는 증여자의 지시와 피억류자가 작성하는 계획에 따라 행하여야 한다. 그러나 의료품의 분배는 될 수 있는 대로 선임의무관의 동의하에 행하여야 하며, 선임의무관은 병원 및 의무실에서 그 환자에게 필요할 때 전기 지시에 따를 필요는 없다. 분배는 이와 같은 제한 내에서 항상 공평히 행하여야 한다.

제3조 피억류자위원회의 위원은 수령하는 물품의 품질과 수량을 확인하고 또한 그에 관하여 증여자에게 상세한 보고서를 작성할 수 있도록 그 수용소에 가까운 역, 또는 기타의 구제품을 도착지점에 갈 수 있도록 허용되어야 한다.

제4조 피억류자위원회는 그 수용소의 모든 분소와 부속건물에 있는 집단에게 보내어진 구제품의 분배가 피억류자위원회의 지시에 따라 행하여졌는가를 확인하기 위하여 필요한 편의를 제공받아야 한다.

제5조 피억류자위원회는 집단 앞으로 보내어진 구제품에 관련된 사항(분배 필요품 수량 등)에 대하여 증여자에 보낼 서식이나 질문서를 자신이 기입하고 또한 노동 분견대 피억류자위원회의 위원이나 의무실 및 병원의 선임의무관으로 하여금 기입시키도록 허용받아야 한다. 그러한 서식과 질문서는 정당히 기입하여 지체없이 증여자에게 송부되어야 한다.

제6조 피억류자위원회는 그 수용소에 있는 피억류자에 대하여 집단에게 보내진 구제품을 정기적으로 분배할 것을 확보하고 또한 피억류자의 새로운 집단의 도착에 의하여 발생되는 필요에 대처하기 위하여 집단에게 보내어진 구제품을 충분히 저장하고 또한 유지하도록 허용되어야 한다. 이 목적을 위하여 피억류자위원회는 적당한 창고를 자유로이 사용할 수 있어야 한다. 각 창고의 출입구에는 2개의 자물쇠를 달고 그중 하나의 열쇠는 피억류자위원회가 가지고 다른 한 개는 수용소장이 가지도록 한다.

제7조 체약국 특히 억류국은 가능한 한도 내에서 또는 주민에 대한 물자의 공급에 관한 규칙에 따라 피억류자에게 집단적 구제품을 분배하기 위하여 그 영역에서 행하는 모든 구매행위를 허용하여야 한다. 그 국가는 그 구매행위를 위하여 행하여지는 자국의 이전 기타의 기술적 또는 행정적 성질의 재정적 조치에 대하여도 동일하게 편의를 도모하여야 한다.

제8조 정기의 제 규정은 피억류자가 수용소에 도착하기 전에 또는 이동의 도중에 있어서 집단에게 보내어진 구제품을 수령하는 권리를 제한하는 것이 아니며, 또한 이익 보호국 국제적십자위원회 또는 피억류자에게 원조를 제공하는 기타의 단체로서 이러한 구제품 송달의 책임을 지는 대표자가 적당하다고 인정하는 기타의 수단에 의하여 수신인에 대한 그의 구제품의 분배를 확보함을 방해하는 것이어서는 아니 된다.

제3 부속서

부록4 세계 인권 선언문

(1948년 12월 10일 유엔총회에서 채택)

전문

인간 가족의 모든 구성원의 고유한 존엄성과 평등하고 양도할 수 없는 권리에 대한 인식은 세계의 자유, 정의, 평화의 기초이다. 인권에 대한 경시와 경멸이 인류의 양심을 유린하는 야만적인 행위를 낳았고, 인간이 언론과 신념의 자유, 공포와 궁핍으로부터의 자유를 누릴 수 있는 세상의 도래가 평민의 가장 높은 열망으로 선포되었다. 인간이 최후의 수단으로 폭정과 억압에 대항하는 반란에 의지하지 않으려면, 인권은 법의 지배에 의해 보호되어야 한다. 국가 간의 우호 관계 발전을 촉진하는 것이 필수적이지만, 유엔 회원국들은 헌장에서 기본적 인권, 인간의 존엄성과 가치, 남녀평등권에 대한 믿음을 재확인하고, 더 큰 자유 속에서 사회적 진보와 더 나은 삶의 수준을 증진하기로 결의했다. 회원국들은 유엔과 협력하여 인권과 기본적 자유에 대한 보편적인 존중과 준수를 증진할 것을 약속했다. 이러한 권리와 자유에 대한 공통의 이해가 이 서약의 완전한 실현을 위해 가장 중요하다. 그러므로 이제 이 총회에서 이 세계인권선언을 모든 민족과 모든 국가를 위한 공통의 성취 기준으로서 선포하며, 모든 개인과 사회의 모든 기관은 이 선언을 항상 명심하면서 이러한 권리와 자유에 대한 존중을 증진하기 위해 교육과 교육을 통해 노력하고, 국내외적으로 진보적인 조치를 취해야 한다. 회원국 국민 자신과 회원국의 관할권 하에 있는 영토의 국민 사이에서 보편적이고 효과적인 인정과 준수를 확보한다.

제1조
모든 사람은 자유로운 존재로 태어났고, 똑같은 존엄과 권리를 가진다. 사람은 이성과 양심을 타고났으므로 서로를 형제애의 정신으로 대해야 한다.

제2조
모든 사람은 인종, 피부색, 성, 언어, 종교, 정치적 견해 또는 그 밖의 견해, 출신 민족 또는 사회적 신분, 재산의 많고 적음, 출생 또는 그 밖의 지위에 따른 그 어떤 구분도 없이, 이 선언에 나와 있는 모든 권리와 자유를 누릴 자격이 있다. 더 나아가, 어떤 사람이 속한 곳이 독립국이든, 신탁통치령이든, 비 자치령이든, 그 밖의 어떤 주권상의 제약을 받는 지역이든 상관없이, 그곳의 정치적 지위나 사법관할권 상의 지위 혹은 국제적 지위를 근거로 사람을 구분해서는 절대로 안 된다.

제3조
모든 사람은 생명을 가질 권리, 자유를 누릴 권리, 그리고 자기 몸의 안전을 지킬 권리가 있다.

제4조
어느 누구도 노예가 되거나 타인에게 예속된 상태에 놓여서는 안 된다. 노예제도와 노예매매는 어떤 형태로든 일절 금지된다.

제5조
어느 누구도 고문, 또는 잔인하고 비인도적이거나 모욕적인 처우 또는 처벌을 받아서는 안 된다.

제6조
모든 사람은 그 어디에서건 법 앞에서 다른 사람과 똑같이 한 인간으로 인정받을 권리가 있다.

제7조
모든 사람은 법 앞에서 평등하며, 어떤 차별도 없이 똑같이 법의 보호를 받을 자격이 있다. 모든 사람은 이 선언에 위배 되는 그 어떤 차별에 대해서도, 그리고 그러한 차별에 대한 그 어떤 선동 행위에 대해서도 똑

같은 보호를 받을 자격이 있다.

제8조
모든 사람은 헌법 또는 법률이 보장하는 기본권을 침해당했을 때 해당 국가의 법정에서 적절하게 구제받을 권리가 있다.

제9조
어느 누구도 함부로 체포 또는 구금되거나 해외로 추방되어서는 안 된다.

제10조
모든 사람은 자신의 권리와 의무가 무엇인지를 가려내고, 자신에게 가해진 범죄혐의에 대해 심판받을 때 독립적이고 불편부당한 법정에서 다른 사람과 똑같이 공정하고 공개적인 재판을 받을 자격이 있다.

제11조
1. 형사상 범죄혐의로 기소당한 사람은 누구나 자신의 변호를 위해 필요한 모든 법적 보장이 되어 있는 공개재판에서 법에 따라 정식으로 유죄 판결이 나기 전까지 무죄로 추정받을 권리가 있다.
2. 어떤 사람이 이전에 국내법 또는 국제법상 범죄가 아니었던 일을 행하거나 행하지 않았던 것을 두고 그 후에 유죄로 판결해서는 안 된다. 또한 범죄를 저지른 당시에 부과할 수 있었던 처벌보다 더 무거운 처벌을 그 후에 부과해서도 안 된다.

제12조
어느 누구도 자신의 사생활, 가족관계, 가정, 또는 타인과의 연락에 대해 외부의 자의적인 간섭을 받지 않으며, 자신의 명예와 평판에 대해 침해를 받지 않는다. 모든 사람은 그러한 간섭과 침해에 대해 법의 보호를 받을 권리가 있다.

제13조
1. 모든 사람은 자기 나라 내에서 어디든 갈 수 있고, 어디에서나 살 수 있는 자유를 누릴 권리가 있다.
2. 모든 사람은 자기나라를 포함한 어떤 나라로부터도 출국할 권리가 있으며, 또한 자기나라로 다시 돌아올 권리가 있다.

제 14조
1. 모든 사람은 박해를 피해 다른 나라에서 피난처를 구할 권리와 그것을 누릴 권리를 가진다.
2. 그러나 이 권리는 순수하게 비정치적인 범죄로 제기된 법적 소추, 또는 유엔의 목적과 원칙에 위배되는 행위로 제기된 법적 소추의 경우에는 적용되지 않는다.

제15조
1. 모든 사람은 국적을 가질 권리가 있다. 2. 어느 누구도 함부로 자신의 국적을 빼앗기지 않으며, 또한 자신의 국적을 바꿀 권리를 부정당하지 않는다.

제16조
1. 성인이 된 남녀는 인종이나 국적, 종교에 따른 어떠한 제약도 받지 않고, 결혼할 수 있는 권리 그리고 가정을 이룰 권리가 있다. 남성과 여성은 결혼 시, 결혼 중, 그리고 이혼 시에 서로 똑같은 권리를 가진다.
2. 결혼은 오직 배우자가 되려는 당사자 간의 자유롭고 완전한 합의에 의해서만 유효하다.
3. 가정은 사회의 자연적이고 기초적인 구성단위이므로 사회와 국가의 보호를 받을 자격이 있다.

제17조
1. 모든 사람은 다른 사람들과 공동으로 그리고 단독으로 재산을 소유할 권리가 있다.
2. 어느 누구도 자기 재산을 함부로 빼앗기지 않는다.

제18조
모든 사람은 사상의 자유, 양심의 자유, 그리고 종교의 자유를 누릴 권리가 있다. 이러한 권리에는 자신의 종교 또는 신앙을 바꿀 자유도 포함된다. 또한 이러한 권리에는 혼자 또는 다른 사람들과 함께, 공개적으로 또는 사적으로, 자신의 종교나 신앙을 가르치고 실천하고 예배드리고 엄수할 자유가 포함된다.

제19조
모든 사람은 의사 표현의 자유를 누릴 권리가 있다. 이 권리에는 간섭받지 않고 자기 의견을 지닐 수 있는 자유와 모든 매체를 통하여 국경과 상관없이 정보와 사상을 구하고 받아들이고 전파할 수 있는 자유가 포함된다.

제20조
1. 모든 사람은 평화적 집회와 결사의 자유를 누릴 권리가 있다.
2. 어느 누구도 어떤 모임에 소속될 것을 강요당해서는 안 된다.

제21조
1. 모든 사람은 자기가 직접 참여하든 또는 자유롭게 선출된 대표를 통해서 간접적으로 참여하든 간에, 자기 나라의 국정에 참여할 권리가 있다.
2. 모든 사람은 자기 나라의 공직을 맡을 평등한 권리가 있다.
3. 인민의 의지가 정부 권위의 토대를 이룬다. 인민의 의지는, 주기적으로 시행되는 진정한 선거를 통해 표출된다. 이러한 선거는 보통선거와 평등선거로 이루어지고, 비밀 투표 또는 비밀 투표에 해당하는 자유로운 투표 절차에 따라 시행된다.

제22조
모든 사람은 사회의 구성원으로서 사회보장을 받을 권리가 있다. 또한 모든 사람은, 국가의 자체적인 노력과 국제적인 협력을 통해, 그리고 각국이 조직된 방식과 보유한 자원의 형편에 맞춰 자신의 존엄성과 인격의 자유로운 발전에 반드시 필요한 경제적·사회적·문화적 권리를 실현할 자격이 있다.

제23조
1. 모든 사람은 노동할 권리, 자유롭게 직업을 선택할 권리, 공정하고 유리한 조건으로 일할 권리, 그리고 실업 상태에 놓였을 때 보호받을 권리가 있다.
2. 모든 사람은 어떠한 차별도 받지 않고 동일한 노동에 대해서 동일한 보수를 받을 권리가 있다.
3. 모든 노동자는 자신과 그 가족이 인간적으로 존엄을 지키고 살아갈 수 있도록 정당하고 유리한 보수를 받을 권리가 있다. 또한 이러한 보수가 부족할 때는 필요하다면 여타 사회 보호 수단을 통한 부조를 제공 받을 권리가 있다.
4. 모든 사람은 자신의 이익을 지키기 위해 노동조합을 결성하고 그것에 가입할 권리가 있다.

제24조
모든 사람은 휴식을 취하고 여가를 누릴 권리가 있다. 이러한 권리에는 노동시간을 적절한 수준으로 단축할 수 있는 권리 그리고 정기적인 유급 휴가를 받을 권리가 포함된다.

제25조
1. 모든 사람은 자신과 가족의 건강과 안녕에 적합한 생활 수준을 누릴 권리가 있다. 이러한 권리에는 음식, 입을 옷, 주거, 의료, 그리고 생활에 필요한 사회서비스 등을 누릴 권리가 포함된다. 또한 실업상태에 놓였거나, 질병에 걸렸거나, 장애가 있거나, 배우자와 사별했거나, 나이가 많이 들었거나, 그 밖에 자신의 힘으로 어찌할 수 없는 형편이 되어 생계가 곤란해진 모든 사람은 사회나 국가로부터 보호받을 권리가 있다.
2. 자식이 딸린 어머니 그리고 어린이·청소년은 사회로부터 특별한 보살핌과 도움을 받을 자격이 있다. 모든 어린이·청소년은 그 부모가 결혼한 상태에서 태어났건 아니건 간에 똑같은 보호를 받는다.

제26조
1. 모든 사람은 교육받을 권리가 있다. 적어도 초등교육과 기본교육 단계에서는 무상교육을 실시해야 한다. 초등교육은 의무적으로 실시해야 한다. 보통 사람들이 큰 어려움 없이 기술교육과 직업교육을 받을 수 있어야 하며, 고등교육은 오직 학업능력으로만 판단하여 모든 사람에게 똑같이 개방되어야 한다.
2. 교육은 인격을 온전하게 발달시키고, 인권과 기본적 자유를 더욱 존중할 수 있도록 그 방향을 맞춰야 한다. 교육은 모든 국가, 모든 인종 집단 또는 모든 종교집단이 서로 이해하고 서로 관용하며 친선을 도모할 수 있게 해야 하고, 평화를 유지하기 위한 유엔의 활동을 촉진해야 한다.
3. 부모는 자녀가 어떤 교육을 받을지를 우선적으로 선택할 권리가 있다.

제27조
1. 모든 사람은 자기가 속한 공동체의 문화생활에 자유롭게 참여할 권리, 예술을 즐길 권리, 학문적 진보와 그 혜택을 함께 누릴 권리가 있다.
2. 모든 사람은 자신이 만들어낸 모든 학문, 문예, 예술의 창작물에서 생기는 정신적·물질적 이익을 보호받을 권리가 있다.

제28조
모든 사람은 이 선언에 나와 있는 권리와 자유가 온전히 실현될 수 있는 사회체제 및 국제체제에서 살아갈 자격이 있다.

제29조
1. 모든 사람은 자신이 속한 공동체에 대하여 의무를 진다. 어떤 사람이든 그러한 공동체를 통해서만 자신의 인격을 자유롭고 온전하게 발전시킬 수 있기 때문이다.
2. 모든 사람이 자신의 권리와 자유를 온전하게 행사할 수 있지만, 다음과 같은 경우에는 예외적으로 그러한 권리와 자유가 제한될 수 있다. 즉, 타인에게도 나와 똑같은 권리와 자유가 있다는 사실을 인정하고 존중해 주기 위해 제정된 법률에 의해서 그리고 민주사회의 도덕률과 공중질서, 사회 전체의 복리를 위해 정당하게 요구되는 사안을 충족시키기 위해 제정된 법률에 의해서는 제한될 수 있다.
3. 그 어떤 경우에도 이러한 권리와 자유를 유엔의 목적과 원칙에 어긋나게 행사해서는 안 된다.

제30조
이 선언에 나와 있는 어떤 내용도 다음과 같이 해석해서는 안 된다. 즉, 어떤 국가, 집단 또는 개인이 이 선언에 나와 있는 그 어떤 권리와 자유라도 파괴하기 위한 활동에 가담할 권리가 있다고 암시하거나, 그러한 행동을 할 권리가 있다는 식으로 해석해서는 절대로 안 된다.

침묵의 증언

북한의 전쟁범죄와 인권

Silent Testimonies

North Korea's
War Crimes and
Human Rights

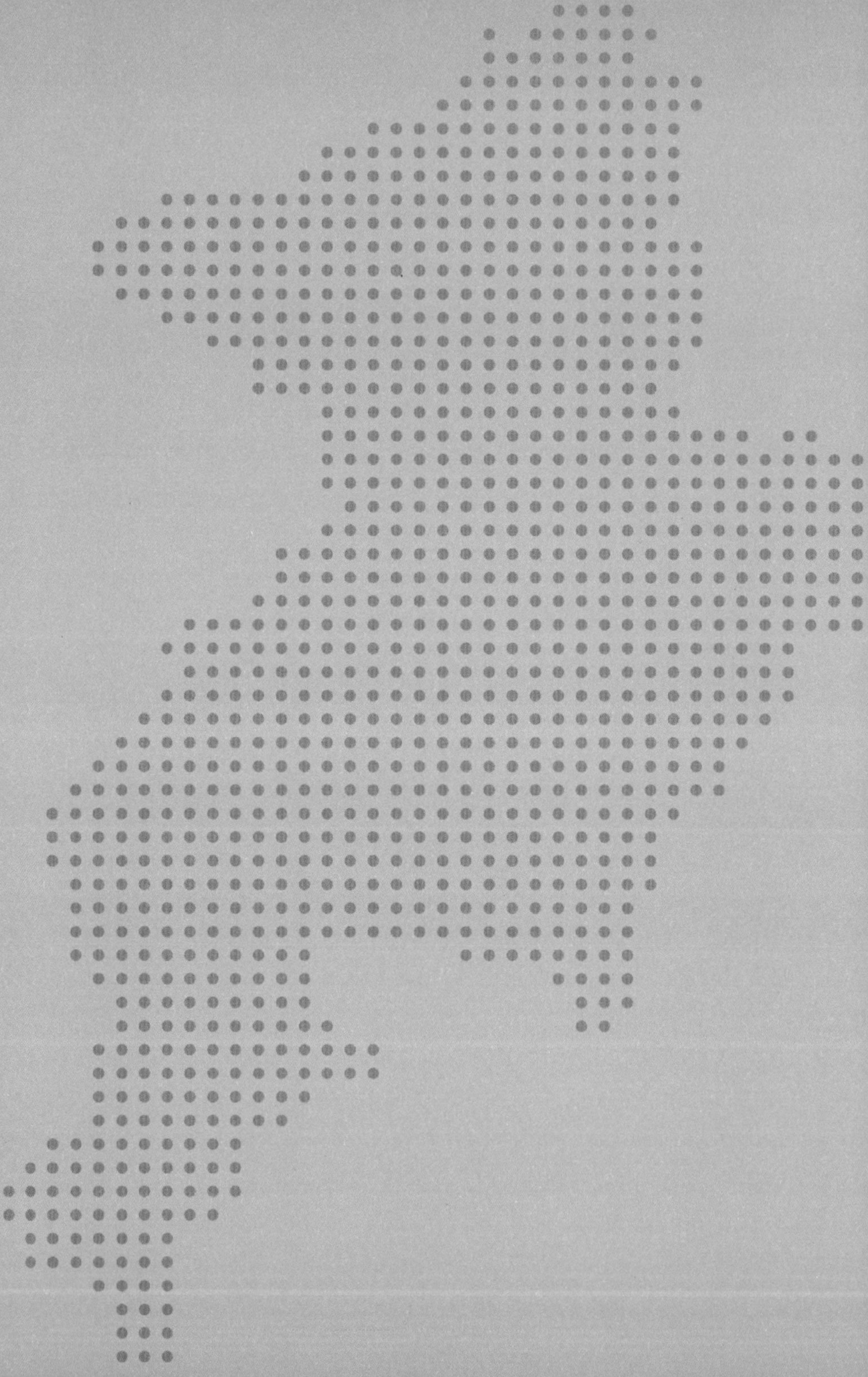

Silent Testimonies

North Korea's War Crimes and Human Rights

Testimonies

침묵의 증언

북한의
전쟁범죄와
인권

E303

Article 29

1. Everyone has duties to the community in which alone the free and full development of his personality is possible.
2. In the exercise of his rights and freedoms, everyone shall be subject only to such limitations as are determined by law solely for the purpose of securing due recognition and respect for the rights and freedoms of others and of meeting the just requirements of morality, public order and the general welfare in a democratic society
3. These rights and freedoms may in no case be exercised contrary to the purposes and principles of the United Nations.

Article 30

Nothing in this Declaration may be interpreted as implying for any State, group or person any right to engage in any activity or to perform any act aimed at the destruction of any of the rights and freedoms set forth herein.

the organization and resources of each State, of the economic, social and cultural rights indispensable for his dignity and the free development of his personality.

Article 23

1. Everyone has the right to work, to free choice of employment, to just and favourable conditions of work and to protection against unemployment.
2. Everyone, without any discrimination, has the right to equal pay for equal work.
3. Everyone who works has the right to just and favourable remuneration ensuring for himself and his family an existence worthy of human dignity, and supplemented, if necessary, by other means of social protection.
4. Everyone has the right to form and to join trade unions for the protection of his interests.

Article 24

Everyone has the right to rest and leisure, including reasonable limitation of working hours and periodic holidays with pay.

Article 25

1. Everyone has the right to a standard of living adequate for the health and well-being of himself and of his family, including food, clothing, housing and medical care and necessary social services, and the right to security in the event of unemployment, sickness, disability, widowhood, old age or other lack of livelihood in circumstances beyond his control.
2. Motherhood and childhood are entitled to special care and assistance. All children, whether born in or out of wedlock, shall enjoy the same social protection.

Article 26

1. Everyone has the right to education. Education shall be free, at least in the elementary and fundamental stages. Elementary education shall be compulsory. Technical and professional education shall be made generally available and higher education shall be equally accessible to all on the basis of merit.
2. Education shall be directed to the full development of the human personality and to the strengthening of respect for human rights and fundamental freedoms. It shall promote understanding, tolerance and friendship among all nations, racial or religious groups, and shall further the activities of the United Nations for the maintenance of peace.
3. Parents have a prior right to choose the kind of education that shall be given to their children.

Article 27

1. Everyone has the right freely to participate in the cultural life of the community, to enjoy the arts and to share in scientific advancement and its benefits.
2. Everyone has the right to the protection of the moral and material interests resulting from any scientific, literary or artistic production of which he is the author.

Article 28

Everyone is entitled to a social and international order in which the rights and freedoms set forth in this Declaration can be fully realized.

2. This right may not be invoked in the case of prosecutions genuinely arising from non-political crimes or from acts contrary to the purposes and principles of the United Nations.

Article 15

1. Everyone has the right to a nationality.
2. No one shall be arbitrarily deprived of his nationality nor denied the right to change his nationality.

Article 16

1. Men and women of full age, without any limitation due to race, nationality or religion, have the right to marry and to found a family. They are entitled to equal rights as to marriage, during marriage and at its dissolution.
2. Marriage shall be entered into only with the free and full consent of the intending spouses.
3. The family is the natural and fundamental group unit of society and is entitled to protection by society and the State.

Article 17

1. Everyone has the right to own property alone as well as in association with others.
2. No one shall be arbitrarily deprived of his property.

Article 18

Everyone has the right to freedom of thought, conscience and religion; this right includes freedom to change his religion or belief, and freedom, either alone or in community with others and in public or private, to manifest his religion or belief in teaching, practice, worship and observance.

Article 19

Everyone has the right to freedom of opinion and expression; this right includes freedom to hold opinions without interference and to seek, receive and impart information and ideas through any media and regardless of frontiers.

Article 20

1. Everyone has the right to freedom of peaceful assembly and association.
2. No one may be compelled to belong to an association.

Article 21

1. Everyone has the right to take part in the government of his country, directly or through freely chosen representatives.
2. Everyone has the right of equal access to public service in his country.
3. The will of the people shall be the basis of the authority of government; this will shall be expressed in periodic and genuine elections which shall be by universal and equal suffrage and shall be held by secret vote or by equivalent free voting procedures.

Article 22

Everyone, as a member of society, has the right to social security and is entitled to realization, through national effort and international co-operation and in accordance with

Article 5
No one shall be subjected to torture or to cruel, inhuman or degrading treatment or punishment.

Article 6
Everyone has the right to recognition everywhere as a person before the law.

Article 7
All are equal before the law and are entitled without any discrimination to equal protection of the law. All are entitled to equal protection against any discrimination in violation of this Declaration and against any incitement to such discrimination.

Article 8
Everyone has the right to an effective remedy by the competent national tribunals for acts violating the fundamental rights granted him by the constitution or by law.

Article 9
No one shall be subjected to arbitrary arrest, detention or exile.

Article 10
Everyone is entitled in full equality to a fair and public hearing by an independent and impartial tribunal, in the determination of his rights and obligations and of any criminal charge against him.

Article 11
1. Everyone charged with a penal offence has the right to be presumed innocent until proved guilty according to law in a public trial at which he has had all the guarantees necessary for his defence.
2. No one shall be held guilty of any penal offence on account of any act or omission which did not constitute a penal offence, under national or international law, at the time when it was committed. Nor shall a heavier penalty be imposed than the one that was applicable at the time the penal offence was committed.

Article 12
No one shall be subjected to arbitrary interference with his privacy, family, home or correspondence, nor to attacks upon his honour and reputation. Everyone has the right to the protection of the law against such interference or attacks.

Article 13
1. Everyone has the right to freedom of movement and residence within the borders of each state.
2. Everyone has the right to leave any country, including his own, and to return to his country.

Article 14
1. Everyone has the right to seek and to enjoy in other countries asylum from persecution.

Universal Declaration of Human Rights

[at the UN General Assembly on December 10, 1948]

Preamble

Whereas recognition of the inherent dignity and of the equal and inalienable rights of all members of the human family is the foundation of freedom, justice and peace in the world, Whereas disregard and contempt for human rights have resulted in barbarous acts which have outraged the conscience of mankind, and the advent of a world in which human beings shall enjoy freedom of speech and belief and freedom from fear and want has been proclaimed as the highest aspiration of the common people, Whereas it is essential, if man is not to be compelled to have recourse, as a last resort, to rebellion against tyranny and oppression, that human rights should be protected by the rule of law, Whereas it is essential to promote the development of friendly relations between nations, Whereas the peoples of the United Nations have in the Charter reaffirmed their faith in fundamental human rights, in the dignity and worth of the human person and in the equal rights of men and women and have determined to promote social progress and better standards of life in larger freedom,

Whereas Member States have pledged themselves to achieve, in co-operation with the United Nations, the promotion of universal respect for and observance of human rights and fundamental freedoms, Whereas a common understanding of these rights and freedoms is of the greatest importance for the full realization of this pledge, Now, therefore, At this General Assembly, Proclaims this Universal Declaration of Human Rights as a common standard of achievement for all peoples and all nations, to the end that every individual and every organ of society, keeping this Declaration constantly in mind, shall strive by teaching and education to promote respect for these rights and freedoms and by progressive measures, national and international, to secure their universal and effective recognition and observance, both among the peoples of Member States themselves and among the peoples of territories under their jurisdiction.

Article 1

All human beings are born free and equal in dignity and rights. They are endowed with reason and conscience and should act towards one another in a spirit of brotherhood.

Article 2

Everyone is entitled to all the rights and freedoms set forth in this Declaration, without distinction of any kind, such as race, colour, sex, language, religion, political or other opinion, national or social origin, property, birth or other status. Furthermore, no distinction shall be made on the basis of the political, jurisdictional or international status of the country or territory to which a person belongs, whether it be independent, trust, non-self-governing or under any other limitation of sovereignty.

Article 3

Everyone has the right to life, liberty and security of person.

Article 4

No one shall be held in slavery or servitude; slavery and the slave trade shall be prohibited in all their forms.

which they are responsible. to all internees who are dependent for administration on the said Committee's place of internment, including those internees who are in hospitals, or in prisons or other penitentiary establishments.

Article 2 The distribution of collective relief shipments shall be effected in accordance with the instructions of the donors and with a plan drawn up by the Internee Committees. The issue of medical stores shall, however, be made for preference in agreement with the senior medical officers, and the latter may, in hospitals and infirmaries, waive the said instructions, if the needs of their patients so demand. Within the limits thus defined, the distribution shall always be carried out equitably.

Article 3 Members of Internee Committees shall be allowed to go to the railway stations or other points of arrival of relief supplies near their places of internment so as to enable them to verify the quantity as well as the quality of the goods received and to make out detailed reports thereon for the donors.

Article 4 Internee Committees shall be given the facilities necessary for verifying whether the distribution of collective relief in all subdivisions and annexes of their places of internment has been carried out in accordance with their instructions.

Article 5 Internee Committees shall be allowed to complete, and to cause to be completed by members of the Internee Committees in labour detachments or by the senior medical officers of infirmaries and hospitals, forms or questionnaires intended for the donors, relating to collective relief supplies (distribution, requirements, quantities, etc.). Such forms and questionnaires, duly completed, shall be forwarded to the donors without delay.

Article 6 In order to secure the regular distribution of collective relief supplies to the internees in their place of internment, and to meet any needs that may arise through the arrival of fresh parties of internees, the Internee Committees shall be allowed to create and maintain sufficient reserve stocks of collective relief. For this purpose, they shall have suitable warehouses at their disposal; each warehouse shall be provided with two locks, the Internee Committee holding the keys of one lock, and the commandant of the place of internment the keys of the other.

Article 7 The High Contracting Parties, and the Detaining Powers in particular, shall, so far as is in any way possible and subject to the regulations governing the food supply of the population, authorize purchases of goods to be made in their territories for the distribution of collective relief to the internees. They shall likewise facilitate the transfer of funds and other financial measures of a technical or administrative nature taken for the purpose of making such purchases.

Article 8 The foregoing provisions shall not constitute an obstacle to the right of internees to receive collective relief before their arrival in a place of internment or in the course of their transfer, nor to the possibility of representatives of the Protecting Power, or of the International Committee of the Red Cross or any other humanitarian organization giving assistance to internees and responsible for forwarding such supplies, ensuring the distribution thereof to the recipients by any other means they may deem suitable.

ANNEX III

be used for the transport of military personnel or material, even in transit.

(b) They shall in no case be defended by military means.

Article 6 Hospital and safety zones shall be marked by means of oblique red bands on a white ground, placed on the buildings and outer precincts. Zones reserved exclusively for the wounded and sick may be marked by means of the Red Cross (Red Crescent, Red Lion and Sun) emblem on a white ground. They may be similarly marked at night by means of appropriate illumination.

Article 7 The Powers shall communicate to all the High Contracting Parties in peacetime or on the outbreak of hostilities, a list of the hospital and safety zones in the territories governed by them. They shall also give notice of any new zones set up during hostilities. As soon as the adverse Party has received the above-mentioned notification, the zone shall be regularly established. If, however, the adverse Party considers that the conditions of the present agreement have not been fulfilled, it may refuse to recognize the zone by giving immediate notice thereof to the Party responsible for the said zone, or may make its recognition of such zone dependent upon the institution of the control provided for in Article 8.

Article 8 Any Power having recognized one or several hospital and safety zones instituted by the adverse Party shall be entitled to demand control by one or more Special Commissions. for the purpose of ascertaining if the zones fulfil the conditions and obligations stipulated in the present agreement. For this purpose, members of the Special Commissions shall at all times have free access to the various zones and may even reside there permanently. They shall be given all facilities for their duties of inspection.

Article 9 Should the Special Commissions note any facts which they consider contrary to the stipulations of the present agreement, they shall at once draw the attention of the Power governing the said zone to these facts, and shall fix a time limit of five days within which the matter should be rectified. They shall duly notify the Power who has recognized the zone. If, when the time limit has expired. the Power governing the zone has not complied with the warning, the adverse Party may declare that it is no longer bound by the present agreement in respect of the said zone.

Article 10 Any Power setting up one or more hospital and safety zones, and the adverse Parties to whom their existence has been notified, shall nominate or have nominated by the Protecting Powers or by other neutral Powers, persons eligible to be members of the Special Commissions mentioned in Articles 8 and 9.

Article 11 In no circumstances may hospital and safety zones be the object of attack. They shall be protected and respected at all times by the Parties to the conflict.

Article 12 In the case of occupation of a territory, the hospital and safety zones therein shall continue to be respected and utilized as such. Their purpose may, however, be modified by the Occupying Power, on condition that all measures are taken to ensure the safety of the persons accommodated.

Article 13 The present agreement shall also apply to localities which the Powers may utilize for the same purposes as hospital and safety zones.

ANNEX II DRAFT REGULATIONS CONCERNING COLLECTIVE RELIEF FOR CIVILIAN INTERNEES

Article 1 The Internee Committees shall be allowed to distribute collective relief shipments for

Parties. The denunciation shall take effect one year after the notification thereof has been made to the Swiss Federal Council. However, a denunciation of which notification has been made at a time when the denouncing Power is involved in a conflict shall not take effect until peace has been concluded, and until after operations connected with the release, repatriation and re-establishment of the persons protected by the present Convention have been terminated. The denunciation shall have effect only in respect of the denouncing Power. It shall in no way impair the obligations which the Parties to the conflict shall remain bound to fulfil by virtue of the principles of the law of nations, as they result from the usages established among civilized peoples, from the laws of humanity and the dictates of the public conscience.

Article 159   The Swiss Federal Council shall register the present Convention with the Secretariat of the United Nations. The Swiss Federal Council shall also inform the Secretariat of the United Nations of all ratifications, accessions and denunciations received by it with respect to the present Convention. IN WITNESS WHEREOF the undersigned, having deposited their respective full powers, have signed the present Convention. DONE at Geneva this twelfth day of August 1949, in the English and French languages. The original shall be deposited in the Archives of the Swiss Confederation. The Swiss Federal Council shall transmit certified copies thereof to each of the signatory and acceding States.

ANNEX I DRAFT AGREEMENT RELATING TO HOSPITAL AND SAFETY ZONES AND LOCALITIES

Article 1 Hospital and safety zones shall be strictly reserved for the persons mentioned in Article 23 of the Geneva Convention for the Amelioration of the Condition of the Wounded and Sick in Armed Forces in the Field of 12 August, 1949, and in Article 14 of the Geneva Convention relative to the Protection of Civilian Persons in Time of War of 12 August, 1949, and for the personnel entrusted with the organization and administration of these zones and localities and with the care of the persons therein assembled. Nevertheless, persons whose permanent residence is within such zones shall have the right to stay there.

Article 2 No persons residing, in whatever capacity, in a hospital and safety zone shall perform any work, either within or without the zone, directly connected with military operations or the production of war material.

Article 3 The Power establishing a hospital and safety zone shall take all necessary measures to prohibit access to all persons who have no right of residence or entry therein.

Article 4 Hospital and safety zones shall fulfil the following conditions:
(a) They shall comprise only a small part of the territory governed by the Power which has established them.
(b) They shall be thinly populated in relation to the possibilities of accommodation.
(c) They shall be far removed and free from all military objectives, or large industrial or administrative establishments.
(d) They shall not be situated in areas which, according to every probability, may become important for the conduct of the war.

Article 5 Hospital and safety zones shall be subject to the following obligations:
(a) The lines of communication and means of transport which they possess shall not

E295

Article 148   No High Contracting Party shall be allowed to absolve itself or any other High Contracting Party of any liability incurred by itself or by another High Contracting Party in respect of breaches referred to in the preceding Article.

Article 149   At the request of a Party to the conflict, an enquiry shall be instituted, in a manner to be decided between the interested Parties, concerning any alleged violation of the Convention. If agreement has not been reached concerning the procedure for the enquiry, the Parties should agree on the choice of an umpire who will decide upon the procedure to be followed. Once the violation has been established, the Parties to the conflict shall put an end to it and shall repress it with the least possible delay.

SECTION II FINAL PROVISIONS

Article 150   The present Convention is established in English and in French. Both texts are equally authentic. The Swiss Federal Council shall arrange for official translations of the Convention to be made in the Russian and Spanish languages.

Article 151   The present Convention, which bears the date of this day, is open to signature until February 12, 1950, in the name of the Powers represented at the Conference which opened at Geneva on April 21, 1949.

Article 152   The present Convention shall be ratified as soon as possible and the ratifications shall be deposited at Berne. A record shall be drawn up of the deposit of each instrument of ratification and certified copies of this record shall be transmitted by the Swiss Federal Council to all the Powers in whose name the Convention has been signed, or whose accession has been notified.

Article 153   The present Convention shall come into force six months after not less than two instruments of ratification have been deposited. Thereafter, it shall come into force for each High Contracting Party six months after the deposit of the instrument of ratification.

Article 154   In the relations between the Powers who are bound by The Hague Conventions respecting the Laws and Customs of War on Land, whether that of 29 July, 1899, or that of 18 October, 1907, and who are parties to the present Convention, this last Convention shall be supplementary to Sections II and III of the Regulations annexed to the above-mentioned Conventions of The Hague.

Article 155   From the date of its coming into force, it shall be open to any Power in whose name the present Convention has not been signed, to accede to this Convention.

Article 156   Accessions shall be notified in writing to the Swiss Federal Council, and shall take effect six months after the date on which they are received. The Swiss Federal Council shall communicate the accessions to all the Powers in whose name the Convention has been signed, or whose accession has been notified.

Article 157   The situations provided for in Articles 2 and 3 shall give immediate effect to ratifications deposited and accessions notified by the Parties to the conflict before or after the beginning of hostilities or occupation. The Swiss Federal Council shall communicate by the quickest method any ratifications or accessions received from Parties to the conflict.

Article 158   Each of the High Contracting Parties shall be at liberty to denounce the present Convention. The denunciation shall be notified in writing to the Swiss Federal Council, which shall transmit it to the Governments of all the High Contracting representatives and delegates shall have full liberty to select the places they wish to visit. The Detaining or Occupying Power, the Protecting Power and when occasion arises the Power of origin of the persons to be visited, may agree that compatriots of the internees shall be permitted to participate in the visits. The delegates of the International Committee of the Red Cross shall also enjoy the above prerogatives. The appointment of such delegates shall be submitted to the approval of the Power governing the territories where they will carry out their duties.

Article 144   The High Contracting Parties undertake, in time of peace as in time of war, to disseminate the text of the present Convention as widely as possible in their respective countries, and, in particular, to include the study thereof in their programmes of military and, if possible, civil instruction, so that the principles thereof may become known to the entire population. Any civilian, military, police or other authorities, who in time of war assume responsibilities in respect of protected persons, must possess the text of the Convention and be specially instructed as to its provisions.

Article 145   The High Contracting Parties shall communicate to one another through the Swiss Federal Council and, during hostilities, through the Protecting Powers, the official translations of the present Convention, as well as the laws and regulations which they may adopt to ensure the application thereof.

Article 146   The High Contracting Parties undertake to enact any legislation necessary to provide effective penal sanctions for persons committing, or ordering to be committed, any of the grave breaches of the present Convention defined in the following Article. Each High Contracting Party shall be under the obligation to search for persons alleged to have committed, or to have ordered to be committed, such grave breaches, and shall bring such persons, regardless of their nationality, before its own courts. It may also, if it prefers, and in accordance with the provisions of its own legislation, hand such persons over for trial to another High Contracting Party concerned, provided such High Contracting Party has made out a prima facie case. Each High Contracting Party shall take measures necessary for the suppression of all acts contrary to the provisions of the present Convention other than the grave breaches defined in the following Article. In all circumstances, the accused persons shall benefit by safeguards of proper trial and defence, which shall not be less favourable than those provided by Article 105 and those following of the Geneva Convention relative to the Treatment of Prisoners of War of August 12, 1949.

Article 147   Grave breaches to which the preceding Article relates shall be those involving any of the following acts, if committed against persons or property protected by the present Convention: wilful killing, torture or inhuman treatment, including biological experiments, wilfully causing great suffering or serious injury to body or health, unlawful deportation or transfer or unlawful confinement of a protected person, compelling a protected person to serve in the forces of a hostile Power, or wilfully depriving a protected person of the rights of fair and regular trial prescribed in the present Convention, taking of hostages and extensive destruction and appropriation of property, not justified by military necessity and carried out unlawfully and wantonly.

E293

Article 140   A Central Information Agency for protected persons, in particular for internees, shall be created in a neutral country. The International Committee of the Red Cross shall, if it deems necessary, propose to the Powers concerned the organization of such an Agency, which may be the same as that provided for inArticle 123 of the Geneva Convention relative to the Treatment of Prisoners of War of August 12, 1949. The function of the Agency shall be to collect all information of the type set forth inArticle 136 which it may obtain through official or private channels and to transmit it as rapidly as possible to the countries of origin or of residence of the persons concerned, except in cases where such transmissions might be detrimental to the persons whom the said information concerns, or to their relatives. It shall receive from the Parties to the conflict all reasonable facilities for effecting such transmissions. The High Contracting Parties, and in particular those whose nationals benefit by the services of the Central Agency, are requested to give the said Agency the financial aid it may require. The foregoing provisions shall in no way be interpreted as restricting the humanitarian activities of the International Committee of the Red Cross and of the relief Societies described inArticle 142.

Article 141   The national Information Bureaux and the Central Information Agency shall enjoy free postage for all mail, likewise the exemptions provided for in Article 110, and further, so far as possible, exemption from telegraphic charges or, at least, greatly reduced rates.

PART IV EXECUTION OF THE CONVENTION
SECTION I GENERAL PROVISIONS

Article 142   Subject to the measures which the Detaining Powers may consider essential to ensure their security or to meet any other reasonable need, the representatives of religious organizations, relief societies, or any other organizations assisting the protected persons, shall receive from these Powers, for themselves or their duly accredited agents, all facilities for visiting the protected persons, for distributing relief supplies and material from any source, intended for educational, recreational or religious purposes , or for assisting them in organizing their leisure time within the places of internment. Such societies or organizations may be constituted in the territory of the Detaining Power, or in any other country, or they may have an international character. The Detaining Power may limit the number of societies and organizations whose delegates are allowed to carry out their activities in its territory and under its supervision, on condition, however, that such limitation shall not hinder the supply of effective and adequate relief to all protected persons. The special position of the International Committee of the Red Cross in this field shall be recognized and respected at all times.

Article 143   Representatives or delegates of the Protecting Powers shall have permission to go to all places where protected persons are, particularly to places of internment, detention and work. They shall have access to all premises occupied by protected persons and shall be able to interview the latter without witnesses, personally or through an interpreter. Such visits may not be prohibited except for reasons of imperative military necessity, and then only as an exceptional and temporary measure Their duration and frequency shall not be restricted. Such conflict concerning the exchange and repatriation of their nationals in enemy hands.

SECTION V INFORMATION BUREAUX AND CENTRAL AGENCY

Article 136 Upon the outbreak of a conflict and in all cases of occupation, each of the Parties to the conflict shall establish an official Information Bureau responsible for receiving and transmitting information in respect of the protected persons who are in its power. Each of the Parties to the conflict shall, within the shortest possible period, give its Bureau information of any measure taken by it concerning any protected persons who are kept in custody for more than two weeks, who are subjected to assigned residence or who are interned. It shall, furthermore, require its various departments concerned with such matters to provide the aforesaid Bureau promptly with information concerning all changes pertaining to these protected persons, as, for example, transfers, release, repatriations, escapes, admittances to hospitals, births and deaths.

Article 137 Each national Bureau shall immediately forward information concerning protected persons by the most rapid means to the Powers of whom the aforesaid persons are nationals, or to Powers in whose territory they resided, through the intermediary of the Protecting Powers and likewise through the Central Agency provided for in Article 140. The Bureaux shall also reply to all enquiries which may be received regarding protected persons. Information Bureaux shall transmit information concerning a protected person unless its transmission might be detrimental to the person concerned or to his or her relatives. Even in such a case, the information may not be withheld from the Central Agency which, upon being notified of the circumstances, will take the necessary precautions indicated inArticle 140. All communications in writing made by any Bureau shall be authenticated by a signature or a seal.

Article 138 The information received by the national Bureau and transmitted by it shall be of such a character as to make it possible to identify the protected person exactly and to advise his next of kin quickly. The information in respect of each person shall include at least his surname, first names, place and date of birth, nationality, last residence and distinguishing characteristics, the first name of the father and the maiden name of the mother, the date, place and nature of the action taken with regard to the individual, the address at which correspondence may be sent to him and the name and address of the person to be informed. Likewise, information regarding the state of health of internees who are seriously ill or seriously wounded shall be supplied regularly and if possible every week.

Article 139 Each national Information Bureau shall, furthermore, be responsible for collecting all personal valuables left by protected persons mentioned inArticle 136, in particular those who have been repatriated or released, or who have escaped or died; it shall forward the said valuables to those concerned, either direct, or, if necessary, through the Central Agency. Such articles shall be sent by the Bureau in sealed packets which shall be accompanied by statements giving clear and full identity particulars of the person to whom the articles belonged, and by a complete list of the contents of the parcel. Detailed records shall be maintained of the receipt and despatch of all such valuables.

Article 131 Every death or serious injury of an internee, caused or suspected to have been caused by a sentry, another internee or any other person, as well as any death the cause of which is unknown, shall be immediately followed by an official enquiry by the Detaining Power. A communication on this subject shall be sent immediately to the Projecting Power. The evidence of any witnesses shall be taken, and a report including such evidence shall be prepared and forwarded to the said Protecting power. If the enquiry indicates the guilt of one or more persons, the Detaining Power shall take all necessary steps to ensure the prosecution of the person or persons responsible.

CHAPTER XII RELEASE, REPATRIATION AND ACCOMMODATION IN NEUTRAL COUNTRIES

Article 132 Each interned person shall be released by the Detaining Power as soon as the reasons which necessitated his internment no longer exist. The Parties to the conflict shall, moreover, endeavour during the course of hostilities, to conclude agreements for the release, the repatriation, the return to places of residence or the accommodation in a neutral country of certain classes of internees, in particular children, pregnant women and mothers with infants and young children, wounded and sick, and internees who have been detained for a long time.

Article 133 Internment shall cease as soon as possible after the close of hostilities. Internees, in the territory of a Party to the conflict, against whom penal proceedings are pending for offences not exclusively subject to disciplinary penalties, may be detained until the close of such proceedings and, if circumstances require, until the completion of the penalty. The same shall apply to internees who have been previously sentenced to a punishment depriving them of liberty. By agreement between the Detaining Power and the Powers concerned, committees may be set up after the close of hostilities, or of the occupation of territories, to search for dispersed internees.

Article 134 The High Contracting Parties shall endeavour, upon the close of hostilities or occupation, to ensure the return of all internees to their last place of residence, or to facilitate their repatriation.

Article 135 The Detaining Power shall bear the expense of returning released internees to the places where they were residing when interned, or, if it took them into custody while they were in transit or on the high seas, the cost of completing their journey or of their return to their point of departure. Where a Detaining Power refuses permission to reside in its territory to a released internee who previously had his permanent domicile therein, such Detaining Power shall pay the cost of the said internee's repatriation. If, however, the internee elects to return to his country on his own responsibility or in obedience to the Government of the Power to which he owes allegiance, the Detaining Power need not pay the expenses of his journey beyond the point of his departure from its territory. The Detaining Power need not pay the costs of repatriation of an internee who was interned at his own request. If internees are transferred in accordance withArticle 45, the transferring and receiving Powers shall agree on the portion of the above costs to be borne by each. The foregoing shall not prejudice such special agreements as may be concluded between Parties to the close to a place of internment, the internees in the said place shall not be transferred unless their removal can be carried out in adequate conditions of safety, or unless they are exposed to greater risks by remaining on the spot than by being transferred. When making decisions regarding the transfer of internees, the Detaining Power shall take their interests into account and, in particular, shall not do anything to increase the difficulties of repatriating them or returning them to their own homes.

Article 128   In the event of transfer, internees shall be officially advised of their departure and of their new postal address. Such notification shall be given in time for them to pack their luggage and inform their next of kin. They shall be allowed to take with them their personal effects, and the correspondence and parcels which have arrived for them. The weight of such baggage may be limited if the conditions of transfer so require, but in no case to less than twenty-five kilograms per internee. Mail and parcels addressed to their former place of internment shall be forwarded to them without delay. The commandant of the place of internment shall take, in agreement with the Internee Committee, any measures needed to ensure the transport of the internees' community property and of the luggage the internees are unable to take with them in consequence of restrictions imposed by virtue of the second paragraph.

CHAPTER XI DEATHS

Article 129   The wills of internees shall be received for safe-keeping by the responsible authorities; and in the event of the death of an internee his will shall be transmitted without delay to a person whom he has previously designated. Deaths of internees shall be certified in every case by a doctor, and a death certificate shall be made out, showing the causes of death and the conditions under which it occurred. An official record of the death, duly registered, shall be drawn up in accordance with the procedure relating thereto in force in the territory where the place of internment is situated, and a duly certified copy of such record shall be transmitted without delay to the Protecting Power as well as to the Central Agency referred to inArticle 140.

Article 130   The detaining authorities shall ensure that internees who die while interned are honourably buried, if possible according to the rites of the religion to which they belonged, and that their graves are respected, properly maintained, and marked in such a way that they can always be recognized. Deceased internees shall be buried in individual graves unless unavoidable circumstances require the use of collective graves. Bodies may be' cremated only for imperative reasons of hygiene, on account of the religion of the deceased or in accordance with his expressed wish to this effect. In case of cremation, the fact shall be stated and the reasons given in the death certificate of the deceased. The ashes shall be retained for safe-keeping by the detaining authorities and shall be transferred as soon as possible to the next of kin on their request. As soon as circumstances permit, and not later than the close of hostilities, the Detaining Power shall forward lists of graves of deceased internees to the Powers on whom the deceased internees depended, through the Information Bureaux provided for in Article 136. Such lists shall include all particulars necessary for the identification of the deceased internees, as well as the exact location of their graves.

time of award of a disciplinary punishment and its execution shall not exceed one month. When an internee is awarded a further disciplinary punishment, a period of at least three days shall elapse between the execution of any two of the punishments, if the duration of one of these is ten days or more. A record of disciplinary punishments shall be maintained by the commandant of the place of internment and shall be open to inspection by representatives of the Protecting Power.

Article 124   Internees shall not in any case be transferred to penitentiary establishments (prisons, penitentiaries, convict prisons, etc.) to undergo disciplinary punishment therein. The premises in which disciplinary punishments are undergone shall conform to sanitary requirements: they shall in particular be provided with adequate bedding. Internees undergoing punishment shall be enabled to keep themselves in a state of cleanliness. Women internees undergoing disciplinary punishment shall be confined in separate quarters from male internees and shall be under the immediate supervision of women.

Article 125   Internees awarded disciplinary punishment shall be allowed to exercise and to stay in the open air at least two hours daily. They shall be allowed, if they so request, to be present at the daily medical inspections. They shall receive the attention which their state of health requires and, if necessary, shall be removed to the infirmary of the place of internment or to a hospital. They shall have permission to read and write, likewise to send and receive letters. Parcels and remittances of money, however, may be withheld from them until the completion of their punishment; such consignments shall meanwhile be entrusted to the Internee Committee, who will hand over to the infirmary the perishable goods contained in the parcels. No internee given a disciplinary punishment may be deprived of the benefit of the provisions of Articles 107 and 143 of the present Convention.

Article 126   The provisions of Articles 71 to 76 inclusive shall apply, by analogy, to proceedings against internees who are in the national territory of the Detaining Power.

CHAPTER X TRANSFERS OF INTERNEES

Article 127   The transfer of internees shall always be effected humanely. As a general rule, it shall be carried out by rail or other means of transport, and under conditions at least equal to those obtaining for the forces of the Detaining Power in their changes of station. If, as an exceptional measure, such removals have to be effected on foot, they may not take place unless the internees are in a fit state of health, and may not in any case expose them to excessive fatigue. The Detaining Power shall supply internees during transfer with drinking water and food sufficient in quantity, quality and variety to maintain them in good health, and also with the necessary clothing, adequate shelter and the necessary medical attention. The Detaining Power shall take all suitable precautions to ensure their safety during transfer, and shall establish before their departure a complete list of all internees transferred. Sick, wounded or infirm internees and maternity cases shall not be transferred if the journey would be seriously detrimental to them, unless their safety imperatively so demands. If the combat zone draws

(2) Discontinuance of privileges granted over and above the treatment provided for by the present Convention.

(3) Fatigue duties, not exceeding two hours daily, in connection with the maintenance of the place of internment.

(4) Confinement. In no case shall disciplinary penalties be inhuman, brutal or dangerous for the health of internees. Account shall be taken of the internee's age, sex and state of health. The duration of any single punishment shall in no case exceed a maximum of thirty consecutive days, even if the internee is answerable for several breaches of discipline when his case is dealt with, whether such breaches are connected or not.

Article 120   Internees who are recaptured after having escaped or when attempting to escape shall be liable only to disciplinary punishment in respect of this act, even if it is a repeated offence. Article 118, paragraph 3, notwithstanding, internees punished as a result of escape or attempt to escape, may be subjected to special surveillance, on condition that such surveillance does not affect the state of their health, that it is exercised in a place of internment and that it does not entail the abolition of any of the safeguards granted by the present Convention. Internees who aid and abet an escape, or attempt to escape, shall be liable on this count to disciplinary punishment only.

Article 121   Escape, or attempt to escape, even if it is a repeated offence, shall not be deemed an aggravating circumstance in cases where an internee is prosecuted for offences committed during his escape. The Parties to the conflict shall ensure that the competent authorities exercise leniency in deciding whether punishment inflicted for an offence shall be of a disciplinary or judicial nature, especially in respect of acts committed in connection with an escape, whether successful or not.

Article 122   Acts which constitute offences against discipline shall be investigated immediately. This rule shall be applied, in particular, in cases of escape or attempt to escape. Recaptured internees shall be handed over to the competent authorities as soon as possible. In case of offences against discipline, confinement awaiting trial shall be reduced to an absolute minimum for all internees, and shall not exceed fourteen days. Its duration shall in any case be deducted from any sentence of confinement. The provisions of Articles 124 and 125 shall apply to internees who are in confinement awaiting trial for offences against discipline.

Article 123   Without prejudice to the competence of courts and higher authorities, disciplinary punishment may be ordered only by the commandant of the place of internment, or by a responsible officer or official who replaces him, or to whom he has delegated his disciplinary powers. Before any disciplinary punishment is awarded, the accused internee shall be given precise information regarding the offences of which he is accused, and given an opportunity of explaining his conduct and of defending himself. He shall be permitted, in particular, to call witnesses and to have recourse, if necessary, to the services of a qualified interpreter. The decision shall be announced in the presence of the accused and of a member of the Internee Committee. The period elapsing between the or as otherwise required, of wills, powers of attorney letters of authority, or any other documents intended for internees or despatched by them. In all cases the Detaining Power shall facilitate the execution and authentication in due legal form of such documents on behalf of internees, in particular by allowing them to consult a lawyer.

Article 114   The Detaining Power shall afford internees all facilities to enable them to manage their property, provided this is not incompatible with the conditions of internment and the law which is applicable. For this purpose, the said Power may give them permission to leave the place of internment in urgent cases and if circumstances allow.

Article 115   In all cases where an internee is a party to proceedings in any court, the Detaining Power shall, if he so requests, cause the court to be informed of his detention and shall, within legal limits, ensure that all necessary steps are taken to prevent him from being in any way prejudiced, by reason of his internment, as regards the preparation and conduct of his case or as regards the execution of any judgment of the court.

Article 116   Every internee shall be allowed to receive visitors, especially near relatives, at regular intervals and as frequently as possible. As far as is possible, internees shall be permitted to visit their homes in urgent cases, particularly in cases of death or serious illness of relatives.

CHAPTER IX PENAL AND DISCIPLINARY SANCTIONS

Article 117   Subject to the provisions of the present Chapter, the laws in force in the territory in which they are detained will continue to apply to internees who commit offences during internment. If general laws, regulations or orders declare acts committed by internees to be punishable, whereas the same acts are not punishable when committed by persons who are not internees, such acts shall entail disciplinary punishments only. No internee may be punished more than once for the same act, or on the same count.

Article 118   The courts or authorities shall in passing sentence take as far as possible into account the fact that the defendant is not a national of the Detaining Power. They shall be free to reduce the penalty prescribed for the offence with which the internee is charged and shall not be obliged, to this end, to apply the minimum sentence prescribed. Imprisonment in premises without daylight, and, in general, all forms of cruelty without exception are forbidden. Internees who have served disciplinary or judicial sentences shall not be treated differently from other internees. The duration of preventive detention undergone by an internee shall be deducted from any disciplinary or judicial penalty involving confinement to which he may be sentenced. Internee Committees shall be informed of all judicial proceedings instituted against internees whom they represent, and of their result.

Article 119   The disciplinary punishments applicable to internees shall be the following:

(1) A fine which shall not exceed 50 per cent of the wages which the internee would otherwise receive under the provisions of Article 95 during a period of not more than thirty days.

of enemy nationality detained in camps or civilian prisons, shall be extended to the other interned persons protected by the present Convention. The countries not signatory to the above-mentioned agreements shall be bound to grant freedom from charges in the same circumstances. The cost of transporting relief shipments which are intended for internees and which, by reason of their weight or any other cause, cannot be sent through the post office, shall be borne by the Detaining Power in all the territories under its control. Other Powers which are Parties to the present Convention shall bear the cost of transport in their respective territories. Costs connected with the transport of such shipments, which are not covered by the above paragraphs, shall be charged to the senders. The High Contracting Parties shall endeavour to reduce, so far as possible, the charges for telegrams sent by internees, or addressed to them.

Article 111   Should military operations prevent the Powers concerned from fulfilling their obligation to ensure the conveyance of the mail and relief shipments provided for in Articles 106, 107, 108 and 113, the Protecting Powers concerned, the International Committee of the Red Cross or any other organization duly approved by the Parties to the conflict may undertake the conveyance of such shipments by suitable means (rail, motor vehicles, vessels or aircraft, etc.). For this purpose, the High Contracting Parties shall endeavour to supply them with such transport, and to allow its circulation, especially by granting the necessary safe-conducts. Such transport may also be used to convey:

(a) correspondence, lists and reports exchanged between the Central Information Agency referred to in Article 140 and the National Bureaux referred to inArticle 136;

(b) correspondence and reports relating to internees which the Protecting Powers, the International Committee of the Red Cross or any other organization assisting the internees exchange either with their own delegates or with the Parties to the conflict. These provisions in no way detract from the right of any Party to the conflict to arrange other means of transport if it should so prefer, nor preclude the granting of safe-conducts, under mutually agreed conditions, to such means of transport. The costs occasioned by the use of such means of transport shall be borne, in proportion to the importance of the shipments, by the Parties to the conflict whose nationals are benefited thereby.

Article 112   The censoring of correspondence addressed to internees or despatched by them shall be done as quickly as possible. The examination of consignments intended for internees shall not be carried out under conditions that will expose the goods contained in them to deterioration. It shall be done in the presence of the addressee, or of a fellow-internee duly delegated by him. The delivery to internees of individual or collective consignments shall not be delayed under the pretext of difficulties of censorship. Any prohibition of correspondence ordered by the Parties to the conflict, either for military or political reasons, shall be only temporary and its duration shall be as short as possible.

Article 113   The Detaining Powers shall provide all reasonable facilities for the transmission, through the Protecting Power or the Central Agency provided for inArticle 140, to which such internees owe allegiance, possibly at the request of the Detaining Power. Such letters and cards must be conveyed with reasonable despatch; they may not be delayed or retained for disciplinary reasons. Internees who have been a long time without news, or who find it impossible to receive news from their relatives, or to give them news by the ordinary postal route, as well as those who are at a considerable distance from their homes, shall be allowed to send telegrams, the charges being paid by them in the currency at their disposal. They shall likewise benefit by this provision in cases which are recognized to be urgent. As a rule, internees' mail shall be written in their own language. The Parties to the conflict may authorize correspondence in other languages.

Article 108   Internees shall be allowed to receive, by post or by any other means, individual parcels or collective shipments containing in particular foodstuffs, clothing, medical supplies, as well as books and objects of a devotional, educational or recreational character which may meet their needs. Such shipments shall in no way free the Detaining Power from the obligations imposed upon it by virtue of the present Convention. Should military necessity require the quantity of such shipments to be limited, due notice thereof shall be given to the Protecting Power and to the International Committee of the Red Cross, or to any other organization giving assistance to the internees and responsible for the forwarding of such shipments. The conditions for the sending of individual parcels and collective shipments shall, if necessary, be the subject of special agreements between the Powers concerned, which may in no case delay the receipt by the internees of relief supplies. Parcels of clothing and foodstuffs may not include books. Medical relief supplies shall, as a rule, be sent in collective parcels.

Article 109   In the absence of special agreements between Parties to the conflict regarding the conditions for the receipt and distribution of collective relief shipments, the regulations concerning collective relief which are annexed to the present Convention shall be applied. The special agreements provided for above shall in no case restrict the right of Internee Committees to take possession of collective relief shipments intended for internees, to undertake their distribution and to dispose of them in the interests of the recipients. Nor shall such agreements restrict the right of representatives of the Protecting Powers, the International Committee of the Red Cross, or any other organization giving assistance to internees and responsible for the forwarding of collective shipments, to supervise their distribution to the recipients.

Article 110   All relief shipments for internees shall be exempt from import, customs and other dues. All matter sent by mail, including relief parcels sent by parcel post and remittances of money, addressed from other countries to internees or despatched by them through the post office, either direct or through the Information Bureaux provided for in Article 136 and the Central Information Agency provided for in Article 140, shall be exempt from all postal dues both in the countries of origin and destination and in intermediate countries. To this end, in particular, the exemption provided by the Universal Postal Convention of 1947 and by the agreements of the Universal Postal Union in favour of civilians enter upon their duties after their election has been approved by the detaining authorities. The reasons for any refusals or dismissals shall be communicated to the Protecting Powers concerned.

Article 103   The Internee Committees shall further the physical, spiritual and intellectual well-being of the internees. In case the internees decide, in particular, to organize a system of mutual assistance amongst themselves, this organization would be within the competence of the Committees in addition to the special duties entrusted to them under other provisions of the present Convention.

Article 104   Members of Internee Committees shall not be required to perform any other work, if the accomplishment of their duties is rendered more difficult thereby. Members of Internee Committees may appoint from amongst the internees such assistants as they may require. All material facilities shall be granted to them, particularly a certain freedom of movement necessary for the accomplishment of their duties (visits to labour detachments, receipt of supplies, etc.). All facilities shall likewise be accorded to members of Internee Committees for communication by post and telegraph with the detaining authorities, the Protecting Powers, the International Committee of the Red Cross and their delegates, and with the organizations which give assistance to internees. Committee members in labour detachments shall enjoy similar facilities for communication with their Internee Committee in the principal place of internment. Such communications shall not be limited, nor considered as forming a part of the quota mentioned in Article 107. Members of Internee Committees who are transferred shall be allowed a reasonable time to acquaint their successors with current affairs.

CHAPTER VIII RELATIONS WITH THE EXTERIOR

Article 105   Immediately upon interning protected persons, the Detaining Power shall inform them, the Power to which they owe allegiance and their Protecting Power of the measures taken for executing the provisions of the present Chapter. The Detaining Power shall likewise inform the Parties concerned of any subsequent modifications of such measures.

Article 106   As soon as he is interned, or at the latest not more than one week after his arrival in a place of internment, and likewise in cases of sickness or transfer to another place of internment or to a hospital, every internee shall be enabled to send direct to his family, on the one hand, and to the Central Agency provided for by Article 140, on the other, an internment card similar, if possible, to the model annexed to the present Convention, informing his relatives of his detention, address and state of health. The said cards shall be forwarded as rapidly as possible and may not be delayed in any way.

Article 107   Internees shall be allowed to send and receive letters and cards. If the Detaining Power deems it necessary to limit the number of letters and cards sent by each internee, the said number shall not be less than two letters and four cards monthly; these shall be drawn up so as to conform as closely as possible to the models annexed to the present Convention. If limitations must be placed on the correspondence addressed to internees, they may be ordered only by the Power other dependants. They may draw from their accounts the amounts necessary for their personal expenses, within the limits fixed by the Detaining Power. They shall at all times be afforded reasonable facilities for consulting and obtaining copies of their accounts. A statement of accounts shall be furnished to the Protecting Power on request, and shall accompany the internee in case of transfer.

CHAPTER VII ADMINISTRATION AND DISCIPLINE

Article 99 Every place of internment shall be put under the authority of a responsible officer, chosen from the regular military forces or the regular civil administration of the Detaining Power. The officer in charge of the place of internment must have in his possession a copy of the present Convention in the official language, or one of the official languages, of his country and shall be responsible for its application. The staff in control of internees shall be instructed in the provisions of the present Convention and of the administrative measures adopted to ensure its application. The text of the present Convention and the texts of special agreements concluded under the said Convention shall be posted inside the place of internment, in a language which the internees understand, or shall be in the possession of the Internee Committee. Regulations, orders, notices and publications of every kind shall be communicated to the internees and posted inside the places of internment, in a language which they understand. Every order and command addressed to internees individually must likewise be given in a language which they understand.

Article 100 The disciplinary regime in places of internment shall be consistent with humanitarian principles, and shall in no circumstances include regulations imposing on internees any physical exertion dangerous to their health or involving physical or moral victimization. Identification by tattooing or imprinting signs or markings on the body is prohibited. In particular, prolonged standing and roll-calls, punishment drill, military drill and manoeuvres, or the reduction of food rations, are prohibited.

Article 101 Internees shall have the right to present to the authorities in whose power they are any petition with regard to the conditions of internment to which they are subjected. They shall also have the right to apply without restriction through the Internee Committee or, if they consider it necessary, direct to the representatives of the Protecting Power, in order to indicate to them any points on which they may have complaints to make with regard to the conditions of internment. Such petitions and complaints shall be transmitted forthwith and without alteration, and even if the latter are recognized to be unfounded, they may not occasion any punishment. Periodic reports on the situation in places of internment and as to the needs of the internees may be sent by the Internee Committees to the representatives of the Protecting Powers.

Article 102 In every place of internment, the internees shall freely elect by secret ballot every six months, the members of a Committee empowered to represent them before the Detaining and the Protecting Powers, the International Committee of the Red Cross and any other organization which may assist them. The members of the Committee shall be eligible for re-election. Internees so elected shall commandant of a place of internment shall be responsible for the observance in a labour detachment of the provisions of the present Convention. The commandant shall keep an up-to-date list of the labour detachments subordinate to him and shall communicate it to the delegates of the Protecting Power, of the International Committee of the Red Cross and of other humanitarian organizations who may visit the places of internment.

CHAPTER VI PERSONAL PROPER AND FINANCIAL RESOURCES

Article 97 Internees shall be permitted to retain articles of personal use. Monies, cheques, bonds, etc. , and valuables in their possession may not be taken from them except in accordance with established procedure. Detailed receipts shall be given therefor. The amounts shall be paid into the account of every internee as provided for in Article 98. Such amounts may not be converted into any other currency unless legislation in force in the territory in which the owner is interned so requires or the internee gives his consent. Articles which have above all a personal or sentimental value may not be taken away. A woman internee shall not be searched except by a woman. On release or repatriation, internees shall be given all articles, monies or other valuables taken from them during internment and shall receive in currency the balance of any credit to their accounts kept in accordance with Article 98, with the exception of any articles or amounts withheld by the Detaining Power by virtue of its legislation in force. If the property of an internee is so withheld, the owner shall receive a detailed receipt. Family or identity documents in the possession of internees may not be taken away without a receipt being given. At no time shall internees be left without identity documents. If they have none, they shall be issued with special documents drawn up by the detaining authorities, which will serve as their identity papers until the end of their internment. Internees may keep on their persons a certain amount of money, in cash or in the shape of purchase coupons, to enable them to make purchases.

Article 98 All internees shall receive regular allowances, sufficient to enable them to purchase goods and articles, such as tobacco, toilet requisites, etc. Such allowances may take the form of credits or purchase coupons. Furthermore, internees may receive allowances from the Power to which they owe allegiance, the Protecting Powers, the organizations which may assist them, or their families, as well as the income on their property in accordance with the law of the Detaining Power. The amount of allowances granted by the Power to which they owe allegiance shall be the same for each category of internees (infirm, sick, pregnant women, etc.), but may not be allocated by that Power or distributed by the Detaining Power on the basis of discrimination between internees which are prohibited byArticle 27 of the present Convention. The Detaining Power shall open a regular account for every internee, to which shall be credited the allowances named in the present Article, the wages earned and the remittances received, together with such sums taken from him as may be available under the legislation in force in the territory in which he is interned. Internees shall be granted all facilities consistent with the legislation in force in such territory to make remittances to their families and to

E281

the facilities granted to the ministry he has assumed. Persons so appointed shall comply with all regulations laid down by the Detaining Power in the interests of discipline and security.

Article 94 The Detaining Power shall encourage intellectual, educational and recreational pursuits, sports and games amongst internees, whilst leaving them free to take part in them or not. It shall take all practicable measures to ensure the exercise thereof, in particular by providing suitable premises. All possible facilities shall be granted to internees to continue their studies or to take up new subjects. The education of children and young people shall be ensured; they shall be allowed to attend schools either within the place of internment or outside. Internees shall be given opportunities for physical exercise, sports and outdoor games. For this purpose, sufficient open spaces shall be set aside in all places of internment. Special playgrounds shall be reserved for children and young people.

Article 95 The Detaining Power shall not employ internees as workers, unless they so desire. Employment which, if undertaken under compulsion by a protected person not in internment, would involve a breach of Articles 40 or 51 of the present Convention, and employment on work which is of a degrading or humiliating character are in any case prohibited. After a working period of six weeks, internees shall be free to give up work at any moment, subject to eight days' notice. These provisions constitute no obstacle to the right of the Detaining Power to employ interned doctors, dentists and other medical personnel in their professional capacity on behalf of their fellow internees, or to employ internees for administrative and maintenance work in places of internment and to detail such persons for work in the kitchens or for other domestic tasks, or to require such persons to undertake duties connected with the protection of internees against aerial bombardment or other war risks. No internee may, however, be required to perform tasks for which he is, in the opinion of a medical officer, physically unsuited. The Detaining Power shall take entire responsibility for all working conditions, for medical attention, for the payment of wages, and for ensuring that all employed internees receive compensation for occupational accidents and diseases. The standards prescribed for the said working conditions and for compensation shall be in accordance with the national laws and regulations, and with the existing practice; they shall in no case be inferior to those obtaining for work of the same nature in the same district. Wages for work done shall be determined on an equitable basis by special agreements between the internees, the Detaining Power, and, if the case arises, employers other than the Detaining Power, due regard being paid to the obligation of the Detaining Power to provide for free maintenance of internees and for the medical attention which their state of health may require. Internees permanently detailed for categories of work mentioned in the third paragraph of this Article shall be paid fair wages by the Detaining Power. The working conditions and the scale of compensation for occupational accidents and diseases to internees thus detailed shall not be inferior to those applicable to work of the same nature in the same district.

Article 96 All labour detachments shall remain part of and dependent upon a place of internment. The competent authorities of the Detaining Power and the

CHAPTER IV HYGIENE AND MEDICAL ATTENTION

Article 91 Every place of internment shall have an adequate infirmary, under the direction of a qualified doctor, where internees may have the attention they require, as well as an appropriate diet. Isolation wards shall be set aside for cases of contagious or mental diseases. Maternity cases and internees suffering from serious diseases, or whose condition requires special treatment, a surgical operation or hospital care, must be admitted to any institution where adequate treatment can be given and shall receive care not inferior to that provided for the general population. Internees shall, for preference, have the attention of medical personnel of their own nationality. Internees may not be prevented from presenting themselves to the medical authorities for examination. The medical authorities of the Detaining Power shall, upon request, issue to every internee who has undergone treatment an official certificate showing the nature of his illness or injury, and the duration and nature of the treatment given. A duplicate of this certificate shall be forwarded to the Central Agency provided for inArticle 140. Treatment, including the provision of any apparatus necessary for the maintenance of internees in good health, particularly dentures and other artificial appliances and spectacles, shall be free of charge to the internee.

Article 92 Medical inspections of internees shall be made at least once a month. Their purpose shall be, in particular, to supervise the general state of health, nutrition and cleanliness of internees, and to detect contagious diseases, especially tuberculosis, malaria, and venereal diseases. Such inspections shall include, in particular, the checking of weight of each internee and, at least once a year, radioscopic examination.

CHAPTER V RELIGIOUS, INTELLECTUAL AND PHYSICAL ACTIVITIES

Article 93 Internees shall enjoy complete latitude in the exercise of their religious duties, including attendance at the services of their faith, on condition that they comply with the disciplinary routine prescribed by the detaining authorities. Ministers of religion who are interned shall be allowed to minister freely to the members of their community. For this purpose, the Detaining Power shall ensure their equitable allocation amongst the various places of internment in which there are internees speaking the same language and be longing to the same religion. Should such ministers be too few in number, the Detaining Power shall provide them with the necessary facilities, including means of transport, for moving from one place to another, and they shall be authorized to visit any internees who are in hospital. Ministers of religion shall be at liberty to correspond on matters concerning their ministry with the religious authorities in the country of detention and, as far as possible, with the international religious organizations of their faith. Such correspondence shall not be considered as forming a part of the quota mentioned in Article 107. It shall, however, be subject to the provisions ofArticle 112. When internees do not have at their disposal the assistance of ministers of their faith, or should these latter be too few in number, the local religious authorities of the same faith may appoint, in agreement with the Detaining Power, a minister of the internees' faith or, if such a course is feasible from a denominational point of view, a minister of similar religion or a qualified layman. The latter shall enjoy sanitary conveniences for the use of such women internees shall be obligatory.

Article 86 The Detaining Power shall place at the disposal of interned persons, of whatever denomination, premises suitable for the holding of their religious services.

Article 87 Canteens shall be installed in every place of internment, except where other suitable facilities are available. Their purpose shall be to enable internees to make purchases, at prices not higher than local market prices, of foodstuffs and articles of everyday use, including soap and tobacco, such as would increase their personal well-being and comfort. Profits made by canteens shall be credited to a welfare fund to be set up for each place of internment, and administered for the benefit of the internees attached to such place of internment. The Internee Committee provided for in Article 102 shall have the right to check the management of the canteen and of the said fund. When a place of internment is closed down, the balance of the welfare fund shall be transferred to the welfare fund of a place of internment for internees of the same nationality, or, if such a place does not exist, to a central welfare fund which shall be administered for the benefit of all internees remaining in the custody of the Detaining Power. In case of a general release, the said profits shall be kept by the Detaining Power, subject to any agreement to the contrary between the Powers concerned.

Article 88 In all places of internment exposed to air raids and other hazards of war, shelters adequate in number and structure to ensure the necessary protection shall be installed. In case of alarms, the internees shall be free to enter such shelters as quickly as possible, excepting those who remain for the protection of their quarters against the aforesaid hazards. Any protective measures taken in favour of the population shall also apply to them. All due precautions must be taken in places of internment against the danger of fire.

CHAPTER III FOOD AND CLOTHING

Article 89 Daily food rations for internees shall be sufficient in quantity, quality and variety to keep internees in a good state of health and prevent the development of nutritional deficiencies. Account shall also be taken of the customary diet of the internees. Internees shall also be given the means by which they can prepare for themselves any additional food in their possession. Sufficient drinking water shall be supplied to internees. The use of tobacco shall be permitted. Internees who work shall receive additional rations in proportion to the kind of labour which they perform. Expectant and nursing mothers and children under fifteen years of age shall be given additional food, in proportion to their physiological needs.

Article 90 When taken into custody, internees shall be given all facilities to provide themselves with the necessary clothing, footwear and change of underwear, and later on, to procure further supplies if required. Should any internees not have sufficient clothing, account being taken of the climate, and be unable to procure any, it shall be provided free of charge to them by the Detaining Power. The clothing supplied by the Detaining Power to internees and the outward markings placed on their own clothes shall not be ignominious nor expose them to ridicule. Workers shall receive suitable working outfits, including protective clothing, whenever the nature of their work so requires.

of the same country shall not be separated merely because they have different languages. Throughout the duration of their internment, members of the same family, and in particular parents and children, shall be lodged together in the same place of internment, except when separation of a temporary nature is necessitated for reasons of employment or health or for the purposes of enforcement of the provisions of Chapter IX of the present Section. Internees may request that their children who are left at liberty without parental care shall be interned with them. Wherever possible, interned members of the same family shall be housed in the same premises and given separate accommodation from other internees, together with facilities for leading a proper family life.

CHAPTER II PLACES OF INTERNMENT

Article 83 The Detaining Power shall not set up places of internment in areas particularly exposed to the dangers of war. The Detaining Power shall give the enemy Powers, through the intermediary of the Protecting Powers, all useful information regarding the geographical location of places of internment. Whenever military considerations permit, internment camps shall be indicated by the letters IC, placed so as to be clearly visible in the daytime from the air. The Powers concerned may, however, agree upon any other system of marking. No place other than an internment camp shall be marked as such.

Article 84 Internees shall be accommodated and administered separately from prisoners of war and from persons deprived of liberty for any other reason.

Article 85 The Detaining Power is bound to take all necessary and possible measures to ensure that protected persons shall, from the outset of their internment, be accommodated in buildings or quarters which afford every possible safeguard as regards hygiene and health, and provide efficient protection against the rigours of the climate and the effects of the war. In no case shall permanent places of internment be situated in unhealthy areas or in districts the climate of which is injurious to the internees. In all cases where the district, in which a protected person is temporarily interned, is in an unhealthy area or has a climate which is harmful to his health, he shall be removed to a more suitable place of internment as rapidly as circumstances permit. The premises shall be fully protected from dampness, adequately heated and lighted, in particular between dusk and lights out. The sleeping quarters shall be sufficiently spacious and well ventilated, and the internees shall have suitable bedding and sufficient blankets, account being taken of the climate, and the age, sex, and state of health of the internees. Internees shall have for their use, day and night, sanitary conveniences which conform to the rules of hygiene and are constantly maintained in a state of cleanliness. They shall be provided with sufficient water and soap for their daily personal toilet and for washing their personal laundry; installations and facilities necessary for this purpose shall be granted to them. Showers or baths shall also be available. The necessary time shall be set aside for washing and for cleaning. Whenever it is necessary, as an exceptional and temporary measure, to accommodate women internees who are not members of a family unit in the same place of internment as men, the provision of separate sleeping quarters and to make representations to the competent occupying authorities in respect of such death sentences.

Article 76   Protected persons accused of offences shall be detained in the occupied country, and if convicted they shall serve their sentences therein. They shall, if possible, be separated from other detainees and shall enjoy conditions of food and hygiene which will be sufficient to keep them in good health, and which will be at least equal to those obtaining in prisons in the occupied country. They shall receive the medical attention required by their state of health. They shall also have the right to receive any spiritual assistance which they may require. Women shall be confined in separate quarters and shall be under the direct supervision of women. Proper regard shall be paid to the special treatment due to minors. Protected persons who are detained shall have the right to be visited by delegates of the Protecting Power and of the International Committee of the Red Cross, in accordance with the provisions of Article 143. Such persons shall have the right to receive at least one relief parcel monthly.

Article 77   Protected persons who have been accused of offences or convicted by the courts in occupied territory shall be handed over at the close of occupation, with the relevant records, to the authorities of the liberated territory.

Article 78   If the Occupying Power considers it necessary, for imperative reasons of security, to take safety measures concerning protected persons, it may, at the most, subject them to assigned residence or to internment. Decisions regarding such assigned residence or internment shall be made according to a regular procedure to be prescribed by the Occupying Power in accordance with the provisions of the present Convention. This procedure shall include the right of appeal for the parties concerned. Appeals shall be decided with the least possible delay. In the event of the decision being upheld, it shall be subject to periodical review, if possible every six months, by a competent body set up by the said Power. Protected persons made subject to assigned residence and thus required to leave their homes shall enjoy the full benefit of Article 39 of the present Convention.

SECTION IV REGULATIONS FOR THE TREATMENT OF INTERNEES
CHAPTER I GENERAL PROVISIONS

Article 79   The Parties to the conflict shall not intern protected persons, except in accordance with the provisions of Articles 41, 42, 43, 68 and 78.

Article 80   Internees shall retain their full civil capacity and shall exercise such attendant rights as may be compatible with their status.

Article 81   Parties to the conflict who intern protected persons shall be bound to provide free of charge for their maintenance, and to grant them also the medical attention required by their state of health. No deduction from the allowances, salaries or credits due to the internees shall be made for the repayment of these costs. The Detaining Power shall provide for the support of those dependent on the internees, if such dependants are without adequate means of support or are unable to earn a living.

Article 82   The Detaining Power shall, as far as possible, accommodate the internees according to their nationality, language and customs. Internees who are nationals

(c) specification of the charge or charges (with mention of the penal provisions under which it is brought);

(d) designation of the court which will hear the case;

(e) place and date of the first hearing.

Article 72 Accused persons shall have the right to present evidence necessary to their defence and may, in particular, call witnesses. They shall have the right to be assisted by a qualified advocate or counsel of their own choice, who shall be able to visit them freely and shall enjoy the necessary facilities for preparing the defence. Failing a choice by the accused, the Protecting Power may provide him with an advocate or counsel. When an accused person has to meet a serious charge and the Protecting Power is not functioning, the Occupying Power, subject to the consent of the accused, shall provide an advocate or counsel. Accused persons shall, unless they freely waive such assistance, be aided by an interpreter, both during preliminary investigation and during the hearing in court. They shall have the right at any time to object to the interpreter and to ask for his replacement.

Article 73 A convicted person shall have the right of appeal provided for by the laws applied by the court. He shall be fully informed of his right to appeal or petition and of the time limit within which he may do so. The penal procedure provided in the present Section shall apply, as far as it is applicable, to appeals. Where the laws applied by the Court make no provision for appeals, the convicted person shall have the right to petition against the finding and sentence to the competent authority of the Occupying Power.

Article 74 Representatives of the Protecting Power shall have the right to attend the trial of any protected person, unless the hearing has, as an exceptional measure, to be held in camera in the interests of the security of the Occupying Power, which shall then notify the Protecting Power. A notification in respect of the date and place of trial shall be sent to the Protecting Power. Any judgment involving a sentence of death, or imprisonment for two years or more, shall be communicated, with the relevant grounds, as rapidly as possible to the Protecting Power. The notification shall contain a reference to the notification made underArticle 71, and in the case of sentences of imprisonment, the name of the place where the sentence is to be served. A record of judgments other than those referred to above shall be kept by the court and shall be open to inspection by representatives of the Protecting Power. Any period allowed for appeal in the case of sentences involving the death penalty, or imprisonment for two years or more, shall not run until notification of judgment has been received by the Protecting Power.

Article 75 In no case shall persons condemned to death be deprived of the right of petition for pardon or reprieve. No death sentence shall be carried out before the expiration of a period of at least six months from the date of receipt by the Protecting Power of the notification of the final judgment confirming such death sentence, or of an order denying pardon or reprieve. The six months period of suspension of the death sentence herein prescribed may be reduced in individual cases in circumstances of grave emergency involving an organized threat to the security of the Occupying Power or its forces, provided always that the Protecting Power is notified of such reduction and is given reasonable time and opportunity

The courts provided for underArticle 66 of the present Convention may at their discretion convert a sentence of imprisonment to one of internment for the same period. The penal provisions promulgated by the Occupying Power in accordance with Articles 64 and 65 may impose the death penalty on a protected person only in cases where the person is guilty of espionage, of serious acts of sabotage against the military installations of the Occupying Power or of intentional offences which have caused the death of one or more persons, provided that such offences were punishable by death under the law of the occupied territory in force before the occupation began. The death penalty may not be pronounced against a protected person unless the attention of the court has been particularly called to the fact that, since the accused is not a national of the Occupying Power, he is not bound to it by any duty of allegiance. In any case, the death penalty may not be pronounced against a protected person who was under eighteen years of age at the time of the offence.

Article 69 In all cases, the duration of the period during which a protected person accused of an offense is under arrest awaiting trial or punishment shall be deducted from any period of imprisonment awarded.

Article 70 Protected persons shall not be arrested, prosecuted or convicted by the Occupying Power for acts committed or for opinions expressed before the occupation, or during a temporary interruption thereof, with the exception of breaches of the laws and customs of war. Nationals of the Occupying Power who, before the outbreak of hostilities, have sought refuge in the territory of the occupied State, shall not be arrested, prosecuted, convicted or deported from the occupied territory, except for offences committed after the outbreak of hostilities, or for offences under common law committed before the outbreak of hostilities which, according to the law of the occupied State, would have justified extradition in time of peace.

Article 71 No sentence shall be pronounced by the competent courts of the Occupying Power except after a regular trial. Accused persons who are prosecuted by the Occupying Power shall be promptly informed, in writing, in a language which they understand, of the particulars of the charges preferred against them, and shall be brought to trial as rapidly as possible. The Protecting Power shall be informed of all proceedings instituted by the Occupying Power against protected persons in respect of charges involving the death penalty or imprisonment for two years or more; it shall be enabled, at any time, to obtain information regarding the state of such proceedings. Furthermore, the Protecting Power shall be entitled, on request, to be furnished with all particulars of these and of any other proceedings instituted by the Occupying Power against protected persons. The notification to the Protecting Power, as provided for in the second paragraph above, shall be sent immediately, and shall in any case reach the Protecting Power three weeks before the date of the first hearing. Unless, at the opening of the trial, evidence is submitted that the provisions of this Article are fully complied with, the trial shall not proceed. The notification shall include the following particulars:

(a) description of the accused;

(b) place of residence or detention;

(a) recognized National Red Cross (Red Crescent, Red Lion and Sun) Societies shall be able to pursue their activities in accordance with Red Cross principles, as defined by the International Red Cross Conferences. Other relief societies shall be permitted to continue their humanitarian activities under similar conditions;

(b) the Occupying Power may not require any changes in the personnel or structure of these societies, which would prejudice the aforesaid activities. The same principles shall apply to the activities and personnel of special organizations of a non-military character, which already exist or which may be established, for the purpose of ensuring the living conditions of the civilian population by the maintenance of the essential public utility services, by the distribution of relief and by the organization of rescues.

Article 64 The penal laws of the occupied territory shall remain in force, with the exception that they may be repealed or suspended by the Occupying Power in cases where they constitute a threat to its security or an obstacle to the application of the present Convention. Subject to the latter consideration and to the necessity for ensuring the effective administration of justice, the tribunals of the occupied territory shall continue to function in respect of all offences covered by the said laws. The Occupying Power may, however, subject the population of the occupied territory to provisions which are essential to enable the Occupying Power to fulfil its obligations under the present Convention, to maintain the orderly government of the territory, and to ensure the security of the Occupying Power, of the members and property of the occupying forces or administration, and likewise of the establishments and lines of communication used by them.

Article 65 The penal provisions enacted by the Occupying Power shall not come into force before they have been published and brought to the knowledge of the inhabitants in their own language. The effect of these penal provisions shall not be retroactive.

Article 66 In case of a breach of the penal provisions promulgated by it by virtue of the second paragraph of Article 64, the Occupying Power may hand over the accused to its properly constituted, non-political military courts, on condition that the said courts sit in the occupied country. Courts of appeal shall preferably sit in the occupied country.

Article 67 The courts shall apply only those provisions of law which were applicable prior to the offense, and which are in accordance with general principles of law, in particular the principle that the penalty shall be proportioned to the offense. They shall take into consideration the fact that the accused is not a national of the Occupying Power.

Article 68 Protected persons who commit an offense which is solely intended to harm the Occupying Power, but which does not constitute an attempt on the life or limb of members of the occupying forces or administration, nor a grave collective danger, nor seriously damage the property of the occupying forces or administration or the installations used by them, shall be liable to internment or simple imprisonment, provided the duration of such internment or imprisonment is proportionate to the offense committed. Furthermore, internment or imprisonment shall, for such offences, be the only measure adopted for depriving protected persons of liberty.

occupied territory.

Article 57 The Occupying Power may requisition civilian hospitals only temporarily and only in cases of urgent necessity for the care of military wounded and sick, and then on condition that suitable arrangements are made in due time for the care and treatment of the patients and for the needs of the civilian population for hospital accommodation. The material and stores of civilian hospitals cannot be requisitioned so long as they are necessary for the needs of the civilian population.

Article 58 The Occupying Power shall permit ministers of religion to give spiritual assistance to the members of their religious communities. The Occupying Power shall also accept consignments of books and articles required for religious needs and shall facilitate their distribution in occupied territory.

Article 59 If the whole or part of the population of an occupied territory is inadequately supplied, the Occupying Power shall agree to relief schemes on behalf of the said population, and shall facilitate them by all the means at its disposal. Such schemes, which may be undertaken either by States or by impartial humanitarian organizations such as the International Committee of the Red Cross, shall consist, in particular, of the provision of consignments of foodstuffs, medical supplies and clothing. All Contracting Parties shall permit the free passage of these consignments and shall guarantee their protection. A Power granting free passage to consignments on their way to territory occupied by an adverse Party to the conflict shall, however, have the right to search the consignments, to regulate their passage according to prescribed times and routes, and to be reasonably satisfied through the Protecting Power that these consignments are to be used for the relief of the needy population and are not to be used for the benefit of the Occupying Power.

Article 60 Relief consignments shall in no way relieve the Occupying Power of any of its responsibilities under Articles 55, 56 and 59. The Occupying Power shall in no way whatsoever divert relief consignments from the purpose for which they are intended, except in cases of urgent necessity, in the interests of the population of the occupied territory and with the consent of the Protecting Power.

Article 61 The distribution of the relief consignments referred to in the foregoing Articles shall be carried out with the cooperation and under the supervision of the Protecting Power. This duty may also be delegated, by agreement between the Occupying Power and the Protecting Power, to a neutral Power, to the International Committee of the Red Cross or to any other impartial humanitarian body. Such consignments shall be exempt in occupied territory from all charges, taxes or customs duties unless these are necessary in the interests of the economy of the territory. The Occupying Power shall facilitate the rapid distribution of these consignments. All Contracting Parties shall endeavour to permit the transit and transport, free of charge, of such relief consignments on their way to occupied territories.

Article 62 Subject to imperative reasons of security, protected persons in occupied territories shall be permitted to receive the individual relief consignments sent to them.

Article 63 Subject to temporary and exceptional measures imposed for urgent reasons of security by the Occupying Power:

occupational accidents and diseases, shall be applicable to the protected persons assigned to the work referred to in this Article. In no case shall requisition of labour lead to a mobilization of workers in an organization of a military or semi-military character.

Article 52 No contract, agreement or regulation shall impair the right of any worker, whether voluntary or not and wherever he may be, to apply to the representatives of the Protecting Power in order to request the said Power's intervention. All measures aiming at creating unemployment or at restricting the opportunities offered to workers in an occupied territory, in order to induce them to work for the Occupying Power, are prohibited.

Article 53 Any destruction by the Occupying Power of real or personal property belonging individually or collectively to private persons, or to the State, or to other public authorities, or to social or cooperative organizations, is prohibited, except where such destruction is rendered absolutely necessary by military operations.

Article 54 The Occupying Power may not alter the status of public officials or judges in the occupied territories, or in any way apply sanctions to or take any measures of coercion or discrimination against them, should they abstain from fulfilling their functions for reasons of conscience. This prohibition does not prejudice the application of the second paragraph of Article 51. It does not affect the right of the Occupying Power to remove public officials from their posts.

Article 55 To the fullest extent of the means available to it the Occupying Power has the duty of ensuring the food and medical supplies of the population; it should, in particular, bring in the necessary foodstuffs, medical stores and other articles if the resources of the occupied territory are inadequate. The Occupying Power may not requisition foodstuffs, articles or medical supplies available in the occupied territory, except for use by the occupation forces and administration personnel, and then only if the requirements of the civilian population have been taken into account. Subject to the provisions of other international Conventions, the Occupying Power shall make arrangements to ensure that fair value is paid for any requisitioned goods. The Protecting Power shall, at any time, be at liberty to verify the state of the food and medical supplies in occupied territories, except where temporary restrictions are made necessary by imperative military requirements.

Article 56 To the fullest extent of the means available to it, the Occupying Power has the duty of ensuring and maintaining, with the cooperation of national and local authorities, the medical and hospital establishments and services, public health and hygiene in the occupied territory, with particular reference to the adoption and application of the prophylactic and preventive measures necessary to combat the spread of contagious diseases and epidemics. Medical personnel of all categories shall be allowed to carry out their duties. If new hospitals are set up in occupied territory and if the competent organs of the occupied State are not operating there, the occupying authorities shall, if necessary, grant them the recognition provided for in Article 18. In similar circumstances, the occupying authorities shall also grant recognition to hospital personnel and transport vehicles under the provisions of Articles 20 and 21. In adopting measures of health and hygiene and in their implementation, the Occupying Power shall take into consideration the moral and ethical susceptibilities of the population of the

E271

transferred back to their homes as soon as hostilities in the area in question have ceased. The Occupying Power undertaking such transfers or evacuations shall ensure, to the greatest practicable extent, that proper accommodation is provided to receive the protected persons, that the removals are effected in satisfactory conditions of hygiene, health, safety and nutrition, and that members of the same family are not separated. The Protecting Power shall be informed of any transfers and evacuations as soon as they have taken place. The Occupying Power shall not detain protected persons in an area particularly exposed to the dangers of war unless the security of the population or imperative military reasons so demand. The Occupying Power shall not deport or transfer parts of its own civilian population into the territory it occupies.

Article 50   The Occupying Power shall, with the cooperation of the national and local authorities, facilitate the proper working of all institutions devoted to the care and education of children. The Occupying Power shall take all necessary steps to facilitate the identification of children and the registration of their parentage. It may not, in any case, change their personal status, nor enlist them in formations or organizations subordinate to it. Should the local institutions be inadequate for the purpose, the Occupying Power shall make arrangements for the maintenance and education, if possible by persons of their own nationality, language and religion, of children who are orphaned or separated from their parents as a result of the war and who cannot be adequately cared for by a near relative or friend. A special section of the Bureau set up in accordance with Article 136 shall be responsible for taking all necessary steps to identify children whose identity is in doubt. Particulars of their parents or other near relatives should always be recorded if available. The Occupying Power shall not hinder the application of any preferential measures in regard to food, medical care and protection against the effects of war, which may have been adopted prior to the occupation in favour of children under fifteen years, expectant mothers, and mothers of children under seven years.

Article 51   The Occupying Power may not compel protected persons to serve in its armed or auxiliary forces. No pressure or propaganda which aims at securing voluntary enlistment is permitted. The Occupying Power may not compel protected persons to work unless they are over eighteen years of age, and then only on work which is necessary either for the needs of the army of occupation, or for the public utility services, or for the feeding, sheltering, clothing, transportation or health of the population of the occupied country. Protected persons may not be compelled to undertake any work which would involve them in the obligation of taking part in military operations. The Occupying Power may not compel protected persons to employ forcible means to ensure the security of the installations where they are performing compulsory labour. The work shall be carried out only in the occupied territory where the persons whose services have been requisitioned are. Every such person shall, so far as possible, be kept in his usual place of employment. Workers shall be paid a fair wage and the work shall be proportionate to their physical and intellectual capacities. The legislation in force in the occupied country concerning working conditions, and safeguards as regards, in particular, such matters as wages, hours of work, equipment, preliminary training and compensation for protection of any government.

Article 45 Protected persons shall not be transferred to a Power which is not a party to the Convention. This provision shall in no way constitute an obstacle to the repatriation of protected persons, or to their return to their country of residence after the cessation of hostilities. Protected persons may be transferred by the Detaining Power only to a Power which is a party to the present Convention and after the Detaining Power has satisfied itself of the willingness and ability of such transferee Power to apply the present Convention. If protected persons are transferred under such circumstances, responsibility for the application of the present Convention rests on the Power accepting them, while they are in its custody. Nevertheless, if that Power fails to carry out the provisions of the present Convention in any important respect, the Power by which the protected persons were transferred shall, upon being so notified by the Protecting Power, take effective measures to correct the situation or shall request the return of the protected persons. Such request must be complied with. In no circumstances shall a protected person be transferred to a country where he or she may have reason to fear persecution for his or her political opinions or religious beliefs. The provisions of this Article do not constitute an obstacle to the extradition, in pursuance of extradition treaties concluded before the outbreak of hostilities, of protected persons accused of offensives against ordinary criminal law.

Article 46 In so far as they have not been previously withdrawn, restrictive measures taken regarding protected persons shall be cancelled as soon as possible after the close of hostilities. Restrictive measures affecting their property shall be cancelled, in accordance with the law of the Detaining Power, as soon as possible after the close of hostilities.

SECTION III OCCUPIED TERRITORIES

Article 47 Protected persons who are in occupied territory shall not be deprived, in any case or in any manner whatsoever, of the benefits of the present Convention by any change introduced, as the result of the occupation of a territory, into the institutions or government of the said territory, nor by any agreement concluded between the authorities of the occupied territories and the Occupying Power, nor by any annexation by the latter of the whole or part of the occupied territory.

Article 48 Protected persons who are not nationals of the Power whose territory is occupied may avail themselves of the right to leave the territory subject to the provisions of Article 35, and decisions thereon shall be taken according to the procedure which the Occupying Power shall establish in accordance with the said Article.

Article 49 Individual or mass forcible transfers, as well as deportations of protected persons from occupied territory to the territory of the Occupying Power or to that of any other country, occupied or not, are prohibited, regardless of their motive. Nevertheless, the Occupying Power may undertake total or partial evacuation of a given area if the security of the population or imperative military reasons do demand. Such evacuations may not involve the displacement of protected persons outside the bounds of the occupied territory except when for material reasons it is impossible to avoid such displacement. Persons thus evacuated shall be conditions, the said Party shall ensure his support and that of his dependents. Protected persons may in any case receive allowances from their home country, the Protecting Power, or the relief societies referred to in Article 30.

Article 40 Protected persons may be compelled to work only to the same extent as nationals of the Party to the conflict in whose territory they are. If protected persons are of enemy nationality, they may only be compelled to do work which is normally necessary to ensure the feeding, sheltering, clothing, transport and health of human beings and which is not directly related to the conduct of military operations. In the cases mentioned in the two preceding paragraphs, protected persons compelled to work shall have the benefit of the same working conditions and of the same safeguards as national workers, in particular as regards wages, hours of labour, clothing and equipment, previous training and compensation for occupational accidents and diseases. If the above provisions are infringed, protected persons shall be allowed to exercise their right of complaint in accordance with Article 30.

Article 41 Should the Power in whose hands protected persons may be consider the measures of control mentioned in the present Convention to be inadequate, it may not have recourse to any other measure of control more severe than that of assigned residence or internment, in accordance with the provisions of Articles 42 and 43. In applying the provisions of Article 39, second paragraph, to the cases of persons required to leave their usual places of residences by virtue of a decision placing them in assigned residence elsewhere. the Detaining Power shall be guided as closely as possible by the standards of welfare set forth in Part III, Section IV of this Convention.

Article 42 The internment or placing in assigned residence of protected persons may be ordered only if the security of the Detaining Power makes it absolutely necessary. If any person, acting through the representatives of the Protecting Power, voluntarily demands internment, and if his situation renders this step necessary, he shall be interned by the Power in whose hands he may be.

Article 43 Any protected person who has been interned or placed in assigned residence shall be entitled to have such action reconsidered as soon as possible by an appropriate court or administrative board designated by the Detaining Power for that purpose. If the internment or placing in assigned residence is maintained, the court or administrative board shall periodically, and at least twice yearly, give consideration to his or her case, with a view to the favourable amendment of the initial decision, if circumstances permit. Unless the protected persons concerned object, the Detaining Power shall, as rapidly as possible, give the Protecting Power the names of any protected persons who have been interned or subjected to assigned residence, or who have been released from internment or assigned residence. The decisions of the courts or boards mentioned in the first paragraph of the present Article shall also, subject to the same conditions, be notified as rapidly as possible to the Protecting Power.

Article 44 In applying the measures of control mentioned in the present Convention, the Detaining Power shall not treat as enemy aliens exclusively on the basis of their nationality de jure of an enemy State, refugees who do not, in fact, enjoy the themselves with the necessary funds for their journey and take with them a reasonable amount of their effects and articles of personal use. If any such person is refused permission to leave the territory, he shall be entitled to have such refusal reconsidered as soon as possible by an appropriate court or administrative board designated by the Detaining Power for that purpose. Upon request, representatives of the Protecting Power shall, unless reasons of security prevent it, or the persons concerned object, be furnished with the reasons for refusal of any request for permission to leave the territory and be given, as expeditiously as possible, the names of all persons who have been denied permission to leave.

Article 36 Departures permitted under the foregoing Article shall be carried out in satisfactory conditions as regards safety, hygiene, sanitation and food. All costs in connection therewith, from the point of exit in the territory of the Detaining Power, shall be borne by the country of destination, or, in the case of accommodation in a neutral country, by the Power whose nationals are benefited. The practical details of such movements may, if necessary, be settled by special agreements between the Powers concerned. The foregoing shall not prejudice such special agreements as may be concluded between Parties to the conflict concerning the exchange and repatriation of their nationals in enemy hands.

Article 37 Protected persons who are confined pending proceedings or serving a sentence involving loss of liberty shall during their confinement be humanely treated. As soon as they are released, they may ask to leave the territory in conformity with the foregoing Articles.

Article 38 With the exception of special measures authorized by the present Convention, in particular by Articles 27 and 41 thereof, the situation of protected persons shall continue to be regulated, in principle, by the provisions concerning aliens in time of peace. In any case, the following rights shall be granted to them:

(1) They shall be enabled to receive the individual or collective relief that may be sent to them.

(2) They shall, if their state of health so requires, receive medical attention and hospital treatment to the same extent as the nationals of the State concerned.

(3) They shall be allowed to practise their religion and to receive spiritual assistance from ministers of their faith.

(4) If they reside in an area particularly exposed to the dangers of war, they shall be authorized to move from that area to the same extent as the nationals of the State concerned.

(5) Children under fifteen years, pregnant women and mothers of children under seven years shall benefit by any preferential treatment to the same extent as the nationals of the State concerned.

Article 39 Protected persons who, as a result of the war, have lost their gainful employment, shall be granted the opportunity to find paid employment. That opportunity shall, subject to security considerations and to the provisions ofArticle 40, be equal to that enjoyed by the nationals of the Power in whose territory they are. Where a Party to the conflict applies to a protected person methods of control which result in his being unable to support himself, and especially if such a person is prevented for reasons of security from finding paid employment on reasonable

E267

be protected especially against all acts of violence or threats thereof and against insults and public curiosity. Women shall be especially protected against any attack on their honour, in particular against rape, enforced prostitution, or any form of indecent assault. Without prejudice to the provisions relating to their state of health, age and sex, all protected persons shall be treated with the same consideration by the Party to the conflict in whose power they are, without any adverse distinction based, in particular, on race, religion or political opinion. However, the Parties to the conflict may take such measures of control and security in regard to protected persons as may be necessary as a result of the war.

Article 28   The presence of a protected person may not be used to render certain points or areas immune from military operations.

Article 29   The Party to the conflict in whose hands protected persons may be is responsible for the treatment accorded to them by its agents, irrespective of any individual responsibility which may be incurred.

Article 30   Protected persons shall have every facility for making application to the Protecting Powers, the International Committee of the Red Cross, the National Red Cross (Red Crescent, Red Lion and Sun) Society of the country where they may be, as well as to any organization that might assist them. These several organizations shall be granted all facilities for that purpose by the authorities, within the bounds set by military or security considerations. Apart from the visits of the delegates of the Protecting Powers and of the International Committee of the Red Cross, provided for byArticle 143, the Detaining or Occupying Powers shall facilitate as much as possible visits to protected persons by the representatives of other organizations whose object is to give spiritual aid or material relief to such persons.

Article 31   No physical or moral coercion shall be exercised against protected persons, in particular to obtain information from them or from third parties.

Article 32   The High Contracting Parties specifically agree that each of them is prohibited from taking any measure of such a character as to cause the physical suffering or extermination of protected persons in their hands. This prohibition applies not only to murder, torture, corporal punishment, mutilation and medical or scientific experiments not necessitated by the medical treatment of a protected person but also to any other measures of brutality whether applied by civilian or military agents.

Article 33   No protected person may be punished for an offense he or she has not personally committed. Collective penalties and likewise all measures of intimidation or of terrorism are prohibited. Pillage is prohibited. Reprisals against protected persons and their property are prohibited.

Article 34   The taking of hostages is prohibited.

SECTION II ALIENS IN THE TERRITORY OF A PARTY TO THE CONFLICT

Article 35   All protected persons who may desire to leave the territory at the outset of, or during a conflict, shall be entitled to do so, unless their departure is contrary to the national interests of the State. The applications of such persons to leave shall be decided in accordance with regularly established procedures and the decision shall be taken as rapidly as possible. Those persons permitted to leave may provide be required for the production of such goods.

The Power which allows the passage of the consignments indicated in the first paragraph of this Article may make such permission conditional on the distribution to the persons benefited there by being made under the local supervision of the Protecting Powers. Such consignments shall be forwarded as rapidly as possible, and the Power which permits their free passage shall have the right to prescribe the technical arrangements under which such passage is allowed.

Article 24 The Parties to the conflict shall take the necessary measures to ensure that children under fifteen, who are orphaned or are separated from their families as a result of the war, are not left to their own resources, and that their maintenance, the exercise of their religion and their education are facilitated in all circumstances. Their education shall, as far as possible, be entrusted to persons of a similar cultural tradition. The Parties to the conflict shall facilitate the reception of such children in a neutral country for the duration of the conflict with the consent of the Protecting Power, if any, and under due safeguards for the observance of the principles stated in the first paragraph. They shall, furthermore, endeavour to arrange for all children under twelve to be identified by the wearing of identity discs, or by some other means.

Article 25 All persons in the territory of a Party to the conflict, or in a territory occupied by it, shall be enabled to give news of a strictly personal nature to members of their families, wherever they may be, and to receive news from them. This correspondence shall be forwarded speedily and without undue delay. If, as a result of circumstances, it becomes difficult or impossible to exchange family correspondence by the ordinary post, the Parties to the conflict concerned shall apply to a neutral intermediary, such as the Central Agency provided for inArticle 140, and shall decide in consultation with it how to ensure the fulfilment of their obligations under the best possible conditions, in particular with the cooperation of the National Red Cross (Red Crescent, Red Lion and Sun) Societies. If the Parties to the conflict deem it necessary to restrict family correspondence, such restrictions shall be confined to the compulsory use of standard forms containing twenty-five freely chosen words, and to the limitation of the number of these forms despatched to one each month.

Article 26 Each Party to the conflict shall facilitate enquiries made by members of families dispersed owing to the war, with the object of renewing contact with one another and of meeting, if possible. It shall encourage, in particular, the work of organizations engaged on this task provided they are acceptable to it and conform to its security regulations.

PART III STATUS AND TREATMENT OF PROTECTED PERSONS
SECTION I PROVISIONS COMMON TO THE TERRITORIES OF THE PARTIES TO TEE CONFLICT AND TO OCCUPIED TERRITORIES

Article 27 Protected persons are entitled, in all circumstances, to respect for their persons, their honour, their family rights, their religious convictions and practices, and their manners and customs. They shall at all times be humanely treated, and shall holder and embossed with the stamp of the responsible authority, and also by means of a stamped, water-resistant armlet which they shall wear on the left arm while carrying out their duties. This armlet shall be issued by the State and shall bear the emblem provided for in Article 38 of the Geneva Convention for the Amelioration of the Condition of the Wounded and Sick in Armed Forces in the Field of August 12, 1949. Other personnel who are engaged in the operation and administration of civilian hospitals shall be entitled to respect and protection and to wear the armlet, as provided in and under the conditions prescribed in this Article, while they are employed on such duties. The identity card shall state the duties on which they are employed. The management of each hospital shall at all times hold at the disposal of the competent national or occupying authorities an up-to-date list of such personnel.

Article 21 Convoys of vehicles or hospital trains on land or specially provided vessels on sea, conveying wounded and sick civilians, the infirm and maternity cases, shall be respected and protected in the same manner as the hospitals provided for in Article 18, and shall be marked, with the consent of the State, by the display of the distinctive emblem provided for in Article 38 of the Geneva Convention for the Amelioration of the Condition of the Wounded and Sick in Armed Forces in the Field of August 12, 1949.

Article 22 Aircraft exclusively employed for the removal of wounded and sick civilians, the infirm and maternity cases, or for the transport of medical personnel and equipment, shall not be attacked, but shall be respected while flying at heights, times and on routes specifically agreed upon between all the Parties to the conflict concerned. They may be marked with the distinctive emblem provided for inArticle 38 of the Geneva Convention for the Amelioration of the Condition of the Wounded and Sick in Armed Forces in the Field of August 12, 1949. Unless agreed otherwise, flights over enemy or enemy-occupied territory are prohibited. Such aircraft shall obey every summons to land. In the event of a landing thus imposed, the aircraft with its occupants may continue its flight after examination, if any.

Article 23 Each High Contracting Party shall allow the free passage of all consignments of medical and hospital stores and objects necessary for religious worship intended only for civilians of another High Contracting Party, even if the latter is its adversary. It shall likewise permit the free passage of all consignments of essential foodstuffs, clothing and tonics intended for children under fifteen, expectant mothers and maternity cases. The obligation of a High Contracting Party to allow the free passage of the consignments indicated in the preceding paragraph is subject to the condition that this Party is satisfied that there are no serious reasons for fearing:

(a) that the consignments may be diverted from their destination,

(b) that the control may not be effective, or

(c) that a definite advantage may accrue to the military efforts or economy of the enemy through the substitution of the above-mentioned consignments for goods which would otherwise be provided or produced by the enemy or through the release of such material, services or facilities as would otherwise in the zones, perform no work of a military character. When the Parties concerned have agreed upon the geographical position, administration, food supply and supervision of the proposed neutralized zone, a written agreement shall be concluded and signed by the representatives of the Parties to the conflict. The agreement shall fix the beginning and the duration of the neutralization of the zone.

Article 16 The wounded and sick, as well as the infirm, and expectant mothers, shall be the object of particular protection and respect. As far as military considerations allow, each Party to the conflict shall facilitate the steps taken to search for the killed and wounded, to assist the shipwrecked and other persons exposed to grave danger, and to protect them against pillage and ill-treatment.

Article 17 The Parties to the conflict shall endeavour to conclude local agreements for the removal from besieged or encircled areas, of wounded, sick, infirm, and aged persons, children and maternity cases, and for the passage of ministers of all religions, medical personnel and medical equipment on their way to such areas.

Article 18 Civilian hospitals organized to give care to the wounded and sick, the infirm and maternity cases, may in no circumstances be the object of attack, but shall at all times be respected and protected by the Parties to the conflict. States which are Parties to a conflict shall provide all civilian hospitals with certificates showing that they are civilian hospitals and that the buildings which they occupy are not used for any purpose which would deprive these hospitals of protection in accordance with Article 19. Civilian hospitals shall be marked by means of the emblem provided for in Article 38 of the Geneva Convention for the Amelioration of the Condition of the Wounded and Sick in Armed Forces in the Field of August 12, 1949, but only if so authorized by the State. The Parties to the conflict shall, in so far as military considerations permit, take the necessary steps to make the distinctive emblems indicating civilian hospitals clearly visible to the enemy land, air and naval forces in order to obviate the possibility of any hostile action. In view of the dangers to which hospitals may be exposed by being close to military objectives, it is recommended that such hospitals be situated as far as possible from such objectives.

Article 19 The protection to which civilian hospitals are entitled shall not cease unless they are used to commit, outside their humanitarian duties, acts harmful to the enemy. Protection may, however, cease only after due warning has been given, naming, in all appropriate cases, a reasonable time limit, and after such warning has remained unheeded. The fact that sick or wounded members of the armed forces are nursed in these hospitals, or the presence of small arms and ammunition taken from such combatants which have not yet been handed to the proper service, shall not be considered to be acts harmful to the enemy.

Article 20 Persons regularly and solely engaged in the operation and administration of civilian hospitals, including the personnel engaged in the search for, removal and transporting of and caring for wounded and sick civilians, the infirm and maternity cases, shall be respected and protected. In occupied territory and in zones of military operations, the above personnel shall be recognizable by means of an identity card certifying their status, bearing the photograph of the substantial part, of the territory of the said Power is occupied. Whenever in the present Convention mention is made of a Protecting Power, such mention applies to substitute organizations in the sense of the present Article. The provisions of thisArticle shall extend and be adapted to cases of nationals of a neutral State who are in occupied territory or who find themselves in the territory of a belligerent State with which the State of which they are nationals has not normal diplomatic representation.

Article 12 In cases where they deem it advisable in the interest of protected persons, particularly in cases of disagreement between the Parties to the conflict as to the application or interpretation of the provisions of the present Convention, the Protecting Powers shall lend their good offices with a view to settling the disagreement. For this purpose, each of the Protecting Powers may, either at the invitation of one Party or on its own initiative, propose to the Parties to the conflict a meeting of their representatives, and in particular of the authorities responsible for protected person, possibly on neutral territory suitably chosen. The Parties to the conflict shall be bound to give effect to the proposals made to them for this purpose. The Protecting Powers may, if necessary, propose for approval by the Parties to the conflict, a person belonging to a neutral Power or delegated by the International Committee of the Red Cross who shall be invited to take part in such a meeting.

PART II GENERAL PROTECTION OF POPULATIONS AGAINST CERTAIN CONSEQUENCES OF WAR

Article 13 The provisions of Part II cover the whole of the populations of the countries in conflict, without any adverse distinction based, in particular, on race, nationality, religion or political opinion, and are intended to alleviate the sufferings caused by war.

Article 14 In time of peace, the High Contracting Parties and, after the outbreak of hostilities, the Parties thereto, may establish in their own territory and, if the need arises, in occupied areas, hospital and safety zones and localities so organized as to protect from the effects of war, wounded, sick and aged persons, children under fifteen, expectant mothers and mothers of children under seven. Upon the outbreak and during the course of hostilities, the Parties concerned may conclude agreements on mutual recognition of the zones and localities they have created. They may for this purpose implement the provisions of the Draft Agreement annexed to-the present Convention, with such amendments as they may consider necessary. The Protecting Powers and the International Committee of the Red Cross are invited to lend their good offices in order to facilitate the institution and recognition of these hospital and safety zones and localities.

Article 15 Any Party to the conflict may, either directly or through a neutral State or some humanitarian organization, propose to the adverse Party to establish, in the regions where fighting is taking place, neutralized zones intended to shelter from the effects of war the following persons, without distinction:
(a) wounded and sick combatants or non-combatants;
(b) civilian persons who take no part in hostilities, and who, while they reside

which it confers upon them. Protected persons shall continue to have the benefit of such agreements as long as the Convention is applicable to them, except where express provisions to the contrary are contained in the aforesaid or in subsequent agreements, or where more favourable measures have been taken with regard to them by one or other of the Parties to the conflict.

Article 8 Protected persons may in no circumstances renounce in part or in entirety the rights secured to them by the present Convention, and by the special agreements referred to in the foregoing Article, if such there be.

Article 9 The present Convention shall be applied with the cooperation and under the scrutiny of the Protecting Powers whose duty it is to safeguard the interests of the Parties to the conflict. For this purpose, the Protecting Powers may appoint, apart from their diplomatic or consular staff, delegates from amongst their own nationals or the nationals of other neutral Powers. The said delegates shall be subject to the approval of the Power with which they are to carry out their duties. The Parties to the conflict shall facilitate to the greatest extent possible the task of the representatives or delegates of the Protecting Powers. The representatives or delegates of the Protecting Powers shall not in any case exceed their mission under the present Convention. They shall, in particular, take account of the imperative necessities of security of the State wherein they carry out their duties.

Article 10 The provisions of the present Convention constitute no obstacle to the humanitarian activities which the International Committee of the Red Cross or any other impartial humanitarian organization may, subject to the consent of the Parties to the conflict concerned, undertake for the protection of civilian persons and for their relief.

Article 11 The High Contracting Parties may at any time agree to entrust to an organization which offers all guarantees of impartiality and efficacy the duties incumbent on the Protecting Powers by virtue of the present Convention. When persons protected by the present Convention do not benefit or cease to benefit, no matter for what reason, by the activities of a Protecting Power or of an organization provided for in the first paragraph above, the Detaining Power shall request a neutral State, or such an organization, to undertake the functions performed under the present Convention by a Protecting Power designated by the Parties to a conflict. If protection cannot be arranged accordingly, the Detaining Power shall request or shall accept, subject to the provisions of this Article, the offer of the services of a humanitarian organization, such as the International Committee of the Red Cross, to assume the humanitarian functions performed by Protecting Powers under the present Convention. Any neutral Power, or any organization invited by the Power concerned or offering itself for these purposes, shall be required to act with a sense of responsibility towards the Party to the conflict on which persons protected by the present Convention depend, and shall be required to furnish sufficient assurances that it is in a position to undertake the appropriate functions and to discharge them impartially. No derogation from the preceding provisions shall be made by special agreements between Powers one of which is restricted, even temporarily, in its freedom to negotiate with the other Power or its allies by reason of military events, more particularly where the whole, or a

Article 4 Persons protected by the Convention are those who, at a given moment and in any manner whatsoever, find themselves, in case of a conflict or occupation, in the hands of a Party to the conflict or Occupying Power of which they are not nationals. Nationals of a State which is not bound by the Convention are not protected by it. Nationals of a neutral State who find themselves in the territory of a belligerent State, and nationals of a co-belligerent State, shall not be regarded as protected persons while the State of which they are nationals has normal diplomatic representation in the State in whose hands they are. The provisions of Part II are, however, wider in application, as defined inArticle 13. Persons protected by the Geneva Convention for the Amelioration of the Condition of the Wounded and Sick in Armed Forces in the Field of August 12, 1949, or by the Geneva Convention for the Amelioration of the Condition of Wounded, Sick and Shipwrecked Members of Armed Forces at Sea of August 12, 1949, or by the Geneva Convention relative to the Treatment of Prisoners of War of August 12, 1949, shall not be considered as protected persons within the meaning of the present Convention.

Article 5 Where, in the territory of a Party to the conflict, the latter is satisfied that an individual protected person is definitely suspected of or engaged in activities hostile to the security of the State, such individual person shall not be entitled to claim such rights and privileges under the present Convention as would, if exercised in the favour of such individual person, be prejudicial to the security of such State. Where in occupied territory an individual protected person is detained as a spy or saboteur, or as a person under definite suspicion of activity hostile to the security of the Occupying Power, such person shall, in those cases where absolute military security so requires, be regarded as having forfeited rights of communication under the present Convention. In each case, such persons shall nevertheless be treated with humanity, and in case of trial, shall not be deprived of the rights of fair and regular trial prescribed by the present Convention. They shall also be granted the full rights and privileges of a protected person under the present Convention at the earliest date consistent with the security of the State or Occupying Power, as the case may be.

Article 6 The present Convention shall apply from the outset of any conflict or occupation mentioned inArticle 2. In the territory of Parties to the conflict, the application of the present Convention shall cease on the general close of military operations. In the case of occupied territory, the application of the present Convention shall cease one year after the general close of military operations; however, the Occupying Power shall be bound, for the duration of the occupation, to the extent that such Power exercises the functions of government in such territory, by the provisions of the following Articles of the present Convention: 1 to 12, 27, 29 to 34, 47, 49, 51, 52, 53, 59, 61 to 77, and 143. Protected persons whose release, repatriation or re-establishment may take place after such dates shall meanwhile continue to benefit by the present Convention.

Article 7 In addition to the agreements expressly provided for in Articles 11, 14, 15, 17, 36, 108, 109, 132, 133 and 149, the High Contracting Parties may conclude other special agreements for all matters concerning which they may deem it suitable to make separate provision. No special agreement shall adversely affect the situation of protected persons, as defined by the present Convention, nor restrict the rights

Geneva Convention relative to the Protection of Civilian Persons in Time of War of August 12, 1949

The undersigned Plenipotentiaries of the Governments represented at the Diplomatic Conference held at Geneva from April 21 to August 12, 1949, for the purpose of establishing a Convention for the Protection of Civilian Persons in time of War, have agreed as follows:

PART I GENERAL PROVISIONS

Article 1 The High Contracting Parties undertake to respect and to ensure respect for the present Convention in all circumstances.

Article 2 In addition to the provisions which shall be implemented in peacetime, the present Convention shall apply to all cases of declared war or of any other armed conflict which may arise between two or more of the High Contracting Parties, even if the state of war is not recognized by one of them. The Convention shall also apply to all cases of partial or total occupation of the territory of a High Contracting Party, even if the said occupation meets with no armed resistance. Although one of the Powers in conflict may not be a party to the present Convention, the Powers who are parties thereto shall remain bound by it in their mutual relations. They shall furthermore be bound by the Convention in relation to the said Power, if the latter accepts and applies the provisions thereof.

Article 3 In the case of armed conflict not of an international character occurring in the territory of one of the High Contracting Parties, each Party to the conflict shall be bound to apply, as a minimum, the following provisions:

(1) Persons taking no active part in the hostilities, including members of armed forces who have laid down their arms and those placed hors de combat by sickness, wounds, detention, or any other cause, shall in all circumstances be treated humanely, without any adverse distinction founded on race, colour, religion or faith, sex, birth or wealth, or any other similar criteria. To this end, the following acts are and shall remain prohibited at any time and in any place whatsoever with respect to the above-mentioned persons:

(a) violence to life and person, in particular murder of all kinds, mutilation, cruel treatment and torture;

(b) taking of hostages;

(c) outrages upon personal dignity, in particular humiliating and degrading treatment;

(d) the passing of sentences and the carrying out of executions without previous judgment pronounced by a regularly constituted court, affording all the judicial guarantees which are recognized as indispensable by civilized peoples.

(2) The wounded and sick shall be collected and cared for. An impartial humanitarian body, such as the International Committee of the Red Cross, may offer its services to the Parties to the conflict. The Parties to the conflict should further endeavour to bring into force, by means of special agreements, all or part of the other provisions of the present Convention. The application of the preceding provisions shall not affect the legal status of the Parties to the conflict.

E259

the population, all purchases of goods made in their territories for the distribution of collective relief to prisoners of war. They shall similarly facilitate the transfers of funds and other financial measures of a technical or administrative nature taken for the purpose of making such purchases.

Article 9 The foregoing provisions shall not constitute an obstacle to the right of prisoners of war to receive collective relief before their arrival in a camp or in the course of transfer, nor to the possibility of representatives of the Protecting Power, the International Committee of the Red Cross, or any other body giving assistance to prisoners which may be responsible for the forwarding of such supplies, ensuring the distribution thereof to the addressed by any other means that they may deem useful.

ANNEX IV

ANNEX V
MODEL REGULATIONS CONCERNING PAYMENTS SENT BY PRISONERS TO THEIR OWN COUNTRY (see Article 63)

(1) The notification referred to in the third paragraph of Article 63 will show:
   (a) number as specified in Article 17, rank, surname and first names of the prisoner of war who is the payer;
   (b) the name and address of the payee in the country of origin;
   (c) the amount to be so paid in the currency of the country in which he is detained.

(2) The notification will be signed by the prisoner of war, or his witnessed mark made upon it if he cannot write, and shall be countersigned by the prisoners' representative.

(3) The camp commander will add to this notification a certificate that the prisoner of war concerned has a credit balance of not less than the amount registered as payable.

(4) The notification may be made up in lists, each sheet of such lists being witnessed by the prisoners' representatives and certified by the camp commander. Reservation made by the Republic of KoreaThe Government of the Republic of Korea do hereby accede to the same and undertake faithfully to perform and carry out all the stipulations therein contained, subject to the following reservation:

ad article 118 of the Geneva Convention relative to the Treatment of Prisoners of war: "The Republic of Korea interprets the provisions of Article 118, paragraph 1, as not binding upon a power detaining prisoners of war to forcibly repatriate its prisoners against their openly and freely expressed will. "And, furthermore, the Government of the Republic of Korea do hereby declare that it is the only lawful Government in Korea as set forth in General Assembly Resolution No. 195(III) of 12

December 1948, and its accession to the present Convention shall not be construed as recognizing and Contracting Party thereto which the Republic of Korea has not hitherto recognized.

----

(1) The decision of the Mixed Medical Commission shall be based to a great extent on the records kept by camp physicians and surgeons of the same nationality as the prisoners of war, or on an examination by medical specialists of the Detaining Power.

in agreement with the Protecting Power, shall set up a Medical Commission which shall undertake the same duties as a Mixed Medical Commission, subject to the provisions of Articles 1, 2, 3, 4, 5 and 8 of the present Regulations.

Article 14 Mixed Medical Commissions shall function permanently and shall visit each camp at intervals of not more than six months.

ANNEX III
REGULATIONS CONCERNING COLLECTIVE RELIEF (see Article 73)

Article 1 Prisoners' representatives shall be allowed to distribute collective relief shipments for which they are responsible, to all prisoners of war administered by their camp, including those who are in hospitals, or in prisons or other penal establishments.

Article 2 The distribution of collective relief shipments shall be effected in accordance with the instructions of the donors and with a plan drawn up by the prisoners' representatives. The issue of medical stores shall, however, be made for preference in agreement with the senior medical officers, and the latter may, in hospitals and infirmaries, waive the said instructions, if the needs of their patients so demand. Within the limits thus defined, the distribution shall always be carried out equitably.

Article 3 The said prisoners' representatives or their assistants shall be allowed to go to the points of arrival of relief supplies near their camps, so as to enable the prisoners' representatives or their assistants to verify the quality as well as the quantity of the goods received, and to make out detailed reports thereon for the donors.

Article 4 Prisoners' representatives shall be given the facilities necessary for verifying whether the distribution of collective relief in all subdivisions and annexes of their camps has been carried out in accordance with their instructions.

Article 5 Prisoners' representatives shall be allowed to fill up, and cause to be filled up by the prisoners' representatives of labour detachments or by the senior medical officers of infirmaries and hospitals, forms or questionnaires intended for the donors, relating to collective relief supplies (distribution, requirements, quantities, etc.). Such forms and questionnaires, duly completed, shall be forwarded to the donors without delay.

Article 6 In order to secure the regular issue of collective relief to the prisoners of war in their camp, and to meet any needs that may arise from the arrival of new contingents of prisoners. prisoners' representatives shall be allowed to build up and maintain adequate reserve stocks of collective relief. For this purpose, they shall have suitable warehouses at their disposal; each warehouse shall be provided with two locks, the prisoners' representatives holding the keys of one lock and the camp commander the keys of the other.

Article 7 When collective consignments of clothing are available, each prisoners of war shall retain in his possession at least one complete set of clothes. If a prisoner has more than one sets of clothes, the prisoners' representatives shall be permitted to withdraw excess clothing from those with the largest number of sets, or particular articles in excess of one, if this is necessary in order to supply prisoners who are less well provided. He shall not, however, withdraw second sets of underclothing, socks or footwear, unless this is the only means of providing for prisoners of war with none.

Article 8 The High Contracting Parties, and the Detaining Power in particular, shall authorize, as far as possible and subject to the regulations governing the supply of

ANNEX II
REGULATIONS CONCERNING MIXED MEDICAL COMMISSIONS (see Article 112)

Article 1 The Mixed Medical Commissions provided for in Article 112 of the Convention shall be composed of three members, two of whom shall belong to a neutral country, the third being appointed by the Detaining Power. One of the neutral members shall take the chair.

Article 2 The two neutral members shall be appointed by the International Committee of the Red Cross, acting in agreement with the Protecting Power, at the request of the Detaining Power. They may be domiciled either in their country of origin, in any other neutral country, or in the territory or the Detaining Power.

Article 3 The neutral members shall be approved by the Parties to the conflict concerned, who shall notify their approval to the International Committee of the Red Cross and to the Protecting Power. Upon such notification, the neutral members shall be considered as effectively appointed.

Article 4 Deputy members shall also be appointed in sufficient number to replace the regular members in case of need. They shall be appointed at the same time as the regular members or, at least, as soon as possible.

Article 5 If for any reason the International Committee of the Red Cross cannot arrange for the appointment of the neutral members, this shall be done by the Power protecting the interests of the prisoners of war to be examined.

Article 6 So far as possible, one of the two neutral members shall be a surgeon and the other a physician.

Article 7 The neutral members shall be entirely independent of the Parties to the conflict, which shall grant them all facilities in the accomplishment of their duties.

Article 8 By agreement with the Detaining Power, the International Committee of the Red Cross, when making the appointments provided for in Articles 2 and 4 of the present Regulations, shall settle the terms of service of the nominees.

Article 9 The Mixed Medical Commissions shall begin their work as soon as possible after the neutral members have been approved, and in any case within a period of three months from the date of such approval.

Article 10 The Mixed Medical Commissions shall examine all the prisoners designated in Article 113 of the Convention. They shall propose repatriation, rejection, or reference to a later examination. Their decisions shall be made by a majority vote.

Article 11 The decisions made by the Mixed Medical Commissions in each specific case shall be communicated, during the month following their visit, to the Detaining Power, the Protecting Power and the International Committee of the Red Cross. The Mixed Medical Commissions shall also inform each prisoner of war examined of the decision made, and shall issue to those whose repatriation has been proposed, certificates similar to the model appended to the present Convention.

Article 12 The Detaining Power shall be required to carry out the decisions of the Mixed Medical Commissions within three months of the time when it receives due notification of such decisions.

Article 13 If there is no neutral physician in a country where the service of a Mixed Medical Commission seem to be required, and if it is for any reason impossible to appoint neutral doctors who are resident in another country, the Detaining Power, acting captivity.

(3) Prisoners of war suffering from affections requiring treatment of the respiratory, circulatory, digestive, nervous, sensory, genito-urinary, cutaneous, locomotive organs, etc. , if such treatment would clearly have better results in a neutral country than in captivity.

(4) Prisoners of war who have undergone a nephrectomy in captivity for a non-tubercular renal affection; cases of osteomyelitis, on the way to recovery or latent; diabetes mellitus not requiring insulin treatment; etc.

(5) Prisoners of war suffering from war or captivity neuroses. Cases of captivity neurosis which are not cured after three months of accommodation in a neutral country, or which after that length of time are not clearly on the way to complete cure, shall be repatriated.

(6) All prisoners of war suffering from chronic intoxication (gases, metals, alkaloids, etc.), for whom the prospects of cure in a neutral country are especially favourable.

(7) All women prisoners of war who are pregnant or mothers with infants and small children. The following cases shall not be eligible for accommodation in a neutral country:

(1) All duly verified chronic psychoses.

(2) All organic functional nervous affections considered to be incurable.

(3) All contagious diseases during the period in which they are transmissible, with the exception of tuberculosis.

II. General Observations

(1) The conditions given shall, in a general way, be interpreted and applied in as broad a spirit as possible. Neuropathic and psychopathic conditions caused by war or captivity, as well as cases of tuberculosis in all stages, shall above all benefit by such liberal interpretation. Prisoners of war who have sustained several wounds, none of which, considered by itself, justifies repatriation, shall be examined in the same spirit, with due regard for the psychic traumatism due to the number of their wounds.

(2) All unquestionable cases giving the right to direct repatriation (amputation, total blindness or deafness, open pulmonary tuberculosis, mental disorder, malignant growth; etc.) shall be examined and repatriated as soon as possible by the camp physicians or by military medical commissions appointed by the Detaining Power.

(3) Injuries and diseases which existed before the war and which have not become worse, as well as war injuries which have not prevented subsequent military service, shall not entitle to direct repatriation.

(4) The provisions of this Annex shall be interpreted and applied in a similar manner in all countries party to the conflict. The Powers and authorities concerned shall grant to Mixed Medical Commissions all the facilities necessary for the accomplishment of their task.

(5) The example quoted under (1) above represent only typical cases. Cases which do not correspond exactly to these provisions shall be judged in the spirit of the provisions of Article 110 of the present Convention, and of the principles embodied in the present Agreement.

or colitis, having lasted more than one year and seriously affecting the general condition; cirrhosis of the liver; chronic cholecystopathy(1); etc.

(f) Serious chronic affections of the genito-urinary organs, for example: chronic diseases of the kidney with consequent disorder; nephrectomy because of a tubercular kidney; chronic pyelitis or chronic cystitis; hydronephrosis or pyonephrosis; chronic grave gynaecological conditions; normal pregnancy and obstetrical disorder, where it is impossible to accommodate in a neutral country; etc.

(g) Serious chronic diseases of the central and peripheral nervous system, for example: all obvious psychoses and psychoneuroses, such as serious hysteria, serious captivity psychoneurosis, etc. , duly verified by a specialist(1); any epilepsy duly verified by the camp physician(1); cerebral arteriosclerosis; chronic neuritis lasting more than one year; etc.

(h) Serious chronic diseases of the neuro-vegetative system, with considerable diminution of mental or physical fitness, noticeable loss of weight and general asthenia.

(i) Blindness of both eyes, or of one eye when the vision of the other is less than 1 in spite of the use of corrective glasses; diminution of visual acuity in cases where it is impossible to restore it by correction to an acuity of 1/2 in at least one eye(1); other grave ocular affections, for example: glaucoma, iritis, choroiditis; trachoma; etc.

(k) Auditive disorders, such as total unilateral deafness, if the other ear does not discern the ordinary spoken word at a distance of one meter(1); etc.

(l) Serious affections of metabolism, for example: diabetes mellitus requiring insulin treatment; etc.

(m) Serious disorders of the endocrine glands, for example: thyrotoxicosis; hypothyrosis; Addison's disease; Simmonds' cachexia; tetany; etc.

(n) Grave and chronic disorders of the blood-forming organs.

(o) Serious cases of chronic intoxication, for example: lead poisoning, mercury poisoning, morphinism, cocainism, alcoholism; gas or radiation poisoning; etc.

(p) Chronic affections of locomotion, with obvious functional disorders, for example: arthritis deformants; primary and secondary progressive chronic polyarthritis; rheumatism with serious clinical symptoms; etc.

(q) Serious chronic skin diseases, not amenable to treatment.

(r) Any malignant growth.

(s) Serious chronic infectious diseases, persisting for one year after their inception, for example: malaria with decided organic impairment, amoebic or bacillary dysentery with grave disorders; tertiary visceral syphilis resistant to treatment; leprosy; etc.

(t) Serious avitaminosis or serious inanition.

B. Accommodation in Neutral Countries

The following shall be eligible for accommodation in a neutral country:

(1) All wounded prisoners of war who are not likely to recover in captivity, but who might be cured or whose condition might be considerably improved by accommodation in a neutral country.

(2) Prisoners of war suffering from any form of tuberculosis, of whatever organ, and whose treatment in a neutral country would be likely to lead to recovery or at least to considerable improvement, with the exception of primary tuberculosis cured before

(b) Ankylosis, loss of osseous tissue, cicatricial contracture preventing the functioning of one of the large articulations or of all the digital joints of one hand.

(c) Pseudarthrosis of the ong bones.

(d) Deformities due to fracture or other injury which seriously interfere with function and weight-bearing power.

(2) All wounded prisoners of war whose condition has become chronic, to the extent that prognosis appears to exclude recovery—in spite of treatment—within one year from the date of the injury, as, for example, in case of:

(a) Projectile in the heart, even if the Mixed Medical Commission should fail, at the time of their examination, to detect any serious disorders.

(b) Metallic splinter in the brain or the lungs, even if the Mixed Medical Commission cannot, at the time of examination, detect any local or general reaction.

(c) Osteomyelitis, when recovery cannot be foreseen in the course of the year following the injury, and which seems likely to result in ankylosis of a joint, or other impairments equivalent to the loss of a hand or a foot.

(d) Perforating and suppurating injury to the large joints.

(e) Injury to the skull, with the loss or shifting of bony tissues.

(f) Injury or burning of the face with the loss of tissue and functional lesions.

(g) Injury to the spinal cord.

(h) Lesion of the peripheral nerves, the sequelae of which are equivalent to the loss of a hand or foot, and the cure of which requires more than a year from the date of injury, for example: injury to the brachial or lumbosacral plexus, the median or sciatic nerves, likewise combined injury to the radial and cubital nerves or to the lateral popliteal nerve (N. peroneous communis) and medial popliteal nerve (N. tibialis); etc. The separate injury of the radial (musculo-spiral), cubital, lateral or medial popliteal nerves shall not, however, warrant repatriation except in case of contractures or of serious neurotrophic disturbance.

(j) Injury to the urinary system, with incapacitating results.

(3) All sick prisoners of war whose condition has become chronic to the extent that prognosis seems to exclude recovery—in spite of treatment—within one year from the inception of the disease, as for example, in case of:

(a) Progressive tuberculosis of any organ which, according to medical prognosis, cannot be cured or at least considerably improved by treatment in a neutral country.

(b) Exudate pleurisy.

(c) Serious diseases of the respiratory organs of non-tubercular etiology, presumed incurable, for example: serious pulmonary emphysema, with or without bronchitis; chronic asthma(1); chronic bronchitis(1) lasting more than one year in captivity; bronchiectasis(1); etc.

(d) Serious chronic affections of the circulatory system, for example: valvular lesions and myocarditis(1), which have shown signs of circulatory failure during captivity, even though the Mixed Medical Commission cannot detect any such signs at the time of examination; affections of the pericardium and the vessels (Buerger's disease, aneurisms of the large vessels); etc.

(e) Serious chronic affections of the digestive organs, for example: gastric or duodenal ulcer; sequelae of gastric operations performed in captivity; chronic gastrics, enteritis

Federal Council shall communicate the accessions to all the Powers in whose name the Convention has been signed, or whose accession has been notified.

Article 141   The situations provided for in Articles 2 and 3 shall give immediate effect to ratifications deposited and accessions notified by the Parties to the conflict before or after the beginning of hostilities or occupation. The Swiss Federal Council shall communicate by the quickest method any ratifications or accessions received from Parties to the conflict.

Article 142   Each of the High Contracting Parties shall be at liberty to denounce the present Convention. The denunciation shall be notified in writing to the Swiss Federal Council, which shall transmit it to the Governments of all the High Contracting Parties. The denunciation shall take effect one year after the notification thereof has been made to the Swiss Federal Council. However, a denunciation of which notification has been made at a time when the denouncing Power is involved in a conflict shall not take effect until peace has been concluded, and until after operations connected with the release and repatriation of the persons protected by the present Convention have been terminated. The denunciation shall have effect only in respect of the denouncing Power. It shall in no way impair the obligations which the Parties to the conflict shall remain bound to fulfil by virtue of the principles of the law of nations, as they result from the usages established among civilized peoples, from the laws of humanity and the dictates of the public conscience.

Article 143   The Swiss Federal Council shall register the present Convention with the Secretariat of the United Nations. The Swiss Federal Council shall also inform the Secretariat of the United Nations of all ratifications, accessions and denunciations received by it with respect to the present Convention.

IN WITNESS WHEREOF the undersigned, having deposited their respective full powers, have signed the present Convention.

DONE at Geneva this twelfth day of August 1949, in the English and French languages. The original shall be deposited in the Archives of the Swiss Confederation. The Swiss Federal Council shall transmit certified copies thereof to each of the signatory and acceding States.

(Signatures omitted)

ANNEX I

MODEL AGREEMENT CONCERNING DIRECT REPATRIATION AND ACCOMMODATION IN NEUTRAL COUNTRIES OF WOUNDED AND SICK PRISONERS OF WAR (see Article 110)

I. Principles for Direct Repatriation and Accommodation in Neutral Countries

A. Direct Repatriation

The following shall be repatriated direct:

(1) All prisoners of war suffering from the following disabilities as the result of trauma: loss of limb, paralysis, articular or other disabilities, when this disability is at least the loss of a hand or a foot, or the equivalent of the loss of a hand or a foot. Without prejudice to a more generous interpretation, the following shall be considered as equivalent to the loss of a hand or a foot:

(a) Loss of a hand or of all the fingers, or of the thumb and forefinger of one hand; loss of a foot, or of all the toes and metatarsals of one foot.

any of the following acts, if committed against persons or property protected by the Convention: wilful killing, torture or inhuman treatment, including biological experiments, wilfully causing great suffering or serious injury to body or health, compelling a prisoner of war to serve in the forces of the hostile Power, or wilfully depriving a prisoner of war of the rights of fair and regular trial prescribed in this Convention.

Article 131   No High Contracting Party shall be allowed to absolve itself or any other High Contracting Party of any liability incurred by itself or by another High Contracting Party in respect of breaches referred to in the preceding Article.

Article 132   At the request of a Party to the conflict, an enquiry shall be instituted, in a manner to be decided between the interested Parties, concerning any alleged violation of the Convention. If agreement has not been reached concerning the procedure for the enquiry, the Parties should agree on the choice of an umpire who will decide upon the procedure to be followed. Once the violation has been established, the Parties to the conflict shall put an end to it and shall repress it with the least possible delay.

SECTION II FINAL PROVISIONS

Article 133   The present Convention is established in English and in French. Both texts are equally authentic. The Swiss Federal Council shall arrange for official translations of the Convention to be made in the Russian and Spanish languages.

Article 134   The present Convention replaces the Convention of 27 July 1929, in relations between the High Contracting Parties.

Article 135   In the relations between the Powers which are bound by The Hague Convention respecting the Laws and Customs of War on Land, whether that of July 29, 1899, or that of October 18, 1907, and which are parties to the present Convention, this last Convention shall be complementary to Chapter II of the Regulations annexed to the above-mentioned Conventions of The Hague.

Article 136   The present Convention, which bears the date of this day, is open to signature until February 12, 1950, in the name of the Powers represented at the Conference which opened at Geneva on April 21, 1949; furthermore, by Powers not represented at that Conference, but which are parties to the Convention of July 27, 1929.

Article 137   The present Convention shall be ratified as soon as possible and the ratifications shall be deposited at Berne. A record shall be drawn up of the deposit of each instrument of ratification and certified copies of this record shall be transmitted by the Swiss Federal Council to all the Powers in whose name the Convention has been signed, or whose accession has been notified.

Article 138   The present Convention shall come into force six months after not less than two instruments of ratification have been deposited. Thereafter, it shall come into force for each High Contracting Party six months after the deposit of the instrument of ratification.

Article 139   From the date of its coming into force, it shall be open to any Power in whose name the present Convention has not been signed, to accede to this Convention.

Article 140   Accessions shall be notified in writing to the Swiss Federal Council, and shall take effect six months after the date on which they are received. The Swiss

Article 126   Representatives or delegates of the Protecting Powers shall have permission to go to all places where prisoners of war may be, particularly to places of internment, imprisonment and labour, and shall have access to all premises occupied by prisoners of war; they shall also be allowed to go to the places of departure, passage and arrival of prisoners who are being transferred. They shall be able to interview the prisoners, and in particular the prisoners' representatives, without witnesses, either personally or through an interpreter. Representatives and delegates of the Protecting Powers shall have full liberty to select the places they wish to visit. The duration and frequency of these visits shall not be restricted. Visits may not be prohibited except for reasons of imperative military necessity, and then only as an exceptional and temporary measure. The Detaining Power and the Power on which the said prisoners of war depend may agree, if necessary, that compatriots of these prisoners of war be permitted to participate in the visits. The delegates of the International Committee of the Red Cross shall enjoy the same prerogatives. The appointment of such delegates shall be submitted to the approval of the Power detaining the prisoners of war to be visited.

Article 127   The High Contracting Parties undertake, in time of peace as in time of war, to disseminate the text of the present Convention as widely as possible in their respective countries, and, in particular, to include the study thereof in their programmes of military and, if possible, civil instruction, so that the principles thereof may become known to all their armed forces and to the entire population. Any military or other authorities, who in time of war assume responsibilities in respect of prisoners of war, must possess the text of the Convention and be specially instructed as to its provisions.

Article 128   The High Contracting Parties shall communicate to one another through the Swiss Federal Council and, during hostilities, through the Protecting Powers, the official translations of the present Convention, as well as the laws and regulations which they may adopt to ensure the application thereof.

Article 129   The High Contracting Parties undertake to enact any legislation necessary to provide effective penal sanctions for persons committing, or ordering to be committed, any of the grave breaches of the present Convention defined in the following Article. Each High Contracting Party shall be under the obligation to search for persons alleged to have committed, or to have ordered to be committed, such grave breaches, and shall bring such persons, regardless of their nationality, before its own courts. It may also, if it prefers, and in accordance with the provisions of its own legislation, hand such persons over for trial to another High Contracting Party concerned, provided such High Contracting Party has made out a prima facie case. Each High Contracting Party shall take measures necessary for the suppression of all acts contrary to the provisions of the present Convention other than the grave breaches defined in the following Article. In all circumstances, the accused persons shall benefit by safeguards of proper trial and defence, which shall not be less favourable than those provided by Article 105 and those following of the present Convention.

Article 130   Grave breaches to which the preceding Article relates shall be those involving concerned. Such articles shall be sent by the Bureau in sealed packets which shall be accompanied by statements giving clear and full particulars of the identity of the person to whom the articles of the parcel. Other personal effects of such prisoners of war shall be transmitted under arrangements agreed upon between the Parties to the conflict concerned.

Article 123   A Central Prisoners of War Information Agency shall be created in a neutral country. The International Committee of the Red Cross shall, if it deems necessary, propose to the Powers concerned the organization of such an Agency. The function of the Agency shall be to collect all the information it may obtain through official or private channels respecting prisoners of war, and to transmit it as rapidly as possible to the country of origin of the prisoners of war or to the Power on which they depend. It shall receive from the Parties to the conflict all facilities for effecting such transmissions. The High Contracting Parties, and in particular those whose nationals benefit by the services of the Central Agency, are requested to give the said Agency the financial aid it may require. The foregoing provisions shall in no way be interpreted as restricting the humanitarian activities of the International Committee of the Red Cross, or of the relief Societies provided for in Article 125.

Article 124   The national Information Bureaux and the Central Information Agency shall enjoy free postage for mail, likewise all the exemptions provided for in Article 74, and further, so far as possible, exemption from telegraphic charges or, at least, greatly reduced rates.

Article 125   Subject to the measures which the Detaining Powers may consider essential to ensure their security or to meet any other reasonable need, the representatives of religious organizations, relief societies, or any other organization assisting prisoners of war, shall receive from the said Powers, for themselves and their duly accredited agents, all necessary facilities for visiting the prisoners, distributing relief supplies and material, from any source, intended for religious, educational or recreative purposes, and for assisting them in organizing their leisure time within the camps. Such societies or organizations may be constituted in the territory of the Detaining Power or in any other country, or they may have an international character. The Detaining Power may limit the number of societies and organizations whose delegates are allowed to carry out their activities in its territory and under its supervision, on condition, however, that such limitation shall not hinder the effective operation of adequate relief to all prisoners of war. The special position of the International Committee of the Red Cross in this field shall be recognized and respected at all times. As soon as relief supplies or material intended for the above mentioned purposes are handed over to prisoners of war, or very shortly afterwards, receipts for each consignment, signed by the prisoners' representative, shall be forwarded to the relief society or organization making the shipment. At the same time, receipts for these consignments shall be supplied by the administrative authorities responsible for guarding the prisoners.

PART VI EXECUTION OF THE CONVENTION SECTION I GENERAL PROVISIONS

including such statements shall be forwarded to the Protecting Power. If the enquiry indicates the guilt of one or more persons, the Detaining Power shall take all measures for the prosecution of the person or persons responsible.

PART V INFORMATION BUREAUX AND RELIEF SOCIETIES FOR PRISONERS OF WAR

Article 122   Upon the outbreak of a conflict and in all cases of occupation, each of the Parties to the conflict shall institute an official Information Bureau for prisoners of war who are in its power. Neutral or non-belligerent Powers who may have received within their territory persons belonging to one of the categories referred to in Article 4, shall take the same action with respect to such persons. The Power concerned shall ensure that the Prisoners of War Information Bureau is provided with the necessary accommodation, equipment and staff to ensure its efficient working. It shall be at liberty to employ prisoners of war in such a Bureau under the conditions laid down in the Section of the present Convention dealing with work by prisoners of war. Within the shortest possible period, each of the Parties to the conflict shall give its Bureau the information referred to in the fourth, fifth and sixth paragraphs of this Article regarding any enemy person belonging to one of the categories referred to in Article 4, who has fallen into its power. Neutral or non-belligerent Powers shall take the same action with regard to persons belonging to such categories whom they have received within their territory. The Bureau shall immediately forward such information by the most rapid means to the Powers concerned, through the intermediary of the Protecting Powers and likewise of the Central Agency provided for in Article 123. This information shall make it possible quickly to advise the next of kin concerned. Subject to the provisions of Article 17, the information shall include, in so far as available to the Information Bureau, in respect of each prisoner of war, his surname, first names, rank, army, regimental, personal or serial number, place and full date of birth, indication of the Power on which he depends, first name of the father and maiden name of the mother, name and address of the person to be informed and the address to which correspondence for the prisoner may be sent. The Information Bureau shall receive from the various departments concerned information regarding transfers, releases, repatriations, escapes, admissions to hospital, and deaths, and shall transmit such information in the manner described in the third paragraph above. Likewise, information regarding the state of health of prisoners of war who are seriously ill or seriously wounded shall be supplied regularly, every week if possible. The Information Bureau shall also be responsible for replying to all enquiries sent to it concerning prisoners of war, including those who have died in captivity; it will make any enquiries necessary to obtain the information which is asked for if this is not in its possession. All written communications made by the Bureau shall be authenticated by a signature or a seal. The Information Bureau shall furthermore be charged with collecting all personal valuables, including sums in currencies other than that of the Detaining Power and documents of importance to the next of kin, left by prisoners of war who have been repatriated or released, or who have escaped or died, and shall forward the said valuables to the Powers who are detained until the end of the proceedings or until punishment has been completed. By agreement between the Parties to the conflict, commissions shall be established for the purpose of searching for dispersed prisoners of war and of assuring their repatriation with the least possible delay.

SECTION III DEATH OF PRISONERS OF WAR

Article 120 Wills of prisoners of war shall be drawn up so as to satisfy the conditions of validity required by the legislation of their country of origin, which will take steps to inform the Detaining Power of its requirements in this respect. At the request of the prisoner of war and, in all cases, after death, the will shall be transmitted without delay to the Protecting Power; a certified copy shall be sent to the Central Agency. Death certificates in the form annexed to the present Convention, or lists certified by a responsible officer, of all persons who die as prisoners of war shall be forwarded as rapidly as possible to the Prisoner of War Information Bureau established in accordance with Article 122. The death certificates or certified lists shall show particulars of identity as set out in the third paragraph of Article 17, and also the date and place of death, the cause of death, the date and place of burial and all particulars necessary to identify the graves. The burial or cremation of a prisoner of war shall be preceded by a medical examination of the body with a view to confirming death and enabling a report to be made and, where necessary, establishing identity. The detaining authorities shall ensure that prisoners of war who have died in captivity are honourably buried, if possible according to the rites of the religion to which they belonged, and that their graves are respected, suitably maintained and marked so as to be found at any time. Wherever possible, deceased prisoners of war who depended on the same Power shall be interred in the same place. Deceased prisoners of war shall be buried in individual graves unless unavoidable circumstances require the use of collective graves. Bodies may be cremated only for imperative reasons of hygiene, on account of the religion of the deceased or in accordance with his express wish to this effect. In case of cremation, the fact shall be stated and the reasons given in the death certificate of the deceased. In order that graves may always be found, all particulars of burials and graves shall be recorded with a Graves Registration Service established by the Detaining Power. Lists of graves and particulars of the prisoners of war interred in cemeteries and elsewhere shall be transmitted to the Power on which such prisoners of war depended. Responsibility for the care of these graves and for records of any subsequent moves of the bodies shall rest on the Power controlling the territory, if a Party to the present Convention. These provisions shall also apply to the ashes, which shall be kept by the Graves Registration Service until proper disposal thereof in accordance with the wishes of the home country.

Article 121 Every death or serious injury of a prisoner of war caused or suspected to have been caused by a sentry, another prisoner of war, or any other person, as well as any death the cause of which is unknown, shall be immediately followed by an official enquiry by the Detaining Power. A communication on this subject shall be sent immediately to the Protecting Power. Statements shall be taken from witnesses, especially from those who are prisoners of war, and a report

SECTION II RELEASE AND REPATRIATION OF PRISONERS OF WAR AT THE CLOSE OF HOSTILITIES

Article 118   Prisoners of war shall be released and repatriated without delay after the cessation of active hostilities. In the absence of stipulations to the above effect in any agreement concluded between the Parties to the conflict with a view to the cessation of hostilities, or failing any such agreement, each of the Detaining Powers shall itself establish and execute without delay a plan of repatriation in conformity with the principle laid down in the foregoing paragraph. In either case, the measures adopted shall be brought to the knowledge of the prisoners of war. The costs of repatriation of prisoners of war shall in all cases be equitably apportioned between the Detaining Power and the Power on which the prisoners depend. This apportionment shall be carried out on the following basis:

(a) If the two Powers are contiguous , the Power on which the prisoners of war depend shall bear the costs of repatriation from the frontiers of the Detaining Power.

(b) If the two Powers are not contiguous, the Detaining Power shall bear the costs of transport of prisoners of war over its own territory as far as its frontier or its port of embarkation nearest to the territory of the Power on which the prisoners of war depend. The Parties concerned shall agree between themselves as to the equitable apportionment of the remaining costs of the repatriation. The conclusion of this agreement shall in no circumstances justify any delay in the repatriation of the prisoners of war.

Article 119   Repatriation shall be effected in conditions similar to those laid down in Articles 46 to 48 inclusive of the present Convention for the transfer of prisoners of war, having regard to the provisions of Article 118 and to those of the following paragraphs. On repatriation, any articles of value impounded from prisoners of war under Article 18, and any foreign currency which has not been converted into the currency of the Detaining Power, shall be restored to them. Articles of value and foreign currency which, for any reason whatever, are not restored to prisoners of war on repatriation, shall be despatched to the Information Bureau set up under Article 122. Prisoners of war shall be allowed to take with them their personal effects, and any correspondence and parcels which have arrived for them. The weight of such baggage may be limited, if the conditions of repatriation so require, to what each prisoner can reasonably carry. Each prisoner shall in all cases be authorized to carry at least twenty-five kilograms. The other personal effects of the repatriated prisoner shall be left in the charge of the Detaining Power which shall have them forwarded to him as soon as it has concluded an agreement to this effect, regulating the conditions of transport and the payment of the costs involved, with the Power on which the prisoner depends. Prisoners of war against whom criminal proceedings for an indictable offence are pending may be detained until the end of such proceedings, and, if necessary, until the completion of the punishment. The same shall apply to, prisoners of war already convicted for an indictable offence. Parties to the conflict shall communicate to each other the names of any prisoners of war

Article 111   The Detaining Power, the Power on which the prisoners of war depend, and a neutral Power agreed upon by these two Powers, shall endeavour to conclude agreements which will enable prisoners of war to be interned in the territory of the said neutral Power until the close of hostilities.

Article 112   Upon the outbreak of hostilities, Mixed Medical Commissions shall be appointed to examine sick and wounded prisoners of war, and to make all appropriate decisions regarding them. The appointment, duties and functioning of these Commissions shall be in conformity with the provisions of the Regulations annexed to the present Convention. However, prisoners of war who, in the opinion of the medical authorities of the Detaining Power, are manifestly seriously injured or seriously sick, may be repatriated without having to be examined by a Mixed Medical Commission.

Article 113   Besides those who are designated by the medical authorities of the Detaining Power, wounded or sick prisoners of war belonging to the categories listed below shall be entitled to present themselves for examination by the Mixed Medical Commissions provided for in the foregoing Article:

(1) Wounded and sick proposed by a physician or surgeon who is of the same nationality, or a national of a Party to the conflict allied with the Power on which the said prisoners depend, and who exercises his functions in the camp.

(2) Wounded and sick proposed by their prisoners' representative.

(3) Wounded and sick proposed by the Power on which they depend, or by an organization duly recognized by the said Power and giving assistance to the prisoners. Prisoners of war who do not belong to one of the three foregoing categories may nevertheless present themselves for examination by Mixed Medical Commissions, but shall be examined only after those belonging to the said categories. The physician or surgeon of the same nationality as the prisoners who present themselves for examination by the Mixed Medical Commission, likewise the prisoners' representative of the said prisoners, shall have permission to be present at the examination.

Article 114   Prisoners of war who meet with accidents shall, unless the injury is self-inflicted, have the benefit of the provisions of this Convention as regards repatriation or accommodation in a neutral country.

Article 115   No prisoner of war on whom a disciplinary punishment has been imposed and who is eligible for repatriation or for accommodation in a neutral country, may be kept back on the plea that he has not undergone his punishment. Prisoners of war detained in connection with a judicial prosecution or conviction and who are designated for repatriation or accommodation in a neutral country, may benefit by such measures before the end of the proceedings or the completion of the punishment, if the Detaining Power consents. Parties to the conflict shall communicated to each other the names of those who will be detained until the end of the proceedings or the completion of the punishment.

Article 116   The costs of repatriating prisoners of war or of transporting them to a neutral country shall be borne, from the frontiers of the Detaining Power, by the Power on which the said prisoners depend.

Article 117   No repatriated person may be employed on active military service.

PART IV TERMINATION OF CAPTIVITY
SECTION I DIRECT REPATRIATION AND ACCOMMODATION IN NEUTRAL COUNTRIES

Article 109   Subject to the provisions of the third paragraph of this Article, Parties to the conflict are bound to send back to their own country, regardless of number or rank, seriously wounded and seriously sick prisoners of war, after having cared for them until they are fit to travel, in accordance with the first paragraph of the following Article. Throughout the duration of hostilities, Parties to the conflict shall endeavour, with the cooperation of the neutral Powers concerned, to make arrangements for the accommodation in neutral countries of the sick and wounded prisoners of war referred to in the second paragraph of the following Article. They may, in addition, conclude agreements with a view to the direct repatriation or internment in a neutral country of able-bodied prisoners of war who have undergone a long period of captivity. No sick or injured prisoner of war who is eligible for repatriation under the first paragraph of this Article, may be repatriated against his will during hostilities.

Article 110   The following shall be repatriated direct:

(1) Incurably wounded and sick whose mental or physical fitness seems to have been gravely diminished.

(2) Wounded and sick who, according to medical opinion, are not likely to recover within one year, whose condition requires treatment and whose mental or physical fitness seems to have been gravely diminished.

(3) Wounded and sick who have recovered, but whose mental or physical fitness seems to have been gravely and permanently diminished.

The following may be accommodated in a neutral country:

(1) Wounded and sick whose recovery may be expected within one year of the date of the wound or the beginning of the illness, if treatment in a neutral country might increase the prospects of a more certain and speedy recovery.

(2) Prisoners of war whose mental or physical health, according to medical opinion, is seriously threatened by continued captivity, but whose accommodation in a neutral country might remove such a threat. The conditions which prisoners of war accommodated in a neutral country must fulfil in order to permit their repatriation shall be fixed, as shall likewise their status, by agreement between the Powers concerned.

In general, prisoners of war who have been accommodated in a neutral country, and who belong to the following categories, should be repatriated:

(1) Those whose state of health has deteriorated so as to fulfil the conditions laid down for direct repatriation;

(2) Those whose mental or physical powers remain, even after treatment, considerably impaired. If no special agreements are concluded between the Parties to the conflict concerned, to determine the cases of disablement or sickness entailing direct repatriation or accommodation in a neutral country, such cases shall be settled in accordance with the principles laid down in the Model Agreement concerning direct repatriation and accommodation in neutral countries of wounded and sick prisoners of war and in the Regulations concerning Mixed Medical Commissions annexed to the present Convention.

to the accused prisoner of war in a language which he understands, and in good time before the opening of the trial. The same communication in the same circumstances shall be made to the advocate or counsel conducting the defence on behalf of the prisoner of war. The representatives of the Protecting Power shall be entitled to attend the trial of the case, unless, exceptionally, this is held in camera in the interest of State security. In such a case the Detaining Power shall advise the Protecting Power accordingly.

Article 106 Every prisoner of war shall have, in the same manner as the members of the armed forces of the Detaining Power, the right of appeal or petition from any sentence pronounced upon him, with a view to the quashing or revising of the sentence or the reopening of the trial. He shall be fully informed of his right to appeal or petition and of the time limit within which he may do so.

Article 107 Any judgment and sentence pronounced upon a prisoner of war shall be immediately reported to the Protecting Power in the form of a summary communication, which shall also indicate whether he has the right of appeal with a view to the quashing of the sentence or the reopening of the trial. This communication shall likewise be sent to the prisoners' representative concerned. It shall also be sent to the accused prisoner of war in a language he understands, if the sentence was not pronounced in his presence. The Detaining Power shall also immediately communicate to the Protecting Power the decision of the prisoner of war to use or to waive his right of appeal. Furthermore, if a prisoner of war is finally convicted or if a sentence pronounced on a prisoner of war in the first instance is a death sentence, the Detaining Power shall as soon as possible address to the Protecting Power a detailed communication containing:

(1) The precise wording of the finding and sentence;

(2) A summarized report of any preliminary investigation and of the trial, emphasizing in particular the elements of the prosecution and the defence;

(3) Notification, where applicable, of the establishment where the sentence will be served. The communications provided for in the foregoing subparagraphs shall be sent to the Protecting Power at the address previously made known to the Detaining Power.

Article 108 Sentences pronounced on prisoners of war after a conviction has become duly enforceable, shall be served in the same establishments and under the same conditions as in the case of members of the armed forces of the Detaining Power. These conditions shall in all cases conform to the requirements of health and humanity. A woman prisoner of war on whom such a sentence has been pronounced shall be confined in separate quarters and shall be under the supervision of women. In any case, prisoners of war sentenced to a penalty depriving them of their liberty shall retain the benefit of the provisions of Articles 78 and 126 of the present Convention. Furthermore, they shall be entitled to receive and despatch correspondence, to receive at least one relief parcel monthly, to take regular exercise in the open air, to have the medical care required by their state of health, and the spiritual assistance they may desire. Penalties to which they may be subjected shall be in accordance with the provisions of Article 87, third paragraph.

he were accused of a similar offence, or if it is essential to do so in the interests of national security. In no circumstances shall this confinement exceed three months. Any period spent by a prisoner of war in confinement awaiting trial shall be deducted from any sentence of imprisonment passed upon him and taken into account in fixing any penalty. The provisions of Articles 97 and 98 of this Chapter shall apply to a prisoner of war whilst in confinement awaiting trial.

Article 104   In any case in which the Detaining Power has decided to institute judicial proceedings against a prisoner of war, it shall notify the Protecting Power as soon as possible and at least three weeks before the opening of the trial. This period of three weeks shall run as from the day on which such notification reaches the Protecting Power at the address previously indicated by the latter to the Detaining Power. The said notification shall contain the following information:

(1) Surname and first names of the prisoner of war, his rank, his army, regimental, personal or serial number, his date of birth, and his profession or trade, if any;

(2) Place of internment or confinement;

(3) Specification of the charge or charges on which the prisoner of war is to be arraigned, giving the legal provisions applicable;

(4) Designation of the court which will try the case, likewise the date and place fixed for the opening of the trial. The same communication shall be made by the Detaining Power to the prisoners' representative. If no evidence is submitted, at the opening of a trial, that the notification referred to above was received by the Protecting Power, by the prisoner of war and by the prisoners' representative concerned, at least three weeks before the opening of the trial, then the latter cannot take place and must be adjourned.

Article 105   The prisoner of war shall be entitled to assistance by one of his prisoner comrades, to defence by a qualified advocate or counsel of his own choice, to the calling of witnesses and, if he deems necessary, to the services of a competent interpreter. He shall be advised of these rights by the Detaining Power in due time before the trial. Failing a choice by the prisoner of war, the Protecting Power shall find him an advocate or counsel, and shall have at least one week at its disposal for the purpose. The Detaining Power shall deliver to the said Power, on request, a list of persons qualified to present the defence. Failing a choice of an advocate or counsel by the prisoner of war or the Protecting Power, the Detaining Power shall appoint a competent advocate or counsel to conduct the defence. The advocate or counsel conducting the defence on behalf of the prisoner of war shall have at his disposal a period of two weeks at least before the opening of the trial, as well as the necessary facilities to prepare the defence of the accused. He may, in particular, freely visit the accused and interview him in private. He may also confer with any witnesses for the defence, including prisoners of war. He shall have the benefit of these facilities until the term of appeal or petition has expired. Particulars of the charge or charges on which the prisoner of war is to be arraigned, as well as the documents which are generally communicated to the accused by virtue of the laws in force in the armed forces of the Detaining Power, shall be communicated continue to enjoy the benefits of the provisions of this Convention except in so far as these are necessarily rendered inapplicable by the mere fact that he is confined. In no case may he be deprived of the benefits of the provisions of Articles 78 and 126. A prisoner of war awarded disciplinary punishment may not be deprived of the prerogatives attached to his rank. Prisoners of war awarded disciplinary punishment shall be allowed to exercise and to stay in the open air at least two hours daily. They shall be allowed, on their request, to be present at the daily medical inspections. They shall receive the attention which their state of health requires and, if necessary, shall be removed to the camp infirmary or to a hospital. They shall have permission to read and write, likewise to send and receive letters. Parcels and remittances of money, however, may be withheld from them until the completion of the punishment; they shall meanwhile be entrusted to the prisoners' representative, who will hand over to the infirmary the perishable goods contained in such parcels.

(III) Judicial Proceedings

Article 99   No prisoner of war may be tried or sentenced for an act which is not forbidden by the law of the Detaining Power or by international law, in force at the time the said act was committed. No moral or physical coercion may be exerted on a prisoner of war in order to induce him to admit himself guilty of the act of which he is accused. No prisoner of war may be convicted without having had an opportunity to present his defence and the assistance of a qualified advocate or counsel.

Article 100   Prisoners of war and the Protecting Powers shall be informed as soon as possible of the offences which are punishable by the death sentence under the laws of the Detaining Power. Other offences shall not thereafter be made punishable by the death penalty without the concurrence of the Power upon which the prisoners of war depend. The death sentence cannot be pronounced on a prisoner of war unless the attention of the court has, in accordance with Article 87, second paragraph, been particularly called to the fact that since the accused is not a national of the Detaining Power, he is not bound to it by any duty of allegiance, and that he is in its power as the result of circumstances independent of his own will.

Article 101   If the death penalty is pronounced on a prisoner of war, the sentence shall not be executed before the expiration of a period of at least six months from the date when the Protecting Power receives, at an indicated address, the detailed communication provided for in Article 107.

Article 102   A prisoner of war can be validly sentenced only if the sentence has been pronounced by the same courts according to the same procedure as in the case of members of the armed forces of the Detaining Power, and if, furthermore, the provisions of the present Chapter have been observed.

Article 103   Judicial investigations relating to a prisoner of war shall be conducted as rapidly as circumstances permit and so that his trial shall take place as soon as possible. A prisoner of war shall not be confined while awaiting trial unless a member of the armed forces of the Detaining Power would be so confined if proceedings in respect of an offence committed during his escape or attempt to escape. In conformity with the principle stated in Article 83, offences committed by prisoners of war with the sole intention of facilitating their escape and which do not entail any violence against life or limb, such as offences against public property, theft without intention of self-enrichment, the drawing up or use of false papers, the wearing of civilian clothing, shall occasion disciplinary punishment only. Prisoners of war who aid or abet an escape or an attempt to escape shall be liable on this count to disciplinary punishment only.

Article 94   If an escaped prisoner of war is recaptured, the Power on which he depends shall be notified thereof in the manner defined in Article 122, provided notification of his escape has been made.

Article 95   A prisoner of war accused of an offence against discipline shall not be kept in confinement pending the hearing unless a member of the armed forces of the Detaining Power would be so kept if he were accused of a similar offence , or if it is essential in the interests of camp order and discipline. Any period spent by a prisoner of war in confinement awaiting the disposal of an offence against discipline shall be reduced to an absolute minimum and shall not exceed fourteen days. The provisions of Articles 97 and 98 of this Chapter shall apply to prisoners of war who are in confinement awaiting the disposal of offences against discipline.

Article 96   Acts which constitute offences against discipline shall be investigated immediately. Without prejudice to the competence of courts and superior military authorities, disciplinary punishment may be ordered only by an officer having disciplinary powers in his capacity as camp commander, or by a responsible officer who replaces him or to whom he has delegated his disciplinary powers. In no case may such powers be delegated to a prisoner of war or be exercised by a prisoner of war. Before any disciplinary award is pronounced, the accused shall be given precise information regarding the offences of which he is accused, and given an opportunity of explaining his conduct and of defending himself. He shall be permitted, in particular, to call witnesses and to have recourse, if necessary, to the services of a qualified interpreter. The decision shall be announced to the accused prisoner of war and to the prisoners' representative. A record of disciplinary punishments shall be maintained by the camp commander and shall be open to inspection by representatives of the Protecting Power.

Article 97   Prisoners of war shall not in any case be transferred to penitentiary establishments (prisons, penitentiaries, convict prisons, etc.) to undergo disciplinary punishment therein. All premises in which disciplinary punishments are undergone shall conform to the sanitary requirements set forth in Article 25. A prisoner of war undergoing punishment shall be enabled to keep himself in a state of cleanliness, in conformity with Article 29. Officers and persons of equivalent status shall not be lodged in the same quarters as non-commissioned officers or men. Women prisoners of war undergoing disciplinary punishment shall be confined in separate quarters from male prisoners of war and shall be under the immediate supervision of women.

Article 98   A prisoner of war undergoing confinement as a disciplinary punishment, shall differently from other prisoners of war.

(II) Disciplinary Sanctions

Article 89   The disciplinary punishments applicable to prisoners of war are the following:

(1) A fine which shall not exceed 50 per cent of the advances of pay and working pay which the prisoner of war would otherwise receive under the provisions of Articles 60 and 62 during a period of not more than thirty days.

(2) Discontinuance of privileges granted over and above the treatment provided for by the present Convention.

(3) Fatigue duties not exceeding two hours daily.

(4) Confinement. The punishment referred to under (3) shall not be applied to officers. In no case shall disciplinary punishments be inhuman, brutal or dangerous to the health of prisoners of war.

Article 90   The duration of any single punishment shall in no case exceed thirty days. Any period of confinement awaiting the hearing of a disciplinary offence or the award of disciplinary punishment shall be deducted from an award pronounced against a prisoner of war. The maximum of thirty days provided above may not be exceeded, even if the prisoner of war is answerable for several acts at the same time when he is awarded punishment, whether such acts are related or not. The period between the pronouncing of an award of disciplinary punishment and its execution shall not exceed one month. When a prisoner of war is awarded a further disciplinary punishment, a period of at least three days shall elapse between the execution of any two of the punishments, if the duration of one of these is ten days or more.

Article 91   The escape of a prisoner of war shall be deemed to have succeeded when:

(1) he has joined the armed forces of the Power on which he depends, or those of an allied Power;

(2) he has left the territory under the control of the Detaining Power, or of an ally of the said Power;

(3) he has joined a ship flying the flag of the Power on which he depends, or of an allied Power, in the territorial waters of the Detaining Power, the said ship not being under the control of the last named Power. Prisoners of war who have made good their escape in the sense of this Article and who are recaptured, shall not be liable to any punishment in respect of their previous escape.

Article 92   A prisoner of war who attempts to escape and is recaptured before having made good his escape in the sense of Article 91 shall be liable only to a disciplinary punishment in respect of this act, even if it is a repeated offence. A prisoner of war who is recaptured shall be handed over without delay to the competent military authority. Article 88, fourth paragraph, notwithstanding, prisoners of war punished as a result of an unsuccessful escape may be subjected to special surveillance. Such surveillance must not affect the state of their health, must be undergone in a prisoner of war camp, and must not entail the suppression of any of the safeguards granted them by the present Convention.

Article 93   Escape or attempt to escape, even if it is a repeated offence, shall not be deemed an aggravating circumstance if the prisoner of war is subjected to trial by judicial

E239

law, regulation or order of the Detaining Power shall declare acts committed by a prisoner of war to be punishable, whereas the same acts would not be punishable if committed by a member of the forces of the Detaining Power, such acts shall entail disciplinary punishments only.

Article 83 In deciding whether proceedings in respect of an offence alleged to have been committed by a prisoner of war shall be judicial or disciplinary, the Detaining Power shall ensure that the competent authorities exercise the greatest leniency and adopt, wherever possible, disciplinary rather than judicial measures

Article 84 A prisoner of war shall be tried only by a military court, unless the existing laws of the Detaining Power expressly permit the civil courts to try a member of the armed forces of the Detaining Power in respect of the particular offence alleged to have been committed by the prisoner of war. In no circumstances whatever shall a prisoner of war be tried by a court of any kind which does not offer the essential guarantees of independence and impartiality as generally recognized, and, in particular, the procedure of which does not afford the accused the rights and means of defence provided for in Article 105.

Article 85 Prisoners of war prosecuted under the laws of the Detaining Power for acts committed prior to capture shall retain, even if convicted, the benefits of the present Convention.

Article 86 No prisoner of war may be punished more than once for the same act, or on the same charge.

Article 87 Prisoners of war may not be sentenced by the military authorities and courts of the Detaining Power to any penalties except those provided for in respect of members of the armed forces of the said Power who have committed the same acts. When fixing the penalty, the courts or authorities of the Detaining Power shall take into consideration, to the widest extent possible, the fact that the accused, not being a national of the Detaining Power, is not bound to it by any duty of allegiance, and that he is in its power as the result of circumstances independent of his own will. The said courts or authorities shall be at liberty to reduce the penalty provided for the violation of which the prisoner of war is accused, and shall therefore not be bound to apply the minimum penalty prescribed. Collective punishment for individual acts, corporal punishments, imprisonment in premises without daylight and, in general, any form of torture or cruelty, are forbidden. No prisoner of war may be deprived of his rank by the Detaining Power, or prevented from wearing his badges.

Article 88 Officers, non-commissioned officers and men who are prisoners of war undergoing a disciplinary or judicial punishment, shall not be subjected to more severe treatment than that applied in respect of the same punishment to members of the armed forces of the Detaining Power of equivalent rank. A woman prisoner of war shall not be awarded or sentenced to a punishment more severe, or treated whilst undergoing punishment more severely, than a woman member of the armed forces of the Detaining Power dealt with for a similar offence. In no case may a woman prisoner of war be awarded or sentenced to a punishment more severe, or treated whilst undergoing punishment more severely, than a male member of the armed forces of the Detaining Power dealt with for a similar offence. Prisoners of war who have served disciplinary or judicial sentences may not be treated for which the prisoners of war are responsible. These officers may be elected as prisoners' representatives under the first paragraph of this Article. In such a case the assistants to the prisoners' representatives shall be chosen from among those prisoners of war who are not officers. Every representative elected must be approved by the Detaining Power before he has the right to commence his duties. Where the Detaining Power refuses to approve a prisoner of war elected by his fellow prisoners of war, it must inform the Protecting Power of the reason for such refusal. In all cases the prisoners' representative must have the same nationality, language and customs as the prisoners of war whom he represents. Thus, prisoners of war distributed in different sections of a camp, according to their nationality, language or customs, shall have for each section their own prisoners' representative, in accordance with the foregoing paragraphs.

Article 80 Prisoners' representatives shall further the physical, spiritual and intellectual well-being of prisoners of war. In particular, where the prisoners decide to organize amongst themselves a system of mutual assistance, this organization will be within the province of the prisoners' representative, in addition to the special duties entrusted to him by other provisions of the present Convention. Prisoners' representatives shall not be held responsible, simply by reason of their duties, for any offences committed by prisoners of war.

Article 81 Prisoners' representatives shall not be required to perform any other work, if the accomplishment of their duties is thereby made more difficult. Prisoners' representatives may appoint from amongst the prisoners such assistants as they may require. All material facilities shall be granted them, particularly a certain freedom of movement necessary for the accomplishment of their duties (inspection of labour detachments, receipt of supplies, etc.). Prisoners' representatives shall be permitted to visit premises where prisoners of war are detained, and every prisoner of war shall have the right to consult freely his prisoners' representative. All facilities shall likewise be accorded to the prisoners' representatives for communication by post and telegraph with the detaining authorities, the Protecting Powers, the International Committee of the Red Cross and their delegates, the Mixed Medical Commissions and with the bodies which give assistance to prisoners of war. Prisoners' representatives of labour detachments shall enjoy the same facilities for communication with the prisoners' representatives of the principal camp. Such communications shall not be restricted, nor considered as forming a part of the quota mentioned in Article 71. Prisoners' representatives who are transferred shall be allowed a reasonable time to acquaint their successors with current affairs. In case of dismissal, the reasons therefor shall be communicated to the Protecting Power.

CHAPTER III PENAL AND DISCIPLINARY SANCTIONS
(I) General Provisions

Article 82 A prisoner of war shall be subject to the laws, regulations and orders in force in the armed forces of the Detaining Power; the Detaining Power shall be justified in taking judicial or disciplinary measures in respect of any offence committed by a prisoner of war against such laws, regulations or orders. However, no proceedings or punishments contrary to the provision of this Chapter shall be allowed. If any despatching State and the receiving State, and once only by each. The examination of consignments intended for prisoners of war shall not be carried out under conditions that will expose the goods contained in them to deterioration; except in the case of written or printed matter , it shall be done in the presence of the addressee, or of a fellow-prisoner duly delegated by him. The delivery to prisoners of individual or collective consignments shall not be delayed under the pretext of difficulties of censorship. Any prohibition of correspondence ordered by Parties to the conflict, either for military or political reasons, shall be only temporary and its duration shall be as short as possible.

Article 77   The Detaining Powers shall provide all facilities for the transmission, through the Protecting Power or the Central Prisoners of War Agency provided for in Article 123, of instruments, papers or documents intended for prisoners of war or despatched by them, especially powers of attorney and wills. In all cases they shall facilitate the preparation and execution of such documents on behalf of prisoners of war; in particular, they shall allow them to consult a lawyer and shall take what measures are necessary for the authentication of their signatures.

SECTION VI RELATIONS BETWEEN PRISONERS OF WAR AND THE AUTHORITIES CHAPTER I COMPLAINTS OF PRISONERS OF WAR RESPECTING THE CONDITIONS OF CAPTIVITY

Article 78   Prisoners of war shall have the right to make known to the military authorities in whose power they are, their requests regarding the conditions of captivity to which they are subjected. They shall also have the unrestricted right to apply to the representatives of the Protecting Powers either through their prisoners' representative or, if they consider it necessary, direct, in order to draw their attention to any points on which they may have complaints to make regarding their conditions of captivity. These requests and complaints shall not be limited nor considered to be a part of the correspondence quota referred to in Article 71. They must be transmitted immediately. Even if they are recognized to be unfounded, they may not give rise to any punishment. Prisoners' representatives may send periodic reports on the situation in the camps and the needs of the prisoners of war to the representatives of the Protecting Powers.

CHAPTER II PRISONERS OF WAR REPRESENTATIVES

Article 79   In all places where there are prisoners of war, except in those where there are officers, the prisoners shall freely elect by secret ballot, every six months, and also in case of vacancies, prisoners' representatives entrusted with representing them before the military authorities, the Protecting Powers, the International Committee of the Red Cross and any other organization which may assist them. These prisoners' representatives shall be eligible for re-election. In camps for officers and persons of equivalent status or in mixed camps, the senior officer among the prisoners of war shall be recognized as the camp prisoners' representative. In camps for officers, he shall be assisted by one or more advisers chosen by the officers; in mixed camps, his assistants shall be chosen from among the prisoners of war who are not officers and shall be elected by them. Officer prisoners of war of the same nationality shall be stationed in labour camps for prisoners of war, for the purpose of carrying out the camp administration duties shall in no case restrict the right of prisoners' representatives to take possession of collective relief shipments intended for prisoners of war, to proceed to their distribution or to dispose of them in the interest of the prisoners. Nor shall such agreements restrict the right of representatives of the Protecting Power, the International Committee of the Red Cross or any other organization giving assistance to prisoners of war and responsible for the forwarding of collective shipments, to supervise their distribution to the recipients.

Article 74　All relief shipments for prisoners of war shall be exempt from import, customs and other dues. Correspondence, relief shipments and authorized remittances of money addressed to prisoners of war or despatched by them through the post office, either direct or through the Information Bureaux provided for in Article 122 and the Central Prisoners of War Agency provided for in Article 123, shall be exempt from any postal dues, both in the countries of origin and destination, and in intermediate countries. If relief shipments intended for prisoners of war cannot be sent through the post office by reason of weight or for any other cause, the cost of transportation shall be borne by the Detaining Power in all the territories under its control. The other Powers party to the Convention shall bear the cost of transport in their respective territories. In the absence of special agreements between the Parties concerned, the costs connected with transport of such shipments, other than costs covered by the above exemption, shall be charged to the senders. The High Contracting Parties shall endeavour to reduce, so far as possible, the rates charged for telegrams sent by prisoners of war, or addressed to them.

Article 75　Should military operations prevent the Powers concerned from fulfilling their obligation to assure the transport of the shipments referred to in Articles 70, 71, 72 and 77, the Protecting Powers concerned, the International Committee of the Red Cross or any other organization duly approved by the Parties to the conflict may undertake to ensure the conveyance of such shipments by suitable means (railway wagons, motor vehicles, vessels or aircraft, etc.). For this purpose, the High Contracting Parties shall endeavour to supply them with such transport and to allow its circulation, especially by granting the necessary safe-conducts. Such transport may also be used to convey:.

(a) correspondence, lists and reports exchanged between the Central Information Agency referred to in Article 123 and the National Bureaux referred to in Article 122;

(b) correspondence and reports relating to prisoners of war which the Protecting Powers, the International Committee of the Red Cross or any other body assisting the prisoners, exchange either with their own delegates or with the Parties to the conflict. These provisions in no way detract from the right of any Party to the conflict to arrange other means of transport, if it should so prefer, nor preclude the granting of safe-conducts, under mutually agreed conditions, to such means of transport. In the absence of special agreements, the costs occasioned by the use of such means of transport shall be borne proportionally by the Parties to the conflict whose nationals are benefited thereby.

Article 76　The censoring of correspondence addressed to prisoners of war or despatched by them shall be done as quickly as possible. Mail shall be censored only by the

Detaining Power deems it necessary to limit the number of letters and cards sent by each prisoner of war, the said number shall not be less than two letters and four cards monthly, exclusive of the capture cards provided for in Article 70, and conforming as closely as possible to the models annexed to the present Convention. Further limitations may be imposed only if the Protecting Power is satisfied that it would be in the interests of the prisoners of war concerned to do so owing to difficulties of translation caused by the Detaining Power's inability to find sufficient qualified linguists to carry out the necessary censorship. If limitations must be placed on the correspondence addressed to prisoners of war, they may be ordered only by the Power on which the prisoners depend, possibly at the request of the Detaining Power. Such letters and cards must be conveyed by the most rapid method at the disposal of the Detaining Power; they may not be delayed or retained for disciplinary reasons. Prisoners of war who have been without news for a long period, or who are unable to receive news from their next of kin or to give them news by the ordinary postal route, as well as those who are at a great distance from their homes, shall be permitted to send telegrams, the fees being charged against the prisoners of war's accounts with the Detaining Power or paid in the currency at their disposal. They shall likewise benefit by this measure in cases of urgency. As a general rule, the correspondence of prisoners of war shall be written in their native language. The Parties to the conflict may allow correspondence in other languages. Sacks containing prisoner of war mail must be securely sealed and labelled so as clearly to indicate their contents, and must be addressed to offices of destination.

Article 72   Prisoners of war shall be allowed to receive by post or by any other means individual parcels or collective shipments containing, in particular, foodstuffs, clothing, medical supplies and articles of a religious, educational or recreational character which may meet their needs, including books, devotional articles, scientific equipment, examination papers, musical instruments, sports outfits and materials allowing prisoners of war to pursue their studies or their cultural activities. Such shipments shall in no way free the Detaining Power from the obligations imposed upon it by virtue of the present Convention. The only limits which may be placed on these shipments shall be those proposed by the Protecting Power in the interest of the prisoners themselves, or by the International Committee of the Red Cross or any other organization giving assistance to the prisoners, in respect of their own shipments only, on account of exceptional strain on transport or communications. The conditions for the sending of individual parcels and collective relief shall, if necessary, be the subject of special agreements between the Powers concerned, which may in no case delay the receipt by the prisoners of relief supplies. Books may not be included in parcels of clothing and foodstuffs. Medical supplies shall, as a rule, be sent in collective parcels.

Article 73   In the absence of special agreements between the Powers concerned on the conditions for the receipt and distribution of collective relief shipments, the rules and regulations concerning collective shipments, which are annexed to the present Convention, shall be applied. The special agreements referred to above release, escape, death or any other means, and showing the amount of their credit balances. Such lists shall be certified on each sheet by an authorized representative of the Detaining Power. Any of the above provisions of this Article may be varied by mutual agreement between any two Parties to the conflict. The Power on which the prisoner of war depends shall be responsible for settling with him any credit balance due to him from the Detaining Power on the termination of his captivity.

Article 67 Advances of pay, issued to prisoners of war in conformity with Article 60, shall be considered as made on behalf of the Power on which they depend. Such advances of pay, as well as all payments made by the said Power under Article 63, third paragraph, and Article 68, shall form the subject of arrangements between the Powers concerned, at the close of hostilities.

Article 68 Any claim by a prisoner of war for compensation in respect of any injury or other disability arising out of work shall be referred to the Power on which he depends, through the Protecting Power. In accordance with Article 54, the Detaining Power will, in all cases, provide the prisoner of war concerned with a statement showing the nature of the injury or disability, the circumstances in which it arose and particulars of medical or hospital treatment given for it. This statement will be signed by a responsible officer of the Detaining Power and the medical particulars certified by a medical officer. Any claim by a prisoner of war for compensation in respect of personal effects, monies or valuables impounded by the Detaining Power under Article 18 and not forthcoming on his repatriation, or in respect of loss alleged to be due to the fault of the Detaining Power or any of its servants, shall likewise be referred to the Power on which he depends. Nevertheless, any such personal effects required for use by the prisoners of war whilst in captivity shall be replaced at the expense of the Detaining Power. The Detaining Power will, in all cases, provide the prisoner of war with a statement, signed by a responsible officer, showing all available information regarding the reasons why such effects, monies or valuables have not been restored to him. A copy of this statement will be forwarded to the Power on which he depends through the Central Agency for Prisoners of War provided for in Article 123.

SECTION V RELATIONS OF PRISONERS OF WAR WITH THE EXTERIOR

Article 69 Immediately upon prisoners of war falling into its power, the Detaining Power shall inform them and the Powers on which they depend, through the Protecting Power, of the measures taken to carry out the provisions of the present Section. They shall likewise inform the parties concerned of any subsequent modifications of such measures.

Article 70 Immediately upon capture, or not more than one week after arrival at a camp, even if it is a transit camp, likewise in case of sickness or transfer to hospital or another camp, every prisoner of war shall be enabled to write direct to his family, on the one hand, and to the Central Prisoners of War Agency provided for in Article 123, on the other hand, a card similar, if possible, to the model annexed to the present Convention, informing his relatives of his capture, address and state of health. The said cards shall be forwarded as rapidly as possible and may not be delayed in any manner.

Article 71 Prisoners of war shall be allowed to send and receive letters and cards. If the working rate of pay.

Article 63 Prisoners of war shall be permitted to receive remittances of money addressed to them individually or collectively. Every prisoner of war shall have at his disposal the credit balance of his account as provided for in the following Article, within the limits fixed by the Detaining Power, which shall make such payments as are requested. Subject to financial or monetary restrictions which the Detaining Power regards as essential, prisoners of war may also have payments made abroad. In this case payments addressed by prisoners of war to dependants shall be given priority. In any event, and subject to the consent of the Power on which they depend, prisoners may have payments made in their own country, as follows: the Detaining Power shall send to the aforesaid Power through the Protecting Power a notification giving all the necessary particulars concerning the prisoners of war, the beneficiaries of the payments, and the amount of the sums to be paid, expressed in the Detaining Power's currency. The said notification shall be signed by the prisoners and countersigned by the camp commander. The Detaining Power shall debit the prisoners' account by a corresponding amount; the sums thus debited shall be placed by it to the credit of the Power on which the prisoners depend. To apply the foregoing provisions, the Detaining Power may usefully consult the Model Regulations in Annex V of the present Convention.

Article 64 The Detaining Power shall hold an account for each prisoner of war, showing at least the following:

(1) The amounts due to the prisoner or received by him as advances of pay, as working pay or derived from any other source; the sums in the currency of the Detaining Power which were taken from him; the sums taken from him and converted at his request into the currency of the said Power.

(2) The payments made to the prisoner in cash, or in any other similar form; the payments made on his behalf and at his request; the sums transferred under Article 63, third paragraph.

Article 65 Every item entered in the account of a prisoner of war shall be countersigned or initialled by him, or by the prisoners' representative acting on his behalf. Prisoners of war shall at all times be afforded reasonable facilities for consulting and obtaining copies of their accounts, which may likewise be inspected by the representatives of the Protecting Powers at the time of visits to the camp. When prisoners of war are transferred from one camp to another, their personal accounts will follow them. In case of transfer from one Detaining Power to another, the monies which are their property and are not in the currency of the Detaining Power will follow them. They shall be given certificates for any other monies standing to the credit of their accounts. The Parties to the conflict concerned may agree to notify to each other at specific intervals through the Protecting Power, the amount of the accounts of the prisoners of war.

Article 66 On the termination of captivity, through the release of a prisoner of war or his repatriation, the Detaining Power shall give him a statement, signed by an authorized officer of that Power, showing the credit balance then due to him. The Detaining Power shall also send through the Protecting Power to the government upon which the prisoner of war depends, lists giving all appropriate particulars of all prisoners of war whose captivity has been terminated by repatriation,

Category II: Sergeants and other non-commissioned officers, or prisoners of equivalent rank: twelve Swiss francs.

Category III: Warrant officers and commissioned officers below the rank of major or prisoners of equivalent rank: fifty Swiss francs.

Category IV: Majors, lieutenant-colonels, colonels or prisoners of equivalent rank: sixty Swiss francs.

Category V: General officers or prisoners of equivalent rank: seventy-five Swiss francs. However, the Parties to the conflict concerned may by special agreement modify the amount of advances of pay due to prisoners of the preceding categories. Furthermore, if the amounts indicated in the first paragraph above would be unduly high compared with the pay of the Detaining Power's armed forces or would, for any reason, seriously embarrass the Detaining Power, then, pending the conclusion of a special agreement with the Power on which the prisoners depend to vary the amounts indicated above, the Detaining Power:

(a) shall continue to credit the accounts of the prisoners with the amounts indicated in the first paragraph above;

(b) may temporarily limit the amount made available from these advances of pay to prisoners of war for their own use, to sums which are reasonable, but which, for Category I, shall never be inferior to the amount that the Detaining Power gives to the members of its own armed forces. The reasons for any limitations will be given without delay to the Protecting Power.

Article 61 The Detaining Power shall accept for distribution as supplementary pay to prisoners of war sums which the Power on which the prisoners depend may forward to them, on condition that the sums to be paid shall be the same for each prisoner of the same category, shall be payable to all prisoners of that category depending on that Power, and shall be placed in their separate accounts, at the earliest opportunity, in accordance with the provisions of Article 64. Such supplementary pay shall not relieve the Detaining Power of any obligation under this Convention.

Article 62 Prisoners of war shall be paid a fair working rate of pay by the detaining authorities direct. The rate shall be fixed by the said authorities, but shall at no time be less than one-fourth of one Swiss franc for a full working day. The Detaining Power shall inform prisoners of war, as well as the Power on which they depend, through the intermediary of the Protecting Power, of the rate of daily working pay that it has fixed. Working pay shall likewise be paid by the detaining authorities to prisoners of war permanently detailed to duties or to a skilled or semi-skilled occupation in connection with the administration, installation or maintenance of camps, and to the prisoners who are required to carry out spiritual or medical duties on behalf of their comrades. The working pay of the prisoners' representative, of his advisers, if any, and of his assistants, shall be paid out of the fund maintained by canteen profits. The scale of this working pay shall be fixed by the prisoners, representative and approved by the camp commander. If there is no such fund, the detaining authorities shall pay these prisoners a fair prisoner of war considers himself incapable of working, he shall be permitted to appear before the medical authorities of his camp. Physicians or surgeons may recommend that the prisoners who are, in their opinion, unfit for work, be exempted therefrom.

Article 56   The organization and administration of labour detachments shall be similar to those of prisoner of war camps. Every labour detachment shall remain under the control of and administratively part of a prisoner of war camp. The military authorities and the commander of the said camp shall be responsible, under the direction of their government, for the observance of the provisions of the present Convention in labour detachments. The camp commander shall keep an up-to-date record of the labour detachments dependent on his camp, and shall communicate it to the delegates of the Protecting Power, of the International Committee of the Red Cross, or of other agencies giving relief to prisoners of war, who may visit the camp.

Article 57   The treatment of prisoners of war who work for private persons, even if the latter are responsible for guarding and protecting them, shall not be inferior to that which is provided for by the present Convention. The Detaining Power, the military authorities and the commander of the camp to which such prisoners belong shall be entirely responsible for the maintenance, care, treatment, and payment of the working pay of such prisoners of war. Such prisoners of war shall have the right to remain in communication with the prisoners' representatives in the camps on which they depend.

SECTION IV FINANCIAL RESOURCES OF PRISONERS OF WAR

Article 58   Upon the outbreak of hostilities, and pending an arrangement on this matter with the Protecting Power, the Detaining Power may determine the maximum amount of money in cash or in any similar form, that prisoners may have in their possession. Any amount in excess, which was properly in their possession and which has been taken or withheld from them, shall be placed to their account, together with any monies deposited by them, and shall not be converted into any other currency without their consent. If prisoners of war are permitted to purchase services or commodities outside the camp against payment in cash, such payments shall be made by the prisoner himself or by the camp administration who will charge them to the accounts of the prisoners concerned. The Detaining Power will establish the necessary rules in this respect.

Article 59   Cash which was taken from prisoners of war, in accordance with Article 18, at the time of their capture, and which is in the currency of the Detaining Power, shall be placed to their separate accounts, in accordance with the provisions of Article 64 of the present Section. The amounts, in the currency of the Detaining Power, due to the conversion of sums in other currencies that are taken from the prisoners of war at the same time, shall also be credited to their separate accounts.

Article 60   The Detaining Power shall grant all prisoners of war a monthly advance of pay, the amount of which shall be fixed by conversion, into the currency of the said Power, of the following amounts:

Category I: Prisoners ranking below sergeant: eight Swiss francs.

(d) commercial business, and arts and crafts;

(e) domestic service;

(f) public utility services having no military character or purpose. Should the above provisions be infringed, prisoners of war shall be allowed to exercise their right of complaint, in conformity with Article 78.

Article 51 Prisoners of war must be granted suitable working conditions, especially as regards accommodation, food, clothing and equipment; such conditions shall not be inferior to those enjoyed by nationals of the Detaining Power employed in similar work; account shall also be taken of climatic conditions. The Detaining Power, in utilizing the labour of prisoners of war, shall ensure that in areas in which prisoners are employed, the national legislation concerning the protection of labour, and, more particularly, the regulations for the safety of workers, are duly applied. Prisoners of war shall receive training and be provided with the means of protection suitable to the work they will have to do and similar to those accorded to the nationals of the Detaining Power. Subject to the provisions of Article 52, prisoners may be submitted to the normal risks run by these civilian workers. Conditions of labour shall in no case be rendered more arduous by disciplinary measures.

Article 52 Unless he be a volunteer, no prisoner of war may be employed on labour which is of an unhealthy or dangerous nature. No prisoner of war shall be assigned to labour which would be looked upon as humiliating for a member of the Detaining Power's own forces. The removal of mines or similar devices shall be considered as dangerous labour.

Article 53 The duration of the daily labour of prisoners of war, including the time of the journey to and fro, shall not be excessive, and must in no case exceed that permitted for civilian workers in the district, who are nationals of the Detaining Power and employed on the same work. Prisoners of war must be allowed, in the middle of the day's work, a rest of not less than one hour. This rest will be the same as that to which workers of the Detaining Power are entitled, if the latter is of longer duration. They shall be allowed in addition a rest of twenty-four consecutive hours every week, preferably on Sunday or the day of rest in their country of origin. Furthermore, every prisoner who has worked for one year shall be granted a rest of eight consecutive days, during which his working pay shall be paid him. If methods of labour such as piece-work are employed, the length of the working period shall not be rendered excessive thereby.

Article 54 The working pay due to prisoners of war shall be fixed in accordance with the provisions of Article 62 of the present Convention. Prisoners of war who sustain accidents in connection with work, or who contract a disease in the course, or in consequence of their work, shall receive all the care their condition may require. The Detaining Power shall furthermore deliver to such prisoners of war a medical certificate enabling them to submit their claims to the Power on which they depend, and shall send a duplicate to the Central Prisoners of War Agency provided for in Article 123.

Article 55 The fitness of prisoners of war for work shall be periodically verified by medical examinations at least once a month. The examinations shall have particular regard to the nature of the work which prisoners of war are required to do. If any shall always be taken of the climatic conditions to which the prisoners of war are accustomed and the conditions of transfer shall in no case be prejudicial to their health. The Detaining Power shall supply prisoners of war during transfer with sufficient food and drinking water to keep them in good health, likewise with the necessary clothing, shelter and medical attention. The Detaining Power shall take adequate precautions especially in case of transport by sea or by air, to ensure their safety during transfer, and shall draw up a complete list of all transferred prisoners before their departure.

Article 47   Sick or wounded prisoners of war shall not be transferred as long as their recovery may be endangered by the journey, unless their safety imperatively demands it. If the combat zone draws closer to a camp, the prisoners of war in the said camp shall not be transferred unless their transfer can be carried out in adequate conditions of safety, or if they are exposed to greater risks by remaining on the spot than by being transferred.

Article 48   In the event of transfer, prisoners of war shall be officially advised of their departure and of their new postal address. Such notifications shall be given in time for them to pack their luggage and inform their next of kin. They shall be allowed to take with them their personal effects, and the correspondence and parcels which have arrived for them. The weight of such baggage may be limited, if the conditions of transfer so require, to what each prisoner can reasonably carry, which shall in no case be more than twenty-five kilograms per head. Mail and parcels addressed to their former camp shall be forwarded to them without delay. The camp commander shall take, in agreement with the prisoners' representative, any measures needed to ensure the transport of the prisoners' community property and of the luggage they are unable to take with them in consequence of restrictions imposed by virtue of the second paragraph of this Article. The costs of transfers shall be borne by the Detaining Power.

SECTION III LABOUR OF PRISONERS OF WAR

Article 49   The Detaining Power may utilize the labour of prisoners of war who are physically fit, taking into account their age, sex, rank and physical aptitude, and with a view particularly to maintaining them in a good state of physical and mental health. Non-commissioned officers who are prisoners of war shall only be required to do supervisory work. Those not so required may ask for other suitable work which shall, so far as possible, be found for them. If officers or persons of equivalent status ask for suitable work, it shall be found for them, so far as possible, but they may in no circumstances be compelled to work.

Article 50   Besides work connected with camp administration, installation or maintenance, prisoners of war may be compelled to do only such work as is included in the following classes:

(a) agriculture;

(b) industries connected with the production or the extraction of raw materials, and manufacturing industries, with the exception of metallurgical, machinery and chemical industries; public works and building operations which have no military character or purpose;

(c) transport and handling of stores which are not military in character or purpose;

E228

to all officers of the Detaining Power the external marks of respect provided for by the regulations applying in their own forces. Officer prisoners of war are bound to salute only officers of a higher rank of the Detaining Power; they must, however, salute the camp commander regardless of his rank.

Article 40   The wearing of badges of rank and nationality, as well as of decorations, shall be permitted.

Article 41   In every camp the text of the present Convention and its Annexes and the contents of any special agreement provided for in Article 6, shall be posted, in the prisoners' own language, at places where all may read them. Copies shall be supplied, on request, to the prisoners who cannot have access to the copy which has been posted. Regulations, orders, notices and publications of every kind relating to the conduct of prisoners of war shall be issued to them in a language which they understand. Such regulations, orders and publications shall be posted in the manner described above and copies shall be handed to the prisoners' representative. Every order and command addressed to prisoners of war individually must likewise be given in a language which they understand.

Article 42   The use of weapons against prisoners of war, especially against those who are escaping or attempting to escape, shall constitute an extreme measure, which shall always be preceded by warnings appropriate to the circumstances.

CHAPTER VII RANK OF PRISONERS OF WAR

Article 43   Upon the outbreak of hostilities, the Parties to the conflict shall communicate to one another the titles and ranks of all the persons mentioned in Article 4 of the present Convention, in order to ensure equality of treatment between prisoners of equivalent rank. Titles and ranks which are subsequently created shall form the subject of similar communications. The Detaining Power shall recognize promotions in rank which have been accorded to prisoners of war and which have been duly notified by the Power on which these prisoners depend.

Article 44   Officers and prisoners of equivalent status shall be treated with the regard due to their rank and age. In order to ensure service in officers' camps, other ranks of the same armed forces who, as far as possible, speak the same language, shall be assigned in sufficient numbers, account being taken of the rank of officers and prisoners of equivalent status. Such orderlies shall not be required to perform any other work. Supervision of the mess by the officers themselves shall be facilitated in every way.

Article 45   Prisoners of war other than officers and prisoners of equivalent status shall be treated with the regard due to their rank and age. Supervision of the mess by the prisoners themselves shall be facilitated in every way.

CHAPTER VIII TRANSFER OF PRISONERS OF WAR AFTER THEIR ARRIVAL IN CAMP

Article 46   The Detaining Power, when deciding upon the transfer of prisoners of war, shall take into account the interests of the prisoners themselves, more especially so as not to increase the difficulty of their repatriation. The transfer of prisoners of war shall always be effected humanely and in conditions not less favourable than those under which the forces of the Detaining Power are transferred. Account

Article 34 Prisoners of war shall enjoy complete latitude in the exercise of their religious duties, including attendance at the service of their faith, on condition that they comply with the disciplinary routine prescribed by the military authorities. Adequate premises shall be provided where religious services may be held.

Article 35 Chaplains who fall into the hands of the enemy Power and who remain or are retained with a view to assisting prisoners of war, shall be allowed to minister to them and to exercise freely their ministry amongst prisoners of war of the same religion, in accordance with their religious conscience. They shall be allocated among the various camps and labour detachments containing prisoners of war belonging to the same forces. speaking the same language or practising the same religion. They shall enjoy the necessary facilities, including the means of transport provided for in Article 33, for visiting the prisoners of war outside their camp. They shall be free to correspond, subject to censorship, on matters concerning their religious duties with the ecclesiastical authorities in the country of detention and with international religious organizations. Letters and cards which they may send for this purpose shall be in addition to the quota provided for in Article 71.

Article 36 Prisoners of war who are ministers of religion, without having officiated as chaplains to their own forces, shall be at liberty, whatever their denomination, to minister freely to the members of their community. For this purpose, they shall receive the same treatment as the chaplains retained by the Detaining Power. They shall not be obliged to do any other work.

Article 37 When prisoners of war have not the assistance of a retained chaplain or of a prisoner of war minister of their faith, a minister belonging to the prisoners, or a similar denomination, or in his absence a qualified layman, if such a course is feasible from a confessional point of view, shall be appointed, at the request of the prisoners concerned, to fill this office. This appointment, subject to the approval of the Detaining Power, shall take place with the agreement of the community of prisoners concerned and, wherever necessary, with the approval of the local religious authorities of the same faith. The person thus appointed shall comply with all regulations established by the Detaining Power in the interests of discipline and military security.

Article 38 While respecting the individual preferences of every prisoner, the Detaining Power shall encourage the practice of intellectual, educational, and recreational pursuits, sports and games amongst prisoners, and shall take the measures necessary to ensure the exercise thereof by providing them with adequate premises and necessary equipment. Prisoners shall have opportunities for taking physical exercise, including sports and games, and for being out of doors. Sufficient open spaces shall be provided for this purpose in all camps.

CHAPTER VI DISCIPLINE

Article 39 Every prisoner of war camp shall be put under the immediate authority of a responsible commissioned officer belonging to the regular armed forces of the Detaining Power. Such officer shall have in his possession a copy of the present Convention; he shall ensure that its provisions are known to the camp staff and the guard and shall be responsible, under the direction of his government, for its application. Prisoners of war, with the exception of officers, must salute and show tuberculosis, malaria and venereal disease. For this purpose the most efficient methods available shall be employed, e. g. periodic mass miniature radiography for the early detection of tuberculosis.

Article 32 Prisoners of war who, though not attached to the medical service of their armed forces, are physicians, surgeons, dentists, nurses or medical orderlies, may be required by the Detaining Power to exercise their medical functions in the interests of prisoners of war dependent on the same Power. In that case they shall continue to be prisoners of war, but shall receive the same treatment as corresponding medical personnel retained by the Detaining Power. They shall be exempted from any other work under Article 49.

CHAPTER IV MEDICAL PERSONNEL AND CHAPLAINS RETAINED TO ASSIST PRISONERS OF WAR

Article 33 Members of the medical personnel and chaplains while retained by the Detaining Power with a view to assisting prisoners of war, shall not be considered as prisoners of war. They shall, however, receive as a minimum the benefits and protection of the present Convention, and shall also be granted all facilities necessary to provide for the medical care of, and religious ministration to prisoners of war. They shall continue to exercise their medical and spiritual functions for the benefit of prisoners of war, preferably those belonging to the armed forces upon which they depend, within the scope of the military laws and regulations of the Detaining Power and under the control of its competent services, in accordance with their professional etiquette. They shall also benefit by the following facilities in the exercise of their medical or spiritual functions:

(a) They shall be authorized to visit periodically prisoners of war situated in working detachments or in hospitals outside the camp. For this purpose, the Detaining Power shall place at their disposal the necessary means of transport.

(b) The senior medical officer in each camp shall be responsible to the camp military authorities for everything connected with the activities of retained medical personnel. For this purpose, Parties to the conflict shall agree at the outbreak of hostilities on the subject of the corresponding ranks of the medical personnel, including that of societies mentioned in Article 26 of the Geneva Convention for the Amelioration of the Condition of the Wounded and Sick in Armed Forces in the Field of August 12, 1949. This senior medical officer, as well as chaplains, shall have the right to deal with the competent authorities of the camp on all questions relating to their duties. Such authorities shall afford them all necessary facilities for correspondence relating to these questions.

(c) Although they shall be subject to the internal discipline of the camp in which they are retained, such personnel may not be compelled to carry out any work other than that concerned with their medical or religious duties. During hostilities, the Parties to the conflict shall agree concerning the possible relief of retained personnel and shall settle the procedure to be followed. None of the preceding provisions shall relieve the Detaining Power of its obligations with regard to prisoners of war from the medical or spiritual point of view.

CHAPTER V RELIGIOUS INTELLECTUAL AND PHYSICAL ACTIVITIES

foodstuffs, soap and tobacco and ordinary articles in daily use. The tariff shall never be in excess of local market prices. The profits made by camp canteens shall be used for the benefit of the prisoners; a special fund shall be created for this purpose. The prisoners' representative shall have the right to collaborate in the management of the canteen and of this fund. When a camp is closed down, the credit balance of the special fund shall be handed to an international welfare organization, to be employed for the benefit of prisoners of war of the same nationality as those who have contributed to the fund. In case of a general repatriation, such profits shall be kept by the Detaining Power, subject to any agreement to the contrary between the Powers concerned.

CHAPTER III HYGIENE AND MEDICAL ATTENTION

Article 29 The Detaining Power shall be bound to take all sanitary measures necessary to ensure the cleanliness and healthfulness of camps and to prevent epidemics. Prisoners of war shall have for their use, day and night, conveniences which conform to the rules of hygiene and are maintained in a constant state of cleanliness. In any camps in which women prisoners of war are accommodated, separate conveniences shall be provided for them. Also, apart from the baths and showers with which the camps shall be furnished, prisoners of war shall be provided with sufficient water and soap for their personal toilet and for washing their personal laundry; the necessary installations, facilities and time shall be granted them for that purpose.

Article 30 Every camp shall have an adequate infirmary where prisoners of war may have the attention they require, as well as appropriate diet. Isolation wards shall, if necessary, be set aside for cases of contagious or mental disease. Prisoners of war suffering from serious disease, or whose condition necessitates special treatment, a surgical operation or hospital care, must be admitted to any military or civilian medical unit where such treatment can be given, even if their repatriation is contemplated in the near future. Special facilities shall be afforded for the care to be given to the disabled, in particular to the blind, and for their rehabilitation, pending repatriation. Prisoners of war shall have the attention, preferably, of medical personnel of the Power on which they depend and, if possible, of their nationality. Prisoners of war may not be prevented from presenting themselves to the medical authorities for examination. The detaining authorities shall, upon request, issue to every prisoner who has undergone treatment, an official certificate indicating the nature of his illness or injury, and the duration and kind of treatment received. A duplicate of this certificate shall be forwarded to the Central Prisoners of War Agency. The costs of treatment, including those of any apparatus necessary for the maintenance of prisoners of war in good health, particularly dentures and other artificial appliances, and spectacles, shall be borne by the Detaining Power.

Article 31 Medical inspections of prisoners of war shall be held at least once a month. They shall include the checking and the recording of the weight of each prisoner of war. Their purpose shall be, in particular, to supervise the general state of health, nutrition and cleanliness of prisoners and to detect contagious diseases, especially shelters as soon as possible after the giving of the alarm. Any other protective measure taken in favour of the population shall also apply to them. Detaining Powers shall give the Powers concerned, through the intermediary of the Protecting Powers. all useful information regarding the geographical location of prisoner of war camps. Whenever military considerations permit, prisoner of war camps shall be indicated in the day-time by the letters PW or PG, placed so as to be clearly visible from the air. The Powers concerned may, however, agree upon any other system of marking. Only prisoner of war camps shall be marked as such.

Article 24 Transit or screening camps of a permanent kind shall be fitted out under conditions similar to those described in the present Section, and the prisoners therein shall have the same treatment as in other camps.

CHAPTER II QUARTERS FOOD AND CLOTHING OF PRISONERS OF WAR

Article 25 Prisoners of war shall be quartered under conditions as favourable as those for the forces of the Detaining Power who are billeted in the same area. The said conditions shall make allowance for the habits and customs of the prisoners and shall in no case be prejudicial to their health. The foregoing provisions shall apply in particular to the dormitories of prisoners of war as regards both total surface and minimum cubic space, and the general installations, bedding and blankets. The premises provided for the use of prisoners of war individually or collectively, shall be entirely protected from dampness and adequately heated and lighted, in particular between dusk and lights out. All precautions must be taken against the danger of fire. In any camps in which women prisoners of war, as well as men, are accommodated, separate dormitories shall be provided for them.

Article 26 The basic daily food rations shall be sufficient in quantity, quality and variety to keep prisoners of war in good health and to prevent loss of weight or the development of nutritional deficiencies. Account shall also be taken of the habitual diet of the prisoners. The Detaining Power shall supply prisoners of war who work with such additional rations as are necessary for the labour on which they are employed. Sufficient drinking water shall be supplied to prisoners of war. The use of tobacco shall be permitted. Prisoners of war shall, as far as possible, be associated with the preparation of their meals; they may be employed for that purpose in the kitchens. Furthermore, they shall be given the means of preparing, themselves, the additional food in their possession. Adequate premises shall be provided for messing. Collective disciplinary measures affecting food are prohibited.

Article 27 Clothing, underwear and footwear shall be supplied to prisoners of war in sufficient quantities by the Detaining Power, which shall make allowance for the climate of the region where the prisoners are detained. Uniforms of enemy armed forces captured by the Detaining Power should, if suitable for the climate, be made available to clothe prisoners of war. The regular replacement and repair of the above articles shall be assured by the Detaining Power. In addition, prisoners of war who work shall receive appropriate clothing, wherever the nature of the work demands.

Article 28 Canteens shall be installed in all camps, where prisoners of war may procure evacuated with sufficient food and potable water, and with the necessary clothing and medical attention. The Detaining Power shall take all suitable precautions to ensure their safety during evacuation, and shall establish as soon as possible a list of the prisoners of war who are evacuated. If prisoners of war must, during evacuation, pass through transit camps, their stay in such camps shall be as brief as possible.

SECTION II INTERNMENT OF PRISONERS OF WAR
CHAPTER I GENERAL OBSERVATIONS

Article 21   The Detaining Power may subject prisoners of war to internment. It may impose on them the obligation of not leaving, beyond certain limits, the camp where they are interned, or if the said camp is fenced in, of not going outside its perimeter. Subject to the provisions of the present Convention relative to penal and disciplinary sanctions, prisoners of war may not be held in close confinement except where necessary to safeguard their health and then only during the continuation of the circumstances which make such confinement necessary. Prisoners of war may be partially or wholly released on parole or promise, in so far as is allowed by the laws of the Power on which they depend. Such measures shall be taken particularly in cases where this may contribute to the improvement of their state of health. No prisoner of war shall be compelled to accept liberty on parole or promise. Upon the outbreak of hostilities, each Party to the conflict shall notify the adverse Party of the laws and regulations allowing or forbidding its own nationals to accept liberty on parole or promise. Prisoners of war who are paroled or who have given their promise in conformity with the laws and regulations so notified, are bound on their personal honour scrupulously to fulfil, both towards the Power on which they depend and towards the Power which has captured them, the engagements of their paroles or promises. In such cases, the Power on which they depend is bound neither to require nor to accept from them any service incompatible with the parole or promise given.

Article 22   Prisoners of war may be interned only in premises located on land and affording every guarantee of hygiene and healthfulness. Except in particular cases which are justified by the interest of the prisoners themselves, they shall not be interned in penitentiaries. Prisoners of war interned in unhealthy areas, or where the climate is injurious for them, shall be removed as soon as possible to a more favourable climate. The Detaining Power shall assemble prisoners of war in camps or camp compounds according to their nationality, language and customs, provided that such prisoners shall not be separated from prisoners of war belonging to the armed forces with which they were serving at the time of their capture, except with their consent.

Article 23   No prisoner of war may at any time be sent to or detained in areas where he may be exposed to the fire of the combat zone, nor may his presence be used to render certain points or areas immune from military operations. Prisoners of war shall have shelters against air bombardment and other hazards of war, to the same extent as the local civilian population. With the exception of those engaged in the protection of their quarters against the aforesaid hazards, they may enter such furthermore, bear the signature or the fingerprints, or both, of the owner, and may bear, as well, any other information the Party to the conflict may wish to add concerning persons belonging to its armed forces. As far as possible the card shall measure 6. 5 x 10 cm. and shall be issued in duplicate. The identity card shall be shown by the prisoner of war upon demand, but may in no case be taken away from him. No physical or mental torture, nor any other form of coercion, may be inflicted on prisoners of war to secure from them information of any kind whatever. Prisoners of war who refuse to answer may not be threatened, insulted, or exposed to any unpleasant or disadvantageous treatment of any kind. Prisoners of war who, owing to their physical or mental condition, are unable to state their identity, shall be handed over to the medical service. The identity of such prisoners shall be established by all possible means, subject to the provisions of the preceding paragraph. The questioning of prisoners of war shall be carried out in a language which they understand.

Article 18   All effects and articles of personal use, except arms, horses, military equipment and military documents shall remain in the possession of prisoners of war, likewise their metal helmets and gas masks and like articles issued for personal protection. Effects and articles used for their clothing or feeding shall likewise remain in their possession, even if such effects and articles belong to their regulation military equipment. At no time should prisoners of war be without identity documents. The Detaining Power shall supply such documents to prisoners of war who possess none. Badges of rank and nationality, decorations and articles having above all a personal or sentimental value may not be taken from prisoners of war. Sums of money carried by prisoners of war may not be taken away from them except by order of an officer, and after the amount and particulars of the owner have been recorded in a special register and an itemized receipt has been given, legibly inscribed with the name, rank and unit of the person issuing the said receipt. Sums in the currency of the Detaining Power, or which are changed into such currency at the prisoner's request, shall be placed to the credit of the prisoner's account as provided in Article 64. The Detaining Power may withdraw articles of value from prisoners of war only for reasons of security; when such articles are withdrawn, the procedure laid down for sums of money impounded shall apply. Such objects, likewise the sums taken away in any currency other than that of the Detaining Power and the conversion of which has not been asked for by the owners, shall be kept in the custody of the Detaining Power and shall be returned in their initial shape to prisoners of war at the end of their captivity.

Article 19   Prisoners of war shall be evacuated, as soon as possible after their capture, to camps situated in an area far enough from the combat zone for them to be out of danger. Only those prisoners of war who, owing to wounds or sickness, would run greater risks by being evacuated than by remaining where they are, may be temporarily kept back in a danger zone. Prisoners of war shall not be unnecessarily exposed to danger while awaiting evacuation from a fighting zone.

Article 20   The evacuation of prisoners of war shall always be effected humanely and in conditions similar to those for the forces of the Detaining Power in their changes of station. The Detaining Power shall supply prisoners of war who are being

E221

Power to a Power which is a party to the Convention and after the Detaining Power has satisfied itself of the willingness and ability of such transferee Power to apply the Convention. When prisoners of war are transferred under such circumstances, responsibility for the application of the Convention rests on the Power accepting them while they are in its custody. Nevertheless if that Power fails to carry out the provisions of the Convention in any important respect, the Power by whom the prisoners of war were transferred shall, upon being notified by the Protecting Power, take effective measures to correct the situation or shall request the return of the prisoners of war. Such requests must be complied with.

Article 13 Prisoners of war must at all times be humanely treated. Any unlawful act or omission by the Detaining Power causing death or seriously endangering the health of a prisoner of war in its custody is prohibited, and will be regarded as a serious breach of the present Convention. In particular, no prisoner of war may be subjected to physical mutilation or to medical or scientific experiments of any kind which are not justified by the medical, dental or hospital treatment of the prisoner concerned and carried out in his interest. Likewise, prisoners of war must at all times be protected, particularly against acts of violence or intimidation and against insults and public curiosity Measures of reprisal against prisoners of war are prohibited.

Article 14 Prisoners of war are entitled in all circumstances to respect for their persons and their honour. Women shall be treated with all the regard due to their sex and shall in all cases benefit by treatment as favourable as that granted to men. Prisoners of war shall retain the full civil capacity which they enjoyed at the time of their capture. The Detaining Power may not restrict the exercise, either within or without its own territory, of the rights such capacity confers except in so far as the captivity requires.

Article 15 The Power detaining prisoners of war shall be bound to provide free of charge for their maintenance and for the medical attention required by their state of health.

Article 16 Taking into consideration the provisions of the present Convention relating to rank and sex, and subject to any privileged treatment which may be accorded to them by reason of their state of health, age or professional qualifications, all prisoners of war shall be treated alike by the Detaining Power, without any adverse distinction based on race, nationality, religious belief or political opinions, or any other distinction founded on similar criteria.

PART III CAPTIVITY
SECTION I BEGINNING OF CAPTIVITY

Article 17 Every prisoner of war, when questioned on the subject, is bound to give only his surname, first names and rank, date of birth, and army, regimental, personal or serial number, or failing this, equivalent information. If he wilfully infringes this rule, he may render himself liable to a restriction of the privileges accorded to his rank or status. Each Party to a conflict is required to furnish the persons under its jurisdiction who are liable to become prisoners of war, with an identity card showing the owner's surname, first names, rank, army, regimental, personal or serial number or equivalent information, and date of birth. The identity card may,

Parties to the conflict concerned, undertake for the protection of prisoners of war and for their relief.

Article 10   The High Contracting Parties may at any time agree to entrust to an organization which offers all guarantees of impartiality and efficacy the duties incumbent on the Protecting Powers by virtue of the present Convention. When prisoners of war do not benefit or cease to benefit, no matter for what reason, by the activities of a Protecting Power or of an organization provided for in the first paragraph above, the Detaining Power shall request a neutral State, or such an organization, to undertake the functions performed under the present Convention by a Protecting Power designated by the Parties to a conflict. If protection cannot be arranged accordingly, the Detaining Power shall request or shall accept, subject to the provisions of this Article, the offer of the services of a humanitarian organization, such as the International Committee of the Red Cross, to assume the humanitarian functions performed by Protecting Powers under the present Convention. Any neutral Power or any organization invited by the Power concerned or offering itself for these purposes, shall be required to act with a sense of responsibility towards the Party to the conflict on which persons protected by the present Convention depend, and shall be required to furnish sufficient assurances that it is in a position to undertake the appropriate functions and to discharge them impartially. No derogation from the preceding provisions shall be made by special agreements between Powers one of which is restricted, even temporarily, in its freedom to negotiate with the other Power or its allies by reason of military events, more particularly where the whole, or a substantial part, of the territory of the said Power is occupied. Whenever in the present Convention mention is made of a Protecting Power, such mention applies to substitute organizations in the sense of the present Article.

Article 11   In cases where they deem it advisable in the interest of protected persons, particularly in cases of disagreement between the Parties to the conflict as to the application or interpretation of the provisions of the present Convention, the Protecting Powers shall lend their good offices with a view to settling the disagreement. For this purpose, each of the Protecting Powers may, either at the invitation of one Party or on its own initiative, propose to the Parties to the conflict a meeting of their representatives, and in particular of the authorities responsible for prisoners of war, possibly on neutral territory suitably chosen. The Parties to the conflict shall be bound to give effect to the proposals made to them for this purpose. The Protecting Powers may, if necessary, propose for approval by the Parties to the conflict a person belonging to a neutral Power, or delegated by the International Committee of the Red Cross, who shall be invited to take part in such a meeting.

PART II GENERAL PROTECTION OF PRISONERS OF WAR

Article 12   Prisoners of war are in the hands of the enemy Power, but not of the individuals or military units who have captured them. Irrespective of the individual responsibilities that may exist, the Detaining Power is responsible for the treatment given them. Prisoners of war may only be transferred by the Detaining may choose to give and with the exception of Articles 8, 10, 15, 30, fifth paragraph, 58-67, 92, 126 and, where diplomatic relations exist between the Parties to the conflict and the neutral or non-belligerent Power concerned, those Articles concerning the Protecting Power. Where such diplomatic relations exist, the Parties to a conflict on whom these persons depend shall be allowed to perform towards them the functions of a Protecting Power as provided in the present Convention, without prejudice to the functions which these Parties normally exercise in conformity with diplomatic and consular usage and treaties.

C. This Article shall in no way affect the status of medical personnel and chaplains as provided for in Article 33 of the present Convention.

Article 5   The present Convention shall apply to the persons referred to in Article 4 from the time they fall into the power of the enemy and until their final release and repatriation. Should any doubt arise as to whether persons, having committed a belligerent act and having fallen into the hands of the enemy, belong to any of the categories enumerated in Article 4, such persons shall enjoy the protection of the present Convention until such time as their status has been determined by a competent tribunal.

Article 6   In addition to the agreements expressly provided for in Articles 10, 23, 28, 33, 60, 65, 66, 67, 72, 73, 75, 109, 110, 118, 119, 122 and 132, the High Contracting Parties may conclude other special agreements for all matters concerning which they may deem it suitable to make separate provision. No special agreement shall adversely affect the situation of prisoners of war, as defined by the present Convention, nor restrict the rights which it confers upon them. Prisoners of war shall continue to have the benefit of such agreements as long as the Convention is applicable to them, except where express provisions to the contrary are contained in the aforesaid or in subsequent agreements, or where more favourable measures have been taken with regard to them by one or other of the Parties to the conflict.

Article 7   Prisoners of war may in no circumstances renounce in part or in entirety the rights secured to them by the present Convention, and by the special agreements referred to in the foregoing Article, if such there be.

Article 8   The present Convention shall be applied with the cooperation and under the scrutiny of the Protecting Powers whose duty it is to safeguard the interests of the Parties to the conflict. For this purpose, the Protecting Powers may appoint, apart from their diplomatic or consular staff, delegates from amongst their own nationals or the nationals of other neutral Powers. The said delegates shall be subject to the approval of the Power with which they are to carry out their duties. The Parties to the conflict shall facilitate to the greatest extent possible the task of the representatives or delegates of the Protecting Powers. The representatives or delegates of the Protecting Powers shall not in any case exceed their mission under the present Convention. They shall, in particular, take account of the imperative necessities of security of the State wherein they carry out their duties.

Article 9   The provisions of the present Convention constitute no obstacle to the humanitarian activities which the International Committee of the Red Cross or any other impartial humanitarian organization may, subject to the consent of the of the preceding provisions shall not affect the legal status of the Parties to the conflict.

Article 4   A. Prisoners of war, in the sense of the present Convention, are persons belonging to one of the following categories, who have fallen into the power of the enemy:

(1) Members of the armed forces of a Party to the conflict as well as members of militias or volunteer corps forming part of such armed forces.

(2) Members of other militias and members of other volunteer corps, including those of organized resistance movements, belonging to a Party to the conflict and operating in or outside their own territory, even if this territory is occupied, provided that such militias or volunteer corps, including such organized resistance movements, fulfil the following conditions:

(a) that of being commanded by a person responsible for his subordinates;

(b) that of having a fixed distinctive sign recognizable at a distance;

(c) that of carrying arms openly;

(d) that of conducting their operations in accordance with the laws and customs of war.

(3) Members of regular armed forces who profess allegiance to a government or an authority not recognized by the Detaining Power.

(4) Persons who accompany the armed forces without actually being members thereof, such as civilian members of military aircraft crews, war correspondents, supply contractors, members of labour units or of services responsible for the welfare of the armed forces, provided that they have received authorization from the armed forces which they accompany, who shall provide them for that purpose with an identity card similar to the annexed model.

(5) Members of crews, including masters, pilots and apprentices, of the merchant marine and the crews of civil aircraft of the Parties to the conflict, who do not benefit by more favourable treatment under any other provisions of international law.

(6) Inhabitants of a non-occupied territory, who on the approach of the enemy spontaneously take up arms to resist the invading forces, without having had time to form themselves into regular armed units, provided they carry arms openly and respect the laws and customs of war.

B. The following shall likewise be treated as prisoners of war under the present Convention:

(1) Persons belonging, or having belonged, to the armed forces of the occupied country, if the occupying Power considers it necessary by reason of such allegiance to intern them, even though it has originally liberated them while hostilities were going on outside the territory it occupies, in particular where such persons have made an unsuccessful attempt to rejoin the armed forces to which they belong and which are engaged in combat, or where they fail to comply with a summons made to them with a view to internment.

(2) The persons belonging to one of the categories enumerated in the present Article, who have been received by neutral or non-belligerent Powers on their territory and whom these Powers are required to intern under international law, without prejudice to any more favourable treatment which these Powers

E217

Geneva Convention relative to the Treatment of Prisoners of War of August 12, 1949

The undersigned Plenipotentiaries of the Governments represented at the Diplomatic Conference held at Geneva from April 21 to August 12, 1949, for the purpose of revising the Convention concluded at Geneva on July 27, 1929, relative to the Treatment of Prisoners of War, have agreed as follows:

PART I GENERAL PROVISIONS

Article 1   The High Contracting Parties undertake to respect and to ensure respect for the present Convention in all circumstances.

Article 2   In addition to the provisions which shall be implemented in peace time, the present Convention shall apply to all cases of declared war or of any other armed conflict which may arise between two or more of the High Contracting Parties, even if the state of war is not recognized by one of them. The Convention shall also apply to all cases of partial or total occupation of the territory of a High Contracting Party, even if the said occupation meets with no armed resistance. Although one of the Powers in conflict may not be a party to the present Convention, the Powers who are parties thereto shall remain bound by it in their mutual relations. They shall furthermore be bound by the Convention in relation to the said Power, if the latter accepts and applies the provisions thereof.

Article 3   In the case of armed conflict not of an international character occurring in the territory of one of the High Contracting Parties, each party to the conflict shall be bound to apply, as a minimum, the following provisions:

(1) Persons taking no active part in the hostilities, including members of armed forces who have laid down their arms and those placed hors de combat by sickness, wounds, detention, or any other cause, shall in all circumstances be treated humanely, without any adverse distinction founded on race, colour, religion or faith, sex, birth or wealth, or any other similar criteria. To this end the following acts are and shall remain prohibited at any time and in any place whatsoever with respect to the above-mentioned persons:

(a) violence to life and person, in particular murder of all kinds, mutilation, cruel treatment and torture;

(b) taking of hostages;

(c) outrages upon personal dignity, in particular, humiliating and degrading treatment;

(d) the passing of sentences and the carrying out of executions without previous judgment pronounced by a regularly constituted court affording all the judicial guarantees which are recognized as indispensable by civilized peoples.

(2) The wounded and sick shall be collected and cared for. An impartial humanitarian body, such as the International Committee of the Red Cross, may offer its services to the Parties to the conflict. The Parties to the conflict should further endeavour to bring into force, by means of special agreements, all or part of the other provisions of the present Convention. The application

the buildings. They may be similarly marked at night by means of appropriate illumination.

Article 7   The Powers shall communicate to all the High Contracting Parties in peacetime or on the outbreak of hostilities, a list of the hospital zones in the territories governed by them. They shall also give notice of any new zones set up during hostilities. As soon as the adverse Party has received the above-mentioned notification, the zone shall be regularly constituted. If, however, the adverse Party considers that the conditions of the present agreement have not been fulfilled, it may refuse to recognize the zone by giving immediate notice thereof to the Party responsible for the said zone, or may make its recognition of such zone dependent upon the institution of the control provided for in Article 8.

Article 8   Any Power having recognized one or several hospital zones instituted by the adverse Party shall be entitled to demand control by one or more Special Commissions, for the purpose of ascertaining if the zones fulfil the conditions and obligations stipulated in the present agreement. For this purpose, the members of the Special Commissions shall at all times have free access to the various zones and may even reside there permanently. They shall be given all facilities for their duties of inspection.

Article 9   Should the Special Commissions note any facts which they consider contrary to the stipulations of the present agreement, they shall at once draw the attention of the Power governing the said zone to these facts, and shall fix a time limit of five days within which the matter should be rectified. They shall duly notify the Power who has recognized the zone. If, when the time limit has expired, the Power governing the zone has not complied with the warning, the adverse Party may declare that it is no longer bound by the present agreement in respect of the said zone.

Article 10   Any Power setting up one or more hospital zones and localities, and the adverse Parties to whom their existence has been notified, shall nominate or have nominated by neutral Powers, the persons who shall be members of the Special Commissions mentioned in Articles 8 and 9.

Article 11   In no circumstances may hospital zones be the object of attack. They shall be protected and respected at all times by the Parties to the conflict.

Article 12   In the case of occupation of a territory, the hospital zones therein shall continue to be respected and utilized as such. Their purpose may, however, be modified by the Occupying Powers on condition that all measures are taken to ensure the safety of the persons accommodated.

Article 13   The present agreement shall also apply to localities which the Powers may utilize for the same purposes as hospital zones.

ANNEX II(Front)

notification has been made at a time when the denouncing Power is involved in a conflict shall not take effect until peace has been concluded, and until after operations connected with the release and repatriation of the persons protected by the present Convention have been terminated. The denunciation shall have effect only in respect of the denouncing Power. It shall in no way impair the obligations which the Parties to the conflict shall remain bound to fulfil by virtue of the principles of the law of nations, as they result from the usages established among civilized peoples, from the laws of humanity and the dictates of the public conscience.

Article 64   The Swiss Federal Council shall register the present Convention with the Secretariat of the United Nations. The Swiss Federal Council shall also inform the Secretariat of the United Nations of all ratifications, accessions and denunciations received by it with respect to the present Convention. IN WITNESS WHEREOF the undersigned, having deposited their respective full powers, have signed the present Convention. DONE at Geneva this twelfth day of August 1949, in the English and French languages. The original shall be deposited in the archives of the Swiss Confederation. The Swiss Federal Council shall transmit certified copies thereof to each of the signatory and acceding States. (Signatures omitted)

ANNEX I DRAFT AGREEMENT RELATING TO HOSPITAL ZONES AND LOCALITIES

Article 1   Hospital zones shall be strictly reserved for the persons named in Article 23 of the Geneva Convention for the Amelioration of the Condition of the Wounded and Sick in Armed Forces in the Field of August 12, 1949, and for the personnel entrusted with the organization and administration of these zones and localities and with the care of the persons therein assembled. Nevertheless, persons whose permanent residence is within such zones shall have the right to stay there.

Article 2   No persons residing, in whatever capacity, in a hospital zone shall perform any work, either within or without the zone, directly connected with military operations or the production of war material.

Article 3   The Power establishing a hospital zone shall take all necessary measures to prohibit access to all persons who have no right of residence or entry therein.

Article 4   Hospital zones shall fulfil the following conditions:
(a) They shall comprise only a small part of the territory governed by the Power which has established them.
(b) They shall be thinly populated in relation to the possibilities of accommodation.
(c) They shall be far removed and free from all military objectives, or large industrial or administrative establishments.
(d) They shall not be situated in areas which, according to every probability, may become important for the conduct of the war.

Article 5   Hospital zones shall be subject to the following obligations:
(a) The lines of communication and means of transport which they possess shall not be used for the transport of military personnel or material, even in transit.
(b) They shall in no case be defended by military means.

Article 6   Hospital zones shall be marked by means of red crosses (red crescents, red lions and suns) on a white background placed on the outer precincts and on

Convention to discontinue such use, provided that the said use shall not be such as would appear, in time of war, to confer the protection of the Convention. The prohibition laid down in the first paragraph of the present Article shall also apply, without effect on any rights acquired through prior use, to the emblems and marks mentioned in the second paragraph of Article 38.

Article 54　The High Contracting Parties shall, if their legislation is not already adequate, take measures necessary for the prevention and repression, at all times, of the abuses referred to under Article 53.

FINAL PROVISIONS

Article 55　The present Convention is established in English and in French. Both texts are equally authentic. The Swiss Federal Council shall arrange for official translations of the Convention to be made in the Russian and Spanish languages.

Article 56　The present Convention, which bears the date of this day, is open to signature until February 12, 1950, in the name of the Powers represented at the Conference which opened at Geneva on April 21, 1949; furthermore, by Powers not represented at that Conference but which are parties to the Geneva Conventions of 1864, 1906 or 1929 for the Relief of the Wounded and Sick in Armies in the Field.

Article 57　The present Convention shall be ratified as soon as possible and the ratifications shall be deposited at Berne. A record shall be drawn up of the deposit of each instrument of ratification and certified copies of this record shall be transmitted by the Swiss Federal Council to all the Powers in whose name the Convention has been signed, or whose accession has been notified.

Article 58　The present Convention shall come into force six months after not less than two instruments of ratification have been deposited. Thereafter, it shall come into force for each High Contracting Party six months after the deposit of the instrument of ratification.

Article 59　The present Convention replaces the Convention of August 22, 1864, July 6, 1906, and July 27, 1929, in relations between the High Contracting Parties.

Article 60　From the date of its coming into force, it shall be open to any Power in whose name the present Convention has not been signed, to accede to this Convention.

Article 61　Accessions shall be notified in writing to the Swiss Federal Council, and shall take effect six months after the date on which they are received. The Swiss Federal Council shall communicate the accessions to all the Powers in whose name the Convention has been signed, or whose accession has been notified.

Article 62　The situations provided for in Articles 2 and 3 shall give immediate effect to ratifications deposited and accessions notified by the Parties to the conflict before or after the beginning of hostilities or occupation. The Swiss Federal Council shall communicate by the quickest method any ratifications or accessions received from Parties to the conflict.

Article 63　Each of the High Contracting Parties shall be at liberty to denounce the present Convention. The denunciation shall be notified in writing to the Swiss Federal Council, which shall transmit it to the Governments of all the High Contracting Parties. The denunciation shall take effect one year after the notification thereof has been made to the Swiss Federal Council. However, a denunciation of which

E213

committed, any of the grave breaches of the present Convention defined in the following Article. Each High Contracting Party shall be under the obligation to search for persons alleged to have committed, or to have ordered to be committed, such grave breaches, and shall bring such persons, regardless of their nationality, before its own courts. It may also, if it prefers, and in accordance with the provisions of its own legislation, hand such persons over for trial to another High Contracting Party concerned, provided such High Contracting Party has made out a prima facie case. Each High Contracting Party shall take measures necessary for the suppression of all acts contrary to the provisions of the present Convention other than the grave breaches defined in the following Article. In all circumstances, the accused persons shall benefit by safeguards of proper trial and defence, which shall not be less favourable than those provided by Article 105 and those following of the Geneva Convention relative to the Treatment of Prisoners of War of August 12, 1949.

Article 50   Grave breaches to which the preceding Article relates shall be those involving any of the following acts, if committed against persons or property protected by the Convention: wilful killing, torture or inhuman treatment, including biological experiments, wilfully causing great suffering or serious injury to body or health, and extensive destruction and appropriation of property, not justified by military necessity and carried out unlawfully and wantonly.

Article 51   No High Contracting Party shall be allowed to absolve itself or any other High Contracting Party of any liability incurred by itself or by another High Contracting Party in respect of breaches referred to in the preceding Article.

Article 52   At the request of a Party to the conflict, an enquiry shall be instituted, in a manner to be decided between the interested Parties, concerning any alleged violation of the Convention. If agreement has not been reached concerning the procedure for the enquiry, the Parties should agree on the choice of an umpire who will decide upon the procedure to be followed. Once the violation has been established, the Parties to the conflict shall put an end to it and shall repress it with the least possible delay.

Article 53   The use by individuals, societies, firms or companies either public or private, other than those entitled thereto under the present Convention, of the emblem or the designation "Red Cross" or "Geneva Cross", or any sign or designation constituting an imitation there of, whatever the object of such use, and irrespective of the date of its adoption, shall be prohibited at all times. By reason of the tribute paid to Switzerland by the adoption of the reversed Federal colours, and of the confusion which may arise between the arms of Switzerland and the distinctive emblem of the Convention, the use by private individuals, societies or firms, of the arms of the Swiss Confederation, or of marks constituting an imitation thereof, whether as trademarks or commercial marks, or as parts of such marks, or for a purpose contrary to commercial honesty, or in circumstances capable of wounding Swiss national sentiment, shall be prohibited at all times. Nevertheless, such High Contracting Parties as were not party to the Geneva Convention of July 27, 1929, may grant to prior users of the emblems, designations, signs or marks designated in the first paragraph, a time limit not to exceed three years from the coming into force of the present

Article 44   With the exception of the cases mentioned in the following paragraphs of the present Article, the emblem of the Red Cross on a white ground and the words "Red Cross'', or "Geneva Cross" may not be employed, either in time of peace or in time of war, except to indicate or to protect the medical units and establishments, the personnel and material protected by the present Convention and other Conventions dealing with similar matters. The same shall apply to the emblems mentioned in Article 38, second paragraph, in respect of the countries which use them. The National Red Cross Societies and other Societies designated in Article 26 shall have the right to use the distinctive emblem conferring the protection of the Convention only within the framework of the present paragraph. Furthermore, National Red Cross (Red Crescent, Red Lion and Sun) Societies may, in time of peace, in accordance with their national legislation, make use of the name and emblem of the Red Cross for their other activities which are in conformity with the principles laid down by the International Red Cross Conferences. When those activities are carried out in time of war, the conditions for the use of the emblem shall be such that it cannot be considered as conferring the protection of the Convention; the emblem shall be comparatively small in size and may not be placed on armlets or on the roofs of buildings. The international Red Cross organizations and their duly authorized personnel shall be permitted to make use, at all times, of the emblem of the Red Cross on a white ground. As an exceptional measure, in conformity with national legislation and with the express permission of one of the National Red Cross (Red Crescent, Red Lion and Sun) Societies, the emblem of the Convention may be employed in time of peace to identify vehicles used as ambulances and to mark the position of aid stations exclusively assigned to the purpose of giving free treatment to the wounded or sick.

CHAPTER VIII EXECUTION OF THE CONVENTION

Article 45   Each Party to the conflict, acting through its commanders-in-chief, shall ensure the detailed execution of the preceding Articles and provide for unforeseen cases, in conformity with the general principles of the present Convention.

Article 46   Reprisals against the wounded, sick, personnel, buildings or equipment protected by the Convention are prohibited.

Article 47   The High Contracting Parties undertake, in time of peace as in time of war, to disseminate the text of the present Convention as widely as possible in their respective countries, and, in particular, to include the study thereof in their programmes of military and, if possible, civil instruction, so that the principles thereof may become known to the entire population, in particular to the armed fighting forces, the medical personnel and the chaplains.

Article 48   The High Contracting Parties shall communicate to one another through the Swiss Federal Council and, during hostilities, through the Protecting Powers, the official translations of the present Convention, as well as the laws and regulations which they may adopt to ensure the application thereof.

CHAPTER IX REPRESSION OF ABUSES AND INFRACTIONS

Article 49   The High Contracting Parties undertake to enact any legislation necessary to provide effective penal sanctions for persons committing, or ordering to be

Article 39   Under the direction of the competent military authority, the emblem shall be displayed on the flags, armlets and on all equipment employed in the Medical Service.

Article 40   The personnel designated in Article 24 and in Articles 26 and 27 shall wear, affixed to the left arm, a water-resistant armlet bearing the distinctive emblem, issued and stamped by the military authority. Such personnel, in addition to wearing the identity disc mentioned in Article 16, shall also carry a special identity card bearing the distinctive emblem. This card shall be water-resistant and of such size that it can be carried in the pocket. It shall be worded in the national language, shall mention at least the surname and first names, the date of birth, the rank and the service number of the bearer, and shall state in what capacity he is entitled to the protection of the present Convention. The cards hall bear the photograph of the owner and also either his signature or his finger-prints or both. It shall be embossed with the stamp of the military authority. The identity card shall be uniform throughout the same armed forces and, as far as possible, of a similar type in the armed forces of the High Contracting Parties. The Parties to the conflict may be guided by the model which is annexed, by way of example, to the present Convention. They shall inform each other, at the outbreak of hostilities, of the model they are using. Identity cards should be made out, if possible, at least in duplicate, one copy being kept by the home country. In no circumstances may the said personnel be deprived of their insignia or identity cards nor of the right to wear the armlet. In case of loss, they shall be entitled to receive duplicates of the cards and to have the insignia replaced.

Article 41   The personnel designated in Article 25 shall wear, but only while carrying out medical duties, a white armlet bearing in its centre the distinctive sign in miniature; the armlet shall be issued and stamped by the military authority. Military identity documents to be carried by this type of personnel shall specify what special training they have received, the temporary character of the duties they are engaged upon, and their authority for wearing the armlet.

Article 42   The distinctive flag of the Convention shall be hoisted only over such medical units and establishments as are entitled to be respected under the Convention, and only with the consent of the military authorities. In mobile units, as in fixed establishments, it may be accompanied by the national flag of the Party to the conflict to which the unit or establishment belongs. Nevertheless, medical units which have fallen into the hands of the enemy shall not fly any flag other than that of the Convention. Parties to the conflict shall take the necessary steps, in so far as military considerations permit, to make the distinctive emblems indicating medical units and establishments clearly visible to the enemy land, air or naval forces, in order to obviate the possibility of any hostile action.

Article 43   The medical units belonging to neutral countries, which may have been authorized to lend their services to a belligerent under the conditions laid down in Article 27, shall fly, along with the flag of the Convention, the national flag of that belligerent, wherever the latter makes use of the faculty conferred on him by Article 42. Subject to orders to the contrary by the responsible military authorities, they may, on all occasions, fly their national flag, even if they fall into the hands of the adverse Party.

and protected in the same way as mobile medical units. Should such transports or vehicles fall into the hands of the adverse Party, they shall be subject to the laws of war, on condition that the Party to the conflict who captures them shall in all cases ensure the care of the wounded and sick they contain. The civilian personnel and all means of transport obtained by requisition shall be subject to the general rules of international law.

Article 36   Medical aircraft, that is to say, aircraft exclusively employed for the removal of wounded and sick and for the transport of medical personnel and equipment, shall not be attacked, but shall be respected by the belligerents, while flying at heights, times and on routes specifically agreed upon between the belligerents concerned. They shall bear, clearly marked, the distinctive emblem prescribed in Article 38, together with their national colours, on their lower, upper and lateral surfaces. They shall be provided with any other markings or means of identification that may be agreed upon between the belligerents upon the outbreak or during the course of hostilities. Unless agreed otherwise, flights over enemy or enemy-occupied territory are prohibited. Medical aircraft shall obey every summons to land. In the event of a landing thus imposed, the aircraft with its occupants may continue its flight after examination, if any. In the event of an involuntary landing in enemy or enemy-occupied territory, the wounded and sick, as well as the crew of the aircraft shall be prisoners of war. The medical personnel shall be treated according to Article 24, and the Articles following.

Article 37   Subject to the provisions of the second paragraph, medical aircraft of Parties to the conflict may fly over the territory of neutral Powers, land on it in case of necessity, or use it as a port of call. They shall give the neutral Powers previous notice of their passage over the said territory and obey all summons to alight, on land or water. They will be immune from attack only when flying on routes, at heights and at times specifically agreed upon between the Parties to the conflict and the neutral Power concerned. The neutral Powers may, however, place conditions or restrictions on the passage or landing of medical aircraft on their territory. Such possible conditions or restrictions shall be applied equally to all Parties to the conflict. Unless agreed otherwise between the neutral Power and the Parties to the conflict, the wounded and sick who are disembarked, with the consent of the local authorities, on neutral territory by medical aircraft, shall be detained by the neutral Power, where so required by international law, in such a manner that they cannot again take part in operations of war. The cost of their accommodation and internment shall be borne by the Power on which they depend.

CHAPTER VII THE DISTINCTIVE EMBLEM

Article 38   As a compliment to Switzerland, the heraldic emblem of the red cross on a white ground, formed by reversing the Federal colours, is retained as the emblem and distinctive sign of the Medical Service of armed forces. Nevertheless, in the case of countries which already use as emblem, in place of the red cross, the red crescent or the red lion and sun on a white ground, those emblems are also recognized by the terms of the present Convention.

E209

at least benefit by all the provisions of the Geneva Convention relative to the Treatment of Prisoners of War of August 12, 1949. They shall continue to fulfil their duties under the orders of the adverse Party and shall preferably be engaged in the care of the wounded and sick of the Party to the conflict to which they themselves belong. On their departure, they shall take with them the effects, personal belongings, valuables and instruments belonging to them.

Article 31   The selection of personnel for return under Article 30 shall be made irrespective of any consideration of race, religion or political opinion, but preferably according to the chronological order of their capture and their state of health. As from the outbreak of hostilities, Parties to the conflict may determine by special agreement the percentage of personnel to be retained, in proportion to the number of prisoners and the distribution of the said personnel in the camps.

Article 32   Persons designated in Article 27 who have fallen into the hands of the adverse Party may not be detained. Unless otherwise agreed, they shall have permission to return to their country, or if this is not possible, to the territory of the Party to the conflict in whose service they were, as soon as a route for their return is open and military considerations permit. Pending their release, they shall continue their work under the direction of the adverse Party; they shall preferably be engaged in the care of the wounded and sick of the Party to the conflict in whose service they were. On their departure, they shall take with them their effects, personal articles and valuables and the instruments, arms and if possible the means of transport belonging to them. The Parties to the conflict shall secure to this personnel, while in their power, the same food, lodging, allowances and pay as are granted to the corresponding personnel of their armed forces. The food shall in any case be sufficient as regards quantity, quality and variety to keep the said personnel in a normal state of health.

CHAPTER V BUILDINGS AND MATERIAL

Article 33   The material of mobile medical units of the armed forces which fall into the hands of the enemy shall be reserved for the care of wounded and sick. The buildings, material and stores of fixed medical establishments of the armed forces shall remain subject to the laws of war, but may not be diverted from that purpose as long as they are required for the care of wounded and sick. Nevertheless, the commanders of forces in the field may make use of them, in case of urgent military necessity, provided that they make previous arrangements for the welfare of the wounded and sick who are nursed in them. The material and stores defined in the present Article shall not be intentionally destroyed.

Article 34   The real and personal property of aid societies which are admitted to the privileges of the Convention shall be regarded as private property. The right of requisition recognized for belligerents by the laws and customs of war shall not be exercised except in case of urgent necessity, and only after the welfare of the wounded and sick has been ensured.

CHAPTER VI MEDICAL TRANSPORTS

Article 35   Transports of wounded and sick or of medical equipment shall be respected concerned. That personnel and those units shall be placed under the control of that Party to the conflict. The neutral Government shall notify this consent to the adversary of the State which accepts such assistance. The Party to the conflict who accepts such assistance is bound to notify the adverse Party thereof before making any use of it. In no circumstances shall this assistance be considered as interference in the conflict. The members of the personnel named in the first paragraph shall be duly furnished with the identity cards provided for in Article 40 before leaving the neutral country to which they belong.

Article 28   Personnel designated in Articles 24 and 26 who fall into the hands of the adverse Party shall be retained only in so far as the state of health, the spiritual needs and the number of prisoners of war require. Personnel thus retained shall not be deemed prisoners of war. Nevertheless, they shall at least benefit by all the provisions of the Geneva Convention relative to the Treatment of Prisoners of War of August 12, 1949. Within the framework of the military laws and regulations of the Detaining Power, and under the authority of its competent service, they shall continue to carry out, in accordance with their professional ethics, their medical and spiritual duties on behalf of prisoners of war, preferably those of the armed forces to which they themselves belong. They shall further enjoy the following facilities for carrying out their medical or spiritual duties:

(a) They shall be authorized to visit periodically the prisoners of war in labour units or hospitals outside the camp. The Detaining Power shall put at their disposal the means of transport required.

(b) In each camp the senior medical officer of the highest rank shall be responsible to the military authorities of the camp for the professional activity of the retained medical personnel. For this purpose, from the outbreak of hostilities, the Parties to the conflict shall agree regarding the corresponding seniority of the ranks of their medical personnel, including those of the societies designated in Article 26. In all questions arising out of their duties, this medical officer and the chaplains, shall have direct access to the military and medical authorities of the camp who shall grant them the facilities they may require for correspondence relating to these questions.

(c) Although retained personnel in a camp shall be subject to its internal discipline, they shall not, however, be required to perform any work outside their medical or religious duties. During hostilities the Parties to the conflict shall make arrangements for relieving where possible retained personnel, and shall settle the procedure of such relief. None of the preceding provisions shall relieve the Detaining Power of the obligations imposed upon it with regard to the medical and spiritual welfare of the prisoners of war.

Article 29   Members of the personnel designated in Article 25 who have fallen into the hands of the enemy shall be prisoners of war, but shall be employed on their medical duties in so far as the need arises.

Article 30   Personnel whose retention is not indispensable by virtue of the provisions of Article 28 shall be returned to the Party to the conflict to whom they belong, as soon as a road is open for their return and military requirements permit. Pending their return, they shall not be deemed prisoners of war. Nevertheless, they shall

(2) That in the absence of armed orderlies, the unit or establishment is protected by a picket or by sentries or by an escort.

(3) That small arms and ammunition taken from the wounded and sick and not yet handed to the proper service, are found in the unit or establishment.

(4) That personnel and material of the veterinary service are found in the unit or establishment, without forming an integral part thereof.

(5) That the humanitarian activities of medical units and establishments or of their personnel extend to the care of civilian wounded or sick

Article 23   In time of peace, the High Contracting Parties and, after the outbreak of hostilities, the Parties to the conflict may establish in their own territory and, if the need arises, in occupied areas, hospital zones and localities so organized as to protect the wounded and sick from the effects of war, as well as the personnel entrusted with the organization and administration of these zones and localities and with the care of the persons therein assembled. Upon the outbreak and during the course of hostilities, the Parties concerned may conclude agreements on mutual recognition of the hospital zones and localities they have created. They may for this purpose implement the provisions of the Draft Agreement annexed to the present Convention, with such amendments as they may consider necessary. The Protecting Powers and the International Committee of the Red Cross are invited to lend their good offices in order to facilitate the institution and recognition of these hospital zones and localities.

CHAPTER IV PERSONNEL

Article 24   Medical personnel exclusively engaged in the search for, or the collection, transport or treatment of the wounded or sick, or in the prevention of disease, staff exclusively engaged in the administration of medical units and establishments, as well as chaplains attached to the armed forces, shall be respected and protected in all circumstances.

Article 25   Members of the armed forces specially trained for employment, should the need arise, as hospital orderlies, nurses or auxiliary stretcher-bearers, in the search for or the collection, transport or treatment of the wounded and sick shall likewise be respected and protected if they are carrying out these duties at the time when they come into contact with the enemy or fall into his hands.

Article 26   The staff of National Red Cross Societies and that of other Voluntary Aid Societies, duly recognized and authorized by their Governments, who may be employed on the same duties as the personnel named in Article 24, are placed on the same footing as the personnel named in the said Article, provided that the staff of such societies are subject to military laws and regulations. Each High Contracting Party shall notify to the other, either in time of peace or at the commencement of or during hostilities, but in any case before actually employing them, the names of the societies which it has authorized, under its responsibility, to render assistance to the regular medical service of its armed forces.

Article 27   A recognized Society of a neutral country can only lend the assistance of its medical personnel and units to a Party to the conflict with the previous consent of its own Government and the authorization of the Party to the conflict shall organize at the commencement of hostilities an Official Graves Registration Service, to allow subsequent exhumations and to ensure the identification of bodies, whatever the site of the graves, and the possible transportation to the home country. These provisions shall likewise apply to the ashes, which shall be kept by the Graves Registration Service until proper disposal thereof in accordance with the wishes of the home country. As soon as circumstances permit, and at latest at the end of hostilities, these Services shall exchange, through the Information Bureau mentioned in the second paragraph of Article 16, lists showing the exact location and markings of the graves together with particulars of the dead interred therein.

Article 18   The military authorities may appeal to the charity of the inhabitants voluntarily to collect and care for, under their direction, the wounded and sick, granting persons who have responded to this appeal the necessary protection and facilities. Should the adverse party take or retake control of the area, he shall likewise grant these persons the same protection and the same facilities. The military authorities shall permit the inhabitants and relief societies, even in invaded or occupied areas, spontaneously to collect and care for wounded or sick of whatever nationality. The civilian population shall respect these wounded and sick, and in particular abstain from offering them violence. No one may ever be molested or convicted for having nursed the wounded or sick. The provisions of the present Article do not relieve the occupying Power of its obligation to give both physical and moral care to the wounded and sick.

CHAPTER III MEDICAL UNITS AND ESTABLISHMENTS

Article 19   Fixed establishments and mobile medical units of the Medical Service may in no circumstances be attacked, but shall at all times be respected and protected by the Parties to the conflict. Should they fall into the hands of the adverse Party, their personnel shall be free to pursue their duties, as long as the capturing Power has not itself ensured the necessary care of the wounded and sick found in such establishments and units. The responsible authorities shall ensure that the said medical establishments and units are, as far as possible, situated in such a manner that attacks against military objectives cannot imperil their safety.

Article 20   Hospital ships entitled to the protection of the Geneva Convention for the Amelioration of the Condition of Wounded, Sick and Shipwrecked Members of Armed Forces at Sea of August 12, 1949, shall not be attacked from the land.

Article 21   The protection to which fixed establishments and mobile medical units of the Medical Service are entitled shall not cease unless they are used to commit, outside their humanitarian duties, acts harmful to the enemy. Protection may, however, cease only after a due warning has been given, naming, in all appropriate cases, a reasonable time limit and after such warning has remained unheeded.

Article 22   The following conditions shall not be considered as depriving a medical unit or establishment of the protection guaranteed by Article 19:

(1) That the personnel of the unit or establishment are armed, and that they use the arms in their own defence, or in that of the wounded and sick in their charge.

arranged, or local arrangements made, to permit the removal, exchange and transport of the wounded left on the battlefield. Likewise, local arrangements may be concluded between Parties to the conflict for the removal or exchange of wounded and sick from a besieged or encircled area, and for the passage of medical and religious personnel and equipment on their way to that area.

Article 16 Parties to the conflict shall record as soon as possible, in respect of each wounded, sick or dead person of the adverse Party falling into their hands, any particulars which may assist in his identification. These records should if possible include:

(a) designation of the Power on which he depends;

(b) army, regimental, personal or serial number;

(c) surname;

(d) first name or names;

(e) date of birth;

(f) any other particulars shown on his identity card or disc;

(g) date and place of capture or death;

(h) particulars concerning wounds or illness, or cause of death. As soon as possible the above mentioned information shall be forwarded to the Information Bureau described in Article 122 of the Geneva Convention relative to the Treatment of Prisoners of War of August 12, 1949, which shall transmit this information to the Power on which these persons depend through the intermediary of the Protecting Power and of the Central Prisoners of War Agency. Parties to the conflict shall prepare and forward to each other through the same bureau, certificates of death or duly authenticated lists of the dead. They shall likewise collect and forward through the same bureau one half of a double identity disc, last wills or other documents of importance to the next of kin, money and in general all articles of an intrinsic or sentimental value, which are found on the dead. These articles, together with unidentified articles, shall be sent in sealed packets, accompanied by statements giving all particulars necessary for the identification of the deceased owners, as well as by a complete list of the contents of the parcel.

Article 17 Parties to the conflict shall ensure that burial or cremation of the dead, carried out individually as far as circumstances permit, is preceded by a careful examination, if possible by a medical examination, of the bodies, with a view to confirming death, establishing identity and enabling a report to be made. One half of the double identity disc, or the identity disc itself if it is a single disc, should remain on the body. Bodies shall not be cremated except for imperative reasons of hygiene or for motives based on the religion of the deceased. In case of cremation, the circumstances and reasons for cremation shall be stated in detail in the death certificate or on the authenticated list of the dead. They shall further ensure that the dead are honourably interred, if possible according to the rites of the religion to which they belonged, that their graves are respected, grouped if possible according to the nationality of the deceased, properly maintained and marked so that they may always be found. For this purpose, they to torture or to biological experiments; they shall not wilfully be left without medical assistance and care, nor shall conditions exposing them to contagion or infection be created. Only urgent medical reasons will authorize priority in the order of treatment to be administered. Women shall be treated with all consideration due to their sex. The Party to the conflict which is compelled to abandon wounded or sick to the enemy shall, as far as military considerations permit, leave with them a part of its medical personnel and material to assist in their care.

Article 13   The present Convention shall apply to the wounded and sick belonging to the following categories:

(1) Members of the armed forces of a Party to the conflict as well as members of militias or volunteer corps forming part of such armed forces;

(2) Members of other militias and members of other volunteer corps, including those of organized resistance movements, belonging to a Party to the conflict and operating in or outside their own territory, even if this territory is occupied, provided that such militias or volunteer corps, including such organized resistance movements, fulfil the following conditions:

(a) that of being commanded by a person responsible for his subordinates;

(b) that of having a fixed distinctive sign recognizable at a distance;

(c) that of carrying arms openly;

(d) that of conducting their operations in accordance with the laws and customs of war.

(3) Members of regular armed forces who profess allegiance to a Government or an authority not recognized by the Detaining Power.

(4) Persons who accompany the armed forces without actually being members thereof, such as civil members of military aircraft crews, war correspondents, supply contractors, members of labour units or of services responsible for the welfare of the armed forces, provided that they have received authorization from the armed forces which they accompany.

(5) Members of crews, including masters, pilots and apprentices of the merchant marine and the crews of civil aircraft of the Parties to the conflict, who do not benefit by more favourable treatment under any other provisions in international law.

(6) Inhabitants of a non-occupied territory who on the approach of the enemy spontaneously take up arms to resist the invading forces, without having had time to form themselves into regular armed units, provided they carry arms openly and respect the laws and customs of war.

Article 14   Subject to the provisions of Article 12, the wounded and sick of a belligerent who fall into enemy hands shall be prisoners of war, and the provisions of international law concerning prisoners of war shall apply to them.

Article 15   At all times, and particularly after an engagement, Parties to the conflict shall, without delay, take all possible measures to search for and collect the wounded and sick, to protect them against pillage and ill-treatment, to ensure their adequate care, and to search for the dead and prevent their being despoiled. Whenever circumstances permit, an armistice or a suspension of fire shall be

E203

on the Protecting Powers by virtue of the present Convention. When wounded and sick, or medical personnel and chaplains do not benefit or cease to benefit, no matter for what reason, by the activities of a Protecting Power or of an organization provided for in the first paragraph above, the Detaining Power shall request a neutral State, or such an organization, to undertake the functions performed under the present Convention by a Protecting Power designated by the Parties to a conflict. If protection cannot be arranged accordingly, the Detaining Power shall request or shall accept, subject to the provisions of this Article, the offer of the services of a humanitarian organization, such as the International Committee of the Red Cross, to assume the humanitarian functions performed by Protecting Powers under the present Convention. Any neutral Power, or any organization invited by the Power concerned or offering itself for these purposes, shall be required to act with a sense of responsibility towards the Party to the conflict on which persons protected by the present Convention depend, and shall be required to furnish sufficient assurances that it is a position to undertake the appropriate functions and to discharge them impartially. No derogation from the preceding provisions shall be made by special agreements between Powers one of which is restricted, even temporarily, in its freedom to negotiate with the other Power or its allies by reason of military events, more particularly where the whole, or a substantial part, of the territory of the said Power is occupied. Whenever in the present Convention mention is made of a Protecting Power, such mention also applies to substitute organizations in the sense of the present Article.

Article 11   In cases where they deem it advisable in the interest of protected persons, particularly in cases of disagreement between the Parties to the conflict as to the application or interpretation of the provisions of the present Convention, the Protecting Powers shall lend their good offices with a view to settling the disagreement. For this purpose, each of the Protecting Powers may, either at the invitation of one Party or on its own initiative, propose to the Parties to the conflict a meeting of their representatives, in particular of the authorities responsible for the wounded and sick, members of medical personnel and chaplains, possibly on neutral territory suitably chosen. The Parties to the conflict shall be bound to give effect to the proposals made to them for this purpose. The Protecting Powers may, if necessary, propose for approval by the Parties to the conflict a person belonging to a neutral Power or delegated by the International Committee of the Red Cross, who shall be invited to take part in such a meeting.

CHAPTER II WOUNDED AND SICK

Article 12   Members of the armed forces and other persons mentioned in the following Article, who are wounded or sick, shall be respected and protected in all circumstances. They shall be treated humanely and cared for by the Party to the conflict in whose power they may be, without any adverse distinction founded on sex, race, nationality, religion, political opinions, or any other similar criteria. Any attempts upon their lives, or violence to their persons, shall be strictly prohibited; in particular, they shall not be murdered or exterminated, subjected should further endeavour to bring into force, by means of special agreements, all or part of the other provisions of the present Convention. The application of the preceding provisions shall not affect the legal status of the Parties to the conflict.

Article 4   Neutral Powers shall apply by analogy the provisions of the present Convention to the wounded and sick, and to members of the medical personnel and to chaplains of the armed forces of the Parties to the conflict, received or interned in their territory, as well as to dead persons found.

Article 5   For the protected persons who have fallen into the hands of the enemy, the present Convention shall apply until their final repatriation.

Article 6   In addition to the agreements expressly provided for in Articles 10, 15, 23, 28, 31, 36, 37 and 52, the High Contracting Parties may conclude other special agreements for all matters concerning which they may deem it suitable to make separate provision. No special agreement shall adversely affect the situation of the wounded and sick, of members of the medical personnel or of chaplains, as defined by the present Convention, nor restrict the rights which it confers upon them. Wounded and sick, as well as medical personnel and chaplains, shall continue to have the benefit of such agreements as long as the Convention is applicable to them, except where express provisions to the contrary are contained in the aforesaid or in subsequent agreements, or where more favourable measures have been taken with regard to them by one or other of the Parties to the conflict.

Article 7   Wounded and sick, as well as members of the medical personnel and chaplains, may in no circumstances renounce in part or in entirety the rights secured to them by the present Convention, and by the special agreements referred to in the foregoing Article, if such there be.

Article 8   The present Convention shall be applied with the cooperation and under the scrutiny of the Protecting Powers whose duty it is to safeguard the interests of the Parties to the conflict. For this purpose, the Protecting Powers may appoint, apart from their diplomatic or consular staff, delegates from amongst their own nationals or the nationals of other neutral Powers. The said delegates shall be subject to the approval of the Power with which they are to carry out their duties. The Parties to the conflict shall facilitate, to the greatest extent possible, the task of the representatives or delegates of the Protecting Powers. The representatives or delegates of the Protecting Powers shall not in any case exceed their mission under the present Convention. They shall, in particular, take account of the imperative necessities of security of the State wherein they carry out their duties. Their activities shall only be restricted as an exceptional and temporary measure when this is rendered necessary by imperative military necessities.

Article 9   The provisions of the present Convention constitute no obstacle to the humanitarian activities which the International Committee of the Red Cross or any other impartial humanitarian organization may, subject to the consent of the Parties to the conflict concerned, undertake for the protection of wounded and sick, medical personnel and chaplains, and for their relief.

Article 10   The High Contracting Parties may at any time agree to entrust to an organization which offers all guarantees of impartiality and efficacy the duties incumbent

E201

Geneva Convention for the Amelioration of the Condition of the Wounded and Sick in Armed Forces in the Field of August 12, 1949

The undersigned Plenipotentiaries of the Government represented at the Diplomatic Conference held at Geneva from April 21 to August 12, 1949, for the purpose of revising the Geneva Convention for the Relief of the Wounded and Sick in Armies in the Field of July 27, 1929, have agreed as follows:

CHAPTER I GENERAL PROVISIONS

Article 1   The High Contracting Parties undertake to respect and to ensure respect for the present Convention in all circumstances.

Article 2   In addition to the provisions which shall be implemented in peacetime, the present Convention shall apply to all cases of declared war or of any other armed conflict which may arise between two or more of the High Contracting Parties, even if the state of war is not recognized by one of them. The Convention shall also apply to all cases of partial or total occupation of the territory of a High Contracting Party, even if the said occupation meets with no armed resistance. Although one of the Powers in conflict may not be a party to the present Convention, the Powers who are parties thereto shall remain bound by it in their mutual relations. They shall furthermore be bound by the Convention in relation to the said Power, if the latter accepts and applies the provisions thereof.

Article 3   In the case of armed conflict not of an international character occurring in the territory of one of the High Contracting Parties, each Party to the conflict shall be bound to apply, as a minimum, the following provisions:

(1) Persons taking no active part in the hostilities, including members of armed forces who have laid down their arms and those placed hors de combat by sickness, wounds, detention, or any other cause, shall in all circumstances be treated humanely, without any adverse distinction founded on race, colour, religion or faith, sex, birth or wealth, or any other similar criteria. To this end, the following acts are and shall remain prohibited at any time and in any place whatsoever with respect to the above-mentioned persons:

(a) violence to life and person, in particular murder of all kinds, mutilation, cruel treatment and torture;

(b) taking of hostages;

(c) outrages upon personal dignity, in particular humiliating and degrading treatment;

(d) the passing of sentences and the carrying out of executions without previous judgment pronounced by a regularly constituted court, affording all the judicial guarantees which are recognized as indispensable by civilized peoples.

(2) The wounded and sick shall be collected and cared for. An impartial humanitarian body, such as the International Committee of the Red Cross, may offer its services to the Parties to the conflict. The Parties to the conflict

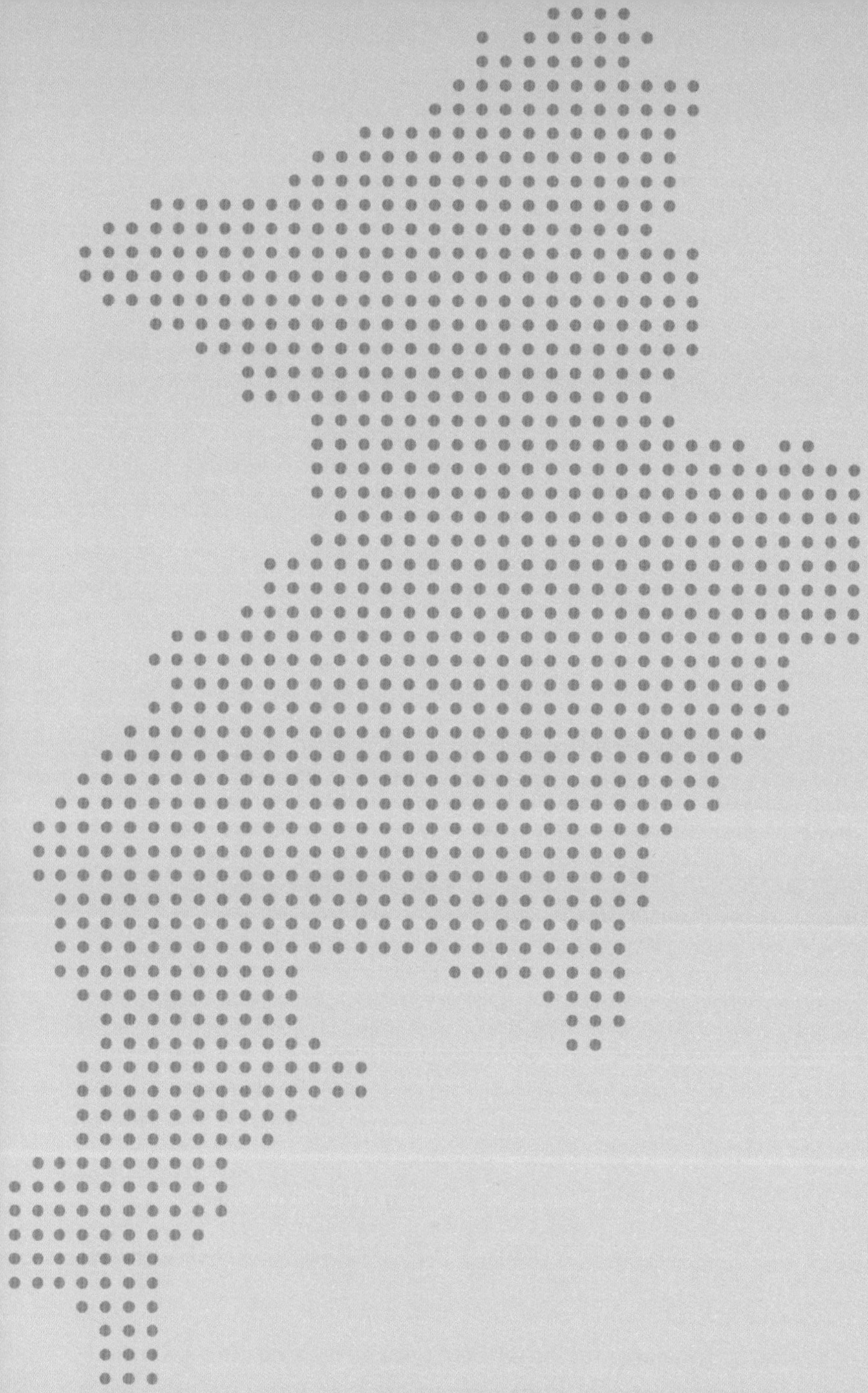

Silent Testimonies

North Korea's
War Crimes and Human Rights

침묵의 증언
북한의
전쟁범죄와
인권

measure will require the installation of two different-colored ballot boxes labeled 'Yes' and 'No' at each polling station.[250]

However, this change primarily reflects a characteristic of the preliminary nomination process rather than a significant shift in the final vote, where only one candidate will be subjected to a 'Yes' or 'No' vote. Nonetheless, this might be perceived as a significant change by North Korean residents. Officials from the Ministry of Unification also assessed that there are pre-vote processes such as verifying citizen and resident identification cards and rechecking resident registrations, which could reinforce internal control by the regime during the election process.[251] Under the newly amended election law, North Korea elected local people's assembly deputies on November 26, 2023, and Supreme People's Assembly deputies on March 11, 2024.

We must help North Korean residents voice their demands towards the regime for basic rights. Additionally, we need to encourage the Kim Jong-un regime to adapt to public sentiment and pursue necessary changes. To achieve this, we should work with the international community to pressure the Kim Jong-un regime while simultaneously providing North Korean residents with external information through various methods. Building and maintaining human networks with North Korean residents is a particularly important task.

---

250) KBS News, "Unification Ministry, North Korea's Revised Election Law to "Introduce Competition"..."Can't be seen as a 'free election'." Nov. 9, 2023. https://news.kbs.co.kr/ Internet search Nov. 15, 2023.

251) KBS News, the same as above.

We need to clearly understand historical facts and recognize them as current issues. We must accurately inform and educate the younger generation, who have not experienced these events, so that they can empathize with the pain and see it as their own issue. The core of this education should be human rights. Human rights must take precedence over national reunification, as disregarding human rights in the process of reunification could potentially open the door to a communist takeover by the North Korean dictatorship.

So, how can we improve human rights in North Korea? First, North Korean residents need to awaken to human rights, and the Kim Jong-un regime must be made aware of the power of public sentiment. To achieve this, we need to assist in raising awareness of human rights among North Korean residents. The challenge is that North Korea is a closed and controlled society. Nevertheless, it is crucial to bring in external information that North Korean residents can see and hear to help them realize the situation.

Recent news related to North Korea indicates that the Kim Jong-un regime seems to be uneasy about public sentiment. While we may not know exactly what is happening inside North Korea, it is widely acknowledged that the economic situation is severely dire, according to many North Korea experts. In this context, we can also observe movements by Kim Jong-un to appease public sentiment.

In August 2023, the Supreme People's Assembly Standing Committee of North Korea amended the election law during its 27th plenary session of the 14th term. The main change involves allowing multiple candidates to be nominated for local people's assembly delegate elections, with a single candidate being registered through a vote. Once registration is complete, candidates can meet with voters in their electoral district to campaign. Additionally, whereas previously only one ballot box was installed, the new

South Korean POWs are historical victims of the Republic of Korea. They were young citizens who took up arms for their country. The state must assume infinite responsibility for them. It has forgotten their existence and remained indifferent and irresponsible even after learning about it. The human rights abuses and discriminatory conditions endured by ROK POWs detained in North Korea are not only war crimes by North Korea but also an incompetence of the state of the Republic of Korea.

Before it is too late, South Korea must make efforts to secure the return of any surviving POWs from North Korea. The state should consider offering financial incentives to North Korea to facilitate their return. Additionally, South Korea must restore the honor of those who risked their lives to return and should assume responsibility for compensating the POWs and their families on behalf of North Korea.

North Korea is an abnormal and monstrous regime. Among American non-governmental organizations (NGOs) is Freedom House, an organization focused on human rights. Since 1972, Freedom House has published annual reports on the "freedom" indices of countries around the world. As of 2023, North Korea receives the lowest rating of 7 for political rights and civil liberties. As of 2022, it was also classified as an unfree country, scoring just 3 out of 100 points. Its democracy index stands at 1.08 out of 10, and its press freedom score is 13.92 out of 100, making it the lowest-ranking country in the world.[249] In such a place, Korea's citizens are living under severe oppression. Especially, the historical victims and their descendants are suffering and dying in anguish.

---

249) Yonhap News, "2023 World Freedom Index," Mar.10,2023. https://ko.wikipedia.org/wiki/, Internet Search (Oct. 29, 2023.)

VI. Our Remaining Tasks

The state has a responsibility to protect and safeguard the lives and property of its citizens. The issue of South Korean POWs who were either sacrificed by hostile forces during the Korean War, forcibly abducted, or detained and not repatriated is a war crime committed by North Korea that must be resolved as a prerequisite for ending the war and for future unification.

The majority of citizens who were killed or suffered during the Korean War due to hostile forces were civilians such as the families of soldiers and police, and public officials, who all fought against the hostile forces. The state has a duty to protect these individuals from hostile forces. However, the reality is that the state compensates citizens who, while helping the hostile forces, suffered from the ROK military or police or the UN forces, but does not provide compensation or redress to those who were sacrificed while fighting against hostile forces.

Rather, descendants have often concealed or distorted these facts out of shame. The state must accurately determine the status of those who sacrificed their lives fighting against hostile forces, restore their honor, and enact special laws to provide compensation or redress in any form.

The illegal acts and human rights violations committed by North Korea against citizens forcibly abducted during the Korean War are serious crimes that violate international law, the Constitution and laws of the Republic of Korea. Although it would be difficult at present, in order to hold North Korea accountablethe some day or other, the government must continue systematic data collection, arrangement, and accumulation of information. Furthermore, the international community must unite to pressure North Korea to change its stance and acknowledge the abductees.

E193

Additionally, North Korea's actions in obstructing, prohibiting, and punishing the repatriation of South Korean POWs who wished to return are in direct violation of Article 13(2) of the Universal Declaration of Human Rights, which states that "everyone has the right to leave any country, including his own, and to return to his country." Forced labor is also in violation of international humanitarian law and international human rights law.[248]

North Korea's human rights violations and illegal actions against South Korean POWs also directly contravene the Constitution and domestic laws of South Korea. A South Korean POW, A (85 years old), and B (90 years old), who were captured by North Korean forces during the Korean War, escaped North Korea in 2000 and 2001 respectively and returned to South Korea. A and B had spent time in the Ch'ilp'yŏng People's Detention Camp in Jagang Province before relocating to Kangdong County in South Pyongan Province following the armistice in 1953. There, they were forced into mining labor at the Internal Affairs Ministry's Construction Unit 1709 from September 11, 1953, to June 13, 1956.

They filed a lawsuit for damages against Kim Jong Un in the Seoul Central District Court, claiming that their human rights were violated due to forced labor in North Korea. They won the case in the first trial, marking the first instance of South Korean law holding North Korea accountable for its war crimes.

---

248) The Institute for Unification, 《The White Paper on North Korean Human Rights 2019》, p.461.

'unforgivable' malicious POWs were sent to reconstruction work units and then imprisoned in political prison camps surrounded by German barbed wire, where they were overworked and died from accidents, disease, and malnutrition. All the POWs assigned to Yuson Mine were categorized as 'forgivable' POWs. The largest number of POWs were assigned to the northernmost Aoji Mine, with about 800 men stationed there."

4. Legal Assessment and Tasks

As previously discussed, the human rights abuses and illegal actions committed by North Korea against South Korean prisoners of war (POWs) directly violate the Geneva Convention relative to the Treatment of Prisoners of War of August 12, 1949 (Geneva Convention III) and international customary law.

According to Article 13 of Geneva Convention III, POWs must be treated humanely, and Article 16 stipulates that they must not be subjected to unfavorable discrimination based on race, nationality, religion, or political opinions, and their judicial status must be fully maintained. Additionally, under Article 51, appropriate working conditions must be provided, and Article 52 prohibits health-threatening or hazardous labor.

Most importantly, according to Article 118 of the Geneva Convention III, POWs must be released and repatriated without delay after the cessation of active hostilities. However, North Korea did not adhere to any of these relevant regulations. Particularly, the "immediate release and repatriation of prisoners of war" was considered a duty of all states under the international customary law that was in use and applicable at the time, making North Korea's actions a direct violation of customary international law as well.[247]

---

247) Song Soo-hyun, previous book, p. 354.

On November 22, 2023, a human rights seminar organized by the Mulmangcho was held at the Seoul Press Center. Mr. Lee Sang-bong, who was the presenter, testified as follows.[246]

Testimony of Korean War POWs' Lives in North Korea by Korean-Japanese Lee Sang-bong (November 22, 2023)
Source: Mulmangcho, the incharge of Public Relations Committee, Photographer Yoon Sang-koo

"In 1964 and 1965, as a student at Yuson Mining High School, I frequently discussed various topics about Japan with a library director graduated from Meiji University. At some point, he trusted me enough to show me a variety of books, including a collection of literary works stored underground. The noteworthy books were kept in burlap sacks underground, with charcoal bags to prevent moisture. At that time, I read a secret document titled 'About Our Country's Social Class System and Classification by Background.' According to the document, 24% are considered the core class contributing to national development, while 76% are divided into the volatile and hostile classes. Among the hostile class are the South Korean POWs, who are further divided into 'forgivable' and 'unforgivable' categories. The 'forgivable' POWs are those who, during the war, did not cause mass casualties among the People's Army and Chinese forces, and were captured. These individuals wore People's Army uniforms and participated in combat, later being involved in post-war reconstruction and assigned to mines. The

---

246) Lee Sang-bong (pseudonym), "ROK Army POWs that I met at Yuseon coal mine, Hoeryong City, Hamgyongbuk-do", the 83rd Human Rights seminar, Mulmangcho Human Rights Research Institute (Nov.21, 2023), information package page 12

colonel, but his children also died of starvation. Due to being children of South Korean POWs, the children could not join the military, continued working in the mines, and could not advance. After his youngest son was born, a South Korean POW was taken away for making a verbal mistake while drinking. I heard three days later he was executed, as indicated by a red line on the execution document.

(ID No 38) In 1990, when I went to Dancheon, there was a side job site at the Geumdeok Mine. The side job site was a place that provided nutritional supplements to the workers of the mine. Among the South Korean POWs who worked at the mine, there were those who earned some money and obtained a health certificate to become eligible for light labor, finding spouses. (The father of the interviewee was a person in charge of materials at the side job site, and this information was obtained from him.)

(ID No 39) I heard that there were reports of receiving remittances from outside North Korea while serving in the volunteer army.

(ID No 41) Around 1970, when the interviewee's father worked as a party secretary at the Wiyeon Lumbermill, there was a person who came through prisoner exchanges. Discrimination was severe, and the person's speaking rights were restricted, promotions were denied, and he was ostracized. His children also faced disdain and discrimination, and had no future.

(ID No. 46) Around 2002, when the interviewee was about to enlist in the military, a South Korean POW was seen in the neighborhood of Onseong County, North Hamgyong Province. The child of the South Korean POW had the opportunity to join the Guard Command but was unable to due to his status. Despite the unfairness, he was unable to raise objections.

E189

(ID No 6) There was only word of him residing in Baegam.

(ID No 9) He had to live in a remote place, doing difficult work such as agriculture, forestry, and mining. He was under daily surveillance.

(ID No 11) A factory material manager who was a South Korean POW was unable to join the party. His daughter, who was beautiful, met a military officer for an arranged marriage in Pyongyang. Although the officer had interest, the marriage did not happen because of her father's status as a repatriated soldier.

(ID No 16) I heard that a South Korean POW living in Dancheon is being sought by relatives in South Korea. There is severe discrimination based on the status of South Korean POWs, especially in marriage matters for their children.

(ID No 21) He lived in Sariwon, North Hwanghae Province, and successfully escaped.

(ID No 29) Around 2005, an elderly man who lived in 18 Ban, Sincheon-dong, Secheon District, Hoeryong City, was a South Korean POW. The family of a South Korean POW who lived in 47 Ban, Secheon-dong, Secheon District, Hoeryong City, successfully escaped. South Korean POWs were often assigned to mines such as Jungbong, Aoji, and Secheon, and many POW families lived in the mines. Due to their background, their children could not advance. (For instance, even though the grandmother was a party member, her husband's status as a South Korean POW prevented their son from advancing.)

(ID No 31) I heard that many South Korean POWs lived in Secheon Mine, located about 20 ri(8 km) from Bangwon-ri, Hoeryong City. It was the place where the biggest number of people died of starvation in Hoeryong City. There was also a South Korean POW who was lieutenant

Lee Sang-bong[244] (pseudonym, 80), at a hotel in Japan, who gave a firsthand explanation about the lives of South Korean POWs in North Korea. He recounted, "Before I was assigned to the Yuseon coal mine in the 1950s, there were about 600 South Korean POWs among the 3,800 miners. However, by 1966, when I started working at the Yuseon coal mine, many South Korean POWs had died due to roof falls, gas explosions, and tuberculosis, leaving only about 90 survivors. In the 1980s and 1990s, the children of these South Korean POWs continued to work in the coal mines, continuing the harsh labor conditions."

The status of being a South Korean POW was a basis for political and social repression and discrimination, extending to their families. The children of South Korean POWs faced restrictions and discrimination in advancing to higher education, joining the military, joining the Workers' Party of Korea, choosing careers and workplaces, and promotions within those workplaces. The following testimonies are compiled from a North Korean human rights survey conducted by the Korean Bar Association, which interviewed 50 North Korean defectors starting January 1, 2017, about what they had heard or seen regarding South Korean POWs.[245] North Korean defectors were assigned ID numbers instead of names for the survey.

(ID No. 4) At 82 years old, very old. There is a neighborhood called Kotdongji in Yeonpoong-dong. There was a house on the mountain. It seemed he lived alone, with no food, and had a hard and suffering life. Although he was repatriated after escaping North Korea, it is known that he successfully escaped again.

---

244) Lee Sang-bong (pseudonym) on July 26, 1960, at the age of 16 (high school 1st grade) got onboard the repatriation ship (the Man Gyong Bong) and arrived at Cheongjin Port. In North Korea he graduated from Yuseon Mining High School and was assigned to work at Yuseon coal mine.

245) Song Su-hyun, op. cit., pp. 351-352.

transported to the Chukchi Sea area is reportedly at least 12,000, and they were used for road construction and airfield development, resulting in high mortality rates.[242]

After the Korean War ended, North Korea appears to have interned South Korean POWs at Camp 25 in Chongjin. Camp 25 in Chongjin was later repurposed as a political prison camp. North Korean defector 000, interviewed in Seoul on September 27, 2012 the Korea Institute for Unification, 《The White Paper on North Korean Human Rights 2019》, p.461. re-quotation.

In September 1953, North Korea assigned South Korean POWs to the Ministry of Internal Affairs Construction Corps to conceal their existence and subjected them to forced labor in coal mines without pay for three years. Following a Cabinet decision (No. 143) on June 25, 1956, the POWs were officially discharged and given citizenship certificates, and were then assigned to work in society. However, most of them worked as laborers in coal mines in North and South Hamgyong provinces, where they had previously been part of the Ministry of Internal Affairs Construction Corps.

In these conditions, their daily lives were strictly monitored, and they were subjected to forced labor. Any suspicion led to interrogations accompanied by torture. Those who raised objections or expressed dissatisfaction were sent to prison or political prisoner camps depending on the severity of their actions. Some were shot during escape attempts, others were captured and subjected to severe torture, and some received death sentences. Additionally, their families were often held responsible as well.[243]

On September 8, 2023, there was a meeting with a Korean resident in Japan,

---

242) The Institute for Unification, 《The White Paper on North Korean Human Rights 2019》, p.460. re-quotation.

243) Song Soo-hyun, previous book, p.350.

too. We stayed in Yeoncheon for about two days before being moved to a POW camp in Hoeryong, North Hamgyong Province.

At that time, there were about 1,500 prisoners, and there were no foreigners among them. In the POW camp, we were subjected to training and education. Graduates from Kim Il-sung University and Kim Chaek University came with ranks of generals to teach us. They taught us about primitive societies, feudal societies, socialist societies, and communist societies. They were teaching the superiority of communist society, but when you're starving, it's hard to take any of that in. We just nodded along.

From June to September, many prisoners died from illness and epidemics. We went without changing clothes or taking a bath. We were plagued by hunger. When we were starving, we would scrape pigweed, get some salt, and make soup. We had lice, which caused an epidemic. The lice were called '20-ho', and each morning, when the '20-ho' wake us up, there would be a bucket full of them. With 30-40 people sleeping together, cleaning them out was futile."[239]

According to a declassified U.S. Department of Defense document[240] on April 12, 2007, regarding Korean War POWs, thousands of South Korean prisoners were transported to Soviet Far East ports such as Okhotsk between November 1951 and April 1952. From there, they were sent to labor camps such as the Kolyma camp near Yakutsk.[241] The number of prisoners

---

239) Lee Hye-min, "No one came to pick me up." (Seoul: Deep Sea Dolphin) pp. 152-153.

240) After the end of the Cold War It was written on August 26, 1993 by the Joint Committee of POWs and Missing Persons between the U.S. and Russia, which was jointly established by the U.S. and Russia to confirm the survival in Russia of U.S. POWs during the Korean War and to discover and return remains. The Korea Institute for Unification, 〈The White Paper on North Korean Human Rights 2019〉, p.460. re-quotation.

241) Yonhap News, April 13, 2007 the Korea Institute for Unification, 〈White Paper on North Korean Human Rights 2019〉, p.460. re-quotation.

E185

frequent transfers between POW camps, either to work sites or to conceal the true number of POWs. Particularly during rear area transfers, many POWs perished in what was referred to as the "Death March."[237]

The POW camps were in the worst possible conditions. There was almost no heating, and bedding or clothing was rarely provided, leading to most POWs suffering from frostbite during the winter. The sanitary conditions were also terrible, with rampant infectious diseases, and the poor quality of food led to many POWs dying from malnutrition.[238]

Let's hear the story of the late Kim Seong-tae, a returned soldier who never had the chance to brush his teeth during the 13 years he spent in a re-education camp as a POW. The late Kim Seong-tae passed away on October 31, 2023. He enlisted in the National Defense Guard in 1948, when he was 17 years old, and encountered the North Korean invasion on June 25, 1950, at a non-commissioned officer school about 6 km from Uijeongbu.

Testimony from the late Kim Seong-tae, a returned soldier (September 26, 2022).
Source: Photographic Artist Yoon Sang-koo, the incharge of Public Relations Non-Governmental Organization Mulmangcho

"On June 29, 1950, during a battle at an unnamed hill in Deokjeong, our company commander was wounded. I was captured while carrying him and got hit by shrapnel on my foot. When I became a prisoner, I found that the operations officer, communications officer, and aide-de-camp were already prisoners

---

237) Cho Sung-hoon, "The Korean War and ROK Army POWs", (Seoul: Military History Compilation Research Institute, Ministry of National Defense, June 25, 2014). p.74.

238) Song Soo-hyun, previous book, p.349.

During the early stages of the war, North Korean forces conducted interrogations and inflicted severe mistreatment on captured South Korean POWs, including beatings, harsh treatment, and even execution during their transportation. A U.S. Army general, who was a platoon leader at the war time, noted that while he did not witness Chinese forces abusing U.S. POWs, North Korean forces were significantly different to the Chinese. He recalled that North Korean forces were much more cruel in the battlefield than the Chinese forces[235]

On August 12, 1950, a POW named Heo testified that "members of the 12th Regiment of the 5th Division of the North Korean Army killed all the South Korean POWs they captured in the Battle of Yeongdeok." This kind of behavior by the North Korean forces was reportedly to become even more severe when they experienced defeat in battle or when their comrades were sacrificed. Cho Sung-hoon, <ROK Army POWs and Human Rights>. the 25th monthly breakfast seminar (Sep.19,2015), Mulmangcho Human Rights Research Institute, information package pages 8-9 requotation

Many South Korean POWs were forced to change into North Korean Army uniforms and were deployed to forefront as combattants. Some were used as human shields at the front lines, while others were assigned to labor(construction) units for facility repair, airfield construction, and unexploded ordnance removal. All of these assignments were done against the will of the POWs through coercion.[236]

There were two main scenarios for the transportation of POWs. One was the movement from the front lines to the rear areas, and the other involved

---

235) "Gen. Volney F. Warner's interview", US Army Military History Institute, 1983. p.28, pp.41~42.

236) Song Soo-hyun, "2020 White Paper on North Korean Human Rights", Korean Bar Association, p.348.

ultimately repatriated to South Korean society.[233] It is not unreasonable to conclude that the communist forces deliberately underreported the number of South Korean prisoners of war, thereby illegally detaining a significant portion of them and refusing to repatriate them. Following the signing of the armistice agreement, on August 7, 1953, the United Nations Command submitted a "Special Report on the Armistice" to the UN, which recorded the number of South Korean prisoners of war and missing persons as 82,318.[234]

3. Human Rights Violations Against South Korean POWs by North Korea

The South Korean prisoners of war (POWs) endured severe mistreatment and human rights violations in North Korea, as revealed by those who escaped and returned to South Korea. Since Lieutenant Cho Chang-ho's escape in 1994, a total of 80 South Korean POWs had escaped North Korea by the end of December 2010. In the following years, it is assumed that ROK POWs became unable to flee due to old age and health problems caused by harsh working conditions, such as labor in coal mines. Most of returned POWs passed away due to their advanced age and health issues, including pneumoconiosis acquired from working in North Korean coal mines, and currently only eight POWs remain alive.

---

233) Ministry of National Defense, <2012 National Defense White Paper> (Seoul: MND, 2012), p.110 ; Unification Research Institute, <North Korean Human Rights 2019> p.456 requotation ; Lee hye-min, <Research on the Oral History by Korean War ROK POWs who returned : focusing on those returned after 1994>, master thesis, Korea University Graduate School, Feb.2021. p.24

234) As of Sep. 30, 1953, military authorities figured out that all missing persons were 162,855 (85,822 returned), thus net missing persons were 70,733. [It was according to the Korean Army's statistics (US Military Advisory Group to ROK, KMAG Statistical Summary, Sep. 30, 1953, SN 1845, p.31)] ; Cho Sung-hoon, <ROK Army POWs and Human Rights>. the 25th monthly breakfast seminar(Sep.19,2015), Mulmangcho Human Rights Research Institute, information package page 6 requotation

only listed a total of 11,559 prisoners of war, including South Korean, U.S., and other UN forces. Of these, only 7,142 were South Korean prisoners of war.[230] On July 27, 1953, the Armistice Agreement was signed, and on July 28, a Military Armistice Commission was convened to agree on the exchange of prisoners. From August 5 to September 6, 1953, the Communist forces released 12,773 prisoners, including 7,862 South Korean soldiers and 4,911 UN troops. In return, the UN Command repatriated a total of 75,823 prisoners, including 70,183 North Korean soldiers and 5,640 Chinese soldiers.[231]

The exchange of wounded prisoners was conducted according to the agreement between the UN forces and the Communist forces before the signing of the Armistice Agreement. The UN forces repatriated 6,670 Communist prisoners (5,640 North Korean soldiers and 1,030 Chinese soldiers), while the Communist forces released 684 UN prisoners (471 South Korean soldiers and 213 UN troops). The Indian Army, which was responsible for managing the prisoners, protected and managed them for 120 days and handed over the prisoners who refused repatriation to both sides on January 20, 1954. Consequently, the Communist side received an additional 347 prisoners, while the UN side received 21,839 prisoners, including 7,604 North Korean soldiers and 14,235 Chinese soldiers. On February 9, 1954, 124 Communist prisoners and 2 South Korean prisoners who wished to go to a third country chose to travel to India.[232]

As a result, out of the three exchanges of war prisoners that took place from April 1953 to January 1954, only 8,343 South Korean soldiers were

---

230) Cho Sung-hoon,<ROK Army POWs and Human Rights>, the 25th monthly breakfast seminar, Mulmangcho Human Rights Research Institute (Sep. 19, 2015), information package p.7, requotation

231) Ministry of National Defence, "the Fatherland never forgets you", November 30, 2007. p.12.

232) Ministry of National Defense, book above. p.12.

prisoners of war."[226] At that time, North Korean People's Army's Southern Guerrilla Force also obtained the North Korean General Headquarters report and published it in their organ, The Path to Victory.[227] The figure of 108,257 prisoners of war is a statistic for the first year of the war, so it is estimated that there were even more prisoners by the time of the armistice.

On August 15, 1953, the North Korean General Staff and the "Chinese Volunteer Army Command" jointly announced that during the 37 months from the start of the war to the armistice, they had inflicted casualties or taken prisoners of a total of 1,093,839, including 397,543 U.S. troops, 667,293 South Korean troops, and 29,003 others.[228]

This was also confirmed in the 1968 publication "Korean People's Army" and in the History of the Chinese People's Volunteer Army in the Korean War, published by the Chinese Academy of Military Sciences.[229] The Communist forces often combined the number of casualties and prisoners in their announcements, likely to conceal the exact number of prisoners. In reality, during the prisoners list exchange in December 1951, the Communist forces

---

226) <10 Years' Journal after the Liberation>, p.91. (the number of prisoners are omitted in the data after the war); Cho Sung-hoon, <ROK Army POWs and Human Rights>, The 25th monthly breakfast seminar by Mulmangcho Human Rights Research Institute (Sep.19, 2015), information package p.5, requotation

227) The 12th issue of <the Path to Victory>, the organ of North Korean People's Army's Southern Guerrilla Force, July 1951, Hallym University's Asian Culture Research Institute, <information package> 7, 1996 p.17. In light of the fact that the North Korean General Headquarter's other wartime achievements for the period of 6 months were reported to Moscow along with 38,500 enemy POWs, it is presumed that wartime achievements for the period of one year were also reported.

228) "Pyongyang Shinhwa News," June 25, 1953. Rodong Shinmun, August 15, 1953. Dongbuk Joseon Inminbo, August 16, 1953. The Ten Years Journal After Liberation, p. 99. Joseon Central Almanac, 1954-55, p. 473.

229) Supporters Army Hero Biography Vol. 1, Supporters Army Hero Biography Editorial Board, 1956, Liberation Army Press, p.5.

25, 1950, to December 25 of the same year, the Korean People's Army had inflicted casualties on 169,700 UN troops and captured 38,500 prisoners over a period of six months.[223] The North Korean Army General Headquarters propagandized that under the close cooperation between the North Korean and Chinese Communist forces, from the outbreak of the war until March 25, 1951, they had inflicted casualties on approximately 260,000 UN troops and detained 65,368 prisoners of war over a period of nine months.[224]

On January 19, 1951, Peng Dehuai proposed to Mao Zedong that the 20,000 South Korean soldiers captured as prisoners of war be distributed among five North Korean army corps[225]. This suggests that, aside from the injured prisoners, the number of prisoners suitable for combat during this period was at least 20,000 soldiers.

On June 25, 1951, marking the first anniversary of the war, the North Korean General Staff reported specifically that "598,567 UN forces, including South Korean troops, had been killed or taken prisoner, of which 108,257 were

---

223) Park Heon-young, <Current situation and the missions of the political parties and social organizations> <Rodong Shinmun) Mar.25, 1951 ; Kim Im, North Korean People's Army's heroic honors exhibited during the great Fatherland Liberation War>, <Workers>2, May 25, 1951. p.50

224) <Rodong Shinmun>Apr. 9, 1051 ; <North Korean People's Army> May 1, 1951 ; <Let's strengthen the fighting spirit of being ever-victorious, and expand wartime achievements and let's go forward ! >, <North Korean People's Army> May 2, 1951 ; <Strengthening the People's Army's combat power is a duty and honor of our people>. <Rodong Shinmun> editorial May 6, 1951 ; <Pyongyang Broadcasting> Feb.9, Mar.25, Apr.8, 1951, Office of the Chief of Staff, "Staff Study relating to Voluntary Repatriation" Feb.19, 1952, Tab c, Box 126/Record Group 319, National Archives (hereinafter Box/Record Group, NA omitted)

225) <Peng Dehuai's telegram on Korean peninsula operations, which was sent to Stalin by Mao Zedong> Jan.26, 1951., edited by Shim Ji-hwa, <Korea War: declassified documents of Russia's Archive> Vol.2, p.670.; Cho Sung-hoon, <Korean War and ROK Army POWs>, Military History Compilation and Research Institute, Jun.30, 2014. p.26. requotation

President has personally shown interest in the issue, and POWs have begun receiving recognition as distinguished guests at various government events, including the Armed Forces Day ceremonies. Additionally, the President has sent floral tributes to funerals, and the Ministers of Defense and Veterans Affairs have personally paid their respects, showing at least a minimum level of honor.

Furthermore, the Non-Governmental Organization Mulmangcho has filed a lawsuit against North Korea's Kim Jong-un for damages compensation and won the first-instance judgment. They are currently proceeding with legal actions to seize North Korean assets (approximately 2 billion won) held by the pro-North Korean organization, the Foundation of Inter-Korea Cooperation.

2. Status of Korean War Prisoners of War

During the course of the war, the North Korean and Chinese Communist forces announced that they had captured numerous South Korean and UN troops. According to the Soviet General Staff's "Combat Bulletin," from June 25 to July 14, 1950, the South Korean military sustained the following losses: 13,300 killed in action, 2,743 wounded, and 6,544 taken prisoner.[221] On August 15, 1950, North Korean Army Supreme Commander Order No. 82 reported that the number of South Korean and American soldiers killed in action had already reached 29,215, with over 40,000 wounded and captured.[222]

Subsequently, North Korean Foreign Minister Park Hon-yong, in a report to the Central Committee of the Fatherland Front, stated that from June

---

221) Lee Jae-hoon, 《The Daily Battle Situation of the General Staff of the Soviet Army during the Korean War》, Military History Compilation Research Institute. Cho Seong-hoon, 《The Korean War and POWs》, Military History Compilation Research Institute, June 30, 2014. p.25.

222) Commander-in-Chief Order No. 82, Aug. 15, 1950, Rodong Shinmun, Aug. 15, 1950. Kim Il-sung said in his New Year's address in January 1951, that North Korea killed or took as POW's 64,000 person from the start of the war to Aug. 15. The Korean People's Army, Jan. 1, 1951.

repatriated South Korean POWs at the NIS. During the event, the POWs expressed their long-held frustrations, pounding on the table as they spoke. They questioned, "Why were the 64 North Korean long-term prisoners[219] who did not renounce their ideology all repatriated, but our existence (as

The Korean War Prisoners of War were invited to the VIP dais at the 75th Armed Forces Day Ceremony. (Photo: Office of the President)

ROK POWs in North Korea) was not even acknowledged? Could it be that the NIS was unaware that the ROK POWs were still alive?" Nam Jae-jun responded, "It was not that we did not know. We knew but could not act. South Korea has been cowardly in this matter," and he bowed his head in apology.[220]

The Non-Governmental Organization Mulmangcho has been advocating for the repatriation of ROK POWs and respectful treatment of the returned POW's by the government, but has faced indifference due to the government's ideological stance and political considerations. Fortunately, since the inauguration of President Yoon Suk-yeol, there has been a notable shift. The

---

219) Unconverted long-term prisoners mean those POW's of the People's Army or spies sent to the South, who served more than seven years in prison while refusing to convert in ideology. A total of 64 prisoners were repatriated to the North, including Lee in-mo who was repatriated to the North in 1993 and 63 prisoners who were sent to the North in 2000. They are 13 prisoners originating from partisans, 46 from spies and 4 from People's Army. More than 70% of them are spies sent from the North. Daily NK, 'Who are the 63 persons who were repatriated under the June 15 Declaration?' internet search www.dailynk.com Nov.22, 2023

220) "(exclusive) NamJae-jun, 'ROK POW's were known but (ROK Government) was not able to act …The Republic of Korea was cowardly' " Dong-Ah Ilbo, Sep.10, 2013

V. North Korea's Detention of South Korean Prisoners of War

1. Overview

The issue of South Korean prisoners of war (POWs) is a deeply ingrained wound from the Korean War for the Korean people, alongside the problem of wartime abductions. The matter of POWs is not merely a historical issue from the Korean War; it remains a current humanitarian and human rights issue that directly affects South Korea's national security. If the state were to neglect the POWs detained by North Korea, it would pose a question about the nation's identity as a free democratic state and raise concerns about who would be willing to fight for the country and its people in times of crisis.

Under the current law on the repatriation and treatment of ROK POWs (hereinafter referred to as the "ROK POW Repatriation Act"), a ROK POW is defined as a ROK military person who, while engaged in combat or carrying out duties, is detained by an enemy state (including anti-state groups) or armed insurgents or rebel groups, as well as who has broken away from the detainment and yet has not returned to South Korea. By this legal definition, POWs from the Vietnam War could also be considered POWs. However, this discussion will be limited to the issue of POWs resulting from the Korean War, as it pertains to North Korea's war crimes and human rights issues.

South Korea's focus on the POW issue began in October 1994 when Lieutenant Cho Chang-ho, a ROK POW, defected and entered South Korea. Prior to this, ROK POWs had been historical victims largely forgotten by South Korea. Since Cho's return, 80 South Korean POWs have defected and entered South Korea, with 8 still surviving.

On September 9, 2013, then-Director of the National Intelligence Service (NIS) Nam Jae-jun, a former Army Chief of Staff, hosted a luncheon for

December 2010, is one of the nine core human rights instruments[217] of the UN. Its purpose is to prevent crimes such as arbitrary detention and abduction by state authorities.

As discussed, North Korea has continued to commit enforced disappearance, i.e. crimes against humanity not only during the Korean War but also after the armistice agreement. Even if North Korea is not a party to the International Convention for the Protection of All Persons from Enforced Disappearance, the international community can hold North Korea accountable. Meanwhile, for the effective implementation of the Convention, domestic legislation must be established. Without such domestic legislation, there is a risk that courts may be obstructed in punishing those responsible for North Korea's abductions and enforced disappearances.

Therefore, organizations such as the Non-Governmental Organization Mulmangcho and the Transitional Justice Working Group[218] advocate for prompt legislative action and the strengthening of the functions of the Human Rights Record Preservation Office including its man power increase, so that the Record office of the Ministry of Justice can properly support the investigation and prosecution against the cases of human rights violations including the enforced disappearance.

---

217) Convention on the Elimination of Racism (1969), Convention on Civil and Political Rights (1976), Convention on Economic, Social and Cultural Rights (1997), Convention on the Elimination of Discrimination against Women (1981), Convention on the Prevention of Torture (1987), Convention on the Rights of the Child (1990), Convention on the Rights of Migrant Workers (2003), Convention on the Rights of Persons with Disabilities (2008), Convention on the Prevention of Compulsory Disappearance (2010)

218) Transitional Justice Working Group is a non-profit human rights organization, established in Seoul in Sep. 2014, in the wake of the report of the U.N. Commission of Inquiry on Human Rights in North Korea.

5. Judicial Evaluation and Challenges

On May 31, 2022, a significant diplomatic event took place at the French Embassy in Seoul, where ambassadors from four countries—France, Argentina, the Netherlands, and the United Kingdom—gathered to issue a "Joint Declaration on the Accountability for North Korea's Enforced Disappearances."[215] This event was co-hosted by the United Nations Office of the High Commissioner for Human Rights in Seoul, the Dutch and British Embassies in South Korea, and the Asian Federation Against Involuntary Disappearances (AFAD)[216], with sponsorship from the French and Argentinean Embassies.

The declaration was a noteworthy development, as it publicly acknowledged North Korea's responsibility for enforced disappearances.

Enforced disappearance is a grave human rights violation, defined as the arrest, detention, or abduction of individuals by state agencies or groups assuming a role of the state, resulting in their disappearance. South Korea joined the UN's International Convention for the Protection of All Persons from Enforced Disappearance in January 2023, whereas North Korea has not acceded to this convention. The Convention, which came into force in

---

215) Yonhap News Agency, "Joint conference by Ambassadors to Korea from four countries, including the UK and France...Condemnation of forced disappearance of North Korean involvement", May 31, 2022.

216) Asian Federation against Involuntary Disappearances (AFAD) is a federation of 14 NGO's working for solving the involuntary disappearances in Asia. "Citizens' Alliance for North Korean Human Rights" of South Korea is active as a member of the AFAD

surveillance, both in their workplaces and residential areas.

This level of surveillance intensifies if abductees are suspected of having escaped or are believed to have the potential to defect. A notable case is that of Oh Kil-nam, whose family was detained until he proved his loyalty by fulfilling his task of luring other South Koreans to North Korea from Germany. When he defected during his mission, his wife and two daughters were sent to Yodok Political Prison Camp.

Discrimination based on social status, particularly within North Korea's songbun (caste-like system), is widespread. Those abducted during the Korean War and captured South Korean POWs, along with their descendants, are categorized as part of the "hostile" class, enduring lifelong discrimination, by the government and residents, for having originated from south Korea, despite having been integrated into society. This includes surveillance, restrictions on movement, and limited access to education, employment, food, and healthcare. They are denied the opportunity to join the military, the Workers' Party, and others.

Foreign abductees are primarily held near Pyongyang, which spared them from the severe famines of the 1990s, and they receive some medical services. However, they are not integrated into North Korean society and face restricted access to employment, limited freedom of movement, and no choice in educational opportunities for their children. These individuals also suffer human rights violations, such as unwanted sexual advances or forced marriages by their captors. Furthermore, the children born to these abductees are not registered with the nationality of their parents, and abductees are barred from contacting their families abroad.

Propaganda Swooped on Movie" (2013). Bumbea died of lung cancer in 1997. The Romanian government requested information from North Korea about Bumbea, but North Korea responded, saying that "at the moment there was no evidence or indication that a Romanian national had been abducted.

There is also information about an unidentified French woman. According to Choi Eun-hee, this French woman was lured to North Korea through a romantic relationship with a North Korean agent who claimed to be an heir to an Asian wealthy person. The woman traveled to Pyongyang with him, but the man disappeared, leaving her alone in a North Korean guesthouse. KAL bomber Kim Hyun-hee also testified that she had seen this same French woman, and Charles Jenkins confirmed that he saw her involved in film production during his time in North Korea.

4. Human Rights Conditions of Abductees in North Korea

Like those abducted during the Korean War, abductees after the armistice are also under strict surveillance by North Korean authorities, with their movements heavily restricted even within North Korea. Specific bodies within the Korean Workers' Party and the Korean People's Army are tasked with overseeing different groups of abductees. For example, the Korean Workers' Party's Unit 35 is responsible for monitoring individuals they directly abducted, while the 519th Bureau of the Korean People's Army is in charge of overseeing the majority of non-Korean abductees.

Foreign abductees are closely monitored, often confined to specific areas surrounded by guards, with their homes bugged. They are permitted to leave their homes only once a week, under the supervision of security personnel. South Korean abductees, meanwhile, are absorbed into North Korean society subject to regular surveillance and inspection and are under the additional

Family members reported that the women worked together at a jewelry store in Macau and had befriended a man who appeared to be Japanese. According to Panjoy's testimony, she boarded a ship with two Asian women, but they were not allowed to speak. Shortly after arriving in North Korea, the Chinese women were driven away separately, and she never saw them again. KAL bomber Kim Hyun-hee testified that Hong Leng-ieng taught her Chinese language and how to blend in as a Chinese national. Actress Choi Eun-hee, who was also abducted to North Korea, confirmed that she had communicated with Hong Leng-ieng during her time there.

On August 20, 1978, four Malaysian women[213] and one Singaporean woman[214] were abducted by two men claiming to be Japanese nationals. The men requested five women from an agency to board a boat, allegedly to attend a party. The women, aged between 19 and 24, vanished along with the boat. According to Choi Eun-hee, she had heard about Malaysians living nearby during her time in North Korea. However, the governments of Singapore and Malaysia, saying that they have not been able to confirm any information about this incident, have not responded to the investigation committee's information requests.

Romanian woman Dona Bumbea disappeared in 1978 in Italy and is believed to have been lured to North Korea. While studying art in Italy, she met an Italian man who persuaded her to hold an exhibition in Hong Kong. During their journey, they made a stop in North Korea, where the Italian man disappeared. Bumbea was detained in North Korea, where she married U.S. Army deserter James Dresnok and had two sons. Her couple appeared in several documentaries, including "Pyongyang's Blue-Eyed Citizens" (2006) and "When

---

213) Yeng Yoke, 23, Seetoh Tai Thim, 19, Yap Me Leng, 22, Margaret Ong Guat Choo, 19

214) Diana Ng Kum (age 24)

schools, and preventing the birth of mixed-race Koreans by facilitating their marriages to foreigners residing in North Korea.

In 1978, four Lebanese women were lured to North Korea. According to Charles R. Jenkins, a former U.S. Army deserter who defected to North Korea but later resettled in Japan in December 2005, these women were intended to be marriage partners for U.S. Army deserters. The women had been deceived with promises of working as secretaries in Tokyo for $1,000 a month. Two of the women managed to escape during a visit to Belgrade about a year after their abduction. The remaining two women were married to U.S. deserters James Dresnok and Jerry Parish.

One of the mothers of the remaining abductees negotiated their release after learning of their whereabouts. Jenkins testified that one of the women was pregnant with Parish's child when she left North Korea. This caused significant difficulties for her and her family, leading her to choose to return to North Korea to be with the child's father.

On July 2, 1978, Thai national Anocha Panjoy was abducted from Macau. According to Jenkins, who lived in a nearby apartment, Panjoy was kidnapped by a North Korean agent disguised as a Japanese national and taken by boat. She married U.S. Army deserter Abshier in North Korea, but Abshier died of a heart attack in 1983. While the Thai government maintains that Panjoy was missing rather than abducted, the Thai National Human Rights Commission has recommended that the Ministry of Foreign Affairs continue investigating her case based on Jenkins' testimony and a family photo of Panjoy.

On July 2, 1978, two young Chinese women in their early twenties from Macau were abducted by North Korean agents posing as Japanese tourists. The two women were 20-year-old Hong Leng-ieng and 22-year-old So Miaozhen. They were abducted around the same time as Thai national Anocha Panjoy and transported to North Korea.

During the second Japan-North Korea summit on May 22, 2004, North Korea agreed to allow the families of the Chimuras and Hasuikes to return, and they did so with Prime Minister Koizumi. Hitomi Soga's three family members returned to Japan on July 18 of the same year. Despite North Korea's commitment to investigate the fate of other abductees, no satisfactory explanation has been provided.

One of the most well-known cases is that of Megumi Yokota, who was abducted by North Korea on November 15, 1977, while walking home from school in Niigata City at the age of 13. North Korea claims that she married Kim Young-nam, a South Korean abducted in 1978, and that they had a daughter, Kim Eun-kyung, in 1987. North Korea also alleges that Yokota suffered from depression resulting in her repeated getting in and getting out of the hospital, and committed suicide in March 1993. However, during the third round of Japan-North Korea working-level talks in November 2004, North Korea handed over Yokota's remains which the supposed husband Kim Young-nam brought to Pyeongyang. DNA testing revealed that the remains were not hers, fueling speculation that she may still be alive.

(4) Others[212]

In addition to South Koreans and Japanese, North Korea abducted individuals from more than ten other countries, including China, Thailand, France, Italy, the Netherlands, Romania, Jordan, Lebanon, Malaysia, and Singapore. The kidnappings were carried out either by force or through luring methods. The purposes behind these abductions included providing foreign language education and technical expertise in espionage and military training

---

212) Ministry of Unification's North Korean Human Rights Portal, "Late 1970s, kidnapping and forced disappearance of women in other countries" unikorea.go.kr

(3) Japan

Between the 1970s and 1980s, many Japanese citizens disappeared under suspicious circumstances. Through investigations and testimonies from defected North Korean agents, Japanese authorities concluded that many of these cases were likely abductions by North Korea. This is believed to be linked to a secret directive issued by Kim Il-sung during the expanded senior officials' Meeting in Office No.3 on November 3, 1969, as previously mentioned.

The Japanese government has officially confirmed that 17 Japanese citizens[210] were abducted by North Korea. However, as of November 2021, Japan continues to investigate and collect information on 873 other missing persons, without ruling out the possibility of North Korea's abduction.[211]

Since 1991, the Japanese government has raised the issue of abductions with North Korea at every opportunity. Initially, North Korea denied any involvement, but during the first Japan-North Korea summit in September 2002, it finally admitted to the abductions, apologized, and promised to prevent any recurrence. On October 15, 2002, five abductees (Yasushi Chimura, Fukie Chimura, Kaoru Hasuike, Yukiko Hasuike, and Hitomi Soga) returned to Japan and met with their families after 24 years.

---

210) Yukata Kume (Sep. 19, 1977, male, 52 yrs old), Kyoko Matsumoto (Oct.21,1977, female, 29yrs old), Megumi Yokota (Nov.15,1977, female, 13yrs old)), Minoru Tanaka (Jun.1978, male, 28yrs old), Yaeko Taguchi (Jun. 1978, female, 22yrs old), Yasushi Chimura (Jul.7,1978, male, 23yrs old), Fukie Chimura Hamamoto (Jul.7,1978, female, 23yrs old), Kaoru Hasuike (Jul.31, male, 20 yrs old), Yukiko Hasuike Okudo (Jul.31,1978, female, 22yrs old), Shuichi Ichikawa (Aug.12,1978, male, 23yrs old), Masumoto Rumiko (Aug.12,1978, female, 24yrs old), Hitomi Soga (Aug.12,1978, female, 19yrs old), Miyoshi Soga (Aug.12,1978, female, 46yrs old), Toru Ishioka (May 1980, male, 22yrs old), Kaoru Matsuki (May 1980, male, 26yrs old), Tadaaki Hara (Jun.1980, male, 43yrs old), Keiko Arimoto (Jul.1983, female, 23yrs old)

211) The Japanese Government's Countermeasures Headquarters, 〈Abduction of Japanese by North Korea〉, November 2021, p.3.

A representative case is that of the famous actress Choi Eun-hee and her husband, film director Shin Sang-ok. They were abducted from Hong Kong in January 1978 and escaped in 1986 while visiting Vienna, eventually returning to South Korea. It is known that they were abducted under the orders of Kim Jong-il to promote North Korea's film industry, and after his abduction, director Shin produced North Korea's first sci-fi monster film, "Bulgasari".

In addition, during the summers of 1977 and 1978, five high school students were abducted from South Korea's coastlines. In 1977, two high school students, Lee Min-gyo and Choi Seung-min, were abducted from the same beach, and in the summer of 1978, Kim Young-nam was abducted from a beach in Gunsan, while Lee Myung-woo and Hong Geun-pyo were abducted from Hongdo beach. Among them, Kim Young-nam later married Yokota Megumi, a Japanese citizen who had been abducted, though they eventually divorced. In 2006, Kim briefly met with his family during an inter-Korean family reunion event.

A former North Korean intelligence agent who defected testified during an investigation that the abduction of the high school students was carried out under the orders of Kim Jong-il by Unit 35. According to this agent, the students were abducted and educated with the intention of being sent as students to the U.S. and South Korea.[209]

Even in the 2000s, several cases of abductions occurred. A notable example is the abduction of Pastor Kim Dong-sik in 2000. Additionally, in 2004, Jin Kyung-sook, a North Korean defector, was abducted near the Tumen River border area.

---

209) Ministry of Unification's North Korean Human Rights Portal, "South Korean people's post-war abduction and forced disappearance" unikorea.go.kr

indoctrination(brainwashing); fourth, to forge passports; and fifth, for propaganda purposes.

However, the ultimate goal appears to be related to North Korea's operations against South Korea. Additionally, there have been attempts to abduct foreigners for marriage to foreign defectors or other abducted foreigners.

(2) South Korea

According to the Ministry of Unification, a total of 3,835 individuals were abducted after the war. Among them, 9 escaped and returned on their own, 3,310 were repatriated through North-South negotiations or other methods, and it is estimated that 516 have not yet returned. The majority of abductees (89%) were captured at sea on fishing boats and forcibly abducted. A total of 124 fishing boats and 1,147 fishermen were taken to North Korea. Of these, 457 fishermen remain detained by North Korea. Among the total 516 South Korean nationals still held in North Korea, 70 were abducted by North Korean agents assigned to South Korea and other countries.[207]

⟨Table-7⟩ **Post-War Abduction Status (Estimated)**[208]

Unit: Persons

Category		Fishermen	KAL Abduction	Military/ Police	Others		Total
					Domestic	Overseas	
Abducted		3,729	50	30	6	20	3,835
Retur ned	Repatriated	3,263	39			8	3,310
	Escaped/ Defected	9					9
Not Returned		457	11	30	6	12	516

---

207) Ministry of Unification's North Korean Human Rights Portal, "South Korean people's post-war abduction and forced disappearance" unikorea.go.kr

208) Ministry of Unification, ⟨2023 Unification White Paper⟩, p.56.

Korean diaspora of around 600,000 people. Additionally, Japan's domestic laws at the time lacked measures against espionage and anti-state activities, meaning that even if covert operations were detected, they were only subject to minor legal penalties such as violations of the Foreign Registration Law or the Immigration Control Law.

Following Kim Il-sung's directives, North Korea has abducted dozens of people, mostly in their teens and twenties, from around ten countries worldwide over the past few decades. These individuals were used as resources for training operatives, and it is estimated that the actual number of abductees may be higher than official figures suggest. The majority of those abducted were Japanese or South Koreans, but people from China, Thailand, France, Italy, the Netherlands, Romania, Jordan, Lebanon, Malaysia, Singapore, and other countries were also taken.

The peak of these abductions occurred between 1977 and 1978, primarily targeting women. This trend is attributed to Kim Jong-il's secret directive in 1976 to enhance the effectiveness of North Korean spy training by more systematically using foreign individuals as part of "localizing spy education."

According to the French daily Le Figaro (April 21, 2009), North Korea abducted 28 foreign women, including three French nationals, during the 1970s. Additionally, the Japan Association for Rescue of the Abducted to North Korea claimed in 2006 that North Korea had abducted at least 523 people from 12 countries such as South Korea, Japan, and other countries worldwide since the Korean War.

Experts suggest that North Korea's reasons for abducting foreigners include: first, to eliminate witnesses of illegal activities by North Korean operatives; second, to use abductees as instructors teaching foreign languages and local customs to North Korean agents; third, to acquire specialized skills from the abductees or to train them as secret agents through training and training in both legal and illegal activities, including special training in shooting and swimming.

According to A's testimony regarding Kim Il Sung's directives for operations against South Korea, "Many of the repatriated compatriots have connections to South Korea, not just Japan. By utilizing their families and relatives, it is possible to obtain the status of Korean resident in Japan and legally infiltrate South Korea at any time under the guise of a visit to one's hometown."[205]

North Korea's covert operations against South Korea through Japan are referred to as "detour operations," with the most notorious incident being the "Mun Se-gwang Incident" that occurred on August 15, 1974. Mun Se-gwang, a Korean-Japanese youth, entered South Korea using a Japanese passport and attempted to assassinate President Park Chung-hee during his Liberation Day speech. However, the bullet missed the President and hit First Lady Yuk Young-soo, resulting in her death. Mun Se-gwang was apprehended at the scene and was executed following a trial.

The verdict for Mun Se-gwang contains the following details: "Defendant Mun Se-gwang boarded the North Korean operative ship 'Mankyeongbong' at Osaka Port on May 4, 1974, where he met with a North Korean operative leader of approximately 47 years of age, who instructed him that 'the assassination of President Park was directed by Chairman Kim Il-sung.'"[206]

In the 1970s, North Korea actively pursued detour operations against South Korea through Japan. North Korea's choice of Japan as a route for such operations was due to several factors: Japan's geographical proximity, the presence of a powerful organization known as the General Association of Korean Residents in Japan (also called Jochongryon), and a significant

---

205) Sankei Shimbun: "Expand Operations. Japan is a Golden Fishing Ground" June 23, 2004.

206) Sankei Shimbun: "Expand Operations. Japan is a Golden Fishing Ground" June 23, 2004.

3. North Korea's Abduction of South Koreans and Foreigners

(1) Overview

After the Armistice Agreement, North Korea pursued a policy of subversive activities aimed at the communist unification of Korea. However, due to South Korea's anti-communist policies under President Park Chung-hee, numerous espionage incidents and underground organizations were uncovered. In this context, Kim Il-sung of North Korea began to view Japan as an 'detour route for subversive activities against the South.' On November 3, 1969, Kim Il-sung instructed at an expanded senior officials' meeting in Office No. 3 as follows:

"Repatriation of Koreans, of whose birthplace is in the South, residing in Japan to our Republic is a significant political achievement. However, this project should not be concluded with just that. The repatriation ship ("Mankyeongbong-1", since 1971) travels back and forth between Niigata Port and the Republic. This ship should not only transport repatriates but also be used for the South Korean revolution and the promotion of national reunification. While the ship is docked in Niigata, comrades should carry out activities favorable to the revolution. For example, they can gather information materials necessary for the South Korean revolution, and if needed, engage in operations to recruit or abduct Japanese nationals."[204] In summary, Kim Il-sung's instructions were a directive for the abduction of Japanese nationals.

North of Pyongyang, in the Yongseong district, there is an institution training operatives called the "Kim Jong Il Political Military University," spanning approximately 3 million pyeong (about 10 square kilometers). Former agent A, who served as a senior operative, was part of the "Leadership Core Group" at this institution, where he received thorough theoretical

---

204) Sankei Shimbun "Order to Kidnap Japanese" June 22, 2004.

(4) Shooting of Ministry of Oceans and Fisheries Official

On the early morning of September 21, 2020, Lee Dae-jun, a public official from the West Sea Fisheries Management Sevice of the Ministry of Oceans and Fisheries in Mokpo, Jeollanam-do, went missing while conducting fishing guidance activities in the waters near Yeonpyeong Island in the Yellow Sea. On the night of September 22, around 10 p.m., it was detected that he was shot by North Korean soldiers and his body was burned with oil on the coast of Deungsan-got, Gangnyeong-gun, Hwanghae-namdo, located 38 kilometers northwest of the missing point and north of the Northern Limit Line.[202]

The Ministry of National Defense, in an official briefing, strongly condemned North Korea for the possibility of having shot the missing person from Yeonpyeongdo and burned the body, denouncing North Korea's brutal actions.[203] However, the reason for the deceased's disappearance was not clarified. The Coast Guard stated that they could not confirm it due to the malfunctioning CCTV on the fishing control vessel and found no unusual points such as a last will and testament.

On September 25, North Korea sent a telegram message explaining the circumstances of the incident and, unusually, Kim Jong-un expressed regret for "disappointing the South Korean people and President Moon Jae-in." The message also revealed that, in response to the North Korean soldiers' request for identity verification, Lee Dae-jun only answered that he was "So-and-so of the Republic of Korea."

---

202) Financial News, "The full story of the 'killing of a public official in Yeonpyeong-do' revealed by North Korea..." Sep. 25, 2020.

203) Yonhap News Agency, " Seo Wook, 'possibility that North Korea burned the body for 40 minutes... and threw away into the Yellow Sea' ", Sep. 24, 2020

Kim Seung-il died, but Kim Hyun-hee survived after having her poison ampoules confiscated. Initially, there were plans to deport her to Japan due to the use of forged Japanese passports. However, once the South Korean government proved that the suicide method used was consistent with North Korean tactics[200], she was deported to South Korea.

Kim Hyun-hee was deported to Seoul on December 16, 1987, where a thorough investigation began. On January 15, 1988, under the alias Hachiya Mayumi, Kim Hyun-hee held a televised press conference in which she confessed to being the perpetrator of the Korean Air Flight 858 bombing. She revealed that the bombing was carried out under orders from North Korea's Kim Jong-il, with the goals of disrupting the 1988 Seoul Olympics, creating confusion in the electoral atmosphere, and inciting class struggle within South Korea.[201]

On January 21, 1988, the U.S. government designated North Korea as a state sponsor of terrorism and significantly tightened visa restrictions. It also revoked the guidelines that had allowed contact with North Korean diplomats since March 1987. Kim Hyun-hee was sentenced to death in 1990 but later converted to South Korea and became a free individual by being granted special amnesty by the President. The decision not to carry out the death sentence was due to her being the sole human evidence of the bombing.

---

200) 2ml glass fragments embedded in Kim Seung-il's (Shinichi Hachiya) lungs, were found to be the same as those of cyanide ampoules from autopsies of North Korean operatives who infiltrated Dadaepo in 1974 and killed themselves, and his teeth were found to have been tinkled with lead, a method only used in North Korea.

201) On Dec. 23, 1987 Mayumi confessed that her statement at the Bahraini investigation authorities and her statement right after her escorted transportation into South Korea were false. She said that her real name was Kim Hyun-hee, and as an operative of North Korea she conducted the bombing terror on the KAL 858. <Monthly Chosun> May 2018 issue, "urgent moments behind the KAL bombing, reconstructed referring to diplomatic documents released in 32 years. No trace is found that the escorted transportation of Kim Hyun-hee was timed with South Korea's presidential elections"

The bombing of KAL Flight 858 was confirmed to have been carried out according to a handwritten directive through the Head of the Investigation Department, Central Committee of the Workers' Party of Korea on October 7, 1987. Kim Hyun-hee and Kim Seung-il received the handwritten order from Kim Jong-il to bomb the flight departing from Baghdad on November 28, 1987, at 11:30 p.m. destined for Seoul.

The operatives left Pyongyang on November 12, traveling through Moscow to Budapest, Hungary. After spending six days there, they moved to Vienna by car on November 18. They stayed in Vienna for about nine days and purchased tickets for flights from Austria to Bahrain through Belgrade, Baghdad and Abu Dhabi, as well as a separate ticket from Abu Dhabi to Rome for escape purposes.

On November 27, they received a time bomb disguised as a Panasonic radio and a liquid explosive disguised as a liquor bottle from a contact named Choi who arrived at Belgrade via train. The next day, they flew to Baghdad. On November 28, they boarded KAL Flight 858 flying an air route from Baghdad to Seoul via Abu Dhabi and Bangkok, with the time bomb concealed in a shopping bag placed in the overhead bins of seats 7B and 7C, while they disembarked in Abu Dhabi to execute their escape plan.

As KAL Flight 858 continued to Bangkok, it was destroyed in mid-air over the Andaman Sea at 2:01 p.m. Korean time on November 29, after sending a final communication reporting its on-time arrival and normal position to Rangoon control tower. The explosion led to the tragic death of all 115 people on board.

The investigation initially struggled for two days, but progress began when the perpetrators attempted to leave Bahrain for Jordan with forged passports. Kim Seung-il and Kim Hyun-hee, posing as Japanese nationals Hachiya Shinichi (70) and Hachiya Mayumi (25), were apprehended at the airport. They attempted suicide by ingesting cyanide ampoules hidden in cigarette packs.

E160

(3) Bombing of Korean Air Lines (KAL) Flight 858[198]

On November 29, 1987, Korean Air Lines (KAL) Flight 858 was bombed by North Korean operatives, including Kim Hyun-hee[199], over the Andaman Sea, resulting in the deaths of all 115 passengers and crew on board. This attack was an inhumane attempt to draw international attention to South Korea's security issues and ultimately disrupt the 1988 Seoul Olympics.

North Korea had meticulously prepared its operatives for this operation. In July 1984, Kim Hyun-hee and Kim Seung-il were organized into a covert operation team of "father and daughter" and underwent extensive training in getting familiar with foreign aircraft, airport security, and boarding procedures. They traveled to Vienna, Copenhagen, Frankfurt, Geneva, and Paris for a month starting August 15 for local adaptation training.

Kim Hyun-hee received intensive Japanese and Chinese language training from January to June 1985 and was dispatched to China and Macau from July 1985 to January 1987 to undergo overseas operatives training such as gaining experience with Chinese language and customs.

---

198) Monthly Chosun (May 2019 issue) "Urgent moments behind the KAL bombing, reconstructed referring to diplomatic documents released in 32 years." Internet search https://www.chosun.com Dec. 5, 2023.

199) Kim Hyun-hee was born on Jan. 27, 1962 at Dongshin-dong, Dongdaewon area, Pyongyang. Her father is Kim Weon-seok and mother is Lim Myung-shik. Kim Hyun-hee was born the first daughter having two brothers and one sister. She lived in Havana in 1963-1967, accompanying her father who was the third secretary of the North Korean Embassy in Cuba. In Sep.1968 she entered the Hashin People's (elementary) School, at Hashin-dong, Seosung Area, Pyongyang and during that period she performed as a child actress in movies. In 1972-1977 she was enrolled at the Joongshin Middle School and during her first grade she also performed as a child actress. In Aug. 1977 she entered the Kim Il-sung University and on finishing her first year there, she entered the Japanese Language Department, Pyongyang Foreign Language School. In Mar. 1980, when she was in her second year at the school, she went through three interviews to be summoned to work as an operative at the Foreign Information Research Department, the Central Party. <Monthly Chosun (January 2004 issue)> "the truth about Kim Hyun-hee as confirmed by the US Government", internet search https://www.chosun.com Dec. 5, 2023

Yoo Byung-ha, First Officer Choi Seok-man, and flight attendants Sung Kyung-hee and Jeong Kyung-sook) and 7 passengers, remained in North Korean custody.

Among the abducted were MBC PD Hwang Won and MBC reporter Kim Bong-ju. Flight attendant Sung Kyung hee was dramatically reunited with her mother during a family reunion event at Mount Geumgang in 2001. Sung was forcibly married according to Party directives and had children, living in North Korea against her will.

On February 15, 1970, the Central Intelligence Agency and the Public Security Bureau announced that Jo Chang-hee, who had been a fixed spy under the alias Han Chang-gi, had received instructions from North Korea to hijack the plane. Jo, who had been seated in the front of the plane disguised as a passenger, threatened the pilot 14 minutes after takeoff to execute the hijacking.

Jo Chang-hee had been booking and canceling flight tickets intermittently from November 8 to prepare for the hijacking. Following this incident, aircraft were required to have security guards on board, and pilots were armed with pistols also in the capacity of security guards. On January 23, 1971, another Korean Air Lines aircraft, a Fokker 27, nearly fell victim to hijacking over Gangwon Province but was saved due to the wits of the onboard security guard and the sacrifice of Captain Jeon Myung-se. The plane made an emergency landing on Sokcho beach instead.

24 and exerted pressure via the International Red Cross. The U.S. and Germany, whose nationals were among the abducted, also actively pressured North Korea.

Eighteen days after the incident, on March 6, North Korea returned 26 of the passengers and crew members through Panmunjom but did not return the Changrang-ho aircraft.

On February 20, South Korean police announced that the abductors included North Korean spy Gi Deok-young, an agents Kim Taek-sun, Kim Gil-sun, Kim Soon-gi, Choi Kwan-ho, and Kim Hyung, who were controlled by Gi Deok-young. And also accomplices Kim Ae-hee and Kim Mi-sook (real name Kim Shin-ja) were announced. On February 25, they arrested Gi Deok-young and two others, bringing them to trial. Gi Deok-young was sentenced to life imprisonment, while the other two were acquitted and released.

(2) Abduction of Korean Air Lines (KAL) YS-11[197]

On December 11, 1969, at 12:25 p.m., a Korean Air Lines YS-11 domestic passenger plane, departing from Gangneung and heading to Seoul, was hijacked by North Korean operative Jo Chang-hee, who was disguised as a passenger, while the plane was over the Daegwallyeong area in Gangwon Province. The aircraft was forcibly landed at the Sundeok Airport in South Hamgyong Province.

Out of the 47 passengers (except the 1 operative) and 4 crew members, 39 were returned 66 days later, but 11, including the 4 crew members (Captain

---

197) https://ko.wikipedia.org/ "Korean Air flight YS-11 abduction" Internet search: December 14, 2023.

Korea, Japan, the United States, China, the Netherlands, France, Guinea, Italy, Jordan, Lebanon, Malaysia, Singapore, Thailand, and Romania, both during and after the Korean War.

2. Major Crime Cases

(1) Abduction of Korea National Air (KNA) Changrang-ho[196]

On February 16, 1958, the first air hijacking in South Korean aviation history occurred. Changrang-ho, carrying 31 passengers and 3 crew members (including Captain Willis P. Hobbs, an American, and First Officer McClaren, a U.S. Air Force Lieutenant Colonel), took off from Busan Suyeong Airport at 11:30 a.m. en route to Seoul Yeouido Airport. At approximately 12:40 p.m., over Pyeongtaek, five North Korean operatives, including Kim Taek-sun, hijacked the aircraft and forced it to land at Pyongyang International Airport.

Among the passengers were not only the American captain and co-pilot but also a U.S. military advisor (Lieutenant Colonel) and a German couple, along with high-profile figures such as Yoo Bong-soon, a National Assemblyman belonging to the Freedom Party, and Colonel Kim Ki-wan of the Air Force's Troop Information and Education Office.

The day after the incident, on February 17, North Korea announced that the KNA aircraft had "voluntarily defected". It was viewed as a form of propaganda to showcase the superiority of their regime. The United Nations Command demanded the prompt return of the passengers, crew, and aircraft through the chief delegate of the Military Armistice Commission on February

---

196) Korea News' 153, "National Rally to Return Forced Abducted Passengers," Korea News 155, "The Abducted Persons Returned." https://namu.wiki/w/ "The Changrang-ho Abduction Incident" on the Internet: Dec. 14, 2023.

(November 23, 2010)[193]. As of December 31, 2022, North Korea has carried out 3,121 cases of infiltration and localized provocations.[194]

Aside from these military provocations, another important aspect to note is the crimes committed against civilians. North Korea has carried out terrorism and abductions targeting civilians, such as the abduction of the Korean National Air (KNA) Changrang-ho (February 16, 1958), the abduction of Korean Air Lines (KAL) YS-11 (December 11, 1969), and the bombing of Korean Air (KAL) Flight 858 (November 29, 1987). Notably, civilian abductions have occurred over the past several decades, including the abduction of 17 Japanese citizens, and have taken place in over ten countries worldwide. The abductees are reported to reside in the area around the foreign abductees' residence in the vicinity of Dongbuk-ri Guesthouse in the northeastern region of Pyongyang and the Japanese Revolutionary Village by the Taedong River, where the hijackers of the "Yodo-go stay". They are reportedly forced to teach Japanese or European languages at the Kim Jong Il Political Military University.[195]

In May 2011, the North Korea Human Rights Committee, based in Washington, D.C., released a report titled "North Korea's Abduction Crimes Against Foreigners." According to this report, North Korea has abducted 180,108 individuals from 14 countries around the world, including South

---

193) The Yeonpyeong Island shelling battle was a firepower battle in which the North Korean artillery unit launched 170 indiscriminate shelling of Yeonpyeong units and nearby civilian houses at around 2:30 p.m. on November 23, 2010, and South Korea's Yeongpyeong Unit fired back with 80 artilleries employing K-9 self-propelled guns. Two South Korean Marines were killed and two civilians were killed in this shelling battle.

194) Ministry of Defense, "2022 Defense White Paper", p.352.

195) Chosun Ilbo, "North Korea's abduction of foreigners, the greatest crime in modern history." May 14, 2011.

(June 15, 1999)[189], the Second Naval Battle of Yeonpyeong (June 29, 2002)[190], the Battle of Daecheong (November 10, 2009)[191], the sinking of the ROKS Cheonan (March 26, 2010)[192], and the shelling of Yeonpyeong Island

---

189) The first Naval Battle of Yeonpyeong was on June 15, 1999, when four North Korean Navy patrol boats penetrated 2km south of the Northern Limit Line (NLL) along with 20 fishing boats, and South Korean Navy high-speed boats and 10 patrol boats were dispatched to push them away and got engaged in combat. The South Korean Navy carried out pushback on two occasions, but North Korean patrol boat 684 launched a 25mm cannon attack, thus South Korean Navy patrol boats fought back. In the skirmish North Korea suffered such losses ; one patrol boat sank, five patrol boats were damaged, and 20 soldiers were killed and 30 wounded. South Korean Navy's seven seamen got promoted by one grade, and Navy Lieutenant Senior Ahn Ji-young was awarded the Ulchi Order of Military Merit.

190) The second Naval Battle of Yeonpyeong took place on June 29, 2002. In the area south of the Northern Limit Line (NLL) near Yeonpyeong Island, South Korean Navy's Chamsuri Class high speed boat 357 was responding with blocking maneuvers. North Korean Navy's Deungsangot 684 approached the South Korean vessel to make a surprise attack. North Korean naval attack killed six South Korean seamen, injured 19 and sank speed boat 357. The North Korean Navy suffered more than 30 casualties and Deungsangot 684 got half-broken and retreated by being towed away. It is analyzed that the second Naval Battle of Yeonpyeong was a revenge attack planned to make up for the defeat in the first Naval Battle of Yeonpyeong.

191) Daecheong Naval Battle. At around 11 a.m. Nov. 10, 2009, a North Korean naval patrol boat penetrated the NLL at the point of 11.3km west of Daechong Island and moved southward. Although the South Korean Navy conducted five times of warning broadcasts, the North's side did not respond, and accordingly the South's side conducted warning shots. In reaction the North's side fired targeted shots and the South's patrol boat fired back, and the North Korean patrol boat was half-broken and towed away toward the North.

192) The sinking of the ROKS Cheonan. On Mar. 26, 2010, on the sea near Baengnyeongdo Island, South Korean Navy's corvette PCC772 ROKS Cheonan was sunk by torpedo attack from a North Korean submarine. At this incident South Korean Navy's 40 seamen were killed and 6 went missing. According to the Free Asia Broadcasting, North Korea's 10 soldiers were killed and 30 were wounded.

axe murder incident at Panmunjom (August 18, 1976)[186], the bombing of Rangoon, Myanmar (October 9, 1983[187], the submarine infiltration incident in Gangneung (September 18, 1996)[188], the First Naval Battle of Yeonpyeong

---

186) The Panmunjom Axe atrocities were committed around 10 p.m. on Aug. 18, 1976, when more than 30 North Korean soldiers wielded axes inside the Joint Security Area near Panmunjom, killing the Company commander Captain Arthur George Bonifas (born April 22, 1943) and the platoon commander Lieutenant Mark Thomas Barrett (born June 9, 1951), who were supervising the pruning of the poplar tree. And the North Koreans inflicted heavy or light wounds on the four NCOs of the U.S Army and ROK Army's officer, NCO and four enlisted men and damaged three UN military trucks.

187) The bombing of Aung San Mausoleum in Myanmar was a bombing terror aimed at assassinating South Korean President Chun Doo-hwan on October 9, 1983 by a trio of North Korean operatives (Kang Min-cheol, Shin Ki-chul, and Kim Jin-soo). At the time, President Chun Doo-hwan planned to pay tribute to Myanmar's independence hero, General Aung San, at 10:30 a.m. but was delayed by about 30 minutes due to a traffic jam. North Korean operative Shin Ki-chul activated the bomb switch, believing the rehearsal taking place held at 10:30 p.m. to be the main event. The incident killed 17 ministers and entourage, including South Korean Deputy Prime Minister Seo Seok-joon, Foreign Minister Lee Bum-seok, and Minister of Commerce Kim Dong-hwi, and injured other entourage and reporters, including Chairman of the Joint Chiefs of Staff Lee Ki-baek.

188) The Gangneung submarine infiltration incident occurred on September 18, 1996, when 26 special troops and crew members from the reconnaissance bureau of the North Korean Ministry of the People's Armed Forces penetrated into the land of Gangneung after North Korea's shark-class submarine (23.5m long, 325t in weight, 7 knots on water, 12 knots in water) ran aground off the coast of Aninjin, Gangdong-myeon, Gangneung-si, Gangwon-do. Of these, 13 were killed by the South Korean military, 11 were killed on their own, 1 was captured, and 1 was killed alive, and 1 fled to the North. The damage to our troops was 11 soldiers, 1 police officer, 1 reserve soldier, and 6 civilians were killed in a battle or accident.

E153

IV. Post-Armistice Agreement Criminal Activities by North Korea

1. Overview

An armistice refers to a temporary cessation of military actions. Therefore, the Korean Peninsula should still be considered in a state of war. Since the signing of the armistice agreement, North Korea has committed approximately 430,000 violations of the armistice over the past 70 years.[183] North Korea has committed numerous provocations, including the development of nuclear missiles, the attempted attack on the Blue House (January 21, 1968)[184], the abduction of the Navy broadcasting boat I-2 (June 5, 1970)[185], the

---

183) KBS News, "70 years after signing [Issue & Korean Peninsula] Armistice Agreement...What are the gains and losses?" (July. 8, 2023.); Joong Ang Sunday (Special Report), "The 'temporary agreement' that has maintained peace on the Korean Peninsula for 70 years without a peace treaty [70th anniversary of the signing of the Korean War Armistice Agreement] (July. 24, 2023). https://www.joongang.co.kr/article/25179250 Internet search Mar. 26, 2024.

184) The attempted attack on Cheongwadae (the Blue House) was an incident in which on Jan. 21, 1968, thirty one armed operatives belonging to 124 Unit, reconnaissance bureau, National Security Ministry (currently Ministry of Defence) of North Korea, on order to assassinate President Park Chong-Hee , infiltrated until Segomchung Pass, Chongno-gu, 300 meters away from the Cheongwadae. 29 out of the 31 operatives were killed and one (Kim Shin-jo) surrendered, and one (Park Jae-kyung) who killed colonel Lee Ik-soo of the 15th Regiment, the Ist Division of ROK Army, escaped to the North and later became deputy minister of Defense.

185) The abduction of a Navy broadcasting vessel was the incident at around 13:40 on June 5, 1970, when a 120-ton small naval vessel operating in western waters of Yeonpyeong Island was captured by North Korea after being attacked by a North Korean patrol boat. The I-2 vessel was tasked with installing broadcasting equipment, communicating with fishing boats from both Koreas, and preventing possible disputes between the vessels. Twenty crew members, including the vessel chief, warrant officer Jeong Su-il, were either killed or abducted during the fighting, and their fate is yet to be known. Jeong Won-woong, Military Affairs No. 106 "Abduction of a Navy Broadcasting Ship" (Seoul: Military History Compilation and Research Institute), Mar. 2018.

E151

While it may be debated whether the Geneva Convention IV applied in 1950 given that neither North nor South Korea were parties to it at the time, the prohibition of forcible transfers was established in wartime customary law before the Geneva Convention IV and is a humanitarian principle expected of civilized nations, making it a serious violation of international humanitarian law. Additionally, the detention of abducted individuals violates Article 79 of Geneva Convention IV, while the killings during the abduction process contravene Articles 32(1) and 32(2). Acts of torture, threats, and physical violence are violations of Articles 3, 27, and 32 of Geneva Convention IV. Furthermore, the infringement on property rights of abducted persons breaches Article 46, and the forced conscription of abductees into military service and compulsory labor for military purposes seriously violate Article 51.

From the perspective of international criminal law, North Korea's wartime abductions of civilians constitute serious war crimes and can be considered crimes against humanity, specifically enforced disappearances and the deprivation of physical liberty. Consequently, North Korea's violations of international humanitarian law are in breach of Article 8(2)(a) of the Rome Statute.

From an international human rights law standpoint, these actions represent severe violations of civil and political rights, economic and social rights, and the right not to be subjected to enforced disappearances. Furthermore, failing to facilitate the return of the wartime abducted persons to their original places of residence violates the "duty to facilitate the return of displaced persons" under Article 3(59) of the Armistice Agreement, and constitutes a significant crime against both the Constitution of the Republic of Korea and domestic laws.

6. Judicial Evaluation and Challenges[180]

The evaluation of human rights violations against wartime abductees can be examined from three perspectives: international humanitarian law, international criminal law, and international human rights law..[181] The wartime abduction of civilians by North Korea constitutes a severe violation of the Geneva Convention Relating to the Protection of Civilian Persons in Time of War of August 12, 1949 (hereinafter 'Geneva Convention IV'[182] and international humanitarian customary law.

Article 49 of Geneva Convention IV states: "Individual or mass forcible transfers, as well as deportations of protected persons from occupied territory to the territory of the Occupying Power or to that of any other country, occupied or not, are prohibited, regardless of their motive." North Korea's wartime abductions of civilians directly violate this provision.

---

180) Song Soo-hyun, 〈2020 North Korean Human Rights White Paper〉 (Seoul: Korean Bar Association, Jun. 29, 2020), pp. 363-364.

181) Je Seong-ho, 〈Finding the truth about the abduction of the Korean War: Results and Tasks〉, materials collection of the 42nd monthly seminar of the Human Rights Research Institute of Mulmangcho (June 9, 2017). pp. 16-18.

182) The basic spirit of the Geneva Convention IV is that the realization of humanitarianism against civilians, that is, all warring states have an obligation to actively protect civilians (protected persons) not directly participating in combat. To this end, the following contents are stipulated. First, insulting behaviors that degrade the dignity, such as summary execution and torture of hostages, are prohibited regardless of time and place. Second, the patient is treated the same as a soldier in the military, and civilians in the enemy territory must be repatriated freely. Third, the normal condition of the residents in the occupied area must be guaranteed, and deportation or forced transfer is prohibited. Fourth, forced labor is prohibited for minors under the age of 18, and individuals are given the right to make petitions with the Protecting Power. Fifth, safe zones are established for children, women, and the elderly. Song Geon-young, "An Analysis of the Causes of Abduction of leading South Korean Personnel by North Korea during the Korean War" (Seoul: Human Rights Seminar of the Committee for Investigation of War Crimes, Mulmangcho), see Appendix "3" on June 14, 2019.

clear war crime and human rights abuse. Additionally, the regime utilized these abductees through ideological education of them to maintain its control, while those who resisted were either isolated in political prison camps or labor reeducation centers, or purged if they did not conform or were deemed to have no further utility.[179]

These individuals were classified as hostile classes under the North Korean regime and were exiled to coal mines or mining regions, living under strict surveillance and control. After the war, North Korean authorities conducted rigorous investigations into the backgrounds and ideological beliefs of the abducted individuals, and those branded as reactionaries were placed in coal mines or political prison camps.

Abducted individuals with political utility or those involved in the National Assembly espionage case, totaling 43 people, were treated as grade 4 and used politically forming the 'Peace and Unification Promotion Council.' After about two years, individuals such as Kim Jun-pyeong, Kim Si-myung, and Cho Byeong-rae, who were deemed no longer politically useful, were purged and imprisoned in political prison camps. Those who deceived their identities among the abductees were subjected to 'people's trials' and executed by hanging.

The North Korean regime monitored the activities of the abducted individuals through the Party, State Security Agency, and Ministry of Public Security, and also kept a close watch on their daily lives, including workplaces and neighborhood groups. Not only the abducted individuals but also their families and children were classified as hostile classes, subjected to surveillance, and faced discriminatory treatment.

---

179) "History Materials of abductions cases during the Korean War vol. 1"(Seoul, The Archive of History materials of abductions cases in Korean War, 2006), pp.1020~1041. Lee Mi-il, "ROK abductees to North Korea and its present situation and tasks", [International Community's awareness and tasks regarding North Korea's Human Rights], International Symposium on North Korea's Human Rights, 2008, requotation p.3.

Meanwhile, the 1968 ROK publication, "North Korea General Survey", contains a list of over 160 abducted individuals, including their abduction details, deaths, or conditions of detention in North Korea. For example:

Former Gyeonggi Province Governor Gu Ja-ok is recorded as having died in the mountains near Gangye during forced abduction by North Korean troops in November 1950, based on testimony from the religious figure Song Chang-geun, who was also being abducted together.

Poet Kim Dong-hwan is listed as having worked as a proofreader and laborer for the Pyeongnam Ilbo around March 1953, been a central committee member of the Peaceful Unification Promotion Council in July 1956, and was then exiled to a concentration camp in Pyeongbuk around December 1958.

Pastor Song Chang-geun is noted to have arrived to be detained in Manpojin in December 1950, been imprisoned in the Pyongyang Reeducation Center from early 1951 to May 1954, and then went missing after 1955.

Doctor Lee Seong-bong is recorded as having worked as a surgeon at the Pyongyang Soviet Red Cross Hospital in early 1952 and as a physician at Pyongyang Clinical Hospital around May 1957. By early 1959, he was purged and relegated to a 'ri'(village) doctor position.

Park Jong-man, the former head of the Fisheries Bureau, was detained in the Pyongyang Reeducation Center until late July 1956 and was then forcibly relocated to work as a laborer near the Supung Power Plant in August 1956.

Jo So-ang is noted as having been a top committee member of the Peaceful Unification Promotion Council in July 1956 but was arrested as a counter-revolutionary figure along with Eom Hang-seop at the end of 1959.

In this way, individuals abducted during the war suffered severe human rights violations under the North Korean regime. They have been forcibly detained by the North Korean government to this day, which constitutes a useless or were stigmatized due to their religion or background, their fate could become uncertain or they could be sent to temporary detention camps. For instance, Baek In-je, a doctor, was not assigned to a position due to his religious affiliation, unlike other doctors. Although he was requested by other doctors to work at the Pyongyang Soviet Red Cross Hospital's surgical department, he was excluded from important tasks. His dissatisfaction led to him being labeled as a reactionary, resulting in his expulsion to the Gamheung-ri Temporary Detention Camp.

Another example is Kim Si-chang, a doctor who served as the head of the surgical department and a professor at Pyongyang Medical University. He was removed from his teaching position due to accusations of sectarianism and subsequently worked as a researcher at a small medical research institute.[177]

Kim Eok, a cultural figure, was classified as a reactionary writer after undergoing strict scrutiny by South Korean Labor Party officials. Despite this, his talent was recognized, and he was employed by a state-run publishing house. However, living in a dormitory and subsisting on mixed grains and raw soybean paste, he fell ill within a few months, developing severe pneumonia. Despite these hardships, he endured a miserable existence under the surveillance of the Political Security Department.[178]

Through the "Death Years," it can be confirmed that abducted individuals from various fields—politicians, social dignitaries, religious figures, medical professionals, and cultural workers—were subjected to forced labor camps and led miserable lives after being forcibly taken to North Korea.

---

177) "convenient stigmatization 'reactionary'... purges after forced hard labor: The Years of Death (Abductees' Life in North Korea 51)", Dong-A Ilbo, Jun. 5,1962

178) "troubles even in love affairs...Kim Eok, Kim Dong-hwan, in the cold glare: The Years of Death (Abductees' Life in North Korea 26)", Dong-A Ilbo, Apr.25,1962

suffering from a severe illness, and Choi Kyu-dong, who was debilitated due to kidney issues, were among those held. Other notable figures like Yoon Gi-seop and Jeong In-bo were also present at the school. On October 10th of the same year, these individuals were suddenly ordered to move towards the direction of Kangye. Due to their deteriorating conditions, Lee Kwang-su and Choi Kyu-dong, unable to move further, were executed by the North Korean forces.[174]

The conditions for those classified as 'reactionaries' in the religious, medical, and cultural fields were also dire. After the signing of the Armistice Agreement, North Korea attempted to recruit about 10 prominent figures from religious circles, such as Namgung Hyeok, Park Sang-geon, Oh Taek-gwan, and Song Tae-yong. However, these individuals clearly refused to cooperate, even considering martyrdom. Consequently, the North Korean "Fatherland Unification Democratic Front" decided to eliminate them. However, North Korea, accepting the advice of those like Eom Hang-seop, attempted to win them over by dispersing these religious leaders and assigning them domestic helpers, though the individuals remained steadfast in their refusal.[175] Subsequently, the abducted religious figures were confined in the Jaseong Lumber Mill Forced Labor Camp in Yanggang Province around late March 1958, where they were subjected to hard labor.[176]

Doctors received relatively special treatment, but if they became deemed

---

174) "Chunwon, Choi Kyu-dong, killed at concentration camp: The Years of Death (Abductees' Life in North Korea 9)", Dong-A Ilbo, Apr.7,1962

175) "failed attempts to win over the men of religion... separate households were forced by sending domestic helpers: The Years of Death (Abductees' Life in North Korea 36)", Dong-A Ilbo, May 11,1962

176) "concentration camp is the very prison... worked even until bones are crushed: The Years of Death (Abductees' Life in North Korea 48)", Dong-A Ilbo, May 28,1962

ceased its activities after 1958. The internal power struggle in North Korea intensified, with the removal of the Yan'an faction and the Soviet faction. Amidst this turmoil, key figures of the North Korean Peaceful Unification Committee were arrested or subjected to rigorous investigations on charges of state subversion, anti-party activities, and counter-revolutionary actions.

Notably, Cho So-ang died around September 1958 while under investigation for related charges. Song Ho-sung, Myung Je-se, Koo Deok-hwan, Oh Jeong-bang, and Kim Jang-ryeol were eventually classified as undesirable elements and had to undergo ideological training at the Party's Central Committee Special Training School. At this training school, they were subjected to forced ideological education, physical labor, and military training. Many endured significant suffering due to the coercive and harsh nature of the educational process.

After completing the training, the abductees were sent to rural areas such as Sookcheon in South Pyongan Province, Songhwa in South Hwanghae Province, and Bukcheong and Jeongpyeong in South Hamgyong Province. They were assigned as clerks at state-owned fruit farms and state farms, or were forced into factory labor.[172]

Among the prominent figures, Chunwon Lee Kwang-soo arrived in Pyongyang on August 10, 1950, and was interned with Choi Kyu-dong, the former president of the Seoul National University, at a private house in Kono-gol, West Pyongyang.[173] In early October, the abducted individuals were moved to an elementary school in West Pyongyang, where Lee Kwang-su,

---

172) Lee Tae-ho, testimony of Shin Kyung-wan (pen name), previous book. pp. 400-433.

173) Along with them, social celebrities Go Won-hoon, Choi Lin, Hyun Sang-yoon, Kim Dong-won, Son Jin-tae, and Myung Je-se, who opposed the communist system, arrived in Pyongyang by Aug. 20. The Years of Death (Abductees' Life in North Korea), Dong-A Ilbo, March 29, 1962.

5. Human Rights Conditions of Abductees in North Korea[170]

What was life like for abductees in North Korea? Except for a few cases, very little is known. The available information is mostly limited to a few testimonies and North Korean reports. Notable sources include "The Years of Death" by Jo Cheol, who was abducted in September 1950 and spent ten years with other abductees before escaping and returning, recording the conditions of abductees in North Korean captivity. "The Winter on the Yalu River" written by Lee Tae-ho on the basis of testimonies by Shin Kyung-wan, provides insights into the lives of abducted leaders and their longing for reunification. "Man of Time Limitation" by Kim Yong-kyu, who was abducted in March 1951 and engaged in espionage activities toward South Korea before defecting in 1976, offers valuable testimony on the conditions faced by abductees. In addition, North Korean media such as "Rodong Shinmun" and "Fatherland Front" provide some information on the living conditions of abductees. In summary, the conditions for abductees in North Korea were harsh and often brutal. Key aspects include:

After the signing of the Armistice Agreement in July 1953, North Korea actively began to utilize abductees, including students and professors, in events to promote its united front movement against South Korea.[171]

However, the North Korean Peaceful Unification Committee suddenly

---

170) Song Geon-young, "Analyzing the Cause of North Korea's Abduction of South Korean Prominent Personnel during the Korean War" (Seoul: Human Rights Seminar of the 62nd Committee on War Crimes Investigation, Mulmangcho), June 14, 2019.

171) Major South Korean politicians and representatives of social organizations who participated in the Committee for the Promotion of Peaceful Unification of Korea in North Korea are known to be Oh Ha-young, Jo So-ang, Ahn Jae-hong, Um Hang-seop, Yoon Ki-sup, Song Ho-sung, Kim Yak-soo, Kim Hyo-seok, Won Se-hoon, Choi Dong-oh, and Hwang Yun-ho. The Korean War Abducted Crime Investigation Committee, ⟨The Investigation Report on Abduction Damages during the Korean War⟩, May 2017, p. 270. re-quotation.

Before the January 4th Retreat, someone went to sell pollack and saw Kim o-seok in a restaurant in Manpo, Jagang Province. When asked why he was there, Kim o-seok whispered, "I've been abducted. Don't tell anyone. It's dangerous." So he didn't tell anyone about Kim. There were no further updates on his condition afterward.

Yongsan Internal Affairs, personnel with red armbands conducted a house search, seizing all cash, valuables, and nailed down household goods, to prevent access. Kim o-seok's home was repurposed as a base for the Democratic Women's Alliance, and his family had to take refuge in their relatives.

Later, when Kim's family went to retrieve red pepper paste and soybean paste, they were told it could not be given out because they were considered "reactionaries." After protesting to North Korean soldier wearing red armband at the police sub-station, they eventually received the paste. Upon returning home, they found that all household goods were missing, with nearby police stations holding the items and all housewares likely taken by women's committee members.

of appreciation from President Syngman Rhee at an industrial fair and was involved with the Korean Youth Association. His company's office and electrical goods sales facility were located in Chungmuro 2-ga, Jung-gu, Seoul. On the morning of August 4, 1950, around 11 a.m., two unidentified men entered his store looking for something. When they found nothing, they said they wanted to see the owner and left. Shortly after, three North Korean soldiers entered, grabbed Kim ○-gi by the arms, and took him away.

That night, around midnight, Kim ○-gi was taken by jeep to his home, where the three North Korean soldiers çonducted a search, looking for evidence of 'reactionary' activities, and sealed all the furniture with tags. They attempted to capture Kim ○-gi's grown sons but were unsuccessful as the sons had fled. The following day, August 5, the North Korean soldiers returned and confiscated all assets from the company, loading five trucks, and also from his home, loading one truck. They frequently raided the house in search of Kim ○-gi's sons but did not succeed in capturing them. They even took the safe containing land documents. As a result, Kim ○-gi's witnesses and brothers lived in extreme hardship, selling gums and cigarettes to make a living.

(5) Case of Attorney Kim ○-seok[169]

Attorney Kim ○-seok was taken by the Internal Affairs personnel wearing red armbands who told him they had questions to ask and instructed him to come with them. It is reported that he protested strongly during the interrogation by the Political Security Department. Later, Kim ○-seok's upper garment, which he wore at the time of his abduction, was found at Seodaemun Prison.

---

169) The Archive of History Materials of Abductions Cases during the Korean War, above book, pp. 37-44

(3) Case of Nursing Student Park 0-ja[167]

Park ○-ja, a student at Seoul National University's College of Medicine affiliated Nursing School, was involved in medical support activities under duress at Seoul National University Hospital during the North Korean occupation. She was forcibly abducted when the North Korean troops withdrew. Park ○-ja was transported by train from Cheongnyangni to Cheorwon, and then continued on foot through Icheon, Gangwon Province, and Pyongyang, eventually reaching near the Yalu River before escaping. During her journey on foot, she testified that the North Korean soldiers executed those who could not walk.

She recounted:

"We were taken to Icheon, Gangwon Province, and there we met people like Dr. Kim ○-chang. Dr. Kim ○-chang didn't eat anything and while carrying a cup of water and a cane, walked being propped by someone. As we walked, the North Korean People's Army told us to raise our hands if we had leg pain or had difficulty walking. When everyone raised their hands, they instructed us to move to one side and we followed. Then they started shooting and we ran away. Those who were shot fell, and those who weren't hit tried to return to us. The fallen were injured, but then they shot them again. With another round of shooting, they died. This happened several times. After that, people stopped complaining about their pain because if they said they were hurting, they would be killed."

(4) Case of Businessman Kim ○-gi[168]

Kim ○-gi, the president of Seoul Electric Company, received a certificate

---

167) The Korean War Abductee Investigation Committee, above book. p. 268.

168) The Archive of History Materials of Abductions Cases during the Korean War, <History Materials of Abductions Cases during the Korean War vol. 1>, pp. 69-77

He accumulated wealth by running the "Gyeongnam" brick factory, and supplying bricks to the US military government, which led to being targeted by the North Korean authorities. Lee o-ki, being the son of Lee o-jae, was arrested along with his uncle (the manager of the Gyeongnam brick factory and the deputy head of the Daehan Youth Corps in Shiheung County, as well as the head of the Corps in Dong-myeon) by leftist-affiliated factory employees (security unit) and taken to his father's factory (the headquarters of the Yeongdeungpo People's Committee). The security unit restrained him by tying his hands, removing the buttons from his upper and lower garments, and using the rubber band from his underwear to keep his pants up.

Later, the security unit and the Yeongdeungpo Internal Affairs Office attempted to capture Lee o-ki's father, who lived in Chodong, Seoul, but failed. They then detained Lee o-ki at the Jung-gu Internal Affairs Office after passing through the Yeongdeungpo Internal Affairs Office, and around August 10, he was transferred to the Political Security Department. During his time at the Political Security Department, located where the Korea Exchange Bank used to be, Lee o-ki endured severe torture. Even decades later, he experiences mental fog during summer and symptoms of his fingers bending and trembling as a result of the torture.

Lee o-jae, the father of Lee o-ki, was arrested on September 15 at a friend's house, Jo o-young, and underwent severe torture at the Political Security Department before being transferred to Seodaemun Prison. Jo o-young was the only one released, who then conveyed the situation. Subsequently, Lee o-ki went to Seodaemun Prison to find his father's body, but was unable to locate it due to the large number of bodies.

E139

those who fell were brutally beaten with whips and rifle butts. It was a "death march to the North", where those who were beaten fell flat on their faces and had to get up due to harsh beatings.

When there were air raids, the prisoners who took shelter in ditches drank muddy water, and those who hid in vegetable fields ate radishes with dirt still on them. After enduring the cold and hunger, they arrived in Pyongyang on October 7. The abductees were confined in narrow rooms in a building that resembled a school. Those who showed signs of severe mental distress from the unbearable suffering were beaten with rifle butts by the North Korean soldiers and never returned after being dragged outside.

A few days later, on another night, the abductees were again bound in groups of ten and formed a long column, consisting of about 2,000 people. While walking north with his group, Dr. Chae heard the sound of a truck and saw one loaded with shovels and picks. Fearing an imminent massacre, he used his last ounce of strength to cut the ropes binding him. As a result, ten people in his group collapsed simultaneously. When the North Korean soldiers shouted, "Who did this?" and gunshots were heard, those who had fallen scrambled to their feet in terror. In the chaos, Dr. Chae managed to slip away from the column and hid in the bushes. After about an hour, he found that no one was around. After a series of trials, Dr. Chae Dae-sik eventually reached Namcheon and was greeted by the South Korean and UN troops with the Taegukgi (South Korean flag), successfully escaping.

(2) Case of Student Lee ○-ki[166]

Lee ○-jae, the father of student Lee ○-ki, had been closely associated with right-wing figures and had clashed with leftist forces before the war.

---

166) The Korean War Abductee Investigation Committee, above book. p. 267.

war supplies back to the North as the UN forces conducted the Inchon landing and counter-offensives, which caused the North Korean army to retreat. Key cases of victimization include the following:

(1) Dr. Chae Dae-sik[164]'s Abduction and Escape[165]

Dr. Chae Dae-sik was hiding at his in-laws' house after the North Korean forces occupied Seoul. On the early morning of July 8, while he briefly visited his home, he was arrested by a local self-defense unit. He was detained at the police sub-station, then transferred to the Political security office, and finally imprisoned at the Seodaemun Prison. The prison was overcrowded, and many inmates fell ill due to the heat and anxiety. The North Korean forces sought out doctors among the prisoners, and Dr. Chae Dae-sik began treating other inmates.

Despite his efforts, the North Korean soldiers, hitting Chae with rifle muzzle, accused him of having ulterior motives and accused him of working too diligently. On the night of September 20, the prisoners were bound in groups of ten and forced to march under strict surveillance by the North Korean soldiers. They were marched from Seoul through Jongno, Changkyongwon, Hyehwa-dong, and past Chae's hospital and home in Donam-dong and Mia-ri. They continued on foot for about ten days until early October. Due to their prolonged confinement, the prisoners found walking difficult. They were dragged barefoot in ragged summer clothes, and

---

164) He ran as a candidate for a member of the 2nd National Assembly in Mungyeong-gun, Gyeongsangbuk-do, but failed. He later served as the deputy head of finance of the Central Department of the Liberal (Jayoo)Party. Chase Dae-sik, "staved off hunger by catching field mouses", <I lived like this" (Seoul : Eulyoo Munhwasa Co. 1988), pp.7-15

165) The Korean War Abductee Investigation Committee, "The Fact-Finding of Report Abductees, Damage in the Korean War", May 2017. pp. 265-266.

UN bombing in Seoheung, while a few others were hospitalized with serious and light injuries. The remaining 25 figures, who worked for the Korean Provisional Goverment(in China) including Kim Kyu-sik, Cho So-ang, Cho Wan-gu, Oh Ha-young, Yun Gi-seop, Ryu Dong-yeol, Choi Dong-o, Ahn Jai-hong, Jeong Kwang-ho, Lee Kang-woo, Jang Deok-ro, Jang Yeon-song, Oh Jeong-bang, Won Se-hun, Kim Heon-sik, Kwon Tae-yang, Kim Hong-gon, Ahn Woo-saeng, and Kwon Tae-hee, moved to Manpo via Pyongyang and Heecheon.

4. Ordinary Civilian Abductions and Cases of Victimization

While the abductions of major figures were pre-planned, the majority of civilian abductions were carried out through forced mobilization. This forced mobilization occurred throughout the war and resulted in the People's Volunteer Army and the Labor Battalions. As previously mentioned, by the end of 1951, the Ministry of Home Affairs reported that of the 126,325 abductees, 71% (89,853 people) were conscripted into the People's Volunteer Army and sent to the front lines.

This recruitment was in accordance with the Military Committee's 4th session decision on July 1, 1950, which mandated the organization of the People's Volunteer Army, and the party's directive on July 6 concerning the initial establishment of the volunteer army. Following the initial recruitment in Seoul, this forced conscription was expanded nationwide. While some leftist political prisoners, students, and workers voluntarily joined the volunteer army, the majority were conscripted in preparation for to the protracted war.

Individuals recruited into the People's Volunteer Army underwent basic military training and were immediately deployed to combat zones, where they were primarily used as cannon fodder or for tasks such as airfield repair and construction. Labor Battalions were mainly used to transport weapons and to Taechon, crossing the treacherous Jukyuryeong mountain range, which includes peaks such as Sungjeok-san, Ssukbat-ryeong, Satgat-bong, and Ogun-ryeong, with elevations around 1,500 meters. The harsh conditions, including hunger and cold, led to many dropouts and deaths along the way. Notably, the renowned Korean literature scholar Jeong In-bo succumbed to starvation and bitter cold in late November after enduring over a week of deprivation. The remaining members eventually reached Manpo via Kanggye.

Those who were too weak and had been left behind at the Western Pyongyang detention camp, such as Lee Kwang-soo and Choi Gyu-dong, did not receive proper medical treatment. And during their belated transportation to hospital, Choi Gyu-dong reportedly died in the village of Maram near Yongseong due to a US air raid. Lee Kwang-soo, whose tuberculosis worsened, died on October 25 at the peak of Gogaedong in Manpo-myeon. Lee Kwang-soo's third son, Lee Young-geun, visited Pyongyang in late July 1991, paid respects at his father's grave at Wonsin-ri cemetery, and learned from North Korean officials about the circumstances of his father's death after more than 40 years.

About 30 individuals, including Kim Kyu-sik, Cho So-ang, and Ahn Jai-hong, and those with health issues or elderly individuals who voluntarily presented themselves and were involved in the National Assembly moles case, were exempt from the first round of reeducation and initially detained at their homes or in hotels in Seongbuk-dong and Seongnam. They were transported to Pyongyang on September 27, the day before the UN forces recaptured Seoul. They traveled in jeeps, civilian cars, and military trucks, passing through Seongbuk-dong, Samseon-gyo Pass, Jongno, Susaek, Ilsan, and Munsan to reach Pyongyang.

Among these 30 individuals, Bang Eung-mo and Kim Bong-jun died due to schools, and inns in areas such as Kono-gol, Gamheung-dong, and Gambuk-dong in Western Pyongyang. They had to receive daily 8-hour lectures from professors of Kim Il-sung University and the People's Economic University on subjects like political economy, philosophy, the history of the Soviet Communist Party, the Communist Manifesto, Leninism, and the history of the liberation struggle. Five days a week were dedicated to lectures, while one day was reserved for visits to factories and public places, such as the Pyongyang City, Hwanghae Steelworks, Nampo Glass Factory, and the Pyongyang Textile Factory, and for watching films and plays.

Prominent figures such as Lee Kwang-soo, Jeong In-bo, Choi Rin, Hyeon Sang-yoon, Choi Gyu-dong, Myeong Je-se, and Baek Kwan-su, who were labeled as 'reactionaries' from the beginning, were kept in a remote area of Western Pyongyang for their education. The North Korean authorities pressured them to "reflect on their past and cooperate with national unification," and figures like Hong Myeong-hee, Kim Won-bong, Lee Man-kyu, and Hong Joong-sik repeatedly tried to persuade and win them over.

After the UN forces successfully landed at Incheon, North Korea, preparing for the fall of Pyongyang, moved the abducted figures through three routes to the rear. The first category, consisting of pro-participation and pro-negotiation figures, as well as those who voluntarily reported, left Pyongyang by military truck on October 8, traveling through Sooncheon, Kaechon, Gujang, Heecheon, Jeoncheon, and Kanggye, eventually settling near Byeolori in Manpo.

The second category consisted of prominent figures labeled as 'reactionaries,' including Choi Rin, Jeong In-bo, Baek Kwan-su, Myeong Je-se, Kim Yong-mu, and Baek Sang-kyu. They began their journey on October 9, traveling on foot to Sunan and from there by military truck to Sukcheon and then to Anju. After spending a few days in Anju, they continued on foot through Pakcheon

E134

■ Routes for Abducted Prominent Figures

The 1st abduction route ──────
Team Kim Yak soo · Seoul~Pyongyang~Huichon~Manpo

The 2nd abduction route ─ ─ ─ ─ ─
Team Jeong In-bo · Soul~Pyongyang~Unsan~Jeongyuryeong mountians~Manpo

The 3rd abduction route ·················
Team Jo so-ang · Soul~Pyongyang~Huichon~Manpo

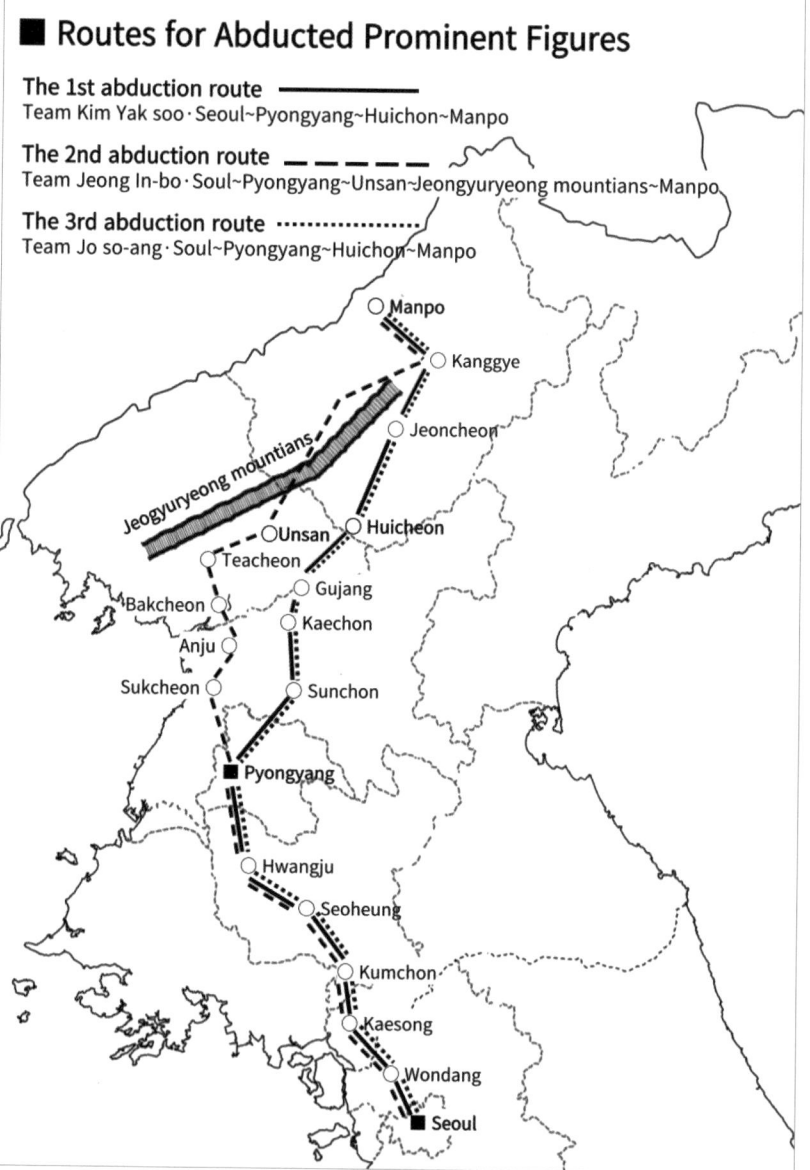

Diligent People's Party) and organizations (like the People's Alliance) that participated in the establishment of the North Korean regime. About 40 individuals who voluntarily reported and registered were in this category. They gathered at the Seoul People's Committee around July 20, 1950, and were transported to Pyongyang by military truck. The second group(40 people) to leave Seoul consisted of the second category(those related to the National Assembly moles incident), the third category(those who were in favor of the negotiations or presented themselves voluntarily or by advice, and the fourth category(those who surrendered or voluntarily cooperated). They left for Pyeongyang in late July. The third group(40 people) consisted of the fourth category's remainder and a part of the fifth category who presented themselves by urging or threat, or were taken away to be arrested. They left for Pyeongyang in early August.

The fourth group of abducted individuals consisted of the remaining members of the fifth category, who were political and social notables, including Jeong In-bo, Lee Kwang-soo, Baek Kwan-su, Myeong Je-se, Choi Rin, Hyeon Sang-yun, and Kim Yong-ha, who were confined in jails and basements. They departed for Pyongyang in mid-August.

However, elderly figures such as Kim Kyu-sik, Cho So-ang, and Ahn Jai-hong, and those with health issues or elderly individuals who voluntarily reported themselves and were involved in the National Assembly spy(moles) case, were excluded from the first round of reeducation. Thus they didn't go to Pyeongyang and were initially placed under house arrest at their homes or at hotels in Seongbuk-dong and Seongnam, and were later transported.

The individuals who left Seoul traveled through Wondang, Kaesong, Geumcheon, Seoheung, and Hwangju to Pyongyang, avoiding UN bombing raids and mostly traveling at night. They stayed at public buildings like

④ **Salvation Army**

- Kim Sam-seok (金三錫, 50 years old), a Salvation Army Officer(Captain), was taken away and abducted on August 23, 1950, around 11 a.m. at the Salvation Army headquarters in Shinmunno, Jongno District, Seoul. Two individuals came and claimed there was a meeting of the Christian Democratic Alliance, and then took him away.

- Kim Jin-ha(金鎭河, 52 years old), a Salvation Army Officer(Lieutenant), was appointed as the head of the unit in Buto-ri, Haeryong-myeon, Yeonbaek-gun, Hwanghae Province. After the outbreak of the Korean War, he fled to Seoul. He was later abducted by North Korean troops during the January 4th retreat after the liberation of Seoul on September 28, 1950.

- Herbert A. Lord was the Salvation Army Commander at the time of his abduction.

(6) Major Figures' Abduction Routes and Ideological Reeducation[163]

The operation leadership, according to Military Committee Decision No. 8, transported abducted people to Pyongyang in groups based on their category for ideological reeducation. The fifth category of those people who were forcibly arrested were exempted from this reeducation. The first group to leave Seoul comprised individuals from the first category.

These individuals had belonged to South Korean political parties (such as the Laboring People's Party, the Democratic Korean Independence Party, the People's Republic Party, the New Progressive Party, the Social Democratic Party, the Workers' Mass Party, the Korean Farmers' Party, and the Korean

---

163) Lee Tae-ho, Testimony by Shin Kyung-wan (pen name), "Winter by the Yalu River", October 15, 1991. pp. 27-38.

a 'death march' starting from Manpo on September 5 and arrived at the Hachang-ri internment camp near Junggangjin on November 7. However, due to his old age and the hardships endured during the march, he died on November 11, 1950, at the age of 82 in the Hachang-ri internment camp.

In addition, the following priests, nuns, and seminarians were abducted:

Priests(20): Go Il-rang (高一郎, 40 years old), Kong Deok-moon (孔德文, 57 years old), Kim Kyung-moon (金景文, 45 years old), Kim Kyung-min (金慶旻, 49 years old), Kim Goon-moon (金軍文, 43 years old), Kim Ui-han (金義漢, 56 years old), Baek Nam-chang (白南昌, 31 years old), Baek Moon-pil (白文弼, 66 years old), Yu Yong-joo (兪榮柱, 44 years old), Lee Yeo-kyu (李汝球, 54 years old), Lee Jae-hyeon (李在現, 42 years old), Lee Pil-gu (李泌球, 49 years old), Jeong Jin-goo (鄭鎭求, 28 years old), Cho Byung-seok (趙炳錫, 34 years old), Han Won-seung (韓元勝, 33 years old), Han Yoon-seung (韓允勝, 35 years old), Bulteau, J. (France), Cadars, J. (France), Ribatricio (39 years old), Ri (58 years old, American)

Nuns and Seminarians(6): Seo (徐, Josephina), Jang Jeong-on (張貞溫, 45 years old), Marie Theresa (Belgium), MacThild (Belgium), Kim Yong-seo (金龍瑞, 22 years old), Kim Sang-jin (金相振, 25 years old)

③ Anglican Church

- Lee Heung-sik, the Head of the Anglican Church of Korea, and Hong Soon-ok (洪淳玉, 56 years old), an Anglican Foundation director, a member of the Constituent National Assembly, and a doctor, were abducted in Seoul on July 4, 1950.

abducted on July 15, 1950, and died on November 12 in captivity.[161] According to the "Korean Catholic Encyclopedia", he was captured around July 11 at the Sisters of St. Paul of Chartres convent in Incheon and, while being abducted, died on November 11 during the 'death march'.

• Gombert, Julien (74 years old) was a French national. He was the superior priest of the Sisters of St. Paul of Chartres convent in Incheon and the brother of Antoine Gombert. He was abducted on July 15, 1950, and died on November 13 while in captivity.[162] According to the "Korean Catholic Encyclopedia", he died on November 12 during the 'death march'. The government's "List of Abducted Persons" records that he was abducted on July 7.

• Villemot, Marie Pierre Paul (82 years old) was born on June 28, 1869, in France and graduated from the Paris Foreign Missions Society seminary. Ordained a priest in March 1892, he was soon appointed as a missionary to Korea, arriving on June 18 of the same year. He conducted missionary work in Incheon and Jeolla Province, and in 1898, he moved to Seoul where he served as the parish priest of the Yak Hyun Cathedral of Jungnim-dong and Myungdong Cathedral. He retired from active duty in 1942 due to his advanced age. At the outbreak of the Korean War, he was serving as the superior priest of the Sisters of St. Paul of Chartres Convent. On July 11, 1950, he was captured by communist forces and, along with other foreign clergy and monks, was imprisoned in the Samhwa Building in Seoul's Sogong-dong. He was sentenced to death in a people's court, imprisoned, and then transported to the North. He endured

---

161)   Cha Ki-jin, previous book, pp. 30, 32.

162)   Cha Ki-jin, previous book, pp. 30, 32.

at 2 a.m. on June 24, 1950, and was detained for one month before being secretly transferred to the Haeju area, after which he went missing.

- Lee Soon-sung (李順成, 46 years old), with the baptismal name Andrew, was the parish priest of the Sin-gye parish, Hwanghae Province under the Diocese of Seoul.[159] He went missing on July 5, 1950. According to the 'Korean Catholic Encyclopedia,' he was taken away by two Political Security Department agents in a truck around 10 a.m. on July 5, and has since been missing.

- Byrne, James Patrick (63 years old) was an American bishop and the papal nuncio to Korea. After the outbreak of the Korean War, he evacuated foreign clergy to Japan and then remained to protect the apostolic nunciature. On July 11, 1950, he was arrested by communist forces along with his assistant priest, Father Booth (W. Booth), and detained in the Samhwa Building. He was sentenced to death in a people's trial and was imprisoned before being transported north. During the 'death march'[160], he died on November 25 at the Hachang-ri detention camp at the age of 62.

- F. Canavan, an Irish priest belonging to the Chuncheon Diocese, was taken away on July 2, 1950, and abducted. He died in prison on December 6, 1950.

- Gombert, Antoine (76 years old) was a French national. He was the superior priest of the Carmel convent in Hyehwa-dong, Seoul. He was

---

159) Cha Ki-jin, previous book, p.31.

160) The term 'death march,' which originally referred to forced marches in wartime that disregarded the health and life of prisoners or captives, was first used in relation to the forced relocation of Jews by Nazi Germany during the winter of 1944–1945. During the Korean War, it was used to describe the practice of North Korea's forcibly transporting South Korean prisoners of war, as well as important figures and civilians, to North Korea.

taken away to the Jangyeon International Affairs Office and then dragged away to be killed by the Communist forces.

• Yang Deok-hwan (梁德煥, 56 years old), with the baptismal name Andrew, was a parish priest at the Jaeryoung parish in Hwanghae Province under the Seoul Diocese. He is reported to have been killed on October 5, 1950.[156] However, the government's 'List of Abductees' records that he was abducted from his home in Jongno-gu, and the 'Korean Catholic Encyclopedia' states that he was abducted near the parish priest's residence on October 5, 1950, and then went missing.

• Yoo Young-geun (兪榮根, 45 years old), with the baptismal name John, also known as Han-ju, was the finance manager at the Seoul Archdiocese headquarters. After Bishop James Patrick Byrne(63 years old), the papal nuncio to Korea, was abducted, Yoo was responsible for arranging his meals and bedding. In that process he was abducted on July 11, 1950, from Myeongdong Cathedral in Jung-gu, Seoul. During his abduction, he fell into critical condition as he was transported through Yongbyon and Onjeong. He was carried on a stretcher and died around November 10, 1950.[157] In 1956, Bishop Noh Gi-nam reported him to the Red Cross as a kidnapped person.

• Yoon Eui-byeong (尹義炳, 62 years old), with the baptismal name Paul, was the parish priest at Eunyul, Hwanghae Province, under Seoul Diocese.[158] He went missing on June 24, 1950. According to the 'Korean Catholic Encyclopedia,' he was taken away by political security agents

---

156) Cha Ki-jin, book above, p.33.

157) Cho Chul, previous book, p.46.; volume 6 of the Annals of Korean Christianity, pp. 78-79.

158) Cha Ki-jin, previous book, p.29.

years old), Kim Su-rim (金輸林, 61 years old), Kim Yeong-soon (金榮淳, 40 years old), Kim Ju-wan (金株完, 30 years old), Kim Jin-su (金振秀, 45 years old), Kim Tae-hwan (金泰煥, 39 years old), Kim Han-su (金翰洙, 36 years old), Kim Hyun-ja (金顯子, 41 years old), Nam Byeon-sik (南邊植, 38 years old), Dok go dang (獨孤堂, 26 years old), Park Kwan-hee (朴寬姬, 25 years old), Park Jong-bong (朴琮奉, 42 years old) Park Tak-geun (朴卓根, 31 years old), Bae Choon-geun (裵春根, 35 years old), Baek Gye-soon (白桂淳, 32 years old), Song Gyeong-seop (宋京燮, 38 years old), Ahn In-woo (安仁祐, 40 years old), Yang Du-young (梁斗泳, 36 years old), Oh Gil-hong (吳吉弘, 28 years old), Yoon Deuk-soon (尹得淳, 31 years old), Lee Gyeong-cheon (李京天, 63 years old), Lee Gi-tae (李基泰, 34 years old), Lee Seong-taek (李成擇, 34 years old), Lee Joo-gwang (李周光, 45 years old), Im Yeon-yong (任連用, 33 years old), Jang Gi-hyeong (張基衡, 50 years old), Jang Sang-seon (張相善, 31 years old), Jang Soon-rye (張順禮, 48 years old), Jang Jang-su (張長壽, 38 years old), Jang Jang-Soon (張長順, 33 years old), Jang Jong-seok (張宗錫, 28 years old), Jeong Nam-kyu (鄭南奎, 35 years old), Jeong Seong-chae (鄭聖菜, 63 years old), Cho Gi-gan (趙基柴, 59 years old), Cho Jong-su (趙鍾洙, 40 years old), Choi Soon-im (崔順任, 40 years old), Ki Gyu-bok (奇圭福)

② Catholic

- Shin Yun-chul (申允鐵, 45 years old), with the baptismal name Peter, was the parish priest at Jangyeon (Jangyeon-myeon, Eunyul-gun, Hwanghae Province) under the Seoul Diocese. He went missing on June 24, 1950.[155] The government's 'List of Abductees' records that he was abducted in Jongno-gu on July 1, 1950, while the 'Korean Catholic Encyclopedia' states that on the night of June 24, 1950, he was forcibly

---

155) Cha Ki-jin, " Korean war and martyrs of the Catholic Church," p. 29.

years old), Cha Gyeong-chang (車敬昌, 51 years old), Choi Myung-eun (崔明殷, 45 years old), Choi Sang-eun (崔相殷, 45 years old), Choi Sang-hyeon (崔相鉉, 61 years old), Choi Seok-gi (崔錫棋, 57 years old), Choi Seok-mo (崔錫模, 61 years old), Choi Yeong-yong (崔榮鎔, 50 years old), Choi Won-cho (崔元初, 45 years old), Choi Jong-muk (崔宗黙, 54 years old), Choi Tae-yong (崔泰龍, 53 years old), Heo Eun (許殷, 37 years old), Heo Seol (許說, 37 years old), Hyeon Seok-jin (玄碩鎭, 44 years old), Hong Gil-yong (洪吉龍, 31 years old)

Evangelists (5)

Kim Yang-sun (金陽淳, 40 years old), Kim In-hee (金麟熙, 43 years old), Park Bo-ryeom (朴寶盒, Female, 54 years old), Park Moon-hee (朴文熹, 50 years old), Im Su-yeol (林壽烈, 31 years old)

Elders (18)

Kang Jun-pyo (康俊杓, 51 years old), Ko Myung-woo (高明宇, 68 years old), Kwon Sang-hwa (權相和, 68 years old), Kim Kyu-sik (金奎植, 74 years old), Kim Deok-nam (金德男, 41 years old), Kim Dong-won (金東元, 44 years old), Kim Dong-won (金東元, 66 years old), Kim Du-mae (金斗枚, 43 years old), Kim Yun-dong (金允童, 48 years old), Kim Ik-jun (金益俊, 46 years old), Kim Jae-eun (金在恩, 27 years old), Shin Sang-hoo (申相厚, 39 years old), Lee Jeong-jin (李正鎭, 56 years old), Lee Jong-seong (李鍾聲, 62 years old), Lee Pil-bin (李弼斌), Jang Deok-ro (張德櫓, 68 years old), Jeong Ho-seok (鄭浩錫, 63 years old), Heo Jun-yong (許濬龍, 51 years old), Hwang Guk-rok (黃國祿, 40 years old)

Deacons and Others (40)

Kim Byeong-deok (金炳德, 30 years old), Kim Bong-jae (金奉在, 29 years old), Kim Seong-nyeo (金姓女, 42 years old), Kim Seong-deok (金成德, 41

庚鍾, 56 years old), Kim Gye-seong (金啓星, 33 years old), Kim Du-seok (金斗錫, 61 years old), Kim Bong-kyu (金鳳圭), Kim Sang-jun (金相俊, 25 years old), Kim Sang-chil (金尙七, 53 years old), Kim Seong-sik (金晟植, 43 years old), Kim Seong-sik (金晟植, 58 years old), Kim Seong-sik (金晟植, 67 years old), Kim Seong-won (金聖元, 68 years old), Kim Yang-seok (金揚錫, 40 years old), Kim Won-kyu (金元圭, 49 years old), Kim Yu-sun (金裕淳, 69 years old), Kim Yu-hae (金裕海), Kim Jang-hwi (金長輝, 60 years old), Kim Jong-man (金鍾萬, 59 years old), Kim Jin-kyu (金珍珪, 54 years old), Kim Cheol-seong (金哲星), Kim Tae-joo (金泰周, 63 years old), Kim Taek-bin (金宅彬, 39 years old), Kim Hee-woon (金熙雲, 38 years old), Kim Hee-tae (金熙泰, 38 years old), Do Byeong-il (都柄日, 37 years old), Park Man-chun (朴萬春, 42 years old), Park Seon-je (朴璇齊, 67 years old), Park Seong-man (朴成萬, 31 years old), Park Hyung-kyu (朴亨圭, 51 years old), Bang Hun (方薰, 58 years old), Baek Hak-sin (白學信, 52 years old), Seo Du-seong (徐斗成, 30 years old), Song Tae-yong (宋台用, 43 years old), Shin Gi-jun (申基俊, 47 years old), Shim Myeong-seop (沈明爕, 47 years old), Ahn Gil-seon (安吉善, 60 years old), Yoo Se-geun (兪世根, 41 years old), Yoo Jae-bo (劉載報, 53 years old), Yoo Jae-heon (劉在獻, 46 years old), Yoo Jeong-cheol (柳禎喆, 46 years old), Yoon Seong-ho (尹聖浩, 32 years old), Lee Seon-yong (李善用, 45 years old), Lee Seong-man (李成萬, 31 years old), Jang Gi-hyeong (張基衡, 50 years old), Jang Deok-dan (張德檀, 68 years old), Jeon Yong-seop (全用爕, 33 years old), Jeon Yu-yeon (全有淵, 48 years old), Jeon Jin-kyu (全珍珪, 56 years old), Jeon Jin-seon (全珍瑄, 55 years old), Jeon Hyo-bae (田斅培, 65 years old), Jeong Gwan-baek (鄭官伯, 46 years old), Jeong Dal-ung (鄭達雄, 35 years old), Jeong Chi-ho (鄭致鎬, 33 years old), Cho Sang-mun (曹相文, 53 years old), Cho Sang-hak (趙相學, 74 years old), Cho Hee-cheol (曹喜哲, 50 years old), Joo Jae-myeong (朱在明, 32 years old), Joo Chae-won (朱埰元, 46 years old), Jin Ryeong-jong (陳令鐘, 49 years old), Jin Hak-cheol (陳學哲, 54

Holiness Church in Chungjeongno, Seodaemun-gu, Seoul, by three members of the Christian Democratic Alliance and abducted to North Korea. According to the " Encyclopedia of Christianity," Lee Gun is recorded as having been abducted on August 10, 1950, along with pastors Kim Yoo-yeon and Park Hyun-myung. According to his son's testimony, on the same day around 7 AM, three members of the Political Security Department arrived at the residence within the Seoul Theological Seminary grounds. They parked a sedan in front of the house and sought out Pastor Park Hyun-myung from a neighboring house and Pastor Choi Seok-mo, who did not reside on the seminary grounds. Pastor Choi lived in Bukahyeon-dong, serving as the professor of the seminary and as the senior pastor of A-hyeon Church. Two of the department members went to Pastor Choi's home, took him, and went to the seminary to take away Lee Gun, Choi Seok-mo, and Park Hyun-myung. The abduction was purportedly disguised as a summons to a meeting titled "Million Signature Campaign for Anti-U.S. Imperialism."

• Han Chi-myung (韓致明) was labeled a reactionary religious figure after being abducted and was taken to Manpojin by December 1950 along with other religious individuals.[153] He was imprisoned at the Pyongyang Reeducation Camp from early 1951 until around May 1954. After 1955, his whereabouts became unknown.[154]

In addition, here is a list of those abducted, categorized by their roles and ages:

Pastors (74)

Gi Se-bok (奇世福) Kim Sang (金峠, 61 years old), Kim Kyung-jong (金

---

153) Cho Chul, previous book, p.46.; volume 6 of the Annals of Korean Christianity, p.58.

154) The White Paper on the Separated Families, p.212.

• Yang Ju-sam (梁柱三, 73 years old) was a Methodist pastor and served as the president of the Red Cross. On August 23, he was taken away by people carrying a summons letter in the name of Kim Uk, the chairman of the Christian Federation. After being loaded into a truck, he disappeared and was abducted along with Pastor Kim Dong-chul from the Seosomun Church. His address was in Pilun-dong, Jongno-gu, Seoul.

• Oh Taek-kwan (吳澤寬, 63 years old) was a Presbyterian pastor and a member of the Constituent National Assembly. He served as the chairman of the Korean Independence Party in Ongjin County. A graduate of Pyongyang Theological Seminary, he was both an independence activist and a politician. On the evening of September 2, 1950, he was taken away from his home in Hyehwa-dong, Jongno-gu, Seoul, by agents of the "MinCheong"(Socialist Patriotic Youth League), detained by the Political Security Department, and subsequently abducted.[152] His eldest son is Oh Jae-Kyung, who served as the Minister of Culture and Information, the President of Dong-A Ilbo and the Chairman of the Christian Broadcasting Co..

• Oh Ha-young (吳夏英, 73 years old) was a Methodist pastor who graduated from the Methodist Theological Seminary and served as the pastor of Wonsan Methodist Church. He was one of the "33 Leaders" of the March 1st Movement and served a prison sentence of two years and six months. As a member of the Second National Assembly, he was taken away and abducted on September 23, 1950, from a relative's house in Shindang-dong by unidentified individuals.

• Lee Gun (李鍵, 53 years old) was the principal of Seoul Theological Seminary and the director of the Bible Institute. On August 23, 1950, around 9 AM, he was taken away from the headquarters of the Korea

---

152) Cho Chul, previous book, p.46.; volume 6 of the Annals of Korean Christianity 100 years, pp. 95, 118.

years. On August 23, 1950, around 3 p.m., he was taken away and abducted along with other prominent pastors by two Political Security Department agents from the headquarters of the Holiness Church in Chungjeongno, Seodaemun-gu. He was taken to Manpojin by December 1950 and imprisoned at the Pyongyang Reeducation Camp from early 1951 until around May 1954. His whereabouts became unknown after 1955. The Encyclopedia of Christianity mistakenly records his abduction as occurring on August 10, 1950.

• Seo Tae-won (徐太源, 46 years old) was a pastor at Jeongdong Church (Methodist) in Seoul and a professor at Hyupsung Methodist Theological Seminary. On August 23, 1950, around 3 PM, he was taken away by members of the Christian Democratic Party and was subsequently abducted to North Korea.

• Song Chang-geun (宋昌根, 53 years old) was the president of Korea Theological Seminary. On August 23, 1950, around 7 AM, security agents arrived at his home in Dodong, Jung-gu, Seoul, and took him away in a jeep. He was imprisoned at Seodaemun Prison and then transferred to North Korea. It is reported that someone who was abducted with him and later escaped informed his family of this fact. He was detained at Pyongyang Reeducation Camp from early 1951 until around May 1954.[150] On the other hand, according to Cho Cheol's "The Years of Death: The Living Conditions of Abducted Persons", he was detained with other religious figures around late July 1951 in a farmhouse at the foot of a mountain in Munseong-ri, Daedong County, near Pyongyang, where he later died.[151]

---

150) The White Paper on the Separated Families, p.202.

151) Cho Chul, previous book, p.46.; volume 6 of the Annals of Korean Christianity, pp. 127-128.

Church) from September 1945. He was taken away by an internal affairs agent from his home in Gongdeok-dong, Mapo-gu, around August 10, 1950, and abducted. According to the "Encyclopedia of Christianity," he is recorded as having been abducted from the headquarters of the Korean Holiness Church with other pastors such as Lee Geon, Choi Seok-mo, Park Hyun-myung, and Park Yoo-yeon. He is the father of Pastor Kim Seong-ho.

- Namgung Hyuk (南宮爀, 69 years old) was the first Korean to earn a doctorate in theology and served as a professor and secretary general of the Korean Christian Association. He was taken away by senior Political Security Department officers Park Yun-mo and Choi Tak from Junggok-ri, Dokdo, Gyeonggi Province, around 11 PM on August 24, 1950. He is known to have been martyred after being abducted. His home was in Cheongpa-dong, Yongsan-gu, Seoul.

- Park Sang-geon (朴相建, 54 years old) was a Presbyterian pastor at Seodaemun Prison. Although the government's post-Korean War list of victims records him as having been killed at Seodaemun Prison, it is confirmed that he was actually taken to North Korea.[149] He was taken away and abducted from his home in Hangangno, Seoul, by two Political Security Department agents around 11 AM on July 13, 1950. The Encyclopedia of Christianity records that he was abducted by communist forces in the early hours of June 28.

- Park Hyun-myeong (朴炫明, 48 years old) was a pastor of the Holiness Church and a professor at Seoul Theological Seminary. He played a leading role in the reconstruction of both the church and the seminary after the liberation and was elected as the first Chairman of the General Assembly of the Reconstruction Assembly in 1946, serving for three

---

149) Cho Chul, previous book, p.46.; volume 6 of the Annals of Korean Christianity 100 years, pp. 95, 118.

elected as a member of the Constituent National Assembly, serving as the Chairman of the Education and Social Committee. After being abducted, he was mobilized as a founder and central committee member of the North Korean Peaceful Unification Promotion Council in July 1956. He was also enrolled at the People's Economy University in August 1956 and resided in Pyongyang until October of the same year. After that, there was no further information about him.[147]

- Kim Dong-chul (金東哲, 52 years old) was a pastor at the Seosomun Church (Methodist) in Seoul. He was taken away by Communist Party members from his home in Seosomun-dong on July 23, 1950. He was transported to Manpojin by December of the same year. He was detained at the Pyongyang Re-education Camp from early 1951 until around May 1954 but has been missing since 1955.[148]

- Kim Young-ju (金英珠, 57 years old) was a pastor at the Saemunan Church (Presbyterian) in Seoul and a liberal theologian. After liberation, he opened Saemunan Church as a venue for interdenominational meetings of Presbyterian and Methodist Churches and ecumenical Christian youth movements. He was taken away from his home in Shinmunno, Jongno-gu, around 9 AM on August 23, 1950, and was subsequently detained at Seodaemun Prison before being abducted.

- Kim Yoo-yeon (金有淵, 50 years old) was a professor at Seoul Theological Seminary and pastor at the Shingongdeok-dong (Ahyeon-dong) Holiness Church. He was also the editor-in-chief of the Korean Christian Association's organ, "Kidok Gongbo"("Christian Press.") He served as the senior pastor of the Shingongdeok-dong Church(currently Shindeok

---

147) The White Paper on the Separated Families, p.195.

148) The White Paper on the Separated Families, p.197.

(5) Religious Figures[145]

Among the civilians abducted by North Korea, there were also a significant number of religious figures. The confirmed numbers of abducted religious figures include 88 Protestant pastors, evangelists, and elders, as well as 30 Catholic priests (21 Koreans, 9 foreigners) and nuns. Many of these individuals were prominent leaders within their religious communities.

As already discussed in the section on religious persecution, North Korea implemented a 'religious eradication policy' and executed many religious leaders and believers. Particularly, many Christians were collectively murdered because Christian values were seen as contradictory to the establishment of a communist state. Then why did they abduct Christians who would not contribute to the construction of a communist state. If we look into those religious abductees and their activities after the abduction, it's difficult to find any specific purpose of the abduction. Since most of the abducted individuals are known to be missing. The following are some of the major religious leaders who were abducted:

① Protestant Christianity

- Gu Ja-ok (具滋玉) served as the Secretary General of the YMCA and, after liberation, was elected as the Secretary General of the Korean Christian Youth Association. After the establishment of the government, he served as the Governor of Gyeonggi Province. He was abducted from his home in Nuhadong, Jongno-gu, and was dragged up the Baegamsan mountain range. He died in the mountains about 8 km from Yongyeon (龍淵).[146]

- Kwon Tae-hee (權泰羲, 45 years old) was from Gyeongbuk and was

---

145) Jeong Jin-seok, previous book, p.p210-240.

146) Cho Chul, 〈The years of death, the living conditions of abductees〉, Seongbonggak, 1963, p.46.; Volume 6 of 《The Annals Korean Christianity 100 Years》, pp. 53-61.

Park Kwang-pil and Heo Hyeon, reporters for Kukdo Shinmun; Kim Yong-chan, executive director and Yoo Nam-jun of Pyeonghwa Shinmun; Kim Jae-bong and Heo Do-won, reporters of Tongguk Shibo.

Among the news agencies personnel, eleven were abducted, including Kim Seung-sik, president of Chosun News Agency, Kim Yong-chae, vice president of Hankook News Agency, and Lee Jung-hee, who was the secretary-general of Chosun News Agency and later became vice president of Hankook News Agency.

In broadcasting, twenty-eight people were abducted, including Lee Jeong-seop, the first chairman of the Broadcasting Council, which was the operating body of KBS after liberation; Hong Yang-myeong, the second head of the broadcasting station after liberation; Han Deok-bong, a veteran broadcasting technician from the Japanese occupation period; and Kim Eok, a poet who was serving as a military academy instructor at the time but had worked in broadcasting during the Japanese occupation. Additionally, nineteen magazine publishers and fifty-five journalists with unknown affiliations were abducted.

Colonel Kim Hyun-soo, the head of the Public Information Division of the Ministry of National Defense, who was dispatched to manage KBS due to the outbreak of the war, transferred the major equipment of the broadcasting station to the Yeongdeungpo Telegraph Office at midnight on June 27. He then drove a jeep to the broadcasting station at 2:30 AM on the 28th, by which time the North Korean tank units had already occupied the station. He was shot at the entrance and died in the line of duty. The North Korean soldiers kicked his body down to Deoksu Elementary School located below the broadcasting station.[144]

---

144) Chosun Ilbo, "Strong sense of responsibility! "The Final Moment of the Public Information Chief Kim" November 10, 1950.

Hansung Ilbo had seven people abducted, including president Ahn Jae-hong, chief editor Kim Gi-cheon, editor-in-chief Kim Chan-seung, and first editor-in-chief Yang Jae-ha. The newspaper suffered so much damage that it could not be revived after the war.

Hyundai Ilbo had seven people abducted, including president Seo Sang-cheon and political department head Park Sang-hak, as well as reporters from an affiliated economic newspaper.

Minju Ilbo saw four people abducted, including president Ahn Byeong-in and chief editor Yoo Geun-chang.

Buin(Women) Shinmun had four people abducted, including president Hwang Ki-seong, who was the chair of the Korean Public Opinion Association and the vice-chair of the Korean Women's Association, and culture department head Jeon Hee-bok.

Yonhap Shinmun had five people abducted, including deputy director Ahn Chan-soo and editorial writer Kim Bo-min.

Taeyang Shinmun had five people abducted, including editor-in-chief Nam Guk-hee, executive director Yoo Nam-jin, and advisor Lee Yong-geun.

Seobuk Shinmun, a weekly newspaper founded on January 23, 1948, and serving as the official organ of the Seobuk Youth Association, saw seven of its journalists and staff abducted, including vice president Lee Yong-nyung.

In regional newspapers, abducted individuals include Kim Dong-hwan, president of the Kukmin Ilbo published in Cheongju; Kim Jae-hyeon, president of Songdo Shinmun founded in Kaesong; Nam Goong-tae, editor-in-chief of Gangwon Ilbo; Park Moon-hee, president of Busan Daejung Shinmun; and Cheon Seong-wook, reporter for Yeongnam Ilbo. Additionally, 24 people from various newspapers were abducted, including Chai Jeong-geun, deputy editor and Hwang Dae-byeok, executive director of Joongang Shinmun; Kang Seok-chun, vice president and Park Jang-hae of Sanop(Industrial) Shinmun;

Byeong-in and 5-6 other reporters, went missing.[143]

Dong-A Ilbo suffered the most damage, including journalists related to the newspaper from the Japanese occupation period. Sixteen people were abducted, and one was killed. Journalists or staff abducted include the editor-in-chief Jang In-gap, former president during the Japanese occupation Baek Kwan-soo, sports department reporter Lee Gil-yong, who was related to the incident of "erasing Japanese national flag" and photo department head Baek Woon-seon. Additionally, as for those who were related to Dong-A Ilbo, Kim Yong-moo, who served as Chief Justice under the U.S. Military Government, and Hyun Sang-yun, president of Korea University, were also abducted.

Seoul Shinmun recorded seven abducted individuals in its "40 Years of Seoul Shinmun," but eleven are known to have been abducted. Among them are reporter Han Kyu-ho, who was reportedly killed, publishing department head Kim Jin-seop, editor-in-chief Park Jong-soo, social affairs department head Lee Jong-seok, culture department head Yeo Sang-hyeon, and standing auditor Kang Byung-sun. Lee Seung-ro, the secretary to President Park Jong-hwa, was killed by gunfire.

Kyunghyang Shinmun had nine people abducted, including editor-in-chief Shin Tae-ik, poet and first chief editor Jeong Ji-yong, and cartoonist Choi Young-soo.

Jayu Shinmun had seven people abducted, including vice president and chief editor Jeong In-ik and editor-in-chief Ma Tae-young.

Dae Dong Shinmun, a right-wing newspaper founded by Lee Jong-hyung on November 25, 1945, saw the killing of executive director Park Jae-young and the abduction of reporters Choi Tae-kyu, Yoo Jae-kyun, and Lee Kwang-chul.

---

143) Chosun Ilbo, 《Chosun Ilbo 60 Years of History》, 1980, p.512; 《Chosun Ilbo 70 Years of History》 Volume 1, 1990, pp. 2-139.

later abducted and imprisoned at a concentration camp in Pyongyang until August 1953. In September 1953, he worked as a worker and proofreader at the National Publishing House and in 1957, he was as a laborer relocated to a fruit farm in Bukcheong, North Hamgyong Province.[142]

• Lee Seong-geun (李聖根, 63 years old) held senior police positions during the Japanese occupation and served as the governor of Chungcheongnam-

On November 10, 1950, the Chosun Ilbo reported the death of Colonel Kim Hyun-soo. (Strong sense of Responsibility! The Final Moment of the Public Information Chief Kim)

do. At around the end of his career, he was the president of the Government-General's official organ, Maeil Sinbo. On August 5, 1950, an unidentified person visited his residence in Sindang-dong, Seongdong-gu, claiming to investigate matters related to Maeil Sinbo and took him away, after which he was abducted.

In addition to this, major journalists from various media outlets were also abducted. First, at Chosun Ilbo, the president Bang Eung-mo (67 years old) was abducted, which severely impacted the newspaper's operations. Shin Il-yong, a prominent socialist columnist and chief editor during the Japanese occupation, was killed. Chosun Ilbo board members Seo Gwang-seol, Lee Un, Han Jae-gyeom, and auditor Baek In-je, along with journalist Ahn

---

142) The White Paper on the Separated Families, p.205.

occupation, he served as the head of the Culture Department at JoongAng
Ilbo and the Cultural Director at the National Guidance Alliance. After the
outbreak of the war, he was abducted on the street in front of the Yongsan
Police Station on July 5, 1950.

- Bang Tae-young (方台榮, 66 years old) served as the head of the
  Diplomatic Department (now the Foreign News Department) and an editor
  at Maeil Sinbo and also served as a director at Kyungsung Broadcasting
  Station (JODK). During the Japanese occupation, he was a member of
  the Central Advisory Council and later became the managing director and
  president of Joseon Printing Company. On August 5, 1950 (or July 6),
  at around 12:10 a.m., he was taken away by 2-3 members of the Internal
  Affairs Office from "Bang" obstetrics and gynecology clinic in Nakwon-
  dong, Jongno-gu, and was transferred to the Political Security Office after
  passing through Jongno Police Station.

- Yang Geun-hwan (梁槿煥, 57 years old) assassinated Min Won-sik, the
  publisher of the pro-Japanese newspaper "Sisa Shinmun," on January
  16, 1921, and was sentenced to life imprisonment, serving his sentence
  until his release on February 11, 1933, after 13 years. After liberation, he
  founded the weekly magazine "Hyeoksinbo," which was discontinued
  in March the following year, and published "Yeoron Shinmun." He was
  abducted by a member of the Political Security Department on July 5,
  1950 (or July 3) from his residence in Jung-hak-dong, Jongno-gu.

- Ryu Ja-hu (柳子厚, 55 years old) was an archaeologist and a scholar of
  the Chinese classics. He served as the president of the "Segye Ilbo"(not
  related to the current "Segye Ilbo") founded in February 1946. On July
  23, 1950, he was taken away by two members of the Internal Affairs
  Office in Cheongun-dong and was detained at Seodaemun Prison. He was

- Jeong In-bo (鄭寅普, 58 years old) was a historian, literary person, educator and journalist who served as a university professor and editorial writer for Dong-A Ilbo. After the liberation, he served as the chairman of the Inspection Committee and the dean of the Korean Studies College. After the North Korean forces occupied Seoul, his house was confiscated as 'enemy property,' so he took refuge at Hanyang Hospital in Nakwon-dong. However, he was abducted by a member of the Internal Affairs Office on July 31. It is rumored that he was in such poor condition that he could not walk, so retreating North Korean troops carried him on their backs but later killed him, leaving his body in the mountains.[140]

- Kim Ki-jeon (金起田, Kim Ki-jeon, 55 years old) was an editor at Maeil Sinbo and the editor of the monthly magazine "Kaebyeok," but he was more famous as a Cheondogyo youth leader. Before the outbreak of the Korean War, he went to North Korea to prevent the division of the country and tried to unite the largest number of Cheondogyo youths from Pyonganbuk-do and Hwanghae-do to resist the Communist Party. He was captured by the Communists and went missing. Although Kim Ki-jeon's abduction is not recorded in government documents, he is included in the 'List of Abductees' published in the July 1, 1994, issue of "The Korean Journalists' Association Newsletter[141]," and accordingly he is considered as having been abducted.

- Park Young-hee (朴英熙, 50 years old) was a writer who participated in "Jangmi-chon" and "Baekjo" coterie in 1923. During the Japanese

---

140) <The White Paper on the Separated Families>, p.187. See next book for Jeong In-bo's media activities. Jeong Jin-seok, <History and Journalists>, Communication Books, 2001, pp. 316-350

141) 'Abducted Journalists' situation…getting more curious',〈Korean Journalists' Association Newsletter〉July 1, 1994.

Ilbo, and president of Daegong Ilbo. He was taken into custody by political security agents at his residence in Cheongun-dong, Jongno-gu, on July 7, 1950, and was detained. He was released on July 25 but was abducted by North Korean troops around 1 a.m. on the following day.

• Min Won-sik (閔瑗植, 53 years old) was an intellectual educated in France. On September 6, 1945, he founded the English newspaper Seoul Times and merged Yonhap News Agency and Kukje News Agency to establish the Hapdong News Agency, where he served as the first president. At the outbreak of the Korean War, he was the president of Seoul Times. He was abducted by five members of the Internal Affairs Office at his residence in Sindang-dong, Seongdong-gu, on August 1, 1950, at around 5 p.m.

• Kim Dong-jin (金東進, 48 years old) was from Pyongyang and grew up in Vladivostok, where he became proficient in Russian. During the Japanese colonial period, he served as a political reporter for Dong-A Ilbo, Chief of Tokyo Bureau of Chosun Ilbo, and head of administration office, managing director, and executive director at Maeil Sinbo. He also became the president of Hanpoong Co., Ltd. He was abducted by members of the Internal Affairs Office in Hwado-myeon, Yangju-gun, Gyeonggi-do, on August 10, 1950.

• Kim Dong-hwan (金東煥, Kim Dong-hwan, 49 years old) was a poet and journalist. He worked as a reporter for Dong-A Ilbo and Chosun Ilbo from 1924 and founded the monthly magazine "Samcholli" in June 1929, which he published until November 1941. Afterward, he changed the title to "Daedonga" from May 1942 and continued to publish it. After the liberation, he restored "Samcholli" and continued publication. When the Korean War broke out, he went into hiding but was deceived by a promise of freedom if he surrendered, so he went to surrender and was abducted.

The prominent journalists (13 individuals) listed in Table 6 were not affiliated with any specific media organization at the time of their abduction, but they were among the senior journalists who had been involved in the media industry since the Japanese colonial period or had significant relations to the media. Those abducted individuals are as follows:

- Lee Kwang-soo (李光洙, 60 years old) was a well-known novelist who served as the editor-in-chief of Dong-A Ilbo and as the editor-in-chief and vice president of Chosun Ilbo. He was abducted on the morning of July 14, 1950, around 7 a.m., by two young men dressed in North Korean military uniforms and one person in civilian clothes, while he was under house arrest at his residence in Hyoja-dong, Jongno-gu, shortly after Seoul was captured on June 28, 1950.

- Choi Lin (崔麟, 73 years old) was one of the 33 leaders of the March 1st Movement, representing the Cheondo-gyo religion. He became the president of the Governor-General's official organ, Maeil Sinbo, in 1938 and held the position until May 1941. He was abducted by two young men in North Korean military uniforms and two people in civilian clothes at his residence in Myeongnyun-dong, Jongno-gu.

- Kim Hyung-won (金炯元, 51 years old) was active as the editor-in-chief of Chosun Ilbo, deputy director of the Public Information Office, and a reporter for Maeil Sinbo. In April 1920, he participated in the founding of Dong-A Ilbo and became the head of the social department at the age of 23. He later served as a correspondent in Tokyo, then moved to Chosun Ilbo in May 1924, where he held positions as the head of the social department and regional department. He also served as the social department head and editorial department head of Jungwoe Ilbo. And also as the editor-in-chief of Chosun Ilbo, editor-in-chief of Maeil Sinbo, vice president of Daedong

Outlet	Total	President	Director	Key Figures Abducted
KBS	28	Hong Yang-myeong		Lee Jeong-seop, Kim Eok, Han Deok-bong, Lee Seok-hun, Lee Seung-jik, Kim Do-hyeon, Eom Sang-seon, Min Byeong-seol, Lee Baek-soo, Yoo Jong-ryeol, Choi Chung-hyeon, Han Jang-woo, Jeon In-guk, Yoon Yong-ro, Jo Jun-ok, Lee Seong-su, Kim Gi-chang, Hwang Jun-gyeong, Park In-sul, Bang Chang-hwan, Yang Jae-hyeong, Yoo Jang-hee, Lee Gi-hwan, Lee Jeong-ha, Tae Yoon-ho, Lim Myeong-gil, Yoon Jun-seop
Magazine Publishing	19			Kang Young-san, Kang Je-hwan, Ko Jae-seon, Kim Byeong-dae, Kim Sang-chil, Kim Young-je, Kim Young-cheol, Park Young-rang, Park Eun-tae, Song Gi-joo, Shin Seong-gyun, Sim Eon-jeong, Yoon Tae-hwan, Lee Geon-ho, Lee Jong-gu, Lee Jun-woo, Jang Seong-sik, Jeong Tae-heon, Jo Nam-jik
Unknown Affiliation	55			Kang Dae-seong, Kang Bok-san, Kang Yong-han, Gwak Dae-hyeong, Kwon Jae-myeong, Kim Dae-sik, Kim Dong-gap, Kim Mun-gi, Kim Im-seong, Kim Jong-seong, Kim Chang-sun, Kim Hyun-seong, Noh Kwang-geon, Min Jun-sik, Park Soo-ro, Park Young-jong, Park Woo-ro, Park Jae-mak, Park Jung-gyu, Park Han-soo, Son Yeong-yu, Son Jong-hwa, Shin Yeong-ho, Shin Hak-beom, Ahn Bong-hun, Ahn Tae-heung, Yang Jae-geun, Oh Byeong-wook, Yoo Do-hee, Yoo Myeong-sik, Yoo Seong-yeol, Yoo Wa-sik, Yoon Won-taek, Lee Seok, Lee Gyu-nam, Lee Mun-ik, Lee Byeong-seong, Lee Byeong-suk, Lee Sang-gap, Lee Sun-sang, Lee Chun-seop, Lee Chung-moo, Im Yeong-bin, Jeon Byeong-du, Jeong Yeong-jo, Jo Gyeong-rok, Jo Yeon-heum, Jo U-won, Joo Hoon, Choi Jong-ha, Han Bok-sil, Han Chan-woo, Ham Eok-gyu, Heo Byeong-chan, Hong Sun-geuk
Total	249			

E109

Outlet	Total	President	Director	Key Figures Abducted
Minju Ilbo	4	Ahn Byeong-in		Yoo Geun-chang, Ho Hae-seob, Hong Gu-beom
Buin Shinmun	4	Hwang Gi-seong		Jeon Hee-bok, Kim Seong-man, Hwang Tae-heung
Yeonhap Shinmun	5			Ahn Chan-su, Kim Bo-min, Kim Chang-sik, Choi In-kyu, Yang Seong-kyu
Taeyang Shinmun	5		Nam Guk-hee	Yoo Nam-jin, Lee Young-geun, Kim Hyung-cheol, Choi Deok-kyun
Seobuk Shinmun	7			Lee Young-nyeong, Kim Seung-man, Choi In-bong, Ko Deok-seong, Kim Byeong-gi, Im Seong-sik, Han Myeong-kyu
Regional Newspapers	5			Kim Dong-hwan, Kim Jae-hyeon, Namgung Tae, Park Mun-hee, Cheon Seong-uk
Other Newspapers	24			Chae Jeong-geun, Hwang Dae-byeok, Kang Seok-cheon, Park Jang-hae, Park Kwang-pil, Heo Hyeon, Kim Yong-chan, Yoo Nam-jun, Kim Jae-bong, Heo Do-won, Koo Yeong-myeon, Kim Gi-cheol, Kim Bong-oh, Kim Ha-gyeom, Park Myeong-seon, Shin Gyun, Yoon Yong-hee, Lee Wan-jung, Lee Ui-seong, Lee Jong-man, Im Cheon-su, Jang Gi-hwan, Jeong Byeong-moon, Cheon Ha-ryong
News Agencies	11	Kim Seung-sik		Kim Yong-chae, Lee Joong-hee, Baek Nam-jin, Jeong Kwang-hyeon, Yoo Geum-seong, Ma Myung-deok, Kang Dal-yeong, Jo Jeong-seok, Kim Hak-ryeon, Lee Il-gu

⟨Table 6⟩ Table of Abducted Victims by Media Company[139]

Outlet	Total	President	Director	Key Figures Abducted
Prominent Jounalists	13			Lee Kwang-soo, Choi Rin, Kim Hyung-won, Min Won-sik, Kim Dong-jin, Kim Dong-hwan, Jeong In-bo, Kim Gi-jeon, Park Young-hee, Bang Tae-young, Yang Geun-hwan, Yoo Ja-hoo, Lee Seong-geun
Chosun Ilbo	9	Bang Eung-mo		Kim Ki-rim, Park Man-jun, Lee Un, Bang Un-won, Baek In-je, Seo Kwang-seol, Han Jae-gyeom, Hong Tae-hee
Dong-A Ilbo	16	Baek Kwan-soo	Jang In-gap	Lee Gil-yong, Baek Woon-seon, Jeong Gyoon-chul, Kim Dong-seop, Shin Chang-ho, Jo Jin-heum, Lee Sang-pil, Kim Jun-seop, Lee Seong-deuk, Choi Won-myeong, Choi I-won, Park Seung-ho, Hyun Sang-yun, Kim Yong-mu, Lee Dong-wook
Seoul Shinmun	11			Park Jong-soo, Kim Jin-seop, Yeo Sang-hyeon, Lee Jong-seok, Park Yong-deuk, Yoon Jun-seop, Jo Hyun-dong, Son In-su, Kim Deok-sun, Kim Kyung-jin, Oh Jik-soo
Kyunghyang Shinmun	9		Shin Tae-ik	Jeong Ji-yong, Choi Young-soo, An Bong-ryeol, Kim Young-deuk, Kim Bong-ryeol, Han Guk-sin, Hong Soon-jik, Choi Deok-hee
Jayu Shinmun	7	Jeong In-ik	Ma Tae-young	Lee Jeong-sun, Han Sang-jik, Choi Young-jun, Hong Wan-sik, Jo Gyeong-seok
Daedong Shinmun	3			Choi Tae-gyu, Yoo Jae-kyun, Lee Gwang-cheol
Hansung Ilbo	7	Ahn Jae-hong	Kim Chan-seung	Yang Jae-ha, Kim Gi-cheon, Kim Hyung-kyu, Lee Kyung-do, Shin Il-nam
Hyundai Ilbo	7	Seo Sang-cheon	Lim Seo-jeong	Park Sang-hak, Lim Nam-sik, Jo Byeong-gwon, Lee Young-hyeon, Sim Seong-gu

---

139) Jeong Jin-suk, previous book, p.47.

Ilbo (中外日報), defected to North Korea after liberation and returned to Seoul as a war correspondent during the Korean War. On August 2, 1950 (issue 32), he published "The Night of Advance" in Haebang Ilbo, and from August 5 (issue 36) to August 10 (issue 40), he published "The War Correspondent Reportage" in Joseon Inminbo.[136]

After the North Korean army occupied Seoul, the printing facilities of Seoul Gonginsa that were used by Dong-a Ilbo were completely destroyed by fire. Kyunhyang Shinmun also lost its office and printing plant. Chosun Ilbo found its printing press, which had been dismantled and discarded at Changgyeongwon by the North Korean troops by the North Korean troops, and reinstalled it at their main office plant, but was unable to resume publication.[137]

The North Korean Communist Party merged Hapdong News Agency, Chosun News Agency, and Gonglip News Agency to form the Korean Central News Agency Seoul Branch, which published two editions daily. Initially, the staff from these three news agencies had to issue news under the Communist Party's directives, but as time went on, some were purged and others began to go into hiding.[138]

During the war, 249 journalists were abducted to the North, and 36 were killed, totaling 285 journalists who were either killed or abducted. According to the "List of Abducted Persons in the Korean War," the number of abducted journalists is 249, as shown in the table below (Table 6).

---

136) Jeong Jin-suk, previous book, p.51.

137) Chosun Ilbo, 《Chosun Ilbo 60 Years of History》, 1980. p.306; 《Seoul Shinmun 40 Years of History》, Seoul Shinmun, 1985. pp. 230-235.

138) Hapdong News Agency, previous book, p.61.

Among the abducted legal professionals, it is possible that a very small number of them were utilized by the North Korean regime and appointed to high positions. However, none have been identified as such so far. Most, like other abducted individuals, are presumed to have been classified as "hostile classes" and thus lived at the lowest strata of North Korean society, in coal mines or rural areas, or were detained in political prison camps.

(4) Media Professionals[133]

When the North Korean army occupied Seoul, they took control of the media institutions immediately. On June 28, they seized KBS and began propaganda and agitation activities. From July 2, they resumed publishing the leftist newspapers Joseon Inminbo and Haebang Ilbo, which had been discontinued in 1946, using them as tools for propaganda and agitation.[134] Kim Il Sung University professor Ri Yong-pil wrote in the "100th History of Chosun Shinmun" that Joseon Inminbo and Haebang Ilbo were resumed in Seoul in early July 1950.[135]

Joseon Inminbo was published by occupying the printing facilities of Seoul Shinmun located at the current Press Center on Taepyeongno 1-ga, Seoul. Haebang Ilbo, based on the typeface used, is believed to have been published by Seoul Gonginsa, the facilities of Kyungsong Ilbo.

Park Pal-yang (朴八陽), a former journalist for Chosun Ilbo and Dong-a Ilbo during Japanese colonial rule and former social affairs chief at Jungwoe

---

133) Jeong Jin-seok, previous book, pp. 46.~147.

134) Hapdong News Agency, <30 years of Hapdong News Agency>, 1975. On page 61 it was said that it was published from July 4th, but since the newspaper dated July 2nd existed, the 30 years of Hapdong News Agency made a mistake. Jeong Jin-seok, above book, p.50. re-quotation

135) Ri Yong-pil, "100 Years of Chosun Newspaper", (Seoul: Nanam, 1993), p.264.

Seventh, the Legal Newspaper published on June 27, 1988, reported a list of 75 abducted legal professionals (21 judges, 12 prosecutors, and 42 lawyers). Compared to the Memorial Hall List, adjustments need to be made: one judge should be reclassified as a prosecutor, three judges as lawyers, three prosecutors as judges, and two lawyers as judges. Additionally, ten more lawyers should be added to the Memorial Hall List.

In summary, the total number of abducted legal professionals during the war is 68 judges, 28 prosecutors, and 139 lawyers, making a total of 235. Including the 47 trainee lawyers, the maximum number of abducted legal professionals is 282. Among these, some are believed to have voluntarily defected to North Korea, but precise identification is challenging. Similar to other wartime abductees, legal professionals were coerced into surrendering or conscription between June and September 1950, or they were captured while hiding by the Internal Affairs agents and others and sent through the Seodaemun Prison to Pyongyang and other locations. Young legal professionals were abducted as members of volunteer armies and frequently faced execution if they fell behind on the way to the North.

The first Chief Justice Kim Byung-ro sent his wife to her parental home in Damyang County when the war broke out, but she was killed by communist guerrillas.[131] Former Supreme Court Chief Justice Yoo Tae-hung was categorized as a reactionary lawyer and was conscripted into the Volunteer Army. He worked in a coal mine in Kangdong County, South Pyongan Province, and reportedly escaped south during the confusion caused by bombings.[132]

---

131) Kim I-jo, <the Way of Legal Profession, the Life of Legal Professionals(II)>, Hwashin Moonhwa Co., May 25, 2004, p.754. ; Kim Tae-hoon, "Re-examination of the Legal Professionals abducted during the War and its relevant measures", <Do you know of Legal Professionals abducted during the War?>, A Seminar hosted by the Association of Lawyers for Human Rights and Unification of the Korean Peninsula, Jul. 17, 2023, p.24. re-quotation

132) Kim I-jo, above book, pp.750~755

Fourthly, according to the Judicial Administrative Office's compilation of judicial history, 41 retired judges, including Supreme Court Justice Han Sang-beom, have their retirement reason listed as 'abduction.' However, errors are evident here as well, such as the inclusion of former Supreme Court Chief Justice Lee Yong-seob, who was not abducted. Compared to the Memorial Hall List, eight judges listed in the judicial history compilation are missing from the Memorial Hall List, and there are significant discrepancies in the number of abducted individuals.

Fifthly, according to the "50 Years of the Korean Bar Association" published by the Korean Bar Association on August 10, 2002, and the "100 Years of the Seoul Bar Association" published by the Seoul Bar Association on January 20, 2009, there were 51 lawyers abducted during the Korean War. However, there is an error in including then-Supreme Court Justice Han Sang-beom as a lawyer, and eight lawyers who were actually missing are not listed. This shows a significant discrepancy from the number of abducted lawyers recorded by the Memorial Hall.

Sixth, the Family Association discovered in November 2012, through a report obtained from the U.S. National Archives and Records Administration (NARA), that out of 654 abducted persons listed by the CIA, one judge and two lawyers were missing from the Memorial Hall List. Additionally, when compared to the list of prominent abducted persons from the "North Korea Directory"[130] published by the North Korea Research Institute in 1983, it was found that one judge and two lawyers were also missing from the Memorial Hall List.

---

130) Family Council of abductees in the Korean War, September 27, 2001, list of abductees in the North Korea Pandect, Family Council's activities document (4)-Azachaha, http://www. kwafu.org/korean/bbs/board_view.php?bbs_code=bbsIdx6&num=136&page=21&keycode =&keyword=&c1=&c2=&sub_code=

Secondly, according to Articles 4 and 11 of the Korean War Abductees Act, the National Korean War Abductees Memorial Hall opened on November 29, 2017, and has a registered list of abductees (hereinafter referred to as the "Memorial Hall List") that includes 60 judges (including Supreme Court Justice Han Sang-beom), 26 prosecutors, and 101 lawyers, totaling 187 people. This differs from the 190 legal professionals reported in the Fact-Finding report. The Memorial Hall List includes Kim Bong-hwan[129], a lawyer who escaped during his abduction, as part of the abductee list.

Additionally, there are potential issues with the lists of abducted legal professionals. For instance, Kim Seung-jo, a prosecutor, and Choi Chang-hong and Kim Yong-mu, both lawyers, are listed as having been abducted, but they may be namesakes of different individuals, raising doubts about whether they are the same person. Similarly, there is a possibility of errors due to mispronunciations or misspellings for judges Lee Woo-kyung and Lee Woo-hyang, suggesting potential mistakes in the records. As there is a possibility that names in the list might be duplicated or misspelled, some differences depending on the survey agencies might arise.

Thirdly, the list of abducted persons compiled by the Korean War Abduction Victims Family Council in collaboration with Professor Kim Myung-ho of Gangneung University in 2006 reports 61 judges, 25 prosecutors, and 101 lawyers, totaling 187 people. While this figure, excluding trainee lawyers, slightly differs from the report by the Korean War Abduction Victims Truth Investigation Committee, it matches the Memorial Hall List in terms of numbers. However, there are doubts about possible name confusion, such as between lawyer Min Bu-dong and Min Bu-hun, and between lawyer So Wan-kyu and So Taek-kyu, as well as between Judge Oh Kang-geun and Judge Oh Yong-geun.

---

129) Kim Bong-hwan, <It was thought to be a Sakura, but it's a Mugunghwa>, Bogosa Publishing Co., Nov.15,2002. pp. 83-91

錫洪), Choi Tae-kyu (崔泰奎), Han Seok-beom (韓錫範), Heo Young-ho (許永鎬), Hong Soon-ok (洪淳玉), Hong Hee-jong (洪熹種), Hwang Yun-ho (黃潤鎬)

Among the members of the Constituent National Assembly, Kim Kyung-bae, Kim Woong-jin, and Cho Jong-seung were re-elected as members of the 2nd National Assembly before being abducted. Additionally, the Constituent National Assembly members Kim Byung-hee, Kim Yak-su, Kim Ok-joo, Kim Yong-hyeon, Roh Il-hwan, Park Yun-won, Bae Jung-hyuk, and Lee Gu-soo, who were involved in the National Assembly operatives(moles) incident, are known to have voluntarily defected to North Korea.

(3) Legal Professionals[127]

The number of legal professionals abducted during the Korean War varies slightly depending on the survey agency. According to the 'Korean War Abductees Truth Commission,' which was established under the Korean War Abductees Act and conforming to the Article 10 of the Act, published its 'Fact-Finding Report on Korean War Abduction Victims'(hereinafter referred to as the "Fact-Finding Report") in April 2017, the report identifies 190 legal professionals abducted during the Korean War. This total includes 90 judges and prosecutors and 100 lawyers. When adding 47 abducted trainee lawyers, the total number of abducted legal professionals amounts to 237. Considering that there were 207 judges, 163 prosecutors, and 247 lawyers nationwide at the time[128], this indicates that approximately 30.7% of legal professionals were abducted, which is a significant number.

---

127) Kim Tae-hoon, "Re-examination of the Legal Professionals abducted during the War and its relevant measures", <Do you know of Legal Professionals abducted during the War?>, A Seminar hosted by the Association of Lawyers for Human Rights and Unification of the Korean Peninsula, Jul. 17, 2023, pp. 13-24

128) "Fact-Finding Report on the Abducted Victims of the Korean War", p.343.

Ahn Jae-hong (安在鴻, Pyeongtaek), Kim Heon-sik (金憲植, Nonsan Gap), Jeong In-sik (鄭仁植, Gwangju Eul), Yoon Gi-seop (尹琦燮, Seodaemun Eul), Kim Ung-jin (金雄鎭, Hwaseong Eul), Gu Deok-hwan (丘德煥, Seocheon), Jo So-ang (趙素昂, Seongbuk), Baek Sang-kyu (白象圭, Jangdan), Park Cheol-gyu (朴哲圭, Yesan), Kim Yong-mu (金用茂, Muan Gap), Jo Heon-young (趙憲泳, Yeongyang), Yang Jae-ha (梁在廈, Mungyeong), Park Young-rae (朴榮來, Wanju Eul), Jo Gyu-seol (曹圭卨, Yeongcheon Eul), Kim Chil-seong (金七星, Busan Eul), Lee Sang-kyung (李相慶, Hadong), Shin Seok-bin (辛錫斌, Jeong-eup Gap), Park Seong-woo (朴性宇, Sangju Gap), Shin Yong-hoon (辛容勳, Changnyeong)

Murdered: Seo Jang-ju (徐璋珠, Yangsan), Lee Jong-rin (李鐘麟, Seosan Gap)

Here is the list of the 50 kidnapped members from the 200 members of the Constituent National Assembly elected in 1948[126]:

The names are as follows:

Kang Ki-mun (姜己文), Kang Wook-jung (姜旭中), Kim Kyung-do (金景道), Kim Kyo-jung (金教中), Kim Kyo-hyun (金教賢), Kim Deok-yeol (金德烈), Kim Dong-won (金東元), Kim Sang-deok (金尙德), Kim Young-dong (金永東), Kim Woo-sik (金禹植), Kim Jang-yeol (金長烈), Kim Joong-ki (金仲基), Kim Hyo-seok (金孝錫), Park Jong-hwan (朴鐘煥), Baek Kwan-soo (白寬洙), Seo Jeong-hee (徐廷禧), Song Chang-sik (宋昌植), Shin Seong-kyun (申性均), Oh Gi-yeol (吳基烈), Oh Yong-guk (吳龍國), Oh Taek-kwan (吳澤寬), Oh Taek-yeol (吳宅烈), Yun Seok-gu (尹錫龜), Lee Kang-woo (李康雨), Lee Man-keun (李萬根), Lee Mun-won (李文源), Lee Seok (李錫), Lee Joo-hyung (李周衡), Jang Byung-man (張炳晩), Jeong Kwang-ho (鄭光好), Cho Byung-han (趙炳漢), Cho Jung-hyun (趙重顯), Cho Heon-young (趙憲泳), Choi Seok-hong (崔

---

126) Jeong Jin-suk, previous book, pp. 22-23.

Yun-ho, Choi Tae-kyu, Shin Sung-kyun, Bae Jung-hyuk, and Lee Gu-su escaped from prison and were at home. They came forward voluntarily or upon encouragement after being contacted.

Former and current members of the National Assembly such as Kim Ui-hwan, Yang Jae-ha, Kim Jang-ryeol, Song Ho-seong, Kim Hyo-seok, Koo Deok-hwan, Kim Chil-sung, Baek Sang-kyu, Ryu Ki-soo, and Park Cheol-kyu came forward due to the encouragement or pressure from their colleagues. However, many members of the National Assembly, as well as prominent figures from political parties and social organizations, were forcibly arrested by intelligence agents and cooperating personnel.

Among the 210 members of the 2nd National Assembly, who were elected in the general elections held on May 30 and convened on June 19, just one week before the outbreak of the war, 27 were abducted and 2 were killed.[124] The National Assembly passed a special measure law on December 21, 1950, stipulating that the 27 members who were missing would not be counted in the total number of members until they were re-registered.[125] The law lists the kidnapped and murdered members of the National Assembly as follows:

Kidnapped: Won Se-hoon (元世勳, Jung-gu Gap), Lee Jong-seong (李宗聖, Icheon), Kim Gyeong-bae (金庚培, Yeonbaek Gap), Choi Byeong-ju (崔丙柱, Buan), Oh Ha-young (吳夏英, Jongno Eul), Ryu Gi-su (柳驥秀, Yongin), Jo Jong-seung (趙鐘勝, Danyang), Jang Yeon-song (張連松, Dongdaemun),

---

124) Jeong Jin-seok, previous book, p.21-22.

125) Law No. 173. Law on Special Measures on the Enrollment of the Members of the National Assembly (Dec.21,1950). Members who are missing due to the Korean War and listed at the attached Table shall not be included in the number of the enrolled members until he/she is re-enrolled with the National Assembly. (supplementary provisions; this law shall come into force from the date of promulgation). Jeong Jin-seok, "Abductions during the Korean War" (Seoul; Giparang, Aug.14, 2006), p.21. re-quotation.

(2) Politicians

On July 5, 1950, Lee Ju-sang of the Korean Workers' Party Central Committee Seoul Leadership sent about 40 individuals to the second floor of a five-story building in Jongno where Bang Hak-se was staying. They were operatives(moles) for the South Korean Labor Party or North Korean Worker's Party in the governing institutions including the National Assembly and the right-wing parties such as the Korean Independence Party, the Democratic Independence Party, the National Independence Federation, the Nationalist Party, and the Korean Democratic Party. They were in positions to know information and whereabouts of key figures.

They provided Bang Hak-se with information about key figures, and Bang Hak-se secretly planned the overall operation for their arrest. Additionally, intelligence and cooperative agents were deployed down to the lower levels of the internal affairs offices and internal affairs suboffices to complete all preparations.

The next morning, 30 specialized operational teams and hundreds of intelligence agents and cooperators began their activities simultaneously. First, they contacted those who might voluntarily come forward and made them appear, and gathered information about the whereabouts of other key figures from them. Most of the remaining individuals from the participating faction, upon the occupation of Seoul, voluntarily or upon encouragement, sought out their affiliated organizations and registered with the Korean Workers' Party Unified Front Department and the Democratic Front for the Reunification of the Fatherland.

For example, individuals involved in the National Assembly operatives(moles) incident such as Kim Yak-su, Roh Il-hwan, Lee Moon-won, Park Yun-won, Kim Ok-joo, Kang Wook-jung, Kim Byung-hee, Hwang

Workers' Party Central Committee, received special instructions from Kim Il-sung and arrived in Seoul by car on the early morning of July 4. Upon arriving in Seoul, they went to the Korean Workers' Party Central Committee Seoul Leadership Office on the second floor of the Seoul City People's Committee (formerly Seoul City Hall). The decisions made at this meeting were as follows:

- The leadership of the operation group is to be placed on the third floor of the building where the Information Bureau is located.
- The joint group headquarters is to be located at the Seongnam Hotel (near the current Gwanggyo).
- Lee Ju-sang is responsible for ensuring cooperation personnel from the party organization, and Bang Hak-se is in charge of the overall direction of the 'Ushering Operation'.
- The operational sequence involves gathering and verifying information in advance to determine the whereabouts, synthesizing and evaluating the information, and then specifically deciding on ushering, taking away, surrender or arrest based on the target. The targets would be gathered at the Seongnam Hotel for individual review, then either placed under house arrest or detained at designated locations either individually or in groups or imprisoned.

They held a practical meeting under the chairmanship of Kim Eung-gi to execute the decisions of the Military Committee and to establish the operational plan named 'Ushering Operation', that is, an operation for taking away and arresting the major figures. The meeting included intelligence agents such as Kim Kwan-seob, Choi Jong-hee, Kim Byung-chan, Im Hong-kyu, and Yeom Hyo-seok, as well as the head of the Seoul Internal Affairs Office and district internal affairs officers.

E97

(3) By Age

By age, the largest group was those in their 20s, totaling 53,992 (57.4%), followed by those in their 30s with 18,564 (19.7%), and those in their teens with 9,868 (10.5%). There were also some individuals in their 40s and 50s, as well as those less than 10s including infants and toddlers and even the elderly, which suggests that some abductions may have been carried out on a family basis.

(4) By Period

Looking at the timing of the abductions, 79,401 people, or 84.4% of the total abductees, were abducted during the three-month period from July to September 1950. This supports the claim that immediately following North Korea's invasion, Kim Il-sung's orders for 'ushering operations' were carried out, suggesting that the abductions were premeditated. After the intervention of the Chinese forces at the end of 1950 and the subsequent January 4th Retreat in 1951, (The Third Battle of Seoul) even while intense battles were occurring between the Communist forces and the UN troops, North Korea abducted 3,523 civilians, including many politicians and intellectuals abducted to secure talents needed by North Korea.

3. Major Figures (Politicians, Legal Professionals, Journalists, Religious Figures) Abduction

(1) Strategy Meeting for "Operation of Ushering" Major Figures[123]

The executive personnel Kim Eung-gi, Lee Ju-sang, Bang Hak-se, Kim Chang-ju, and Kim Chun-sam, who attended the joint meeting on July 1, 1950 of the Political Bureau and the Military Committee of the Korean

---

123)   Lee Tae-ho, Shin Kyung-wan (pen name) testimony, previous book, pp. 12-26.

⟨Table 5⟩ Distribution of Abducted Persons by Region

Region	Number (Persons)	Percentage (%)
Seoul	23,505	25.0
Gyeonggi	17,822	18.9
Gangwon	10,811	11.5
Chungbuk	13,775	14.6
Chungnam	9,196	9.8
Jeonbuk	5,971	6.3
Jeonnam*	3,761	4.0
Gyeongbuk	7,689	8.2
Gyeongnam	1,221	1.3
Others	31	0.0
Unknown	**339**	0.4
Total	**94,121**	**100.0**

* Jeju Region is included in Jeonnam

(2) By Gender

96.7% of the abductees were male, which likely reflects the greater need for male manpower during the war. However, considering that the North Korean army mobilized a significant number of women for medical support and food distribution, it is estimated that the actual number of women mobilized was higher than the 1,838 (2.0%) reported.[122]

---

122) According to the U.S. Far East Command's Daily Intelligence Summary No. 3201 (June 15, 1951), "Approximately 100,000 women were mobilized, with about 15% volunteering and the rest being conscripted. The women's ages ranged from 16 to 30 years. Of the total, 30% were members of the North Korean Democratic Women's League, 15% were members of the South Korean Democratic Women's League, 25% were women conscripted from South Korea, and the remainder came from various other organizations." DS 918 A26 158 NOS 3198-3205, GHQFEC, Intelligence Summary, July 16, 1951.

recorded as 126,325.[120] If this secret telegram is accurate, it indicates that the scale of abductions is significantly higher than what is currently known.

(1) By Region

According to the 'Investigation Report on the Damage of Abductions during the Korean War' prepared by the 'Korean War Abduction Truth Commission' under the Prime Minister's office, among the total 94,121 abductees listed in the consolidated register, Seoul had the highest number with 23,505 (25.0%). Following Seoul, the numbers were as follows: Gyeonggi Province with 17,822 (18.9%), North Chungcheong Province with 13,775 (14.6%), Gangwon Province with 10,811 (11.5%), South Chungcheong Province with 9,196 (9.8%), North Gyeongsang Province with 7,689 (8.2%), North Jeolla Province with 5,971 (6.3%), South Jeolla Province with 3,761 (4.0%), and South Gyeongsang Province with 1,221 (1.3%).121) The reason for the lower number of abductions in Gyeongsang Province is that, as the final bastion of the UN forces, most of the area south of the Nakdong River defensive line was not occupied by North Korean forces.

---

120) The UN Command sought to obtain lists of South Korean abductees to demand their repatriation during the armistice negotiations. On December 23 and December 29, 1951, the UN Command requested Ambassador Muccio to urgently provide the list. Ambassador Muccio sent the content of the Korean War abductee list to the UN Command as an urgent secret document. This document includes statistics such as 73,613 individuals forcibly conscripted into the North Korean army or youth corps, 16,240 individuals who appear to have voluntarily joined the North Korean army, and 36,742 others known to have been abducted. The document also states that "the list includes the names, birthplaces, ages, and places and dates of abduction of the abductees, as well as those abducted from local areas." However, the list mentioned by Ambassador Muccio, which was said to have been prepared at the time, has not yet been discovered. (Source: Munhwa Ilbo, June 22, 2007)

121) The Korean War Abduction Investigation Committee, the Final Report on Research Services for the Survey of Actual Conditions by Function of the Victims of Abduction during the Korean War, (Seoul: The Korean War Abduction Investigation Committee, 2016), p.50.

E94

⟨Table 4⟩ Status of Abductees During the Korean War

Abductee List	Preparing Organization	Date Prepared	Number of Abductees	Notes
Seoul Special City Victim List	Public Information Agency Statistics Bureau	1950. 12. 1.	2,438	
Korean War Abductee List	Republic of Korea Government	1952	82,959	Statistical Yearbook of the Republic of Korea
Korean War Abductee List	Republic of Korea Government	1953	84,532	Statistical Yearbook of the Republic of Korea
Abductee List of the Korean War	Korean War Abductee Family Association	1951	2,316	Shin Ik-hee's List
Abductee List Due to the Korean War	Ministry of Home Affairs, Public Security Bureau	1954	17,940	
Displaced Civilian Registration List	Korean Red Cross	1956. 6. 15. ~8. 15.	7,034	

of Korean War abductees was 126,325 was discovered in Volume 12 of the "Compilation of Historical Materials on North-South Korean Relations," which is held by the Ministry of Foreign Affairs and Trade's Diplomatic Policy Materials Room.[119] This document is an urgent secret document sent by John Muccio, the first U.S. Ambassador to South Korea, to the United Nations Commander on January 4, 1952. It contains a comprehensive list of abductees prepared by the South Korean Ministry of Home Affairs, with the number

---

119) Lee Mi-il, "The Criminality of the Korean War Abductions and the Justification for the Enactment of Special Act", Pro-North Korean Anti-State Action Investigation Committee, "The Truth of the Korean War and the forced abduction and genocide", (Jun.22,2007.), p.14.

E93

After the armistice, efforts by the government, the National Assembly, private organizations, and the Red Cross were hindered by the continued use of the term "displaced civilian," causing the issue of abductions, which is a war crime, to fade away. The only response from North Korea came in 1957, when, in reply to a report on the situations of displaced civilians compiled by the Korean Red Cross in 1956, North Korea confirmed the status of being dead or alive and whereabouts of only 337 persons out of the 7,034 reported cases.

2. Comprehensive Status of Abducted Persons During the Korean War

The scale of abductees during the Korean War, as reported by the "Korean War Abductee Families Association," is 96,013 individuals. This figure, as shown in Table 4, was compiled from five different lists of war abductees and represents a significant difference from the 84,532 reported by the government in 1953. According to the analysis by the "Korean War Abductee Families Association," 88.2% (84,659) of the total abductees were taken within the first three months of the war, 98.1% (93,939) were male, and 84.6% (81,240) were young people aged between 16 and 35.[118]

According to the 1953 Statistical Yearbook of the Republic of Korea, the number of abductees is 84,532. However, the number announced by the Korean War Abductee Family Association, which compiled the government's abductee-related statistical data, is 96,013, significantly higher than the figure in the Statistical Yearbook. This suggests that there may be abductees missing from the government statistics.

In May 2007, a diplomatic document containing statistics that the number

---

118) Kim Myung-ho, "A Study on the Empirical Analysis of the Status of Korean War Abductees", <History Materials of Abductions Cases during the Korean War vol. 1>, (Seoul, The Archive of History Materials of Abductions Cases during the Korean War, 2006), pp. 1114-1149

many lists of abductees have been uncovered, lists of voluntary defectors are less visible. Since voluntary defectors chose to move to the North on their own, compiling a list of them is challenging.

Among the abductees, the largest group comprises members of the "People's Volunteer Army." For example, of the 126,325 abductees recorded by the Ministry of Internal Affairs (Public Security Bureau) at the end of 1951, 89,853 were members of the Volunteer Army, including 16,240 voluntary volunteers.[117] As previously mentioned, the People's Volunteer Army was organized as part of North Korea's plan to systematically mobilize South Korean residents. On July 1, 1950, during the 4th meeting of the North Korean Military Committee, a decision was made to "organize the People's Volunteer Army." This was followed by the issuance of party directives on July 6, 1950, regarding "the initial recruitment of the Volunteer Army," marking the official implementation of this policy.

The issue of abducted persons should have been addressed during the armistice negotiations. However, North Korea has consistently denied the existence of abductions, knowing that such forced abductions would be classified as war crimes. The problem was further complicated by the United Nations forces. By approaching the issue through the concept of "displaced civilians," who had left their homes either voluntarily or involuntarily, the UN forces ended up facing counterarguments from the North Korean side.

North Korea argued during the talks that, based on the UN's concept of displaced civilians, more than 500,000 people had been abducted by the UN forces. Although the UN forces presented guidelines for resolving this issue under Article 3, Section 59 of the Armistice Agreement, these guidelines became obsolete due to North Korea's refusal to comply.

---

117) Cho Sung-hoon, previous book, p.77.

Based on the list of abductees compiled by the "Korean War Abductee Family Association," it is estimated that the total number of abductees ranges from 90,000 to 100,000. The investigation into abductees began after the recapture of Seoul in 1950, and a list was already published as of December 1, 1950. The "Seoul Special City Victim List" records 4,616 individuals who were abducted, killed, or went missing, with 2,438 of them listed as abducted.[115]

The first nationwide list discovered, titled the "List of Abductees from the Korean War," records a total of 82,959 individuals. According to a list compiled by the Public Security Bureau, the Ministry of Home Affairs in 1954, there were 17,940 people, while a list from early 1951, found among the belongings of Mr. Shin Ik-hee and prepared by the first family association, recorded 2,316 individuals. Additionally, the Korean Red Cross's "List of Displaced Civilians" compiled from reports on abductees, which was aimed at checking the situations of the abductees, included 7,034 names. Excluding duplicates among these five lists and aggregating the data, the total estimated number of abductees is 96,013.[116]

It is notable that the list includes 169 members of the National Assembly and politicians, 190 legal professionals, 1,613 policemen officers, 2,919 administrative officials, 879 anti-communist social organization members, 863 professors and educators, 2,836 technicians, 582 medical professionals, 388 business executives, and 107 artists. This statistic suggests that the abductions were not indiscriminate during the war but were meticulously planned as one of the war's primary objectives.

The 1954 Korean Yearbook (Yeongnam Ilbo) also records a total of 82,959 abductees. Among them, 10,271 are noted as voluntary defectors. While

---

115) Cho Sung-hoon, Kim Mi-young, previous book, p.13.

116) Cho Sung-hoon, Kim Mi-young, previous book, pp. 13-14.

Initially, leftist political prisoners, students, and workers voluntarily enlisted, but as the U.S. military intervened swiftly, compulsory recruitment began to prepare for the protracted war. As the North Korean army retreated due to the Incheon Landing Operation, they forcibly mobilized young men to secure laborers needed for sending weapons and war supplies back to the North.

The large-scale abductions by North Korea during the Korean War occurred in two main phases. The first phase was from June 28, 1950, when North Korean forces occupied Seoul, until September 28 of the same year, when UN forces recaptured Seoul. During this period, nearly 90% of the total abductions took place. The second phase occurred after the intervention of Chinese forces, which led to the retreat of South Korean and UN troops to Suwon line, the 37th parallel. Abductions continued until March 16, 1951, when Seoul was recaptured once again.[114]

North Korea's abductions of key figures and civilians can be divided into planned abductions and mobilization abductions.

Planned abductions were orchestrated by North Korea before the war and were carried out within the first three months of the conflict. These abductions primarily targeted social leaders and intellectuals, including members of the National Assembly, professors, judges, and skilled professionals.

Mobilization abductions continued throughout the war and involved the recruitment of personnel for the war effort. This includes those recruited into the People's Volunteer Army and labor battalions, with most of the abductees falling into this category. Forced mobilization into labor battalions predominantly occurred during the retreat of North Korean forces due to the UN forces' Incheon Landing Operation and counteroffensive operations.

---

114) Cho Sung-hoon, 《The Armistice Agreement》, (Seoul: Salim), August 29, 2014 p.75.

them technically considering public attention and involve them in appropriate sectors and positions, taking into account changes in the situation.

The third category consists of leaders from political parties and organizations and individual figures that participated in the North-South political negotiations in April 1948. Given their significant role among the political forces in North and South Korea, it was emphasized to treat them with respect, handle them specially, and persuade and explain to recruit them so that they would willingly join.

The fourth category includes those who voluntarily cooperated or confessed. It was decided not to question or investigate their past activities, property, religion, or political views, but to highly value their voluntary cooperation. If they had merits, it was to be recognized, and their personal safety was to be guaranteed.

The fifth category comprises individuals to be detained or arrested. Considering their different political and social positions, activities, and living standards, and the varying motivations and circumstances of their detention or arrest, it was emphasized that different handling methods should be applied to each individual. The basic approach was to persuade and explain, providing proper respect to those who sincerely supported and cultivating them for appropriate participation, while dealing with those who resisted until the end by addressing their past actions and processing them according to the law.

After occupying Seoul, the North Korean army held its 4th Military Committee meeting on July 1, 1950, where they decided on "the organization of the People's Volunteer Army" and issued the party directive on "the initial recruitment of the volunteer army" on July 6 of the same year. They began recruiting volunteers in Seoul and, from August, expanded recruitment nationwide.

in 1950 was 10.55 million[112], a significant portion of about 30% of the population moved south.

Therefore, on June 28, 1950, North Korea held a meeting of the Central Military Commission of the Workers' Party and decided on the following three important policies: First, "to implement land reform in the southern half of the Republic," second, "to establish people's government agencies," and third, "to recruit and re-educate key political, economic, and social figures in the southern half to strengthen the united front." Furthermore, South Korea's prominent figures were classified according to five criteria as follows:[113]

The first category consists of South Korean political parties and organizations that participated in the establishment of the North Korean regime. Specifically, these are individuals who belonged to parties and organizations that were part of the 'Fatherland Unification Democratic Front' (hereinafter referred to as 'Fatherland Front'), which was formed by leftist organizations in both North and South Korea on June 25, 1949. These individuals were regarded as allies, and it was decided to respect their personalities to the utmost and guide them to actively participate in the North Korean line.

The second category includes North Korean agents and sympathizers who had been operating covertly within the South Korean administration, National Assembly, political parties, and social organizations. It was decided to handle

---

112) UN World Population Prospects: The 2012 Revision 2013.13.

113) Lee Tae-ho, testimony by Shin Kyung-wan (pen name), "Winter by the Yalu River", October 15, 1991 pp. 22-24. Shin Kyung-wan is a former deputy director of the Democratic Front for the Unification of North Korea and a Deputy Minister of the Political Affairs Council(Cabinet).

III. Abduction of Major Figures and Civilians from South Korea

1. Overview

The concept of "abductees during the Korean War" is defined in Article 2, Paragraph 1 of the "Act on the Finding of Truth and Restoration of Honor for Korean War Abduction Victims." It states that an "abductee" refers to a South Korean national (excluding military personnel) resident in South Korea who, during the Korean War (from June 25, 1950, until July 27, 1953, the date before the signing of the military armistice agreement), was forcibly abducted by North Korea against their will and was detained or resided in North Korea.

This can be understood as a South Korean national resident in South Korea who was abducted by North Korea against their will during the Korean War and was detained or resided in areas under North Korean control. Therefore, this section will address the issue of abductions during the Korean War, while the issue of abductions after the armistice agreement will be discussed in the following section.

The abduction of major figures and civilians from South Korea by North Korea has its roots in the communist system. After the liberation, Kim Il-sung, who took control north of the 38th parallel, swiftly established a communist regime, carrying out the confiscation of private property and purging landowners, religious figures, and pro-Japanese collaborators. As a result, more than 3 million North Korean residents, including intellectuals and leaders who were targeted for purging, fled to the South, creating a void of talent in North Korea.[111] Considering that the population of North Korea

---

111) Cho Sung-hoon and Kim Mi-young, ⟨Study on the Real Status and Honor Recovery Plan for each abductee of the Korean War⟩ (Seoul: Korean War Abduction Case Archive), a research report on policy tasks by the Ministry of Unification, October 2009. p.13

Massacres intensified as the North Korean army retreated following the success of the UN forces' Incheon Landing Operation.

The civilian massacres committed by North Korean and hostile forces during the Korean War constitute war crimes under Article 8 (Genocide) and Article 13 (War Crimes by Prohibited Methods) of the ROK Law on Punishment of the Crimes under the Jurisdiction of the International Criminal Court. According to this law, civilians who did not directly participate in hostilities cannot be targeted. Although human rights awareness and legal consciousness were lacking at the time compared to today, this does not mean the issue can be ignored.

The issue of civilian massacres by hostile forces is likely to remain the biggest black box of modern Korean history containing greatest enigmas of many tasks for termination of war and reunification. Since the Armistice Agreement is still maintained in the inter-Korea relations, and the relations are on the extension of the unfinished Korean War, this issue is a clear condition for ending the war and a challenge for reunification. Therefore, the government should thoroughly investigate and maintain records of civilian damage caused by hostile forces.

Considering that compensation from North Korea is realistically impossible, the elderly age of the victims' families seeking compensation, and the need to educate younger generations on correct historical awareness, it is emphasized that the state should take the initiative in providing compensation.

5. Judicial Evaluation and Tasks

As previously mentioned, according to the "Comprehensive Damage Investigation Report on the Korean War" prepared by the Statistical Bureau of the Korean Public Information Office in 1954, the number of civilians massacred by the North Korean Army and hostile forces as of July 27, 1953 (the date of the armistice agreement) was 128,936. However, this figure only accounts for reported cases. If we consider victims who were not reported due to circumstances like being abducted and killed during transportation to the North, the actual number is difficult to estimate.

Civilian massacres during the war are clear war crimes, and the responsibility rests with Kim Il-sung, as indicated by his statements. On June 26, 1950, Kim Il-sung broadcast orders to fortify the rear, ruthlessly combat fleeing elements and propagators of false rumors, detect and eliminate spies and saboteurs without mercy, and punish traitors ruthlessly. Shortly after the North Korean invasion, he issued directives via pamphlets to ruthlessly purge reactionaries, non-cooperators, and fleeing elements. Furthermore, on June 30, 1950, he issued instructions to execute ROK military officers, judges and prosecutors without exception and to submit heads of 'myeon', 'heads of 'dong'and heads of 'ban' to people's courts.

In accordance with these orders, North Korean and Chinese troops, as well as partisans, internal affairs agents, and other communist forces, massacred public officials, soldiers, police, and their families, along with those who assisted the ROK and UN forces, landowners and those stigmatized by local leftists, in extremely brutal ways in the areas they occupied. Additionally, Christians were collectively massacred regardless of age or gender because Christianity was rooted in free democracy, which was deemed incompatible with communist ideology.

in the Korean Youth Corps by the People's Army and executed by shooting in the back hills of his village. Mr. Lee (born 1930, Boeun County, Chungbuk) was killed with a bamboo spear because he was also a leader in the Korean Youth Corps by members of a leftist organization at the village entrance . Mr. Kim (born 1923, Seocheon County, Chungnam) was burned alive along with about ten other landowners by the People's Army because he was a landowner.

Mr. Yoon (born 1914, Iksan City, Jeonbuk) was executed by shooting by members of the People's Army because he was a landowner. Mr. Yoon (born 1926, Iksan City, Jeonbuk) was captured and executed by shooting by the People's Army after being reported by a servant while fleeing. Mr. Park (born 1895, Jangheung County, Jeonnam) was dragged to the police station by local people's committee leaders and massacred in a communal graveyard. Mr. Shin (born 1913, Jecheon County, Chungnam) was arrested by a People's Army internal affairs officer while performing his duties as the head of "ri", tortured for about 20 days, and died in the hospital from the effects of the torture.

From June 20, 2021, hundreds of damage consultations were received. However, 46 reports were filed by documents by the end of December 2022. Most people seeking to uncover the truth and restore honor are the victims' children and eyewitnesses. However, many of those had to stop their reporting and turn away because their descendents opposed it. Why did the descendants oppose? What are they afraid of?

The NGO(Non-Governmental Organization) Mulmangcho submitted the filed damage reports to the Truth and Reconciliation Commission and requested truth verification and honor restoration. It also held a total of seven press conferences to announce the newly raised facts of the damage and demanded prompt special legislation from the government. The Truth and Reconciliation Commission is currently investigating the 46 reported cases.

The media, too, seemed only interested in cases of damage caused by the military and police, showing little concern for those caused by hostile forces. Serious historical distortion was unfolding. If things continued this way, it was clear that the only historical trace left would be the false notion that all civilian casualties during the Korean War were caused by the (South Korean)military and police. It was disheartening to see ancestral honor being trampled for money.

In response, the non-profit organization Mulmangcho (War Crimes Investigation Committee) decided to temporarily set up and operate a "Center for Reporting Damage Caused by Hostile Forces" and began informing the public through major newspapers. At the same time, they called on political circles to enact special legislation. They met with members of the relevant standing committees of the National Assembly to persuade and gain their understanding. There was growing sympathy on many fronts.

Reports of damage caused by the hostile forces also poured in. On the first day alone, more than 150 phone reports were made, and people had to line up to visit the reporting center. Most of the cases that were filed involved incidents where grandparents, great-grandparents, or siblings were dragged to the back hills of their villages and massacred or abducted to North Korea because they were police officers, military personnel, or landowners. These were cases where the truth had never been legally clarified nor had any compensation been received from the state. Some examples reported in the media are as follows.[110)]

Mr. Choi (born 1925, Gyeongju) was abducted because he was a police officer by the People's Army and his fate remains unknown. Mr. Lee (born 1913, Yangju County, Gyeonggi Province) was taken because he was a leader

---

110) New Daily, "The People's Army and Leftists massacred during the Korean War..."Mulmangcho's Application for truth verification and damage compensation", August 18, 2021.

executed four civilians by shooting for not providing food.[108]

Additionally, according to the U.S. National Archives and Records Administration and the Republic of Korea Statistical Yearbook, in Goseong County, Gangwon Province, after the Incheon Landing on September 15, 1950, the People's Army retreated and carried out 'preemptive arrests' under the notorious 'Political Security Department to root out impure elements in North Korean areas. As a result, about 800 reactionaries were identified, taken to a reservoir outside the viilage, and massacred by being forced into the reservoir. Furthermore, in Gosan County, Gangwon Province, 190 Catholic believers were taken to a nearby apple orchard, beaten to death with wooden clubs, and those who survived were executed by shooting, demonstrating extreme brutality.[109]

4. Newly Reported Massacre Cases

One day, a post appeared in the Q&A section of the website for the Truth and Reconciliation Commission. It stated, "If the perpetrator is unclear, record it as damage caused by the (South Korean) military or police." In reality, after seeing that families of victims harmed by the military and police were receiving significant compensation from the state, families of victims harmed by hostile forces were re-reporting their cases as damage caused by the military or police.

---

108) Out of 138 cases related to the Chinese People's Volunteer Army (CPVA) in the KWC report, 136 were identified as massacres of Republic of Korea Army and United Nations forces, and 2 were identified as civilian massacres. Ministry of National Defense, Military History Compilation and Research Institute, Investigation and Research Report on Civilian Casualty Incidents Caused by Hostile Forces Including North Korean Forces, p. 63.

109) The U.S National Archives and Records Administration(NARA), National Statistical Yearbook of the Republic of Korea (published in 1952)

abducted. This action is estimated to be in response to orders, one of which given around September 1950 instructed to remove all the elements who can turn to the side of the South Korean and the United Nations forces and help them when the United Nations forces land(at Incheon), resulting in obstructing the North Korean People's Army. Another order given around Septejmher 20 was, if transporting prisoners to the North was difficult, to handle them appropriately on-site. These led to widespread civilian massacres. Such facts can be understood through the KWC report in Table 3.

As seen in Table 3, it is evident that anti-communist (including religious individuals and students) activities were active in North Korea during the war. The North Korean regime arrested and detained these individuals and, as the South Korean and United Nations forces advanced north, carried out indiscriminate massacres. The perpetrators included North Korean People's Army personnel, including the navy, as well as members of internal affairs office, political security departments, prison officials, and special self-defense forces[107]. Additionally, there have been some claims that the Chinese People's Volunteer Army (CPVA) did not massacre civilians; however, in the aforementioned KWC #345 report, an instance is confirmed where the CPVA

---

107) In September 1950, according to directives from the North Korean Ministry of Internal Affairs, armed organizations were formed in each unit of provinces, cities, counties, and eup, myeon, dong under the pretext of protecting the life and property of the Korean People's Republic, local and popular sovereignty, work places, villages and residents. These organizations were composed of men aged 18 to 40. They were generally armed with weapons such as bamboo spears and were mobilized to guard North Korean government institutions, political parties, social organizations, workplaces, roads, railways, communication facilities, and their own villages, as well as to support front-line and rear-area operations. This is outlined in the South Jeolla Provincial Ministry of Internal Affairs Directive No. 156, "On the Organization and Operational Guidelines of the Special Self-Defense Forces," dated September 7, 1950. (RG242-160).

〈Table 3〉 Major Civilian Massacre Incidents in North Korean Areas (KWC Report)

KWC No.	Date	Location	Massacre Incident Details	Perpetrator
#43	Oct.6~8, 1950.	Wonsan Prison	1,078 North Korean political prisoners executed by firing squad	Members of Internal Affairs office, Prison Staff
#53	Oct.12~14, 1950.	Yeongheung County, Gowon County, South Hamgyong Province	700 South Korean political prisoners executed by firing squad and burned	North Korean Army (Unconfirmed)
#64	Oct.15~16, 1950.	Hamhung Prison	365 North Korean anti-communists and students executed by firing squad	North Korean Army (Unconfirmed)
#97	Oct.19, 1950.	Jinnampo Prison, South Pyongan Province	62 North Korean anti-communists executed by firing squad in the Geumbongsan Cave	Jinnampo Prison
#98	Oct.17, 1950.	Along the Daedong River	300 Cheondogyo believers (North Korean anti-communists) massacred	North Korean Army (Unconfirmed)
#190	Sep.29 ~Oct.17, 1950.	Haeju Prison	Around 3,500 prisoners executed by firing squad under orders from the prison warden	Political Security Department, members of Internal Affairs Office
#222	Oct.13~15, 1950.	Jaeryeong County, Internal Affairs Office	880 anti-communists executed by firing squad	Members of Internal Affairs office, Special Self-Defense Unit
#223	Oct.14~16, 1950.	Seojeong-myeon Internal Affairs suboffice, Pungsan County	350 anti-communists (including families) executed by firing squad	Internal Affairs suboffice Staff, Special Self-Defense Unit
#345	Apr. 2, 1951.	Dongbang, Sunchon County, South Pyongan Province	Four civilians executed by Chinese People's Volunteer Army for not providing food	Chinese People's Volunteer Army
#1318	Oct.27, 1950.	Ongjin Port, Ongjin County	Around 3,000 people (landlords, community leaders, ROK ranger unit, civilians) arrested and executed by firing squad during retreat operations at Ongjin Port	North Korean force (Navy Unit 956)

E79

from Sinpung-ri were massacred and thrown into a well to be drowned, resulting in a total of 136 patriots and their families being ruthlessly murdered.

(28) Other Civilian Casualty Incidents in the Jeolla Region

On July 28, 1950, in Yonggang-ri, Gwangyang-eup, Gwangyang County, Park Joo-won (male, 34 years old), who was mistaken for a police officer, was executed by the North Korean troops. His younger brother, Park Joo-yun, was also killed by North Korean troops while fleeing.[105]

From around September 26 to 27, 1950, during the North Korean troops' retreat, 13 people including Kim Tae-hwan from Wanju County, Jeonbuk, were detained and interrogated in a 'myeon' office warehouse or an Internal Affairs sub-office on the grounds of being rightists, such as head of 'myeon', volunteer firefighter chief, and Christians. On around September 28, they were found dead, either stoned to death or executed by gunfire, in nearby Goe-biso valley, fields near the old Dong-sang police substation, and the hillside behind Dong-sang Elementary School. The perpetrators were known to be local leftists.[106]

(29) Civilian Massacre in North Korean Areas

As the South Korean and United Nations forces advanced into North Korean territory, the North Korean army and the Korean Workers' Party carried out the massacre of right-wing individuals and South Korean personnel who had been

---

105) Truth and Reconciliation Commission, 〈Research Report, the First Half of 2010〉, pp. 259~260.

106) Truth and Reconciliation Commission, 〈Report on Investigation, the Second Half of 2007〉, pp. 59-76.

• After the massacre, a list of the dead will be compiled and reported to the 'myeon' party office.

The responsible person for the killing, Park Seong-mu and others, organized a massacre committee and carried out the following massacres from around 9 PM on September 27 to around 6 AM on September 29:

• In two caves on the back mountain of Mije Village in Mi-myeon, 68 right-wing figures from this village, including Kim Deok-hwan, 32 right-wing figures from Yong-dun Village, including Kim Tae-seop, and 17 right-wing figures from Won-dang Village, including Hong Gun-seong, were killed with spears and farming tools and then buried at the same location. The total number of the massared came to 117

• In a cave on the back mountain of Sinchon Village in Mi-myeon, 98 right-wing figures including Park Yong-gi from this village, 34 right-wing figures from Gwan-yeo-san Village, including Kim Maeng-ja, and 16 right-wing figures from Gae-sa-ri, including Moon Man-seop, were shot with Soviet-made rifles and killed with bamboo spears and farming tools, and then buried. The total number of the massacred came to 248.

• In a cave on the back mountain of Won-dang-ri Village in Mi-myeon, 5 right-wing figures including Oh Chang-hyun from Wonsan Buk-ri, 7 right-wing figures including Jo Tae-san from Haeseong Nam-bu, 13 right-wing figures including Yoon Eung-chil from Haeseong Buk-bu, and 5 right-wing figures including Jin Gi-ho from Mije Village, were killed with Soviet-made rifles, bamboo spears, and farming tools and then buried. The total number of massacred came to 30.

• At the house of right-wing figure Kim Jae-hong in Yu-un Village, Sinpung-ri, Mi-myeon, 34 right-wing figures including Go Jung-bong

- The massacre should be carried out specifically and systematically.

- The massacre should be conducted by mobilizing residents and identifying those who are uncooperative or obstructive in labor mobilization or procurement projects, and then separately killing them.

- The massacre should be carried out immediately after the meeting ends, using the night.

- Before execution, patrol the village perimeter.

- Core party members should gather enthusiastic elements and organize a massacre team.

- Contact the Internal Affairs suboffice chief regarding the method of killing and implement it.

- Men and women aged 17 to 40 should be organized into battalions and dispatched to the northern part of Korea.

Accordingly, the People's Committee Chairman proposed the following specific measures after discussion:

- A responsible party member will be designated for each 'ri', who will designate the targets for massacre and execute the massacre at his discretion.

- The massacre sites will use the air-raid shelters constructed by the Japanese army during the occupation.

- Two North Korean soldiers will be stationed at each massacre site.

- The killing methods will include shooting, beating, and using bamboo spears and farming tools.

- Responsible party member for each 'ri' will immediately enforce a curfew upon arrival in the 'ri'.

(26) Massacre of Approximately 150 Prisoners at Yeosu Police Station[103]

During the retreat of the North Korean forces following the Incheon Landing Operation, the chief of the Yeosu Interior Affairs Office, along with the People's Committee Chair and the Political Security Department Head, discussed the issue of handling the prisoners at the Internal Affairs Office. They decided to execute all the prisoners. Out of the 197 detainees, some were released, and approximately 150 prisoners were, under the pretense of 'retrial release' after being transported to Suncheon, bound and taken to various locations near the Mipyong Police substation, including the Mipyong Orchard, Dundukjae Hill, and a brick factory, where they were all executed.

(27) 531 right-wing figures executed in a mass killing in Mi-myeon, Okgu County, North Jeolla Province[104]

In Mi-myeon, Okgu County, North Jeolla Province, People's Committee Chairman Kim Haeng-kyu and others received on the afternoon of September 27, 1950, from the Okgu County Party's Head of Organization Department(name unknown, a North Korean political operative worker) the following massacre and abduction directives:

• Massacre those who will actively join the enemy ranks after the UN forces land.

• The retreat of the People's Army is a temporary issue, and it is certain that they will counterattack again.

---

103) Truth and Reconciliation Commission, 〈Investigation Report, the First Half of 2010〉, pp.195-196; KWC #27

104) The Investigation Bureau of the Supreme Prosecutors' Office, 《The Annals of the Left wing Case Vol. 11》, 1965. pp. 61-63.

(25) Massacre of Approximately 140 Prisoners at Mokpo Prison[102]

On the morning of September 28, 1950, a retreat order was issued for Mokpo Prison in Jeollanam-do. A meeting was held at the city party office with the Mokpo City People's Committee Chairman, City Party Chief, City Political Security Chief, City Internal Affairs Chief, Prison Warden, and Prosecution office chief in attendance. At this meeting, the City Party Chief argued that the City Political Security Chief should take the lead, with the Prison Warden and Internal Affairs Chief collaborating to handle the prisoners.

The prisoners included 140 individuals such as public officials, police officers, and anti-communist group members. According to the testimony of Kim Kwang-ho (27, First Lieutenant, Jeollanam-do Political Security Department Pre-trial Section Chief), who was later taken prisoner, during the city party meeting on the 28th, when the City Political Security Chief asked, "What should be done with the prisoners?", the Prison Warden responded that he could not take responsibility. The City Political Security Chief then said, "I will take responsibility. Quickly deal with them," and everyone agreed to this course of action.

There were various opinions on how to handle the prisoners, including drowning them at sea, executing them by shooting at the prison, or bombing them and drowning them into wells. However, it was decided to carry out the executions at a location on the way to Gwangju. Two trucks from the Geumgangsan Unit were allocated for this purpose, and the prisoners were executed around September 28.

---

102) US war Crimes Investigation Group Report (KWC #117)

③ The death of Yadeuni, who was raising the Taegeukgi on Ulmu Mountain[101]

"Yadeuni" (Yadeun is a dialect term for an eighty-year-old) was given this nickname because he was the son born to his father when the father was eighty years old. Although only his surname, Yang (楊), is known, his exact name is not. However, it is said that in Yeonggwang County, everyone knew Yadeuni, even if they didn't know the county head. Yadeuni was known for his gentle nature and strong physique. He carried goods at the market or did errands at funerals and feast gatherings, living day by day with the money he earned. He would do any job as long as he was paid.

After the Incheon Landing Operation, even though the North Korean troops had withdrawn, the area was still plagued by guerrillas who operated mainly in the mountainous regions. During the day, the area was under the Republic of Korea, and at night, it was under the People's Republic. Ulmu Mountain (elevation 257 meters) in Yeonggwang-eup was a hideout for these guerrillas. On the summit of Ulmu Mountain, there was a flagpole, and if the Taegeukgi (South Korean national flag) was raised during the day, the guerrillas would replace it with a communist flag at night. Each morning, climbing Ulmu Mountain to raise the Taegeukgi was a life-threatening task.

Yadeuni was entrusted with the task of raising the Taegeukgi on Ulmu Mountain. He did not understand democracy or communism; he was just a child who needed money to obtain daily sustenance. One morning, while climbing Ulmu Mountain to raise the Taegeukgi, Yadeuni was shot by guerrillas and died.

---

101) "Monthly Chosun", "Massacre of 21,225 persons in Yeonggwang", April 2002 issue.

① In Yeonggwang's Beopseongpo area, 50 South Korean prisoners of war and 38 right-wing figures were collectively executed.

According to the testimony of Lee Pan-young, who voluntarily joined the People's Volunteer Army (North Korean Security Brigade, 105th Regiment, 15th Battalion, 2nd Company), on July 24, 1950, 50 South Korean prisoners of war held at the detention center of the Yeonggwang County Internal Affairs Office were executed on July 26. Following the orders of Squad Leader Kim Nam-i, 10 were bayoneted to death on the mountain east of Buk Elementary School, while the rest were shot. On July 27, 38 right-wing figures detained at the detention center of the Beopseongpo County Internal Affairs Office were taken to a nearby hillside and bayoneted to death.[99]

② In Baeksu-myeon, Yeonggwang County, Jeollanam-do, 21 members of the Baek Il-pyo family were collectively massacred.[100]

On September 28, 1950, as the North Korean army and leftist forces retreated, Baek Deok-gi, the former deputy head of Baeksu-myeon, prepared a welcoming event for the UN forces upon hearing news of their imminent arrival. However, the UN forces did not arrive, and on the afternoon of September 30, partisan and guerrilla forces came in, took and detained Baek Deok-gi, Baek Il-pyo, and 19 other family members to a warehouse of the 'myeon' office at Cheonmari. On October 3, after conducting what they called a 'people's trial,' they took them to the Cheonmari stream behind Baeksu Central Elementary School and killed them all with clubs and bamboo spears.

---

99)   U.S. War Crimes Investigation Group Report (KWC#417)

100) Truth and Reconciliation Commission, 〈Research Report, the First Half of 2009〉, pp. 427-428.

had not yet moved into Jirisan Mountains gathered in the Yeonggwang region and engaged in partisan activities, leading to significant civilian casualties. The areas around Gusu Mountain (elevation 351 meters) in Baeksu-myeon and Yeomsan-myeon saw a high number of civilian deaths. Yeonggwang was also notable for its high level of left-right conflict, as it had a significant number of individuals with socialist affiliations after liberation, resulting in substantial losses on both sides.

During the Korean War, Yeonggwang County experienced a staggering number of casualties, totaling 21,225 people. Among them, approximately 2,500 were children under the age of ten, accounting for 12% of the total. Additionally, 7,914 were women, nearly half of the nationwide female casualties. The high number of women and children among the victims indicates that family units were targeted in these massacres. Notably, the North Korean troops and partisans in Yeonggwang committed mass killings specifically targeting Christians. Kim Jeong-ho, an expert on regional history and former director of the Local Cultural Promotion Institute, provides insights into the particularly high civilian casualties in Yeonggwang.[98]

"During the Korean War, as the North Korean army retreated, partisans who were unable to enter Jirisan Mountains gathered extensively in the Yeonggwang area, engaging in partisan activities. These activities led to significant civilian casualties. Notably, there were many civilian deaths around Gusu Mountain (elevation 351m), particularly in Baeksu-myeon and Yeomsan-myeon. Another characteristic of Yeonggwang was the presence of many individuals with socialist affiliations after liberation, indicating severe left-right conflicts. Both leftist and rightist factions suffered considerable casualties due to these conflicts."

---

98) "Monthly Chosun", "Massacre of 21,225 persons in Yeonggwang", April 2002 issue

(23) Massacre of 344 Detainees at Jeonju Prison

전라북도 전주 . 북한 공산군이 집단 학살한 후, 마구잡이 매장이 시신
촬영 일자 : 1950년 9월 29일

The World Peace Freedom has displayed the above photo on Gwanghwamun Street to highlight the atrocities committed by the communist forces. (Photographed on January 8, 2024)

After occupying Jeonju, North Korean forces detained around 1,040 individuals, including the Province's right-wing figures who had not yet fled, at Jeonju Prison. The detainees included 500 convicted prisoners, 400 pre-trial detainees, and various right-wing individuals. As the situation turned unfavorable for the North Korean forces due to the counteroffensive by South Korean and UN troops, they executed a brutal massacre between September 26 and 27. North Korean soldiers from the 102nd Guard Regiment, along with Jeonju prison guards, internal affairs personnel, and local leftist collaborators, attacked around 300 detainees with pickaxes and clubs.

In total, 344 people were killed, including members of the Daehan Youth Corps, local leaders, public officials, members of the Korean Independence Party, and the Constituent National Assembly members. Victims included Jeong Jin-hee, Ryu Jun-sang (Constituent National Assembly member), Hong Hee-jong (Constituent National Assembly member), Jeong Woo-sang (lawyer), Jo Eun (police officer), and Yoo Hae-jin (Governor of Jeju Province).[97]

(24) Massacre Incident in Yeonggwang County, Jeonnam

During the Korean War, as the North Korean forces retreated, partisans who

---

97) Truth and Reconciliation Commission, 〈Investigation Report, the First Half of 2009〉, pp.137~161: Report of the U.S. War Crimes Investigation Team (KWC#733)

decided to flee towards the Chungju area, dragging the 48 detainees and binding their wrists with wire.

On September 25, around 7 PM, after crossing the Ihwa Pass in Gakseo-ri, Mungyeong-eup, they reached Mungyeong-eup. Unable to continue dragging the exhausted residents, they lined them up along a road overlooking a 300-meter cliff and executed them all by gunfire.

(22) Massacre of Over 1,700 Civilians in the Geochang Area[96]

According to the testimony of Kim Young-joo, a soldier from the 2nd Battalion, 3rd Regiment of the North Korean 2nd Division, they detained and imprisoned about 1,700 individuals, including South Korean Army stragglers, former police officers, their families, and civilian "reactionaries." During their retreat from Changnyeong, they executed all of them between September 12 and 16.

The incidents were as follows:

On the mid-night of September 12, around 500 detainees were executed at a location about 30 ri(12km) west of Geochang, under the orders of the 3rd Regiment Commander.

On the mid-night of September 13, around 550 detainees were executed in the mountain north of Geochang, under the orders of the 2nd Battalion Commander of the 3rd Regiment.

On the mid-night of September 14, around 550 detainees were executed in the area of Namsang-myeon, Geochang County, under the orders of the 3rd Regiment Commander.

On the mid-night of September 15, around 100 detainees were executed near Mount Deogyu in Muju, Jeonbuk, under the orders of the 3rd Regiment Commander.

---

96) U.S. War Crimes Investigation Group Report (KWC #893)

(20) Massacre by Burning of Over 280 Right-Wing Figures at Sacheon Detention Center, Gyeongnam

In the Gyeongnam Sacheon area, as in other regions, the North Korean forces detained over 280 right-wing figures, including landowners, police officers, and government officials, in the local detention center. As they retreated due to the Incheon Landing Operation, they set fire to the building of the court registry section and the detention center, causing the right-wing detainees to burn to death trapped inside the buildings. Colonel Ellis of the U.S. 2nd Division Judge Advocate General's Office reported on this incident as follows:

"I visited the area of the building of the court registry section in Sacheon. I observed a building that had recently collapsed due to fire. Based on the charred remains, the building was approximately 18 feet (5.5 meters) wide and 24 feet (7.4 meters) long. The roof had collapsed, and the interior had been completely burned. Inside the prison, I saw three burned bodies. Additionally, there were 29 more bodies outside the building and in the courtyard, making a total of 32 bodies that had been burned. The bodies were mostly South Korean men and appeared to have been dead for about 4 to 5 days."[94]

(21) Massacre of 48 Residents in Gakseo-ri, Mungyeong County[95]

The North Korean forces detained 48 residents from Gakseo-ri, Mungyeong County, in the Jinchon Police Substation's detention center and subjected them to torture. On September 24, 1950, as the military situation became unfavorable due to a counteroffensive by the South Korean forces, they

---

94) Philip D. Chinnery, "war crimes of communist forces during the Korean War", pp. 80-82.

95) The Korean Veterans Association Security Research Institute, "Exploration of the site of the Communist Party's atrocities and the study on turning the site into security education boots", pp. 245-246.

(19) Massacre of Over 300 Right-Wing Figures from Jinju Prison at Daehwangjae, Hamyang County

The North Korean People's Army, while occupying areas such as Hamyang, Jinju, Namhae, Geoje, Goseong, and Samcheonpo, detained right-wing figures or the so-called reactionaries, including police officers, military personnel, and government officials, along with their families, at Jinju Prison. Following the retreat prompted by the UN forces' Incheon Landing Operation, from September 26 to 28, they transported over 300 detainees by truck to Daehwangjae in Hamyang County, where they were collectively executed.

This massacre was carried out under the orders of the Gyeongsangnam-do Political Security Department, with the involvement of provincial Interior Affairs Office personnel, the 101st Security Regiment, and local leftist groups. Witnesses testified that "Most of the detainees were wearing traditional Korean clothing or casual clothes and were tied up. Due to the large number of people, they were grouped together and shot indiscriminately while still bound."[92]

The Hamyang County Journal states: "When the war situation changed, North Korean troops and their followers, in retreat, bound the detained right-wing figures with barbed wire, tying them in pairs, and led them toward the high pass of Daehwangnyeong which borders with Seoha-myeon. These individuals, weakened by starvation and torture, were unaware of their impending death, or if they were aware, could do nothing about it. They staggered along silently, succumbing to the prodding of guns and whips. Some, sensing danger or with a foreboding feeling, managed to escape by rolling down the hills relying on the Providence of Heaven and fleeing under the cover of night. Others fell to gunfire, and most were executed in the Daehwangnyeong valley."[93]

---

92) Truth and Reconciliation Committee, 〈Research Report, the Second Half of 2009〉, p.139.

93) Hamyang-gun, Hamyang-gun Journal (Extended Edition), 1992. p. 153.

of the South Korean Labor Party before the war. When the North Korean People's Army occupied the area, Ok Cheol-joo, Kwon O-seok, and others organized a security unit for the North Korean Army supply lines and established a Reactionary Investigation Committee to purge those designated as reactionaries.

On or around August 20, 1950, Ok Cheol-joo, Kwon O-seok, and their associates detained and imprisoned over 100 right-wing figures, including the former head of 'myeon' Byun Baek-seop, in Jinjun-myeon, Yangchon-ri. The Reactionary Investigation Committee established criteria for punishment, classifying individuals into categories A (execution), B (forced labor), and C (release). Byun Baek-seop and nine others who were designated as A-class, were executed around September 5.

(18) Massacre of 4 Police Officers in Namhae County, Gyeongnam[91]

In Changseon-myeon, Namhae County, Gyeongnam, on August 20, 1950, the local security unit chief, Lee Se-mun, and others conspired to arrest and execute reactionary police officers and right-wing figures. From August 23 to 27, they detained four police officers and imprisoned them in the inspection section of the security unit. On August 29, about 70 family members of members of the National Guidance Alliance living in Changseon-myeon brutally attacked these officers with wooden sticks, bamboo spears, and stones.

When the officers reached a state of unconsciousness, they were executed by gunfire. Even more extremely horrific, the dead officers' abdomens were cut open, their livers were removed and eaten, and their bodies were impaled with pine logs.

---

91) Supreme Prosecutors' Office Investigation Bureau, previous book, pp. 131-134.

identified and detained right-wing figures, including government officials, police officers, and members of the Korean Youth Association, along with their families. These individuals were imprisoned in various locations such as 'myeon' office warehouses or internal affairs suboffices, interrogated, and then transferred to the Nonsan Political Security Department.

While detained, they were tortured into confessing past offenses, and each day, a few were taken away and never returned. On September 7, the Nonsan Political Security Department claimed they were relocating due to UN air raids and transported the prisoners, with their hands tied behind their backs with electric wire, to the Nonsan Interior Affairs Office. At that point, there were already 144 detainees there. On the afternoon of September 8, around 6 PM, they executed groups of five by firing squad, and some were beaten to death with large stones.

(17) Massacre of 9 Class-A Reactionaries in Jinjun-myeon, Changwon County[89]

In Jinjun-myeon, Changwon County, figures such as Ok Cheol-joo and Kwon O-seok were involved in the Yasan-dae[90] (Hill Brigade) as members

---

89) Supreme Prosecutors' Office Investigation Bureau, previous book, pp. 188-212.

90) The Yasan-dae (Hill Brigade) was an organization formed by the South Korean Labor Party to engage in armed struggle when legal avenues for resistance were unavailable. Following the October 1946 uprising, which saw intermittent struggles, the movement intensified into a more organized armed resistance with the February 7, 1948, National Salvation Struggle. This resistance spread nationwide, with Seoul hosting the 'Action Brigade' and local areas forming armed resistance groups like Yasan-dae. In the Daegu region, for instance, a typical Yasan-dae unit consisted of 50 to 100 members, although this varied by region. Their equipment mostly consisted of weapons stolen from local police substations, including rifles and long knives. Many Yasan-dae members had military experience from conscription or forced labor during the Japanese occupation or were under surveillance and pursuit by the US military government and police due to their involvement in the October uprising. (Source: Encyclopedia of Korean National Culture)

The World Peace Freedom organization has displayed the above photograph on Gwanghwamun Street to raise awareness about the atrocities committed by the communist forces. (Photographed on January 8, 2024)

The brutal massacre was carried out by a total of 11 individuals, seven of whom were from the Political Security Department, and the remaining four included the head of the South Korea Labor Party in Seocheon, the chief of the local Interior Office, and local cell members. According to the court documents of Lee Myung-sik, who was as an assailant arrested by the Seocheon Police Station and tried, and the U.S. War Crimes Investigation Team report (KWC#32), the conspiracy behind this massacre was orchestrated by five key figures: the head of the local South Korea Labor Party, Koo Jae-guk; the head of the Political Security Department, Lee Byeong-je; the chief of the Interior Office, Jang Han-seong; the chief of prosecution office(name unknown); and the head of the local People's Committee, Lee Gu-mong. The execution of the massacre was handled by the Political Security Department.[87]

(16) Massacre of Hundreds of Civilians at Nonsan Interior Office[88]

From mid-July to the end of September 1950, the North Korean forces were stationed in Nonsan. They, along with local leftists and Interior Office staff,

---

87) Truth and Reconciliation Commission, 〈Seocheon Registry Warehouse Victims Case by Left-wing〉, 〈First Half of 2008 Investigation Report〉, January 2008. pp. 246~248; Lee Nami, the book above, pp. 110~112.

88) South Chungcheong Hyangto Division, "Shining Spirit of the Homeland", pp. 153-155.; Military History Compilation and Research Institute, Ministry of National Defense, previous book, p.83.

September 25 and retreated. The prison, being a wooden structure, allowed approximately 200 detainees to escape through broken windows and doors, thereby preventing even greater loss of life.[85]

(14) Execution of Fire Chief in Nami-myeon, Cheongwon County, Chungbuk[86]

In Cheongwon County, Chungbuk, Im Byeong-un and Kim Cheon-an, who had been involved in leftist activities with the National Unification Patriotic Youth Association (Min-ae-chong) and the National Guidance Alliance before the war, assumed leadership positions in the local self-defense unit when the North Korean People's Army occupied the area. On September 4, 1950, they shot to death the Nami-myeon fire chief, Kang Dae-dong. Kang's daughter, Kang Tae-im, was taken to a valley in the back mountain of the village, where she was brutally murdered by being struck on the back of the head with an axe and beaten with a club.

(15) Massacre by Burning of Over 250 Right-Wing Figures at Seocheon Registry Office Warehouse

After the Incheon Landing Operation, the retreating North Korean People's Army, along with leftist forces, brutally massacred over 250 right-wing figures from the Seocheon area including Park Kyu-hwa. On September 27, 1950, around 1 AM, they locked the victims in a warehouse at the Seocheon Registry Office (now the site of Seocheon Middle School) and set it on fire.

---

85) Truth and Reconciliation Commission, 〈Research Report, the Second Half of 2008〉 pp. 291-340; KWC #41. Of the 710 slaughtered, 240 were slaughtered in Seomun Bridge and 90 in the cave in Sanseong-ri.

86) The Investigation Bureau of the Supreme Prosecutors' Office, Volume 10, "The Annal of the Left wing cases", December 20, 1973, pp. 250-253.

brought them to the front yard of the police station, tied them to the walls, and executed them by firing squad.[81] According to investigations, a total of 1,557 people were massacred at Daejeon Prison.[82] In 1952, at Daejeon Prison, the bodies that had been temporarily buried were recovered, cremated over a period of 10 days, and placed in a concrete tank measuring 5 meters on each side, constructed on nearby Yongdusan Mountain. This site was named "Jisachong" (志士塚), meaning "Grave of Patriots.[83]

(13) 728 Prisoners Massacred at Cheongju Prison[84]

According to police communication number 3948, titled "Police Wireless Telegram: Request for Investigation of the Facts" (September 24, 1950), among 970 right-wing figures detained at Cheongju Prison, Cheongju Interior Affairs Office, and the Political Security Department, 710 were massacred and over 200 managed to escape, while 18 American soldiers were burned to death. Eyewitnesses reported that on the night of September 24, around 10 PM, detainees were dragged out and executed on the hillside of Dangsan behind the prison. The bodies were buried with only their heads exposed, and the faces were covered in blood, suggesting they were buried alive and then beaten to death. Some of those shot were buried in pits and lightly covered with soil. As the South Korean army advanced, the North Korean forces, in a state of urgency, set fire to the prison around zero hundred hours on

---

81) Truth and Reconciliation Commission, 〈Investigation Report for the Second Half of 2008〉 p.520.

82) Truth and Reconciliation Commission, book above, p.523.

83) Truth and Reconciliation Commission, book above, pp. 458-602.

84) Military History Compilation and Research Institute, Ministry of National Defence, previous book, p.82.

well in the monastery yard, about 10 in the cathedral basement, and six more in the front courtyard of the cathedral, totaling approximately 110 victims. Among those massacred at the Franciscan Monastery were Irish monks and right-wing figures.[79]

According to eyewitness testimony, "On September 28, when I went to the monastery, a horrific scene unfolded. Bloodstained clothing was scattered everywhere, hair was flying around, and the stairs leading down from the second floor of the monastery were completely covered in blood. Behind the cathedral,

The World Peace Freedom organization has displayed the above photograph on Gwanghwamun Street to raise awareness about the atrocities committed by the communist forces. (Photographed on January 8, 2024)

the hill was dug out in long trenches like furrows in a field, where bodies lay with their heads together in a row. The bodies were brutally disfigured, with their heads smashed by clubs, and they were strewn from the hill behind the monastery all the way to where Eulji Hospital now stands. At that time, I heard cries for help from a well that was about 18 meters deep at the monastery and managed to rescue a young man."[80]

At the Daejeon Police Station, prisoners of war and wounded individuals were primarily held. Pressured by the UN forces' recapture of Seoul, the North Korean army hurriedly gathered all the detainees on September 27,

---

79) Truth and Reconciliation Commission, ⟨Investigation Report, the Second Half of 2008⟩ p.517.

80) https://www.djcatholic.or.kr/ Catholic Diocese of Daejeon homepage, Internet search September 13, 2023.

On September 25, 1950, after the success of the UN forces' Incheon Landing Operation, the retreating North Korean People's Army received orders to execute anyone who might act in favor of the UN and South Korean forces. From the night of September 25 to September 26, they massacred prisoners in groups of 100 to 200, taking them to nearby hills or wells. The methods of execution were extremely brutal, involving not only shootings but also killing with pickaxes or throwing victims into wells alive.[77]

On the early morning of September 27, the North Korean army tied the hands of American and South Korean pow's behind their backs, forced them into trenches dug along the prison walls, and executed them by firing squad. Some were buried alive in the trenches. Most of the bodies were discovered on the hills and riverbanks behind Daejeon Prison. As the North Korean army was pressed for time due to the counteroffensive by South Korean and UN forces, they fled without burying the bodies. An investigation of the corpses revealed signs of severe beatings and torture prior to execution.[78]

Additionally, within the prison, there were four wells, and the bodies were discovered in two wells located in the kitchen area. The bodies in the wells were found with two people tied together by the wrist with wire and stacked on top of each other. Their heads were smashed, noses disfigured, and bodies so mangled that it was impossible to identify them.

Prisoners held at the Franciscan Monastery, which was used by the Political Security Department, were executed in places such as the Mokdong Cathedral and the monastery basement. Around 90 bodies were found in the

---

77) Truth and Reconciliation Commission, book above, p.513.

78) Moon Hye-kyung, "Study on the Massacre of Civilians during the Korean War (Focusing on the Massacre of Prison in Daejeon)," master's degree thesis at the Central Institute of Korean Studies, pp. 50-52.

(12) 1,557 people were executed at Daejeon Prison, and over 110 people were killed at Mokdong Cathedral and monastery.[73]

The North Korean People's Army occupied Daejeon on July 21, 1950. During the North Korean occupation, the Daejeon Prison was referred to as the People's Re-education Center. The prison consisted of 150 rooms, each housing approximately 40 to 70 prisoners. The victims were mainly those who had been taken to the Bunjuso(Internal Affairs suboffices)[74] and Internal Affairs Offices or the Political Security Department in the Chungnam region for interrogation before being imprisoned at Daejeon Prison.

During the imprisonment process, the North Korean Political Security Department forced prisoners to write statements claiming they had "imprisoned and massacred innocent civilians." Those who refused to write the statements were beaten and forced to comply.[75] The North Korean military executed all South Korean military officers, judges, and prosecutors, and thoroughly investigated and ideologically vetted police officers, soldiers, local officials such as heads of 'myeon', heads of 'dong', and head of 'ban'. The North Korean military thoroughly located South Korean POWs, right-wing figures, soldiers, police officers, government officials, and members of the Northwest Youth League under the pretext of having massacred innocent civilians to detain them in various locations, including the Franciscan Monastery, Daejeon Police Station, and Daejeon Prison.[76]

---

73) Military History Compilation and Research Institute, Ministry of National Defence, previous book, pp. 81-82.

74) The "Bunjuso" is a lower-level agency within the social safety agency, similar to a police box smaller than South Korea's police substations.

75) Truth and Reconciliation Commission, 〈Research Report, the Second Half of 2008〉 p.598.

76) Truth and Reconciliation Commission, book above, p.513.

Source: National Archives (photo of the massacre of civilians by the North Korean forces. This photo has no relation to Gangneung massacre)

directive, out of the 40 detainees, 21 common criminals were to be released, and 19 South Korean political prisoners were to be executed. On September 21, the 19 political prisoners were taken to a nearby air raid shelter in Gangneung, where they were executed by the internal affairs agents before the retreat.[70]

(11) 20 police officers and local defense personnel were executed in Jeongseon County, Gangwon Province.[71]

According to the testimony of North Korean Army First Lieutenant Lee Kyung-hee (from the 3rd Company 1st Battalion, 3rd Brigade, Independent 1st District Corps), who was a POW, on January 27, 1951, in Buk-myeon, Jeongseon County, local defense unit leader was captured and executed by order of the battalion commander. On January 28, around 2 p.m., a total of 190 people, including 20 South Korean police officers, 20 local defense personnel, and about 150 civilians, were captured in Jeongseon. Of these, 10 local defense personnel and 10 civilians were assigned to and executed by the company at around midnight when the brigade withdrew.[72]

---

70) U.S. War Crimes Investigation Group Report (KWC #170)

71) Military History Compilation and Research Institute, Ministry of National Defence, previous book, p.81.

72) U.S. War Crimes Investigation Group Report (KWC #654)

internal affairs agents, local leftists, and partisans[67] during these conflicts.

A representative case is the massacre of Kim Bok-deok and Kim Taek-young in Gyo-hang-ri, Jumunjin-eup. Kim Bok-deok (male, 46 years old) and Kim Taek-young (male, 46 years old), who were each person's father's cousin living in Gyo-hang-ri, Jumunjin-eup, were both active in their community. Kim Bok-deok was involved in business and served as the head of 'ban' and a member of the Daehan Youth Group, while Kim Taek-young worked in agriculture and was also a member of the Daehan Youth Group. In mid-July 1950, they were taken to the Jumunjin Internal Affairs office by North Korean forces and local leftists. They were seen being transported towards Gangneung about 20 days later, but their fate remains unconfirmed. It is presumed that they were collectively executed.[68]

(10) 19 Political Prisoners Executed in Gangneung[69]

According to a statement by Yu Man-ho(a prisoner of war), the head of the Gangneung Internal Affairs Office, Kang Chi-ok, on September 20, 1950, gathered the officers and issued orders to burn all documents, then retreat to the Yangyang Internal Affairs Office in Gangwon Province by September 23, due to worsening conditions after the UN forces landed in Uljin. Following a

---

Workers' Party. These groups were referred to as "Yasan-dae" (Mountain Forces) or "Mountain People." U.S. documents recorded these partisans as "rioters," "bandits," "guerrillas," or "partisans," while North Korean sources referred to them as "People's Guerrilla Units" or "partisans." In this text, the terms "partisan" and "guerrilla" are used interchangeably.

68) Truth and Reconciliation Commission, ⟨Research Report, the Second Half of 2009⟩ pp. 353~354.

69) Military History Compilation and Research Institute, Ministry of National Defence, previous book, p.80.

(9) The massacre of Kim Bok-deuk (male, 46) and Kim Taek-young (male, 46) in Gyo-hang-ri, Jumunjin-eup, Gangwon-do.[63]

The Yeongdong region of Gangwon Province came under complete control of the North Korean army on July 1, 1950. During the occupation, the arrest and purge of right-wing figures were led by leftist organizations under the direction of the Political Security Department. Those who were arrested were initially interrogated at the local Internal Affairs office and then confined in detention centers or basement storage rooms. Many were subjected to immediate execution following summary trials in people's courts.[64]

However, as the South Korean and UN forces launched counteroffensives, the North Korean army was forced to retreat. Around September 20, they received orders to either transport prisoners to the North or, if that proved difficult, to execute them locally.[65] Consequently, prisoners were taken to the mountains and subjected to mass killings. After the Chinese People's Volunteer Army intervened, as the battlefronts between North and South Korean forces shifted, residents were victimized by the North Korean army[66],

---

63) Military History Compilation and Research Institute, Ministry of National Defence, previous book, pp. 79-80.

64) Kim Nam-sik, 《Study on South Korea Labor Party 1》, (Seoul: Dolbegae, 1984). p. 454.

65) Kim Nam-sik, book above, p.454.

66) Gangwon-do History Compilation Committee, previous book, p.105; Gangneung History Compilation Committee, Gangneung History Vol.II, Gangneung Cultural Center, 1996. pp. 263-267.

66) Originally derived from the French word "parti," meaning to "belong to a faction," the term "partisan" historically referred to a member of a political party or faction. However, during and after the Russian October Revolution, it came to denote irregular forces engaged in guerrilla warfare. In modern usage, it typically refers to units or guerrilla groups that disrupt and destroy enemy forces behind the front lines in coordination with main forces. Before and during the Korean War, armed guerrilla activities in South Korea were systematically organized under the directives of the South Korean Labor Party and the North Korean

due to the activities of the North Korean People's Guerrilla Units[59]. A notable incident was the Hoengseong Internal Affairs Office Massacre. According to the KWC report, on September 30, 1950, 37 civilians from the Hoengseong area, who had been detained at the Hoengseong Internal Affairs Office, were executed by a group of 35 North Korean soldiers, Internal Affairs Office personnel, and local leftists.[60] At the time, 43 civilians, including Kim Myeong-nam, were bound in pairs with electrical wires and dragged out of the prison to a field near the Dwitnae River, about 1.6 km north of Hoengseong. Three individuals, including Kim Myeong-nam, managed to escape by untying their wires en route, but the remaining civilians were executed by the North Korean soldiers, Internal Affairs Office personnel, and local leftists.

Additionally, on October 4, 1950, 46 civilians detained at the Hoengseong Internal Affairs Office were executed in a mass shooting by 25 North Korean soldiers and Internal Affairs Office personnel.[61] At the time, 49 individuals were being held at the Hoengseong Internal Affairs Office, but while being marched to Gonaiberu (a place name in Bukcheon-ri, Hoengseong-eup), located 2 km north of Hoengseong, three individuals, including Jeong Eun-yong, managed to escape and survive. The bodies of the victims were recovered by their relatives on October 9.[62]

Suncheon Rebellion on October 19, 1948, which led to South Korean military units focusing their efforts on suppressing the uprising in the Honam and Gyeongnam regions, North Korea began sending guerrilla units into South Korea. Starting on November 14, 1948, with the first group of People's Guerrilla Units, North Korea infiltrated a total of 2,345 guerrillas in 10 operations until March 1950. Source: Ministry of National Defense War History Compilation Committee, "History of the Anti-unconventional Warfare," pp. 43-48.

60) U.S. War Crimes Investigation Group Report (KWC #879B)

61) U.S. War Crimes Investigation Group Report (KWC #602)

62) Truth and Reconciliation Commission, 〈Research Report, the Second Half of 2009〉 pp. 427~457.

E55

(8) "Mass Execution of Around 80 Residents of Southwestern Gangwon Province by the Hoengseong Office of Internal Affairs"[57]

The southwestern region of Gangwon Province (including Wonju City, Hoengseong County, Yeongwol County, Pyeongchang County, Jeongseon County, and Taebaek City) was located south of the 38th parallel during the Korean War. However, due to its proximity to the border, it was the site of frequent skirmishes between North Korean armed guerrillas and South Korean military and police forces even before the war began. After the outbreak of the war, the region fell under North Korean control starting on July 8, 1950.

Upon the North Korean army's arrival, local leftists and their sympathizers began arresting and detaining prominent local figures while initiating propaganda campaigns. They also organized temporary People's Committees and held executive committee meetings. On July 25, elections for People's Committees at the county, myeon, and ri levels were conducted. Following the success of the UN and South Korean forces' Incheon Landing Operation, Yeongwol was recaptured on September 30, and Pyeongchang and Hoengseong were liberated on October 1, 1950.[58]

After the intervention of the Chinese People's Volunteer Army, as South Korean police and troops withdrew, civilian casualties frequently occurred

---

57) Military History Compilation and Research Institute, Ministry of National Defense, previous book, pp. 78-79.

58) Gangwon-do History Compilation Committee, "Gangwon-do History (modern), 1995. pp. 102-103.

58) After Korea's liberation, the North Korean regime recruited individuals who had fled from South Korea to the North and trained them as operatives to infiltrate South Korea. To prepare these infiltrators, North Korea established the "Kangdong Political School" near Pyongyang, where they gathered all members of the South Korean Labor Party who had fled to the North. These recruits were given training in subversive operations and guerrilla warfare aimed at South Korea. In response to the chaos in social order following the Yeosu-

(7) Massacre of 5 Residents from Shindaeri, Sangseo-myeon, Hwacheon-gun, Gangwon-do[55]

Before the Korean War, Cheorwon, Hwacheon, and Yanggu were under North Korean control. Throughout the war, this region was at the heart of intense battles, with control shifting between the South Korean and North Korean forces. From the spring offensive of the Chinese People's Volunteer Army in April 1951, this area became the main theater of the war.[56]

The Hwacheon-gun Sangseo-myeon Shindaeri massacre involved the execution of five individuals—Park Yong-gu (male, 68), Kang Shin-bong (male, 50), Lee Chang-yun (male, 40), Kang Yong-won (male, 18), and Lee Heung-yeol (male, 18)—by North Korean forces on November 14, 1950. Park Yong-gu was a farmer and a teacher who had engaged in independence activities during the Japanese occupation. Kang Shin-bong was a wealthy farmer, and Kang Yong-won was his son. Lee Chang-yun was a farmer, worked in the myeon office, and served in the local security force.

When South Korean forces entered the area, these individuals prepared to welcome them by distributing Taegeukgi (Korean national flags) to every household in the village. However, after the South Korean troops withdrew, local leftists reported them to the North Korean forces. They were subsequently arrested, imprisoned in an abandoned house, and died due to beatings.

---

55) Truth and Reconciliation Commission, 〈Research Report, the Second Half of 2009〉 p.411.

56) Truth and Reconciliation Commission, above book, pp. 400-401.

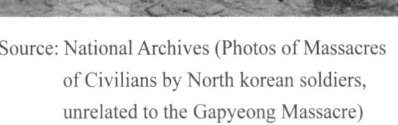

Source: National Archives (Photos of Massacres of Civilians by North korean soldiers, unrelated to the Gapyeong Massacre)

According to records, many residents of Gapyeong County were detained and imprisoned by the People's Army during the Korean War. Prior to the recapture of Seoul on September 28, they were executed by internal affairs agents at Norumok Pass, and their bodies were later discovered in pits.[53]

According to statements from the relatives of victims recorded in[54] KWC (Korean War Crimes) #1668, compiled by the U.S. Army War Crimes Investigation Team, eight pre-dug pits were discovered at the site of the massacre at Norumok Pass. Among these pits, the larger ones contained 40 to 50 bodies each, while the smaller pits contained 10 to 18 bodies each, totaling approximately 200 bodies.

The bodies found in the pits had gunshot wounds at the head and chest, their hands bound with wire, and all were discovered in a kneeling position. Among the 120 identified victims, most were men, with those in their 20s to 40s making up 85% of the total. By occupation, 80 were farmers, accounting for 67%, while 21 were public officials, teachers, and other intellectuals, representing 17% of the victims.

---

53) Gapyeong Cultural Center, "The Name of Gapyeong and its origin, Vol.I", 2000. PP. 104-105.

54) During the Korean War, the U.S. Army War Crimes Investigation Team compiled a report on war crimes, which was submitted as the KWC Final Report. The team investigated a total of 1,848 cases, categorizing the victims into United Nations forces, South Korean forces, and South and North Korean civilians. They concluded that the number of civilians killed by enemy forces, including North Korean troops, was 32,999.

to 40s. Among the victims, 31 were active members of the [49] Daehan Youth Corps, and 7 were involved with the National Association[50] and Daehan National Party[51].

(6) Massacre of approximately 200 residents at Norumok Pass, Gapyeong County[52]

Between September 25 and 26, 1950, while retreating, North Korean troops, political security agents, and internal affairs agents massacred approximately 200 residents from Gapyeong-myeon, Sang-myeon, Buk-myeon, Ha-myeon, Oeseo-myeon (now Cheongpyeong-myeon), and Seorak-myeon at Norumok Pass in Majang-ri, Gapyeong County. The victims were mostly men in their 20s to 40s engaged in agriculture.

---

49) The Daehan Youth Corps was established by consolidating various small youth organizations that existed after the liberation, including the Daedong Youth Corps, the Northwest Youth Corps, the Independece Youth Corps, the National Youth Corps, and the Federation Youth Corps. "Pyeonghwa Ilbo" Dec. 21, 1948. In a statement, the then-leader of the Daehan Youth Corps, Shin Sung-mo, announced: "The project plan of this youth corps includes various civilian projects such as road maintenance and tree planting, but its crucial mission is anti-communism." Dong-a Ilbo, December 19, 1948.

50) The Daehan Independence Promotion National Association, abbreviated as the National Association, was a prominent right-wing mass organization created by the merger of the Independence Promotion Central Council led by Syngman Rhee and the Central Committee for the Mobilization Against Trusteeship led by Kim Koo on February 8, 1946. Reference: Oh Yoo-seok, "Study on Korean Conservative Dominance," Society and History, Vol. 45, December 1995, pp. 168-169.

51) After the establishment of the government, on October 2, 1948, Syngman Rhee founded the Daehan National Party, which had the characteristics of a ruling party, based on the mass organization known as the National Association. Reference: Kim Soo-ja, "Syngman Rhee's Formation and Utilization of a Ruling Party," Korean Modern and Contemporary History Studies, Vol. 31, pp. 204-244.

52) Truth and Reconciliation Commission, 〈Investigation Report, the First Half of 2008〉, PP. 179-190.

Source: National Archives (Photograph of the massacre of civilians by North Korean soldiers, has nothing to do with the massacre of Ganghwa Country)

Between September 29 and 30, 1950, North Korean forces and leftist collaborators massacred 66 residents from 11 myeons, including Seonwon-myeon, Ganghwa County, at various locations: at Igang-ri, Hajon-myeon, at Daecheong Bridge at Sangdongam-ri, Buleun-myeon, at the mid-mountain area of Jungwoesan in Inhwa-ri, Yangsa-myeon, and at the mid-mountain area of Songaksan in Gaeseong. Notably, 38 people were mass-murdered at the mid-mountain area of Jungwoesan in Inhwa-ri, Yangsa-myeon. Additionally, in early October, a mass execution occurred at Songaksan in Gaeseong.

(5) Massacre of 61 Residents in Yangpyeong County[48]

North Korean troops, political security agents, and internal affairs agents executed a mass slaughter of 61 residents from Yangpyeong-myeon, Yongmun-myeon, Okcheon-myeon, Gangha-myeon, and Danwol-myeon in Yangpyeong County between September 26 and 30, 1950. The victims were targeted because they were considered potential supporters of the South Korean and UN forces. The massacre took place at the Namhangang sandy beach in Yanggeun 4-ri, Yangpyeong-myeon, Yangpyeong Country. The majority of the victims were government officials, members of right-wing organizations, or affluent farmers, with most of them being men in their 20s

---

48) Truth and Reconciliation Commission, 〈Investigation Report, the First Half of 2007〉, PP. 167~168.

Jeon Yeong-hwan, the section chief of type picking, as vicious reactionaries and detained them. On July 2, at 9 a.m., a people's tribunal was held in the square in front of the National Theater downtown Seoul, with about 300 general party members mobilized.

During the trial, they were condemned to death as vicious reactionaries who had exploited workers' wages and time to provide operating funds for the Republic of Korea, and who had relentlessly reported and imprisoned countless North Korean patriotic youth. The tribunal decreed that they should be beaten to death by the crowd. The bodies were then dragged along the streets, and were handed over to the North Korean People's Army's internal affairs office headquarters.

(4) Massacre of 66 Residents Including the chief of County in Ganghwa County[46]

In the early days of the Korean War, North Korean troops briefly stationed their headquarters in Gilsang-myeon, Ganghwa County. Some North Korean soldiers and internal affairs personnel, in collaboration with leftist forces, established People's Committees, self-defense units, the Korean National Council of Federation of Korean Trade Unions (Jeonpyeong), the Democratic National Front (Minjeon), and farmers' associations at the county, myeon, and ri levels.[47] Starting from June 27, they began their activities by arresting Ganghwa County Chief Hong Jae-ryong, Police Chief Kim Chu-seong, and others, imprisoning them in the internal affairs office detention center. During the occupation, many residents classified as reactionaries were detained in the Ganghwa-eup Industrial Association warehouse.

---

46) Truth and Reconciliation Commission, 〈Research Report, the Second Half of 2008〉, P.714.

47) Ganghwa History Compilation Committee, revised "Ganghwa History", PP. 315-316.

who protected them were brutally massacred, leaving behind their final call to their homeland. Their spirits, though without a way to be called, should shine eternally and rest peacefully in the everlasting forest. Let our people never repeat this sorrowful history on this land."

(2) Massacre of Right-Wing Figures at Seobinggo (Han River Sandy Beach), Yongsan District[44]

On July 16, 1950, Park Kye-mun (male, 44 years old), who operated a mining and cosmetics factory and was active as the head of the Daehan Youth Association (abbreviated as Hancheong) for the branch of Yongsan and Mapo, along with Choi Yong-deuk (male, 28 years old), an employee of a metalworking shop and a Hancheong member, were arrested at a house in Bogwang-dong due to their right-wing affiliations. They were then detained at the Bogwang-dong public assembly hall. At that time, approximately 40 to 50 people, including civil servants, local notables, and Hancheong members, were held in the assembly hall. In the early morning of July 17, they were bound with electric wires and taken by North Korean troops and leftists to the Han River sandy beach at Seobinggo, where they were executed by firing squad around 4 a.m.

(3) Execution of Reactionaries by People's Tribunals[45]

On June 28, 1950, when the North Korean People's Army occupied Seoul, the South Korean Labor Party's People's Committee of Jung-gu, Seoul identified Mr. Kim Pal-bong, the owner of 'Aejisa' in Euljiro 3-ga, and Mr.

---

44) Truth and Reconciliation Committee, 〈Investigation Report, the First Half of 2010〉, P.409.

45) Military History Compilation and Research Institute, Ministry of National Defence, previous book, P.56. requoted.

Amelioration of the Condition of Wounded, Sick, and Shipwrecked Members of Armed Forces at Sea," the "Convention Relative to the Treatment of Prisoners of War," and the "Convention Relative to the Protection of Civilian Persons in Time of War." Article 12 of the "Convention for the Amelioration of the Condition of the Wounded and Sick in Armed Forces in the Field" stipulates the protection of the wounded and sick in the field. The text of the article is as follows:

"...Members of the armed forces and other persons who are wounded or sick must be respected and protected in all circumstances. ...They must be treated humanely and cared for without any adverse distinction based on sex, race, nationality, religion, political opinions, or similar criteria. Threats to their lives or acts of violence against their persons are strictly prohibited. In particular, they must not be killed, exterminated, subjected to torture, or subjected to biological experiments."

In 1963, a Memorial Tower was erected at Seoul National University Hospital. An annual memorial service is held every June. The Memorial Tower bears the inscription, "The Monument to Unknown Soldiers for Freedom," which reads:

"June 28, 1950. Here, the first cries of citizens who loved freedom and fought for freedom were heard. On this hill, where the red armies invaded free Seoul, wounded soldiers and patients whose names are unknown, and the soldiers and citizen fighters

The Memorial Tower Erected at Seoul National University Hospital (Photographed on January 20, 2024)

bleeding. At the police box near the Won-nam-dong rotary on the opposite side, I saw a police officer burned to a crisp like charcoal. Next to him lay another police officer, also dead from gunshot wounds.

Soon after, North Korean soldiers stormed in with bloodshot eyes, aiming their guns. I was dragged to the operating room, which was already filled with North Korean soldiers. When I picked up some medicine, they yelled loudly, "Check if it's poisoned!" Throughout the day, I was caring for the North Korean soldiers while a barrage of gunfire erupted. Helplessly captured, I could only wonder what was happening.

Later, I learned that the commotion was caused by North Korean soldiers shooting and killing South Korean Army wounded soldiers indiscriminately. They shot those lying in beds and pulled out those hiding in the basement, gathering them at front yard of the hospital for a mass execution. Dead bodies piled up like a mountain on the hill near the mortuary. The air was thick with the stench of blood even in the densely wooded area of Hamchunwon (a former site of the tomb of Crown Prince Sado, which is now gone).

The day after the massacre, June 29, leftist doctors and nurses gathered in the square in front of the hospital's main gate. They linked arms and shouted "Usha Usha!" Among them were prominent doctors and experienced nurses. These individuals had been active members of the South Korea Labor Party from the liberation period until the outbreak of the war.

The North Korean army's mass murder of the South Korean Army wounded soldiers and civilians is a clear act of war crime. The "Geneva Conventions," adopted on August 12, 1949, at the Geneva Conference, consist of four treaties: the "Convention for the Amelioration of the Condition of the Wounded and Sick in Armed Forces in the Field," the "Convention for the someone sees our bodies after we die, they should see us clean. Since the war has started, discard unnecessary items and keep well any cash you have. I urge you all to work with a bold heart, embodying the angels in white."

Everyone was solemn in response to Matron Park's dignified tone.

Starting the day after the war began, wounded soldiers from the South Korean Army began arriving at Seoul National University Hospital. The hospital rooms, which could accommodate about 50 people, were filled to the brim with wounded soldiers, including the floors and corridors.

In the early morning of June 28, the sounds of guns and artillery from the direction of Changkyongwon and Won-nam-dong were deafening, enough to shatter windows. At the hospital, we moved the soldiers and general patients to the basement. Patients who could not move were left in their beds. Doctors and nurses also began to evacuate to the basement. At that time, there was a patient of fifth-generation only son in the Urology Department. He was in a state of immobility after surgery. I stayed with the mother of the only son to guard the ward.

My hometown is Anak, Hwanghae Province. After liberation, only my older brother and I came to Seoul to study. Hearing that the North Koreans had started the war and were invading the South made me uneasy. North Koreans and South Koreans are all of the same people; why engage in such fighting? In a conflict where the same people of our own are shedding blood, what meaning is there in surviving? I was overwhelmed by a sense of despair.

The mother of the fifth-generation only son was extremely anxious that her child might get hurt in the midst of the war. To reassure her even a little, I cared for the patient with my back to the window.

By morning, it became quiet. Out of curiosity, I looked towards the main gate of Seoul National University Hospital and saw a soldier lying dead,

E45

guns filled the room, and Captain Kang was shot. Nonetheless, Captain Kang crawled under his bed and continued to return fire. I was so terrified and horrified that I covered my face with my hands.

"The People's Army is killing the patients!"

I screamed out in panic without realizing it.

For a long time, the sounds of shattering glass and screams were drowned out by the deafening gunfire. The People's Army killed anyone who looked like a South Korean Army soldier on sight. In this chaos, civilian patients also lost their innocent lives. My estimate is that there were at least 100 wounded soldiers of the South Korean Army at the time. They were likely all caught up in this massacre and lost their lives. Escaping with their injuries amidst the People's Army's tight security was impossible.

Some nurses and doctors hid the wounded of the South Korean Army in the boiler room or basement. However, the People's Army combed through and dragged everyone out. They lined them up against the wall of the nursing school or under trees and executed them all. Seoul National University Hospital became a scene of bloodshed.

Ms. Bae Myung-ae, who was the head nurse in the Urology Department at Seoul National University Hospital at the time, also testified as follows:[43]

When the news of the outbreak of war on June 25, 1950, reached us, Park So-jeo, the matron of the nursing school, gathered the nurses.

"We are angels in white. You are now just like heading into a battlefield. Since we don't know when we might die, wear clean underwear. Even if

---

43) "Monthly Chosun" book above, June 1999.

the university hospital tightly. During this time, a classmate of mine, trying to escape by jumping over a wall, ended up breaking his spine. This incident led to even tighter security by the People's Army. The People's Army seemed unaware that the wounded of the South Korean Army were still at Seoul National University Hospital.

Then, the situation escalated. The People's Army soldiers all had short crew cuts, while only the People's Army officers had slightly longer hair. In contrast, the South Korean Army soldiers, both officers and enlisted men, generally had longer hair. Both the wounded of the South Korean Army and People's Army still carried their weapons.

"Comrade officer, where are you from?"

A People's Army soldier asked a South Korean Army wounded soldier. The South Korean Army soldier, bewildered, could not answer. The People's Army soldier sensed something was wrong. Upon closer inspection, he noticed that the uniform colors were different.

"Son of a bitch, you're from the South Korean Army, aren't you?"

The People's Army soldier opened fire with his submachine gun. In an instant, a firefight broke out in the hospital corridor between the wounded of the South Korean Army and the People's Army. However, the South Korean Army soldiers were outnumbered and in poor physical condition. The People's Army soldiers, who searched the hospital rooms one by one, killed all the wounded of the South Korean Army lying in bed with their gunshot wounds. Even in the ward where Captain Kang was being treated, the People's Army soldiers burst in. Captain Kang, despite his much weakened condition, drew his pistol.

"Bam! Bam! Bam!"

Despite firing three rounds, he could not hit any of the People's Army soldiers. Shortly after, the sound of the People's Army soldiers' submachine

E43

On the morning of June 28th, around 9 o'clock, the sounds of gunfire and artillery came pouring in from Naksan (now the mountain behind Marronnier Park in Dongsoong-dong, Seoul) and Changgyeong Palace. I unconsciously muttered, "ear-splitting roar." At that moment, a senior nurse called me.

"The People's Army is here. Quickly, let's hide."

There was a metal plate on the operating room floor. Lifting the plate revealed a basement. The doctors and nurses took refuge in this basement. As we hid in silence, we heard the sound of motorcycles through the gaps in the bricks, followed by the repeated sounds of gunfire. Later, I learned that the noise was from the People's Army, who had arrived on a sidecar and shot at the South Korean Army guards. The People's Army had taken over Seoul National University Hospital.

We were dragged out from the basement, and the person who pulled us out was none other than the doctor who had led us into the basement. He shook hands with the People's Army medical officer who had arrived. The medical officer, wearing a surgical gown and a cap while carrying a submachine gun, was actually a Seoul National University Medical School professor who had defected to the North before the war. The reality of the statement that about 40% of medical students were leftists immediately after liberation had now become apparent.

The People's Army medical officer said, "I am a member of the People's Army. Many of our comrades are injured. We won't treat you as prisoners, so please help us diligently."

The wounded of the People's Army began to arrive, being carried in carts and on straw mats. At Seoul National University Hospital, there were now civilian patients, the wounded of the South Korean Army, and the wounded of the People's Army all together. The People's Army soldiers surrounded

3. Major Civilian Massacre Cases

(1) Massacre at Seoul National University Hospital

The first act of mass murder by North Korean forces occurred on June 28, 1950, at Seoul National University Hospital. At that time, nearly 1,000 wounded soldiers were packed into the emergency room, inpatient wards, operating rooms, and even the hospital corridors. To protect them, a security platoon of the South Korean Army, under the command of Major Cho Yong-il from the Army Headquarters Supply Division, was on guard duty.

As the situation deteriorated, Seoul's residents began fleeing, but the hospital medical staff remained focused solely on treating patients. On the morning of June 28, a battalion of North Korean troops stormed the hospital. Despite the fierce resistance from the South Korean security platoon, all members, including Major Cho Yong-il, were heroically killed in action due to the overwhelming force of the attackers.

The North Korean troops who stormed the hospital mercilessly gunned down approximately 900 people, including wounded soldiers, general patients, and their guardians. Those who were found hiding were buried alive in the coal pit of the boiler room, committing heinous acts of brutality. The North Korean forces left the bodies unattended for about 20 days, and when the stench of decay became unbearable, they collected the corpses and burned them on a road near Changgyeong Palace.

Park Myung-ja, a second-year student at the Seoul National University College of Nursing who had volunteered to serve and was treating the wounded at the hospital, testified as follows:[42]

---

42) "Monthly Chosun" "[Secret History!] Seoul National University Hospital Genocide", June 1999.

Seoul Political Security Department, and after that, his whereabouts were unknown. Government's abductees list records him as killed in Incheon on July 7.

- Albert W. (Albert Lee, 李道岩), an English Anglican priest, captured by the communist forces on July 18, 1950 (though the Centennial History of the Anglican Church published in 1990 records his capture as July 25). He went missing during the "death march" across various parts of North Korea.

- Clare, Mary (마리아 클라라, 71 years old), an Irish nun and the first mother superior of the Society of the Holy Cross, was captured by the communist forces on July 18, 1950 (the Centennial History of the Anglican Church records her capture as July 31). She died on November 6 during the "death march" in Junggangjin.

- Hunt, Charles(찰스 헌트, 홍갈로), an Anglican priest and head priest of the Korean Anglican Church, was captured by the communist forces on July 18, 1950 (the Centennial History of the Anglican Church records his capture as July 3). He died on November 20 during the "death march" in Haechang-ri.

- Kang Ki-mo (姜基模, 24 years old), a Salvation Army officer, captured by North Korean forces on September 26, 1950, and killed in the mountain behind Sonji-ri, Yesan County, South Chungcheong Province.

- Roh Yong-soo (盧永守, 46 years old), a Salvation Army Major, executed on the slopes of Jirisan on September 5, 1950. According to the Encyclopedia of Christianity and Annals of Korean Christianity 100 Years, he is recorded as the first martyr in the history of the worldwide Salvation Army. The "Abductees List" records him as abducted in Gaepyeong-ri, Hamyang County, Gyeongnam, around September 22, 1950.

E40

- Park (baptismal name: Lucia), a nun of the Benedictine Sisters, was reportedly detained on September 25, 1950, and killed on October 11, 1950. However, according to research by Cha Ki-jin, she was captured by communist forces in Wonsan on September 24, 1950, and killed around October 8, 1950.

- Jang (baptismal name: Agatha), a nun of the Benedictine Sisters, was detained on June 24, 1950, and killed on October 14, 1950.

- Beatrix, M., a French nun and mother superior of the Sisters of Chartres, was detained on July 15, 1950, and killed on November 3, 1950.

- Ko Kwang-kyu (baptismal name: Peter), a seminarian affiliated with the Gwangju Diocese, was killed in Jeonju in September 1950.

- Jeon Ki-su (baptismal name: Gregorio), a seminarian affiliated with the Gwangju Diocese, was killed in Jeonju in September 1950.

② Anglican Priests, Nuns, and Salvation Army Officers Killed

- Yoon Dal-yong (尹達鏞, 61 years old), baptismal name Moses, an Anglican priest in the Seoul Cathedral parish and the Korean Anglican Church's head priest. On the evening of July 18, 1950, he was taken along with Bishop Cecil Cooper by unidentified individuals from the Anglican Cathedral in Jeongdong. His fate remains unknown. He is recorded as a martyr in both the Korean Catholic Encyclopedia and the Centennial History of the Korean Anglican Church.

- Cho Yong-ho (趙鏞昊, 53 years old), baptismal name Timothy, an Anglican priest at the Incheon Church. At about 11 o'clock in the evening of July 24, 1950, he was taken from his home in Songhak-dong, Incheon, by five Political Security Department agents and detained at the Incheon Internal Affairs Office. On August 1, he was transferred to the captured by the communist forces on July 24, 1950, and was killed at the Franciscan Monastery in Mokdong, Daejeon.

- Perrin, P. (French priest), parish priest in Hapdeok under the Daejeon Diocese. He was detained on August 14, 1950, and was killed after September 23, 1950.

- Polly, Desideratus (French priest), parish priest in Cheonan under the Daejeon Diocese. He was detained on August 23, 1950, and was killed after September 23, 1950.

- Reiller, P. (Irish priest), parish priest in Mukho under the Chuncheon Diocese. He was detained on July 12, 1950, and was killed at the end of July 1950.

- Richard, Robert (50 years old), French priest, parish priest in Yesan under the Daejeon Diocese. He was detained on August 3 (or 13), 1950, in Ori-dong, Yesan-eup, Chungnam, and was killed after September 23, 1950.

- François René Dupont, P. (48 years old), French priest, was killed in Seonghwang-dong, Cheonan while serving at the Cheonan Catholic Church.

- Bishop Anthony Korea (French priest), was killed in Soyang-dong, Chuncheon on July 30, 1950.

- Oh Pil-do (吳必道, 56 years old), French priest, was killed at the Onyang Catholic Church on August 16, 1950.

- Kim Jeong-suk (baptismal name: Marianna), a Sister of the Sisters of St. Paul of Chartres, was detained on October 15, 1950, and was killed on October 17, 1950.

- Kim Jeong-ja (baptismal name: Angela), a sister of the Sisters of St. Paul of Chartres, was detained on October 15, 1950, and was killed on October 17, 1950.

Daejeon Diocese. He was detained on July 10, 1950, and was killed after September 23, 1950.

- Collier, A. (Irish priest), was the parish priest at the Soyang-ro Parish in Chuncheon Diocese. He was killed on June 27, 1950.

- Cordess, Marius(42 years old), French priest, was the parish priest in Dangjin under the Daejeon Diocese. He was detained on August 14, 1950, and was killed after September 23, 1950.

- Cusak, T. (Irish priest), was the parish priest in Mokpo under the Gwangju Diocese. According to the Korean Catholic Encyclopedia, he was captured by Communist forces on July 24, 1950, and was killed at the Franciscan Monastery in Mokdong, Daejeon.

- Leleu, P. (Irish priest), was the parish priest in Onyang under the Daejeon Diocese. He was detained on August 3, 1950, and was killed after September 23, 1950.

- Maginn, James(40 years old), baptized as James, was a missionary with The Missionary Society of St.Columban and served as the parish priest in Samcheok under the Chuncheon Diocese. He was captured by Communist forces on July 4, 1950, and was killed on July 7, 1950, in Jaji-ri, Samcheok-eup.

- Molimard, J. (49 or 51 years old), French priest, was the parish priest in Buyeo under the Daejeon Diocese.[41] He was detained on August 20, 1950, and was killed at Daejeon Prison on September 23, 1950.

- O'brian, J. (Irish priest), parish priest in Mokpo under the Gwangju Diocese. According to the Korean Catholic Encyclopedia, he was

---

41) Cha Ki-jin, book above, p.31.

- Yoo Jae-ok (劉載玉, 50 years old), baptized as Francis, was a parish priest in Gyeomi-po under the Seoul Archdiocese. On the night of June 24, 1950, he was abducted by political security officers in Hyehwa-dong, Jongno-gu. After being imprisoned at Haeju Prison, he was buried alive at a sandy beach at Donghaeju, on October 5, 1950.[40]

- Lee Kwang-jae (李光在, 42 years old), baptized as Timothy, was the parish priest in Yangyang under the Chuncheon Diocese. He was detained on June 24, 1950, and imprisoned at Wonsan Waudong Prison, where he was killed on October 9, 1950.

- Lee Hyun-jong (李顯鍾, 29 years old), baptized as James, was a priest in the Seoul Archdiocese. He was killed on July 3, 1950, in the presbytery of the Catholic Church in Dorim-dong.

- Jeon Deok-pyo (全德杓, 31 years old), baptized as Andrew, was an assistant priest at the Sarwon Parish in Hwanghae-do under the Seoul Archdiocese. According to the Korean Catholic Encyclopedia, he was abducted by political security officers on October 12, 1950, while celebrating Mass. A few days later, he was killed in an air-raid shelter approximately 1 kilometer away from Sariwon Cathedral.

- Patrick Brennan (50 years old), baptized as Patricio, was an American missionary belonging to the Columban Fathers, stationed at the Gwangju Diocesan Mission. According to the Korean Catholic Encyclopedia, he was captured by the Communist forces on July 24, 1950, along with Father O'Brien, an assistant priest to Father Cusack, parish priest in Mokpo. He was killed at the Franciscan Monastery in Mokdong, Daejeon.

- Colin, J. (French priest), was the parish priest in Seosan under the

---

40) Cha Ki-jin, "Pastoral Ministry", " Korean war and Martyrs of the Catholic Church", October, 1994. p.29.

Catholics, Anglicans, and Salvation Army members, including both Koreans and foreigners, were also victims. The Catholic Church saw 23 priests (7 Koreans and 16 foreigners), 5 nuns (4 Koreans and 1 foreigner), and 2 seminarians killed. The Anglican Church lost 5 priests (2 Koreans and 3 foreigners), and the Salvation Army lost 2 officers.

On December 22, 1951, the Associated Press reported from Panmunjom that North Korea had excluded 42 foreign missionaries and 40 foreign civilians, who were kidnapped early in the war, from their prisoner lists.[38] Among the missionaries were 3 Catholic bishops, 21 priests, 7 nuns, 6 Methodist pastors, and 4 Anglican priests. Their nationalities included American, British, French, Irish, Belgian, and Australian. The identities of some of the deceased, including Korean and foreign priests, nuns, and seminarians belonging to Catholic, Anglican, and Salvation Army, have been confirmed.[39]

① Catholic Priests, Nuns, and Seminarians Killed

- Kang Man-soo (姜晚秀, 27 years old), baptized as Joseph, was a parish priest in Hongseong under the Daejeon Diocese. According to the Korean Catholic Grand Dictionary, he was captured by communist forces on August 11, 1950, and was killed on September 26, 1950, at Daejeon Prison.

- Park Chang-dae (朴昌大, 62 years old) was killed on August 18, 1950, at a mining site in Majigi, Gangwon Province.

- Seo Gi-chang (徐起昌, 62 years old), baptized as Francis, was a parish priest at Songhwa in Hwanghae Province. He was arrested on October 6, 1950, and was killed on October 13, 1950.

---

38) Chosun Ilbo, "Missionaries, diplomats, journalists, merchants are not on the list of the kidnapped foreign prisoners." Dec. 24, 1951.

39) Jeong Jin-seok, the previous book, pp. 203-209.

E35

76 years old), a Methodist pastor and one of the 33 national representatives of the March 1st Movement, was also killed.

Presbyterian Pastor Jeong Il-seon (丁一善, 68 years old) was captured by the Communist Party on June 24, 1950, and imprisoned in Pyongyang Prison. On September 28, as the retreating communist forces set fire to the prison, he was killed in the flames.

Presbyterian Pastor Cho Chun-il (趙春一, 48 years old), who was serving at the Geumhwa Church in Gangwon Province, was taken by a political security officer on June 24, the day before the war broke out, and was executed by the retreating communist forces around September 30, along with other right-wing figures.

On December 24, 1951, the Chosun Ilbo reports that there is no list of kidnapped foreign prisoners..

Presbyterian Pastor Cho Hee-yeom (曹喜炎, 66 years old), who was serving at the Nambu Church in Wonsan, was captured by communist forces on October 9, the day the UN forces entered Wonsan, and was executed by firing squad in Wonsan Prison.

Additionally, church members Kim Yang-geun (金良根, 31 years old), and evangelists Park Deok-soo (朴德洙, 58 years old) and Bae Young-cho (裵永楚, 43 years old) were also confirmed to have been killed.

⑧ **In addition, 123 people were massacred at eight other churches, including Deokam Church**[28]

In addition, in Jeonbuk, 25 people were massacred at Deokam Church in Gochang[29]; 15 people at Wondang Church in Okgu, Gunsan[30]; and in Jeonnam, 25 people at Yeonggwang Dae Church[31], 36 people at Baeksu Church[32], 9 people at Myoryang Church[33], and 6 people at Beopseongpo Church[34]were also massacred. In Chungnam, 5 people were massacred at Hongsan Church in Buyeo[35], and 2 people at Jene Church in Bongdong[36].

⑨ **Pastors Killed in North Korea**[37]

In North Korea, there have been confirmed cases of pastors killed by communist forces, including 5 pastors and 3 evangelists.

Pastor Kim In-seok (金仁錫, 46 years old), a Holiness Church pastor, was killed while serving at the Hoeryeong Church. Pastor Shin Seok-gu (申錫九,

---

28) Hwang Gi-sik, book above, p.66.

29) Deogam Church's Short History, http://www.deogamch.or.kr Internet Search Date Jan. 20, 2024.

30) Hong Soon Chun, 《Wondang Church 80 Years of History》, Gunsan: Youngchang Printing Planning, 2007. pp. 92-97.

31) 100th Anniversary of Missionary Work, 60th Anniversary of Martyrdom, History of Christianity of Yeonggwang-gun, Seoul: Kumran Press, 2012. pp. 112-121.

32) book above

33) book above

34) book above

35) "Monthly Chosun October issue", "Discovered list of 358 people including kidnapped pastors and priests" 2003. Internet search date Jan. 20, 2024.

36) Hwang Gi-sik, previous book, p.66.

37) Jeong Jin-suk, previous book, pp. 202~203.

The late Elder Jeong Dae-sung, who witnessed the horrific events of the time, testified as follows: "Many people were brutally beaten and drowned, turning the sea wholly red with blood. Those who swam or surfaced were either beaten to death by rife butts or stabbed with bamboo spears, causing their intestines to spill out. Some were skewered from their anus to their mouth with bamboo spears, like skewered meat. It was truly a scene of unimaginable horror."[25] The following morning, September 30, the blood of the bodies washed up by the waves on the shore had stained the rocks, turning them red.[26]

⑦ In Yeongam area of South Jeolla Province, 87 Christians were massacred[27]

During the Korean War in 1950, the Yeongam area was a region where Christians were collectively martyred. In this area, 87 Christians were massacred by the North Korean army at several locations, including: 'Gurim Church' in Gurim-myeon, Yeongam-gun; 'Dokcheon Church' in Haksan-myeon, Yeongam-gun; 'Maewol Church' in Maewol-myeon, Yeongam-gun; 'Samho Church' in Yongam-ri, Yeongam-gun; 'Sangwol Christ Church' in Sangwol-ri, Yeongam-gun; 'Seoho Church' in Seocho-myeon, Yeongam-gun; 'Yeongam-eup Church' in Seo-nam-ri, Yeongam-gun; 'Cheonhae Church' in Haksan-myeon, Yeongam-gun; and 'Sinheung Church' in Hyeongpyeong-ri, Yeongam-eup.

---

25) Full Gospel News (http://www.fgnews.kr), Dec. 28, 2020.

26) Hwang Gi-sik, book above. p.63.

27) Hwang Gi-sik, book above, pp. 63-66.

⑥ 86 People Were Massacred at Bokgil Church in Muan County, Jeonnam[24)]

Bokgil Church was established in a fishing village with about 130 households. This village was early on developed under the leadership of the first Jeonnam Governor, Pastor Lee Nam-kyu, and most of the villagers were Christians. When the Korean War broke out, the North Korean People's Army entered the village and persecuted Christians.

On September 29, as the North Korean forces were retreating due to the U.N. forces' Incheon Landing Operation, they entered Bokgil Village and assembled the residents at the pier. They bound them with ropes and loaded them onto three sailboats (balloon

Martyrs Memorial Photo(Photo taken personally)

boats), then carried out shocking atrocities by either sinking them in the sea near Jodo Island or burying them alive in the mudflats.

The main perpetrators were Choi Nan-soo, a local shaman, and four or five brothers of Sasul, who had worked as farmhands. Together with about 30 North Korean soldiers who stormed the village, they committed these heinous acts. According to the materials of the symoposium in 2003 of Mokpo University Department of History and Culture, 149 people were killed from 130 households. Among them, 86 were members of Bokgil Church. This was a devastating wound for the entire village, with every household suffering from the loss of family members.

---

24) Hwang Gi-sik, book above, pp. 61-63.

homes, targeting Christian households, and coerced them into cooperating with the Communist Party. Despite this, Kim Yong-eun, an evangelist and the eldest son of Deacon Yoon Im-rye, who served at Dooam Church, continued to hold worship services without concern.

Jeongeup Dooam Church Overview (Photo provided by the church) The photo shows the Martyrs Memorial Tower and the Cross of Martyrs' Joint Graveyard.

One day, about 30 members of internal affairs office and North Korean soldiers came to Deacon Yoon Im-rye's house, but the evangelist Kim Yong-eun had already fled. Unable to find the evangelist Kim Yong-eun, the North Korean soldiers brutally assaulted his third and fourth sons and his eldest daughter-in-law, leaving them bloodied.

In September 1950, as rumors of UN troops landing spread, the North Koreans began rounding up and imprisoning right-wing figures. On October 11, they executed the evangelist Kim Yong-eun's brother, Kim Yong-chae.

On October 19, North Korean troops and members of the internal affairs local police officers came to Deacon Yoon Im-rye's house, where they stabbed and beat Yoon Im-rye to death with guns and bamboo spears, set the house on fire, and brutally killed Deacon Yoon Im-rye's entire family, Kim Yong-sul, the student council president of Jeongeup Agricultural High School, and 23 church members including Park Ho-jun, a friend of the evangelist Kim Yong-eun.

who had been a church member before the establishment of the communist regime in North Korea, and they continued to hold services boldly.

However, on October 5th at 2 a.m., two youths armed with bamboo spears came to find Elder Lee Pan-il and took him and his family of 13 (three generations including his elderly mother and son) to the internal affairs office. Thirty-five other church members were also taken to the office. The North Korean soldiers and partisans bound Elder Lee and 48 church members, dragged them to a sandy beach, and brutally beat them with clubs, pickaxes, and rifle butts. They were also stabbed with bamboo spears, buried in a pit, and some were thrown into the sea.

Imja Jinri Holiness Church Overview
(Photo provided by the church)

Martyrs Memorial Monument
(Photo provided by the church)

⑤ **At Dooam Church in Sosong-myeon, Jeongeup-si, Jeonbuk, 23 people were massacred during the Korean War.**[23]

After the outbreak of the Korean War, on July 9, 1950, North Korean troops occupied Jeongeup. The North Korean forces conducted daily searches of

---

23) Hwang Ki-sik, book above, pp. 58-61; Short History of Dooam Church, Jeongeup, https://bibletour.tistory.com/206 Internet search date Jan. 20, 2024.

View of Byeongchon Holiness Church
(Photographed on January 18, 2024)

Memorial Tower for the 66 Martyrs
(Photographed on January 18, 2024)

Among the four survivors was Deacon Kim Ju-ok[21] was accused of being a reactionary due to his Christian faith, and was arrested and detained by the Nonsan Internal Affairs Office. Amid the chaos caused by UN air raids, he managed to escape and return to his hometown. Together with Deacon No Mi-jong (then 34 years old, female) and Deacon Woo Je-hak, he devoted to rebuilding the church, leading to the establishment of the present Byeongchon Holiness Church.

④ 48 People Were Massacred at Jinri Holiness Church in Imja-myeon, Shinan-gun, Jeonnam[22]

During the Korean War, on Imja Island in Shinan-gun, Jeonnam, out of approximately 11,000 residents, around 2,800 were killed. In September 1950, when the North Korean army occupied the island, church members gathered secretly in a hidden room to hold services to avoid detection by leftist forces. Although they were captured and interrogated by the North Korean military, they were released with the help of a political commissar

---

21) At the time, he was 32 years old and male. He later became the first elder of Byeongchon Holiness Church and passed away in 1996.

22) Hwang Gi-sik, book above, pp. 55-58.

and partisans brutally attacked 5 individuals including youngsu Kim Seong-jong, youngsu Jo Yang-hyeon, deacon Choi Pan-won and drowned them in a water gate in Seoldo. The remaining 60 congregants had their hands bound and buried alive in a pit with a diameter of 6 meters at Keunbookjae Hill, located 1 km from Yaweol-ri, while the church building and the houses of the congregants were set on fire and burned down.

③ 66 People Massacred at Byeongchon Holiness Church in Nonsan.[20]

On July 23, 1950, the 6th Division of the North Korean People's Army occupied Nonsan. Political security agents and local communist guerrillas raided the church under the pretext of arresting right-wing elements, detaining 122 church members in a village warehouse where they were subjected to severe torture and violence.

As the North Korean People's Army and guerrillas retreated north due to the UN forces' Incheon landing operation, they began brutally massacring landlords, police officers' families, and others. Notably, on September 27 and 28, 66 members of Byeongchon Holiness Church (27 men and 39 women from 19 families) were brutally executed with guns, shovels, bamboo spears, and clubs in locations such as Kkachimal in Byeongchon 2-ri and Bulamsan in Gaechuk 2-ri.

Among the victims was Deacon Jeong Su-il (then 31 years old, female), who, despite being heavily pregnant, held her infant and cried out, "The communists are defeated; repent and believe in Jesus." However, she ultimately entrusted her soul to God, saying, "Receive my soul," and became a martyr in a heroic manner.

---

20) Hwang Gi-sik, book above, pp. 53-55.

 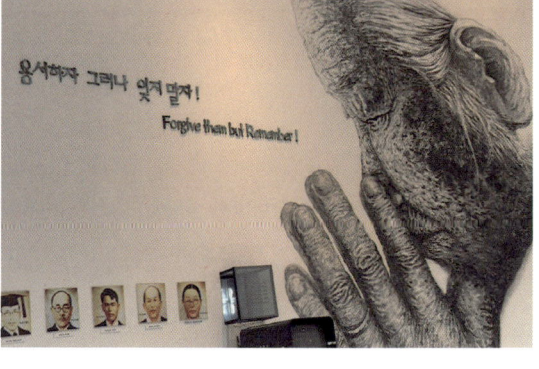

65 Congregants Martyr
Memorial Monument
(Photo taken on October 4, 2024)

A church member's Prayer
(Photo taken on October 4, 2024)

On the night of June 22, 1950, just three days before the outbreak of the Korean War, an unidentified communist army unit appeared. Local residents reported this to the Yeomsan police substation, and the military was deployed, managing to suppress most of the threat, but some of the invaders fled to the hills behind Yeomsan-seo Elementary School.

After the outbreak of the Korean War, the North Korean People's Army, which occupied Yaweol-ri in Yeonggwang-gun, held a public trial for local leaders and landowners before executing them in the churchyard. At the trial, "youngsu" Kim Sung-jong[19] of Yaweol Church was against the executions and others also sympathized, thus people's Army plotted to kill christians first. And they took over the church and used it as the People's Committee office.

On September 15, 1950, following the Incheon Landing operation, which recaptured Seoul on the 28th, the South Korean and UN forces advanced into Hampyeong and Yeonggwang on the 29th. The panicked North Korean troops

---

19) As the ordained pastors were insufficient, missionaries installed laymen leaders as church leaders, who were called "youngsu", The system of "youngsu" disappeared as professional ministers were later supplied enough.

Pastor Kim Bang-ho and his family. Pastor Kim Bang-ho ran an underground church by visiting the homes of church members and holding services.

On September 15, 1950, following the Inchon Landing Operation, the UN forces recaptured Seoul on the 28th, and the ROK Army and police entered Yeonggwang-eup on the 29th. In a state of confusion, the North Korean troops burned down the Yeomsan Church, which they had been using as their office, and brutally killed church members by labeling them as "subversive elements." Pastor Kim Bang-ho, his wife Kim Hwa-sun, their five sons, and a young grandson were beaten to death with clubs. Additionally, 77 church members including church leaders such as Elder Heo Sang and Deacon Noh Byeong-jae were dragged to the water gate of the Soldo pier, beaten with clubs, bound with rope, and weighted down with stones before being drowned in the sea.

77 Congregants Martyrs' Cemetery
(Photo taken on October 14, 2024)

Stone for Martyrdom Experience
(Photo taken on October 14, 2024)

② At Yaweol Church in Yeonggwang-gun, Jeonnam, the whole of 65 Congregants Were Massacred[18]

Yaweol Church in Yeonggwang-myeon, Jeonnam, was a small church with only 65 members, founded by missionary Eugene Bell (Bae Yoo-jin) in 1908.

---

18) Hwang Gi-sik, book above, pp. 51-53.

conducted by Professor Park Myung-soo's team at Seoul Theological University, commissioned by the Truth and Reconciliation Commission[16]

The massacre of religious figures, particularly Christians, by the North Korean troops was carried out under the official directive of the North Korean authorities' "religion eradication" policy. The impact was particularly severe in the regions of Chungcheongnam-do, Jeollabuk-do, and Jeollanam-do, and several factors contribute to understanding the reasons for this:

Firstly, the Jeolla region is a major grain-producing area. It has many farmhands and tenant farmers who were more susceptible to the communist class struggle theory. Consequently, there was a higher presence of partisans in this region.

Secondly, the Christian spirit aligns with the principles of liberal democracy and contrasts with communist ideology. Presbyterian and Methodist missionaries had been active in Jeollanam-do and Jeollabuk-do, and Chungcheongnam-do respectively, leading to a significant Christian population. Examples of the massacre of Protestant Christians include:

① **In Yeonggwang County, Jeonnam, 77 members of the Yeomsan Church, including Pastor Kim Bang-ho and Elder Heo Sang, were collectively massacred.[17]**

After the outbreak of the Korean War on July 23, 1950 (Sunday), the North Korean People's Army took over the Yeomsan Church as their people's committee office and the pastor's residence as their living quarters, evicting

---

16) Chosun Ilbo, "North Korean Troops Massacred 1,145 Religious Figures During Retreat in the Korean War," February 22, 2022.

17) Hwang Gi-sik, "Why Were Religious People Massacred During the Korean War?", "Why Did North Korean People's Army and Local Partisans Massacre Korean Church Members on a Large Scale After Liberation and During the Korean War?", Paper presented at the Seminar of the 72nd Anniversary of the Korean War, Mulmangcho Foundation, June 24, 2022, pp. 50-51.

- Kim Jong-ryeol (金宗烈, 25 years old): Newspaper reporter. Killed on August 6, 1950, in Hwawon-myeon, Boseong-gun, Jeollanam-do.

- Park So-am (朴小岩, 26 years old): Journalist. Killed on August 13, 1950, in Jinri, Imja-myeon, Naju-gun.

- Park Young-jong (朴泳鍾, 42 years old): Journalist. Killed on September 26, 1950, in Muni-ri, Uncheon-myeon, Hamyang-gun, Gyeongsangnam-do.

- Shin Young-do (辛泳道, unknown age): Journalist. Killed on August 26, 1950, at Jeonju Prison.

- Yoon I-nam (尹二男, 43 years old): Journalist. Killed on August 12, 1950, at Daejeon Prison.

- Lee Yong-jeong (李榮精, 30 years old): Journalist. Killed on September 27, 1950, at Mokpo Prison.

- Jo Pan-ok (趙判玉, 50 years old): Journalist. Killed on September 27, 1950, at Kimje Police Station.

- Heo Jun-seop (許駿燮, 37 years old): Journalist. Killed on September 27, 1950, at the Catholic Church in Jeonju.

- Lee Seung-ro (李昇魯, unknown age): Secretary to Park Jong-hwa, president of Seoul Shinmun. Shot and killed on June 28, 1950, in front of the Navy Military Police near the current Shinsegae Department Store.

(2) Religious Figures (Protestant and Catholic)

During the Korean War, North Korean troops, following the authorities' order saying "Retreat after eliminating the reactionary forces" on September 26, 1950, shortly after the Incheon Landing Operation by UN forces, carried out a collective massacre of 1,145 individuals, including 1,026 Protestants and 119 Catholics. This information was confirmed through the "Research on Christian Persecution and Massacres Before and After the Korean War"

- Han Won-kyu (韓元圭, 34 years old): A reporter for Jeolla Shinbo and a member of the Jeolla Province reporters' association, he was killed on September 27, 1950, in the self-defense unit of Naisan-myeon, Namwon-gun.

- Hyeon Chung-deuk (玄忠得, 36 years old): A reporter for the Yonhap Shinmun stationed in Buyeo and the deputy head of the Buyeo reporter's group, he was killed on September 26, 1950, at the Buyeo Police Station.

- Hyeon Han-gu (玄漢九, 28 years old): A regional radio announcer for KBS, he was killed on September 5, 1950, by the Muhancheon River in Yesan-eup, Chungcheongnam-do.

- Hong Sun-eop (洪順業, 34 years old): A reporter for the "Sabop"(Judicial) Shinmun, he is recorded in the abductee list as abducted on September 27, 1950, in Mimyun, Okgugun, Jeollabuk-do, but recorded as killed in the "Korean War Massacre Victim List."

In the "List Massacre of Victims" investigated by the Public Information Office in 1952, 13 journalists whose affiliations could not be confirmed are listed as follows:

- Kang Hong-il (康弘一, 35 years old): Journalist. On September 25, 1950, he and his family of four were killed at their home in Suwol-am-ri, Seotan-myeon, Pyeongtaek-gun.

- Ahn Yong-woo (安龍雨, 35 years old): Journalist. Killed on August 22, 1950, at his home in Daebu-myeon, Bucheon-gun, Gyeonggi-do.

- Hong Seung-sin (洪承信, 33 years old): Newspaper reporter. Killed on September 22, 1950, in Shinchon, Goyang-gun.

- Kim In-kwan (金仁官, 36 years old): Journalist. Killed on September 27, 1950, at Jeonju Prison.

- Han Kyu-ho (韓奎浩, 36 years old): A reporter for Seoul Shinmun's social department, he was embedded with the military in the operations of mopping up the Communist guerrillas before the Korean War and reported on the war situation via Seoul Shinmun right after the outbreak of the war. He was abducted by political security officers and killed on September 10, 1950 (according to the Ministry of the Interior investigation, July 25).

- Ko Kwang-yeop (高光燁, 34 years old): A reporter for the "Sabop" (Judicial) Shinmun, he was killed on August 25, 1950, in Jangseong.

- Ko Byeong-cheol (高炳喆, 37 years old): A reporter for Jeonbuk Ilbo's Jangsu branch, he was killed on September 14, 1950, in Jangsu-myeon, Jangsu-gun, Jeonbuk.

- Park Young-ho (朴英鎬, 45 years old): A reporter for Gunsan Minbo stationed in Jeong-eup and the director of planning for the Jeong-eup reporters' association, he was imprisoned in Jeonju Prison and later killed.

- Park In-kyu (朴仁奎, 40 years old): A reporter for Kyunghyang Shinmun stationed in Buyeo and the head of the Buyeo reporters' association, he was killed on August 17, 1950, in Daejeon Prison.

- Park Il-seok (朴日錫, 38 years old): The branch manager of Jeonbuk Ilbo's Jangsu branch, he was killed on September 14, 1950, in Jangsu-myeon, Jangsu-gun, Jeonbuk.

- Song Su-bin (宋洙斌, 42 years old): The president of Jeonbuk Shinmun, he founded Jeonbuk Ilbo after the outbreak of the Korean War by merging with Jeonju Ilbo. He was killed on September 26, 1950, in Jeonju Prison.

- Jeong Byeong-hyeon (鄭炳鉉, 29 years old): A reporter for Minjoo Ilbo stationed in Gwangju and the director of business for the Gwangju reporters' association, he was killed on September 14, 1950, in Daedeok, Jangheung.

Newspaper. On September 21, 1950, he was killed at his home in Jongno District along with his wife, Heo Young-soon.[15]

- Son Sang-bo (孫相輔, 43 years old): He was the chief editor of the "Yoron Shinmun," the official newspaper of the "Hyeoksin Tamjongsa" founded by Yang Geun-hwan in April 1949, which succeeded "Hyeoksin Journal". He was killed at Seodaemun Prison on September 22, 1950.

- Park Jae-young (朴裁英, 51 years old): He was the executive director of the far-right newspaper "Daedong Shinmun," founded by Lee Jong-hyeong on November 25, 1945. He was killed at Daejeon Prison.

- Park Yong-ha (朴瑢夏, 61 years old): Recorded as 'newspaper company president, leader of the "Kookminhoi" Society in the Public Information Office materials, and listed as 'newspaper reporter' in the victim list, though he is believed not to have been a reporter. He was killed on September 26, 1950, in Samcheong-dong, Jongno-gu.

- Lee Pyeong-kwon (李平權, 43 years old): Vice President of Jeonbuk Ilbo, which was formed by the merger of Jeonbuk Shinmun and Jeonju Ilbo. He was killed on September 27, 1950, in a bomb shelter at the Wanju County Chief's residence.

- Lee Jung-geun (李重根, 36 years old): An employee of KBS, he was killed on July 5, 1950, in front of the broadcasting station.

- Choi Young-wook (崔泳旭, 60 years old): President of Honam Shinmun and director of Gwangju Jejung Hospital; he also served as the first korean governor of Jeollanam-do during the US military government period. He was captured by the Communists and executed after being imprisoned in Gwangju Prison.

---

15) Kwon Oh-cheol, Korean Journalists' History, Before the Liberation Volume II, Korean Journalists Association, 1992, pp. 25-30.

massacred by hostile forces, and 84,532 civilians were abducted. Notably, Jeolla Province (both North and South) accounted for 84,003 of the casualties, representing 65% of the total. The reasons for the high number of casualties in Jeolla Province will be explored later.

2. Massacres of leading Journalists and Religious Figures[14]

(1) Journalists

In 1952, the Ministry of Public Information compiled a list of massacre victims, and the identities of 23 journalists were confirmed. Among them were:

- Lee Jong-rin (李鍾麟, 68 years old): A veteran journalist of "Daehan Minbo Shinmun" from the late Joseon Dynasty and a member of the Constituent Assembly and the 2nd National Assembly, where he served as the Chairman of the Foreign Affairs and National Defense Committee. He was taken to the Seongbuk Police Station on September 29, 1950, and was subsequently killed.

- Shin Il-yong (辛日鎔, 56 years old): A prominent socialist commentator and the chief editor of the Chosun Ilbo during the Japanese occupation. He was also a chairman of the Korean Basketball Association and an executive member of the Hanmin Party. He was arrested from his home on July 27, 1950, and his body was discovered on October 14, 1950, behind the Seo-dae-mun Prison after Seoul was recaptured.

- Go Yong-hwan (高永煥, 55 years old): He graduated from Waseda University in Japan and was teaching at Boseong College. He served as a political reporter and editorial writer of the Dong-A Ilbo, and was also the chief editor of the Daehan Dokrip Ilbo and the Gwangju Dongkwang

---

14) Jeong Jin-seok, The Kidnapping during the Korean War, (Seoul: Kipa-rang), August 4, 2006, pp. 46-242.

until 1952. However, according to the "Korean War Comprehensive Damage Survey" compiled by the Public Information Office as of the 1953 armistice, the figures are 128,936 for massacre victims and 84,532 for abduction victims. The data categorized by region is summarized in Table 2.

⟨Table-2⟩ **Civilian Casualties by Region During the Korean War**[13]

Unit: Persons

By Province/City	Total	Death	Massacre	Injury	Abduction	Missing
Total	990,968	244,663	**128,936**	229,625	**84,532**	303,212
Seoul Special City	129,908	29,628	**8,800**	34,680	**20,738**	36,062
Gyeonggi Province	128,740	39,728	**7,511**	25,479	**16,057**	39,965
North Chungcheong Province	70,003	24,320	**3,409**	12,658	**6,312**	23,304
South Chungcheong Province	75,409	23,707	**5,561**	20,290	**10,022**	15,829
North Jeolla Province	91,861	40,462	**14,216**	15,364	**7,210**	14,609
South Jeolla Province	193,788	14,193	**69,787**	52,168	**4,171**	53,469
North Gyeongsang Province	97,851	35,485	**6,609**	21,061	**7,584**	27,112
South Gyeongsang Province	72,306	19,963	**6,099**	32,417	**1,841**	11,986
Gangwon Province	130,777	17,122	**6,825**	15,483	**10,528**	80,819
Jeju Province	325	55	**119**	5	**69**	57

As shown in <Table-2>, during the Korean War, the total number of civilian casualties, including deaths, massacres, injuries, abductions, and missing persons, amounted to 990,968. Among these, 128,936 civilians were

---

13) Public Information Office Statistical Bureau, "Comprehensive Damage Survey of the Korean War," 1954, p.6. Data reorganized.

〈Table-1〉
Comprehensive Statistics of Civilian Casualties During the Korean War[12]

Unit: Persons

Title	Total	Massacre	Abduction	Death	Injury	Missing	Year of Publication
Korean War Yearbook 1 (Ministry of National Defense)	434,666			163,461	104,722	166,483	Oct.1951
Korean War Yearbook 2 (Ministry of National Defense)	965,990	122,799	82,959	236,475	225,582	298,175	Jan.1952
Statistical Yearbook 1952 (Public Information Office)	965,990	122,799	82,959	236,475	225,582	298,175	Oct.1953
Statistical Yearbook 1953 (Ministry of Internal Affairs)	990,968	128,936	84,532	244,663	229,625	303,212	Jun.1955
Korean War Massacre Victims List (Public Information Office)	59,664	59,664					Mar.1952
Seoul City Victims List (Public Information Office)	4,616	976	2,438			1,202	Dec.1950
Korean War Comprehensive Damage Survey (Public Information Office)	990,968	128,936	84,532	244,663	229,625	303,212	Mar.1954

In Table 1, the focus is particularly on the issues of 'massacre' and 'abduction' which constitute war crimes. As seen in Table 1, the total number of victims of massacres was 122,799 and abduction victims were 82,959

---

12) Military History Compilation and Research Institute, Ministry of National Defence, above book, P.17.

II. Civilian Massacres during the Korean War

1. Comprehensive Overview of Civilian Casualties

During the Korean War, North Korean forces, Chinese Communist forces (People's Volunteer Army), and leftist factions such as the South Korean Labor Party[10] targeted and massacred right-wing individuals, journalists, military personnel, police officers, public servants, landowners, teachers, capitalists, religious figures, local elites, and their families. These civilian massacres were particularly concentrated during periods of counterattacks by South Korean and UN forces.

The violence was driven by directives from North Korean authorities, including the "prisoner handling instructions" issued around September 20, and Kim Il-sung's orders to frontline commanders to "remove all elements that could act as pillars or support systems" when UN forces landed. This led to the execution or abduction to the North of numerous prisoners and detainees from prisons, detention centers of the Internal Affairs Offices and political security department.[11]

---

10) The term refers to the unified communist party formed in South Korea in November 1946. After Korea's liberation, the three major leftist parties in South Korea were the Korean Communist Party led by Park Hon-young, the Korean People's Party led by Yeo Un-hyung, and the South Korean New People's Party led by Baek Nam-woon. In August 1946, Korean Communist Party initiated a merger proposal, leading to the "Three-Party Joint Convention" held on November 23-24, 1946, where they established the "South Korean Labor Party." However, the party was dissolved on June 30, 1948, when it merged with the "North Korean Labor Party" to form the "Workers' Party of Korea." The Institute for Far Eastern Studies, Dictionary of Communism, p. 151.

11) Military History Compilation and Research Institute, Ministry of National Defense, Research Report Civilian Victim Incidents by the North Korean Army and Hostile Forces, June 28, 2013, p.57

forces. Additionally, the Committee monitors and checks the activities of the government-established "Truth and Reconciliation Commission" and operates a temporary victim reporting center to advance the cause of truth-seeking.

E15

In 2005, during the Roh Moo-hyun administration, the "Truth and Reconciliation Commission" was established[9] to investigate illegal civilian mass killings from the liberation period through the Korean War and other incidents of terrorism, human rights abuses, violence, slaughter and suspicious deaths by groups that denied or opposed the legitimacy of the Republic of Korea from the Korean War through the era of authoritarian rule. The Commission concluded its mission in 2010.

In 2017, the Moon Jae-in administration established the second-term "Truth and Reconciliation Commission" to continue similar efforts. However, their activities focused primarily on civilian casualties caused by South Korea's military and police forces and UN forces, and did not adequately address incidents of civilian victims caused by North Korean and hostile forces. Furthermore, while a special law for state compensation for victims of UN forces was enacted, no special law was established for victims of North Korean and hostile forces. This has led to a distortion of history, where damages caused by North Korean and hostile forces are sometimes misrepresented as being caused by South Korean military and police forces.

To address this issue and to prepare for future reunification, the nonprofit organization Mulmangcho, which has been remembering those historical victims and at the forefront of North Korean human rights advocacy, has established a "War Crimes Investigation Committee." The Committee aims to uncover and publicize in detail the war crimes committed by North Korea during the Korean War and to correct distorted historical facts. It conducts biannual seminars to reveal the crimes perpetrated by North Korea and other hostile

---

9) Ministry of Government Legislation: "Basic Act on Truth and Reconciliation" (Law No. 7542), enacted May 31, 2005.

fundamental rights that all humans are entitled to, including the right to life with dignity, freedom of thought, conscience, and action, and social rights as a member of the community. Human rights are guaranteed based on numerous fundamental rights and are shared globally through various international laws represented by the UN's Universal Declaration of Human Rights.

Violations of the laws of war are considered war crimes, a concept under international criminal law. Therefore, just like in domestic law, the principles of legality and the confirmation of punishment through trial must be clearly observed and applied. The standards for war crimes are defined in Korea by the Law on punishment of the crimes under the jurisdiction of the International Criminal Court.

---

1. Genocide Offenses (Article 8 of International Criminal Law)
   - Genocide
   - Mass Execution of Prisoners of War
2. Crimes Against Humanity (Article 9)
   - Forced Labor (Subsection 2, Item 2)
   - Torture (Subsection 2, Item 2)
   - Rape in Armed Conflict (Subsection 2, Item 6)
3. War Crimes Against Individuals (Article 10)
   - Human Experimentation (Subsection 3, Item 3)
   - Kill confirmation (Subsection 3, Item 4)
   - Child Soldiers (Subsection 3, Item 5)
   - Colonization (Subsection 5, Item 2)
4. Violations of the Geneva Conventions (Article 12)
   - Attacks on Red Cross Emblems and those wearing, using, or associated with such symbols
   - Misuse of Red Cross Emblems in unauthorized locations
5. Prohibited Methods of Warfare (Article 13)
   - Treachery (Subsection 1, Item 7)

E13

Military Prisoners of War (POWs) are representative historical victims. The issue of POW repatriation was not resolved during the Armistice Agreement due to the conflicting principles of respecting the free will of the UN forces and the forced repatriation demanded by the communist forces. On July 22, 1953, both sides ultimately reported the number of POWs: the UN Command reported 74,000 (69,000 North Korean troops and 5,000 Chinese troops), while the communist forces reported 12,764 (8,186 South Korean troops and 4,578 UN troops).

Around the time of the Armistice Agreement, the communist forces ultimately repatriated 8,343 South Korean POWs. This indicates that North Korea significantly reduced the number of South Korean POWs, and it is presumed that many were forcibly detained in North Korea. Based on the records of "The History of the War to assist North Korea against the U.S" by the Chinese People's Volunteer Army, statements by Lee sang-jo, a North Korean military officier[8] during the armistice talks, memoirs of the former UN Command Commander Clark, and Ministry of Defense statistics, the number of South Korean POWs is estimated to be between 80,000 and 100,000.

Even in war, there are international norms that must be upheld. The underlying principle of international norms is human rights. Human rights are

---

8) The Korean People's Army (KPA) is the military of the Workers' Party of Korea (WPK), essentially North Korea's national army. North Korea falsely propagates that the "Korean People's Revolutionary Army," which Kim Il-sung claims to have established, defeated the Japanese army leading to Korea's liberation on August 15, and that this unit evolved into the current Korean People's Army. The Korean People's Army was officially founded on February 8, 1948, but from 1978, it was formalized as having been established on April 25, 1932, to designate the date as the Day of Founding the Armed Forces. This was done to emphasize the propaganda effect that it inherited the anti-Japanese guerrilla tradition of Kim Il-sung, portraying the anti-Japanese guerrilla forces, being claimed as established by Kim Il-sung, as the predecessor of the Korean People's Army. On January 22, 2018, a decision by the Political Bureau split the founding day into two separate dates: April 25 as the founding day of the Korean People's Revolutionary Army and February 8 as the founding day of the Korean People's Army.

Kim Il-sung emphasized, "The reason I called you today is to discuss the issue of bringing intellectuals from South Korea. ~ (omitted) To solve the current shortage of intellectuals, we must locate all the intellectuals in North Korea and also bring the intellectuals from South Korea." Following Kim Il-sung's directive, a kidnapping plan was established, and abductions of intellectuals were carried out immediately after the occupation of Seoul.[6] This constitutes a clear war crime.

According to the "List of Victims in Seoul Special City (2,438 individuals)" compiled by the Public Information Office, the "List of Abducted Individuals from the Korean War (82,959 individuals)" issued by the South Korean government, the "List of Kidnapped Individuals from the Korean War (2,316 individuals)" from the personal effects of Mr. Shin Ik-hee, the "List of Displaced Persons Registered by the Korean Red Cross (7,034 individuals)" in 1956, and the "List of Abducted Individuals (17,940 individuals)" from the Public Security Bureau, the Ministry of Home Affairs in 1954, a total of 112,687 individuals are listed. Excluding duplicate entries, the total number is 96,013. Kidnapping, planned and executed under Kim Il-sung's directive, is a clear war crime.

According to the Ministry of Unification, the total number of abductions after the Armistice Agreement is 3,835. Among these, 9 individuals have defected and returned, 3,310 were repatriated by North Korea, and 516 are estimated to be detained in North Korea.[7] Abductions after the Armistice Agreement will be addressed in a separate chapter.

---

6) Kim Il-sung Selected Works, Volume 4, Pyongyang: Workers' Party of Korea Publishing House, January 1960, pp. 66-69. Materials on the Korean War Abduction Incidents, Volume 1, September 2006, pp. 905-906.

7) Ministry of Unification, previous book, April 2023. P.56.

mercilessly purge reactionary elements, non-cooperative elements, and deserters." Additionally, on June 30, 1950, he issued a proclamation stating that "military officers and judges should be executed without exception, and chiefs of 'myeon'(district), chiefs of 'dong'(village) and chiefs of 'ban'(neighborhood association) should be subjected to people's tribunals." As a result, it is estimated that approximately 120,000 people were massacred.

The abduction of key figures and civilians refers to the forced kidnapping and transport of individuals to North Korea against their will, categorized into wartime abductions and post-armistice abductions. The scale of wartime abductions varies depending on the time and agency of investigation, but it is estimated to be around 100,000 individuals. The "Korean War Abduction Truth Commission," established in 2010 and active until 2016 under the Prime Minister's Office, reviewed 5,505 reported abduction cases from 2011 to 2015 and determined 4,777 of them to be wartime abductions.[4]

Wartime abductions can be divided into planned abductions and mobilization abductions. Planned abductions primarily targeted intellectuals such as lawmakers, legal professionals, journalists, and civil servants from late June to September 1950, shortly after the outbreak of the Korean War. Mobilization abductions involved the forcible recruitment of local personnel needed for the war, including[5] civilian volunteer forces and labor battalions.

Kim Il-sung directed the abduction of intellectuals from South Korea on July 31, 1946. In 'a conversation with officials dispatched to South Korea',

---

4) Ministry of Unification, 2023 Unification White Paper, April 2023, p. 56.

5) The North's Volunteer Army, organized to support the regular army, was recruited based on the 'Mobilization Order' declared by the Standing Committee of the Supreme People's Assembly of North Korea on July 1, 1950. Following the invasion of South Korea on June 25, 1950, North Korea officially formalized the recruitment of the Volunteer Army as part of its wartime mobilization policy.

According to the "Comprehensive Damage Survey of the Korean War," published by the Statistics Bureau of the Republic of Korea's Public Information Office in 1954, as of July 27, 1953 (the date of the Armistice Agreement), out of a total of 990,968 casualties, the confirmed number of civilian victims harmed by North Korean forces and hostile entities includes 128,936 civilians who were massacred and 84,532 who were abducted. However, even 70 years after the war ended, the truth of what happened to these individuals remains largely unexplained.

The massacres of civilians were carried out under direct orders from Kim Il-sung. On June 26, 1950, Kim Il-sung broadcast a directive to South Korean communist forces and partisans, instructing them to "execute traitors everywhere and restore the People's Committee, which is the people's government organization." On July 1, 1950, Deputy Prime Minister and Foreign Minister Pak Hon-yong further incited violence by urging the capture and execution of traitors to "quench the people's grievances." The massacres were led by the Political Security Bureau of the Ministry of Internal Affairs, which was dispatched from North Korea to control the occupied areas, along with the internal affairs offices established in these occupied areas.[3]

Immediately after the outbreak of the Korean War, Kim Il-sung issued a directive through leaflets distributed in Seoul, instructing to "identify and

---

3) Kim Dong-kwang, "Analysis of the List of Victims from the Korean War: Intentional Elimination of National Elites", "Korean war's 59,994 victims of killing, A List of Korean war's victims of killing" Monthly Chosun, 2003, pp. 44–54. Jeong Jin-seok, The Korean War: Abductions, (Seoul: Kiparang, August 14, 2006), p. 42. Re-cited in Collection of Materials on Inter-Korean Relations, Vol. 22.

I. War Crimes and Human Rights

Although 70 years have passed since the signing of the Armistice Agreement, the wounds inflicted by war crimes committed by North Korea and hostile forces1) have created a psychological barrier as long as the Korean Demilitarized Zone (DMZ). These unresolved post-war issues continue to impede the path toward reunification. The war crimes committed by North Korea fall into several categories: first, the2) massacre of civilians; second, the forced abduction of civilians; and third, the detention of South Korean prisoners of war (POWs), all of which are closely linked to human rights violations.

---

1) The term "hostile forces" generally refers to groups possessing power that is considered adversarial. In the Joint Chiefs of Staff's manual Joint Stability Operations, hostile forces are defined as "forces that carry out hostile acts or exhibit hostile intent, as well as forces declared to be hostile." According to the Basic Act on the Truth and Reconciliation Commission, hostile forces are defined as "forces that deny the legitimacy of the Republic of Korea or are antagonistic towards the Republic of Korea." In this context, this book defines "hostile forces" as the North Korean People's Army and their regime's operatives (including the Political Security Department and the Internal Affairs Office), South Korean partisans belonging to the Labor Party of South Korea (such as the mountain-based guerrillas and the People's Guerrilla Force), and the Soviet and Chinese forces that fought alongside North Korea against South Korea. (Source: Joint Chiefs of Staff, Joint Stability Operations (Joint Doctrine 3-12, 2010), p. Bu-38.)

2) The dictionary definition of "massacre" refers to the act of "killing in a cruel and indiscriminate manner," which can encompass a range of events from individual or small-scale killings to large-scale mass killings. In 1944, Raphael Lemkin coined the term "genocide" to describe the extermination of a national or ethnic group. This term has since been used as a general term encompassing mass murder, massacre, and the annihilation of ethnic groups. The 1948 United Nations Convention on the Prevention and Punishment of the Crime of Genocide, in Article 2, defines genocide as acts committed with intent to destroy, in whole or in part, a national, ethnical, racial, or religious group, and specifies acts of genocide as including the killing of members of the group. In this book, the term "massacre" is used to refer to large-scale killings or brutal murders, and the terms massacre, sacrifice, and killing are used interchangeably. (Source: Choi Ho-geun, "What is Genocide?", German Studies, No. 8, pp. 57-64.)

including the inhumane war crimes committed by the enemy forces. Proper education on historical and national consciousness is being excluded under the pretext that it infringes upon freedom of thought. While the war crimes of civilian massacres, abductions, and the detainment of South Korean soldiers committed by the enemy during the Korean War are overlooked, there is an intense focus on the civilian casualties caused by South Korean military and police forces. There are even instances where massacres by partisans are falsely attributed to the South Korean military. These distortions ultimately instill a flawed historical perspective in future generations.

In response, the Mulmangcho War Crimes Investigation Committee established a center for reporting crimes committed by enemy forces and submitted these reports for investigation to the Truth and Reconciliation Commission. This book is published to widely disseminate the war crimes committed by North Korean and Chinese forces during the Korean War, thereby raising public historical awareness.

The records of massacres, abductions, and other cases by enemy forces contained in this book are based on investigations conducted by the Truth and Reconciliation Commission, media reports, and Mulmangcho committee's own investigations. It also includes presentations from seminars organized by the Mulmangcho War Crimes Investigation Committee.

Foreword

More than 70 years have passed since the armistice agreement was signed, but the Korean Peninsula still remains in a state of hostile peace. South Korea has achieved remarkable progress, becoming one of the world's top 10 economic powerhouses. This economic development has laid the foundation for strengthening South Korea's national defense. However, as democracy has advanced, the social values of the country have shifted from a collective focus to an individual-centered approach, leading to diverse perspectives and interpretations of historical events among members of society.

In contrast, North Korea has consistently regarded South Korea,which it deems to be under U.S imperialist control, as a target of revolution. Recently, North Korea enacted laws such as the "Law on Rejecting Reactionary Thought and Culture" and the "Law on Protecting the Pyongyang Dialect" in an attempt to block the influence of South Korean culture, but these efforts have proven ineffective. Feeling a sense of crisis regarding his regime, Kim Jong-un has labeled South Korea not as a fellow nation but as the primary hostile state, thereby solidifying the two-state system on the Korean Peninsula.

In this context, for the past several decades, North Korea has pursued a strategy of revolutionary confrontation against South Korea by exploiting the characteristics of liberal democracy and capitalism. This has led to the establishment of pro-North Korean forces within South Korea, which have even penetrated the political arena. This deepens ideological polarization under the guise of progressivism and conservatism, fueling social conflict.

The polarization of ideologies has led to the distortion of historical facts,

IV. Crimes Committed by North Korea After the Armistice Agreement ——— 152

1. Overview ——— 152
2. Major Crime Cases ——— 156
3. Kidnappings of South Koreans and Foreigners by North Korea ——— 163
4. Human Rights Conditions of the Abductees in North Korea ——— 172
5. Legal Evaluation and Challenges ——— 174

V. Detainment of South Korean POWs by North Korea ——— 176

1. Overview ——— 176
2. Status of South Korean POWs During the Korean War ——— 178
3. Human Rights Violations Against South Korean POWs by North Korea ——— 182
4. Legal Evaluation and Challenges ——— 191

VI. Challenges Remaining for Us ——— 194

Appendix ——— 200

1. The Universal Declaration of Human Rights ——— 200
2. The Geneva Convention of August 12, 1949, on the Protection of Civilians in Wartime ——— 216
3. The Geneva Convention of August 12, 1949, on the Treatment of Prisoners of War ——— 259
4. Universal Declaration of Human Rights ——— 298

Table of Contents

Foreword —————————————————————— 6

I. War Crimes and Human Rights ———————— 8

II. Civilian Massacres During the Korean War ——————— 16

1. Comprehensive Overview of Civilian Casualties —————— 16
2. Massacres of Key Journalists and Religious Figures ————— 19
3. Major Civilian Massacre Cases ——————————————— 41
4. Newly Reported Massacre Cases ——————————————— 81
5. Legal Evaluation and Challenges —————————————— 84

III. Abduction of Prominent Figures and Civilians
in South Korea ——————————————————————— 86

1. Overview ————————————————————————— 86
2. Comprehensive Overview of Abductions During the Korean War — 92
3. Abduction of Key Figures (Politicians, Legal Professionals, Journalists, Religious Figures) —————————————— 96
4. Abduction of Ordinary Civilians and Case Examples ————— 136
5. Human Rights Conditions of the Abductees in North Korea ——— 143
6. Legal Evaluation and Challenges —————————————— 149

Silent testimonies

North Korea's War Crimes and Human Rights

Dong-gil Cha

MULMANGCHO
BOOKS

Silent Testimonies

North Korea's War Crimes and Human Rights

1st printing February 14, 2025

Author	Donggil Cha
Reviewer	Byunghwa Lee
Translator	Gibeom Kim
Publisher	Choongseo Goo
Editor	Seongwon Jeong
Designer	Junghwan Maeng
Markter	Yona Kim

Publishing	Mulmangcho Books
	Registered in the Republic of Korea #2013-000195
	Floor 2, Dongyeon Building, Beodunaru-ro 32,
	Yeongdungpo-ku, Seoul, South Korea
Telephone	+82 (02)585-9963
E-mail	mulmangcho522@hanmail.net
Homepage	www.mulmangcho.org

ISBN	979-11-87726-28-9 03340 (Book value is on the back cover)

◈ All rights reserved. This book or any portion thereof may not be reproduced or used in any manner whatsoever without the written permission of the copyright owner except for the use of brief quotations in a book review.